徽学文库
主编◎卞利
副主编◎胡中生

徽州宗族研究

赵华富◎著

北京师范大学出版集团
BEIJING NORMAL UNIVERSITY PUBLISHING GROUP
安徽大学出版社

图书在版编目(CIP)数据

徽州宗族研究/赵华富著. —合肥：安徽大学出版社，2016.8
（徽学文库/卞利主编）
ISBN 978-7-5664-1109-9

Ⅰ.①徽⋯ Ⅱ.①赵⋯ Ⅲ.①宗族—研究—徽州地区 Ⅳ.①K820.9

中国版本图书馆 CIP 数据核字（2016）第 196168 号

徽州宗族研究
Huizhou Zongzu Yanjiu

赵华富 著

出版发行：	北京师范大学出版集团 安 徽 大 学 出 版 社 （安徽省合肥市肥西路3号 邮编230039） www.bnupg.com.cn www.ahupress.com.cn
印　　刷：	合肥远东印务有限责任公司
经　　销：	全国新华书店
开　　本：	170mm×240mm
印　　张：	35.5
字　　数：	491千字
版　　次：	2016年8月第1版
印　　次：	2016年8月第1次印刷
定　　价：	68.00元

ISBN 978-7-5664-1109-9

策划编辑：鲍家全　张　锐　　　　装帧设计：张　浩　李　军
责任编辑：李加凯　　　　　　　　　美术编辑：李　军
责任印制：陈　如

版权所有　侵权必究

反盗版、侵权举报电话：0551—65106311
外埠邮购电话：0551—65107716
本书如有印装质量问题，请与印制管理部联系调换。
印制管理部电话：0551—65106311

总 序

尽管"徽学"一词出现的时间较早,但是,作为一门新兴的学术和学科研究领域,"徽学"则仅有不到百年的历史。1932年,徽州乡贤、近代山水画的一代宗师黄宾虹在致徽州乡土历史文化研究学者许承尧的一封信函中第一次提出了具有学术意义上的"徽学"概念。[①]

客观地说,黄宾虹所说的"徽学"及其研究对象,实际上还仅仅指的是徽州的地方史研究,与我们今天所称的"徽学",在学术内涵上还有一定的差别。此后,随着富有典型特征的徽州庄仆制、徽商和徽州宗族与族谱研究的不断深入,真正具有现代学术和学科意义上的"徽学"才逐渐进入人们的视野。

正如徽学的开创者和奠基人、中国社会经济史学派创始者傅衣凌先生在总结自己20世纪三四十年代对徽州庄仆制和徽商的研究时所指出的那样,他对徽州的研究并不是立足于对徽州地方史的探讨,而是通过对徽州伴当和世仆的研究,探索中国的奴隶制度史;对徽商的研究,则是基于为中国经济史研究开辟一个新天地。也就是说,徽学的研究对中国历史的意义体现为,其在充实和完善中国奴隶制度史、中国经济史以及中国社会史等领域,已经远远突破了徽州地方史的界限,而成为整体中国史研究的一部分。傅衣凌先生

[①] 卢辅圣、曹锦炎主编:《黄宾虹文集·书信编·与许承尧》,上海:上海书画出版社,1999年。

敏锐地预见到,"徽州研究正形成为一种专门的学问,活跃在我国的史学论坛之上"①。

然而,作为一个严格意义上的学术和学科专门研究领域,徽学的形成、发展与繁荣,主要还是借助于近百万件自宋至民国时期徽州原始契约文书的发现和研究。徽州的契约文书自1946年4月在南京首次被学者发现以来,至今已逾半个世纪。随着徽州20世纪50年代土地改革运动的展开以及1978年以来改革开放政策的实行,深藏于歙县、休宁、婺源、祁门、黟县和绩溪等原徽州(府)六县民间的各类原始契约文书开始被大规模地发现。据不完全统计,迄今为止,徽州原始契约文书包括卖身契、土地买卖与租佃契约、分家阄书、鱼鳞图册、赋役黄册、诉讼案卷、科举教育文书、置产簿、誊契簿、徽商账簿和日记杂钞等类型,且上起南宋,下迄民国,时间跨度近千年之久,总量约有100万件(册)之巨。

同祖国其他地域相继发现的原始契约文书相比,徽州契约文书具有真实性、连续性、具体性、典型性、启发性和民间性等诸多特征,而且内容丰富,类型广泛,蕴含着大量的历史信息,为我们进行宋元明清时期各种制度运行特别是明清时期历史社会实态的研究提供了丰富的资料。我们知道,敦煌文书的时间下限在北宋,徽州契约文书的上限则在南宋,正好与敦煌文书相连。如果我们把敦煌文书和徽州文书中的动产与不动产买卖和租佃文书联系起来进行考察,一部中国古代动产和不动产买卖与租佃制度及其运行史便可以完整地复原和再现出来。

正是由于徽州契约文书蕴含着如此珍贵的历史信息和丰厚的学术内涵,它的发现引起了国内外学术界的高度重视。1978年以后,海内外学者纷纷到北京和安徽,查阅徽州契约文书,深入契约文书的发现地——徽州,进行田野调查。英国著名学者约瑟夫·麦克德谟特在对徽州原始契约文书进行全面调查后,撰文指出,徽州契约文书等原始资料是"研究中华帝国后期社会与

---

① 刘淼辑译:《徽州社会经济史研究译文集·傅衣凌序》,合肥:黄山书社,1988年。

经济史的关键","对中华帝国后期特别是明代社会经济史的远景描述,将在很大程度上依赖于徽州的原始资料"①。日本著名学者鹤见尚弘则认为,徽州契约文书的发现,"其意义可与曾给中国古代史带来飞速发展的殷墟出土文物和发现敦煌文书新资料相媲美,它一定会给今后中国的中世和近代史研究带来一大转折"②。白井佐知子也强调,"包括徽州文书在内的庞大的资料的存在,使得对以往分别研究的各种课题做综合性研究成为可能……延至民国时期的连续性的资料,给我们考察前近代社会和近代社会连续不断的中国社会的特性及其变化的重要线索"③。

有学者认为,徽州文书是继甲骨文、简帛、敦煌文书和明清故宫档案之后20世纪中国历史文化的第五大发现。④ 正如甲骨文、简帛、敦煌文书和明清故宫档案的发现与研究催生了甲骨学、简帛学、敦煌学和明清档案学等学科一样,徽州文书的发现和研究,也直接促成了徽学的诞生。徽学是利用徽州契约文书,并结合其他相关文献资料进行研究的专门的学术研究领域。它以徽州社会经济史、特别是明清徽州社会经济史为研究主体,综合研究整体徽州历史文化以及徽州人的活动(含徽州本土和域外)。在历经半个多世纪的发展之后,徽学终于在20世纪80年代中期最终形成,正逐步走向成熟与繁荣。傅衣凌关于徽商、徽州庄仆制和土地买卖契约的研究,叶显恩的《明清徽州农村社会与佃仆制》,章有义的《明代徽州土地关系研究》和《近代徽州租佃关系案例研究》,张海鹏主编的《徽商研究》等著作,都是利用契约文书进行研究所取得的成果中的佼佼者。

国学大师王国维曾经说过,"古来新学问起,大都由于新发见。有孔子壁中书出,而后有汉以来古文家之学;有赵宋古器出,而后有宋以来古器物、古文

---

① [美]约瑟夫·麦克德谟特:《徽州原始资料——研究中华帝国后期社会与经济的关键》,载《徽学通讯》,1990年第1期。

② [日]鹤见尚弘:《中国社会科学院历史研究所收藏整理徽州千年契约文书》,载《中国史研究动态》,1995年第4期。

③ [日]森正夫等编:《明清时代史的基本问题》,北京:商务印书馆,2013年。

④ 周绍泉:《从甲骨文说到雍正朱批》,载《北京日报》,1999年3月24日。

字之学"。他紧接着论及了殷墟甲骨文、敦煌及西域各地之简牍、敦煌千佛洞之六朝及唐人写本卷轴、内阁大库之书籍档案和中国境内之古外族遗文等五项发现,认为:"此等发现物,合世界学者之全力研究之",当会产生新的学科。① 如今,甲骨学、敦煌学、简牍学和明清档案学早已创立了各自的学科研究体系,并为学术界所广泛接受和认可。而徽学作为一门新兴学科则形成较晚,它的创立,首先得力于20世纪40年代后期以来徽州近100万件(册)原始契约文书的大规模发现;包括徽州族谱在内的9 000余种徽州典籍文献与文书契约互相参证;现存1万余处徽州地面文化遗存,更是明清以来至民国时期徽州人生产与生活的真实见证。所有这些,都构成了徽学这座大厦坚实的学术支撑。因此,以徽州社会经济史特别是明清徽州社会经济史研究为中心,整体研究徽州历史文化和徽州人在外地活动的徽学,正是建立在包括徽州契约文书在内的大量新资料发现这一基础之上的。通过对徽州文书、其他相关文献和地面文化遗存等资料的整理和分析,研究者得以综合研究明清社会实态,重新检视中国封建社会后期社会经济与文化的演变历程和发展轨迹,进而从整体上把握中国封建社会发展特征和规律。这正是徽学的学术价值之所在。

　　进入21世纪以来,随着教育部人文社会科学重点研究基地——安徽大学徽学研究中心的批准设立,徽学研究开始进入一个崭新的发展阶段。作为徽学基础研究、资料整理、人才培养、咨询服务的唯一一所教育部人文社会科学重点研究基地,安徽大学徽学研究中心一向重视徽学前沿领域的探讨和研究,致力于徽州文书和文献的整理与出版,致力于徽学学科的建设和人才队伍培养,致力于海内外徽学研究的交流与合作。徽州契约文书和文献的系统整理、研究与出版的全面展开,徽学理论与学科建设的有序进行,徽学专题研究成果的次第推出,特别是具有宝贵文献价值的20卷本《徽州文化全书》的整体出版,以及徽学研究国际交流与合作的繁荣,都为徽学研究向纵深领域

---

① 王国维:《王国维遗书》第五册《静庵文集续编·最近二三十年中国新发现之学问》,上海:上海古籍出版社,1983年。

拓展奠定了坚实的基础。在《徽学研究资料辑刊》《徽州文书》和《海外徽学研究丛书》等系列成果的基础上,此次隆重推出《徽学文库》,显示出了该研究机构开阔的学术视野和深远的学术见识。

本次推出的《徽学文库》,精选近年来徽学研究的最新成果。本丛书既有国家社会科学基金等国家级项目结项成果,也有教育部人文社会科学重点研究基地重大项目的最终鉴定结项成果,还有中国台湾学者的研究——它为祖国大陆的徽学研究提供了不同的视角和必要的补充。这些成果内容涵盖了徽学理论探讨和学科体系建设的成果、徽学专题研究,以及徽州文化遗存调查、保护与研究。因此,无论是就选题内容的广度和深度、作者队伍的结构与层次,还是就成果的质量及水平而言,本丛书都堪称目前徽学研究前沿领域的精品,集中代表和反映了徽学研究的现状与未来发展趋势。

徽学是20世纪一门新兴的学科和一块专门的研究领域,徽学所研究的徽州整体历史文化既是区域历史文化,又是中国传统文化的杰出代表,是"小徽州"和"大徽州"的有机结合。徽学的学科建设,不仅关系徽学的可持续发展问题,也直接涉及中国地域文化研究理论和范式的创新问题,是徽学融入全球化视野,与国际接轨、开展国际交流合作和构建徽学学科平台的重要基石。

因此,我们有理由相信,随着《徽学文库》的出版,徽学一定会在整体史和区域史研究中发挥积极作用,徽学的学科建设也势必在更加广阔的天地中得到进一步发展和提升。

是为序。

卞　利
2014年7月2日于
安徽大学徽学研究中心

目 录

MULU

再版前言 ………………………………………………………… 1
前　言 …………………………………………………………… 1

第一章　徽州宗族的兴起 ………………………………………… 1

第一节　徽州宗族的来源 ……………………………………… 1
第二节　徽州宗族的形成 …………………………………… 19
第三节　徽州宗族的繁衍裂变 ……………………………… 35
第四节　徽州宗族繁荣的原因 ……………………………… 49

第二章　徽州宗族的组织结构 …………………………………… 63

第一节　徽州宗族的统治者 ………………………………… 63
第二节　徽州宗族的转型 …………………………………… 72
第三节　徽州宗族家庭的经济类型 ………………………… 84
第四节　徽州宗族商人的外迁 ……………………………… 110

第三章　徽州宗族祠堂和祖墓 …………………………………… 122

第一节　徽州宗族祠堂兴起的时代背景 …………………… 122

第二节　徽州宗族祠堂的建设 …………………………………… 128

第三节　徽州宗族祠堂的规制 …………………………………… 139

第四节　徽州宗族祠堂的祭祖活动 ……………………………… 149

第五节　徽州宗族的女祠 ………………………………………… 159

第六节　徽州宗族祠堂对宗族统治的作用 ……………………… 165

第七节　徽州宗族的祖墓和墓祭 ………………………………… 169

第八节　徽州宗族祭祖的种类 …………………………………… 178

第四章　徽州宗族谱牒 …………………………………………… 184

第一节　宋元徽州谱牒 …………………………………………… 184

第二节　明清和民国时期的徽州谱牒 …………………………… 196

第三节　徽州谱牒数量大、善本多的原因 ……………………… 209

第四节　《新安大族志》的编纂 ………………………………… 218

第五节　《新安名族志》的编纂宗旨 …………………………… 236

第六节　徽州谱牒资料辨 ………………………………………… 241

第五章　徽州宗族族产 …………………………………………… 251

第一节　徽州族产的来源 ………………………………………… 252

第二节　徽州族田的种类 ………………………………………… 269

第三节　徽州族产的所有制形式 ………………………………… 290

第四节　徽州族产的经营管理 …………………………………… 305

第六章　徽州宗族族规家法 ……………………………………… 332

第一节　族规家法的制定 ………………………………………… 332

第二节　伦理道德的规范 ………………………………………… 336

第三节　生活行为的规范 ………………………………………… 351

第四节　对触犯族规家法者的惩处 …………………………… 368
　　第五节　"家法大于国法"辨 …………………………………… 380

第七章　徽州宗族重教崇文的传统 ……………………………… 389
　　第一节　"十家之村，不废诵读" ……………………………… 389
　　第二节　科第蝉联与累世簪缨 ………………………………… 410
　　第三节　经学传家 ……………………………………………… 425

第八章　徽州宗族经商的风尚 …………………………………… 439
　　第一节　"业贾者什七八" ……………………………………… 439
　　第二节　"足迹几遍宇内" ……………………………………… 445
　　第三节　"其货无所不居" ……………………………………… 450
　　第四节　"富拟封君" …………………………………………… 465
　　第五节　"虽为贾者，咸近士风" ……………………………… 468
　　第六节　明清时期徽州宗族的儒贾观 ………………………… 474
　　第七节　道光中叶至民国时期的徽州宗族商帮 ……………… 487

附　录 ……………………………………………………………… 504
　　从徽州宗族资料看宗族的基本特征 …………………………… 504
　　胡适中国谱牒"都去认黄帝、尧、舜等等不相干的人作远祖"辩正 …… 516

参考文献 …………………………………………………………… 521
后　记 ……………………………………………………………… 543
再版后记 …………………………………………………………… 545

再版前言

《徽州宗族研究》是国家教委人文社会科学"八五"规划项目。期中检查时,根据作者发表的徽州宗族研究的部分成果,国家教委将这个项目列为重点项目。

《徽州宗族研究》出版前,作者发表徽州宗族研究论文共计30多篇,在学术界产生了较大影响。特别是《论明清徽州社会的繁荣》一文在《东南文化》1991年第2期发表,《新华文摘》1991年第11期转载(标题改为《明清徽州社会繁荣的教育因素》),《人民日报》(海外版)摘要刊登;《从徽州宗族资料看宗族的基本特征》一文在《谱牒学研究》第四辑发表,《新华文摘》1995年第12期转载,安徽省第四届社会科学优秀成果评奖会上荣获论文三等奖,引起业内人士高度重视。作者在发表的30多篇文章之中提出的许多新资料、新问题、新观点、新理论、新方法,为《徽州宗族研究》一书的撰写打下了非常坚实的基础。

2004年,《徽州宗族研究》在安徽大学出版社出版,学校极为重视。为出版这部著作,学校专门举办了两个学术会议:一个是《徽州宗族研究》出版专家座谈会,一个是《徽州宗族研究》出版学术研讨会。为一部学术著作的出版召开两个学术会议,这是安徽大学建校以来从未有过的学术活动。安徽大学党委书记陆勤毅教授亲自主持专家座谈会。会上,专家们纷纷发言,对这部著作进行分析和评价。复旦大学历史地理研究中心主任邹逸麟教授认为,《徽州宗族研究》是徽学研究工作者绕不过去的一部必读重要参考文献。齐鲁书社编辑部主任赵捷编审认为,《徽州宗族研究》是打开徽学研究大门的一把钥匙。原安徽大学图书馆馆长(现为安徽省政协副主席)李修松教授认为,《徽州宗族研究》的作者是徽学研究的领军人物。……会后,《博览群书》《安徽大学学报》(哲学社会科学版)等刊物相继发表书评,阐述这部著作的学术水平和学术价值。

《徽州宗族研究》系统、全面地论述了徽州宗族产生、发展和变化的历史过程,资料丰富,理论深刻,方法科学,是填补徽学研究空白的一部创新的学术著作。2006年,安徽省社会科学文学艺术优秀成果评奖会上,荣获二等奖。2007年,安徽省第七届优秀图书评奖会上,荣获三等奖。

安徽大学出版社

2016 年 2 月 28 日

前 言

　　徽学是一门新兴的学术研究领域。20世纪50年代，随着徽州大量契约文书的发现，徽州社会、经济和文化引起学术界的极大兴趣，产生了一批重要研究成果。

　　20世纪90年代以来，安徽大学与中国社会科学院历史研究所、安徽师范大学、黄山市人民政府等单位合作，先后举办了全国徽学学术讨论会暨徽学研究与黄山建设关系研究会、首届国际徽学学术讨论会、'95国际徽学学术讨论会、'98国际徽学学术讨论会；在此期间，笔者主编出版了《首届国际徽学学术讨论会文集》（黄山书社，1996年版），并与周绍泉先生合编出版了《'95国际徽学学术讨论会论文集》（安徽大学出版社，1997年版）、《'98国际徽学学术讨论会论文集》（安徽大学出版社，2000年版），在国内外学术界产生了重大影响。1999年，安徽大学徽学研究中心被教育部批准确定为"国家教育部人文社会科学百所重点研究基地"之一，徽学研究受到学术界愈来愈多的关注和重视。

　　历史文献记载告诉我们，徽州社会、经济和文化的内容异常丰富。我们为什么要重点研究徽州宗族呢？因为徽州自古以来就是一个典型宗族社会。赵吉士在《寄园寄所寄》中说："新安各姓，聚族而居，绝无一杂姓搀入者，其风最为近古。出入齿让，姓各有宗祠统之。岁时伏腊，一姓村中，千丁皆集，祭用文公《家礼》,彬彬合度。父老尝谓,新安有数种风俗胜于他邑:千年之冢,不动一抔;千丁之族,未常散处;千载之谱系,丝毫不紊。"徽州社会各个方面的现象——政治、经济、思想、文化、教育、风俗——都与宗族有内在联系。历史文献记载证明,世家大族是徽州历史发展变化的社会土壤。徽州宗族研究是阐明徽州社会发展规律的关键。

中国自古以来就是一个宗族社会。秦汉以来,虽然"封建之制不行,大小宗之法废",但是,以父系血缘关系为纽带的社会人群共同体始终存在。宋元以来,徽州宗族特别繁荣,徽州成为中国宗族社会的一个典型地区。共性寓于个性之中。研究徽州宗族,不仅可以揭示徽州宗族产生、繁荣、发展的规律和特征,而且对认识中国宗族社会具有重要意义和参考价值。

徽州宗族是一种历史现象,同时,这种以父系血缘关系为纽带的社会人群共同体又是一种社会现实。因此,研究徽州宗族不但要使用历史学研究法,而且还必须采用社会学研究法。根据徽州宗族这一研究对象,笔者研究徽州宗族采用的方法是历史文献与社会调查相结合、个案研究与整体研究相结合、专题研究与综合研究相结合。

徽州宗族谱牒异常丰富,它是研究徽州宗族最重要的第一手资料。现在,国内外各大图书馆、博物馆、档案馆等单位馆藏徽州谱牒总计近2,000种。此外,原徽州一府六县民间保存的谱牒,数量也相当可观。在这些谱牒当中,有宋元时期的谱牒14种,明代谱牒200多种,清代谱牒数量最多。其中,有大量宗族史、社会史、土地制度史、商业史、人口史、移民史、伦理史、文化史资料,是一个取之不尽、用之不竭的资料库。研究徽州宗族,首先要阅读和研究徽州谱牒。从1990年起,笔者即先后在安徽省图书馆、安徽省博物馆、国家图书馆、国家图书馆分馆、中国社会科学院历史研究所图书馆、河北大学图书馆、南京图书馆、南京大学图书馆、南京大学历史系资料室、上海图书馆、黄山市博物馆、歙县博物馆、歙县档案馆、黟县档案馆等单位阅读和研究徽州谱牒,摘录资料200余万字,抄录族规家法100多部。

民主革命时期,徽州宗族制度遭到空前沉重的打击,但是宗族并没有被彻底摧毁。因为,这种以父系血缘关系为纽带的社会人群共同体,是不能够用政治力量将其完全消灭的。众所周知,现在原徽州地区广大农村的农民多数仍然是聚族而居,许多宗族现象还或多或少存在于农村之中。因此,研究徽州宗族不仅要阅读徽州谱牒,而且还必须深入实地进行社会调查。从1990年起,笔者每年在徽州农村住一二个月,十年期间,足迹遍布原徽州一府六县——歙县、休宁、祁门、黟县、绩溪、婺源,采访了数以百计的老人,搜集到民间收藏的大量珍贵谱牒、契约文书资料,获得大量在图书馆得不到的口碑资料。"耳听为虚,眼见为实""不入虎穴,焉得虎子"。通过实地考察得到了许多在书本中得不到的知识。笔者认为,对徽州宗族进行社会调查,必须住在农村,与老百姓交朋友,而不是走马观花。近几年,在徽学论著之中,出现的许多道听途说、捕风捉影、张冠李戴、无中生有、信口雌黄等贻笑大方和让徽州人捧腹之说,都与蜻蜓点水式的所谓"社会调查"和对口碑资料不进行考证有关。

徽州宗族数以千百计,研究徽州宗族应该从何处入手呢?笔者认为,必须首先解剖"麻雀",进行个案研究。只有一个一个地解剖"麻雀",才能揭示宗族内部的机制和本质。从1990年起,笔者即在徽州选定以下宗族作为重点个案研究对象,进行个案研究。

1. 歙县棠樾鲍氏宗族

2. 歙县呈坎前、后罗氏宗族

3. 休宁月潭朱氏宗族

4. 祁门渚口、伊坑、滩下、花城里倪氏宗族

5. 黟县西递明经胡氏宗族

6. 黟县南屏叶氏宗族

7. 绩溪龙川胡氏宗族

8. 婺源游山董氏宗族

笔者在深入地进行个案研究之后,先后发表了《歙县棠樾鲍氏宗族个案报告》(《江淮论坛》,1993年第2期)、《徽州西递明经胡氏宗族的繁盛》(《安徽史

学》,1994年第4期)、《黟县南屏叶氏宗族调查报告》(《'95安徽大学学术活动月论文选粹》,安徽大学出版社,1996年版)、《民国时期黟县西递明经胡氏宗族调查报告》(《安徽大学学报》(哲学社会科学版),1995年第2期)、《歙县呈坎前后罗氏宗族调查研究报告》(《首届国际徽学学术讨论会文集》,黄山书社,1996年版)、《祁门县渚口、伊坑、滩下、花城里倪氏宗族调查研究报告》(《徽学》2000年卷,安徽大学出版社,2001年版)、《婺源县游山董氏宗族调查研究》(《徽学》第二卷,安徽大学出版社,2002年版)。

笔者认为,研究徽州宗族必须进行个案研究,但是,仅仅进行个案研究还是不够的,那样必然陷入只见树木、不见森林的形而上学观点。徽州宗族既是一些个体,又是一个群体。因此,除了微观研究以外,还必须对徽州宗族进行整体宏观研究。只有这样,才能把握徽州宗族的整体面貌,揭示徽州宗族的基本特征和基本发展规律。所以,笔者在研究了大量谱牒资料和对徽州宗族做了大量调查之后,在个案调查研究的基础之上,又对徽州宗族进行整体研究,撰写了《从徽州宗族资料看宗族的基本特征》(《谱牒学研究》第4辑,《新华文摘》,1995年第12期)。在这篇论文中,笔者从数以百计的徽州宗族之中抽象、概括出宗族的定义和宗族的八个基本特征。

为了使徽州宗族研究有一定深度,不停留于一般化,进行专题研究是非常重要的。这好比盖高楼大厦,必须打桩子。桩子打得愈深,基础就愈牢固。否则,就是在沙滩上建大楼,随时都有倒塌的危险,这是不言而喻的。笔者除了选择一些典型宗族进行个案研究以外,还对徽州宗族一些问题进行了分门别类的专题研究,并发表了一批文章。《论徽州宗族繁荣的原因》(《民俗研究》,1993年第1期)、《论徽州宗族祠堂》(《安徽大学学报》(哲学社会科学版),1994年第2期)、《徽州宗族族规家法》(《首届国际徽学学术讨论会文集》,黄山书社,1996年版)、《徽州宗族祠堂的几个问题》(《'95国际徽学学术讨论会论文集》,安徽大学出版社,1997年版)、《徽州宗族祠堂三论》(《安徽大学学报》(哲学社会科学版),1998年第4期)、《宋元时期徽州族谱研究》(《元史论丛》第7辑)、《徽州族谱数量大和善本多的原因》(《中国谱牒研究——全国谱牒开发与利用学术研讨会论文集》，上海古籍出版社，1999年版)、《徽州族谱在明代中期的发展变化》(《中华谱牒研究——迈入新世纪中国族谱国际学术研讨会论文集》，上海科学技术文献出版社，2000年版)、《明代中期徽州宗族统治的强化》(《'98 国际徽学学术讨论会论文集》，安徽大学出版社，2000年版)等论文，就是笔者对徽州宗族进行专题研究的部分成果。这些论文大部分已编入《两驿集》(黄山书社，1999年版)。

  对徽州宗族进行综合研究，是笔者研究工作的最后一步。现在，呈现在读者面前的这本《徽州宗族研究》，就是笔者在专题研究的基础上，进行综合研究的成果。对已经发表的专题研究论文，有的补充了许多资料，有的增补了部分内容，有的做了进一步探讨，有的局部做了调整，有的重新改写。如，《论明清徽州社会的繁荣》(《东南文化》，1991年第2期，《新华文摘》，1991年第11期)一文中，就对徽州科第仕宦的成就、商业经济的繁荣、精神文化的昌盛、教育事业的发达等，不仅补充了大量材料，而且全部内容做了重新改写；《徽州宗族族规家法》一文，不仅对触犯族规家法者惩处的内容大大增加，而且还增加了一部分"'家法大于国法'辨"；对《徽州宗族祠堂的几个问题》中"百世不迁"和"五世则迁"以及《徽州宗族祠堂三论》中女祠建造的目的和神主供奉等问题，都做了进一步探讨。

  这里还要指出的是，笔者研究徽州宗族有一个从徽州宗族历史到宗族理论，再从宗族理论到徽州宗族历史的研究过程。根据辩证唯物主义认识论，笔者在阅读了许多徽州谱牒，对徽州宗族进行深入调查，积累了大量资料之后，在个案研究的基础之上，撰写了《从徽州宗族资料看宗族的基本特征》一文。在这篇文章中，笔者提出，宗族是历史上形成的以父系血缘关系为纽带的社会人群共同体，它有八个基本特征：1. 有共同的始祖；2. 以血缘关系为纽带；3. 有明确的昭穆世次；4. 开展一定的集体活动；5. 有一定的聚居地点；6. 有一定的组织管理形式；7. 有宗族的族规家法；8. 有集体所有的族有财产。后来，笔者又用上述观点指导自己的徽州宗族研究，撰写了《歙县呈坎前后罗氏宗族调查研究报告》、《祁门县渚口、伊坑、滩下、花城里倪氏宗族调查研究报告》、《婺源县游山董氏宗族调查研究》、《休宁月潭朱氏宗族调查研究报告》(未刊)、《绩溪龙川胡氏宗族调查研究报告》(未刊)等文章。由于《从徽州宗族资料看宗族的基本特征》不仅是笔者对徽州宗族研究的理论概括,而且是笔者从事徽州宗族研究的指导思想,所以,将《新华文摘》转载稿作为附录收编于此书之中。

第一章 徽州宗族的兴起

第一节 徽州宗族的来源

徽州宗族有两个来源,一个是土著居民——山越人,一个是外来居民——"中原衣冠"。外来居民虽然来自四面八方,但是"中原衣冠"是其主体。因为,除了径直从中原地区迁入徽州的封建仕宦和士大夫以外,在江南地区迁入徽州的居民当中,追本溯源,其远祖许多也是"中原衣冠"。

一、土著居民——山越

徽州地区最早的土著居民是山越人。何谓"山越"?胡三省称:"山越本亦越人,依阻山险,不纳王租,故曰'山越'。"[①]王鸣盛说:"自周秦以来,南蛮总称百越,伏处深山,故名'山越'。"[②]他们群居于"深林远薮"之中,是"椎髻鸟语之人"[③]。山越人特别引人注目的是:"好为叛乱,难安易动。"[④]

---

① (宋)司马光著,(元)胡三省注:《资治通鉴》卷五十六,北京:北京古籍出版社,1956年。
② (清)王鸣盛撰,黄曙辉校:《十七史商榷》卷四十二《山越》,北京:中华书局,1985年。
③ (南朝宋)范晔撰,(唐)李贤等注:《后汉书》卷三十八《度尚传》,北京:中华书局,1965年。
④ (晋)陈寿撰,(南朝宋)裴松之注:《三国志》卷六十《贺全吕周钟离传》,北京:中华书局,1959年。

秦始皇统一六国以后,把全国分为三十六郡。于徽州地区置黟、歙二县,属会稽郡。两汉时期,黟、歙归属多次变动,西汉宣帝五凤四年(公元前54年)和东汉光武帝建武六年(公元30年),黟、歙先后最终归属丹阳郡。

在秦汉帝国历时4个多世纪的统治之后,山越"犹未尽从"①。东汉以来,一再"作乱"。封建王朝与他们进行了长期的斗争。灵帝建宁二年(公元169年),"丹阳山越贼围太守陈夤,夤击破之"②。献帝建安五年(公元200年),东汉帝国"分部诸将,镇抚山越,讨不从命"③。建安八年(公元203年),孙权"西伐黄祖,破其舟军,惟城未克,而山寇复动"④。《三国志》卷五十一《孙贲传》载:"贲领豫州刺史,转丹阳都尉,行征虏将军,讨平山越。"同书卷五十四《吕蒙传》载:"(邓)当为孙策将,数讨山越。蒙年十五六,窃随当击贼,当顾见大惊,呵叱不能禁止。"陆逊曾向孙权献平定山越之策。《三国志》卷五十八《陆逊传》记载:

> (孙)权以兄策女配逊,数访世务。逊建议曰:"方今英雄棊跱,豺狼窥望,克敌宁乱,非众不济。而山寇旧恶,依阻深地。夫腹心未平,难以图远,可大部伍,取其精锐。"权纳其策,以为帐下右部督。会丹阳贼帅费栈受曹公(按:指曹操——引者)印绶,扇动山越,为作内应,权遣逊讨栈。栈支党多而往兵少,逊乃益施牙幢,分布鼓角,夜潜山谷间,鼓噪而前,应时破散。遂部伍东三郡,强者为兵,羸者补户,得精卒数万人,宿恶荡除,所过肃清,还屯芜湖。

陆逊认为,山越是孙吴政权的心腹大患。"腹心未平,难以图远"。《三国

---

① (宋)司马光著,(元)胡三省注:《资治通鉴》卷六十三,北京:北京古籍出版社,1956年。
② (南朝宋)范晔撰,(唐)李贤等注:《后汉书》卷八《孝灵帝纪》,北京:中华书局,1965年。
③ (晋)陈寿撰,(南朝宋)裴松之注:《三国志》卷四十七《吴主权传》,北京:中华书局,1959年。
④ (晋)陈寿撰,(南朝宋)裴松之注:《三国志》卷四十七《吴主权传》,北京:中华书局,1959年。

志》卷六十《贺全吕周钟离传》评曰:"山越好为叛乱,难安易动,是以孙权不遑外御,卑词魏氏。凡此诸臣,皆克宁内难,绥静邦域者也。"

建安十三年(公元208年),孙吴政权开展的一场镇压黟、歙山越的战斗打响了。统帅大军的将领是威武中郎将贺齐。吴军首战告捷,降服武强、叶乡、东阳、丰浦四乡。贺齐"表言以叶乡为始新县"①。但是,歙县的山越统帅金奇万户屯安勒山,毛甘万户屯乌聊山;黟县山越统帅陈仆、祖山等二万户盘据林历山,顽强抵抗,拒不归降。史载,"林历山四面壁立,高数十丈,径路危狭,不容刀楯。山越"临高下石,不可得攻"。吴"军住经日,将吏患之"。贺齐"身出周行,观视形便,阴募轻捷士,为作铁弋,密于隐险贼所不备处,以弋拓堑为缘道,夜令潜上,乃多县布以援下人,得上数百人,四面流布,俱鸣鼓角,齐勒兵待之"。山越"夜闻鼓声四合,谓大军悉已得上,惊惧惑乱,不知所为,守路备险者,皆走还依众。大军因是得上,大破仆等,其余皆降,凡斩首七千"。②贺齐上表"分歙为新定、黎阳、休阳"和歙县四县。孙吴政权遂以歙县、黟县、始新、新定、黎阳、休阳六县割建新都郡,贺齐加偏将军,任太守,立府于始新(今浙江淳安县西)。③

建安十三年(公元208年)这场激战,以陈仆、祖山为首的山越被镇压下去了。《三国志》卷五十五《蒋钦传》说:"贺齐讨黟贼,钦督万兵,与齐并力,黟贼平定。"但是,山越并没有屈服于统治者的武力征服,他们仍顽强地进行反抗斗争,时起时伏,时间长达数个世纪。

---

① (晋)陈寿撰,(南朝宋)裴松之注:《三国志》卷六十《贺齐传》,北京:中华书局,1959年。

② (晋)陈寿撰,(南朝宋)裴松之注:《三国志》卷六十《贺齐传》,北京:中华书局,1959年。

③ (晋)陈寿撰,(南朝宋)裴松之注:《三国志》卷六十《贺齐传》,北京:中华书局,1959年。葛洪:《抱朴子内篇》卷五《至理》记载:"昔吴遣贺将军讨山贼,贼中有善禁者,每当交战,官军刀剑皆不得拔,弓弩矢皆还向,辄致不利。贺将军长智有才思,乃曰:'吾闻金有刃者可禁,虫有毒者可禁,其无刃之物,无毒之虫,则不可禁。彼能禁吾兵者,必不能禁无刃物矣。'乃多作劲木白棒,选异力精卒五千人为先登,尽捉梧。彼山贼恃其善禁者,了不能备。于是官军以白棒击之,大破彼贼,禁者果不复行,所打煞者,乃有万计。"

孙权称帝伊始，山越即举行叛乱。吾粲"募合人众，拜昭义中郎将，与吕岱讨平山越"。因功"入为屯骑校尉、少府，迁太子太傅"。①《三国志》卷六十四《诸葛恪传》记载："山越恃阻，不宾历世，缓则首鼠，急则狼顾。"

孙吴赤乌年间（公元238—250年），"建安、鄱阳、新都三郡山民作乱，出（钟离）牧为监军使者，讨平之。贼帅黄乱、常俱等出其部伍，以充兵役"②。

孙吴太平二年（公元257年），"鄱阳、新都民为乱，廷尉丁密、步兵校尉郑胄、将军钟离牧率军讨之"③。

梁天监九年（公元510年）夏，"山贼吴承伯破宣城郡，余党散入新安，叛吏鲍叔等与合，攻没黟、歙诸县"，并进兵击太守谢览。"览遣郡丞周兴嗣于锦沙立坞，拒战不敌，遂弃郡奔会稽。台军平山寇，览复还郡"。④

《陈书》卷三《世祖纪》记载："山越深险，皆不宾附，世祖分命讨击，悉平之，威惠大振。"

唐贞元年间（公元785—804年），裴肃为浙东观察使，"剧贼栗锽诱山越为乱，陷州县。肃引州兵破禽之，自记平贼一篇上之，德宗嘉美"⑤。

从东汉开始至隋唐时期，经过6个多世纪的时间，山越才被彻底征服。9世纪以后，历史文献中不但不见山越"叛乱"，而且连"山越"这个词也消失了。

自从孙吴建郡以来，历代王朝都十分重视徽州地区牧守的选授，不仅绝大多数牧守都是"中原衣冠"，而且不少牧守还是朝廷勋官重臣。罗愿《新安志》卷九《叙牧守》记载："自建安中置郡，不轻选授。故梁高祖尝谓徐摛曰：'新安大好山水，任昉诸人并经为之。卿为我卧治此郡。'而唐韩愈序送陆傪，

---

① （晋）陈寿撰，（南朝宋）裴松之注：《三国志》卷五十七《吾粲传》，北京：中华书局，1959年。
② （晋）陈寿撰，（南朝宋）裴松之注：《三国志》卷六十《钟离牧传》，北京：中华书局，1959年。
③ （晋）陈寿撰，（南朝宋）裴松之注：《三国志》卷四十八《三嗣主传》，北京：中华书局，1959年。
④ （宋）罗愿纂，赵不悔修：淳熙《新安志》卷九《谢览传》，清光绪三十三年（公元1907年）刻本。
⑤ （宋）欧阳修、宋祁等撰：《新唐书》卷一百八十二《裴休传》，北京：中华书局，1975年。

亦以歙刺史为大州尊官,宰相荐闻,而天子选用,此不轻之验也。是以六朝置守,多一时名胜。而唐世宰相尝为此州者盖七人,可不谓盛哉!"

这些朝廷勋官重臣,不仅都有较高的政治地位,而且还有较强的统治能力。他们既是征服山越人的重要力量,又是同化山越人的重要因素。与历史上所有统治者采用的策略一样,徽州地区的牧守对土著居民山越人同样也是实行两手政策:一方面对那些"不宾""作乱"的山越人,实行武力征服;另一方面对接受封建王朝统治的山越人,实行封建教化。《后汉书》卷二十一《李忠传》记载:

> 建武六年,(李忠)迁丹阳太守。是时海内新定,南方海滨江淮,多拥兵据土。忠到郡,招怀降附,其不服者悉诛之,旬月皆平。忠以丹阳越俗不好学,嫁娶礼仪,衰于中国,乃为起学校,习礼容,春秋乡饮,选用明经,郡中向慕之。垦田增多,三岁间流民占著者五万馀口。十四年,三公奏课为天下第一,迁豫章太守。

这条材料说明,东汉建武六年(公元30年)以前,徽州还是一个很落后的地区,"俗不好学,嫁娶礼仪,衰于中国"。李忠任丹阳太守以后,一方面对"不服者悉诛之",另一方面"招怀降附","起学校,习礼容,春秋乡饮,选用明经",促使山越逐渐汉化。经过三年时间,"垦田增多","流民占著者五万馀口"。建武十四年(公元38年),"三公奏课为天下第一"。

与李忠一样,徽州地区历任牧守对山越人大都采用两手政策,即在使用武力对"叛乱"者征服的同时,又特别重视封建教化。例如,梁中大通三年(公元531年),"出入两宫""宠遇日隆"的徐摛被任命为新安太守,其人"至郡,为政清静,教民礼义,劝课农桑,期月之中,风俗便改"①。唐初,苏璟出任歙州刺史,他"下车而简其约束,期月而明其信誓,既去害郡之奸,遂宁挺险之俗"②。

众所周知,政权是改造社会的重要杠杆和重要力量。历代封建王朝和历

---

① (唐)姚思廉撰:《梁书》卷三十《徐摛传》,北京:中华书局,1973年。
② (宋)欧阳修、宋祁等撰:《新唐书》卷一百二十五《苏璟传》,北京:中华书局,1975年。

任牧守对山越人的封建教化,在山越人汉化过程中起了重要作用。

二、外来居民——中原衣冠

据历史文献记载,徽州地区世家大族的始迁祖绝大多数是"中原衣冠"。这些封建士大夫和仕宦迁徙徽州地区定居的原因是什么呢?

(一)逃避战乱

在古代和中世纪,中国的政治中心在中原地区。国家的重大政治斗争——包括农民战争、民族战争、统治阶级内部战争和改朝换代等——绝大多数发生在这个地区。每当"天下大乱",即出现中原地区人口大量渡江南迁的现象。中国历史上,由于中原地区战乱,曾出现过四次人口大规模南迁高潮。东汉末年,中原地区门阀混战,魏、蜀、吴三国鼎立,出现中原人口大规模南渡第一次高潮。西晋末年,八王之乱、五胡乱华、十六国纷争,出现中原人口大规模南渡第二次高潮,史称"永嘉南渡"。唐末,黄巢大起义,中原居民纷纷南渡,出现中原人口大规模南渡第三次高潮。北宋末年,女真贵族征服中原,宋金对峙,出现中原人口大规模南渡第四次高潮。

从汉代以来,虽然历朝历代都有从中原迁入徽州地区避难的封建士大夫和仕宦,但是,迁入人数最多的还是中原人口四次南渡高潮时期,特别是西晋末年的"永嘉之乱"和唐末的黄巢大起义,从中原地区迁徙徽州避难的封建士大夫和仕宦人数最多。

中原大乱时,封建士大夫和仕宦为什么要向徽州地区迁徙呢?

这个问题与徽州的自然地理环境有关。徽州地处皖南山区,与浙赣毗邻。一府六县"届万山中"①。歙县处黄山山脉和天目山山脉之间。黄山主峰光明顶、天都峰、莲花峰等群峰参天,高插云端,海拔均在1,800米以上,为我国东部地区最高山峰。天目山主峰有清凉峰、歙岭、石耳山等,海拔均在1,200米以上,最高峰——清凉峰——海拔1,787米。休宁县主要山峰有白

---

① (明)戴尧天纂:《休宁戴氏族谱·序休宁戴氏族谱》,明崇祯五年(公元1632年)刻本。

际岭、蓬花山、外溪岗、长岭、平鼻岭、新岭、虎头岗、五股尖、六股尖、笔架山、鹦鹉尖等,海拔均在800米以上,最高峰——五股尖——海拔达1,618米。祁门县峰峦起伏,山势陡峻,大洪岭、历山等蜿蜒境北,由北向南,最高峰——牯牛降——海拔为1,728米。婺源县有大小山峰219座,主要山峰有鄣公山、石耳山、大鳙山、五龙山、莲花山、高湖山、灵山、龙尾山、大游山、崦崌山等,最高峰——鄣公山——海拔达1,629.8米。绩溪县东有浪广岭,南有大鄣山,西有石磡岭,北有大鳘山等山脉,山峰海拔均在1,000米以上。黟县山脉绵延,群峰环抱,黄山支脉五溪山主峰——三府尖——海拔达1,227米。① 全县仅有几条崎岖山路与外界相通。史称:"徽州处万山中,而黟又在徽州群山之隘,略无平处。"②

这种"万山回环,郡称四塞"的自然地理环境,使徽州地区成为一个"无兵燹之虞"和"战争罕及之地"。③ 每当"天下大乱"时,中原地区一些封建士大夫和仕宦就将徽州视为"世外桃源",视为理想的避难所和理想的徙居地。

徽州方氏始迁祖方纮,世望河南,为西汉司马长史。西汉末年,为逃避"王莽篡乱,避居江□,遂家丹阳……歙之东乡"。其次子(一说其孙)方储"举孝廉,授洛阳令,赠黟县侯"。后裔由歙县东乡逐渐向西扩散和发展,散居郡邑,遂成为徽州一个著姓。④ 汪氏始迁祖汪文和,世望平阳,"以破黄巾功为龙骧将军。建安二年,因中原大乱,南渡江。孙策表授会稽令,遂家于歙,是

---

① 参见安徽省革命委员会民政劳动局编:《安徽省地图》;婺源县志编纂委员会编:《婺源县志·地理环境》,北京:档案出版社,1993年,第67～70页。
② (清)叶有广、叶邦光纂:黟县《南屏叶氏族谱》卷一《书馆》,清嘉庆十七年(公元1812年)木活字本。
③ (明)戴尧天纂:《休宁戴氏族谱·序休宁戴氏族谱》,明崇祯五年(公元1632年)刻本;(明)黄文明纂:休宁《古林黄氏重修族谱·古林黄氏重修族谱序》,明崇祯十六年(公元1643年)刻本。
④ (明)程尚宽等纂:《新安名族志》前集,日本东洋文库藏明嘉靖三十年(公元1551年)刻本;(宋)方桂森纂:《汉歙丹阳河南方氏衍庆统宗图谱》,明刻本。

为新安汪氏始迁之祖"①。其后裔逐渐向四方发展,分布六县,成为徽州一个大姓。罗愿《汪王庙考实》记载:"今黟、歙之人,十姓九汪,皆王(按:指唐人汪华——引者)后也。"②余氏远祖封涂山,东汉末,余仁赡"渡江居……丹阳"。西晋永嘉间(公元307—312年),余祥"迁睦之遂安,改迁(歙县)余岸"。余氏一迁丹阳,二迁遂安,后迁歙县,虽未明言迁徙原因,但前两次迁徙都在中原地区社会大战乱期间,可见为逃避战乱无疑。③晋征西大将军俞纵,先世河涧人。永嘉末,中原大乱,纵"始迁新安"。其后,俞晃"仕至龙图侍郎,居歙(县)草市"。唐广明后,俞昌"由歙迁婺源长田。厥后,子孙散居郡邑"。④

唐末,为了逃避黄巢大起义的打击,全国各地的士大夫和仕宦——绝大多数为"中原衣冠"——纷纷向徽州地区迁徙,以保身家性命。《新安名族志》记载,广明间(公元880—881年),严陵(今浙江桐庐县西)人陈禧,"避黄巢乱",迁休宁陈村(又名藤溪)。唐末,河内(今河南沁阳市)人查师诣,"从九江匡山药炉源徙宣城,转徙黄墩,官至游击将军、折冲都尉。一世曰昌士,唐吉王长史。三世曰文徵,历官工部尚书,迁休宁;弟文征官至歙观察使,居婺源"。查师诣从九江迁宣城,又由宣城迁歙县黄墩,显然是为了逃避黄巢起义的打击。乾符间(公元874—879年),周钦任庐州刺史,"因巢乱有武功忠节"。其子为了逃避黄巢起义的打击,从庐州(今安徽合肥市)迁歙县黄墩。休宁县江潭吴氏,"先世居鄱阳,有讳逸者复徙浮梁之白水。广明间,黄巢乱,

---

① (明)程尚宽等纂:《新安名族志》前集,日本东洋文库藏明嘉靖三十年(公元1551年)刻本;参见(元)汪松寿纂:徽州《汪氏渊源录》,明正德十三年(公元1518年)重修刻本。按:徽州汪氏始迁祖汪文和的官职,"为龙骧将军"有争议,"授会稽令"有误。《汪氏渊源录》卷三记载:"汉将军无常号。三国魏制,龙骧将军、征虏将军、辅国将军并为第三品。晋因之。王濬、孟龙符、刘牢之、朱焘、袁真等,皆尝为之。"又载:"或者云龙骧官名始于王濬,而文和事他书未见。古之人物,奚殊万殊,史之书者盖略矣,非特一文和而已也。龙骧已列魏、晋官制,于汉盖有相沿,而云始王濬不考之过也。"

② (宋)罗愿纂,赵不悔修:淳熙《新安志》卷一,清光绪三十三年(公元1907年)刻本。

③ (明)程尚宽等纂:《新安名族志》前集,日本东洋文库藏明嘉靖三十年(公元1551年)刻本。

④ (明)程尚宽等纂:《新安名族志》前集,日本东洋文库藏明嘉靖三十年(公元1551年)刻本。

逸妻程氏小婆挈子曰宣者",从浮梁徙居江潭。休宁大溪吴氏,先世居平江府(今江苏苏州市)。吴裕"避黄巢乱",从平江迁居大溪。休宁长丰吴氏,先世吴芮为秦鄱阳令,"得民心,号鄱君。汉高帝封长沙王,居饶"。唐末,为逃避黄巢起义打击,其后裔吴宗由饶州(今江西波阳县)迁长丰。歙县呈坎罗氏,先世居豫章(今江西南昌市)。唐末,罗秋隐、罗文昌堂兄弟二人"避巢乱,始迁歙之呈坎"。婺源县阙里朱氏,先世居姑苏(今江苏苏州市)。唐末,朱师古"避巢乱,由姑苏始迁歙之黄墩"。天祐中(公元904—907年),制置茶院府君朱瓌(号古僚)奉歙州刺史陶雅之命,"领兵三千,戍婺源,民赖以安,子孙因家弦高镇,即今阙里也"。唐僖宗时期,陈秀"避广明乱,自桐庐迁歙之黄墩"。传二世曰贵,于后汉乾祐元年(公元948年)始迁祁门石墅。歙县长陔毕氏,先世居偃师县(今河南偃师市),累世簪缨。唐咸通间(公元860—873年),毕师远袭父职为永州司马。乾符四年(公元877年),调歙州,官中散大夫、金书判事,"后因黄巢兵乱,遂居长陔"。祁门县孚溪李氏,"出唐宗室昭王之季子,曰祥,避黄巢乱,始家于歙。庠生伸皋,仕宋江西寨将。生三子:曰德鹏,赠银青光禄大夫,分居祁门新田,即孚溪祖也;曰德鸾,官至散骑常侍,居婺源严田;曰德鸿,居浮梁界田。时称'三田李氏'"。休宁凤湖刘氏,其先彭城(今江苏徐州市)人。唐末,刘依仁官至翰林学士承旨,"出守江南,因乱遂家休宁,后子孙散居县前、凤湖等处"。祁门康氏,先世居京兆(今陕西西安市),后迁会稽(今浙江绍兴市)。唐末,康先"避乱居歙之黄墩,未几复迁浮梁化鹏乡"。子康新"始迁祁门武山乡尤昌里之康村"。婺源武口王氏,先祖"世居太原"。唐代,王仲舒为江南西道观察使、洪州刺史。子王弘家于宣州(今安徽宣城市)莲舡塘。孙王翔"因避寇于歙之黄墩,再迁婺源武口,号'云谷居士'"。祁门苦竹港王氏,"先(世)琅琊人"。唐末,王璧,字大献,始迁苦竹港。乾符中(公元874—879年),璧"与婿郑传倡义集众,保障州里。刺史陶雅屡奏其功,历补军职,官至银青光禄大夫、检校兵部尚书,加金紫光禄大夫"。生九子,"皆显于南唐。子孙散居郡邑"。歙县岩镇吕氏,系太公望之后。广明元年(公元880年),吕从善"避巢乱,由金陵始迁歙之竭田"。宋宣和二年(公元

1120年),吕仲明"避方腊乱,徙居岩镇西南山"。婺源桃溪潘氏,"先世闽之三山人"。广明间,潘逢辰"上书阙下不报。黄巢乱,避地黄墩,后迁桃溪"。休宁屯溪潘氏一世祖潘逢旦,同兄潘逢辰"避乱,由闽居歙黄墩。其子孟和公迁浮梁落马桥。八世孙潘汝戒"始迁屯溪居焉"。休宁汪溪金氏,先世"少昊金天氏之后"。广明间,金博道(或曰金铸道)"避黄巢乱,自桐庐迁居休宁之杉坑。四世竦公徙居梅结。九世松青三公徙居汪溪"。休宁龙源赵氏,"其先陇西人"。中和间(公元881—884年),始祖赵思"避乱",始迁龙源。休宁县小贺姚氏,"其先陕西人"。乾符间(公元874—879年),严州刺史姚郙"避黄巢乱,解官居此"。婺源县施村施氏,先世"世居兖之淄畲林。其后曰譬,迁吴兴县"。唐通明殿朝请大夫施矗,"避巢乱迁歙黄墩,继迁浮梁椰木田"。宋绍兴十二年(公元1142年),十世孙施敏由浮梁椰木田徙居婺源施村。婺源山头里齐村齐氏,系"出姜姓伯益之后。周封太公望于齐,因以为氏"。乾符六年(公元879年),齐亮"始居歙之黄墩,御黄巢乱有功,封兰公,迁饶之德兴"。八世孙齐公绰"官至工部尚书,始迁山头里齐村"。休宁隆阜戴氏,先世世"居亳州。晋尚书曰济、中书侍郎曰夔,从琅琊王渡江,居金陵小蔓村"。唐末,后裔"避黄巢乱,迁歙黄墩"。南唐时,戴护为兵马使。护生寿,"拜武翼郎,擢中书舍人"。寿生安,"历官银青光禄大夫、检校国子祭酒、兼监察御史、上柱国,守饶,卒谥忠恭,赐葬乐平槟榔山"。安子奢,始迁隆阜。休宁杭溪张氏,先世居陈留(今河南开封县东南),代有闻人。后裔几经迁徙,后居杭州。唐末,张舟"避巢乱,迁歙黄墩"。其子徙居杭溪。《新安张氏续修宗谱》记载,唐代,张正则在歙州为官,其孙为绩溪县令。黄巢大起义时,张氏逃避歙县黄墩,后迁婺源。罗愿《新安志》卷一《风俗》记载:"黄巢之乱,中原衣冠避地保于此,后或去或留,俗益向文雅,宋兴则名臣辈出。"

北宋末年,女真贵族征服中原,又有士大夫和仕宦逃避徽州。《新安名族志》记载,徽州郡城杨氏,其"先庐州合肥人"。宋绍兴元年(公元1131年),杨通"除授徽州路司户参军,太守洪适重其才。在任六载卒"。子杨清"欲扶柩还,以国祚南迁,北土未宁,不敢行,遂家焉。世居于徽治之北偏,即今之上北街也"。休宁县韩家巷韩氏,"出唐昌黎愈公之后,本居上党"。宋淳熙间(公元1174—1189年),"天下苦于金胡之乱,朝迁暮徙;当时民在北地者,咸以江南为乐土"。韩炜时任池阳教授,子韩实"由父宦邸道经休邑,见徽于万山,休邑人烟辏集,无异京华,乃留于城北居之"。其后裔"业盛家肥,人以'韩家巷'为名"。

(二)向往徽州山水

梁高祖萧衍曾用"大好山水"四个字概括和形容徽州的自然风光。明代著名旅行家徐霞客认为,"登黄山,天下无山,观止矣"①。

徽州如诗如画的秀丽景色,令人如痴如醉。许多文人墨客将这里视为人间仙境。1990年,联合国教科文组织将黄山列入《世界自然与文化遗产名录》。这说明黄山不仅是中国名山,同时,也是世界名山。从汉代以来,许多向往与山水为伴的士大夫和仕宦,从全国各地——主要是中原地区——不断向徽州迁徙。西汉时期,舒骏曾任丹阳太守,其后裔舒许出任新安太守时,羡慕新安山川秀丽,景色宜人,遂迁居于此。② 南北朝时,乐安博昌(今山东博兴县南)人任昉"以学问显,与沈约齐名,仕梁。天监中,出守新安。尝行春,爱富资山水之胜,遂家焉。后名其居曰昉村、昉溪"③。南朝梁时,东海郯(今山东郯城县西北)人徐摛出任新安太守,"其从昆弟侍中(徐)绲来游此邦,流连山水,子孙遂为土断"④。祁门白塔蒋氏,先世居河南义兴(今河南汲县,或信阳县,或潢川县)。唐初,右屯卫兵曹参军蒋俨使高丽,"由秦汉故道古黟武亭岭泉水窟,见山川佳丽";贞观末,偕子蒋远迁居白塔。⑤ 歙县新民桥姚氏,

---

① (清)闵麟嗣编,刘尚恒、王佐校点:《黄山志定本》卷二《人物志》第四,合肥:黄山书社,1989年。
② (明)舒应鸾等纂:休宁《京兆舒氏统宗谱》,明成化九年(公元1473年)刻本。
③ (明)程尚宽等纂:《新安名族志》前集,日本东洋文库藏明嘉靖三十年(公元1551年)刻本。
④ (清)徐景京、徐裎等纂:《新安徐氏宗谱》,清乾隆二年(公元1737年)刻本。
⑤ (明)程尚宽等纂:《新安名族志》后集,日本东洋文库藏明嘉靖三十年(公元1551年)刻本。

先世江西新建人。唐初,姚源清"以职业抵新安,经道绩溪,见其山水秀丽,携家居之。创一僧院,颜曰'新建',示不忘本也"。北宋末年,姚四二"隐于歙之南昌溪麻榨巷口"。宋元之际,姚骥与其子"始迁东关新民桥"①。休宁唐田孙氏,先世山东青州人。唐末,孙万登任金吾上将军,从岭南道节度使康承训"平蛮"凯旋,"道经海宁(即休宁——引者),爱风土之胜,遂家黎阳乡之唐田。今坑口、草市、堑山、阳湖、溪东、梅林、栈山、浯田、高桥、黄村、汉田,皆出此派"②。祁门乌门廖氏,"其先闽人"。唐广明间(公元880—881年),金部郎廖嵩同郑畋、朱革"讨黄巢乱,道经新安,见山水清奇,意有属焉。嵩性爱鸟,尝养二鸟,甚训出入,灵验人事。后辞职归隐,每潜祝鸟,栖山为家。乃随鸟至祁西,遂栖不去,因家焉,故名其地曰'乌门'"③。黟县欧村欧阳氏,先祖欧阳景达仕齐,"世居长沙"。南宋时期,欧阳文一"就试临安不第,经徽之黟邑槲木岭,乐其山水佳丽,遂卜居焉,因名欧村"④。歙县棠坞洪氏,"先世居歙东乡淳安之茶源小溪"。后唐长兴年间(公元930—933年),洪进义"游新安",见棠坞"山水秀而民居少,遂居焉"⑤。

(三)宦游徽州

据我们不完全的统计,《新安名族志》中记载的全国各地——主要是中原地区——在徽州居官任职的封建士大夫,携家徙居徽州、"终身不返""以家其间者",有三四十人。这些人为什么要背井离乡迁往徽州定居呢?有的是看中徽州"万山回环,郡称四塞",是一个"鲜兵燹之虞"的"世外桃源",可以安身立

---

① (明)程尚宽等纂:《新安名族志》后集,日本东洋文库藏明嘉靖三十年(公元1551年)刻本。
② (明)程尚宽等纂:《新安名族志》后集,日本东洋文库藏明嘉靖三十年(公元1551年)刻本。
③ (明)程尚宽等纂:《新安名族志》后集,日本东洋文库藏明嘉靖三十年(公元1551年)刻本。
④ (明)程尚宽等纂:《新安名族志》后集,日本东洋文库藏明嘉靖三十年(公元1551年)刻本。
⑤ (明)程尚宽等纂:《新安名族志》后集,日本东洋文库藏明嘉靖三十年(公元1551年)刻本。

命；有的是钟情徽州大好山水，峰峦叠翠，烟云缭绕，是一个令人销魂的人间仙境，可以与山水同乐。康熙《徽州府志》卷二《舆地志·形胜》记载："有爱其山水幽奇，遂解印终身不返；亦有乐其高山万仞，爱弃官以家其间者矣。"

歙县棠樾鲍氏，"其先青州人"。晋太康间（公元280－289年），鲍伸"由尚书户部拜护军中尉，镇守新安"。永嘉年间（公元307－312年），"青州大乱，子孙避兵江南"。咸和间（公元326－334年），鲍弘"任新安郡守，因占籍郡城西门，继于郡西十五里牌营建别墅"。北宋中期，鲍荣"始开书园于棠樾"。曾孙居美"遂自西门挈家居焉"。其后，子孙繁衍，散处歙县蜀源、岩镇、新馆等村镇，形成29派。① 歙县黄墩黄氏，先祖"世望江夏。晋有讳积者，为考功员外郎，从元帝渡江，任新安太守，卒葬郡西姚家墩。积生寻，庐于墓，遂家焉，改曰'黄墩'"。其后裔散处：歙县潭渡、向杲柏枝树下、县城东门、黄屯、竦塘、黄家坞；休宁五城、五城溪口、岭南、居安、汊口、星洲、黄村、西溪、古林、约山；黟县石山、横冈；祁门左田、县城；绩溪市东；婺源横槎等地。② 歙县黄墩程氏，先世初"望安定"，再"望广平"。汉末，程普"从孙氏定江东，破曹操，赐第于建业，为都亭侯。普之后，曰元谭，当永嘉之乱，佐琅琊王起建业，为新安太守，有善政，民请留之，赐第于郡西之黄墩，遂世居焉"。十三世曰灵洗，"当侯景之乱，起兵保州里，受封重安县公，卒赠镇西将军，开府仪同三司，谥曰'忠壮'。土人德之，庙祀于黄墩，宋号其庙曰'世忠'"。程氏后裔，散居徽州各地。据《新安名族志》记载，歙县聚居点有13个，休宁有25个，婺源有17个，祁门有2个，黟县有4个，绩溪有5个。程氏人丁兴旺，徽州有"一程二汪"之说。③ 绩溪

---

① （明）程尚宽等纂：《新安名族志》前集，日本东洋文库藏明嘉靖三十年（公元1551年）刻本；（清）鲍存良、鲍诚猷纂：《歙新馆鲍氏著存堂宗谱》，鲍源深《序》，清光绪元年（公元1875年）活字本。

② （明）程尚宽等纂：《新安名族志》前集，日本东洋文库藏明嘉靖三十年（公元1551年）刻本；（明）黄玄豹纂：歙县《潭渡孝里黄氏族谱》，清雍正九年（公元1731年）家刻本；（清）佚名：《海阳商山黄氏家谱》，清抄本。

③ （明）程尚宽等纂：《新安名族志》前集，日本东洋文库藏明嘉靖三十年（公元1551年）刻本；（明）程敏政纂：《新安程氏统宗世谱》，明成化十八年（公元1482年）家刻本；（明）程昌纂：《祁门善和程氏谱》，明嘉靖二十年（公元1541年）家刻本。

龙川胡氏，始祖胡焱，字子琰，"原居青州汉阳县(?)，仕晋，官至散骑常侍。大兴元年，提兵镇歙州(按：应为新安——引者)，民赖以安，朝赐之田宅，因家于新安。初居华阳镇，后以龙川山水秀丽，遂卜筑川口周家马，名曰'坑口'"①。歙县谢村谢氏，先祖"望于陈留"。谢衷仕晋，永嘉之乱"从元帝渡江而南"。子谢安，字安石，居会稽，"官至太保，赠太傅，谥文靖，更封庐陵郡公"。安十三世孙谢杰"仕隋，为歙州教授，由会稽始家歙之中鹄乡，今姓其地曰'谢村'"②。歙县岩镇闵氏，先祖"居齐鲁间，汉末避乱，南迁浔鄱"。南朝梁大通初，闵纮"举贤良，为歙邑令，由浔阳因家于歙"。唐元和间(公元806－820年)，十世孙闵玉，"迁居岩镇"③。休宁倪干倪氏，"其先宣城人"。晋朝，倪玄鉴"仕琅琊王管记参军，始迁新安"。宋宣和中，倪涛为尚书左司郎中。倪注"始迁休宁赤丘，子孙蕃盛，遂名其地曰'倪干'"④。歙县贵溪陆氏，先世"为吴郡人"。唐代，陆贽官至翰林学士。其后裔陆伶中进士，"授兵曹，以事调歙州，遂家焉，重迁今贵溪"⑤。婺源官源洪氏，"其先淮阳人"，"世望燉煌"。唐德宗朝(公元780－804年)，洪察"为监察御史"。其孙经纶"为河北黜陟使，议罢方镇兵，左迁宣歙观察使"。"因官侨寓于徽，遂家婺源官源，徽之洪氏此始焉"⑥。歙县沙溪凌氏，先世凌公绩为孙吴将军，"世居余杭"。唐显庆间

---

① （明）程尚宽等纂：《新安名族志》前集，日本东洋文库藏明嘉靖三十年（公元1551年）刻本；（民国）胡缉熙等纂：绩溪《龙川胡氏宗谱》，民国十三年（公元1924年）敬爱堂活字本；（明）胡煜、胡渭仁撰：《忠敬堂汇录》，清光绪刻本。《新安名族志》曰：胡焱"原居青州汉阳县"。按：汉阳不属于青州。《龙川胡氏宗谱》作濮阳县。但《晋书·地理志》载，濮阳县属兖州。
② （明）程尚宽等纂：《新安名族志》前集，日本东洋文库藏明嘉靖三十年（公元1551年）刻本。
③ （明）程尚宽等纂：《新安名族志》前集，日本东洋文库藏明嘉靖三十年（公元1551年）刻本。
④ （明）程尚宽等纂：《新安名族志》后集，日本东洋文库藏明嘉靖三十年（公元1551年）刻本。
⑤ （明）程尚宽等纂：《新安名族志》前集，日本东洋文库藏明嘉靖三十年（公元1551年）刻本。
⑥ （明）程尚宽等纂：《新安名族志》后集，日本东洋文库藏明嘉靖三十年（公元1551年）刻本。

(公元656—660年),凌安任歙州判,卒于官。夫人汪氏携遗孤万一"扶柩葬城北里湖园,遂迁沙溪"。①祁门锦溪仰氏,先祖"世家洛阳",后"迁居庐陵之无为"。唐贞观中,仰元凤拜兵部尚书。其后,仰敬"为歙州教授,居歙之古溪"。宋咸平间(公元998—1003年),仰恢为清江尉,由歙县古溪迁于祁门锦溪。②休宁博村范氏,先祖"居河内"。范履冰"相唐",长子冬芬为宣州刺史,孙忺为户部员外郎。天宝间(公元742—755年),忺"徙居邓州"。贞元十年(公元794年),忺子范传正中式进士,"历官歙州刺史,转苏、湖二州,进宣歙观察使。元和末,拜光禄卿,不赴,隐居"休宁博村。③徽州萧江氏,本萧姓,"郡号兰陵"。唐广明间(公元880年),宰相萧遘之仲子萧祯为护军兵马使,"伐巢贼有功,封柱国上将军,镇守江南,驻兵于歙黄墩,谋复唐业不克,遂指江为誓,易姓江焉"。祯子及其后裔散居歙县东北隅峻街、黄墩溪南、江村、江家山,休宁石佛,婺源㴇坑、长田、碧山,绩溪县城等地。④歙县向杲吕氏,"其先河东人"。唐德宗朝(公元780—804年),吕渭"以殿中侍御史言事贬歙州司马"。子吕温"娶歙向杲程梦文女,后举进士,累官尚书侍郎,谪刺衡州,卒于官"。元和十年(公元815年),温子吕适"奉母归宁,依母党程氏,遂居向杲"。⑤绩溪双古井葛氏,"先世居句容"。唐天祐间(公元904—907年),葛晋任绩溪簿,"因家杨溪"。宋淳熙间(公元1174—1189年),葛宗喻"任桐庐学录",始迁绩溪县城积庆坊双古井。⑥休宁陪郭叶氏,先祖"世居湖州苕溪",

---

① (明)程尚宽等纂:《新安名族志》后集,日本东洋文库藏明嘉靖三十年(公元1551年)刻本。
② (明)程尚宽等纂:《新安名族志》后集,日本东洋文库藏明嘉靖三十年(公元1551年)刻本。
③ (明)程尚宽等纂:《新安名族志》后集,日本东洋文库藏明嘉靖三十年(公元1551年)刻本;(明)范涞纂:《休宁范氏族谱》,明万历二十八年(公元1600年)刻本。
④ (明)程尚宽等纂:《新安名族志》后集,日本东洋文库藏明嘉靖三十年(公元1551年)刻本。
⑤ (明)程尚宽等纂:《新安名族志》后集,日本东洋文库藏明嘉靖三十年(公元1551年)刻本。
⑥ (明)程尚宽等纂:《新安名族志》后集,日本东洋文库藏明嘉靖三十年(公元1551年)刻本。

"望于南阳"。南唐时(公元937—975年),叶尚或"为新安教授",遂家休宁陪郭。① 休宁率口何氏,"其先袁州人"。南唐时,何令达"仕国子司业",弟令通"为国师"。显德间(公元958—960年),何令通"因谏牛头山不利,谪休宁"。侄何润"随叔令通居焉"。② 歙县上丰宋氏,"其先当涂人"。南宋建炎间(公元1127—1130年),宋平"使金死节"。其子宋贶荫补将仕郎、新安尉,"遂家焉"。历官吏部尚书,卒赠开府仪同三司。"墓在歙儒学后,昔有定光堂为其祠宇"。十世孙宋元再迁上丰。③ 婺源东关陈家巷陈氏,"先世居颍(颖)川,出汉太丘公后"。晋建兴中,陈伯眕"渡江居曲阿"。唐广明中,陈琚"避乱南迁,分居饶之德兴"。南宋嘉熙间(公元1237—1240年),陈一清任婺源幕,因家于东关集贤坊陈家巷。④ 黟县城西隅余氏,其先"居浙江衢州西安县"。宋代,宰辅余端礼之子余荣,出"任徽州府太守(按:应为徽州知州,或曰徽州太守;明太祖时,徽州才升为府——引者),因籍居歙之黄墩"。其后裔,徙休宁蓝田,再徙黟县八都。元末,"罗寇扰攘"。余荫甫"保障乡里,邑侯礼聘至庭,委以安抚事宜,市民赖之"。遂徙黟县城西东二隅,"拓地以居,构有环山楼、一经堂,以示不忘先世耕读之意"。⑤ 歙县黄家坞黄氏,"其先湖广麻城人"。宋朝,黄珀中解元。天圣七年(公元1029年),"知歙州,遂家焉"⑥。绩溪八都市里孔氏,为孔子的后裔。宋建炎间(公元1127—1130年),孔端朝"为黟县令,遂家歙之城南。传八世曰克焕,为学正,偕弟克炜、克新、克文,依产因迁"

---

① (明)程尚宽等纂:《新安名族志》后集,日本东洋文库藏明嘉靖三十年(公元1551年)刻本。
② (明)程尚宽等纂:《新安名族志》后集,日本东洋文库藏明嘉靖三十年(公元1551年)刻本。
③ (明)程尚宽等纂:《新安名族志》前集,日本东洋文库藏明嘉靖三十年(公元1551年)刻本。
④ (明)程尚宽等纂:《新安名族志》后集,日本东洋文库藏明嘉靖三十年(公元1551年)刻本。
⑤ (明)程尚宽等纂:《新安名族志》前集,日本东洋文库藏明嘉靖三十年(公元1551年)刻本。
⑥ (明)程尚宽等纂:《新安名族志》前集,日本东洋文库藏明嘉靖三十年(公元1551年)刻本。

八都市里。① 婺源城东门孙氏,"先(世)青州人"。宋代,孙文质"荐为池州副使,以征讨功授宣武节度使,来镇新安,摄州事,始家婺源东门,卒谥宣义公,敕葬塘村,生四子,并显于时"。② 祁门南门周氏,"其先道州人"。宋乾德间(公元963—967年),周继忠"讨寇有功,授祁门令,遂家于此。历官阁门舍人,累迁至银青光禄大夫、检校太子宾客,巡抚潼川等处。卒于官,敕葬邑西高塘,立祠于眉山之麓"。③ 祁门胥山饶氏,"其先平阳人"。饶斌"为渔阳太守,迁居大梁"。宋代,饶伟官居左朝散大夫。其后,饶烈"为武陵别驾,卒于官"。家人"留居武陵"。宣和中,饶弘毅"仕歙州文学,因侨居祁西,后复徙胥山,望为武陵郡"。④ 婺源崇化坊杜氏,其先江西德兴人。宋淳熙七年(公元1180年),杜中"任婺源教授(按:应为教谕——引者),迁知州,附籍于兹,遂家焉"。⑤ 绩溪冯村冯氏,"其先青州人"。唐贞元中,冯鳌"尹歙,卒于官"。少子冯定"因家歙之吴辉"。其后裔冯延普"迁绩北白沙街,即今濠寨巡司冯村铺后是也"。冯显孙"儒雅善诗,以居濒官道,避元季兵寇经掠之扰,去西北二里许,负山居焉,因名冯村"。⑥ 休宁南门夏氏,祖籍会稽。唐乾符间(公元874—879年),"黄巢寇宣州,入浙东,士民逃窜"。夏元康由"知苏州改歙州刺史,募兵拒之。随遇草寇毕鹞、查高、范珠、陈儒等继至,又率兵力战获免。居岁余,又报董昌潜据于越。公叹曰:'遭此时世末,如之何矣!'遂还政,因家

---

① (明)程尚宽等纂:《新安名族志》后集,日本东洋文库藏明嘉靖三十年(公元1551年)刻本。
② (明)程尚宽等纂:《新安名族志》后集,日本东洋文库藏明嘉靖三十年(公元1551年)刻本。
③ (明)程尚宽等纂:《新安名族志》后集,日本东洋文库藏明嘉靖三十年(公元1551年)刻本。
④ (明)程尚宽等纂:《新安名族志》后集,日本东洋文库藏明嘉靖三十年(公元1551年)刻本。
⑤ (明)程尚宽等纂:《新安名族志》后集,日本东洋文库藏明嘉靖三十年(公元1551年)刻本。
⑥ (明)程尚宽等纂:《新安名族志》后集,日本东洋文库藏明嘉靖三十年(公元1551年)刻本。

于休宁之南门"。① 歙县王充仇氏,先世"居朔庭"。元初,仇悬"为嘉议大夫、徽州路总管,官于徽,有惠政,民咸祝之,后卒于官。诸子遂择地,奉公葬于歙西三十里陈塘寺之侧,遂定居于王充"。仇悬"存日,尝建弥陀殿于寺中,以寓祝厘之意"。② 歙县东关田氏秀实,元世祖时(公元1260—1294年)"仕徽州路总管府知事,有官勋,进阶经历,郡民德之,遂留家焉"③。歙县岩镇余氏,先祖"封于浍(峠),后为雁门郡姓也"。南宋建炎三年(公元1129年),佘潜于湖南桃源县举明经,授歙县令,遂留居岩镇。④ 婺源环溪吴氏,"其先季札之裔,世居苏州吴江县"。唐天宝间(公元742—755年),吴透"授休宁令,因居休之金竹"。传六世曰吴允升,"始迁婺源浙源环溪,又名'荷花桥'"⑤。

(四)隐居徽州

徽州自然地理环境有两点特别引人注目:一、"万山回环,郡称四塞","兵燹鲜经",似"世外桃源";二、峰峦叠翠,烟云缭绕,山川秀丽,是人间仙境。因此,这里成为封建士大夫隐居的理想地方。据《新安名族志》记载,婺源庐源詹氏,"以其源为九江庐山之源,故名也"。南朝陈时,詹初仕东阳郡,"因郡废弃官不仕"。隋大业间(公元605—617年),始迁庐源,"慕黄石公、夏黄公隐居之义,号'黄隐'"。婺源马家巷马氏,"先世居鄱之乐平"。宋宣和间(公元1119—1125年),马咸"仕至龙图直秘阁,知遂宁府,因谏蔡京有忌,辞职隐于婺源北亭山下,因家焉"。休宁富寮吴氏,"其先季札之后"。唐代,吴孟丞"神异不凡,有武略,乐隐不仕,始迁于此。其后,子孙蕃衍,其黄冈高桥、墦溪、黟

---

① (明)程尚宽等纂:《新安名族志》前集,日本东洋文库藏明嘉靖三十年(公元1551年)刻本。
② (明)程尚宽等纂:《新安名族志》前集,日本东洋文库藏明嘉靖三十年(公元1551年)刻本。
③ (明)程尚宽等纂:《新安名族志》后集,日本东洋文库藏明嘉靖三十年(公元1551年)刻本。
④ (明)程尚宽等纂:《新安名族志》后集,日本东洋文库藏明嘉靖三十年(公元1551年)刻本。
⑤ (明)程尚宽等纂:《新安名族志》后集,日本东洋文库藏明嘉靖三十年(公元1551年)刻本。

之横冈,皆出此派"。祁门张村张氏,先祖"居陈留"。后裔从陈留迁襄国,再迁吴郡,三迁金华。唐麟德间(公元664—665年),张弘道中进士,"由御史出判饶州,逸居新安赤山镇,即祁门也"。开元间(公元713—741年),其孙张志和(又曰龟龄),字子同,号玄真子,中进士,官至金吾仓曹参军,庐母墓于邑西之润田,今名"张村"。"后隐居江湖,号'烟波钓徒',著《玄真子集》十二卷,《大易》十五卷,《沧浪渔父词》等书传世"。

　　汉代以来,全国各地的士大夫——主要是"中原衣冠"——纷纷迁入徽州,引起徽州社会发生巨大变化。人类文明发展史证明,两个或几个文明发展水平不同的民族或人群共同体共处一个地区和空间,较低文明的民族或人群共同体被较高文明的民族或人群共同体同化,是一个不可抗拒的普遍规律。秦汉时期,徽州的土著居民——山越人——刚刚跨进文明时期的门槛,或还处在原始社会末期,而中原汉族早已进入高度发展的封建文明时代,"中原衣冠"则是这种先进文明的代表。当大批"中原衣冠"进入徽州地区之后,山越人被同化就成为历史的必然。汉代以来,大批"中原衣冠"迁入徽州地区的过程,同时,也就是徽州土著居民——山越人——被同化的过程。以"中原衣冠"为代表的中原文化是同化山越人的决定因素和决定力量。唐朝末年,山越人从历史上完全消失了。徽州地区成为"中原衣冠"后裔所形成的世家大族的一统天下。

第二节　徽州宗族的形成

　　从全国各地——主要是中原地区——迁入徽州的封建士大夫和仕宦,子孙繁衍,聚族而居,形成一大批世家大族。唐宋时期,徽州成为中国一个典型宗族区域社会。嘉靖《徽州府志》卷二《风俗》记载:"家多故旧,自唐宋来,数百年世系,比比皆是。重宗义,讲世好,上下六亲之施,村落家构祠宇,岁时俎豆。"

　　徽州宗族形成的根本原因和基本过程是什么呢?

一、徽州宗族形成的根本原因

历史文献记载告诉我们,封建土地所有制和自给自足的自然经济与徽州宗族的形成存在着内在的因果联系。

众所周知,隋唐时期,继北魏、北齐、北周的均田制之后,继续实行均田制。《唐六典》卷三《尚书户部》记载:

> 凡天下之田,五尺为步,二百有四十步为亩,亩百为顷。度其肥瘠宽狭,以居其人。凡给田之制有差:丁男、中男以一顷(中男年十八已上者,亦依丁男给)。老男、笃疾、废疾以四十亩;寡妻妾以三十亩,若为户者则减丁之半。凡田分为二等,一曰永业,一曰口分。丁之田二为永业,八为口分。凡道士给田三十亩,女冠二十亩;僧、尼亦如之。凡官户受田减百姓口分之半。凡天下百姓给园宅地者,良口三人已上给一亩,三口加一亩;贱口五人给一亩,五口加一亩,其口分、永业不与焉(若京城及州、县郭下园宅,不在此例)。凡给口分田皆从便近,居城之人本县无田者,则隔县给授。凡应收授之田皆起十月,毕十二月。凡授田先课后不课,先贫后富,先无后少。凡州、县界内所部受田悉足者为宽乡,不足者为狭乡……

歙州地区均田制实施的具体情况如何? 文献无征,不得而知。据徽州的地方志记载,南宋绍兴年间经界法实施以前,徽州六县共有耕地 1,516,200 亩,经界耕地为 2,884,394 亩,淳熙初年为 2,919,553.4 亩,祥兴二年(公元 1279 年)为 2,508,172 亩。[①] 元延祐二年(公元 1315 年),为 3,359,278.5

---

① (宋)罗愿纂,赵不悔修:淳熙《新安志·田亩》,清光绪三十三年(公元 1907 年)刻本;(明)汪尚宁纂,何东序修:嘉靖《徽州府志》,明嘉靖四十五年(公元 1566 年)刻本。按:1.休宁经界亩数阙如,以淳熙初年亩数补;2.经界歙县 46 万亩,祁门 70 万亩,婺源 79 万亩,绩溪 29.6 万亩,均"有奇"。

亩。① 据罗愿《新安志》卷一《户口》记载,唐初,歙州有户 6,021,口 26,617;天宝年间(公元 742—755 年),有户 38,320,口 269,109。从宋元时期耕地的统计数字推测,唐初丁男、中男授田 1 顷,老男、笃疾、废疾授田 40 亩,寡妻妾授田 30 亩,若为户者授田 50 亩,不会有什么问题。天宝年间,由于人口大幅度增长,可能即由"宽乡"变为授田不足的"狭乡"了。天宝年间编户 38,320 户,即使以绍兴经界法实施以前徽州有耕地 1,516,200 亩计,每户平均也只占有耕地 39.57 亩。这里不仅有天宝年间耕地,而且还包括经过 3 个多世纪开垦的耕地。如果除去这些开垦的耕地,天宝年间徽州每户平均占有耕地要大大低于 39.57 亩,这是不言而喻的。

唐朝分给百姓的土地分为两种:一曰永业田,二曰口分田。丁之田 20% 为永业,80% 为口分。前者归个人所有,可以买卖,可以传给子孙;后者只有占有权和使用权,不得出售和转让。由于均田制的实行,除了封建地主阶级拥有大量土地以外,广大农民不仅是封建土地的耕种者,而且成为封建土地的占有者和所有者,不论他们占有和所有的土地是多,还是少。

宋代,农村户口分为主户和客户两大类。所谓"主户",又称"税户""编户",是指占有土地和拥有财产,应向政府纳税、服役的家庭。所谓"客户",又称"佃户""佃客""浮客",是指不占有土地和没有财产,不为政府纳税、服役的家庭,他们大都是佃农。

徽州地区占有土地、拥有财产的主户有多少呢?主户与客户在户口总数之中各自所占比例有多大呢?据罗愿《新安志》卷一《户口》记载,宋天禧中(公元 1017—1021 年),徽州 6 县总户数为 127,203 户,其中主户为 121,105 户,客户为 6,098 户;主户占总户数的 95.2%,客户占 4.8%。元丰中(公元 1078—1085 年),总户数为 105,984 户,其中主户为 103,116 户,客户为 2,868 户;主户占总户数的 97.3%,客户占 2.7%。乾道八年(公元 1172 年),总户数为 120,083 户,其中主户为 112,595 户,客户为 7,488 户;主户占总户数的

---

① (明)汪舜民纂,彭泽修:弘治《徽州府志》卷二《食货》一,明弘治十五年(公元 1502 年)刻本。

93.8%,客户占 6.2%。

罗愿《新安志》记载的户口统计数字表明,宋代徽州地区绝大多数人家都是占有土地、拥有财产的主户。现在,让我们再看看徽州 6 县主客户的统计数字和他们在总户中所占比例。

表 1-1　宋代徽州六县主客户统计表

年代	县名	总户数	主户	主户%	客户	客户%
天禧中	歙县	16,474	16,428	99.7%	46	0.3%
	休宁	13,871	13,825	99.6%	46	0.4%
	祁门	5,921	5,617	94.9%	304	5.1%
	婺源	14,614	13,523	92.5%	1,091	7.5%
	绩溪	8,235	7,787	94.6%	448	5.4%
	黟县	6,649	6,216	93.6%	433	6.4%
乾道八年	歙县	25,943	25,534	98.4%	409	1.6%
	休宁	19,579	19.579	100%	无	
	祁门	15,536	11.575	74.5%	3,961	25.5%
	婺源	42,864	41,955	97.9%	909	2.1%
	绩溪	8,391	8,050	95.9%	341	4.1%
	黟县	7,769	5,901	68.2%	1,868	31.8%
嘉定中	祁门	15,593	11,549	74.1%	4,044	25.9%
端平中	祁门	16,687	13,174	78.9%	3,513	21.1%

资料来源:罗愿纂、赵不悔修《新安志》卷三至卷五;弘治《徽州府志》卷二《食货志·户口》。
按:《新安志》卷一《户口》载,天禧中徽州总户数为 127,203 户;但卷三至卷五载,天禧中 6 县总计户数为 65,764 户。

徽州户口统计表明,北宋天禧年间(公元 1017—1021 年),6 个县的主户在总户数中均占 90% 以上,歙县和休宁高达 99%。南宋乾道八年(公元 1172 年),休宁、婺源、绩溪主户较原来比例有少许提高,歙县有略微下降。祁门、黟县比例虽然下降较大,但主户在总户数之中所占比例,均为 70% 左右。

宋代,农村主户分为五等,即"五等户"制。一、二等户是大地主,他们都占有大量土地或较多土地。三等户是小地主,他们一般占有土地 1 顷左右。四等户是自耕农,他们一般占有土地 50 亩左右。五等户是半自耕农、半佃农,大体是指每户占有土地 20 亩以下者。历史文献记载,宋代五等户之中绝大多数是第四和第五等户,即所谓"下户"。他们在主户总数之中占70%至90%。《宋会要辑稿·食货》一四之八记载:"假一县有万户焉,为三分而率之,则民占四等、五等者常居其二。"张方平《乐全集》卷二十一《论天下州县新添置弓手事宜》载:"天下州县人户,大抵贫多富少,逐县五等户版簿,中等以上户不及五分之一,第四、第五等户常及十分之九。"同书卷二十六《论率钱募役事》载:"至于五等版籍,万户之邑,大约三等以上户不满千,此旧制任差役者也;四等以下户不啻九千,此旧制不任差役者也。"

徽州地区五等户中第四、第五等户占有多大比例呢?请看下表:

表1-2 宋代徽州六县主户平均占有土地

县名	年代	主户数	年代	田亩数	每户平均占有亩数
歙县	乾道八年	25,534	淳熙二年	458,156	17.9
休宁	乾道八年	19,579	淳熙二年	303,964	15.5
祁门	乾道八年	11,575	淳熙二年	717,636	62.1
婺源	乾道八年	41,955	淳熙二年	795,787	18.97
绩溪	乾道八年	8,050	淳熙二年	309,566	38.4
黟县	乾道八年	5,901	淳熙二年	334,440	56.7

资料来源:罗愿纂、赵不悔修《新安志》卷三、卷四、卷五。按:乾道八年(公元1172年)的户数与淳熙二年(公元1175年)的亩数相比,前后相隔仅三年,无论人口,还是耕地,都不会发生重大变化。

表1-1和表1-2表明,徽州6县农村五等户中,除了极少数田连阡陌的大地主和占有百亩土地的小地主以外,绝大多数家庭都是第四、第五等户,即自耕农和半自耕农、半佃农。

在封建生产方式之中,无论是生产资料——主要是土地——所有者,还是直接劳动生产者,都被牢牢地束缚在土地之上,成为土地的附属物。这是封建生产方式的一个基本特征。特别是广大的自耕农和半自耕农阶层,他们不但是直接劳动生产者,而且还是生产资料的占有者和所有者。虽然他们占有的土地数量极少,但是,因为他们占有了这一点点土地,所以也就世世代代被牢牢地拴在这块土地之上,成为这块"土地之有机属性的人类"[①]。土地不

---

① [德]马克思撰:《资本主义生产前各形态》,北京:人民出版社,1956年。

但是农民的命根子,是农民赖以生存的唯一基本生活条件,而且是套在农民身上的绳索。农民要靠土地生活,所以,无论生产条件怎样恶劣和艰难,无论发生多大的天灾和人祸,无论生活条件穷困到何种程度,他们都不肯轻易出售或抛弃自己耕作的土地,不肯轻易离开自己的家园。罗愿《新安志》卷一《风俗》记载:

> 山限壤隔,民不染他俗。勤于山伐,能寒暑,恶衣食。女子正洁不淫佚。虽饥岁,不鬻妻子。山谷民,衣冠至百年不变。自唐末,赋不属天子,骤增之民,则益贫。然力作重迁,犹愈于他郡。

《歙风俗礼教考》曰:"歙俗之美,在不肯轻去其乡,有之则为族戚所鄙,所谓'千年归故土'也。"①康熙《徽州府志》卷二《风俗》记载:"其间小民亦安土怀生,即贫者不卖侲子流庸。"明清时期,随着商品经济的发展和资本主义生产关系萌芽的产生,徽州宗族子弟"弃儒服贾""弃农经商"者愈来愈多。随着徽商的发展和繁荣,徽州宗族商人外迁者日益增多。但是,许多宗族子弟还怀念唐宋以来"安土重迁"的风尚。许多人"壮则服贾,老则归田"②,"人重去其乡"③。《例授昭勇将军成山指挥使李君墓志铭》记载:"歙山郡,地狭薄不足以食,以故多贾,然亦重迁,虽白首于外,而为他县人者盖少。"④

唐宋时期,自给自足的自然经济占统治地位。那时,不仅没有统一的全国性的市场,在徽州地区即使是地区性的市场也不存在。地主收取地租,主要是供自己享用。佃农除了缴纳地租以外,剩余产品几乎是全部自己消费。广大自耕农则完全是自给自足。人们生活在一个封闭的极端狭小的天地里,除了自己居住的村庄和周围一些村落,此外,几乎什么也不知道。许多人很

---

① (民国)许承尧撰:《歙事闲谭》第十八册,稿本。
② (清)鲍光纯纂:《重编歙邑棠樾鲍氏三族宗谱》卷十五《文庆公派》,清乾隆二十五年(公元1760年)一本堂刻本。
③ (明)黄玄豹纂:歙县《潭渡孝里黄氏族谱》卷五《祖墓》,清雍正九年(公元1731年)家刻本。
④ (明)归有光撰:《震川先生文集》卷十八,明万历二年(公元1574年)刻本。

少进城,甚至一生连县城都未去过。黟县《南屏叶氏族谱》卷一记载:"叶氏聚族居于乡,距城十里许,无公事罕入市者。"劳动农民男耕女织,日出而作,日入而息。人们世世代代生活在一种几乎僵化了的社会里。罗愿《新安志》共10卷,是比较系统、比较全面介绍徽州的第一部地方志。该书用6卷篇幅介绍徽州的州郡、物产、贡赋、先达、进士、义民、仙释、牧守;用3卷篇幅分别介绍6个县的沿革、县境、乡里、户口、田亩、租税、酒税、城社、官廨、镇寨、道路、桥梁、津渡、山阜、水源、古迹、祠庙、道观、僧寺、丘墓、碑碣、贤宰;最后一卷是杂录。但是,此书只字未提商业。这充分说明,唐宋时期徽州地区占统治地位的是自然经济。

封建生产方式和自然经济,必然产生聚族而居。在徽州历史文献中,"聚族而居"的资料,俯拾即是,举不胜举。例如:"徽居万山环绕中,川谷崎岖,峰峦掩映,山多而地少。遇山川平衍处,人民即聚族居之。"①再如,徽州"乡落,皆聚族而居,多世族,世系数十代,尊卑长幼犹秩秩然,罔敢僭忒。……盖自新安而外所未有也"②。程且硕《春帆纪程》记载:"徽俗,士夫巨室,多处于乡,每一村落,聚族而居,不杂他姓。其间,社则有屋,宗则有祠,支派有谱,源流难以混淆。"③如果与其他地区相比,我们即会发现,徽州"寓内,乔木故家相望不乏。然而族大指繁,蕃衍绵亘,所居成聚,所聚成都,未有如新安之盛者"④。陈去病《五石脂》记载:"徽州多大姓,莫不聚族而居,而以汪、程为最著,支祠以数千计。"聚族而居,是徽州社会历史一种普遍的社会现象。

唐宋以来,徽州形成许多以姓氏命名的村落和街巷,这些村落和街巷既是聚族而居的写照,又是聚族而居的结果。《新安名族志》中以姓氏命名的村落和街巷,是聚族而居的典型。下面是我们不完全的统计。

---

① (民国)吴日法撰:《徽商便览·缘起》,新安惟高堂刊本。
② (民国)葛韵芬等修,江峰青纂:《重修婺源县志》卷四《风俗》,民国十四年(公元1925年)刻本。
③ (民国)许承尧撰:《歙事闲谭》第八册,稿本。
④ (清)许登瀛纂:《重修古歙东门许氏宗谱》卷九《城东许氏重修族谱序》,清乾隆二年(公元1737年)刻本。

歙县有：

刘村、鲍屯、罗田、上方村、余岸、余家山、黄家坞、郑村、曹溪、王充、胡村、绍村、黄墩溪南、吴村、叶村、宋村、许村、杨村、王村、蒋村、徐村、黄屯、谢村、江村、江家山、舒塘、洪源、朱方等。

休宁有：

余头村、黄村、汪村、陈村、查村、吴田、稍云吴田、叶村、石磴张村、渭南胡村、许村、朱紫巷、毕村、梅结宋村、汪祁、苏家巷、余家坞、韩家巷、洪家山、曹村、汪干、洪方、罗墩、朱塘、杨冲、倪干、汪溪等。

婺源有：

方村、陈家巷、谢源江村、施村、韩家巷、马家巷、江湾、韩溪、汪口、王川、王封镇头等。

祁门有：

程村、胡村、宋家山、李源、叶家埠、曹村、王家山、廖家巷、康村、韩溪、王源、王源中村、叶村、章溪、饶家坞等。

黟县、绩溪有：

李村、韩村、叶村、南山叶村、江村、谢村街、万村、卢村、欧村、汪村、周村、胡里镇、周川、冯村、程里等。

据《新安名族志》记载，徽州聚族而居的地方，不以姓氏命名的村落和街巷更多。如，程氏聚族而居的地点不以姓氏命名者，歙县有槐塘、河西、荷花池、南市、岑山渡、竦口、云雾塘、托山、东山、五里牌、岩镇；休宁有汊口、会里、陪郭、富溪、鬲山、溪头、五城溪口、中泽、苏田、浯田、芳关、北村、珠光、率东、临溪、泰塘、仙林、蟾溪、山斗、西管；婺源有高安、龙头山、枧溪、龙陂、溪源、彰睦、香田、香山、城东、西湖、种德坊、兴孝坊、中平、凰腾、金竹、长径、箬岭；祁门有善和；黟县有南山、城南、淮南门、淮渠；绩溪有中正坊、仁里、大谷、小谷等。

又如，汪氏聚族而居的地点不以姓氏命名者，歙县有唐模、潜口、上路、崇明山、彰祁、西沙溪、斗山、环山、岩镇、富曷、信行、丛睦、沃里、慈姑、竦川、丰溪、稠墅；休宁有旌城、溪口、石田、鹏鹄原、山背、当坑、首村、渠滨、南溪、芳塘、潜阜、资村、上资村、梅林、石岭、尧山、长丰、万安、中泽、居安、蒲溪、石门庄、阳湖、石砫、藏溪、富昨、隐冲、汊口、竹林;婺源有大畈、回岭、凤砂、官源、符村、集贤坊、冲山;祁门有井亭、崇善坊、桃墅、泸溪、舜溪、侯潭、朴墅、龙溪、梓溪、楚溪、杭溪、石潭、横街;黟县有钟楼下、霞阜、横冈、蓬下村、善和;绩溪有西园、乳溪、环川、古墙、税务前等。历史事实证明,封建生产方式和自然经济必然产生聚族而居,聚族而居必然产生宗族。封建生产方式和自然经济是宗族产生的根本原因。

二、徽州宗族形成的过程

宗族是历史上形成的以父系血缘关系为纽带的社会人群共同体。任何一个宗族都是人丁繁衍到一定世代和一定数量的结果。这是宗族形成的一个基本前提和基本条件。所以,每一个宗族的形成都要经过一个相当长的历史过程,少则一个半世纪,多则二三百年。

宗族的形成过程为什么需要这样长的时间呢? 这个问题必须从古代的宗法制度说起。《春秋左传集解》卷十五"襄公十二年秋"记载:

> 吴子寿梦卒。临于周庙,礼也。凡诸侯之丧,异姓临于外,同姓于宗庙,同宗于祖庙,同族于祢庙。是故鲁为诸姬,临于周庙。为邢、凡、蒋、茅、胙、祭临于周公之庙。

什么是"同宗"呢? 杜预说,邢、凡、蒋、茅、胙、祭"六国,皆周公之支子,别封为国,共祖周公",是谓"同宗"①。什么是"同族"呢? 杜预说:"同族,谓高祖以下。"②换句话说,"同族"就是五服以内的血缘亲属。

什么是"宗族"呢? 依据传统的宗法制度,所谓"宗族"就是由"同宗"和"同族"两部分亲属构成的以父系血缘关系为纽带的社会人群共同体。始祖

---

① (春秋)左丘明著,(西晋)杜预等集解:《春秋左传集解》卷十五,上海:上海人民出版社,1977年。

② (春秋)左丘明著,(西晋)杜预等集解:《春秋左传集解》卷十五,上海:上海人民出版社,1977年。

以下的后裔为"同宗",高祖以下的子孙为"同族",合称"宗族"。班固在《白虎通》卷三下《宗族》中说:"宗者何谓也? 宗者尊也。为先祖主者,宗人之所尊也。礼曰:'宗人将有事,族人皆侍。'古者所以必有宗何也? 所以长和睦也。大宗能率小宗,小宗能率群弟,通其有无,所以纪理族人者也。宗其为始祖后者为大宗,此百世之所宗也。宗其为高祖后者,五世而迁者也。故曰:'祖迁于上,宗易于下。'宗其为曾祖后者为曾祖宗,宗其为祖后者为祖宗,宗其为父后者为父宗。父宗以上至高祖宗,皆为小宗。以其转迁,别于大宗也。别子者自为其子孙祖。继别者各自为宗。所谓小宗有四,大宗有一,凡有五宗,人之亲所以备矣。……族者何也? 族者凑也,聚也,谓恩爱相流凑也。上凑高祖,下至玄孙,一家有吉,百家聚之,合而为亲。生相亲爱,死相哀痛,有会聚之道,故谓之族。"

殷周以来的历史文献中,涉及"宗族"这个概念的,有许多不同的提法和表述。如,三族、五族、九族等。先儒和学术界对这个问题,众说纷纭,莫衷一是。我们认为,依据殷周以来历史文献对宗族的阐述,综观徽州宗族一些谱牒家乘资料,一个宗族必须在始祖下传六世或六世以下才能形成。因为,始祖传至五世时,三从昆弟共高祖,还在五服以内,是"同族";传至六世时,玄孙之子出了五服,"高祖迁于上,宗则易于下",各个高祖的玄孙之亲属关系,是"同宗",这时宗族便诞生了。① 中国古代,依据人类繁衍的规律,一般认为 30 年为一世。这样,一个宗族的形成过程大约需要一个半世纪。

有的宗族为什么要在始祖下传七八世甚至更多世代以下才能形成呢? 为什么形成过程需要二三个世纪的时间呢? 这是因为传宗接代出现"单传"和支丁外迁造成的。请看歙县呈坎前罗氏宗族一世至十二世世系表:

---

① (汉)郑玄注,(唐)贾公彦疏:《仪礼注疏·丧服》,上海:上海古籍出版社,1990 年。疏曰:"云族昆弟者,己之三从兄弟,皆名为族。"

表 1-3　歙县呈坎前罗氏宗族一世至十二世世系表

世代										
一世	罗天真									
二世	罗成									
三世	罗仁昉									
四世	罗文珏									
五世	罗爵									
六世	罗准									
七世	长子罗禧							次子罗裕	三子罗冲	四子罗祥
八世	长子罗务本				次子罗俊民			迁容溪	迁黄冠塘	迁陈村
九世	罗嘉谋				长子罗视礼	次子罗听礼	三子罗言礼	四子罗动礼	五子罗复礼	
十世	长子罗思文	次子罗文虎	三子罗思齐	四子罗思聪	长子罗三四	次子罗思成	三子罗千九	长子罗绶	次子罗晔	长子罗义闻 次子罗义荣 三子罗义和 四子罗义卤
十一世	长子罗之奇 次子罗之才 三子罗之美 四子罗之茂			罗泳	长子罗灏 次子罗潆		罗深潮	罗深	罗淑	罗济 罗泾 罗崇
十二世	长子罗攀龙 次子罗支龙 三子罗梦龙 四子罗应龙			罗璟 罗琇 罗琳 罗珌 罗周 罗鼎 罗玠 罗瑞 罗璲 罗极			罗琦	长子罗继 次子罗智 三子罗隆 四子罗祖		罗权

资料来源:(清)罗应元纂歙县呈坎《罗氏宗谱》,清乾隆十八年(公元1753年)稿本影印。

上列世系表告诉我们,歙县呈坎前罗氏宗族自始祖——始迁祖——罗天真下传到六世,都是单传。第七世虽然有罗禧、罗裕、罗冲、罗祥兄弟四人,但是,罗裕迁容溪、罗冲迁黄冠塘、罗祥迁陈村,居呈坎守祖业者只有罗禧一人。每世只有一个人丁,因此不能形成宗族,这是不言而喻的。那么,呈坎前罗氏宗族是在什么时候形成的呢?从《春秋左传集解》和杜预的注释来看,这个宗族是在始祖罗天真下传至十二世时才开始形成。因为呈坎前罗氏宗族第十一代全体支丁——罗之奇、罗之才、罗之美、罗之茂、罗泳、罗灏、罗深、罗潮、罗深、罗淑、罗济、罗泾、罗崇——都是第七世祖罗禧的玄孙,他们共高祖,换句话说,他们之间都是三从昆弟,均在五服之内,所以是"同族"。下传至第十二世时,第八世祖罗务本和罗俊民二人都成为高祖,"高祖迁于上,宗则易于下"。这时,罗务本的儿子罗嘉谋,孙子罗思文、罗文虎、罗思齐、罗思聪,曾孙罗之奇、罗之才、罗之美、罗之茂、罗泳、罗灏、罗深、罗潮,玄孙罗攀龙、罗支龙、罗梦龙、罗应龙、罗璟、罗琇、罗琳、罗珌、罗周、罗鼎、罗玠、罗瑞、罗璲、罗极构成一个长房五服圈。罗俊民的儿子罗视礼、罗听礼、罗言礼、罗动礼、罗复礼,孙子罗三四、罗四四、罗思成、罗三九、罗千六、罗绶、罗晔、罗义闻、罗义的、罗义荣、罗义和、罗义卤,曾孙罗深、罗淑、罗济、罗泾、罗崇,玄孙罗琦、罗继、罗智、罗隆、罗祖、罗权构成一个二房五服圈。五服圈之内的血缘亲属,为"同族",五服圈之外的血缘亲属,为"同宗"。这时,呈坎前罗氏宗族才宣告诞生。如果按每世 30 年计,这个宗族形成的过程经历了 3 个多世纪。

从徽州一些谱牒家乘来看,《新安名族志》中列举的宗族,有少数在南北朝时即初步形成。如方氏、舒氏、汪氏、鲍氏、程氏、黄氏、胡氏、余氏、俞氏等。《歙风俗礼教考》记载:"家多故旧,自六朝唐宋以来,千百年世系,比比皆是。重宗谊,修世好,村落家构祖祠,岁时合族以祭。"①这条材料来自嘉靖《徽州府志·风俗》,作者将"自唐宋来,数百年世系,比比皆是",改为"自六朝唐宋以来,千百年世系,比比皆是"。我们认为,这个修改是有一定根据的。

---

① (民国)许承尧撰:《歙事闲谭》第十八册,稿本。

第一章　徽州宗族的兴起

《新安名族志》和谱牒家乘证明，徽州宗族绝大多数形成于唐宋时期。如任氏、陆氏、洪氏、闵氏、谢氏、詹氏、余氏、夏氏、邵氏、江氏、凌氏、范氏、吕氏、马氏、仰氏、葛氏、孙氏、项氏、蒋氏、姚氏、廖氏、张氏、郑氏、周氏、曹氏、祝氏、查氏、陈氏、李氏、朱氏、戴氏、刘氏、罗氏、康氏、王氏、毕氏、潘氏、金氏、赵氏等。还有方氏、舒氏、汪氏、鲍氏、程氏、黄氏、胡氏、余氏、俞氏等宗族，由于子孙繁衍和宗族裂变而形成的新宗族（或曰"子族"），有的形成于唐宋时期，有的形成于元明之间。

宗族不仅是人丁繁衍的结果，更重要的它还是社会发展的产物。周代，统治者为了保证国家和姬姓的统治，建立了完整而严密的封建宗法制度——行"封建之制"，立"大小宗之法"。《休宁溪口黄氏续谱序》说："古者小史官之设，所以统姓氏，明宗法也。盖姓氏统，则贵贱别而人纪所由立，宗法明，则世系奠而昭穆所由叙，其关世教之重也如此。"战国时期，这种制度已经遭到破坏。"自秦以来，小史失官，则姓氏无书，而宗法废矣"。[①] 具体一点讲，就是"封建之制不行，大小宗之法废"[②]。

汉代以来，从全国各地——主要是中原地区——迁入徽州地区的封建士大夫和仕宦，为了维系和巩固血缘群体的凝聚力和血缘群体的兴旺发达，他们从徽州当地血缘群体的实际情况出发，在继承周代和中原地区宗法制某些因素的基础上，逐渐建立了一种新的宗法制度。所以，在徽州的历史文献中，一方面大讲"周衰而宗法废"[③]，"封建之制熄而宗法亡"[④]；另一方面，民国《歙县志》卷一《舆地志·风土》又说："邑俗，旧重宗法，聚族而居。"据历史文献记载，不只是歙县，而是整个徽州都"重宗法"。这是徽州社会历史一个突出的现象。

---

① （明）黄录、黄岩峜、程天相纂：《新安黄氏会通谱》，明弘治十四年（公元 1501 年）刻本。
② （明）许光勋纂：《重修古歙城东许氏世谱·重修古歙城东许氏世谱凡例》，明崇祯七年（公元 1634 年）家刻本。
③ （清）鲍光纯纂：《重编歙邑棠樾鲍氏三族宗谱》，韩彦曾《序》，清乾隆二十五年（公元 1760 年）一本堂刻本。
④ （明）吴元满纂：《歙西溪南吴氏世谱》，李贽《序》，明末清初吴启暴抄本。

徽州宗法制度的核心是世系昭穆。"奠世系、序昭穆"的过程，就是宗法制度形成的过程。为了奠世系、序昭穆，每一个宗族都要首先确立自己的始祖——一世祖。有共同的始祖，是宗族的一个基本特征。始祖是宗族的"木本水源"，没有始祖，即没有宗族。歙县《托山程氏家谱》记载："万物本乎天，人本乎祖。人之有祖，犹木之有根，水之有源也。"《新安歙西溪南吴氏世谱》记载："物本乎天，人本乎祖。夫水木犹有本源，人而可不知其有祖乎？故能尊祖，则能敬宗；能敬宗，则能睦族。苟能行之，则千载之辽邈犹一日也，百世之禅代犹一人也。"程一枝在《程典》卷十九《宗法志》中说："人之生也，本之为祖，统之为宗，散之为族。祖也者，吾身之所自出，犹木之根也；宗族也者，吾身所同出，犹木之支干也，是皆生理之自然，而不可忽者矣。"宋元以来，徽州的谱牒家乘之中，大都有"祖先考辨"，其目的主要是为了确立始祖，奠世系，序昭穆。

徽州宗族大都以始迁祖作为始祖。这是采纳周代始封君为始祖之遗意①。《新安黄氏大宗谱》卷二《横槎祠堂记》记载："士庶人始其迁祖，崇始迁也。祠而祀之，准古别子之义而起为礼者也。"据《新安名族志》和一些谱牒记载，从汉代以来，从全国各地——主要是中原地区——迁入徽州的汪文和、鲍弘、程元谭、俞纵、黄积、胡焱、倪玄鉴、余祥、叶续、任昉、闵纮、徐摛、谢杰、詹初、佘公理、夏元康、邵裕期、陆俨、吴少微、洪经纶、江祯、凌安、范传正、吕谓、姚源清、马咸、仰敬、葛晋、孙万登、项绍、蒋俨、廖嵩、张弘道、周垚、曹尚贤、郑思、祝成俊、查师诣、陈禧、李祥、刘依仁、罗秋隐、罗文昌、康先、王翔、王璧、毕师远、潘逢辰、潘逢旦、金铸道、赵思、胡昌翼……都被作为一世祖，其神主供奉于宗祠正寝的神龛正中。

徽州宗族的祖先，还有以有功德的先人为始祖者。绩溪《华阳邵氏宗谱·家规》说，徽州"士大夫家皆以始迁及有功德者为始祖，其嫡长世世继之为大宗，以准古之别子"。例如，为避王莽篡权之乱，方纮从河南迁歙县东乡

---

① （春秋）左丘明著，（西晋）杜预等集解：《春秋左传集解》"襄公十二年"，上海：上海人民出版社，1977年。

(今浙江淳安县)。东汉时期,方纮之孙方储精研《周易》,举孝廉,"对策天下第一,拜洛阳令"。"宋明帝尝祠以太宰,追封龙骧将军、黟县侯"。① 徽州有的方氏宗族奉方储为始祖②。又如,方腊起义时,绩溪县金紫胡氏"惊散逃避,旧谱亡失",胡宓"以前之世系遂不可考"。宋绍兴间(公元1131—1162年),胡舜申始修《胡氏族谱》,遂"以唐散骑常侍宓公为始祖"。③ 再如,安史之乱,倪应携家从河北藁城县逃奔渡江,"闻新安名山胜地,至则乐黄山而居之"。黄巢起义时,倪时思(字康民)保障池、严、婺、饶、信等十州之地,"朝廷嘉其功,授兵部尚书",辞官不仕,告退还乡,"居祁门伊川官人垣"。一般来讲,倪氏应以倪应为始祖,但是,祁门渚口、伊坑、滩下、花城里倪氏宗族却以倪时思为始祖。④ 徽州宗族的始祖之中,高官显宦、道高德隆者较多,就是由"以有功德者为始祖"造成的。

一个血缘群体必须"奠世系、序昭穆"才能形成一个宗族。如果没有明确的昭穆世次,即使是同一个始祖的后裔,也不能形成宗族。昭穆世次是宗族一个最重要的基本特征。

《绩溪金紫胡氏家谱·绩北胡氏世系录小引》记载:

> 原族之在绩溪者,分居散处,坊乡棋布,虽知其为共常侍公发派,然以世远人繁,音问罔通,致不能备叙昭穆矣。

绩溪县城北金紫胡氏虽然有共同的始祖,相互间存在着血缘关系,但是他们"不能备叙昭穆",所以,不能形成一个宗族。歙县《方氏族谱》卷七《家训》注对宗族之所以要"奠世系、序昭穆"的重要性和重大意义,阐述得非常清楚:

---

① (宋)罗愿纂,赵不悔修:淳熙《新安志》卷八《叙仙释·方储》,清光绪三十三年(公元1907年)刻本。

② (清)方善祖等纂:歙县《方氏会宗通谱》,清乾隆十二年(公元1747年)抄本。

③ (清)胡炳衡、胡广植、胡培翚纂:《绩溪金紫胡氏家谱》卷一《古系》,清嘉庆二十四年(公元1819年)刻本。

④ (清)倪望重纂:《祁门倪氏族谱·始祖康民公墓图》,清光绪二年(公元1876年)刻本;祁门渚口、伊坑、滩下、花城里倪氏《立齐心扶正祀典合文》。

一家之人,高曾祖考,子孙玄庶,门分户别,众而为族。族至千百,称为故旧。然必喜庆相贺,忧戚相吊,疾病相问,患难相扶,乃为之族。苟昭穆紊而名分失序,亲疏隔而情爱不通,方圆相合而判然不相联属,秦越相视而邈然不相关系,则路人而已矣,何族之有?

徽州所有宗族的祖先,都把"奠世系、序昭穆"当作宗族头等大事。《重修古歙东门许氏宗谱》卷八《规约·书宗祠条规后》记载:

祠中神主向次龛座,不序昭穆,殊为失次。考宗庙之礼,原所以序昭穆。是子孙入祠坐次,且悉照祖宗昭穆为序,而祖宗坐位昭穆先乱,何以示子孙乎?今议:龛座中列为始祖,并所奉不祧之主坐次。余悉以世次,分左昭右穆,相循而坐,此正名根本,千古不易之论也。

歙县《方氏族谱》卷七《家训·注》记载:

一本之义不明,则世系不可考;世系之考不详,则昭穆不可叙;昭穆失叙,则尊卑之分不定;夫分不定,则称谓之名不正;名分既泯,则彼此相视皆为路人。无所见闻,而同本之恩不作;无所感触,而孝悌之良不生。人且不知其有族矣,而况望其或相亲睦耶?是以君子必明始祖以来之世系,详五服既穷之昭穆,使服虽穷,而尊卑之分在;世虽远,而称谓之名存,则触之而孝悌之心油然而生,玩侮之心暗然而沮矣。

怎样才能"奠世系、序昭穆"呢?徽州人的祖先认为,最重要的一个方法和手段是纂修谱牒。黟县《明经胡氏存仁堂支谱》卷首《前朝谱序》记载:

夫古者,族师一官掌族之戒令政事,书其孝弟睦姻有学者,所以重氏族而使相联属,如此其周以详也。族师法废,而五服以降,遂不相亲,一姓之中,至不相识,甚至高曾而上不能举其讳字,昭穆之间无以详其辈行,数典而忘,君子耻之。然则谱系之修,将以补族师之阙,而救末俗之偷,其所系顾不重哉!

《重编歙邑棠樾鲍氏三族宗谱·棠樾鲍氏族谱序》曰:

> 古者,诸侯世国,大夫世家,有宗子世禄,则可以统摄其族人。去古既远,无世禄,宗子则必作谱以敬宗收族。否则昭穆混淆,亲疏莫辨,由高曾而上,旁枝别派,漫不可知,虽再从昆弟,徙居异爨,庆吊靡闻,遂至相视如秦越。是故世家宦阀,急于修谱,敦孝弟以睦宗族,由睦族以善州乡,此感彼化,风淳俗美,皆由于作谱以致然也。

一个血缘群体建立了明确的世系昭穆,是其成为宗族的一个重要标志。

第三节 徽州宗族的繁衍裂变

《新安大族志》《新安名族志》和《休宁名族志》是按姓氏编纂的。《新安大族志》共列 81 个姓氏,《新安名族志》共列 84 个姓氏,《休宁名族志》共列 53 个姓氏。① 在这些姓氏之中,绝大多数包含众多宗族,少则几个,多则数十个。这是由两个原因造成的:一、族志中所列姓氏,有许多是"同姓不同宗",他们不属于同一个宗族。例如,琅琊王氏与太原王氏、济阳江氏与萧江氏、安定胡氏与明经胡氏、青州孙氏与富春孙氏、湖州叶氏与浮梁叶氏,等等,都是"同姓不同宗",不属于同一个宗族。绩溪县有"绩溪三胡"之说,所谓族姓"绩溪三胡",就是指明经胡氏、金紫胡氏、遵义胡氏(又曰尚书胡氏)。三胡虽然同姓,但是不同宗,不是同一个宗族。二、族志中所列的"大族"和"名族",有的虽然是"同姓同宗",但是,由于宗族的繁衍裂变,一个宗族变成数个、甚至数十个宗族,成为一种相当普遍的现象。有的学者将徽州最初形成的一些宗族称为"母族",将从"母族"中分裂出来的宗族称为"子族",将"母族"与"子族"之间的关系称为"地方性家族集团"②。我们认为,这种解释是符合徽州

---

① (明)程尚宽等纂:《新安名族志》,日本东洋文库藏明嘉靖三十年(公元 1551 年)刻本。有的版本列 88 个姓氏,有的列 86 个姓氏,有的列 78 个姓氏。

② [美]贺杰:《明清徽州的宗族与社会流动性》,见《徽州社会经济史研究译文集》,合肥:黄山书社,1987 年。

宗族实际情况的。

一、宗族的繁衍裂变

鲍源深在《歙新馆鲍氏著存堂宗谱》序中记载："晋咸和间,元始公讳弘守新安,遂家焉,歙之有鲍氏自此始。其后,子姓繁衍,散处于歙者,则有鲍屯、光山源、蜀源、丰口、后村、新馆、叶圃、宋祁、王千寨、唐美、棠樾、箬岭、竭田、西杨村、烟溪、霞丰、灵山、岩镇、叶村、溪子里、潭渡、大址、十里牌、环山、向杲、甸川、东村、南村、古溪,凡二十九派,自各族迁外省及他郡邑,又不可盛纪。"据《休宁名族志》记载,程氏包括汊口、会里、陪郭、富溪、率东、草市、榆村、阳村、鬲山、油潭、溪头、率口、阜上、山斗、临溪、社坛、芳干、文昌坊、瑶关、仙林、黄茅、霞汊、蟾溪、合干、汪祁、萝山、中泽、泰塘、北村、贺州竹厦、剑潭、珠光、琅珊、新塘、屯溪后田、厚河、龙湾、林塘、瑶溪、闵口、五城、苏田、浯田、富戴、塘尾、溪西、屯溪、古城、渠川、冲山、横干、梅林、商山、溪坦、遐富源、西馆、浯田岭、古墩等众多程氏支派。休宁《月潭朱氏族谱》卷二十二下《迁平湖支弁言》记载："先世皆居婺之阙里,至瓒公徙居休宁之南,是为临溪府君;兴公自临溪东徙十里,是为月潭府君;时公自月潭徙居歙之环溪,是为杏城府君。徽郡朱姓最繁,而紫阳之族惟此四派最著。"休宁《月潭朱氏族谱》卷二十二上《朱慕潭公传》记载："吾郡朱姓,惟徽国为最著,其支派由星源分散四方,而称望族者不下十百数,月潭朱氏其一也。"绩溪《盘川王氏宗谱》卷之前《重修新安王氏统宗世谱序》记载："王氏出唐兵部尚书大献公,而居新安者六百余族,散处列邑,又蔓旁郡,其大且显者凡百十族,各以其地为望,而一望之聚居者,无虑数百人,数千人。诗礼簪缨,后先昭耀,盖江南首姓也。"《绩溪庙子山王氏谱》卷首一《叙目》记载："今考延钊子十府君（原注："长子不纪系"——引者）,后分徙而立族者,凡四百七十有余派。呜乎,盖其盛哉! 盖其盛哉!"

徽州宗族繁衍裂变的原因是什么呢？

《新安黄氏会通谱》记载："黄之先出自江夏,至太守公,当晋元帝时来宰新安,子孙家之,即今新安黄氏之始祖也。其后,云仍骈蕃,隐显分裂,或因宦游而寓他郡,或避兵燹而居异里,或以指众而立一乡,或自他郡而复故址,莫归于一。"《新安俞氏宗谱·俞氏迁派通考》记载,俞氏"由十八公而下,世系始详,迁派不一。有宦游而迁居者,有辟地而迁居者,有择胜而迁居者,有因寓而迁居者"。

综观《新安名族志》和谱牒家乘,徽州宗族繁衍裂变的原因有:

(一) 因宦游而裂变

祁门左田黄氏宗族始迁祖黄仪,字元和,系歙县黄墩黄氏宗族黄积的十四孙。唐天宝年间(公元 742—755 年),黄仪"入仕,初任绩溪尉,次尉青阳,三尉祁门"。遂从歙县黄墩迁于祁门左田。其后,子孙繁衍,形成祁门左田黄氏望族。① 休宁陪郭程氏宗族始迁祖程南节,系歙县黄墩程氏宗族程灵洗十六世孙。唐宋之际,南节"官至左领军大将军,镇休宁",遂家陪郭。子孙繁衍,逐渐形成休宁陪郭程氏宗族。② 婺源大畈汪氏宗族始迁祖汪渍,先世居绩溪县登源村,系登源汪氏宗族子弟,唐越国公汪华十四世孙。南唐保大间(公元 943—957 年),渍"守婺源三梧镇,靖寇保民,官至银青光禄大夫兼御史大夫、上柱国"。死后,"土人祀之,曰端公祠"。其子中元,遂居婺源大畈。传五世,曰汪惟厚者"居大畈前村";曰汪惟瞻者"居大畈畬田";曰汪惟庆者"居大畈后村"。子孙繁衍,形成婺源县一个望族。③ 绩溪胡里镇明经胡氏始迁祖胡延政,出婺源考川派,系考川明经胡氏宗族始迁祖胡昌翼之长子。宋初,延政因"平蜀"功,"授绩溪令,恩敕中王。爱通镇山水,改名胡里镇,扁(匾)曰懋学堂,遂家焉"。其后,子姓繁衍,逐渐形成绩溪一个大族。④ 婺源高安程氏,

---

① (明)程尚宽等纂:《新安名族志》前集,日本东洋文库藏明嘉靖三十年(公元 1551 年)刻本。

② (明)程尚宽等纂:《新安名族志》前集,日本东洋文库藏明嘉靖三十年(公元 1551 年)刻本。

③ (明)程尚宽等纂:《新安名族志》前集,日本东洋文库藏明嘉靖三十年(公元 1551 年)刻本。

④ (明)程尚宽等纂:《新安名族志》前集,日本东洋文库藏明嘉靖三十年(公元 1551 年)刻本。

系出南梁忠壮公程灵洗之后,祖籍歙县黄墩。隋唐之际,程湘"起兵拒贼,为唐歙州牙将,镇婺源,历检校工部尚书,始迁婺源"。程全礼"仕光禄大夫、检校御史中丞、上柱国,兼领婺源镇兵"。程萌"始迁高安之凤岭,隐德弗仕"。其后,子孙繁衍逐渐形成婺源高安程氏宗族。① 祁门善和程氏宗族始迁祖程仲繁,系歙县黄墩程氏宗族后裔,程灵洗十五世孙。唐代,仲繁仕至"检校户部尚书,尝作镇祁门以御寇,至鄱,因居浮梁之锦里。季子曰令浬,仕中奉大夫,奉母胡夫人留居祁门善和里"。其后,子姓繁衍,形成祁门一个名族。② 婺源官源汪氏宗族始迁祖汪道安,先世居绩溪县登源村,系唐越国公第七子汪爽之裔孙。道安为唐兵马使都虞侯,"戍守婺源"。长子汪端,迁居大畈。汪程"复自大陂(畈)迁居回岭"。曰汪涓者,再"自回岭迁官源"。其后,子孙繁衍,逐渐形成婺源官源汪氏宗族。③

(二)因避地而裂变

歙县向杲柏枝树下黄氏,系潭渡黄氏宗族后裔。唐代,有黄文瓒者,"避巢寇,自南徙北,家焉"。宋代,黄孝思"招降剧盗凌六乙,以功授官,不受"。其孙兴寿"又自北迁于潭之南柏枝树下而居焉"。其后,子姓"或儒或商,彬彬可述",成为歙县一个名族。④ 歙县东门黄氏宗族始迁祖黄仲实,系潭渡黄氏宗族子弟,因"避乡寇凌六一(按:即凌六乙——引者)之乱,由潭渡徙居郡城东门坎"。其后,逐渐形成一个东门黄氏宗族。⑤ 休宁星洲黄氏宗族始迁祖黄良弼,系五城溪口黄氏宗族七世孙。元朝末年,良弼"因避红巾之寇"迁徙

---

① (明)程尚宽等纂:《新安名族志》前集,日本东洋文库藏明嘉靖三十年(公元1551年)刻本。
② (明)程尚宽等纂:《新安名族志》前集,日本东洋文库藏明嘉靖三十年(公元1551年)刻本;(清)程衡纂:《祁门善和程氏仁山门支谱》,清康熙二十一年(公元1682年)刻本。
③ (明)程尚宽等纂:《新安名族志》前集,日本东洋文库藏明嘉靖三十年(公元1551年)刻本。
④ (明)程尚宽等纂:《新安名族志》前集,日本东洋文库藏明嘉靖三十年(公元1551年)刻本。
⑤ (明)程尚宽等纂:《新安名族志》前集,日本东洋文库藏明嘉靖三十年(公元1551年)刻本。

星洲。其后,子姓繁衍,逐渐形成星洲黄氏宗族。① 歙县云雾塘程氏宗族始迁祖程千四,号梅屋,系休宁会里程氏宗族子弟,"以孝廉举进士,游朱晦庵之门"。宋庆元年间(公元1195—1200年),为逃避"党禁弃归",由休宁会里迁至歙县云雾塘。其后,子姓繁衍,形成歙县云雾塘程氏宗族。② 歙县托山程氏,系出黄墩程氏宗族忠壮公程灵洗之裔孙。十七世曰程从魁,"遭五代乱,居舍不定"。二十一世曰程加厚,遂徙居托山。其后,子孙繁衍,遂形成歙县托山程氏宗族。③ 休宁富戴程氏宗族始迁祖程僖,"其先世居于歙之黄墩",系"忠壮公十五世孙"。唐末,"因避巢乱",始迁于富戴。其后,子姓繁衍,逐渐形成富戴程氏宗族。至明嘉靖三十年(公元1551年),历传已"三十余世矣"。④ 唐咸通元年(公元860年),"浙东寇裘甫攻陷象山,四方骚动"。休宁凤凰山吴氏宗族子弟吴光"避乱择居",遂徙居歙县西溪南。其后,形成歙县一个望族。⑤ 五代战乱时期,唐越国公汪华之第十四孙汪知游,"由歙之黄墩迁休宁乐安乡"。元季"兵乱",三十世孙汪金寿与弟汉英"倡义保障乡里……寻迁兖山"。其后,子姓繁衍,遂形成休宁兖山汪氏宗族。⑥ 婺源绣溪孙氏宗族始迁祖孙朣儒,号竹溪翁,系县城东门孙氏宗族十二世孙。元季"兵乱",朣儒由县城迁绣溪。其后,子孙繁衍,逐渐形成绣溪孙氏宗族。⑦

---

① (明)程尚宽等纂:《新安名族志》前集,日本东洋文库藏明嘉靖三十年(公元1551年)刻本。
② (明)程尚宽等纂:《新安名族志》前集,日本东洋文库藏明嘉靖三十年(公元1551年)刻本。
③ (明)程尚宽等纂:《新安名族志》前集,日本东洋文库藏明嘉靖三十年(公元1551年)刻本;(明)程本华、程光弼纂:《古歙长原托山程氏重修家谱》,明崇祯九年(公元1636年)刻本。
④ (明)程尚宽等纂:《新安名族志》前集,日本东洋文库藏明嘉靖三十年(公元1551年)刻本。
⑤ (民国)吴吉祜纂:歙县《丰南志》第十册《兵事》,稿本。
⑥ (明)程尚宽等纂:《新安名族志》前集,日本东洋文库藏明嘉靖三十年(公元1551年)刻本。
⑦ (明)程尚宽等纂:《新安名族志》后集,日本东洋文库藏明嘉靖三十年(公元1551年)刻本。

(三)因择胜而裂变

绩溪仁里程氏,"出歙槐塘派"。宋代,程宏祖授总干、赠新安郡伯;程瞻祖授提干;程辛祖授饶州同知。兄弟三人见仁里"溪山环翠,隐秀逼人","同自槐塘迁仁里"。① 黟县西递明经胡氏宗族始迁祖胡士良,系婺源考水明经胡氏宗族五世孙。宋元丰年间(公元1078—1085年),士良因公务往金陵,道经黟县东南西川,见这里"山多拱秀,水势西流",风景秀丽,引人入胜。于是偕堪舆家入西川境,遍观形势,见"其地,罗峰当其前,阳尖障其后;石狮盘其北,天马霭其南";②"产青石而如金,对霭峰之似笔;风滢水聚,土厚泉甘"③。胡士良欣然喜曰:"吾常欲卜居,此可以长子孙也。遂自婺源考水来迁此间。因水向西流,遂名村曰西递。"④ 其后,子姓繁衍,遂形成黟县一个望族,有"三千烟灶,三千丁"之说。休宁商山吴氏宗族始迁祖吴子明,系唐侍御史吴少微之后,休宁西郭吴氏宗族子弟。一次,子明"道商山,乐其胜",遂由县城西郭徙居商山,"是为商山始祖"。其后,子姓繁衍,遂形成休宁一个名宗望族。⑤ 休宁临溪吴氏宗族始迁祖吴团(或曰吴田),号八公,系唐侍御史吴少微之后裔。唐咸通间(公元860—873年),吴晋迁石田(《新安名族志》曰右田,讹)。五代时,吴团"爱临溪山水之胜,始定居焉"。其后,子姓繁衍,形成休宁一个大族。⑥ 休宁江村洪氏宗族始迁祖洪邦应,系休宁黄石洪氏宗族子弟。宋淳熙间(公元1174—1189年),邦应为连州教授,晚年致仕,游山水间,见"邑南

---

① (明)程尚宽等纂:《新安名族志》前集,日本东洋文库藏明嘉靖三十年(公元1551年)刻本;(清)程宗宜等纂:《绩溪仁里程世禄堂世系谱·绩溪仁里程世禄堂家谱叙》,清宣统三年(公元1911年)活字本。按:《新安名族志》将程辛祖误为程宏祖。

② (明)程尚宽等纂:《新安名族志》前集,日本东洋文库藏明嘉靖三十年(公元1551年)刻本;(清)黟县西递明经胡氏《道光五年修族(谱)账录》,稿本。

③ (清)胡朝贺纂:黟县《明经胡氏存仁堂支谱》卷首,清同治八年(公元1869年)木活字本。

④ (清)胡朝贺纂:黟县《明经胡氏存仁堂支谱》卷首,清同治八年(公元1869年)木活字本。

⑤ (明)休宁《商山吴氏宗法规条·吴氏族谱叙》,明抄本。

⑥ (明)程尚宽等纂:《新安名族志》后集,日本东洋文库藏明嘉靖三十年(公元1551年)刻本;(明)吴元孝纂:休宁《临溪吴氏族谱·吴氏族谱叙》,明崇祯十四年(公元1641年)刻本。

二十里许,由云岳诸山发脉,二水夹居,左右环会","地脉环巩,林壑秀丽,遂自黄石而迁居焉"。其后,子姓繁衍,逐渐形成江村洪氏宗族。① 绩溪程里程氏宗族始迁祖程药(又曰程旭),系歙县黄墩程氏宗族后裔,御史中丞程云之曾孙。唐代,程药"授金乡尹秩满,经绩之富梧桥,见山水之胜,因徙于此"。其后,子孙繁衍,遂形成程里程氏宗族。②

(四)因指众而裂变

唐宋时期,徽州地区人口增长较快。罗愿《新安志》卷一《户口》记载,唐前期,有 6,021 户;天宝时,增为 38,320 户;宋天禧中,增至 127,203 户。唐中期与前期相比,增长 6 倍多。宋天禧中与唐前期相比,增长 21 倍多。因此,出现"地狭人稠"、"骤增之民则益贫"的社会现象。弘治《徽州府志》卷二《食货》一记载:"本府万山中,不可舟车,田地少,户口多,土产微,贡赋薄,以取足于目前日用观之,则为富郡,一遇小灾及大役则大窘。故自唐以前,贡赋率轻。下至唐末,吴杨氏及南唐偏据一隅,征敛无节,甚至取砚亦有专务。宋兴未能尽革。南渡后,仰给惟江南诸郡,至于酒醋之榷,亦有专官专库。元赋虽不增,而额外又有金铁诸课,民不聊生。"在这种社会背景之下,宗族个别子弟外出另谋生存空间,就成为必然的社会现象了。休宁《古林黄氏重修族谱》卷一《谱迁派》记载:"迁派者何?良由子姓蕃衍,地隘人稠,或随其所之之便,或以其地居之吉,为迁徙之谋者也。"据休宁《月潭朱氏族谱》卷二记载,休宁月潭朱氏宗族始迁祖朱兴,系临溪朱氏宗族子弟。其人"幼卓有异志,为时伟人"。因临溪朱氏宗族"子姓蕃而居址隘,乃卜地距东十里许,曰月潭,前挹天马山,后倚天柱峰,术者以此地益秀,必昌其后,于是由临溪而迁矣"。宋元之际,由于人丁繁衍,月潭朱氏宗族即初步形成。明清时期,发展为休宁一个名宗右族。《婺南中云王氏世谱》载,唐代末年,"大盗蜂起,所居屠剥"。王氏祖

---

① (清)洪昌纂:休宁《江村洪氏家谱》卷六《江村世系表》,清雍正七年(公元 1729 年)刻本。

② (明)程尚宽等纂:《新安名族志》前集,日本东洋文库藏明嘉靖三十年(公元 1551 年)刻本。

先"聚族避地于歙之篁墩,凡江东之裔尽家焉。已而寇乱既平,族绪繁茂,度地不足以容众,乃始解散"。于是,王希翥即"挈家来婺之中云,相视地域,指其子曰:'吾视此地,山柔而秀,水深而长,宽平环拱,气象风土,有非寻常者比,吾与汝世居焉。'"其后,子姓繁衍,遂形成婺源一个望族。据《新安大族志》《新安名族志》和谱牒家乘记载,程氏、鲍氏、方氏、俞氏、余氏、黄氏、汪氏、谢氏、查氏、詹氏、胡氏、张氏、陈氏、李氏、吴氏、叶氏、朱氏、郑氏、戴氏、许氏、孙氏、周氏、洪氏、江氏、曹氏、王氏、范氏、舒氏、徐氏、金氏、章氏等,都因子姓繁衍,散处各地,形成众多宗族(或曰"子族")。

(五)因出赘而裂变

宋代,黟县横冈胡氏宗族子弟胡正臣,充"郡学职,赘于歙之金氏",遂家于歙县东关。生二子,长子嵩,次子崇,"同登淳祐四年进士,郡守饶虎臣立'双桂坊'以旌之"。胡嵩官至湖北运干,胡崇仕至台州知州、中奉大夫。其后,子姓繁衍,逐渐形成歙县东关胡氏宗族。① 元朝末年,祁门县石马山叶氏宗族子弟叶伯禧被黟县南屏村江友松招赘,与江端奴结为夫妇,成为南屏叶氏宗族的始迁祖。"明成化时,传及四世,丁有数十,奉祖训,立家规,建祠宇,设窀穸,司铎作令超群迈伦者,已不乏其人"。"支派日繁,聚族而居,盛且大也","居然名家望族"。② 歙县梅村叶氏宗族始迁祖叶从善,出蓝田派,系叶孟之二十四世孙。元代,从善赘居于梅村。至正间(公元1341—1368年),其孙叶雷"倡义兵,守城御寇。生四子,曰富、曰宝、曰亨、曰贤,俱有隐德"。明代,形成梅村叶氏宗族。③ 明洪武年间(公元1368—1398年),歙县棠樾鲍氏宗族子弟鲍受被新馆曹氏招赘,遂由棠樾迁于新馆。嘉靖年间(公元1522—1566年),子姓繁衍,"族已寖大",建宗祠(著存堂)、修族谱、置族田、立族规,

---

① (明)程尚宽等纂:《新安名族志》前集,日本东洋文库藏明嘉靖三十年(公元1551年)刻本。
② (民国)黟县《南屏叶叙秩堂值年规则(附奎光)》,民国十五年(公元1926年)铅印本。
③ (明)程尚宽等纂:《新安名族志》后集,日本东洋文库藏明嘉靖三十年(公元1551年)刻本。

形成一个新兴的新馆鲍氏宗族。① 黟县横冈汪氏宗族子弟汪景辉,赘于邑北二都蓬下村。其后,子姓繁衍,形成蓬下汪氏宗族。② 休宁隆阜戴氏宗族子弟戴重喜,出赘柳塘凤湖街刘氏,"因家焉"。其后,子姓繁衍,形成柳塘凤湖街戴氏宗族。③ 黟县黄陂汪氏宗族子弟汪百奴,赘于县城北关,遂家于此。其后,子姓繁衍,形成黟县北关汪氏宗族。④ 元代,祁门渚口倪氏宗族子弟倪友谅,字佛生,"由锦城(即渚口——引者)出赘十四都花城里汪公子美女,因家焉"。光绪《祁门倪氏族谱·雍睦堂菊庵公传略》记载:"佛生公始由锦城复迁花城,即今洙源里也,距锦城二十里许。至今,人文彬郁,规模气象犹有司马(按:指倪氏始祖倪康民——引者)遗风。"虽然花城里倪氏与渚口倪氏宗族还保持千丝万缕的联系,但是,他们已形成一个独立的宗族。徽州历史文献中,宗族子弟因出赘在异地形成的宗族(或曰子族)事例较多,这说明出赘是宗族繁衍裂变的一个重要原因。

(六)因隐居而裂变

唐广明间,宰相萧遘仲子祯,"伐巢贼有功,封柱国上将军,镇守江南,驻兵于歙黄墩,谋复唐业不克,遂指江为誓,易姓江焉"。祯之后江董"迁婺源中平,更迁湔溪"。后裔江愉,"博学隐居,征辟不起"。始迁歙县路口,"子姓蕃衍,遂以姓称其地",形成歙县江家山江氏宗族。⑤ 休宁县西门汪氏宗族子弟汪洗,"师朱凤(枫)林、赵东山"。明初,自县城西门迁居汉口,"建养晦山房,

---

① (清)鲍存良、鲍诚猷纂:《歙新馆鲍氏著存堂宗谱》,清光绪元年(公元 1875 年)活字本。
② (明)程尚宽等纂:《新安名族志》前集,日本东洋文库藏明嘉靖三十年(公元 1551 年)刻本。
③ (明)程尚宽等纂:《新安名族志》后集,日本东洋文库藏明嘉靖三十年(公元 1551 年)刻本。
④ (明)程尚宽等纂:《新安名族志》前集,日本东洋文库藏明嘉靖三十年(公元 1551 年)刻本。
⑤ (明)程尚宽等纂:《新安名族志》后集,日本东洋文库藏明嘉靖三十年(公元 1551 年)刻本。

以终老焉"。其后,人丁繁衍,形成汉口汪氏宗族。① 元末,歙县坦头汪氏宗族子弟汪颉中进士。颉为人"慷慨负气节"。洪武初,其父宗翊"举孝廉,以亲老辞"。颉受其父影响,"遂隐居不仕",由坦头徙居绩溪县税务前。其后,人丁繁衍,形成税务前汪氏宗族。② 休宁西门汪氏宗族子弟汪定注(又名汪孟敬),"乐隐不仕",自西门徙居黟县李村。其后,子姓繁衍,遂逐渐形成黟县李村汪氏宗族。③

  徽州宗族繁衍裂变,除了上述6种原因以外,还有因依附亲戚和教授异地而裂变者。如,婺源严田李氏宗族第十一世孙李念祖,娶郡城汪氏之女为妻,遂家歙县城里。其后,子姓繁衍,逐渐形成郡城李氏宗族。④ 新安程氏先祖世居歙县黄墩,程灵洗二十一世孙程世高迁居休宁溪西。世高亡故,子帅逊幼孤,"鞠于母舅吴氏",奉母徙居仙林。其后,子姓繁衍,逐渐形成休宁仙林程氏宗族。⑤ 休宁汉口范氏宗族始迁祖范震,"出博村派",系唐观察使范传正之后裔。其父范琏"配端明学士程珌公之姊"。琏"年三十九以痛饮致疾卒"。程氏携子震,遂依外家居汉口。其后,子姓繁衍,遂形成汉口范氏宗族。⑥ 唐宣歙观察使、婺源官源洪氏宗族始祖洪经纶第十五世孙洪大楠,"教授祁门,因居祁北泉水里。子孙蕃衍,因姓其地曰洪村"。二十一世孙洪均

---

  ① (明)程尚宽等纂:《新安名族志》前集,日本东洋文库藏明嘉靖三十年(公元1551年)刻本。
  ② (明)程尚宽等纂:《新安名族志》前集,日本东洋文库藏明嘉靖三十年(公元1551年)刻本。
  ③ (明)程尚宽等纂:《新安名族志》前集,日本东洋文库藏明嘉靖三十年(公元1551年)刻本。
  ④ (明)程尚宽等纂:《新安名族志》后集,日本东洋文库藏明嘉靖三十年(公元1551年)刻本。
  ⑤ (明)程尚宽等纂:《新安名族志》前集,日本东洋文库藏明嘉靖三十年(公元1551年)刻本。
  ⑥ (明)程尚宽等纂:《新安名族志》后集,日本东洋文库藏明嘉靖三十年(公元1551年)刻本。

祥,"复迁王村桃园"。后裔因称祁门桃源洪氏宗族。① 休宁霞富胡氏宗族始迁祖胡谦,系婺源清华胡氏宗族子弟,乡试解元。休宁会里程正惠"闻其贤,聘请为师"。胡谦即从婺源徙居休宁霞富。其后,子姓繁衍,遂形成霞富胡氏宗族。②

由于繁衍裂变,一个宗族变成众多宗族,形成一种多层次的宗族组织模式。现据程尚宽的《新安名族志》,列歙县黄墩黄氏宗族繁衍裂变图表如下:

表 1-4

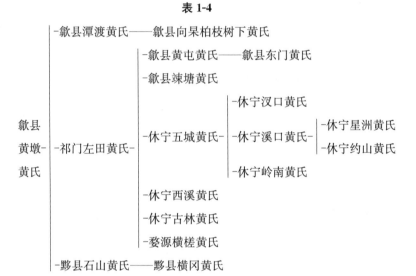

我们从图表中可以看到,由于宗族的繁衍裂变,从歙县黄墩黄氏宗族中分裂出歙县潭渡黄氏、祁门左田黄氏、黟县石山黄氏 3 个宗族;从歙县潭渡黄氏宗族中分裂出歙县向杲柏枝树下黄氏 1 个宗族;从祁门左田黄氏宗族中分裂出歙县黄屯黄氏、歙县竦塘黄氏、休宁五城黄氏、休宁西溪黄氏、休宁古林黄氏、婺源横槎黄氏 6 个宗族;从黟县石山黄氏宗族中分裂出黟县横冈黄氏 1 个宗族;从歙县黄屯黄氏宗族中分裂出歙县东门黄氏 1 个宗族;从休宁五城黄氏

---

① (明)程尚宽等纂:《新安名族志》后集,日本东洋文库藏明嘉靖三十年(公元 1551 年)刻本。
② (明)程尚宽等纂:《新安名族志》前集,日本东洋文库藏明嘉靖三十年(公元 1551 年)刻本。

宗族中分裂出休宁汊口黄氏、休宁溪口黄氏、休宁岭南黄氏3个宗族；又从休宁溪口黄氏宗族中分裂出休宁星洲黄氏、休宁约山黄氏2个宗族。因此，歙县黄墩黄氏宗族形成五个层次的宗族组织模式。第一层，黄墩黄氏是"母族"。第二层，潭渡黄氏、左田黄氏、石山黄氏，从他们的来源讲，他们是"子族"，对从他们中分裂出去的"子族"讲，他们是"母族"。第三层，向杲柏枝树下黄氏、竦塘黄氏、西溪黄氏、古林黄氏、横槎黄氏、横冈黄氏是"子族"；黄屯黄氏、五城黄氏，从他们的来源讲，他们是"子族"，对从他们中分裂出去的"子族"讲，他们是"母族"。第四层，东门黄氏、汊口黄氏、岭南黄氏是"子族"；溪口黄氏从其来源讲是"子族"，对从其中分裂出去的"子族"讲是"母族"。第五层，星洲黄氏、约山黄氏是"子族"。这五个层次的宗族之间为"宗族联盟"。

历史文献记载，宗族繁衍裂变是自然发展和社会发展的一个普遍规律。

二、"母族"与"子族"的关系

"子族"从"母族"中分裂出去以后，有的与"母族"保持着或多或少的联系，有的则完全断绝了联系。"子族"与"母族"之间的联系表现在哪些方面呢？

(一)联合修谱

休宁《月潭朱氏族谱·成化壬辰重修朱氏会谱序》记载："夫谱牒之作，所以原本始、序昭穆、隆宗支、别亲疏、属涣散，而厚人伦，其于风化之系重矣。"唐宋以来，徽州宗族都把"萃涣散"作为修谱的一个重要目的。"母族"与"子族"联合修谱，是实现"收族之道"的最佳手段。在我们发现的宋元时期的14种徽州谱牒之中，有4种的内容既包括"母族"，又包括"子族"。其中有1种是统宗谱，有3种虽无"统宗"之名，但实际内容是统宗谱。

宋方桂森修《汉歙丹阳河南方氏衍庆统宗图谱》共列"统宗图"66个，分别记录了"母族"和"子族"的世系。这部《图谱》的《凡例》说："谱曰统宗，萃涣散也。"这部《图谱》的《序》中记载："纮公避莽乱，之丹阳，为东乡鼻祖。纮公孙曰储公，封黟县侯，支分派衍，蔓延天下，江南盖半其苗裔矣（按：指方姓——引者)。公之子若孙,圭组蝉联,代常不乏,图其征哉!宋朝散文公辑以源流,淳熙甲寅笔也。余益钦之,藏诸巾笥。岁癸酉,余忝政仁和,复构昔宗耕道、若水二君,会礼部蛟峰公,始有合族之举,收涣萃散,各出源流,合并一集,万派千支,连珠贯玉,绰乎可观,了然在目,本支百世,若指掌然。"①元汪松寿修《汪氏渊源录·诸支代表》("诸支代表"即各个支派世系图表)中记载汪氏支派有:歙县唐模诸支派、石冈分支派;婺源大畈支派、大畈分支派、浯溪大畈分支派、回岭支派、回岭分支派;休宁西门支派、彭护源本支派、程村支派;饶州德兴县银港支派、□□五镇分支派、鹳林下坑分支派。明清时期,徽州宗族联宗修谱活动日益发展,纂成大量统宗谱。《北京图书馆古籍善本书目》所列200多部明代徽州谱牒,统宗谱多逾20%。

(二)统一世系

徽州世家大族的"母族"与"子族"绝大多数实行统一的世系。据《新安名族志》记载,现列婺源武口太原王氏"母族"与"子族"始祖与始迁祖世次表如下:

表 1-5

婺源武口王氏始祖王翔(又名希翔)	歙县结林王氏始迁祖王十五(世次不详)
	休宁藤溪王氏始迁祖王清十二世
	婺源中云王氏始迁祖王云六世——
	婺源范溪王氏始迁祖王和十二世
	婺源城北王氏始迁祖王宗礼十八世
	婺源丰洛王氏始迁祖王亿十一世

王翔(又名希翔)是婺源武口王氏宗族的始祖(或曰一世祖)。歙县结林王氏王十五、休宁藤溪王氏王清、婺源中云王氏王云、婺源城北王氏王宗礼、婺源丰洛王氏王亿、婺源范溪王氏王和虽然都是始迁祖,但是他们都不被称为一世祖。因为,他们都是王翔的后裔,他们实行统一的世系。所以,王云是

---

① (宋)方桂森纂:《汉歙丹阳河南方氏衍庆统宗图谱》,明刻本。

六世,王亿是十一世,王清与王和是十二世,王宗礼是十八世。婺源武口太原王氏都是王翔的裔孙,彼此既同姓,又同宗,是一个大的"宗族联盟"。

据《新安名族志》记载,现列祁门苦竹港琅琊王氏"母族"与"子族"始祖与始迁祖的世次表如下:

表1-6

祁门苦竹港王氏始祖王璧
- 祁门高塘王氏始迁祖王□璋三世
- 祁门栗木王氏始迁祖王敬祥三世——祁门城西王氏始迁祖王舍英十九世
- 祁门历溪王氏始迁祖王敬显三世——祁门丰溪始迁祖王原善(世次不详)
- 祁门平里王氏始迁祖王敬淳三世
- 祁门王家山王氏始迁祖王礼五世
- 黟县八角亭王氏始迁祖王千二十五世
- 黟县南郭王氏始迁祖王道斗八世
- 黟县珠川王氏始迁祖王冲六六世

王璧是祁门苦竹港王氏宗族的始祖(或曰一世祖)。虽然祁门高塘王氏王□璋、祁门栗木王氏王敬祥、祁门历溪王氏王敬显、祁门平里王氏王敬淳、祁门王家山王氏王礼、黟县八角亭王氏王千二、黟县南郭王氏王道斗、黟县珠川王氏王冲六、祁门城西王氏王舍英、祁门丰溪王氏王原善都是始迁祖,但是他们都不被称为一世祖。因为,他们都是王璧的后裔,他们实行统一的世系。所以,在《新安名族志》记载中,王□璋、王敬祥、王敬显、王敬淳是三世,王礼是五世,王冲六是六世,王道斗是八世,王千二是十五世,王舍英是十九世。祁门苦竹港琅琊王氏都以王璧为始祖(或曰一世祖),实行统一的世系,表明他们都是王璧的后裔,彼此不仅同姓,而且同宗,是一个大的"宗族联盟"。

(三)联宗祭祖

徽州宗族的组织模式是多层次的。因此,祭祖也有家祭、支祭、族祭之分。"母族"与"子族"子弟联宗祭祖,属于族祭的一种形式。徽州黄氏始祖墓在歙县黄墩。歙县《潭渡孝里黄氏族谱》记载,明万历二十年(公元1592年)

三月初五日，徽州黄氏"各派齐至黄墩，肇举祀典，于时缙绅文学五十余人，仆从车舆骈阗一市，祭奠礼仪森备，炫煌睹听，观者云集"。万历二十二年（公元1594年），黄氏各派共同议定："每年二月二十日，风雨不移，合族十六派共支下四十名齐至黄墩，各具本等衣冠行祭，一名不到，罚银五钱，入众公用。"①《新安黄氏大宗谱》卷二《左田一本堂记》记载，祁门左田黄氏，"每岁暮春十旬，远近子侄咸集，宗长主之，稽派登名，厘真辨伪，乃蠲洁质明，群济衣冠于柏林下，祭扫始祖焉。祭毕，聚族堂中，行燕毛礼，彬彬乎笑语卒获，诚盛典也"。

据历史文献记载和我们调查，徽州名宗右族大都有"母族"与"子族"联宗共同祭祖的礼仪和风俗。如，每年清明节，歙县南村鲍氏宗族都派代表到棠樾，与棠樾鲍氏宗族共同举行祭祖活动；休宁月潭朱氏宗族派支丁至婺源紫阳镇，与阙里朱氏宗族联合举行标祀典礼；黟县西递明经胡氏宗族派子弟赴婺源考川，与考川明经胡氏宗族一起举行扫墓仪式。有些"子族"自己担着祭品，有的令世仆担着祭品。中华人民共和国成立后，浙江昌化县岛石坞胡氏还派代表赴绩溪坑口村扫墓祭祖，只有"文化大革命"时期暂时中断。有的因路途较远，"母族"不仅设宴款待，而且还提供住宿。

第四节　徽州宗族繁荣的原因

唐宋以来，徽州宗族的繁荣已经引起学者的注意和重视。叙述这个问题的资料，俯拾即是，举不胜举。嘉靖《徽州府志·风俗》记载："家多故旧，自唐宋以来，数百年世系，比比皆是。重宗义，讲世好，上下六亲之施，村落家构祠宇，岁时俎豆。"胡晓《新安名族志序》记载："新安……山峭水厉，燹火弗惊，巨室名族，或晋唐封勋，或宦游宣化，览形胜而居者恒多也。其故家遗俗，流风善政，宛然具在。以言乎派，则如江淮河汉，汪汪千顷，会于海而不乱；以言乎

---

① （明）黄玄豹纂：歙县《潭渡孝里黄氏族谱》卷五《祖墓》，清雍正九年（公元1731年）家刻本。

宗,则如泰华之松,枝叶繁茂,归一本而无二;言乎世次,则尊卑有定,族居则闾阎辐辏,商贾则云合通津;言乎才德,则或信义征于乡闾,或友爱达于中外,或恬退著述,或忠孝赫烈,至于州里之镇定,六州之保障,诸儒之大成,宗庙血食,千载不磨,又名族之杰出者。"①休宁学者赵吉士在《寄园寄所寄·故老杂记》中说:"新安各姓,聚姓而居,绝无一杂姓搀入者。其风最为近古。出入齿让,姓各有宗祠统之。岁时伏腊,一姓村中,千丁皆集,祭用文公《家礼》,彬彬合度。父老常谓,新安有数种风俗胜于他邑:千年之冢,不动一抔;千丁之族,未常散处;千载之谱系,丝毫不紊;主仆之严,数十世不改,而宵小不敢肆焉。"

唐宋以来,徽州宗族异常发达,徽州成为中国封建宗族制度十分典型的地区。徽州宗族繁荣的原因是什么呢?历史文献记载证明,除了世家大族继承了中原地区传统宗族制度以外,徽州宗族发达的重要原因有三个。

一、自然地理环境的因素

第一,徽州处万山之中,少兵燹之虞,是宗族发展和繁荣的一个有利条件。

明清时期,已经有许多人看到徽州"届万山中""兵燹鲜经"与宗族发展、繁荣的相互关系。《方氏族谱原序(后编)》的作者说:"歙以山谷为州也,其险阻四塞,几类蜀之剑阁矣;而僻在一隅,用武者莫之顾,中世以来,兵燹鲜经焉,以故故家旧牒多有存者。"②《序休宁戴氏族谱》的作者认为:"新安届万山中,无兵燹之虞。聚族以居,谨姻连,贱赘冒,家庙鲜饬,系牒明备,柱础碑碣往往有唐宋间物,以故大家巨姓所在有之,而休之戴氏尤著。"③

有不少人,不仅看到徽州"山川峻奥,战争罕及"与宗族发展、繁荣的相互关系,而且还与其他郡、城作了比较。《古林黄氏重修族谱序》的作者说:"海

---

① (明)程尚宽等纂:《新安名族志》,日本东洋文库藏明嘉靖三十年(公元1551年)刻本。
② (清)方怀德、方淇泮纂:歙县《方氏族谱》卷首,清康熙四十年(公元1701年)刻本。
③ (明)戴尧天纂:《休宁戴氏族谱》,明崇祯五年(公元1632年)刻本。

阳(按:即休宁——引者)士往往述其桑梓,百代不背其先,不易其族。盖山川峻奥,战争罕及之地,子孙每克守先人之丘墓、室庐,非若他郡之一经蹂躏,便迁徙流离如浮梗比也。"①《新安昌溪吴氏太湖支谱序》的作者认为:"夫新安,在汉为丹杨(按:即丹阳——引者)山越地,万山攒峭,径路陡绝。自汉迄明,虽间遭兵革,而世家大族窜匿山谷者,犹能保其先世之所藏。非若金陵,南北土地平衍,一经离乱,公私扫地,其势然也。"②

明嘉靖年间,一位叫徐中行的朝廷官员,对徽州"万山回环,郡称四塞"与宗族发展、繁荣的相互关系作了精辟的阐述。他说:

> 余昔奉诏,恤刑南畿,入新都境内,见村落不二三里,鸡犬相闻,居民蜂房鳞次,若廛市然,一姓多至千余人,少亦不下数百。盖以地僻大江之南,万山回环,郡称四塞,即有兵火,不至延久。故其民多生全,而庶甲海内。隋唐世家,历历可考,且家各有谱。余每喜其乐土,而诵其善俗也。③

徽州"万山回环""兵燹鲜经",为宗族的发展和繁荣提供了一个极为有利的环境。《休宁宣仁王氏族谱》记载:"新安介在名山大谷之中,四面环卫,众水旋绕,鲜兵火,号素封,率多著姓大族。"《环山余氏重修族谱序》的作者说得好:"环黟皆山,邑多古族,虽当兵争时代,犹能于山中敦崇本务,自成世外桃源。"④

第二,徽州大好山水,人们安土重迁,与宗族的发展和繁荣有内在联系。黟县《明经胡氏存仁堂支谱》卷首《地理谱》记载:

> 自来民不土著则生息不长。吾徽古姓旧族,皆土著数千年者

---

① (明)黄文明纂:休宁《古林黄氏重修族谱》,明崇祯十六年(公元 1643 年)刻本。
② (清)吴锡纯等修:歙县《昌溪太湖支吴氏族谱》,清光绪二十五年(公元 1899 年)叙伦堂木活字本。
③ (清)项启钠纂:歙县《桂溪项氏族谱》卷一《旧谱序跋》,清嘉庆十六年(公元 1811 年)刻本。
④ (民国)余攀荣、余旭升纂:黟县《环山余氏宗谱》卷首,民国六年(公元 1917 年)木活字本。

也。君子爱枌榆,小人敬桑梓,井里可不重乎?

徽州,"人重去其乡"①,"其怀土重迁之风有自来矣"②。《新安黄氏大宗谱》卷首《黄墩始祖墓图说》记载:"安土重迁,吾徽之常;不忘其本,吾宗之奕。"明清时期,外出经商者日益增多,但是许多人"壮则服贾,老则归田"③。

徽州人安土重迁的风俗和思想,主要是自然经济和封建伦理思想造成的,但与自然环境不无关系。

历史文献记载和社会调查资料表明,徽州宗族大都处于优美的自然环境之中。如,歙县桂溪项氏宗族聚居地是:"西南诸山,林壑深茂;前后文笔峰,层峦拥翠,溪流环绕。"④金山洪氏宗族聚居环境是:"山磅礴而深秀,水澄澈而潆洄,土田沃衍,风俗敦朴。"洪氏始迁祖洪显恩"避喧就肃,择胜寻幽,始居于此。既而子孙日盛,遂甲一乡"⑤。托山程氏宗族所居地是:"山谷环聚,田土膏腴。八垄森列如拱,源头活水如带。远眺则黄山、松萝、金竺、天马,近俯则南塘北野,驼石印堁,咸若有天造地设于其间。又其后有三台山之秀,巨石仙踪之奇,屏列拥护,若负扆然。"程氏始迁祖程时谦曰:"是可为子孙不拔之基矣。昔太王迁岐,姬周始王。今卜居此,吾后其昌乎?"⑥绩溪县盘川王氏宗族聚居之地是:"狮山拱峙,澄水潆洄,古木参天,良田盈野。"在这种自然环

---

① (明)黄玄豹纂:歙县《潭渡孝里黄氏族谱》卷五《祖墓》,清雍正九年(公元1731年)家刻本。
② (明)程一枝纂:《程典》卷二十《风俗志》第四,明万历二十六年(公元1598年)家刻本。
③ (清)鲍光纯纂:《重编歙邑棠樾鲍氏三族宗谱》卷七十五《文庆公派》,清乾隆二十五年(公元1760年)一本堂刻本。
④ (清)项启锅纂:歙县《桂溪项氏族谱》卷一《旧谱序跋》,清嘉庆十六年(公元1811年)刻本。
⑤ (清)洪承科、洪必华纂:歙县《金山洪氏宗谱》卷首《金山洪氏续修宗谱序》,清同治十二年(公元1873年)刻本。
⑥ (明)程本华、程光弼纂:《古歙长原托山程氏重修家谱》卷一《嘉厚公传》,明崇祯九年(公元1636年)刻本。

境中,王氏宗族"族众繁衍,合村而居,敬业乐群,雍雍睦睦"①。黟县西递明经胡氏宗族聚居的环境是:"岭霞东蔚,涧水西流;虎阜前蹲,罗峰遥峙;天马踊泉之胜,犀牛望月之奇;左环右抱,外密中宽。"在这里,胡氏宗族"孝悌力田、育子贻孙者,三十有余世;诗书学右、安居乐业者,七百五十年。序伏腊之豆觞,守高曾之规矩。流长源远,本大叶繁"②。

这样大好山水,人们怎么会不安土重迁呢?

徽州人安土重迁的风俗和思想,造成宗族的发展和繁荣。歙县《橙阳散志》卷十二《艺文志》三《存志户墓祀序》记载:

> 水有源,木有根,人之于祖亦然。吾徽敦本追远,视他郡较盛。聚族而居,一姓相传,历数百载,衍千万丁。祠宇、坟茔世守勿替。间有贸迁远地者,一旦归来,邱垅无恙,庐舍依然。语云:歙俗千年归故土。谅哉言也。

第三,徽州"山多田少",人多贫困,促进了宗族的发展与繁荣。罗愿《新安志》卷二《叙贡赋》记载:

> 新安为郡在万山间,其地险陡而不夷,其土骍刚而不化。水湍悍,少潴蓄。……大山之所落,深谷之所穷,民之田其间者,层累而上,指十数级不能为一亩,快牛勁耜不得旋其间,刀耕而火种之。十日不雨,则卬(仰)天而呼。一遇雨泽,山水暴出,则粪坏与禾荡然一空。盖地之勤民力者如此。

嘉靖《徽州府志》卷二《风俗》记载:

> 自休之西而上尤称瘠。入岁收堇不给半饷。多仰取山谷,甚至采薇葛而食。

---

① (民国)王德藩纂:《绩溪盘川王氏宗谱·盘川王氏宗谱序》,民国十年(公元1921年)五教堂活字本。

② (清)黟县西递明经胡氏《道光五年修族(谱)账录》,稿本。

由于自然条件制约和社会生产力水平极端低下,徽州"岁收甚俭,一亩所入,不及吴中饥年之半"①;"大都计一岁所入,不能支什之一"②。这种困苦的生活,迫使徽州人必须聚族而居,以便相互协作,相互帮助,相互周济,相互关照。反之,如果脱离宗族群体,贫苦的人们就很难活下去。

在徽州宗族的族规家法中,大都有"恤族""救灾"的规定。如,绩溪《华阳邵氏宗谱》卷十八《家规》"恤族"条规定:

> 族由一本而分,彼贫即吾贫。苟托祖宗之荫而富贵,正宜推祖宗之心以覆庇之,使无失所,此仁人君子之用心也。若自矜富贵,坐视族人贫困,听其鬻妻质子而为人仆妾,以耻先人,是奚翅贱羞哉?即富贵亦与有责也。

《重修古歙东门许氏宗谱》卷八《许氏家规》"救灾恤患条"规定:

> 人固以安静为福,而灾危患难亦时有之,如水火、贼盗、疾病、死丧,凡意外不测之事,此人情所不忍,而推恩效力固有不容已者。其在乡党邻里有相周之义焉,有相助相扶持之义焉,况于族人本同一气乎?今后凡遇灾患,或所遭不偶也,固宜不恤财、不恤力以图之,怜悯、救援、扶持、培植,以示敦睦之义。此非有所强而迫也,行之存乎人耳。

徽州宗族为巩固自身的发展和繁荣,普遍实行的一项重大措施是:大力表彰"义行"。凡是资助宗族和周济、帮助、扶持贫苦族人的宗族子弟,功绩特别卓著者府志立传,其次县志立传,再次谱牒立传。在徽州府府志、徽州所属六个县县志和各个宗族的谱牒当中,这类人物的传记占了很大篇幅。

徽州宗族采取的周济、扶持、帮助贫苦族人的措施,对宗族的巩固、发展

---

① (清)赵吉士撰,丁廷楗、卢询修:康熙《徽州府志》卷六《物产》,清康熙三十八年(公元1699年)刻本。
② (明)汪尚宁纂,何东序修:嘉靖《徽州府志》卷八《食货志》,明嘉靖四十五年(公元1566年)刻本。

和繁荣起了重大作用。许多占有大量"义田"的宗族,贫困族人一般避免了乞讨为生、背井离乡之苦。歙县唐模村和棠樾村有句谚语:"唐模、棠樾,饿死情愿。"因唐模许氏宗族和棠樾鲍氏宗族占有大量义田,贫苦的族人能得到宗族的周济和扶持,最低水平的生活有保障。所以,他们都安土重迁,至死也不肯脱离自己的宗族。

地理环境的影响是徽州宗族繁荣的第一个原因。

二、朱熹思想的影响

徽州宗族的繁荣和徽州成为中国封建宗族制度一个典型地区,朱熹思想的影响起了很大作用。

朱熹,字元晦,后改仲晦,号晦庵,后称晦翁,又号遁翁、云谷老人、沧洲病叟。生于南宋建炎四年(公元 1130 年),卒于南宋庆元六年(公元 1200 年)。祖籍徽州婺源(今江西婺源县),寄籍福建建阳。

朱熹是理学集大成者。孔子之后,朱熹是中国封建社会地位最高、影响最大的思想家。宋宁宗在《除朱熹为焕章阁待制侍讲诰》中说:"朱熹发六经之蕴,穷百氏之源。"[①]对朱熹作了很高的评价。宋理宗进一步察觉到朱熹思想对巩固封建统治的重大作用和意义。因此,他特赠朱熹为太师,追封"信国公",后改封"徽国公",用祭祀孟子的礼仪祀朱熹。[②] 宋度宗诏赐婺源为"文公阙里",这是封建朝廷赐予思想家朱熹的一项与"孔子阙里"相等的荣誉。宋以后,历代封建王朝都视朱熹为圣人,将朱熹的思想钦定为官方哲学,明经取士都以朱熹等"宋儒传注为宗"[③]。朱熹的地位一再拔高,一直拔高到与孔圣人差不多同等地位。[④]

徽州婺源是"文公阙里"。朱熹一生曾两次回原籍扫墓,第二次逗留时间

[①] (明)佚名:《婺源茶院朱氏家谱·除朱熹为焕章阁待制侍讲诰》,明刻本。
[②] (明)陈邦瞻撰:《宋史纪事本末》卷八十"道学崇黜",北京:中华书局,1977 年。
[③] (清)佚名:《松下杂抄》卷下,《丛书集成续编》本,上海:上海书店出版社,1994 年。
[④] (民国)葛韵芬等修,江峰青纂:《重修婺源县志》卷十八、六十四、六十六,民国十四年(公元 1925 年)刻本。

三个月。当地名流多与之游,许多学人慕朱熹之名,拜他为师,成为他的门生。其中学行卓著者即有祝穆、吴昶、程先、程永奇、汪莘、许文蔚、汪晫、谢琏等。①

徽州出了个大圣人朱夫子,徽州人感到无上光荣。他们从宗族观念出发,把朱熹说成扭转乾坤的伟大人物,对其顶礼膜拜。《新安黄氏会通谱·集成会通谱叙》记载:

> 盖人伦不明,宗法废弛,民俗颓弊甚矣。幸而皇宋诞膺景运,五星聚奎。于是吾郡朱夫子者出,阐六经之幽奥,开万古之群蒙,复祖三代之制,酌古准今,著为《家礼》,以扶植世教。其所以正名分,别尊卑,敬宗睦族之道,亲亲长长之义,灿然具载。而欧、苏二子亦尝作为家谱,以统族属。由是海内之士,闻其风而兴起焉者,莫不家有祠,以祀其先祖;族有谱,以别其尊卑。

读朱子之书,以朱熹思想作为指导思想,是徽州人坚定不移的信念。赵汸在《商山书院学田记》中讲到徽州的教育时说:

> 新安自南迁(按:指宋朝南迁——引者)后,人物之多,文学之盛,称于天下。当其时,自井邑田野,以至于远山深谷,居民之处,莫不有学,有师,有书史之藏。其学所本,则一以郡先师子朱子为归。凡六经传注,诸子百氏之书,非经朱子论定者,父兄不以为教,子弟不以为学也。是以朱子之学虽行天下,而讲之熟,说之详,守之固,则惟新安之士为然。故四方谓"东南邹鲁"。②

休宁《茗洲吴氏家典》记载:

> 我新安为朱子桑梓之邦,则宜读朱子之书,服朱子之教,秉朱子

---

① 参见安徽省徽州地区地方志编纂委员会编:《徽州地区简志》,合肥:黄山书社,1989年,第284页。
② (清)方崇鼎纂,何应松修:道光《休宁县志》卷一《风俗》,清道光三年(公元1823年)刻本。

之礼,以邹鲁之风自待,而以邹鲁之风传之子若孙也。

自古以来,中国人重礼仪,中国是一个礼仪之邦。宋代,经书中规定的天子和贵族礼仪,不仅有些已经失传,而且许多规定已不能适应士庶之家的需要。朱熹的《家礼》一书,以三纲五常为指导思想和基本原则,继承经书等文献中一些有关礼仪的规定,总结唐宋时期的礼仪实践,对通礼、冠礼、婚礼、丧礼、祭礼作了详尽细致的说明和规定。① 书中这些封建礼仪的说明和规定,对徽州的宗族制度和宗法伦理关系产生了重大作用。

徽州人视朱熹《家礼》为一部划时代的伟大著作。他们认为,三代以后,"人伦不明,宗法废弛,民俗颓弊甚矣"。《家礼》一书,"正名分,别尊卑,敬宗睦族之道,亲亲长长之义,灿然具载"。于是,海内"莫不家有祠,以祀其先祖;族有谱,以别其尊卑"。

徽州人把朱熹《家礼》当作经典。徽州宗族修纂的所有谱牒,都以三纲五常为指导思想和基本原则,没有一部例外。一些宗族的族规家法中冠、婚、丧、祭等内容,不仅谨遵《家礼》的精神和原则编写,有的干脆改头换面照抄《家礼》。

徽州人认为,朱熹《家礼》"炳如日星",是宗族行动的指南。休宁《茗洲吴氏家典》的作者要求他们的宗族,"遵行《家礼》,率以为常";按《家礼》办事,不越雷池一步,即所谓"非敢于《家礼》有所损益也"。② 歙县泽富王氏宗族《宗规》规定,冠、婚、丧、祭"并遵文公《家礼》";并特别指出,祭祀礼品"虽称家之有无,清素为好,勿习世俗,浮华斗靡,有违《家礼》"。③ 绩溪上庄明经胡氏宗族《新定祠规二十四条》崇祭祀规定:"凡祭祀,春以春分日举行,冬以冬至日举行。高、曾、祖、祢用牲,旁亲用庶馐。一切仪节,谨遵朱子《家礼》。"④ 歙县

---

① 有人认为,《家礼》系托朱熹之名而作。这个问题还须进一步研究。我们认为,不论撰者是谁,此书编撰是以朱熹思想作为指导原则,这是毫无疑义的。
② (清)吴翟纂:休宁《茗洲吴氏家典·家典凡例》,清雍正十三年(公元1735年)紫阳书院刻本。
③ (明)佚名:歙县《泽富王氏宗谱》,明隆庆、万历间刻本。
④ (清)胡祥麟、胡祥木纂:绩溪《上川明经胡氏宗谱》下卷之中,清宣统三年(公元1911年)木活字本。

潭渡黄氏宗族《祠规》规定："元旦谒祖、团拜及春秋二祭,悉遵朱子《家礼》。"①黟县城西隅余氏宗族族人余允恭,晚年与弟"遵朱子《家礼》建立家规,以训子孙,俗多化之"。②

徽州人认为,朱熹《家礼》一书,"若衣服饮食,不可一日离焉耳"③。《家礼》为什么如此重要呢? 文献记载,历史上徽州人都生活在宗族之中。冠、婚、丧、祭等礼仪是徽州世家大族经常举行的重要活动。④ 徽州宗族主要就是通过这些活动"正名分,别尊卑",从而达到尊祖、敬宗、睦族、尊尊亲亲、雍雍睦睦的目的。宋代以后,《家礼》中规定的冠、婚、丧、祭等礼仪,已经逐渐成为徽州宗族成员活动的准则和规范。因此,对徽州人来说,朱熹《家礼》一书,自然成为必须经常奉行的经典。

徽州婺源是"文公阙里",徽州人对朱熹异常崇拜。他们"读朱子之书,服朱子之教,秉朱子之礼"。因此,朱熹思想对徽州的影响特别深远,对宗族发展所起的作用比较大。徽州宗族十分繁荣是徽州成为中国封建宗族制度一个典型地区的一个重要原因。休宁《月潭朱氏族谱》卷首《月潭朱氏族谱序》记载:

> 新安里各姓别,姓各有祠,祠各有谱牒,阅岁千百,厘然不紊。用能慈孝敦睦,守庐墓,长子孙,昭穆相次,贫富相保,贤不肖相扶持,循循然,彬彬然,序别而情挚。试稽其朔,固由考亭先生定礼仪,详品节,渐渍而成俗。吾徽人食考亭之泽深且远,宜今之旅于外者,为馆舍必尊祀考亭也。

歙县《潭渡孝里黄氏族谱》卷六《祠祀·潭渡孝行里黄氏大宗祠碑记》

---

① (明)黄玄豹纂:歙县《潭渡孝里黄氏族谱》卷六,清雍正九年(公元1731年)家刻本。
② (清)程汝翼、俞正燮纂,吴甸华修:嘉庆《黟县志》卷七《人物志·尚义》,清嘉庆十七年(公元1812年)刻本。
③ (清)吴翟纂:休宁《茗洲吴氏家典·家典凡例》,清雍正十三年(公元1735年)紫阳书院刻本。
④ 明清时期,徽州大多数宗族已停止举行冠礼。

记载：

> 郡县内俗之近古者,惟新安最。其世家巨姓,多聚族而居,谨茔墓,修蒸尝,考谱牒,得追远之意、笃本之思。盖新安乃子朱子故里,流风遗教渐渍使然也。

一言以蔽之,"歙在万山间,乃程朱阙里也。故多旧家,能保其族,以至数百年,盖他郡所少有"①。

朱熹思想的影响是徽州宗族繁荣的第二个原因。

三、宗族仕宦和徽商的作用

徽州宗族的繁荣和徽州成为中国封建宗族制度一个典型地区,宗族仕宦和富商对宗族的捐输起了重要作用。

徽州宗族子弟受朱熹思想的熏陶非常深,他们从小"读朱子之书,服朱子之教,秉朱子之礼",生活和成长在宗族之中,宗族观念极端浓厚,宗族感情异常强烈。他们仕宦发财,经商致富,大都衣锦还乡,荣宗耀祖,为宗族做种种"义行"。他们这些义行,对宗族的繁荣起了重要作用。

宗族祠堂不仅是"妥先灵,隆享祀"的场所,同时,又是宗族活动中心和管理机构。祠堂的兴建是宗族繁荣和宗族制度发达的重要表现和重要标志。据历史文献记载,徽州城乡相望、规模宏伟、营造优良、装饰精美的祠堂,大都是宗族子弟之中的仕宦和商人出资兴建的。例如,歙县城东门许氏宗族重建宗祠,大官僚许登瀛一人即"捐赀八千金"。这座祠堂,"鸠工聚材",花了数年时间才落成。② 棠樾鲍氏宗族大盐商鲍志道一人独资兴建"世孝祠",其子盐商鲍漱芳一人独资重修"敦本堂",其弟盐商鲍启运之子鲍有莱一人独资兴建"清懿堂"。从这三座祠堂规模之大、营造之精、装饰之美来看,每座耗银都以

---

① (清)方怀德、方淇浞纂:歙县《方氏族谱》卷首《方氏族谱原序》,清康熙四十年(公元1701年)刻本。

② (清)许登瀛纂:《重修古歙东门许氏宗谱》卷八,清乾隆二年(公元1737年)刻本。

万两计。① 据《歙新馆鲍氏著存堂宗谱》卷三《重整祠规序》记载,新馆鲍氏宗族自始迁祖传六世未建祠堂,"神无所依,族无所聚。时则有若集公、概公、乐公、宋公、橐公、檀公、善烨公、善耀公八公,各以盐策致富,皆倜傥有志,相谋捐赀巨万,建立宗祠,并置祭田"。休宁竹林汪氏宗族所建宗祠,共耗"银三万八千二百三十两零五钱四分",大商人汪丕一人捐"银二万三千两",大商人汪缨一人捐"银一万零九百二十两五钱四分"②。仕宦和富商出资兴建祠堂的事例和资料,俯拾即是,举不胜举,捐输白银大都以千万两计。

谱牒不仅是"奠世系、序昭穆"和尊祖、敬宗、收族的重要工具,同时,也是宗族繁荣的重要表现和重要标志。徽州世家大族非常重视谱牒的修纂,都"以修谱为重务"③。据历史文献记载,徽州宗族谱牒的纂修者和出版者,大都是宗族子弟之中的仕宦和商人。许国在《龙川尚书公派胡氏支谱序》中说:"胡氏家乘之修,昉于太师魏国公思谦公,修之于晋(?);郡宪仕义公修之于陈;枢使子荣公修之于唐;提干念五公修之于宋;继又大学士允年公亦修之于宋;教授竹州公考之于元。……迨我明司农康惠公、御史默庵公慨然起统宗之思,历代书文,诸家记录,无不考订,参究次(第),一世至于公代,罔有断续。嗣而都宪瓯山公暨少保汝员公(即梅林公字也)又悉为阐发,修葺(辑)愈备,至于今日,灿若日星之明。"④由此可见,从南朝以来,绩溪龙川胡氏宗族的谱牒全部是宗族子弟之中的仕宦所纂修。徽州谱牒序文证明,绝大多数谱牒的纂修者都是宗族子弟之中的仕宦。谱牒的编纂和出版,需要大量的经费。宗族商人的慷慨解囊,是经费的一个重要来源。史载,歙县棠樾商人鲍志道、蜀源商人鲍光甸、岩镇商人郑鉴元、婺源龙腾商人俞铨、梅溪槎坑商人吴永钥,等等,都曾积极参与"萃宗谱""修谱牒"的工作。由于宗族子弟之中仕宦和商

---

① (清)鲍琮纂:歙县《棠樾鲍氏宣忠堂支谱》卷二十二《文翰·世孝祠记》,清嘉庆十年(公元 1805 年)家刻本;(清)鲍志道:《重建万四公支祠记》碑刻。

② (清)佚名:休宁《竹林汪氏宗祠记》,清刻本。

③ (清)项启铞纂:歙县《桂溪项氏族谱》卷首《汪太傅公序》,清嘉庆十六年(公元 1811 年)刻本。

④ 绩溪《龙川尚书公派胡氏支谱》,传抄本。

人的积极参与和大力支持，因而造成徽州宗族谱牒编纂和出版的异常繁荣和发达。

族产是宗族活动、宗族统治和宗族制度的物质基础。拥有大量族产是宗族繁荣和宗族制度巩固的又一个重要表现和重要标志。所以，徽州宗族很重视族产的设置。据历史文献记载，徽州宗族族田大多由宗族子弟之中的仕宦和商人捐献。史载，休宁陪郭程信捐献义田500亩，黟县黄村黄真元捐献祭田、义田、学田共630余亩，歙县西溪南吴邦伟、吴邦佩捐献义田1,000余亩，江村江承炳捐献祭田、义田1,000余亩，江振鸿捐献祀田、义田千数百亩，雄村曹景宸捐献义田、右文田500余亩，婺源盘山程本中捐献学田500亩，歙县棠樾盐商巨子鲍启运捐献体源户义田720余亩、敦本户义田500亩，等等。^①由于宗族子弟中的仕宦和商人大量向宗族捐献土地，不但促进了宗族的繁荣，同时，也加强了宗族的统治，巩固了宗族制度。

学校是培养宗族子弟的场所，读书是"亢宗""亢族"的唯一途径。因为读书可以金榜题名，显亲扬名，荣宗耀祖，所以，徽州宗族很重视教育事业。据历史文献记载，徽州宗族许多学校都是宗族子弟之中的仕宦和商人创办的。例如，婺源考川胡淀、胡澄创办明经书院，盘川程本中创办遗安义学；歙县人唐皋、郑佐创办南山书院，大阜潘景文创办松麟别墅；休宁人程大昌创办西山书院，商山吴儆创建竹洲书院；祁门黄村黄友仁创建集成书院，李源、李汎创建李源书院；绩溪城里人胡舜陟创办东麓书院，龙川胡德裕创办龙峰书院，等等。徽州宗族子弟之中的仕宦和商人热衷教育，创办书院，为宗族培养了大量人才，促进了教育的繁荣和宗族的发达。

徽州宗族子弟之中的仕宦和商人对宗族的支持和襄助是全方位的。除了为宗族建祠堂、修谱牒、置族田、办学校以外，他们还为宗族修桥铺路、抚孤济贫、舍棺助葬、散药施茶、树碑立传、修筑祖坟、建造公共设施等。史载，婺源桂岩戴庆瓒"输粟授指挥使，建有桥路，周恤贫乏。父有庶出子不欲养，瓒

---

① 赵华富：《论徽州宗族繁荣的原因》，载《民俗研究》，1993年第1期。

令妻施氏抱育成人"①。婺源城西人程光纬,"父尝施棺,纬承志乐施不倦,一切尊祖睦族、恤灾平粜、亭庙桥梁,无不踊跃"②。黟县桂林程学本,乾隆四十三年(公元 1778 年)和五十二年(公元 1787 年)、嘉庆八年(公元 1803 年)和十四年(公元 1809 年),"四赈族鄡,遇人有急,隐济之,虽家人弗使知也。又捐赀修治秀里至北庄亭大路四百二十余丈"③。婺源沱川余席珍"服贾景(德)镇,其市廛为五方杂处,客死者多。徽商会馆向设义渡、义棺、义冢,赀竭难敷,珍集六邑绅士捐置田产,为长久计。并倡义瘗会,每岁雇工培土,泽及枯骸。……居乡,禁赌博、养杉苗、立茶亭、修桥路、息争讼,济人之事靡不勉力为之"④。歙县西溪人汪涛"贾于台州……俗贫多弃子女弗育,涛醵金建育婴堂全活甚众"。歙邑"古关至西溪岭路,甃石为坦途,行者称便。其他置义学、义冢、赈贫、恤孤,善行甚多"⑤。婺源石井人汪肇基"经商在外十余年,获奇赢以归。乡人劝买田为子孙计,基曰:'吾虽未读书,独不闻愚而多财则益其过乎?'尽分财以周恤村邻。族夫妇某,供给至老。助王某完婚。凡施棺、救灾诸义举,皆不惜捐赀。年六十,仅存薄田数亩而已"⑥。在徽州的各种地方志之中,都有"义行"栏目。徽州宗族子弟之中的仕宦和商人支持和资助宗族的资料,汗牛充栋,举不胜举。

---

① (明)程尚宽等纂:《新安名族志》后集,日本东洋文库藏明嘉靖三十年(公元 1551 年)刻本。
② (清)夏銮等纂,马步蟾修:道光《徽州府志》卷十二《人物志·义行》,清道光七年(公元 1827 年)刻本。
③ (清)夏銮等纂,马步蟾修:道光《徽州府志》卷十二《人物志·义行》,清道光七年(公元 1827 年)刻本。
④ (民国)葛韵芬等修,江峰青纂:《重修婺源县志》卷四十一《人物·义行》,民国十四年(公元 1925 年)刻本。
⑤ (民国)许承尧纂:《歙县志》卷九《人物·义行》,民国二十六年(公元 1937 年)铅印本。
⑥ (民国)葛韵芬等修,江峰青纂:《重修婺源县志》卷三十九《人物·义行》,民国十四年(公元 1925 年)刻本。

第二章 徽州宗族的组织结构

第一节 徽州宗族的统治者

周代,宗族的首领是宗子。那时,实行封建宗法制度,有大宗小宗之法,嫡长子继承大宗世系,为族人兄弟所共尊,故称"宗子"。《新安王氏统宗世谱·重修王氏族谱序》记载:"先王之世,有大宗小宗之法,以统天下之民。"

秦汉以来,封建之制废,大宗小宗之法不行。但是,徽州一些名宗右族采古代宗法制度之遗意,建宗子制。歙县方氏宗族《家训》规定:"建大宗,分小宗,以统其涣。"注曰:"世家巨族,生息者蕃而情向既殊,迁徙者多而支派亦远,虽共本源而统体或不能归一,虽有名分而事势或不能以相符。睦族君子究始祖自来之嫡长,而立为大宗子,以统通族之众,而通族之纪纲法度皆其所总理焉。则各族各支得统于小宗,而通族合族得统于大宗,群情合而庶事理,若众指之合于一臂,四体之合于一身。"[①]宗子乃"谱系之骨干也","上奉祖考,下一宗族"。[②]

但是,这种宗子制有很大弊病。如宗子或年老多病、或年幼无知、或智能

---

① (清)方怀德、方淇沨纂:歙县《方氏族谱》卷七,清康熙四十年(公元1701年)刻本。
② (清)吴翟纂:休宁《茗洲吴氏家典》,清雍正十三年(公元1735年)紫阳书院刻本。

低下、或道德败坏等等。其中如有一项,他就不能担当宗族的领袖,无能力或无资格执行宗族首领的职权。为了解决这些问题,徽州许多世家大族都设族长(或曰宗长、宗正、家长)作为宗子的副手,以匡佐之。休宁《茗洲吴氏家典》记载,"宗长为宗子之家相",必须"择合族所共服者公举之,以闻于官,告于祖"。他"虽无一命之尊,而有帅人之责"。

据徽州谱牒家乘记载和我们调查,徽州绝大多数宗族都没有建立宗子制,只设族长。清人刘大櫆在《方氏支祠碑记》中说:"封建废而大宗之法不行,则小宗亦无据依而起,于是宗子遂易为族长。"休宁《商山吴氏宗法规条》规定:"祠规虽立,无人管摄,乃虚文也。须会族众,公同推举制行端方、立心平直者四人——四支内每房推选一人——为宗正、副,经理一族之事。"黟县环山余氏宗族《余氏家规》规定:"家规议立家长一人,以昭穆名分有德者为之。"①明嘉靖二十八年(公元1549年),歙县知县邹大绩在"为立宗法以敦风化事"示稿中曰:"宗法不立,则曲防未周,人心无以统同,孝敬不免终怠,亦非所以崇德成化矣。仰各姓择年高有德、公明正直、素性足以孚信宗人者为之长,又择二三如宗长者副之,册其名呈县,奖立以主一宗之事。"②

徽州宗族统治者认为,族长制对宗族的统治和管理,不仅比宗子制有许多好处,而且在一定意义上比地方父母官还具有某种程度的优越性。《重修古歙东门许氏宗谱》卷八《许氏家规》"尊崇族长"条记载:"古者宗法立,而事统于宗。今宗法不行,而事不可无统也。一族之人有长者焉,分莫逾而年莫加,年弥高而德弥邵,合族尊敬而推崇之,有事必禀命焉。此宗法之遗意也。有司父母斯民,势分相离,而情或不通。族长统率一族,恩义相维,无可不通之情。凡我族人知所敬信,庶令推行而人莫之敢犯也。其有抗违故犯者,执而笞之。"

---

① (民国)余攀荣、余旭升纂:黟县《环山余氏宗谱》卷一,民国六年(公元1917年)木活字本。
② (明)黄玄豹纂:歙县《潭渡孝里黄氏族谱》卷四《家训》,清雍正九年(公元1731年)家刻本。

正如歙县知县所指示的那样,徽州许多世家大族都在族长之下设有若干副手,协助族长分管宗族各种事务。例如,黟县环山余氏宗族《余氏家规》规定:在族长之下设"家佐三人,以齿德众所推者为之;监视三人,以刚明公正者为之;每年掌事十人,二十以上五十以下子弟轮流为之。凡行家规事宜,家长主之,家佐辅之,监视裁决之,掌事奉行之,其余家众,毋得各执己见,拗众纷更者倍罚"①。休宁泰塘程氏宗族族规家法规定:在族长之下"立司礼一人,以有文者为之,俾相族人吉凶之礼;立典事一人,以有才干者为之,俾相族人之凡役事;择子弟一人为医,以治举族之疾;择有德而文者一人,以为举族之师"②。

族长有哪些权力和职责呢?

一、主持宗族祭祀大典。徽州宗族祭祖典礼,主要有春祭、秋祭和冬祭,多数宗族只举行春祭和冬祭。在祠堂举行称"祠祭",在祖墓举行称"墓祭"。徽州宗族认为,"祠祭、墓祭皆属展亲大礼,必加敬谨"③。据历史文献记载,徽州宗族祭祖典礼的主祭人不完全一样。休宁县茗洲吴氏宗族实行宗子主祭。他们认为,宗子"上奉祖考,下一宗族,当教之养之,使主祭祀"④。歙县新馆鲍氏宗族《祠规》"主祭"条规定:一、冬祭宗子主之;二、春祭值年头目轮主之⑤。这个宗族规定春祭值年头目轮流主祭,是因为该族集公、概公、乐公、宋公、橐公、檀公、善烨公、善耀公八人,"慨捐己资,共成巨万,建立宗祠,并输祭产",所以,"以八公配飨始祖,并八公之子孙轮流主祭,且司祠事者,表立祠之功德,报输田之大义也"⑥。但是,据我们调查,民国时期,歙县棠樾鲍氏宗族、呈坎前罗氏宗族、呈坎后罗氏宗族、唐模许氏宗族、西溪南吴氏宗族;

---

① (民国)余攀荣、余旭升纂:黟县《环山余氏宗谱》卷一,民国六年(公元1917年)木活字本。
② (明)程一枝纂:《程典》卷十九《宗法典》第三,明万历二十六年(公元1598年)家刻本。
③ (明)王宗本纂:《休宁宣仁王氏族谱·宗规》,明万历三十八年(公元1610年)刻本。
④ (清)吴翟纂:休宁《茗洲吴氏家典》,清雍正十三年(公元1735年)紫阳书院刻本。
⑤ (清)鲍存良、鲍诚猷纂:《歙新馆鲍氏著存堂宗谱》卷三,清光绪元年(公元1875年)活字本。
⑥ (清)鲍存良、鲍诚猷纂:《歙新馆鲍氏著存堂宗谱·祠规》,清光绪元年(公元1875年)活字本。

休宁月潭朱氏宗族、古林黄氏宗族、黄村黄氏宗族；祁门渚口、伊坑、滩下、花城里倪氏宗族；黟县西递明经胡氏宗族、南屏叶氏宗族；绩溪龙川胡氏宗族；婺源游山董氏宗族等等，都是族长或乡绅主持祭祀。

二、主管立法和司法。徽州宗族的族规家法大都是以族长为核心的房长、文人、乡绅等统治者共同制定的。徽州《汪氏族规》记载："越国（按：指汪华——引者）之裔，椒实蕃衍，允矣新安之巨室也。然梧槚之林不能无榛棘矣。君子惧其族之将圮也，思有以维持安全之，于是作为家规，以垂范于厥宗。"①这里所谓"君子"，就是宗族的统治者。歙县《潭渡孝里黄氏族谱》卷六《祠祀》记载："公议宗祠规条计三十二则，乃八堂尊长暨文会诸公于康熙甲午仲春下浣七日议定，自当永远遵守。倘司年违议不行，必集众公罚，不得徇情。"族规家法是以族长为核心的房长、文人、乡绅等统治者们统治广大族众的主要工具。黟县环山余氏宗族《余氏家规》规定："每月朔日，家长会众谒庙，将前月内行过事迹，或善或恶，或赏或罚，详具祝版，告于祖庙，庶人心有所警醒。"②休宁范氏宗族族规家法规定：宗族成员有"不孝不弟、暴横败伦、酗酒撒泼、引诱唆讼、奸盗诈伪等事……即系忤逆祖宗，非我族类，除奸盗听族长、房长率子弟以家法从事外，余犯与众黜之，生不得齿于宗间，殁不得祔于家庙"③。歙县东门许氏宗族《许氏家规》规定：族众"因小过情有可宥者"，也要"执于祠，祖宗临之，族长正、副斥其过而正之，筮楚以加之，庶其能改，而不为官府之累，其明刑弼教之行于家者"也④。据我们调查，黟县南屏叶氏宗族"有不孝支丁，族长、房长和乡绅即开祠堂大门，将犯者唤至祠堂，轻者教育、训斥，重者杖责惩处；杖责不改，即书白纸字条，横贴祠堂门外，《支丁名

---

① （清）汪仲鲁原编、汪云程续编、汪□□重修：徽州《汪氏统宗正脉》，清乾隆二十年（公元1755年）前后刻本。

② （民国）余攀荣、余旭升纂：黟县《环山余氏宗谱》卷一，民国六年（公元1917年）木活字本。

③ （明）范涞纂：《休宁范氏族谱·宗规》，明万历二十八年（公元1600年）刻本。

④ （清）许登瀛纂：《重修古歙东门许氏宗谱》卷八，清乾隆二年（公元1737年）刻本。

册》除名,革除族籍"①。

三、主持宗族事务。徽州许多世家大族,"居民蜂房鳞次,若廛市然,一姓多至千余人,少亦不下数百"②。同时,族权带有地方基层政权的色彩和性质,承担着基层政权许多工作。由于这两方面的原因,所以宗族事务非常繁多。据历史文献记载和我们调查,宗族的重要事务都归族长主持。如,修建祠堂、纂修族谱、修筑祖墓、祭祀祖先、迎神赛会、元旦团拜、元宵庆灯、迎接官员、对外交涉、赈灾恤贫、兴办学校、修桥铺路……这些活动和工作,都是在族长领导下推举和选派专人负责。例行的常规活动,由值年负责;修建祠堂、纂修族谱、修筑祖墓、兴办学校、修桥铺路等工作,由临时组建的领导班子具体负责。据调查,对外纠纷几乎都是在族长主持下解决。如,民国初年歙县呈坎前罗氏宗族支丁罗会嘉被许村人打死,在族长主持下,罗氏宗族子弟300多人,闯进许村进行声讨和报复。后经双方族长和乡绅调解处理,才平息和避免了这场宗族集体武斗。又如,民国时期祁门县渚口乡乡公所设在贞一堂(祠堂)附近的文会馆。有一天,乡丁失火烧了乡公所。经倪氏宗族族众奋力扑救,贞一堂幸免于难。第二天,倪氏贞一堂族长倪望隆号令青年支丁,将乡长捉到贞一堂,绑在立柱惩治。后经倪氏宗族的乡绅从中调处,才将乡长释放。③

四、主管宗族的财产和财务。徽州一些名宗右族祠堂大都占有很多族田、族山和房产,有的祠堂占有族田数百亩,甚至一二千亩。其地租收入是相当可观的。此外,还有宗族子弟的大量捐输和宗族种种常规收入。宗族的财务支出主要有:修建祠堂、纂修谱牒、修筑祖墓、兴建学校、修桥铺路、兴修水利等工程费用;祭祀祖先、迎神赛会、元旦团拜、元宵庆灯等活动费用,少则白银几百两,多则数千两,甚至数万两。据历史文献记载和我们调查,徽州宗族

---

① 赵华富:《黟县南屏叶氏宗族调查研究报告》,载《徽州社会科学》,1994年第2期。
② (清)项启钫纂:歙县《桂溪项氏族谱》卷一《旧谱序跋》,清嘉庆十六年(公元1811年)刻本。
③ 赵华富:《祁门县渚口、伊坑、滩下、花城里倪氏宗族调查研究报告》,载《徽学》2000年卷,合肥:安徽大学出版社,2001年。

的财产和财务都由族长主管,管祠人员具体负责。明万历年间,祁门洪氏宗族不肖子孙企图盗卖宗族公有财产,族长洪廷谘率领族中尊长上告官府,"恳有照帖"。万历三十五年(公元1607年),洪廷谘等9人立族产会约规定:官府照帖"自后各宜遵守,无生异心。违者,执此经公,以不孝论罪"①。歙县东门许氏宗族《宗祠新置义田规约》记载,清康熙三十年(公元1691年),族长许志熙"倡率族人,输赀置产,加冬至一祭,颁胙阖族"。祭时,宗族"子孙老幼咸集焉"②。歙县棠樾鲍氏宗族置有"体源户"义田,用于周济鳏、寡、孤、独和自幼废疾不能受室、委实难于活命者。领救济粮者首先要向族长提出申请,得到批准以后,再向"祠总"领粮。

五、教育宗族子弟。为了整治族风、巩固宗族统治,徽州宗族统治者非常重视宣扬封建伦理道德,彰善抑恶,对宗族子弟进行教育。有的宗族在祠堂挂"彰善瘅恶"之匾,设"善过"之簿。族中有善恶成员,分别书善过簿;"屡善则屡书,而善者知所劝;屡恶则屡书,而恶者知所惩",从而达到"别淑慝而示劝惩"③。黟县环山余氏宗族在祠堂设"劝惩簿四扇,监视掌之。族内有孝子顺孙、义夫节妇及有隐德异行者,列为一等;务本力穑,勤俭于家,为第二等;能迁善改过、不得罪乡党宗族者,为第三等。每月朔,告庙毕,即书之《善录》。族有违规扑罚者,随事轻重,每月朔,告庙毕,即书之《记过簿》;其有勇于服善而能改,复书《劝善录》以美之;三录不悛者,倍罚。三年会考,如终不悛,而倍罚;不服者,则削之,不许入祠堂,仍榜其名于通衢"④。休宁泰塘程氏宗族对子弟中善者、恶者除"悉书于籍毋隐"外,还于祠堂设"嘉善""思过"之位,令善

---

① 《明清徽州社会经济资料丛编》(第一集),北京:中国社会科学出版社,1988年,第566页。

② (清)许登瀛纂:《重修古歙东门许氏宗谱》卷八《规约》,清乾隆二年(公元1737年)刻本。

③ (清)许登瀛纂:《重修古歙东门许氏宗谱》卷八《许氏家规》,清乾隆二年(公元1737年)刻本。

④ (民国)余攀荣、余旭升纂:黟县《环山余氏宗谱》卷一《余氏家规》,民国六年(公元1917年)木活字本。

者与恶者分别就位,族长命赐善者美酒,并"俾少者揖之";有过者则坐在思过席上示众。有过者中如已改正亦命赐酒,以示与有过而不改者相区别。① 程一枝《程典·宗法志》载,这个宗族春祭与秋祭毕,宗正面北而立,子弟以齿东西相向。宗正亢声读祖训曰:"凡为吾祖之后,曰:敬父兄,慈子弟,和族里,睦亲旧,善交游,时祭祀,力树艺,勤生殖,攻文学,畏法令,守礼义。毋悖天伦也,毋犯国法也,毋虐孤弱也,毋胥讼也,毋胥欺也,毋斗争也,毋为奸慝以贼身也,毋作恶逆以辱先也。有一于此者,生不齿于族,没(殁)不入于祠。"众拱而应曰:"敢不祗承长者之训!"复戒之曰:"慎思哉!勿坠先祖之祀。"咸应曰:"诺。"乃揖而出。

六、处理宗族内部纠纷。宗族都有一层温情脉脉的面纱,喜庆相贺,忧戚相吊,疾病相问,患难相扶。但是,一个世家大族,数百人,甚至数千人聚族而居,朝夕相处,财产纠纷、人事纠纷、土地纠纷、生活纠纷、家庭纠纷等等,是经常发生的现象,"强欺弱,众暴寡,富吞贫,恃尊凌卑,以少犯长,藐视族人而仇雠之"的现象势所难免。② 特别是明中期商品经济繁荣和资本主义生产关系萌芽产生以后,"风俗浇漓",人与人之间"狼戾妒忌,恃强欺弱""恃富欺贫,恃尊凌卑""巧施奸伪,侮弄是非"的现象更为严重。③ 族长"凡遇族中有不平之事,悉为之处分排解,不致经官。如果秉公无偏,而顽梗者不遵,则鸣之于官处治之"④。为什么宗族内部纠纷要族长调解处理呢?因为族长大都是宗族之中辈高年长、德高望重的乡绅,族众对族长不但尊敬推崇,而且大都有或多或少的畏惧。所以,族长处分、排解族众之间的纠纷,大都较容易平息。凡属婆媳纠纷、妯娌不和、打架斗殴等事件,只要族长出面讲话,往往迎刃而解,很

---

① (明)程一枝纂:《程典》卷十九《宗法典》第三,明万历二十六年(公元1598年)家刻本。
② (清)许登瀛纂:《重修古歙东门许氏宗谱》卷八《许氏家规》,清乾隆二年(公元1737年)刻本。
③ (明)佚名:歙县《泽富王氏宗谱·宗规》,明隆庆、万历间刻本。
④ (清)许登瀛纂:《重修古歙东门许氏宗谱》卷八《许氏家规》,清乾隆二年(公元1737年)刻本。

少有敢不听排解者。

宗族的下层组织曰"房",或曰"支""门""隅""家"等。房的后裔往往又分房、再分房,形成一种金字塔形的"房"组织体系。不过往往只有宗族之下的一级"房"有房长,同时大都还有支祠,是宗族的下层组织。一级"房"之下的"房"只是一些"血缘亲属圈",一般不是基层组织。房组织的繁衍裂变是由子姓繁衍快慢和多少决定的。一般来讲,子姓繁衍得快、繁衍得多,房组织的裂变就快、就多;反之,子姓繁衍得慢、繁衍得少,房组织的裂变就慢、就少。据我们调查,清道光年间(公元1821—1850年)婺源游山董氏宗族有八大房,清末民初繁衍裂变为二十四大房。① 黟县西递明经胡氏宗族十三世祖胡仲宽生二子,长子胡仕亨是总支祠敬爱堂之祖,次子胡仕全是常春堂之祖。胡仕亨生三子,分为三大支。长支九子,分为六房;二支四孙,分为四家,俗称"六房四家"。歙县呈坎前罗氏宗族分六门,休宁月潭朱氏宗族分四门,祁门善和程氏宗族有五大房,绩溪龙川胡氏宗族分东、南、西、北、中五隅,歙县棠樾鲍氏宣忠堂分为三大房。

房长的任职条件是:辈分高、年龄长、德高望重、有一定组织能力和管理能力。其职责和职权是:主持支祠的祠祭和支祖的墓祭,召开本房子弟会议,决定本房重要事务,监督或管理本房祠堂财务,教育本房子弟,调解和处理本房族众之间的纠纷,代表本房参加宗族会议等。②

徽州世家大族均重教崇文,各个宗族都有"文会"组织。文会的首领和骨干分子,大都是乡绅。他们与族长和房长一样,都是宗族的统治者。如,休宁商山吴氏宗族族规家法规定,族众公同推举四人为宗正、副,经理一族之事。"遇有正事议论,会同概族品官、举监生员、各房房长,虚心明审,以警人心,以肃宗法"③。品官和举监生员不仅都是文会的成员,而且全是文会中的骨干

---

① 赵华富:《婺源游山董氏宗族调查研究》,载《徽学》第二卷,合肥:安徽大学出版社,2002年。
② 赵华富:《祁门县渚口、伊坑、滩下、花城里倪氏宗族调查研究报告》,载《徽学》2000年卷,合肥:安徽大学出版社,2001年。
③ (明)休宁《商山吴氏宗法规条》,明抄本。

分子。明清时期，徽州宗族的族长大都是乡绅，族权大都被乡绅把持和操纵，形成族权与绅权的结合和统一。我们在徽州进行宗族调查时，问民国时期哪些人当过族长。有些宗族的老年人竟说，他们的宗族没有族长，只有绅士（或曰绅董、乡绅）。绅士就是宗族的首领。宗族的重大事情都是绅士说了算。

明清时期，徽州宗族的族权带有浓厚的地方基层政权的色彩和性质。明嘉靖二十八年（公元1549年），歙县知县邹大绩在"为立宗法敦风化事"示稿中说："仰各姓择年高有德、公明正直、素性足以孚信宗人者为之长，又择二三如宗长者副之，册其名呈县，奖立以主一宗之事。岁时宗长、副率子弟举祀礼以教，宗子有不率教者，长、副攻之，祖庙严戒饬，以示惩。子弟有勤学者，刻期考校称赏，以励其志。贫乏不自给者，协力举义赈恤，以扶其危，间有房长副之。命稔不悛之恶者，呈送本县重究罔恕。庶公正者得以操劝惩之柄，而悖乱不生；寡弱者得以杜侵凌之患，而可赖为善。三年不争，特加旌奖。务期一本明而情义以敦，风俗美而古道可复。斯有司所深望也，宜勉行之。"①徽州府知府段某在许氏宗族《举创祠修谱立宗法呈》一文中批示："据议修谱、创祠、立宗法三事：顾一门光前裕后之谋，实一方移风易俗之机也。且首遵圣谕及录端毅公注孝弟诗与诸训戒之词，即古蓝田之约不是过也。况今地方多事，保甲乡约尤本府切欲行之而未能者。兹举首倡，以先士民，甚有裨保约，益地方多矣。即如议着实举行，如有梗议挠约者，呈究。"②同时，徽州府推官吴某也批曰："保甲之法不行，盖由宗法不立。许氏独欲修谱创祠，效仇上党家法。自此明乡约，立保甲，闻风兴起者，当不止一家一乡也。盛世义举，孰过于此。……即如议，著实举行。"③由于族权的绅权化，族权与绅权的结合和统一，结果出现文人组织——文会——带有地方政权色彩的现象。《歙风俗礼教考》记载："各村自为文会，以名教相砥砺。乡有争竞，始则鸣族，不能

---

① （明）黄玄豹纂：歙县《潭渡孝里黄氏族谱》卷四《家训》，清雍正九年（公元1731年）家刻本。
② （明）方信纂：《新安许氏世谱》卷二，清康熙间精抄本。
③ （明）方信纂：《新安许氏世谱》卷二，清康熙间精抄本。

决则诉于文会,听约束焉。再不决,然后讼于官,比经文会公论者,而官借以得其款要过半矣,故其讼易解。若里约坊保,绝无权焉。"①

第二节　徽州宗族的转型

一、从农业宗族到亦农亦商宗族的转化

封建时代,人们的主要生产活动是农业。罗愿在《新安志》中,对徽州宗族的农业生产情况和特点作了生动的描述。他说:

> 新安为郡在万山间,其地险陿而不夷,其土驿刚而不化,水湍悍,少潴蓄。……大山之所落,深谷之所穷,民之田其间者,层累而上,指十数级不能为一亩,快牛刬耜不得旋其间,刀耕而火种之。十日不雨,则卬天而呼;一遇雨泽,山水暴出,则粪坏与禾荡然一空,盖地之勤民力者如此。

宗族的主要成员是农民,他们在宗族组织结构之中占绝对多数,是宗族组织的主体。万历《歙志》卷五《风土》,对徽州宗族生产劳动者的生活作了精辟的概括和叙述。其文曰:"家给人足,居则有室,佃则有田,薪则有山,艺则有圃。催科不扰,盗贼不生,婚媾依时,闾阎安堵。妇人纺织,男子桑蓬,臧获服劳,比邻敦睦。"这里虽然对封建社会农民的生活状况有些美化,但是,作者对农民生活特点的描写还是真实可信的。

明代中期,中国社会商品经济有了很大发展,不仅手工业——丝织业、棉织业、冶铁业、制铜业、造瓷业、制纸业、印刷业等——商品生产和商品交换空前繁荣,而且有些农产品——粮食、棉花、蚕茧、蔗糖、烟叶等——部分地卷入了商品市场。个别经济发达的地区,少数富裕的农户开始从自给自足的自然经济逐渐向桑蚕、棉花、烟叶等专业生产农户转化。在长江三角洲和东南沿

---

① (民国)许承尧撰:《歙事闲谭》第十八册,稿本。

海商品经济比较发达的地区,稀疏地出现了资本主义生产关系的萌芽。

明中期商品经济的繁荣和资本主义生产关系的萌芽,对徽州社会产生了重大影响。据历史文献记载,弘治、正德以来,徽州人"弃儒服贾""弃农经商"者愈来愈多。① 归有光说:"今新安多大族,而其地在山谷之间,无平原旷野可为耕田,故虽士大夫之家,皆以畜贾游于四方。"② 王世贞说:"大抵徽俗,人十三在邑,十七在天下;其所蓄聚则十一在内,十九在外。"③ 汪道昆说:"新都业贾者什七八,族为贾而隽为儒,因地趋时则男子所有事,外言不入于梱。"④ 康熙《休宁县志》卷七《奏疏》记载:"徽州介万山之中,地狭人稠,耕获三不赡一,即丰年亦仰食江楚,十居六七,勿论岁饥也。天下之民,寄命于农,徽民寄命于商。"

大批子弟"弃儒服贾""弃农经商",使徽州宗族组织构成发生重大变化,由农业宗族转变成亦农亦商的宗族。

明代中期以后,歙县棠樾鲍氏宗族子弟绝大多数投身于商业活动,使这个以农业为主的宗族转变为亦农亦商、以商为主的宗族。据歙县《棠樾鲍氏宣忠堂支谱》记载,鲍氏宗族十二世孙鲍汪如,"壮游四方",善于经营,成为著名大盐商。鲍叔献五个儿子,有四个从事商业经营,"客于外"。鲍士臣,经商讲信用,"长才通变,能殖其财","以廉贾称"。鲍逢杰之父,善经营,"以廉贾起家"。鲍仪慎,"居乡贸易,人称公平"。鲍宜瑗,家素贫,"壮即贾于外,岁必一归省视,以是为常"。鲍宜琼,家"贫外贸",以小本起家。鲍廷表,从商经营,"客外久无音息",等等。鲍氏宗族子弟商业活动分两个地区。一个是徽州西部,江西和两湖一带。如,鲍逢相,投身商业,"客洪江,卒葬其地"。鲍仪礼,从事商业,"客洪江,卒即葬其地"。鲍宜春,"尝贾于湘汉之区,多所创

---

① 宗族子弟"弃儒服贾",是放弃科举应试,转而经商,并不是放弃儒学。
② (明)归有光撰:《震川先生文集》卷十三《白庵程翁八十寿序》,明万历二年(公元1574年)刻本。
③ (明)王世贞撰:《弇州四部稿》卷六十一《赠程君五十叙》,《四库全书》影印本,上海:上海古籍出版社,1987年。
④ (明)汪道昆撰:《太函集》卷十七《阜成篇》,明万历十九年(公元1591年)金陵刻本。

置"。鲍廷枚,从事商业经营,"贾江右"。鲍廷睦,"少有志四方,客常德之岳家口三十余年"。鲍廷彩,投身贸迁,"客江西"。鲍廷钥,经营贸易,"客沅州府属之竹舟江,卒葬其地"。鲍廷机,投身商贸,"客洪江榆树湾"。鲍廷栓,从事商业,"客洪江祝家冈"。鲍钟莲,经商一生,"客湖南靖州会同县属之洪江,卒其地"。鲍钟泰,经商湖南,"卒湘潭县"。鲍廷移,经营贸易,"客江西",等等。鲍氏宗族子弟商业经营的另一个是徽州东部,即江浙地区。如,鲍士伟,"弃儒服贾,经营海滨","远客浙东"。鲍逢位,经营商贸,"久客兰溪"。鲍逢杰,亦商亦儒,"客富安场"。鲍逢恒,"商于浙江,奋励有为"。鲍廷礼,投身商贸,"客嘉兴,卒其地"。鲍廷台,长期经商,"客苏州,久未通问"。鲍钟岱,投身商界,"客遂安,卒即葬遂安北门外"。鲍钟蕃,投身商业,"客浙之遂安,工会计,为同辈所推许",等等。清乾嘉年间,棠樾鲍氏宗族出了三个著名盐商巨子:鲍志道、鲍启运和鲍漱芳。他们腰缠万贯,富比王侯,为朝廷和徽州做了许多"义举",鲍氏宗族因而名声大振。

　　元明之际,休宁月潭朱氏宗族有的子弟即从事商业活动。例如,康熙《新安月潭朱氏族谱》卷三载,朱真,一生"商游,侨居于楚";朱异,"美风仪,志勤殖,居家以孝友闻,业商两浙,名士多内交焉"。明朝中期,由于商品经济的繁荣和资本主义生产关系萌芽的影响,月潭朱氏宗族子弟"弃儒服贾""弃农经商"者愈来愈多,因而由农业宗族一变而为亦农亦商的宗族。据康熙《新安月潭朱氏族谱》和民国《月潭朱氏族谱》记载,朱梦龙,"从叔父澜亭公修息江南北,业用益起,每握奇取赢,悉出于公,叔父总大纲而已"。朱调纲,"廷华公四子,挈家商游江西"。朱左柱,"贾居徐州",殁"葬徐州云龙山"。朱敦本,投身商业,"开拓生业,经营亳州"。朱存玕,"商游湘潭"。朱天晟,"商游,卒于高邮"。朱时爱,从事贸易,商"游江北"。朱慕潭之父,经营商业,"客于溧水"。朱云鹏,"尚气节,善持筹,家益饶,尝获遗金不取"。朱以深,经商致富,"人有缓急,倾货赈给";"以泗公贾于薛镇,数奇资损,公计其子母,捐囊补之,泗公业以起"。朱楼,投身商贸,经营于楚。朱就之,"因家贫无以养亲,退而挟策游江湖,权牟拮据,获赢余以奉庭闱欢志,陶陶然乐也"。月潭朱氏宗族与朱熹同姓同宗,因此宗族子弟受朱熹思想影响特别深,攻举子业者很多。明中叶,宗族子弟攻举子业者,纷纷"弃儒从商"。如,朱嵦,少攻举子业,后"弃去,游于贾人"。朱育沧,"少受儒术,于书无所不通,晓鸡群野鹤,人咸异之。而奉父命,废儒而贾"。朱元爵,"天性孤介,不徇时好,释儒服贾,不废诵读"。朱应策,"父客殁溧水",因家贫无以养母,"乃弃帖括,从事经商。邑之经纪于鸠江者,素闻公少年而有成人之器,延致同事"。朱肇周,"生而颖异,好学不倦,长就太学,文行轶伦。……后因家计浩繁,遂从光禄公转运于京江瓜渚间。择人任时,筹缗精敏,狙狯不能欺,业日益起"。朱圣羽,"生十岁,承训即能文,闭关下键,茹六经子史,毕力咕吟,朝夕匪懈"。后因"家计日繁","乃禀命于澄源公,遂徙业为贾,游于三山二水间,部署率以身任事,猥集则躬执筹策……久之,家业隆起,赀用益饶"。圣羽昆季五人,"且读且商以代耕,代称'素封'"。朱凤翀,"幼岐嶷不凡,颖慧嗜学,不类群儿,弱冠角艺,声噪鸡林。惜以家嗣主器,分任家柄,不得竟举子业。遂用心计,佐育沧公经理四方,往来南徐、瓜渚、三吴、两越间,与时俯仰,业骎骎起。始终详要之间,公与育沧公如辕也,轮也,琴也,组也,盖相须而成矣"。朱介然,"倜傥有大志,初业贾,善持筹;继从儒,文艺雄横有奇气;已又释儒服贾,创业瓜渚,赀用大饶"。朱瀛峰,"五十时,以行贾属伯仲,以为儒属叔季。其后,复贾叔,以专儒季"。瓜渚是月潭朱氏宗族一个重要商业基地,朱氏宗族子弟有一批人在瓜渚从事商业经营。

明代中期以后,婺源游山董氏宗族的子弟纷纷"弃儒服贾""弃农经商",使这个农业宗族逐渐演变成一个亦农亦商的宗族。婺源《董氏宗谱》记载,董廷杰,"始业儒,后业商"。董绳武,"中年以家贫弃儒业贾","挟赀走白下,游姑苏,商于江湖数十年,沐雨栉风,拮据经营,业骎骎日起"。董荣宠,"困于名场,遂弃儒服贾,积铢累寸,而家道日丰"。董步爵,"少业儒,工时文,历十七试,竟不售;愤而习估,动辄折阅,叹曰:'名利非吾有也。'"董海山,"尝慨然曰:'吾苟守故园,家声何克丕振?尝闻端木氏连骑,陶朱公致富,皆留情于货殖间也。况余也贾用可养亲,贸迁亦云继志,余独何心亦何必拘拘于此哉?'

乃逐什一之利，通贵贱，征有无，未几而家小康。其后，兼为阳武商，不余十年，利获三倍，而名列成均，门庭自此光耀矣！"董廷贵，"随母而再醮，备受咸酸，稍长旋里，遂谋自立。习纸札，攻染坊，勤谨有年，积寸成尺，由小渐大，由大渐广，以故家势日裕，田产时增。非翁之精神与翁之信义，曷为而至此乎？"游山董氏宗族子弟的商人大都是茶商，经营茶叶业。如，董健元，"未及壮，补博士弟子员，益溺苦于学，期于科目，中崭然见头角……成人后，家累日重，修脙所入，不足以给事蓄，乃稍稍习计然术，以茶商起家，往来溢沪间"。董世觉，"少家贫，业农"，"耕所得，兼营囤贩。迨稍赢余，又联络二三知己，而共营茶号。春秋屡度，获利颇丰，公在商界遂巍然露头角矣。精书算，善理财，公其有焉"。董蔚其，"少綦贫，倜傥有大志，不屑以琐琐谋生活，禀性聪敏，善机变，尤长于持筹，人皆目之为殖货才，以故乡间绌行者，多倚赖之。壮岁操绿茶业，能耐苦任劳，累占优胜"。董文山，"年及冠，改商，操茶业，以资斧绌，志不遂，乃谋之妇；质妆奁，罄私蓄，得集数百金，破斧经营；历数十载，而囊橐以充，仓箱以裕"。董荣桐，"父以贫故，年十三令习计然术，操奇赢，权子母，精敏勤慎，虽童稚无异老成，父喜其能卓然立也。……中年复以茶业累置万金"。董孔光，"开茶号，家渐丰"。董雕喈，"冲年肩家政……夙宿匪懈，拮据十余载，由是家渐裕。营业绿茶，常往来彭湖、沪海间，跋涉之劳，风涛之险，已饱尝矣，然未尝稍损其壮志"。董荣椿，"悉禀母命而行，奔走于茶商之间，往来于屯、饶之地，坐无暇晷，寝不就衾"。董以成，"惟是勤俭持家，日则以身先之，不敢自暇自逸，俾一家咸愿勤劳；夜则教习书计，待异日有志货殖者，可持是以光启门庭。幸也，弟荣炽务茶而得财"。董仰宽，"能大川涉利，舟车南北得出，其数十年茶商，余蓄良田华屋。孙子蒙庥，创业兴家"。董昌朋与董蔚其，"刎颈交也……曾合夥业茶，追随数十年，相依如家人"。董佐唐，"甫冠即青一衿，科举废，从事茶业，又战无不利。今已饶余，华厦高筑矣"。董慕舒，"为贫故，遂不得不变计，弃儒而商。业茶二十余年，奔走于江右德安、浮梁间，恒一昼夜奔走数百里，足鞔体瘁，不以为苦，自是家日裕。……其通权达变，卒致丰饶"。董绥万，"年三十，组织万春茶号，制茶销售欧美"，并"运茶赴申","独力创设利亨茶号,悉心研究茶务"。他不但"有独得之秘",而且"确有一种不可思议之妙用,凡号中进茶数目之盈缩,无不暗合申江市情之隆替。茶市即至败坏,利亨独有羡余,人均誉先生为孔明"。

二、富商大贾社会地位的变化

《歙风俗礼教考》记载:"商居四民之末,徽殊不然。歙之业鹾于淮南北者,多缙绅巨族。其以急公议叙入仕者固多,而读书登第、入词垣跻朊仕者,更未易卜数。且名贤才士,往往出于其间,则固商而兼士矣。浙鹾更有商籍,岁科两试,每试徽商额取生员五十名,拨杭州府学二十名,仁、钱两学各十五名。淮商近亦请立商籍,斯其人文之盛,非若列肆居奇、肩担背负者能同日语也。自国初以来,徽商之名闻天下,非盗虚声,亦以其人具干才、饶利济,实多所建树耳。故每逢翠华巡幸,晋秩邀荣,夫岂幸致哉!"①

封建时代,按职业划分社会地位,分为士、农、工、商,商居四民之末。但是,徽州宗族的富商大贾则不然,他们在宗族之中和社会上,大都有很高的地位。

据历史文献记载,徽州宗族的富商大贾通过捐纳和义举,绝大多数能取得一定官职(有虚衔,也有实职)。明万历年间(公元 1573－1619 年),"国家兴作,鸠工征材,费用不足"。歙县西溪南吴氏宗族徽商巨子吴时佐,"率诸兄弟上钱(三)十万,天子旌之,一日而五中书之命下,殆富而益之贵者乎?"②富商汪士明,经营有方,"贾乃大起,什伯其父。中贵人以榷税出,毒痛四海,而诛求新安倍虐。公叹曰:'吾辈守钱虏,不能为官家共缓急,故椓也鱼肉之,与其以是填椓之壑,孰若为太仓增粒米乎?'应诏输粟实边过当,授中书舍人直

---

① (民国)许承尧撰:《歙事闲谭》第十八册,稿本。
② (民国)吴吉祜纂:歙县《丰南志》第四册《光禄兄六十序》,稿本。按:康熙《黄山志》载,吴养春父(即吴时佐)"输金三十万佐国,钦赐中翰五人"。见(民国)许承尧撰:《歙事闲谭》第十三册,稿本。

武英殿"①。休宁西门汪氏宗族子弟汪应亨,"大隐隐市,良贾贾仁,雅有儒风";"薄利谋,急人急,以能周人,用归如流水",得封承德郎、南京应天府通判。②歙县郡城南市程氏宗族子弟程应宸,"商居维扬,时值水潦,民大饥,输粟以赈,全活多人。有司上其事,诏授登仕郎"③。清嘉庆八年(公元1803年),"川、楚、陕三省贼平"。歙县棠樾鲍氏宗族大盐商鲍漱芳"集众商输饷。奉旨,从优议叙盐运使职衔"。后"以屡次捐输,叠奉恩旨,从优议叙,加十级"④。绩溪县上庄明经胡氏宗族子弟胡志斑经商虎林时,"会营兵以缺饷事枝梧,且酿成叵测矣。公微闻其事,即倾囊出蓄积百五十金,持诣营官以献,事得解"。"既而有司高公义,具以闻,得优予议叙焉"⑤。黟县城西溪南姚氏宗族姚嘉全,贾于衢州常山,"嘉庆甲戌、乙亥,迭赈岁饥。道光中,衢饥,捐银三百助赈。浙江巡抚奏给九品"⑥。黟县白干汤氏宗族子弟汤永懿,经商祁门,多行义举。祁门建考棚,"永懿与有力","议叙八品",并给"为善最乐"额⑦。婺源梅泽人戴振伸,"素业木姑苏。资禀奇异,洞悉江河水势原委。丹徒江口向有横越二闸倾坏,后水势横流,船篾往来,迭遭险厄。道光年间,大兴会馆董事请伸筹画筑二闸,并挑唐、孟二河。比工告竣,水波不兴,如涉平

---

① (明)李维桢撰:《大泌山房集》卷六十九《汪内史家传》,明万历三十九年(公元1611年)刻本。按:中书舍人直武英殿,即直武英殿西房中书舍人。
② (明)汪澍纂:《休宁西门汪氏宗谱》卷六《京兆应亨公暨金安人敕命》,清顺治十年(公元1653年)刻本。
③ (清)程之康纂:徽州《程氏人物志》卷七《质义》,清康熙四十三年(公元1704年)程氏延庆堂刻本。
④ (民国)许承尧纂:《歙县志》卷九《人物志·义行》,民国二十六年(公元1937年)铅印本。
⑤ (清)胡祥麟、胡祥木纂:绩溪《上川明经胡氏宗谱·拾遗》,清宣统三年(公元1911年)木活字本。
⑥ (清)程鸿诏等纂,谢永泰等修:同治《黟县三志》卷七《人物·尚义》,清同治九年(公元1870年)刻本。
⑦ (清)程鸿诏等纂,谢永泰等修:同治《黟县三志》卷七《人物·尚义》,清同治九年(公元1870年)刻本。

地。董事为禀镇江府宪,申详大宪题奏。奉诏旨:赏给从九议叙"。① 歙县江村江氏宗族盐商巨子江春,任总商 40 年,凭着金钱和才学,竟"以布衣上交天子"。乾隆皇帝"御宇"50 年,他馈呈贺礼多达 100 万两。乾隆六巡江南,江春"扫除宿戒,懋著劳绩,自锡宴加级外,拜恩优渥,不可殚述",特"钦赏布政使秩衔"。② 绩溪湖里胡氏宗族富商大贾胡光墉,经商杭州、上海、北京等地,腰缠万贯,富比王侯。因助左宗棠战事之功,授江西候补道,赐穿黄马褂,是清朝著名的"红顶商人"。③

我们在徽州谱牒之中看到,绝大多数宗族的富商大贾都有官衔。例如,歙县江村江氏宗族子弟江承炳,"皇清诰授通议大夫按察使司副司晋赠资政大夫"④。江承东,"皇清敕授儒林郎州司马覃恩赠文林郎湖北竹溪县令"⑤。江登云,"皇清覃恩累晋武功大夫袁临副将署南赣总兵官"⑥。歙县许氏宗族子弟许晴川,"敕封征仕郎"⑦。西溪南吴氏宗族子弟吴铞,"附贡生诰授资政大夫候选道加四级恩加顶带一级又恩加一级议叙加六级"⑧。歙县许氏宗族子弟许积庆,"明封奉政大夫"⑨。溪南江氏宗族子弟江才,"明赠承德郎南京兵部车驾清吏司署员外郎事主事"⑩。歙县江村江氏宗族子弟江人龙,"皇清

---

① (民国)葛韵芬等修,江峰青纂:《重修婺源县志》卷四十《人物·义行》,民国十四年(公元 1925 年)刻本。
② (民国)许承尧纂:《歙县志》卷九,民国二十六年(公元 1937 年)铅印本;(清)李斗撰:《扬州画舫录》卷十二,北京:中华书局,1960 年。
③ 绩溪县地方志编纂委员会编:《绩溪县志》第三十二章《人物·人物传记》,合肥:黄山书社,1998 年。
④ (清)江淮椿等纂:《歙北江村济阳江氏族谱》卷九,清乾隆四十二年(公元 1777 年)刻本。
⑤ (清)江淮椿等纂:《歙北江村济阳江氏族谱》卷九,清乾隆四十二年(公元 1777 年)刻本。
⑥ (清)江淮椿等纂:《歙北江村济阳江氏族谱》卷九,清乾隆四十二年(公元 1777 年)刻本。
⑦ (明)方信纂:《新安许氏世谱》卷六,清康熙间精抄本。
⑧ (民国)吴吉祜纂:歙县《丰南志》第五册,稿本。
⑨ (明)方信纂:《新安许氏世谱》卷三,清康熙间精抄本。
⑩ (明)江珍纂:歙县《溪南江氏族谱》,明隆庆三年(公元 1569 年)刻本。

敕授儒林郎晋奉直大夫州司马加二级"①。江嘉谟,"皇清州同知覃恩貤封武义大夫南安参将"②,等等。

在封建社会,各级官府和宗族常用树碑立传的形式表彰"志士仁人"。如,为宗族建祠堂、修谱牒、置族产、创书院、扶孤恤寡、救灾恤患的子弟;为国家和地方"捐输"银两,资助水利工程、军事费用、赈灾恤患的子弟。得到表彰的人,自然社会地位大大提高。在徽州谱牒之中,除了乡绅以外,立传最多的是富商大贾。如,在《新安月潭朱氏族谱》之中,为朱氏宗族富商大贾立传多达数十人。他们是:朱真、朱异、朱崶、朱就之、朱应策、朱育沦、朱肇周、朱圣羽、朱凤翀、朱崧阳、朱钦所、朱叔子、朱介然、朱元爵、朱梦龙、朱瀛峰、朱以深、朱云鹏、朱时爱、朱敦本、朱息园、朱凤翥、朱慕潭、朱存玕、朱天晟、朱以泗、朱楼、朱左柱等。婺源《董氏宗谱》中,有游山董氏宗族大商人董绳武、董慎斋、董步爵、董荣选、董慕舒、董健元、董世觉、董蔚其、董文山、董海山、董廷贵、董荣桐、董孔光、董雕啮、董荣椿、董以成、董仰宽、董昌明、董廷杰、董佐唐、董汝万等数十人传记。在明代中期以来的徽州地方志中,徽商的传记都占有相当大的篇幅,特别是在民国《歙县志》和民国《重修婺源县志》中,商人的传记非常多。民国《重修婺源县志》共 70 卷,其中《人物》有 44 卷,占全书的 62.86%。《人物》中,有《孝友》7 卷,《义行》8 卷,《质行》9 卷,总计占全书的 34.29%,占《人物》的 54.55%。徽商优秀人物传记绝大多数在这三个栏目之中。据日本学者重田德统计,其中"包含有优秀商人的传记达千人之多"。他说:"这三个项目在《人物》中显得分量特大……如果在县志的其他方面未能看到特别的变化,那么民国《重修婺源县志》确实是将商人列传作为最大的目标来编纂的,此说毫无过言。"③

---

① (清)江淮椿等纂:《歙北江村济阳江氏族谱》卷九,清乾隆四十二年(公元 1777 年)刻本。

② (清)江淮椿等纂:《歙北江村济阳江氏族谱》卷九,清乾隆四十二年(公元 1777 年)刻本。

③ [日]重田德:《徽州商人之一面》,见《徽州社会经济史研究译文集》,合肥:黄山书社,1987年。

在封建社会,朝廷和地方官府常用立牌坊和挂匾额的形式旌表践履封建礼教的楷模。受到朝廷和地方官府的旌表是人生最大光荣,也是一个人列入上层社会最显耀的标志。明清时期,徽州宗族商人得到旌表者,比比皆是,举不胜举。史载,歙县岩镇佘氏宗族子弟佘文义,"少艰窘,服贾,折节纤俭,好义如饥渴"。构义屋、买义田,周济族人;置义冢,"听乡里之死者"归葬;构石梁"济病涉者"。郡太守请与宾饮,题其门曰:"范蔡遗风"。① 婺源盘山程氏宗族支丁程世杰,"早岁由儒就商,往来吴楚,稍聚赢余,推以济众"。置义田、兴学校、建祠宇、修桥梁、施棺材等,"勇于为义者指不胜屈。奉旨建坊旌表:'乐善好施',并旌郡城嘉义坊"。② 歙县七贤胡氏宗族支丁胡阶,"贾于江苏,见旅人暴骨,呈请府县建旅亨堂于浒墅关,捐资设殡房,置义冢,并立碑志以垂久远。子钧克承先志。乙亥,长洲县饥,施粟赈济。长邑令赵旌曰:'乐善可风'"。③ 婺源蕉源吴氏宗族子弟吴时镇,"比成童,随父贾浙西,所积余赀,待同乡滞外之人,居助膳赀,行给路费。村有石桥被洪水冲坏,族以功巨难就,架木为梁,镇议复其旧。首输金五百,集众捐助若干,费仍不足,乃质己产得数百金成之,并输租五十秤为善后计。绅耆为请额,邑侯黄有'义昭仁里'之赠"。④ 龙尾江氏宗族支丁江可烈,"少贫,经营浙江,渐充裕"。倡建杭州徽商公所,重建宗族祖祠,"施棺木,葺祖茔,治途平梁,义举尤多。邑侯俞赠以'古道照人'之额"。⑤ 歙县棠樾鲍氏宗族子弟鲍起正,"服贾养亲。母老多病,妻吕氏承欢色养,三党无间言。邑令张佩芳旌曰:'孝义礼宗'"。乾隆十

---

① (明)汪尚宁纂,何东序修:嘉靖《徽州府志·质行》,明嘉靖四十五年(公元1566年)刻本。

② (民国)葛韵芬等修,江峰青纂:《重修婺源县志》卷三十九《人物·义行》,民国十四年(公元1925年)刻本。

③ (民国)许承尧纂:《歙县志》卷九《人物·义行》,民国二十六年(公元1937年)铅印本。

④ (民国)葛韵芬等修,江峰青纂:《重修婺源县志》卷四十一《人物·义行》,民国十四年(公元1925年)刻本。

⑤ (民国)葛韵芬等修,江峰青纂:《重修婺源县志》卷三十八《人物·义行》,民国十四年(公元1925年)刻本。

四至十五年（公元 1749 至 1750 年），"岁荐饥，逋赋者追呼相望，起正辄代输，得无扰。县令王鸣颜其居曰：'惠及乡间'"①。盐商巨子鲍漱芳，助军饷、赈饥荒、修水利；"家居敦本尚义，修里社、筑水堨、置义学、修新岭、修王干阳溪清水塘丛山关诸道路，益惠济堂义冢地，周助婚葬，义行不可枚举。并遗命其子均捐修府学，创建府学西偏久圮之忠烈祠"②。父子二人得到嘉庆皇帝的嘉奖，奉旨旌表，敕建"乐善好施"牌坊。

资本主义商品经济的发展和繁荣是宗族的对立物，资本主义商人队伍是宗族的掘墓人。与此相反，徽州宗族商人队伍是封建商帮，他们经营的商品贸易是封建社会的商品经济。明代中期，徽州宗族子弟大批"弃儒服贾""弃农从商"，徽州宗族商人队伍的发展和扩大，不仅没有削弱和动摇宗族制度和宗族统治，而且还在一定程度上加强了宗族的统治，巩固了宗族制度。徽州宗族商人成为宗族制度一个重要支柱和宗族统治的一个强大力量。

三、宗族风气的变化

明代中期，由于商品经济的繁荣和资本主义生产关系萌芽的影响，徽州宗族子弟大批"弃儒服贾""弃农从商"，不但引起徽州许多宗族从农业宗族转变为亦农亦商的宗族，而且还造成宗族风气的重大变化。万历年间，徽州长老对这个变化有一个概述，其文曰："成、弘以前，民间椎少文、甘恬退、重土著、勤穑事、敦愿让、崇节俭。而今则家弦户诵，贪缘进取，流寓五方，轻本重末，舞文珥笔，乘坚刺肥（按：一般作"乘坚策肥"——引者）。世变江河莫测底止。"③万历《歙志》卷五《风土》用前后对比的手法，对徽州宗族风气的变化，作了深刻的概括和生动的描述。其文曰：

---

① （民国）许承尧纂：《歙县志》卷九《人物·义行》，民国二十六年（公元 1937 年）铅印本。
② （民国）许承尧纂：《歙县志》卷九《人物·义行》，民国二十六年（公元 1937 年）铅印本。
③ （明）谢陛纂，张涛修：万历《歙志·歙志序》，明万历三十七年（公元 1609 年）刻本。

国家厚泽深仁,重熙累洽,至于弘治盖綦隆矣。于是家给人足,居则有室,佃则有田,薪则有山,艺则有圃。催科不扰,盗贼不生,婚媾依时,闾阎安堵。妇人纺织,男子桑蓬,臧获服劳,比邻敦睦。诚哉一时之三代也! 岂特宋太平、唐贞观、汉文景哉? 诈伪未萌,讦争未起,芬华未染,靡汰未臻……

寻至正德末、嘉靖初,则稍异矣。出贾既多,土田不重;操资交捷,起落不常;能者方成,拙者乃毁,东家已富,西家自贫;高下失均,锱铢共竞;互相凌夺,各自张皇。于是诈伪萌矣,讦争起矣,芬华染矣,靡汰臻矣……

迫至嘉靖末、隆庆间,则尤异矣。末富居多,本富尽少;富者愈富,贫者愈贫;起者独雄,落者辟易;资爱有属,产自无恒;贸易纷纭,诛求刻核;奸豪变乱,巨滑侵牟。于是诈伪有鬼蜮矣,讦争有戈矛矣,芬华有波流矣,靡汰有丘壑矣……

迄今三十余年,则复异矣。富者百人而一,贫者十人而九;贫者既不能敌富,少者反可以制多;金令司天,钱神卓地;贪婪罔极,骨肉相残;受享于身,不堪暴殄;因人作报,靡有落毛。于是鬼蜮则匿影矣,戈矛则连兵矣,波流则襄陵矣,丘壑则陆海矣……

明中期徽州宗族风俗这一重大变化,对宗族制度是一个严重冲击,对宗族统治是一个严峻挑战。我们已经讲过,宗族制度是以封建生产方式和自给自足的自然经济为基础的,宗族统治是建立在田园牧歌式的小农社会之上的。宗族统治者要求宗族成员,遵圣谕,孝弟兴;睦邻里,名分正;肃闺门,蒙养正;勤四业,赋役供;禁游闲,节俭崇;恤孤寡,四礼行;不斗殴,息争讼……①在宗族成员之间,"喜庆相贺、忧戚相吊、疾病相问、患难相扶""亲亲尊尊、雍雍睦睦"。但是,商品经济的繁荣和资本主义生产关系的萌芽所引发的"风俗

---

① (明)王宗本纂:《休宁宣仁王氏族谱·宗规》,明万历三十八年(公元1610年)刻本;(明)许光勋纂:《重修古歙城东许氏世谱·许氏家规》,明崇祯七年(公元1634年)家刻本。

浇漓",却破坏了这种关系。在宗族成员之中出现:"恃强凌弱,倚众暴寡""欺孤虐寡,恃富吞贫""阴毒善良,巧施奸伪""狠戾妒忌""侮弄是非""恃尊凌卑""靠富欺贫"。许多人"或以富贵骄,或以智力抗,或以顽泼欺凌","恃己势以自强,剥人赀以自富,反道败德",甚至"金令司天,钱神卓地;贪婪罔极,骨肉相残"。有的手工业者"作淫巧,售敝伪器";有些商人"纨袴冶游,酒色荡费"。① 在宗族统治者看来,万历《歙志·风土》所描述的宗族风气,有点像"礼崩乐坏"的前奏,"天下大乱"的前夕。

明代中期,徽州宗族风气的重大变化,对宗族统治者来讲,虽然有点像"山雨欲来风满楼",但是,由于宗族广大仕宦和富商大贾的大力支持,徽州宗族制度并未动摇。他们"惧其族之将圮也,思有以维持安全之",采取了一系列重大举措——兴建宗族祠堂、编纂谱牒家乘、设置祭田义田、制定族规家法。因而,增强了宗法观念,加强了宗族组织管理,建立了宗族保障制度,强化了宗族统治工具,使宗族制度得到了巩固,宗族统治得到了强化。

第三节 徽州宗族家庭的经济类型

宗族是由家庭构成的,小家庭是宗族组织的细胞。但是,有的宗族也有累世同居的大家庭。例如,歙县鲍屯鲍氏宗族子弟"安国、安民、安福与堂兄弟安常、安时、安叙、安物、安邦、安禄、安世十人,亲属三百口共爨,时人义之,号其居曰:'十安堂'"。② 婺源武口王氏宗族,"自延钊以下,子、孙、曾、玄四世同居,子十一人,孙二十六人,曾孙五十六人,玄孙九十六人,合夫妇并子女从而食者,又几何人?"旧称,"王氏亲者三百二十有六人,义不忍分,而同居六十有五年。其后,牧庵遂作为图,是为《同居图》之始,后之踵而增者有数十本"。③ 大畈汪氏

---

① (明)王宗本纂:《休宁宣仁王氏族谱·宗规》,明万历三十八年(公元1610年)刻本。

② (明)程尚宽等纂:《新安名族志》前集,日本东洋文库藏明嘉靖三十年(公元1551年)刻本。

③ (民国)王集成纂:《绩溪庙子山王氏谱》卷首一《叙目》,卷五《武口同居图》,民国二十四年(公元1935年)铅印本。

宗族汪廷美，"孝友纯至，义居数十年，聚族四百口，旦暮食必同席，有未至者不敢先"①。武溪王氏宗族王德聪，"有田百顷，非公事不入城郭，一家几五千指，同居七十余年。天圣初，邑令刘定奏旌其门，曰'孝友信义'之家"②。绩溪市北唐氏宗族唐宗傅，"四世同居"③。休宁朱震雷"累世同居"④。歙县岩镇汪氏宗族汪通保，"一堂五世，男妇大小百余人"⑤。方村方氏宗族方统来"五世同居"⑥。歙县《棠樾鲍氏宣忠堂支谱》卷十三《世系》载，鲍宜海"兄弟同居，食指如林"。继配吴爱，"承主中馈，井井有条，终其身与姒娌和睦无间言，以是宗族称其贤能"。歙县岩镇程氏宗族支丁程相，"自祖父远以来，同居友爱，庭无间言。至相三世，期缌数百指。相躬率以义，长幼咸服，百年同爨，不改其初。嘉靖丙戌，抚院陈凤梧行部，召相及其叔泰进见，待以殊礼，命郡守郑玉手书'百忍遗风'四字旌其门，仍镌'泰相敦义'名目于里之节孝坊"⑦。从历史文献记载来看，这种累世同居的大家庭——即社会学所谓"共祖家庭"——是个别现象。

一、地主家庭

徽州宗族的地主家庭包括：缙绅地主家庭、庶人地主家庭；大地主家庭、中小地主家庭。

---

① （宋）罗愿纂，赵不悔修：淳熙《新安志》卷八《汪廷美传》，清光绪三十三年（公元1907年）刻本。
② （清）赵吉士撰，丁廷楗、卢询修：康熙《徽州府志》卷十五《孝友》，清康熙三十八年（公元1699年）刻本。
③ （清）赵吉士撰，丁廷楗、卢询修：康熙《徽州府志》卷十五《孝友》，清康熙三十八年（公元1699年）刻本。
④ （明）宋濂等撰：《元史》卷一百九十七《孝友》一，北京：中华书局，1976年。
⑤ （民国）许承尧纂：《歙县志》卷九《人物·义行》，民国二十六年（公元1937年）铅印本。
⑥ （民国）许承尧纂：《歙县志》卷九《人物·义行》，民国二十六年（公元1937年）铅印本。
⑦ （清）赵吉士撰，丁廷楗、卢询修：康熙《徽州府志》卷十五《孝友》，清康熙三十八年（公元1699年）刻本。

唐代,实行均田制,授田分"口分田"和"永业田"两类。因为历史资料阙如,那时徽州地主家庭的经济状况,不得而知。均田制破坏之后,土地兼并愈演愈烈。宋代以来,有的大地主"吞噬千家之产业,连亘数路之阡陌,岁入号百万斛"①。徽州地区也出现类似的地主家庭。史载,绩溪龙川胡氏宗族子弟胡之纲,"粮田三万七千九顷七十五亩,进粮百万。敕封提干,赐县玄字基地六亩"②。玄孙胡炎孙有"田产十万八千亩,资财巨万"。元至正二十年(公元 1360 年),"岁大饥,四方召征粮……坑口胡提干权粜八十万"。③ 休宁石门陈氏宗族支丁陈天从,"警敏恢廓,有大度,相父拓业,富埒万户,置田一十五所(藏溪、黄坑、胡驾、戴村、瑶溪、亭子干、临溪、巧坑、隆阜、博村、梅林、结竹盈、叶西、王公舍),岁租八万有奇,输税以金,号曰'金户'"④。

徽州宗族地主家庭兼并土地的主要手段是什么呢?唐代均田制破坏以后,土地买卖成为土地易主的主要形式。徽州宗族地主家庭主要是利用土地买卖兼并土地。请看下列两张宋元时期徽州土地买卖文契:

淳祐二年休宁李思聪等卖田、山赤契

休宁县附产户李思聪、弟思忠,同母亲阿汪嘀议,情愿将父□□存日置受得李舜俞祈(祁)门县归仁都土名大港山源,梨字壹□□(号)次夏田贰角四拾步,贰号忠田壹角;又四号山壹拾四亩。其四□(至):东至大溪,西至大降,南至胡官人山,随垄分水直下至大溪,北至□俞山,随垄分水直上至大降,直下至大溪。今将前项四至内□山四水归内,尽行断卖与祈(祁)门县归仁都胡应辰名下,三面评议价钱官会拾柒界壹百贰拾贯文省(整),其钱当□(立)契日一

---

① (宋)刘克庄撰:《后村先生大全集》卷五十一《备对劄子》,《四部丛刊》影印本,上海:商务印书馆,民国八年(公元 1919 年)。

② (明)程尚宽等纂:《新安名族志》前集,日本东洋文库藏明嘉靖三十年(公元 1551 年)刻本。

③ (民国)佚名:绩溪《龙川胡氏家谱》,传抄本。

④ (清)陈丰纂:休宁《陈氏宗谱》卷三《本宗列传》第二,清康熙十二年(公元 1673 年)刻本。

并交领足讫。其田、山今从卖后,一任受产人闻官,□祖舜元户起割税钱收苗为业。其田、山内如有风水阴地,一任买主胡应辰从便迁葬,本家不在(再)占拦。今从出卖之后,如内外人占拦,并是出产人祇当,不及受产人之事。所有元典买上手赤契伍纸,随契缴付受产人收执照会。今恐人心无信,立此断卖田、山文契为照。

淳祐贰年十月十五日

         李思聪(押)

弟   李思忠(押)

母亲   阿 汪(押)

见交钱人叔 李余庆(押)

依口书契人 李文质(押)

今于胡应辰名下交领前项契内拾柒(界)官会壹百贰拾贯文省前去足讫,其钱别更不立碎领,只此契后一领为照。

同□年 月 日

         李思聪(押)

弟   李思忠(押)

母亲 阿 汪(押)

叔 李余庆(押)①

延祐二年祁门汪子先卖田山赤契

归仁都汪子先,有田山壹段,坐落土名若竹降,唐字一千四伯(百)四十九号,夏山贰亩,次不及田贰角令(零)陆步。其田山东止岭,分水直下止谢太年田,西止弯心,低(抵)谢太年山,南止降,北止谢太年田。今无钞支用,情愿经官给据,立契将前项四止内田山及山内大小杉木,尽行出卖与同都人李□□□,三面商议中统价钞壹

---

① 《明清徽州社会经济资料丛编》(第二集),北京:中国社会科学出版社,1990年,第3~4页。

拾叁锭,其钞当立契日壹并交足,契后别(不)立□领。其田山并杉苗木,今从卖后,壹任买主收苗管业。未卖之先,即不情(曾)与家外人交易。如有四止不明及家外人占拦,并是卖人之当,不涉受产人之事。其上手赤契共贰纸,壹并缴付。今恐无凭,立此卖契文书为用者。

延祐贰年七月拾伍日

汪子先(押)

代书契男　汪有德(押)①

20世纪50年代,徽州发现大批契约文书,震动了学术界。数以十万计的土地买卖契约说明,徽州宗族地主家庭利用土地买卖这种形式,占有了大量土地。

地主占有的土地,绝大多数出租给佃农,收取地租。封建地租是地主家庭的主要经济来源。请看地主家庭出租土地的3例文约:

例一:

休宁县汪廷保佃田约

立佃约人汪廷保,今有承祖佃作田一备,坐落土名沙丘,计田一亩肆分,计租十四秤整,出佃与李□□名下为业,得受价纹银一两叁钱整。其田是身承去耕种,迭年交还小租谷叁秤拾斤整,送至上门交纳。如有欠少,听佃主另佃无词。其田未佃知(之)先,并无重复交易。不明(等)(情),尽是出佃人承当,不及受(佃)人之事。恐后无凭,立此佃约存照。

崇祯十五年四月初二日

立佃约人　汪廷保②

---

① 《明清徽州社会经济资料丛编》(第二集),北京:中国社会科学出版社,1990年,第8页。
② 《明清徽州社会经济资料丛编》(第一集),北京:中国社会科学出版社,1988年,第423页。

例二：

休宁县程林玉出佃田约

　　立佃约人程林玉，今将土名深丘，计租拾陆砠，凭中出佃（与）金名下耕种，当得受价银叁两贰钱整。其银当日收足。其田即交佃人耕种，每年秋收照依本村大例交租，不得短少。今恐无凭，立此佃约存照。其上首老佃壹纸，交（佃）人收批（执）。

　　乾隆九年拾月　　日

　　　　　　　　　　　　立佃人　程林玉
　　　　　　　　　　　　凭中人　程殿候①

例三：

歙县汪景云租田批

　　十五都七图五甲立租批人汪景云，今租到二十一都二图三甲许雪南名下，大买田一亩七分，土名鲍老甽，三面言定每年秋收之日交纳时租，风车净谷三十七斗四升整。其租挑送上门，不得欠少。倘有欠少，听凭起业另租他人无异。恐口无凭，立此租批存照。

　　再批：倘有天蚕、白色、年成干旱，眼同千（监）割无异。又照。

　　道光十四年十二月　　日

　　　　　　　　　　　　立租批人　汪景云
　　　　　　　　　　　　凭　中　人　汪殿友
　　　　　　　　　　　　　　　　　　黄永泰

　　　　　　　　　亲　　笔②

　　历史文献记载告诉我们，缙绅地主都享有种种不同程度的特权。品级愈高，特权愈大。在各种各样的特权之中，封荫制度最为突出。根据封建国家

---

① 《明清徽州社会经济资料丛编》(第一集)，北京：中国社会科学出版社，1988年，第426页。

② 《明清徽州社会经济资料丛编》(第一集)，北京：中国社会科学出版社，1988年，第434~435页。

的规定,朝廷命官上可以封赠三代(或二代、或一代),下可以荫叙子孙。在徽州世家大族的谱牒当中,这种"一人高升,众人得济"的现象,特别引人注目。在封建社会,知识分子做官的目的,就是为了荣华富贵。所以,缙绅地主大都占有大量土地,家庭生活异常富有。① 许多人家都"豢养童妾,纵情歌舞,修饰台榭,作无益以害民生"。②

二、农民家庭

农民家庭主要有两类:一是自耕农家庭;二是佃农家庭。农民家庭都是小家庭,即社会学所谓"直系家庭""主干家庭"和"核心家庭"。

自耕农家庭是小土地所有者。隋唐时期,实行均田制,一夫一妻,占田百亩。实际上,自耕农民家庭受田严重不足。史载,隋文帝曾发使四出,均天下土田,"其狭乡每丁才至二十亩,老小又少焉"③。天宝年间,由于人口迅速增长,徽州已变为"狭乡"。宋代,户口分主户和客户两类,主户实行五等户制。自耕农家庭属于第四等户,第五等户是半自耕农、半佃农家庭。第四等户一般占有土地 50 亩左右,第五等户占有土地在 20 亩以下。④ 徽州届万山中,"山多田少"。自耕农家庭占有土地量远远低于全国平均水平。明清时期,人口增长,耕地不足,出现"土地小狭、民人众"的严重社会问题。⑤ 有的学者甚至说,"以故中家而下,皆无田可业"⑥;"歙、休两邑,民皆无田,而业贾遍于天下"⑦。虽然徽州"民皆无田"说有些夸张,但自耕农家庭占有土地量很少,确

---

① (明)胡宗宪《辨诬疏》说,言官诬臣强占民田"七万余亩",实"臣户内止有田八百余亩"。见(明)胡煜、胡渭仁撰:《忠敬堂汇录》,清光绪刻本。
② (民国)许承尧撰:《歙事闲谭》第八册《明季举人陋习》,稿本。
③ (唐)魏征等撰:《隋书》卷二十四《食货志》,北京:中华书局,1973 年。
④ 参见周宝珠、陈振主编:《简明宋史》,北京:人民出版社,1985 年,第 129 页。
⑤ (明)王世贞:《弇州四部稿》卷六十一《赠程君五十叙》,《四库全书》影印本,上海:上海古籍出版社,1987 年。
⑥ (明末清初)顾炎武撰:《天下郡国利病书》第九册《凤宁徽》,《四部丛刊三编》本,上海:商务印书馆,民国二十四至二十五年(公元 1935—1936 年)。
⑦ (明)金声撰:《金正希先生文集辑略》卷四《与歙令君》,北京:北京出版社,1998 年。

是事实。据1950年土地改革前夕调查,徽州地区(不含婺源县)5个县共有自耕农66,316户,共占有土地323,269.84亩,平均每户占有土地4.87亩。①

自耕农家庭是封建土地制度的所有者和占有者,因此,他们也就成为封建国家赋税和徭役的承担者。唐代,实行租庸调,均田制破坏以后,改行两税法,宋代继而行之。徽州地区,田分三等缴纳赋税。歙县、休宁、祁门、黟县、绩溪5县,上田每亩夏税钱200文(含绸0.4尺、绢1.3尺、布1尺、绵0.03斤折变钱,及"见钱"55文、"盐钱"12文、"脚钱"12文);秋苗米2斗2升,耗米4升4合,义仓2升2合,盐钱12文。中田每亩夏税钱150文(含绸0.3尺、绢1.25尺、布0.5尺、绵0.02斤折变钱,及"见钱"43.75文、"盐钱"9文、"脚钱"8文);秋苗米1斗7升7合,耗米3升5合,义仓1升9合,盐钱9文。下田每亩夏税钱100文(含绸0.12尺、绢1.5尺、布0.25尺、绵0.01斤折变钱,及"见钱"27.75文、"盐钱"6文、"脚钱"6文);秋苗米1斗3升3合,耗米2升7合,义仓1升3合,盐钱6文。五代和宋朝,夏税三色杂钱——见钱、盐钱、脚钱——"不直令输钱",上田折变为绢4尺3寸、绵4钱5分、麦1升2合;中田折变为绢3尺4寸、绵3钱、麦9合;下田折变为绢2尺5寸、绵1钱5分、麦6合。"大率上田产米二石者,田主之收什六七,夏秋之税度用钱二千八百自余,中田、下田以次率之"。婺源县田税较低,上田每亩夏税钱42文,秋苗米4升2合;中田每亩夏税钱40文,秋苗米4升;下田每亩夏税线38文,秋苗米3升8合。②

元代,徽州路"州一县五,税则不同,科法亦异"。弘治《徽州府志》卷三《食货·财赋》记载:

歙县明德乡上田每亩税钱一百八十文,凡五亩二角为钱一贯;科夏税丝六两三钱一分四厘,绵一两四钱一分七厘,茶租中统钞一

---

① 华东军政委员会土地改革委员会编:《安徽省农村调查》。参见叶显恩著:《明清徽州农村社会与佃仆制》,合肥:安徽人民出版社,1983年,第57页。
② (宋)罗愿纂,赵不悔修:淳熙《新安志》卷二《贡赋》,清光绪三十三年(公元1907年)刻本;(明)汪舜民纂,彭泽修:弘治《徽州府志》卷三《食货·财赋》,明弘治十五年(公元1502年)刻本。

百四分二厘;秋苗米三斗三升二合二勺三抄。

婺源州上晚田每亩税钱四十二文五分五厘,凡二十三亩二角为钱一贯;科夏税丝一十一两七钱六分八厘,茶租中统钞二百六分三厘;秋苗米一斗八升九合五勺八抄。

休宁县忠孝乡上田每亩税钱一百二十文,凡八亩一角为钱一贯;科夏税丝六两四钱二分四厘,绵一两二钱一厘,茶租中统钞一百二分八厘;秋苗米二斗四升七合四勺八抄。

祁门县上田每亩税钱七十五文,凡一十三亩一角为钱一贯;科夏税丝三两二钱二分四厘,绵八钱九分一厘,茶租中统钞二百七分四厘;秋苗米二斗一升六合一勺。

绩溪县仁慈乡上田每亩税钱二百二十二文五分一厘,凡四亩二角为钱一贯;科夏税丝六两八钱九分一厘,绵一两六钱八分三厘,茶租中统钞二百三分二厘;秋苗米三斗五合六勺二抄。

黟县会昌乡上田每亩税钱一百九十八文,凡五亩有奇为钱一贯;科夏税丝八两六钱三分五厘,绵一两五钱三分八厘,茶租中统钞二百九分四厘;秋苗米九升七合二勺九抄。

"夫税额偏重,其来尚矣。……所科之物,轻重相悬"。"乡胥人等,科粮之际,乘间徇私,窜易飞走,颇为民害"[①]。

明清时期,徽州仍然是一个"税额偏重"的地区。

除了"正税"以外,还有种种杂税。南唐时,有杂税14种之多,宋"因仍其旧"。"南渡后,仰给江南诸郡,至于酒醋之榷,亦有专官专库。元赋虽不增,而额外又有金铁诸课,民不聊生"[②]。

佃农家庭靠租佃地主的土地生活。宋代以来,徽州地区普遍实行封建租

---

① (明)汪舜民纂,彭泽修:弘治《徽州府志》卷三《食货·财赋》,明弘治十五年(公元1502年)刻本。

② (明)汪舜民纂,彭泽修:弘治《徽州府志》卷三《食货·财赋》,明弘治十五年(公元1502年)刻本。

佃制，实物地租是地租的主要形态。按当地的风俗和租佃制度，佃农要立租佃批文或文约。请看下列 2 例文约和批文：

例一：

休宁县刘香佃田约

　　立佃约人刘香，今凭中佃到汪名下土名广武桥对河二丘，计租六砠半。每年秋收上纳籼租陆砠半，每砠二十六斤，递年送交上门，无得异说。立此佃约存照。

　　面议每年折干米七斗整。

　　顺治八年七月十二日

　　　　　　　　　　　　立佃约人　刘　香
　　　　　　　　　　　　中 见 人　金仰泉
　　　　　　　　　　　　　　　　　汪　成①

例二：

歙县许承福租田批

　　立租批（人）许承福，今租到族□□名下，田税壹亩四分，土名新塘下，言定每年交纳租谷叁拾斗整，不得欠少升合。恐口无凭，立此租（批）存据。

　　乾隆四十一年九月

　　　　　　　　　　　　立租批　许承福
　　　　　　　　　　　　中　　　敷　在②

　　根据租佃双方议定，有"早租"，有"晚租"，有"时租"，有"硬租"，还有"日

---

① 《明清徽州社会经济资料丛编》（第一集），北京：中国社会科学出版社，1988 年，第 424~425 页。

② 《明清徽州社会经济资料丛编》（第一集），北京：中国社会科学出版社，1988 年，第 428~429 页。

午租"。现列时租、硬租、日午租批文各 1 例：

例一：

歙县谢锡蕃租田批

立租批人谢锡蕃，今租到许荫祠名下，及字七百七十一号，田一亩二分五厘，土名高田；又三千六十九号，田九分，土名冷水崛；又三千一百三十二号，田三分八厘，土名瑶古丘；又三千一百十七号，田七分七厘，土名古牛丘；又三千一百十八号，田二分三厘，土名腰带丘；又三千一百七十九号，田五分三厘，土名塘丘；又万字一千四十八号，田五分六厘，土名社屋山，言定每年交纳时租一百零五斗整，挑送上门，不致欠少。如有欠少，听凭本家起业耕种，毋得异说。恐口无凭，立此租批存照。

乾隆二十五年十二月　日

　　　　　　　　　　立租批人　谢锡蕃
　　　　　　　　　　凭　　中　谢继硕
　　　　　　　　　　亲　　笔①

再批：其田并无小买、酒食。

例二：

歙县李长福租田批

立租批（人）李长福，今租到许荫祠名下，化字一千四百五十六号，田一亩一分零五毫，土名孙园坦，言定每年秋收，交纳硬租谷十八斗整，不致欠少。如有欠少，听凭另换他人耕种无辞。恐口无凭，立此租批存据。

嘉庆十年十二月　日

　　　　　　　　　　立租批　李长福
　　　　　　　　　　亲　　笔②

---

① 《明清徽州社会经济资料丛编》（第一集），北京：中国社会科学出版社，1988 年，第 427~428 页。

② 《明清徽州社会经济资料丛编》（第一集），北京：中国社会科学出版社，1988 年，第 430 页。

例三：

歙县许有龙租田批

　　立租批人许有龙,今租到许名下化字七百二十六号,田五分二厘三毫,土名四婆丘,言定每年秋收之日,交纳日午租谷十斗整。其租送门风扇,不得欠少。倘有欠少,听凭起业另换他人作种,无得异说。恐口无凭,立此租批存照。

　　道光二十三年　月　日

立租批人　许有龙①

从大量租佃批文来看,徽州普遍实行定额租制,一般来讲"时租"如遇年岁荒歉,大都"监割分租";"硬租"大都"不论年岁荒歉",籽粒"不得欠少"。请看下列2例批文：

例一：

歙县鲍日怀租田批

　　立租批人鲍日怀,今租到许名下场字号田一丘,计田税二亩整,每年秋收交纳时租谷四十八斗整。其谷挑送上门,照依时年车收,不得欠少。若有欠少,任凭本家起业,另召他人作种。如遇干旱年岁,眼同监割分租。恐口无凭,立此租批存照。

　　嘉庆二十二年二月　日

立租批人　鲍日怀
凭　　中　张正和
亲　　笔

　　再批：交时租谷二斗三升整。又照。②

---

① 《明清徽州社会经济资料丛编》(第一集),北京：中国社会科学出版社,1988年,第438页。

② 《明清徽州社会经济资料丛编》(第一集),北京：中国社会科学出版社,1988年,第433页。

例二：

祁门县洪允令租田批

　　立租批人洪允令，今租到叶村政公春秋二季会内，土名榨树坞口，大小买水田二亩二分，计三丘，今身租来耕种，言定每年包还硬租干麦四斗四升，夏至送门交还；净谷两担二斗，秋收送门交还，无论年丰岁歉，并无开荒、顶头、小买，不得欠少。如若欠少，听凭起业另租他人无异。今欲有凭，立此租批为用。

　　同治十二年九月　日

　　　　　　　　　　　　　立租批人　洪允令
　　　　　　　　　　　　　代 笔 人　洪芳芸①

　　明清时期，徽州地权日益分割，"一田二主"现象愈来愈发展，许多土地所有权分割为"田骨"权（又曰"田底""大苗"等，俗称"大买"）和"田皮"权（又曰"田面""小苗""小租"等，俗称"小买"）两部分。因此，佃农家庭租佃的土地也有"大买田"和"小买田"之分。请看下列3例批文：

例一：

歙县叶继德租田批

　　立租批人叶继德，今租到许名下大买田二丘，计税一亩六分一厘六毫，土名广干段，凭中三面言定每年秋收，交纳时租车净谷三十八斗整。其谷挑送上门，不得欠少。如有短少，听凭起业换佃，无得异说。今恐无凭，立此租批存照。

　　道光二十一年十二月　日

　　　　　　　　　　　　　立租批人　叶继德
　　　　　　　　　　　　　凭　　中　洪来顺
　　　　　　　　　　　　　亲　　笔②

---

① 《明清徽州社会经济资料丛编》（第一集），北京：中国社会科学出版社，1988年，第446～447页。

② 《明清徽州社会经济资料丛编》（第一集），北京：中国社会科学出版社，1988年，第436～437页。

例二：

歙县郑镇隆借种小买田租批

　　立借种小买租字人郑镇隆，今租到□□名下小买田一丘，计税一亩二分，土名湾丘；又田一丘，计税八分，土名下五角，言定每年秋收，交纳本田车谷硬租二十七斗，照时年祠内分例折算，挑送上门，籽粒不得欠少。如有短少，听凭另换他人作种。恐口无凭，立此借租字为据。

　　道光十六年八月　　日

　　　　　　　　　　　立借字　郑镇隆
　　　　　　　　　　　亲　　笔①

例三：

歙县姚朱氏出佃田皮约

　　立出佃约人姚朱氏，同男姚永梆，今因正事无办，情愿将成（承）祖遗下有田皮一号，坐落土名上田，田皮四秤，计田一丘，自愿央中立出佃与吴天孙名下为业，三面言定时值价银五两整。其银当日收足。其田随即交业耕种，无得难阻。日前并无重张（复）交易，（如有）不词等，尽是出佃人自理，不涉受佃人之事。恐口无凭，立此佃约存照。

　　道光九年三月　　日

　　　　　　　　　　　立佃约　姚朱氏
　　　　　　　　　　　同　男　姚永梆
　　　　　　　　　　　中见人　姚智海②

　　佃农租佃地主一亩田要纳多少地租呢？换句话说，徽州地区每亩田单位地租额是多少呢？由于耕地的自然条件千差万别，地租额有多有少。现据徽

---

① 《明清徽州社会经济资料丛编》（第一集），北京：中国社会科学出版社，1988年，第436页。
② 《明清徽州社会经济资料丛编》（第一集），北京：中国社会科学出版社，1988年，第434页。

州租佃契约制成清代歙县地租量表如下：

表 2-1　清代歙县佃户租田批文租额表

序号	年代	佃户	田主	土名	亩数	田租类别	租额(斗)	每亩租额(斗)	租佃条件
1	康熙三十三年	胡百伦	许荫祠	小深丘	1.2		20	16.66	风车净谷,挑送上门。
2	康熙五十三年	吴文玉		大坞埵上塘柿树下	1.168	硬租	28	23.97	交纳租谷,不致短少。
3	雍正五年	程其章	许荫祠	猪丘	1		18	18	风车净谷,挑送上门。
4	雍正八年	赵天老	许氏	汪八塘	0.75	硬租	14	18.67	风车净谷,挑送上门。
5	乾隆七年	许明远			0.25		6	24	挑送上门,不致短少。
6	乾隆十九年	汪得和	成氏	汪相塘	2.4		59.6	24.83	风车净谷,挑送上门;天灾歉收,眼同监割。
7	乾隆二十五年	谢锡蕃	许荫祠	高田等7处	4.62	时租	105	22.72	挑送上门,不致欠少。
8	乾隆三十三年	唐在中	程氏	冢下	1.4(有零)	时租	41	29.28	风车扇净,挑送上门。
9	乾隆三十八年	黄文魁	王氏	沙丘	1.6		40	25	风车净谷,挑送上门,年成干旱,监割均分。
10	乾隆四十一年	许承福		新塘下	1.4		30	21.42	交纳租金,不得欠少。
11	乾隆四十八年	鲍文跃	程氏	秋竭干石路下	0.8(有零)	硬租	16	20	风车净扇,挑送上门。
12	嘉庆六年	程华定	许氏	横庆丘	2		54	27	挑送上门,不得欠少。
13	嘉庆九年	鲍琨友	许氏	横塘	0.49	时租	9.4	19.17	挑送上门,不致欠少。
14	嘉庆十年	李长福	许荫祠	孙园坦	1.105	硬租	18	16.28	交纳租谷,不致欠少。
15	嘉庆十年	洪德福	许荫祠	鱼池丘	2.5	时租	62.5	25	风车净扇,挑送上门。
16	嘉庆十一年	黄汝明	许氏	行路丘大路下	1.33	时租	32	24.06	挑送上门;干旱、蝗虫、白穑,眼同监割。

续表

序号	年代	佃户	田主	土名	亩数	田租类别	租额（斗）	每亩租额（斗）	租佃条件
17	嘉庆十一年	黄万喜	许氏	小充里塘下、汪家墓	1.2 0.515	时租	28.8 12.36	24 24	风车净谷,挑送上门。
18	嘉庆十一年	黄来旺	许氏	金钱充、小充	1.67 1.5696	时租	41.5 37.6	24.85 23.95	风车净谷,挑送上门。
19	嘉庆十二年	程灶珠	许氏	鲍泽充	1.5	硬租	27	18	风车净谷,挑送上门。
20	嘉庆二十二年	鲍日怀	许氏		2	时租	48	24	挑送上门,车收;干旱年岁,眼同监割分租。
21	嘉庆二十二年	洪起元	许氏	小瑶塘	1.07	硬租	25	23.36	照依大例,挑送上门,车扇。
22	道光十六年	仇心农	许氏	长丘等处	9.7		120	12.37	车净干谷,挑送上门;年岁荒歉,不得欠少。
23	道光十六年	汪租成		吴石六亩	3	硬租	33	11	照祠例折算,风车净谷,挑送上门。
24	道光二十一年	叶继德	许氏	广干段	1.616	时租	38	23.51	风车净谷,挑送上门。
25	道光二十三年	许筱沧	许氏	低林	1.848	时租	44	23.8	挑送上门,风扇。
26	道光二十三年	卢立根	许氏	圩上	1.284 1.192	时租	60	24.23	送门风扇,不得欠少。
27	道光二十三年	程芳寿	许氏	缸窑山	1.6	时租	27	16.87	挑送上门,不致欠少。
28	道光二十三年	许筱沧	许氏	坝里	1.03	时租	25	24.27	挑送上门,不得欠少。
29	道光二十三年	许有龙	许氏	四婆丘	0.523	日午租	10	19.13	送门风扇,不得欠少。
30	道光二十三年	姚闵	许氏	瑶丘	2.18	日午租	33.6	15.41	送门风扇,不得欠少。
31	道光二十四年	郑百福	许荫祠	黄三庙	1.512 塘0.03	时租	原36 今27	23.76 17.82	风车净谷,挑送上门。
32	道光三十年	黄智伦	许根源	汪相塘	1.4741 塘0.06	时租	35.4	23.08	风车净谷,挑送上门。
33	道光三十年	黄智俊	许根源	吴大丘	0.92 塘0.02	时租	22	23.4	风车净谷,挑送上门。

续表

序号	年代	佃户	田主	土名	亩数	田租类别	租额（斗）	每亩租额（斗）	租佃条件
34	咸丰一年	黄官全	许荫祠	小充里	1.0451	时租	24	22.96	风车净谷，挑送上门。
35	咸丰一年	黄霁临	许荫祠	坟亭前银定(锭)丘	1.863	时租	44.7	24.03	风车净谷，挑送上门。
36	咸丰一年	黄霁临	许荫祠	官田堨	2.49	时租	59.8	24.02	风车净谷，挑送上门。
37	咸丰一年	黄霁临	许荫祠	太公田三亩桥头	1.312	时租	31.5	24	风车净谷，挑送上门。
38	咸丰六年	许东海	许荫祠	坝里	1.83	时租	35.5	19.39	风车净谷，挑送上门。
39	咸丰七年	许双喜	许根源	石路下	0.384	时租	9.2	23.95	风车净谷，挑送上门。
40	同治九年	胡灶珠	义合大社	冷水崛	1.6633	时租	38.4	23.08	风车净谷，挑送上门。
41	同治九年	李王氏	义合大社		0.77	时租	18.5	24.02	风车净谷，挑送上门。
42	同治九年	吕方氏	义合大社	葛丘	1.1	时租	26.4	24	风车净谷，挑送上门。
43	光绪六年	汪应泰	许孝睦户	余塘	3.7	时租	80	21.62	风车净谷，挑送上门。

资料来源：《明清徽州社会经济资料丛编》(第一集)。

表中共列佃户租田批文43宗，其中每亩租额最高为29斗2升8合，最低为11斗。每亩租额24斗左右，有26宗，占60%以上。这些数字表明，歙县佃农家庭的地租负担是很沉重的。因租田批文没有列产量，所以地租率无法计算。学术界多数人认为，大多数在50%至60%之间。

自耕农和佃农家庭，由于负担国家繁重的赋税或地主阶级沉重的地租，再加上徽州恶劣的自然条件，生活"最为勤苦"。史载，"徽郡保界山谷，土田依原麓，田瘠确，所产至薄，独宜菽麦红虾籼，不宜稻粱"①。明代，有的地方

---

① (明末清初)顾炎武撰：《天下郡国利病书》卷三十二《江南》二十《徽州府》，《四部丛刊三编》本，上海：商务印书馆，民国二十四至二十五年(公元1935—1936年)。

还"刀耕火种,望收成于万一"①。"壮夫健牛,日不过数亩,粪拥缉梓,视他郡农力过倍,而所入不当其半。入(又)田皆仰高水,故丰年甚少,大都计一岁所入,不能支什之一"②。"贫者日再食","食惟饘粥"。歙县"深山穷民,仰给杂粮。早出偕耕于山,耦樵于林,以警狼虎;暮则相与荷锄负薪以归。精馐华服,毕生不一遘焉。女人尤号能俭,居乡数月,不占鱼肉,日挫针治纼纫,故俗能蓄积,绝少漏卮,盖亦由内德焉"③。休宁"山谷田畴十不有五。……山隈溪隙,肆力垦辟,越十级不盈一亩,犁犊无所施功。入山益深,则势益峻绝,为力愈艰。故中人之家,不惮老稚男妇,毕力胼胝,尽瘁三时,获仅当平野之半"④。"生齿日繁,生计日隘。细民勤其职业,为力最劳,为享最薄"⑤。"入岁收堇堇不给半饷,多仰取山谷,甚至采薇葛以食。暇日火耕于山,旱种旅谷。每旦俱出,扳峻壁,呼邪许之歌,一唱十和,庸次比耦,以驱虎狼;日昳归,持薪樵,轻重相分"⑥。婺源农民之家,"终岁勤劬,亩不获一口之入。土瘠而硗,犁仅一咫。……子妇拮据场,仅告涤瓶已云空,冬月多掘蕨根以充食,至夏麦登,则屑秕杂米,名曰'干粮';戴星负薪走市觅米,妇子忍饥以待,不幸为负租家所夺,则数腹皆枵。农之苦孰有如婺者"⑦。祁门"厥田高亢,依山而垦,数级不盈一亩,快牛利剡不得用,入甚薄。岁祲,粉蕨葛佐食;即丰年,谷

---

① (民国)许承尧撰:《歙事闲谭》第十八册《歙风俗礼教考》,稿本。
② (明末清初)顾炎武撰:《天下郡国利病书》第九册《凤宁徽》,《四部丛刊三编》本,上海:商务印书馆,民国二十四至二十五年(公元1935—1936年)。
③ (民国)许承尧撰:《歙事闲谭》第十八册《歙风俗礼教考》,稿本。
④ (明)李乔岱纂:万历《休宁县志·舆地志·风俗》,明万历三十五年(公元1607年)刻本。
⑤ (清)赵吉士、廖腾煃纂:康熙《休宁县志》卷一《风俗》,清康熙三十二年(公元1693年)刻本。
⑥ (清)方崇鼎纂,何应松修:道光《休宁县志》卷一《疆域·风俗》,清道光三年(公元1823年)刻本。
⑦ (民国)葛韵芬等修,江峰青纂:《重修婺源县志》卷四《风俗》,民国十四年(公元1925年)刻本。

不能三之一"①。"贫窭数月不见鱼肉"②。黟县"土刚不化,农人终岁勤劬,亩收不给,多远取于池饶。贫不能负者,采岩谷薇葛以充腹"③。

  徽州农民家庭都过着自给自足的自然经济生活,"男耕女织"是这种经济的基本特征,也是中国封建社会经济的传统模式。他们男耕女织,一是为了缴纳国家赋税,二是为了自己的生活需要。据弘治《徽州府志》卷二《食货·财赋》记载,宋代徽州府每年夏税绸 2,996 匹 1 尺 8 寸 7 分,绢 30,413 匹 5 尺 4 寸 7 分,布 5,685 匹 2 丈 4 尺 8 寸 5 分,绵 208,833 两 4 钱 1 分;和买绸 19,126 匹半,绢 56,266 匹。这些绸、绢、布、绵都是农民家庭手工业生产的产品。据历史文献记载,徽州"妇女本务勤",大都"男耕女绩,以供衣食"④。而"黟、祁之俗织木棉,同巷夜从相纺织,女工一月得四十五日"⑤。民国《重修婺源县志》卷四《疆域志·风俗》记载:"婺之女红,西南乡多能纺织,东北妇女惟绩苎、纫针、刺纹等事耳,纺织之利未遍。乾隆间,郡守何公为六邑兴利,且捐廉俸,于婺市棉花,造器具,选女师,教闺女,肄业于公所,二十日一易;稍能其事,即与之纺车,俾家习而户传,始于城,达于乡,将来机杼之声相闻矣,此易俗移风之大者。"

  徽州处万山中,盛产茗、漆、杉、松等经济林木。许多农民家庭在农闲时间,多从事于茶叶的生产制作和木材的砍伐加工。徽州的文房四宝——笔、墨、纸、砚——驰誉海内外。农民家庭不仅是这些文化用品原料的采集者,而且还是前期一些工序的加工者。祁门产瓷土,是景德镇瓷器生产的重要原料

---

  ① (清)汪韵珊纂,周溶修:同治《祁门县志》卷五《舆地志·风俗》,清同治十二年(公元 1873 年)刻本。

  ② (明)余士奇修,谢存仁纂:万历《祁门县志》卷四《人事志·风俗》,万历二十八年(公元 1600 年)刻本。

  ③ (清)程汝翼、俞正燮纂,吴甸华修:嘉庆《黟县志》卷三《风俗》,清嘉庆十七年(公元 1812 年)刻本。

  ④ (明)汪舜民纂,彭泽修:弘治《徽州府志》卷一《风俗》,明弘治十五年(公元 1502 年)刻本。

  ⑤ (清)赵吉士撰,丁廷楗、卢询修:康熙《徽州府志》卷二《风俗》,清康熙三十八年(公元 1699 年)刻本。

产地。史载,这个县"土瘠民贫,岁入无几,多取给于水碓、磁土。旧志谓:'水碓隘河身,磁土伤龙骨,皆利害攸关'。是欲为万世规久远者,今以图谋旦夕,遂狃于目前"①。

三、商人家庭

明代中期,随着徽商的发展,宗族中的商人家庭愈来愈多。汪道昆说:"新都业贾者什七八。"②王世贞说:"新安僻居山溪中,土地小狭,民人众,世不中兵革,故其齿日益繁,地瘠薄,不给于耕,故其俗纤俭习事。大抵徽俗,人十三在邑,十七在天下;其所蓄聚则十一在内,十九在外。"③

徽州俗例,"人到十六岁就要出门学做生意"④。"妇人专主家政"⑤。歙县潭渡黄氏宗族《新建享妣专祠记略》记载:"吾乡僻在深山之中,为丈夫者,或游学于他乡,或服贾于远地,尝违其家数年、数十年之久,家之黾勉维持,惟母氏是赖。"⑥史载,徽州届万山中,"民鲜田畴,以货殖为恒产"⑦。有的徽商"春月持余赀出贸什一之利,为一岁计,冬月怀归"⑧;有的"三年一归"⑨;有的"数岁一归"⑩;"或初娶妇,出至十年、二十年、三十年不归,归则孙娶妇而子

---

① (清)汪韵珊纂,周溶修:同治《祁门县志》卷五《舆地志·风俗》,清同治十二年(公元1873年)刻本。
② (明)汪道昆撰:《太函集》卷十七《阜成篇》,明万历十九年(公元1591年)金陵刻本。
③ (明)王世贞撰:《弇州四部稿》卷六十一《赠程君五十叙》,《四库全书》影印本,上海:上海古籍出版社,1987年。
④ (清)艾纳居士撰:《豆棚闲话》第三则,上海:上海古籍出版社,1983年。
⑤ (民国)胡存庆编著:《黟县乡土地理·风俗》,民国十四年(公元1925年)铅印本。
⑥ (明)黄玄豹纂:歙县《潭渡孝里黄氏族谱》卷六《祠祀》,清雍正九年(公元1731年)家刻本。
⑦ (清)赵吉士撰,丁廷楗、卢询修:康熙《徽州府志》卷二《风俗》,清康熙三十八年(公元1699年)刻本。
⑧ (清)宋希肃修,吴孔嘉等纂:顺治《歙志》卷一《舆地·风俗》,清顺治四年(公元1647年)刻本。
⑨ (民国)吴日法撰:《徽商便览·缘起》,新安惟高堂刊本。
⑩ (清)赵吉士撰,丁廷楗、卢询修:康熙《徽州府志》卷二《风俗》,清康熙三十八年(公元1699年)刻本。

或不识其父"①。歙县汪洪度《纪岁珠》诗,自注云:"乡邻某,娶妇甫一月,即行贾。妇刺绣易食,以其余积,岁置一珠,用彩丝系焉,曰'纪岁珠'。夫归,妇没已三载,启箧得珠,已积二十余颗矣。"诗云:"鸳鸯鸂鶒凫雁鹄,柔荑惯绣双双逐。几度抛针背人哭,一岁眼泪成一珠,莫爱珠多眼易枯。小时绣得合欢被,线断重缘结未解,珠累累,天涯归未归。"②民国《歙县志》卷一《舆地志·风土》说:"只此一事,而其时礼教之谨严,生计之迫压,家族之苦痛,交通之闭塞,皆可见焉。其通常三岁一归者,固不敢怨,商人重利轻别离也。"

　　徽州宗族商人家庭是封建家庭,徽州宗族商人是封建商人。他们经商致富,念念不忘购置土地,即所谓"以末致富,以本保之"。在徽州的历史文献之中,徽州宗族商人家庭兼并土地的资料,俯拾即是,举不胜举。例如,歙县西溪南吴氏宗族子弟吴存节,"挟妻奁以服贾,累金巨万,拓产数顷,而均之于弟"③。江村江氏宗族支丁江潚,"家故贫窭,勤于操作,以赤手起家,寓淮西南圩头,致赀二十余万,田地万亩,牛羊犬马称是,家奴数十指,富甲一时"④。江祥,"家故贫乏,不惮劳苦,早夜经营,年五十家业始起,累赀二十余万金,田连阡陌,富甲一方"⑤。褒嘉里程氏宗族子弟程胜恩,"效白圭治生之学,弃农就商,往来于荆襄吴越间,勤昧旦,忍嗜欲,趋时观变,人弃我取,与僮仆同苦乐,以生以息,不十余年而家成业就,享有素封之乐"。"家有余粮,腴田数顷,乃积乃仓"⑥。竦塘黄氏宗族子弟黄崇德,初"挟赀商于齐东",后"治鹾淮海","任人趋时,正道自牧,居商无商(当作"啇",以下径改——引者)之心,不

---

　　① (元末明初)魏禧撰:《魏叔子文集》卷十七《江氏四世节妇传》,《宁都三魏全集》刻本,道光二十五年(公元 1845 年)。
　　② (清)沈德潜撰:《国朝诗别裁集》卷十五,北京:北京出版社,1998 年。
　　③ (民国)吴吉祜纂:歙县《丰南志》第六册《艺文志·存节公状》,稿本。
　　④ (清)江淮椿等纂:《歙北江村济阳江氏族谱》卷九《明处士潚公传》,清乾隆四十二年(公元 1777 年)刻本。
　　⑤ (清)江淮椿等纂:《歙北江村济阳江氏族谱》卷九《明处士祥公传》,清乾隆四十二年(公元 1777 年)刻本。
　　⑥ (清)程善述纂:《新安程氏世谱·歙邑恒之程公传赞》,清康熙十一年(公元 1672 年)刻本。

效贪商窥窬分毫,然赀日饶而富甲里中。于是连栋广厦,膏田满野,废居积贮,充于维扬"①。许氏宗族许英,"迨弱冠,贸易四方。能趋时治生,若鸷鸟之击。无何,获什一,致高赀。广置田亩,鼎新居地,为沙堤富人"②。许大兴"挟素封之重而出息之"。他"故知取予,能时低昂,曾不逾期,赀用大起,遂以盐筴往来淮楚间,起家累巨万,堂构田园大异往昔,而声名奕奕然盛矣。久之,以税甲于乡,输粟振边,得如诏令赐爵淮府腆膳,累檄不起"③。程廷柱"随父侧奔驰江广,佐理经营",总理"玉山栈事,增置田产",又命四弟"廷桓公往来江汉,贸迁有无",创立"龙游典业、田庄"④。休宁孚潭许氏宗族子弟许觊,"商于淮泗间,能观时变,以上下其殖,居积致富","广田园盛甲一方"⑤。率东程氏宗族支丁程镶,"商游吴越,吴越之人喜其忠信,遐迩归心,夙夜懋迁,遂获奇赢,置田拓址,雄于一乡"⑥。婺源段莘汪氏宗族子弟汪拱乾"家贫,幼服贾,心精会计。其于物也,人弃我取,往往利市数倍。广置田宅,而自奉菲恶,无异穷约时"⑦。汪明德,"练达时务,极有条里","善事商贾,每倍得利"。晚年,"于所居之旁围一圃,辟一轩,凿一塘,以为燕息之所。决渠灌花,临水观鱼,或觞或咏,或游或奕,盖由田连阡陌,囊有赢余,而又有子能继其志而后乐斯乐也"⑧。绩溪西关章氏宗族子弟章名江,"自幼单身外贸,积蓄成

---

① (明)方信纂:《歙西竦塘黄氏统宗谱》卷五《明故金竺黄公崇德行状》,明嘉靖四十一年(公元1562年)刻本。

② (明)方信纂:《新安许氏世谱》卷三《明故处士许公英行状》,清康熙间精抄本。

③ (明)许可复、许凤翔纂:《续修新安歙北许村许氏东支世谱》卷八《明故淮府腆膳南渠许公行状》,明隆庆三年(公元1569年)刻本。

④ (清)程琼、程科九等纂:歙县《程氏孟孙公支谱》,清道光间稿本。

⑤ (明)许汉纂:《新安许氏统宗世谱·孟贻公行状》,明嘉靖十八年(公元1539年)家刻本。

⑥ (明)程良锡纂:休宁《率东程氏家谱》卷四《明故处士公辅程公行状》,明万历元年(公元1573年)刻本。

⑦ (民国)葛韵芬等修,江峰青纂:《重修婺源县志》卷三十七《人物·义行》,民国十四年(公元1925年)刻本。

⑧ (明)汪湘纂:徽州《汪氏统宗谱》卷四十二《七十六代世昭墓志铭》,明万历三年(公元1575年)刻本。

家,广置田庐,以贻后嗣"①。休宁率东程氏宗族子弟程维宗,"从事商贾,货利之获,多出望外,以一获十者常有之","由是家业大兴"。"增置休、歙田产四千余亩,佃仆三百七十余家。有庄五所:其曰'宅积庄',则供伏腊;曰'高远庄',则输二税;其洋湖名曰'知报庄',以备军役之用,至今犹遵守焉。其葳干名曰'嘉礼庄',以备婚嫁;其杭坑名曰'尚义庄',以备凶年。其各庄什器、仓廪、石坦、垣埔,无不制度适宜。又于屯溪造店房四所,共屋四十七间,以居商贾之货。故税粮冠于一县,麦二百二十六石六斗四升五合九勺,米三百五十五石六升六合五勺。是以徭役之重者皆公任之"②。

唐宋以来,徽州宗族子弟的最高人生追求是科第仕宦,显亲扬名,荣宗耀祖。所以,一些宗族的商人家庭经商致富之后,大都培养子弟读书做官。史载,歙县溪南江氏宗族子弟江才,游青、齐、梁、宋间,"逐什一之利";商钱塘,"挟重货为大贾"。年40余,"身归于歙",教子瓘、珍"读书学文为举子"。每自言:"吾先世奕叶衣冠,今久易业为商贾,不可。"不久,"瓘与珍并入学为诸生。嘉靖庚子珍应应天府乡试,中式。越四年,甲辰登进士第,乙巳授江西瑞州府高安县知县",后官至礼部主客司主事、南京兵部车驾司署员外郎事主事。③ 许氏宗族支丁许海"挟赀往来吴越燕赵间……赀大起"。他虽商游,但"心好儒术,隆师课子,冀功见当世。乙卯佐举于乡,或谓:'公有子且貤封,公恶用贾?'公矍然曰:'儿出当为国,吾为家以庇焉,欲令内顾分其心邪?'"④许晴川经商,"不越户庭,不施智巧,优游而居积之,赀累巨万,甲于一乡"。生五子,"长以言,次以立、三以和,俱贾游,克修翁业而息之,殷殷然威矣。四以受,由赞政戎府,授南京府军右卫经历,藉藉有声,推重元老"。五以化,"以郡

---

① (民国)章尚志纂:《绩溪西关章氏族谱》卷二十四《家传》,民国五年(公元1916年)活字本。
② (明)程良锡纂:休宁《率东程氏家谱》卷三,明万历元年(公元1573年)刻本。
③ (明)江珍纂:歙县《溪南江氏族谱·处士终慕江翁行状》,明隆庆三年(公元1569年)刻本;同书《明赠承德郎南京兵部车驾司署员外郎事主事江公暨安人郑氏合葬墓碑》。
④ (明)方信纂:《新安许氏世谱》卷三《明故乡士良源许公行状》,清康熙间精抄本。

员为国子生,渊深宏博,奋翮有期"①。休宁充山汪氏宗族汪文璧,其父"业儒不售,改服贾"。文璧"少有大志,多闻强记"。祖父曰:"是必亢吾宗。"延名士为师。"弱冠,耿恭简公录为诸生。"后官至代州知州。②歙县西溪南吴氏宗族子弟吴一莲,弃儒贾淮海之间。是时,子已"就塾",一莲寄书夫人,嘱"其善课儿"。后举于乡,接着中进士,"始为令,而郎、而守,三受国之宠命"③。休宁率东人程锁,早年家贫,弃儒服贾,终成富翁。他在弥留之际,留遗言告诫诸子曰:"吾故业中废,碌碌无所成名,生平慕王烈、陶潜为人,今已矣。尔问仁、问学,业已受经;即问策幼冲,他日必使之就学。凡吾所汲汲者,第欲尔曹明经修行。庶几古人,吾倍尔曹。尔曹当事自此始。毋从俗,毋用浮屠,毋废父命,吾瞑矣。"④休宁西门汪氏宗族子弟汪起英之祖父和父亲,治盐策于淮扬间,因故"竟堕业"。起英"矢志奋励,欲竟学以副所生望"。一日,叔父曰:"家道替矣,孺子治经不如治生。"对曰:"儿读书宁不一试?试不遇,弃未晚也。是年,遂补邑弟子员。"不久,中进士,历官县令、比部、高州别驾、思明府司马等。⑤歙县东门许氏宗族支丁许铁,"贾于无锡"。子国七岁,"令习书兼授算术"。邻左有莫晓窗谓铁曰:"是子非握算人,吾当授之经。"三年而经通,又授以举子业。学成,其父挈之还徽州。"旋举南畿第一,乙丑成进士"⑥。后官居武英殿大学士、礼部尚书。休宁瓯山金氏宗族子弟金声,"从父商武昌,以嘉鱼籍中天启甲子乡试。崇祯元年戊辰,成进士,选庶吉士"⑦。歙县

---

① (明)方信纂:《新安许氏世谱》卷六《寿敕封征仕郎叔祖晴川翁八十叙》,清康熙间精抄本。
② (明)李维桢撰:《大泌山房集》卷六十五《汪代州家传》,明万历三十九年(公元1611年)刻本。
③ (民国)吴吉祜纂:歙县《丰南志》第五册《先大夫清状》,稿本。
④ (明)汪道昆撰:《太函集》卷六十一《明处士休宁程长公墓表》,明万历十九年(公元1591年)金陵刻本。
⑤ (明)汪澍纂:《休宁西门汪氏宗谱》卷六《司寇起英公传》,清顺治十年(公元1653年)刻本。
⑥ (清)黄蛟起撰:《西神丛话·师生》,《旧小说》本,上海:商务印书馆,1914年。
⑦ (清)邵廷采撰:《东南纪事》卷四《金声》,《邵武徐氏丛书》初编本,扬州:江苏广陵古籍刻印社,1986年。

长龄桥郑氏宗族子弟郑景濂,"迁扬州,以盐筴起家"。其孙"侠如中崇祯己卯副榜……荐授工部司务"①。父兄经商致富于前,子弟读书仕宦于后,是徽州商人家庭的普遍现象。明人汪道昆曾说:"大江以南,新都以文物著。其俗不儒则贾,相代若践更。要之良贾何负闳儒,则其躬行彰彰矣。临河程次公升、槐塘程次公㒥与先司马并以盐策贾浙东西,命诸子姓悉归儒。不佞道昆附临河仲子金丙午同籍,明年从槐塘伯子嗣功释褐。"②清人沈垚认为:"非父兄先营事业于前,子弟即无由读书,以致身通显。……古者士之子恒为士,后世商之子方能为士,此宋、元、明以来变迁之大较也。"③

徽州宗族商人大都小本起家,"为人澹泊,不竞芬华"④。子孙辈则不然,大都凭借父兄创置的巨额财产,穷奢极欲,挥金如土,逐渐腐化。他们"不知稼穑之艰难,靡不斗鸡走狗,五雉六枭,捐佩外家,拥脂中冓"⑤;"入则击钟,出则连骑,暇则招客高会,侍越女,拥吴姬,四坐尽欢,夜以继日,世所谓芬华盛丽非不足也"⑥。据我们调查,徽州闻名遐迩的古民居、园林,绝大多数是商人家庭所建。这些宅第园林大都布局讲究、营造精细、结构巧妙、装饰优美。例如,黟县西递村的古槐别墅,古朴典雅,木雕、砖雕、石雕美不胜收;除了主体建筑以外,还有庭院、回廊、书房、鱼池等等。秋实山房,布局之工、结构之巧、装饰之美令人叹为观止;除了厅堂楼房以外,还有花园、私塾等等。瑞玉庭不仅有正厅、别厅、书厅等,而且还有花园、佣人和雇工住房。枕石小

---

① (民国)许承尧纂:《歙县志》卷九《人物·义行》,民国二十六年(公元1937年)铅印本。

② (明)汪道昆撰:《太函集》卷五十五《诰赠奉直大夫户部员外郎程公暨赠宜人闵氏合葬墓志铭》,明万历十九年(公元1591年)金陵刻本。

③ (清)沈垚撰:《落帆楼文集》卷二十四《费席山先生七十双寿序》,民国吴兴刘氏嘉业堂刊本。

④ (明)方信纂:《新安许氏世谱》卷四《朴翁传》,清康熙间精抄本。

⑤ (明)汪道昆撰:《太函集》卷十八《蒲江黄公七十序》,明万历十九年(公元1591年)金陵刻本。

⑥ (明)汪道昆撰:《太函集》卷二《汪长君论最序》,明万历十九年(公元1591年)金陵刻本。

筑有正厅、小便厅、书房、花园、花房等等,幽雅别致,富有诗意,木雕、砖雕、石雕玲珑剔透。尚德堂规模宏大,主体建筑五开间,有石制八字龙川大门楼。此外,履福堂、大夫第、膺福堂、仰高堂、青云轩、桃李园、西园、东园等等,总计120多座。黟县南屏村有古民居200多处,其中规模宏大、营造精细、结构巧妙、装饰优美者有培玉山房、西园、东圃、半眷园、望云轩、南薰别墅、曲水园、大夫第、环中、洋楼、叶敬卿宅、叶永龄宅、叶自珂宅、叶自璋宅、叶福宅、叶芳昭宅、叶芳煌宅等(西园、东圃、曲水园、大夫第花园民国时期毁,培玉山房中华人民共和国建国后毁)。① 歙县棠樾鲍氏子弟建造的承启堂东部建筑群,南北61.3米,东西52米,占地面积3,187.6平方米;西部建筑群,南北49米,东西39.2米,占地面积1,920.8平方米。此外还有一个花园——崧畦,南北22.4米,东西16.9米,总面积378.56平方米。清嘉庆年间(公元1796—1820年),大盐商鲍漱芳建造的保艾堂,南北78米,东西45米,占地面积3,510平方米。整个建筑群共有36个天井,二层楼房108间,高10.2米。建筑群东部和南部各有一个大花园。东花园南北39.5米,东西平均27.25米,计面积1,076.37平方米。南花园南北47米,东西39米,计面积1,833平方米。这座建筑群,远望宛如一座古城堡。徽商家庭建造的美轮美奂的民居,充分展现了他们的富有和奢华。②

徽州富商大贾家庭生活极其奢侈,宴请女婿有"燕窝席""鱼翅席""海参席"三个等级。据胡星明《西递民俗风情录》(油印本)记载,所谓"燕窝席"是以大碗炖燕窝为主肴的宴席。这种宴席的菜肴有:"四炖",即炖燕窝、炖大爪、凤打牡丹、清炖金银蹄;"四烧",即烧海参、红烧醋鱼、红烧狮子头、红烧鸡;"四炒",即炒羊杂、炒三冬、炒银鱼、炒肚丝;"四烤",即烤鸡、烤鸭、烤肉、烤鳖裙。还有"十二热吃",其中包括:"四甜",即糖银耳、糖莲子、西米糊、山楂糊;"四咸",即炒鸡杂、炒鱼卷、炒腰花、芙蓉干贝;"四点心",即八宝饭、油

---

① 赵华富:《黟县南屏叶氏宗族调查研究报告》,载《徽州社会科学》,1994年第2期。
② 赵华富:《歙县棠樾鲍氏宗族个案报告》,见《两驿集》,合肥:黄山书社,1999年,第233~254页。

洗沙、烧麦、水晶锅贴。还有"十六坐地",其中包括:"四水果",即荸荠、甘蔗、橘子、蜜桃;"四冷盘",即海蜇、松花、火腿、香肠;"四干果",即橘饼、金豆、红绿果、蜜饯枣;"四闲嗑",即椒盐长生果仁、五香瓜子、油炸兰花豆、椒盐葵花子。

第四节　徽州宗族商人的外迁

一、由乡村到城镇

明代中期,随着徽商"奔走四方","足迹几遍宇内"①,徽州人"安土重迁"的历史观念和历史传统发生重大变化。从明中期起,徽州成为一个高移民输出地区,许多商人家庭纷纷向外迁徙。陈去病在《五石脂》中记载:

> 徽州多大姓,莫不聚族而居,而以汪、程为最著,支祠以数千计。……且其俗重商,四出行贾,多留不返。故东南郡国巨族,往往推本于歙,固不特汪、程二氏已也。

明代中期,徽州宗族商人家庭向外地迁徙,大都是由农村迁居城镇,这是徽州商人向外迁徙的一个重要变化。廖腾煃《海阳记略》卷下记载:

> 休宁巨族大姓,今多挈家藏匿各省,如上元、淮安、维扬、松江;浙江杭州、绍兴;江西饶州、浒湾等处。其祖、父丁粮,概行寄托穷亲,当役应卯,不免遭其吞蚀,及乎征比,仅余皮骨,法无所施,以致钱粮多不清。②

康熙《徽州府志》卷二《风俗》记载:

> 徽之富民,尽家于仪、扬、苏、松、淮安、芜湖、杭、湖诸郡,以及江西之南昌,湖广之汉口,远如北京,亦复挈其家属而去。甚且舆其

---

① (明)李乔岱纂:万历《休宁县志》卷一《舆地志·风俗》,明万历三十五年(公元1607年)刻本。

② 廖腾煃是清康熙时人,《海阳纪略》记载的是明中期以后的事。

祖、父骸骨,葬于他乡,不稍顾惜。

在历史文献中,徽州宗族商人向外地迁徙的记载,俯拾即是,举不胜举。如,婺源商人李廷芳"慨然有四方志,卜居金陵,握奇赢以占消息,凡厥规为有大体、立纪纲、明约束、重然诺,一时怀策之士靡不推翁祭酒"①。绩溪䨥阳里黄氏宗族商人黄明杰"能通大义,有胆识,贸易江右,因家焉"②。歙县潜口汪氏宗族子弟汪应庚"业鹾于扬,遂籍江都"③。丰堨头汪氏宗族商人汪秉键,"随父贾于泰州,因家焉"④。休宁泰塘程氏宗族商人程文瑞,"弱冠挟赀,历游吴楚,至兴国牌市,叹曰:'是可以居货矣。'乃定居计。后子姓货其地者,彬彬成聚,寔公倡之也"⑤。黟县宏村汪氏宗族支丁"为贾于浙之杭、绍间者尤多,履丝曳缟,冠带裒然,因而遂家焉"⑥。据历史文献记载,许多世家大族的商人家庭向外地迁徙者非常多。例如,歙县东门许氏宗族商人家庭"四方散处",分布于湖广、江西、山东、河南、南北直隶各郡、州、县。因"携家商游,子孙外居"者太多,有些人很少或中断与原籍联系,所以,修谱时"不能详查备载"⑦。歙县芳塘明经胡氏宗族子姓繁多,商人家庭"迁徙不一,或白下、或吴门、或维扬、或淮水,以及浙、楚、中州之远。莫非德芳之宗枝,明经之苗裔。

---

① (清)佚名:婺源《三田李氏统宗谱·明故光禄寺署丞冲源李公墓志铭》,清光绪十一年(公元1885年)活字本。
② (清)清恺、席存泰纂修:嘉庆《绩溪县志》卷十《人物志·尚义》,清嘉庆十五年(公元1810年)刻本。
③ (民国)许承尧撰:《歙事闲谭》第十三册《汪上章事略》,稿本。
④ (民国)许承尧纂:《歙县志》卷九《人物志·行义》,民国二十六年(公元1937年)铅印本。
⑤ (明)程一枝纂:《程典》卷十二《本宗列传》第二上,明万历二十六年(公元1598年)家刻本。
⑥ (清)程汝翼、俞正燮纂,吴甸华修:嘉庆《黟县志》卷十五《艺文·汪文学传》,清嘉庆十七年(公元1812年)刻本。
⑦ (明)许光勋纂:《重修古歙城东许氏世谱》卷一《许氏历世迁居析派源流》,明崇祯七年(公元1634年)家刻本。

苟不修其谱牒,则远者日益远,疏者日益疏,不几视一本为途人哉?"① 婺源武口王氏宗族外迁子弟有 150 派,分布于江苏、浙江、福建、广东、江西、湖南、湖北、山东、四川等省。②《重编歙邑棠樾鲍氏三族宗谱》卷四《原族》记载:

盖吾新安多无田以治生,故人往往弃本就末,糊口四方,久则聚庐而处。或祖、父初出,子孙遂忘所由来,或身居富贵,置先人于不顾者,比比也。虽然木有本,水有源,族分宗合,百世可知,是在后人念之矣。

据这部宗谱记载,从明代中期至清朝初年,歙县棠樾、蜀源、岩镇鲍氏宗族商人子弟外迁异居者即有:

鲍尚禧,"于弘治间迁临清居佛闸(良恺家旧谱载,济宁石佛闸)"。

鲍　玉,"迁仪征"(鲍氏仪征派始迁祖)。

鲍　瑷,"居扬州"。

鲍会嘉,"迁浙江杭州府"。

鲍晋嘉,"迁浙江杭州府"。

鲍必昭,"迁居仪征"。

鲍士骅,"迁居扬州三汊河"。

鲍士德,"迁居无为州属之鹤毛河",子孙多聚居于此。

鲍淳宗,"偕弟挈家迁居繁昌县三山"。

鲍嘉庆,"迁福建漳州府"(鲍氏漳州派始迁祖)。

鲍观化,"迁亳州"。

鲍嗣蕃,"迁居江宁"。

鲍士鲲,"迁居楚之洪江"。

鲍里仁,"居扬州场下"。

---

① (清)吴之觐纂:歙县《明经胡氏甲派芳塘宗谱·明经胡氏甲派芳塘宗谱序》,清康熙六十年(公元 1721 年)刻本。

② (清)王祺纂:《新安武口王氏重修统宗世谱·迁派图》,清雍正四年(公元 1726 年)刻本。

鲍志仁,"居扬州场下"。

鲍玄桐,"迁河南陈州府,居城内"。

鲍兆庆,"迁居南京"。

鲍元星,"迁居青弋"。

鲍伯玉,"迁杭州"。

鲍日亮,"迁福建山凹"。

鲍凤羽,"由山凹复迁豫章上饶县之葛源居焉",三子俱居于此。

鲍恒生,"挈家迁兴国府"。

鲍文灯,"迁山东临清"。

鲍大□,"迁池州殷家汇"。

鲍大立,"迁北京"。

鲍之岱,"迁山东",二子俱居于此。

鲍琮玉,"迁扬州场下"。

鲍学材,"迁居遂安",四子俱居于此。

鲍佛祐,"居芜湖,卒葬其地"。

鲍泰锽,"迁居扬州"(鲍氏扬州派始迁祖)。

鲍钟异,"迁太平府当涂县亭头"。

鲍元灯,"迁居南京"。

鲍瑞椿,"迁湖北荆州府沙市"。

鲍应麟,"居宣城"。

鲍廷琇,"居宣城",子孙后代俱居于此。

鲍观楚,"迁居淮安清江浦"。

鲍胜录,"携家迁湖广辰州黔阳县大岳溪居焉"。

鲍善才,"迁居苏州"。

鲍善育,"尝客嘉禾,因迁居其地"。

鲍善政,"迁浙江嘉善县"。

鲍有建,"迁桐城县老洲头王家墩"(鲍氏桐城派始迁祖)。

鲍冬寿,"迁居芜湖石广桥状元坊"。

鲍士经,"居嘉禾",五子及后裔大都"居嘉禾"。

鲍远慧,"侨居汉口,因家焉"。

鲍文斗、鲍文俊,"迁居嘉定县南翔镇"。

鲍秉廉,"居洪江之托口"(鲍氏洪江派始迁祖)。

鲍士骁,"天启年间迁和州铜城闸"。

鲍必达,"商于扬,家仪征"。

鲍仪郡,"居常德"。

鲍廷对,"居常德"。

鲍元进,"客游贵池,侨居其地"(鲍氏贵池派始迁祖)。

鲍士传,"居淳安毛坪"。

鲍士熊,"尝贾江西抚州,今家于临川"。

鲍钟蕃,"少贾燕地,复纳课浙鹾,遂家长兴焉"。

鲍钟台,"迁居吴江之盛泽镇,业浙鹾,遂起其家"。

鲍恩迈,"迁无为州"(鲍氏无为州始迁祖)。

鲍尚富,"迁居繁昌黄山桥"。

鲍有成,"由黄山桥转迁马仁渡"。

鲍国纮,"迁江西广信府上饶县"。

据我们不完全的统计,棠樾、蜀源、岩镇鲍氏宗族这59位商人徙居的省份有安徽、江苏、浙江、福建、江西、湖南、湖北、河南、河北、山东;定居的重要城镇有北京、南京、扬州、苏州、杭州、漳州、淮安、仪征、芜湖、亳州、临川、上饶、汉口、沙市、临清、陈州、盛泽镇、南翔镇等。

明代中期以后,徽州成为一个高移民输出地区,从北京歙县会馆观光堂题名榜可以窥视一斑。徽州人"多客游于外,往往即寄其地之籍以登第仕宦者。京师歙县会馆题名,以本籍列于前,寄籍列于后,此例可谓至当"[①]。许

[①] (清)黄崇惺:《郡志辩证》。见(民国)许承尧撰:《歙事闲谭》第十七册《寄籍》,稿本。

承尧说："北京歙县会馆观光堂有题名榜,有清一代吾歙本籍、寄籍之官京朝、取科第者皆与焉,录之以备参考。"计有大学士4人、尚书7人、侍郎21人、都察院都御史7人、内阁学士15人;状元5人、榜眼2人、武榜眼1人、探花8人、传胪5人、会元3人、解元13人、进士296人。① 在这些登第仕宦者之中,有一大批是迁居外地的徽州人。我们无须一个个考证,谁是徽州本籍,谁是寄籍外地。我想指出以下三点:一、据《明清进士题名碑索引》记载,清代徽州一府六县——歙县、休宁、婺源、祁门、黟县、绩溪——共中式进士226人,而北京歙县会馆观光堂题名榜所列歙县一县即有本籍、寄籍进士296人。由此可见,寄籍进士的人数远远超过了本籍进士。二、据考证和统计,清代徽州共中式状元18人,其中本籍状元只有4人,寄籍状元多达14人。② 这就是说,寄籍状元人数是本籍状元人数的3.5倍。三、清代徽州本籍、寄籍进士中官居军机大臣、武英殿大学士、文华殿大学士、体仁阁大学士者计8人。其中本籍人士只有曹振镛1人,寄籍人士有吴正治、徐元文、汪由敦、戴均元、戴衢亨、潘世恩、潘祖荫等7人。寄籍人士是本籍人士的7倍。

徽州宗族商人"四出行贾,多留不返",是事业的需要。徽商"有三年一归"与家人团聚之制。③ 一个店铺的店主或一个作坊的作坊主,离开店铺或作坊返归故里探亲,必然对店铺或作坊的生意带来或多或少的不利,这是不言而喻的。特别是一些担任商界要职的——如盐业"总商"——大店铺、大作坊的富商大贾,离开工作岗位和店铺回乡探亲,必然给工作和店铺造成许多困难。

徽州宗族商人家庭纷纷由农村向城镇迁徙,与向往城镇的生活不无关系。徽州虽然山清水秀,风景醉人,但是,"土田依原麓,日瘠确,所产至薄,独宜菽麦红虾籼,不宜稻粱。壮夫健牛,日不过数亩,粪拥缉枾,视他郡农力过

---

① (民国)许承尧撰:《歙事闲谭》第十一册《清代歙京官及科第》,稿本。
② 吴建华:《清代徽州状元》,载《徽学通讯》,1989年第1期增卷;赵华富:《明清徽州社会的繁荣》,载《东南文化》,1991年第2期。
③ (民国)吴日法撰:《徽商便览·缘起》,新安惟高堂刊本。

倍，而所入不当其半。入（又）田皆仰高水，故丰年甚少，大都计一岁所入，不能支什之一"①。人们"治生维艰，实最窭地"②。与城镇的物质生活和文化生活相比，特别是与南京、北京、苏州、杭州、扬州等大都市相比，有天壤之别。李斗《扬州画舫录》中描述的徽商奢华生活，在徽州"地隘斗绝、厥土骍刚"的山谷之中，即使是腰缠万贯、富比王侯，也是办不到的。

　　徽州宗族商人"奔走四方""移家于外"，是生活的需要。史载，徽州"人众多地狭，故服贾四方者半。土著或初娶妇，出至十年、二十年、三十年不归，归则孙娶妇而子或不识其父"③。由于外出商游，长年不归，给家庭生活造成许多困难和极大痛苦，悲剧也时有发生。歙人汪洪度《新安女史征》记载："吾乡昔有夫娶妇甫三月即远贾，妇刺绣为生，每岁积余羡易一珠以记岁月，曰此'泪珠'也。夫还，妇殁已三载，启视其箧，积珠已二十余颗。"④徽州地区有一个谚语："一世夫妻，三年半。"这不仅是徽商夫妻生活的真实写照，而且也是徽商妇人的呻吟。

　　徽州宗族商人"饣胡口四方"，多"挈其家属而去"，与交通困难有关。《徽商便览·缘起》曰："吾徽道路梗阻，交通乏便……由陆路旅行者，东则有大彰之固，西则有浙岭之塞，北则有黄山之隘；由水路旅行者，则东涉浙江，滩险三百六十，西通彭蠡，滩险八十有四。经历险阻，跋涉山川，糜费金钱，牺牲时日，旅之往来，殊非易事。"在封建时代，陆行乘舆，水行资舟。如果赴北京经商，返归徽州探亲，花费时日可想而知。据我们调查，民国时期，徽商回故里探亲，大都雇保镖护送，否则金钱、性命难保。

---

① （明末清初）顾炎武撰：《天下郡国利病书》卷三十二《江南》二十《徽州府》，《四部丛刊三编》本，上海：商务印书馆，民国二十四至二十五年（公元 1935—1936 年）。
② （民国）许承尧撰：《歙事闲谭》第六册《为黄山寄远方游客书》，稿本。
③ （明末清初）魏禧撰：《魏叔子文集》卷十七《江氏四世节妇传》，《宁都三魏全集》刻本，道光二十五年（公元 1845 年）。
④ 转引自（民国）许承尧纂：《歙县志》卷一《舆地志·风土》，民国二十六年（公元 1937 年）铅印本。

二、在异地他乡形成的新宗族

徽州宗族子弟在异地他乡经商,大都以血缘关系或乡土关系聚居在一个地方,结伙经营。大约在明清之际,歙县人汪镳"以鹾业侨居维扬,代有隐德"。其孙资政"允信,孝友尤笃,一门五世,同居共爨,庭无间言"①。长龄郑氏宗族子弟郑景濂"始迁扬州,盐筴起家,食指千数,同堂共爨,有张公艺、陆子静之风"②。歙县江村江氏,"其族多事盐筴,聚处扬城"③。支丁江嘉谟,"缘是客居邗城,肩任鹾务,凡豫章、饶、吉诸盐埠,公尽司其责无少负托,声誉广播,业日隆起。……数十年来,乡党奉为祭酒,而诸宗人居邗上者,亦靡不推诚钦服"④。歙县商人程慎吾,"由歙迁家于扬",有5个儿子,其中4个居扬州,1个居淮安河下镇,俱理盐策。清初,长子程量任两淮总商。其余3个儿子程牧、程特、程峙均居扬州,且"皆能承其家风"。淮安一支,后来也"孙、曾蕃衍","以盐策富"⑤。乾隆年间,黟县宏村汪氏宗族子弟"为贾于浙之杭、绍间者尤多,履丝曳缟,冠带裒然,因而遂家焉"⑥。山东的临清,浙江的杭州,江西的景德镇,长江流域的扬州、苏州、松江、仪征、镇江、南京、芜湖、汉口等地都是徽商比较集中的城市,这些城市都有徽州宗族子弟聚族而居。

随着岁月的流逝,许多外迁的徽商逐渐淡化了与家乡宗族组织之间的联系。久而久之,他们在异地他乡形成一个一个新的以父系血缘关系为纽带的社会人群共同体——新的宗族,或曰"子族"。新宗族形成的重要标志是:

---

① (清)佚名:歙县《汪氏谱乘·奉宸苑卿汪君事实》,清乾隆间抄本。
② (清)李斗撰:《扬州画舫录》卷八,北京:中华书局,1960年。
③ (清)江淮椿等纂:《歙北江村济阳江氏族谱》卷九《皇清候选主簿嘉霖公原传》,清乾隆四十二年(公元1777年)刻本。
④ (清)江淮椿等纂:《歙北江村济阳江氏族谱》卷九《皇清州同知覃恩貤封武义大夫南安参将嘉谟公原传》,清乾隆四十二年(公元1777年)刻本。
⑤ 乾隆《淮安河下志》。参见王振忠《明清淮安河下徽州盐商研究》,载《江淮论坛》,1995年第5期。
⑥ (清)程汝翼、俞正燮纂,吴甸华修:嘉庆《黟县志》卷十五《艺文志·汪文学传》,清嘉庆十七年(公元1812年)刻本。

一、始祖的产生和确定。《吴氏自徽迁润宗谱》卷一《新安吴氏宗谱纪纲迁籍支派序》记载：

> 吴自周武王元年己卯四月泰伯四世孙周章受封于吴,得姓以来,至大清康熙丙午,问年凡二千七百九十有一,相衍至廷辈,得世九十有三。人繁族众,远近实难齐一。以始祖泰伯言之,则均是子孙,安得而歧视之乎? 其初兄弟也,兄弟始一人也,能知一人之身则爱敬生而根本厚矣。奈子孙不知一本所从出,支派所由分,各以其地为名,又各以始迁之祖为宗。噫! 大失尊祖敬宗收族之义也哉!

宗族繁衍裂变是自然发展和社会发展的一个普遍规律。"各以其地为名,又各以始迁之祖为宗",是这个规律的具体表现,历来如此。众所周知,周代的宗法制度是中国宗法制度的典范和标本,被历代封建统治者和宗族统治者所推崇,能效法的尽力实行。这种宗法制度都是各以其始封之地为名,又各以其始封之祖为宗。据历史文献记载,徽州宗族始祖的产生和确立,就是遵循这一制度。从汉代以来,"中原衣冠"纷纷往徽州迁徙,后来逐渐形成许多世家大族。这些宗族纂修族谱时,绝大多数是各以其始迁之地为名,"又各以始迁之祖为宗"。明清时期,从徽州迁往全国各地的徽商后裔,在徙居地形成的新宗族,同样大都是各以其始迁之地为名,"又各以始迁之祖为宗"。例如,仪征鲍氏以始迁者鲍玉为始祖,漳州鲍氏以始迁者鲍嘉庆为始祖,扬州鲍氏以始迁者鲍泰锽为始祖,桐城鲍氏以始迁者鲍有建为始祖,洪江鲍氏以始迁者鲍秉廉为始祖,贵池鲍氏以始迁者鲍元进为始祖,无为鲍氏以始迁者鲍恩迈为始祖,都是恪守中国传统的宗法制度。[①]《新安吴氏宗谱纪纲迁籍支派序》的作者,不了解中国宗法制度的历史,没有认识到宗族繁衍裂变的客观规律,出于尊祖、敬宗、收族之心,对"各以其地为名,又各以始迁之祖为宗"的社会现象加以指责,是可以理解的。

---

① （清）鲍光纯纂：《重编歙邑棠樾鲍氏三族宗谱》,清乾隆二十五年（公元1760年）一本堂刻本。

始祖——始迁祖——的产生和确定,是宗族形成的重要标志。

二、以迁居地为中心纂修谱牒。徽商在异地他乡定居以后,世代传承,人丁繁衍,逐渐形成一个又一个新的以父系血缘关系为纽带的宗族。这时,为了尊祖、敬宗、收族,独立编纂族谱就提到议事日程上来了。因为,族谱是联系宗族血缘关系的主要纽带。徽商在迁居地新修的族谱,有的在标题上直书祖籍,以示自己是徽州宗族外迁的支派,或曰"分支"。例如,《歙县迁苏潘氏家谱》《新安迁通孙氏家乘》《吴氏自徽迁润宗族》《黄氏自徽迁润宗谱》《月潭朱氏重修迁浙支谱》、吴县《大佛潘氏支谱》、苏州《大阜潘氏支谱》(按:有潘遵祁等增辑,清同治八年刻本;潘观保增修,光绪十三年刻本;潘钟瑞等重修,光绪三十四年石印本)、常州《大阜潘氏支谱》、苏州《大佛潘氏支谱》等等。有的新修族谱标题不书祖籍,只在谱籍前加一个"迁"字。例如,《迁锡许氏宗族》《戴氏迁杭族谱》等。有的新修族谱则"各以其地为名,又各以始迁之祖为宗"。这类族谱的标题既没有标明祖籍,又没有指出谱主是外迁者,我们寻找起来就比较难了。

谱牒的纂修,是迁徙者形成宗族的第二个重要标志。

三、在异地他乡建造宗祠。徽州人重视祠堂和祠祭。他们认为,"报本之礼,祠祀为大"①。徽州宗族商人为什么要在迁徙地建造祠堂呢?《吴氏自徽迁润宗谱》卷六《润州始建祠堂记》对这个问题作了很好的回答。其文曰:

> 徽之人重祠祭,其地环山而界江,其民敦本而务实,其俗崇文而尚礼,故其建祠也,堂宇必高深,器皿必古朴,仪文必周备,其原一本于晦庵《家礼》,而其乡人遂奉为典常,少而习焉,长而安焉,济济然,漆漆然,润之人未之能行也。
>
> 予徽人也,敢贻忘祖之讥哉?顾我高、曾迁邮、迁润,甫定厥居;我祖我父,有志未逮,辄尝于过庭之暇,获聆远祖少微公发祥之㟳,

---

① (明)黄玄豹纂:歙县《潭渡孝里黄氏族谱》卷六《潭渡黄氏享妣专祠记》,清雍正九年(公元 1731 年)家刻本。

暨唐宋以来族姓之繁,因并仰古歙邑宗祠之盛,未尝不惕然思、皇然起,恨不入忠鹄乡礼教里新兴社,一登祠宇,赞襄祀典,俾稍展区区之忱也。然而山川间阻,风雨绸缪,忽忽百年,有如一日。我吴氏门寒祚薄,既无能致身通显,归省祠墓,为宗族光,又不获取法先型,假有家庙,以妥以侑。惟是春露秋霜之感,仅寄之墓门,仰止之思,伤何如已!

岁乙酉,从诸父后,邀族人商建祠宇,阅十三载而后成。屋仅三楹,不得高以深也;器取适用,不得古以朴也;礼从宜而事从俗,不得如徽之美以备也。凡此,非务为苟简也,其时其力几不足以蒇事,而幸而蒇事,则祖宗之灵而族人之功也。后有贤孝子孙,读吾文而谅吾心,幸甚。

据历史文献记载,明代中期徽商即有在徙居地建造祠堂、祭祀祖先的现象。徽州《汪氏谱乘·汪氏宗祠建修始末》记载:"盖闻建立祠宇,以光先世之徽音;修葺庙堂,以昭后裔之世系。汪氏宗祠在扬新城东关二郎庙旁,计屋四进,前为照壁、为大门,次为仪门、为厅事,周围走廊。祠宇闳敞,内供奉历代木主。披庑为庖厨,左右各建数楹为守祠族人居。是祠创自前明,迄今二百余年。户口繁殷,子孙昌炽。每岁春祭、团拜、岁修,系司年人董其事,以垂永久,世世相承勿替焉。"汪舸在《汪氏谱乘·叙》一文中说:"汪氏支派,散衍天下,其由歙以侨于扬业鹾两淮者,则尤甚焉。居扬族人,不能岁返故里,以修禴祀之典,于是建有公祠。凡值春露秋霜之候,合族姓陈俎豆、荐时食,而又每岁分派族人崇司其事。数十年来,人物既盛,而礼文器具未尝稍弛。"清乾隆年间,徽商在徙居地建造祠堂,祭祀祖先,有了长足的发展。例如,徽商程联槐先世自徽州移居江夏。乾隆年间,他与高祖、曾祖、祖父、父亲"五世同居,人无间言。联槐念族众人多,建宗祠,立祭田,修辑族谱,以联属之"①。乾隆十六年(公元1751年),歙县人方士庶"以侨居广陵未能即归故里,乃建

---

① (清)章学诚撰:《章氏遗书》卷三十,北京:文物出版社,1985年。

宗祠,置祭田于扬,聚族之商于扬者,恪修祀事"①。岩镇郑鉴元,"先世以盐筴自歙迁仪征,迁江宁,迁扬州,皆占籍焉"。乾隆年间,鉴元"建祖父江宁宗祠,三置祭田,由县立案于府;又尝修族谱,举亲族中婚葬之不克举者;建亲乐堂于扬州宅后,子姓以时奉祭祀"。②《新安程氏无为目耕楼宗祠记》对徽商在移居地建造宗祠这种社会现象评论曰:"近来江淮间有所谓'宗祠'者,其礼果何放乎?《吾学录初编》云:'始祖及高祖以上之祖,今人别立宗祠,春秋致祭,亦敬宗收族之道也。'"③

---

① (民国)许承尧纂:《歙县志》卷九《人物·义行》,民国二十六年(公元1937年)铅印本。
② (民国)许承尧撰:《歙事闲谭》第二十五册,稿本。
③ 参见王振忠《从祖籍地缘到新的社会圈——关于明清时期侨寓徽商土著化的三个问题》,载《首届国际徽学学术讨论会文集》,合肥:黄山书社,1996年,第54~66页。

第三章　徽州宗族祠堂和祖墓

第一节　徽州宗族祠堂兴起的时代背景

论述徽州宗族祠堂，不能不讲《家礼》。朱熹在《家礼·祠堂》中记载："君子将营宫室，先立祠堂于正寝之东，为四龛，以奉先世神主。"明成化十一年（公元1475年），国子监祭酒周洪谟上疏曰："今臣庶祠堂之制，悉本《家礼》，高、曾、祖、考，四代设主，俱自西而东。考之神道向右，古无其说。……宜令一品至九品止立一庙。……神主则高祖居左，曾祖居右；祖居次左，考居次右。"①我们可以看到，朱熹讲的士大夫于住宅正寝之东建立的祠堂是"家祠"，而不是宗族共建的"宗祠"或"支祠"，其中供奉的神主是高、曾、祖、考，而不是始祖、支祖以及始祖、支祖以下的祖先。

徽州的宗族祠堂兴起于何时呢？据历史文献记载，早在宋代，休宁古林黄氏宗族兴建了一座古林黄氏宗祠②，休宁率口程氏宗族兴建率口程氏宗祠③，

---

① 《明宪宗实录》卷一百三十七，上海：上海书店，1984年影印本。
② （清）黄世恕等纂：《新安黄氏大宗谱》卷二《古林黄氏宗祠碑记》，清乾隆十七年（公元1752年）刻本。
③ （明）汪循撰：《汪仁峰先生文集》卷十一《柏山祠堂记》，《四库全书存目丛书》影印本，济南：齐鲁书社，1997年。参见常建华：《明代宗族祠庙祭祖的发展》，见《中国社会历史评论》第二卷，天津：天津古籍出版社，2000年。

休宁臧溪汪氏宗族修筑臧溪汪氏祠堂①。元代至大年间(公元 1308—1311 年),婺源考川明经胡氏宗族修建明经祠②;泰定元年(公元 1324 年),婺源清华胡氏宗族子弟胡升,"即先人别塾(墅?)改为家庙,一堂五室,中奉始祖散骑常侍,左右二昭二穆,为门三间,藏祭品于东,藏家谱于西,饰以苍黝,皆制也"③;婺源桂岩戴氏宗族也于元代建造戴氏宗祠④;元末,婺源大畈汪氏宗族建筑知本堂⑤,歙县江村江氏宗族建造贲成堂⑥。但是,这些宗族祠堂的兴建都是个别现象,还未形成一种社会风气和社会现象。

明嘉靖年间(公元 1522—1566 年),歙县棠樾鲍氏子弟、兵部右侍郎鲍象贤说:"若夫缘尊祖之心,起从宜之礼,隆报本之仁,倡归厚之义,则近世宗祠之立亦有取焉。"⑦我们认为,这是研究徽州宗族祠堂兴起于何时的一条极为重要的历史资料。鲍象贤所谓"近世",换句话说就是"明代",或曰明代中叶。据历史文献——主要是谱牒家乘和地方志——记载,与全国各地一样,明代中期——主要是嘉靖、万历年间——徽州宗族已掀起大兴土木建造祠堂的热潮,许多规模宏伟的宗族祠堂,就是在这个时期拔地而起的。⑧

现在,根据我们掌握的历史资料,将徽州宗族早期兴建的宗族祠堂列

---

① (明)汪舜民纂,彭泽修:弘治《徽州府志》卷十《宫室》,明弘治十五年(公元 1502 年)刻本。

② (清)胡朝贺纂:黟县《明经胡氏存仁堂支谱·本始堂图附记》,清同治八年(公元 1869 年)木活字本。

③ (明)胡尚仁、胡天民等纂:婺源《清华胡氏族谱·家庙记》,明天顺二年(公元 1458 年)刻本。

④ (明)程尚宽等纂:《新安名族志》后集,日本东洋文库藏明嘉靖三十年(公元 1551 年)刻本。

⑤ (明)汪舜民纂,彭泽修:弘治《徽州府志》卷十《宫室》,明弘治十五年(公元 1502 年)刻本。

⑥ (清)江登云纂:歙县《橙阳散志·贲成堂厅题额记》,清嘉庆十二年(公元 1807 年)刻本。

⑦ (清)黄世恕等纂:《新安黄氏大宗谱》卷二《古林黄氏宗祠碑记》,清乾隆十七年(公元 1752 年)刻本。

⑧ (清)冼宝干《佛山忠义乡志》卷九《氏族》记载:"明世宗采大学士夏言议,许民间皆得联宗立庙。于是宗祠遍天下,吾佛诸祠亦多建自此时,敬宗收族于是焉。"转引自叶显恩《明清徽州农村社会与佃仆制》,合肥:安徽人民出版社,1983 年,第 162 页。

表如下：

表 3-1　宋元明徽州宗族祠堂举例表

序号	建造年代	祠堂名称	宗族名称	祠堂地址	资料来源
1	宋代	古林黄氏宗祠	古林黄氏宗族	休宁县古林	《新安黄氏大宗谱·古林黄氏宗祠碑记》
2	宋代	率口程氏宗祠	率口程氏宗族	休宁县率口	汪循:《汪仁峰先生文集》卷十一《柏山祠堂记》
3	宋代	臧溪汪氏祠堂	臧溪汪氏宗族	休宁县臧溪	弘治《徽州府志》卷十《宫室》
4	元至大年间	明经祠	考川明经胡氏宗族	婺源县考川	黟县《明经胡氏存仁堂支谱·本始堂图附记》
5	元泰定元年	清华胡氏家庙?	清华胡氏宗族	婺源县清华	婺源《清华胡氏族谱·家庙记》
6	元代	戴氏宗祠	桂岩戴氏宗族	婺源县桂岩	程尚宽:《新安名族志》前集
7	元代末年	知本堂	大畈汪氏宗族	婺源县大畈	弘治《徽州府志》卷十《宫室》
8	元代末年	赍成堂	江村江氏宗族	歙县江村	歙县《橙阳散志·赍成堂东厅题额记》
9	明成化年间	叙秩堂	南屏叶氏宗族	黟县南屏村	黟县《南屏叶氏族谱·祠堂》
10	明弘治二年	思诚堂	潭渡黄氏宗族	歙县潭渡村	歙县《潭渡孝里黄氏族谱·思诚堂记》
11	明弘治十一年	罗氏家庙	呈坎前罗氏宗族	歙县呈坎村	歙县前罗《宗系支谱·罗氏祠堂记》(传抄本)
12	明弘治十一年	罗氏文献家庙	呈坎后罗氏宗族	歙县呈坎村	歙县后罗《传家命脉图》(抄本)
13	明弘治年间	奎光堂	南屏叶氏宗族	黟县南屏村	黟县《南屏叶氏族谱·祠堂》
14	明正德以前	龙川胡氏宗祠	龙川胡氏宗族	绩溪县坑口	《明封承德郎户部主事澹庵胡公墓志铭》碑刻
15	明正德十四年	惇叙祠	西溪南吴氏宗族	歙县西溪南	歙县《丰南志》
16	明正德年间	许氏宗祠	东门许氏宗族	歙县城东门	《重修古歙东门许氏宗谱·宗祠条规议》
17	明嘉靖二十一年	张氏宗祠	绍村张氏宗族	歙县绍村	《歙县文物志》
18	明嘉靖二十一年	贞靖罗东舒先生祠	呈坎前罗氏宗族	歙县呈坎村	罗应鹤:《祖东舒翁祠堂记》
19	明嘉靖二十一年	横槎黄氏祠堂?	横槎黄氏宗族	婺源县横槎	《新安黄氏大宗谱·横槎祠堂记》

续表

序号	建造年代	祠堂名称	宗族名称	祠堂地址	资料来源
20	明嘉靖二十四年以前	程氏宗祠	善和程氏宗族	祁门善和里	程昌、程钫:《窦山公家议》
21	明嘉靖二十四年以前	仁山程氏支祠?	善和程氏宗族	祁门善和里	程昌、程钫:《窦山公家议》
22	明嘉靖年间	万四公支祠	棠樾鲍氏宗族	歙县棠樾村	歙县《棠樾鲍氏宣忠堂支谱》
23	明嘉靖年间	吴氏宗祠?	吴田吴氏宗族	休宁县吴田	汪道昆:《太函集·吴田义庄吴公墓志铭》
24	明嘉靖年间	汪氏宗祠?	稠墅汪氏宗族	歙县稠墅村	《汪氏祠规序》
25	明嘉靖年间	著存堂	新馆鲍氏宗族	歙县新馆	《歙新馆鲍氏著存堂宗谱》
26	明嘉靖年间	周氏宗祠	城西周氏宗族	绩溪县城内	《绩溪城西周氏宗谱·重建祠堂记》
27	明嘉靖年间	蒋氏祠堂	白塔蒋氏宗族	祁门县白塔	程尚宽:《新安名族志》后集
28	明中期	詹氏宗祠	庆源詹氏宗族	婺源县庆源	程尚宽:《新安名族志》前集
29	明中期	叶氏宗祠	南街叶氏宗族	休宁县南街	程尚宽:《新安名族志》后集
30	明中期	许氏宗祠	涧洲许氏宗族	绩溪县涧洲	程尚宽:《新安名族志》后集
31	明中期	孙氏宗祠	古筑孙氏宗族	黟县古筑	程尚宽:《新安名族志》后集
32	明万历十三年	潘氏宗祠	大阜潘氏宗族	歙县大阜	《歙县文物志》
33	明万历三十三年	项氏宗祠	桂溪项氏宗祠	歙县桂溪	歙县《桂溪项氏族谱》
34	明万历三十五年	肇飙堂	查氏宗族	休宁县	《休宁查氏肇飙堂祠事便览》
35	明万历四十三年	郑氏宗祠	郑村郑氏宗族	歙县郑村	《歙县文物志》
36	明万历年间	舒馀庆堂	屏山舒氏宗族	黟县屏山村	新编《黟县志》
37	明万历年间	叙伦堂	石潭吴氏宗族	歙县石潭村	《歙县文物志》
38	明万历年间	程氏宗祠	临溪程氏宗族	歙县临溪村	李维桢:《大泌山房集·临溪程氏宗祠记》

续表

序号	建造年代	祠堂名称	宗族名称	祠堂地址	资料来源
39	明万历年间	吴氏大宗祠	西溪南吴氏宗族	歙县西溪南	《歙西溪南吴氏世谱》
40	明万历年间	明经胡氏宗祠?	上川明经胡氏宗族	绩溪县上庄	绩溪《上川明经胡氏宗谱》
41	明嘉、万年间	敦本祠	西溪南吴氏宗族	歙县西溪南	歙县《丰南志》
42	明嘉、万年间	四门祠	西溪南吴氏宗族	歙县西溪南	歙县《丰南志》
43	明天启六年	朱氏宗祠	月潭朱氏宗族	休宁县月潭	《新安月潭朱氏族谱》
44	明崇祯元年	思睦祠	西溪南吴氏宗族	歙县西溪南	歙县《丰南志》
45	明崇祯年间	敬爱堂	西递明经胡氏宗族	黟县西递村	黟县《明经胡氏存仁堂支谱》
46	明代	盘川王氏宗祠	盘川王氏宗族	绩溪县盘川	绩溪《盘川王氏宗谱》
47	明代	汪氏宗祠	凤砂汪氏宗族	婺源县凤砂	程尚宽：《新安名族志》前集

　　上表共列宗族祠堂47座,有宗祠,也有支祠。其中宋建3座,元建5座,明建39座。明建包括:成化年间建1座,弘治年间建4座,正德年间建2座,嘉靖年间建11座,万历年间建9座,嘉靖、万历年间建2座,天启年间建1座,崇祯年间建2座,明中期建4座,明建而年号不详3座。建设朝代不明者未列。上表证明,徽州宗族祠堂兴起于明代中期,主要是嘉靖、万历年间。弘治《徽州府志》卷十《宫室》记载,徽州一府六县"作专构以礼先"的祠堂建筑只有15座,其中府治1座,歙县5座,休宁5座,婺源2座,黟县1座,绩溪1座。嘉靖《徽州府志》卷二十一《宫室》与弘治《徽州府志·宫室》的记载相比有很大不同,不仅宗族祠堂的名称由"祠堂""堂"变为"宗祠",而且数量有了大幅度的惊人增长,即由15座增至213座。在这213座祠堂中,歙县67座,休宁36座,婺源50座,祁门31座,黟县11座,绩溪18座。嘉靖《徽州府志·宫室》中记载的宗祠,虽然有些始建于宋元时期,但是,大部分是成化以来——特别是嘉靖时——修建,这是毫无疑义的。①

---

① 常建华：《明代宗族祠庙祭祖的发展》,见《中国社会历史评论》(第二卷),天津：天津出版社,2000年。

弘治《徽州府志·宫室》中，没有记载祁门县的宗族祠堂。这虽然是漏记，但是，数量不会太多是可以肯定的。嘉靖《徽州府志·宫室》记载，祁门有宗祠31座。万历《祁门县志》卷四《人事志·恤政·宫室》记载："堂室家有之，不可胜载，载名人所尝构及各宗祠。"据县志记载统计，共有宗祠56座①。万历《祁门县志·宫室》记载的宗族祠堂数量，比嘉靖《徽州府志·宫室》所记载的祁门县宗族祠堂数量，增长了25座，即增长80.6%。

明代中期，徽州宗族掀起大兴土木建造宗族祠堂热潮的社会背景是什么呢？

这一社会现象的出现与当时的民间祭祖礼制的改革有关。嘉靖十五年（公元1536年），礼部尚书夏言上《请定功臣配享及臣民得祭始祖立家庙》奏议。他在奏议中说："臣仰惟九庙告成，祀典明备，皇上尊祖敬宗之心，奉先思孝之实，可谓曲尽，而上下二千年间百王所不克行之典，我皇上一旦兴行……斯礼也自当著为一代全经，以告万世。……惟是本朝功臣配享，在太祖、太宗庙各有其人，自仁宗以下五庙皆无，似为缺典。至于臣民不得祭其始祖、先祖，而庙制亦未有定则，天下之为孝子慈孙者，尚有未尽申之情。臣忝礼官，躬逢圣人在天子之位，又属当庙成，谨上三议，渎尘圣览，倘蒙采择，伏乞播之诏书，施行天下万世，不胜幸甚。"②夏言的上三议是什么呢？一、"定功臣配享"；二、"乞诏天下臣民冬至日得祭始祖"；三、"乞诏天下臣工建立家庙"③。史书记载，"上是之""上从之"。这说明夏言的奏疏被嘉靖皇帝认可。这是中国民间祠堂规制和祭祖礼制的重大改革。明朝政府允许品官之家立家庙，祭

---

① 常建华：《明代宗族祠庙祭祖的发展》，见《中国社会历史评论》（第二卷），天津：天津出版社，2000年。
② （明）夏言撰：《桂洲先生奏议》卷十七，《四库全书存目丛书》影印本，济南：齐鲁书社，1997年。
③ （明）夏言撰：《桂洲先生奏议》卷十七，《四库全书存目丛书》影印本，济南：齐鲁书社，1997年。

祀始祖、先祖,对庶人虽然也允许祀始祖、先祖,然而仍然是"祭于寝"①。但是,从宋代以来,徽州许多宗族大都"累世簪缨""名臣辈出",具有品官的世家大族特别多。同时,徽州宗族子弟受朱熹思想影响特别深重,宗族观念特别浓厚,尊祖敬宗的思想特别强烈。因此,在明朝政府允许品官之家建立家庙,祭祀始祖、先祖之后,许多世家大族纷纷兴建"宗祠"和"支祠"就成为必然的了。

徽州世家大族大规模建造祠堂热潮的出现,与社会经济的发展和宗族遇到的挑战是分不开的。明代中期,由于商品经济的繁荣和资本主义生产关系萌芽的影响,徽州宗族子弟大批"弃儒服贾""弃农经商",因而产生了"风俗浇漓"的社会现象。这一现象的出现,对宗族制度和宗族统治是一个严重冲击。因此,宗族统治者要大建祠堂,宣传宗法观念,加强宗族组织,巩固宗族制度。同时,明代中期徽州宗族商人进入黄金时代,他们将巨额商业利润用于宗族祠堂建设,为徽州宗族大规模建造祠堂提供了物质条件。因此,一些美轮美奂的宗族祠堂拔地而起,形成"厅祠林立""祠宇相望"的社会现象。

第二节 徽州宗族祠堂的建设

徽州宗族非常重视祠堂建设。程一枝在《程典》卷十二《本宗列传》中说:"观于郡国诸大家,曷尝不以宗祠为重哉!"他认为,"举宗大事,莫最于祠,无祠则无宗,无宗则无祖,是尚得为大家乎哉?"绩溪《上川明经胡氏宗谱·拾遗》记载:"吾族向隆斯制(即祠堂之制——引者),宗祠而外,有笃庆堂,敬公祠也,俗称'后门老屋';其顺堂,景惠公祠也,俗称'二分厅';敦复堂,景恩公祠也,俗称'六分厅';余庆堂,永东公祠也;敦和堂,兆孔公祠也。以上各祠,均祔主。不祔主者,则永夏公派有继述堂,元遐公派有寿传堂,文韶公派有作求堂,志良公派有凝和堂,志球公派有思济堂,志仁公派有有裕堂,又永秋公

---

① (明)夏言撰:《桂洲先生奏议》卷十七,《四库全书存目丛书》影印本,济南:齐鲁书社,1997年。

派亦有义和堂在黄蘖山。厅祠林立。盖古人合族返本之制,吾族固庶几近之矣。"

徽州世家大族大都建有众多祠堂,少则几座,多则数十座。据文献记载和我们调查,黟县西递明经胡氏宗族有祠堂26座,它们是本始堂、敬爱堂、常春堂、仁让堂、元璇堂、惇典堂、维新堂、崇礼堂、存仁堂、惇化堂、种德堂、追慕堂、中和堂、绎思堂、继述堂、凝秀堂、时化公祠、含元堂、贻翼堂、锄经堂、霭如公祠、鸿公厅、培芝轩、葆善堂、七哲祠、节孝祠。其中本始堂为宗祠,七哲祠、节孝祠为专祠,其他23座为支祠和家祠①。南屏叶氏宗族有祠堂11座,它们是叙秩堂、敦本堂、奎光堂、永思堂、钟瑞堂、德辉堂、敦仁堂、尚素堂、继序堂、仪正堂、念祖堂。其中叙秩堂是宗祠,其他为支祠。② 歙县江村江氏宗族有祠堂31座,它们是赉成堂、伯固门、悠然堂、惇叙堂、笃本堂、千里门、东皋堂、居敬堂、安义堂、明善堂、贻庆堂、敦善堂、德新堂、宝箴堂、滋德堂、荣养堂、展锡祠、茂荆堂、聚顺堂、太守昌公祠、都御史江公祠、忠功堂、以舟公祠、御史祠、乐野公祠、桂林公祠、烈女祠、节孝祠、乡贤祠、正二公分祠、景房公祠堂。其中赉成堂是宗祠,其余是支祠、家祠、专祠和墓祠。③ 婺源游山董氏宗族有祠堂23座,它们是嘉会堂、著存堂、荫槐堂、继思堂、树德堂、叙伦堂、怀德堂、光烈堂、听彝堂、庆远堂、种德堂、勤诒堂、叙庆堂、敦义堂、崇德堂、永思堂、保和堂、光裕堂、贞训堂、贞和堂、双节堂、崇义堂、志礼公祠。其中嘉会堂为宗祠,其他22座都是支祠。④ 歙县呈坎前、后罗氏宗族有祠堂15座,它们是罗氏世祠、罗氏文献家庙、贞一公祠、贞靖罗东舒先生祠、尚翁公祠、舜臣公祠、士元公祠、承善堂(又曰士达公祠)、士文公祠、长房祠、世德祠(又曰二房祠)、

---

① 胡星明:《西递村祠堂寺庙庵堂书院一览》,手稿。
② (清)叶有广、叶邦光纂:黟县《南屏叶氏族谱》卷一《祠堂》,清嘉庆十七年(公元1812年)木活字本。
③ (清)江登云纂:歙县《橙阳散志》卷八《舍宇志·祠堂》,清嘉庆十二年(公元1807年)刻本。
④ 赵华富:《婺源县游山董氏宗族调查研究》,见《徽学》第二卷,合肥:安徽大学出版社,2002年。

三房祠、四房祠、东峰公祠、文升公祠。其中罗氏世祠、罗氏文献家庙为宗祠，其他13座都是支祠。陈去病在《五石脂》中说："徽州多大姓，莫不聚族而居，而以汪、程为最著，支祠以数千计。"

沧海桑田，历史上徽州宗族建设的那些美轮美奂的祠堂，大都已经毁坏。但是，今天保存下来的还有数百座。例如，歙县潜口村汪氏宗祠、郑村郑氏宗祠、棠樾村敦本堂和清懿堂、北岸吴氏宗祠、大阜潘氏宗祠、叶村洪氏宗祠、石潭村吴氏叙伦堂、绍村张氏宗祠、韶坑徐氏宗祠、呈坎贞靖罗东舒先生祠；休宁县古林黄氏宗祠、屯溪程氏宗祠、溪头村王氏宗祠、东临溪乡程氏宗祠；祁门县渚口贞一堂、历溪王氏宗祠；黟县屏山舒馀庆堂、南屏叙秩堂和奎光堂、西递敬爱堂和追慕堂；绩溪县大坑口龙川胡氏宗祠、县城周氏宗祠；婺源县汪口俞氏宗祠、黄村经义堂，等等。今天，黟县南屏村叶氏、李氏、程氏3个宗族还保存下来8座祠堂（宗祠2座、支祠3座、家祠3座），其中叙秩堂、奎光堂建筑宏伟，因而形成徽州闻名遐迩的南屏明清祠堂建筑群。① 这些祠堂，有的是国务院重点文物保护单位，有的是省重点文物保护单位，是徽州文化的珍贵遗产。

徽州宗族祠堂大都规模宏大，巍峨壮观。民国《歙县志》卷一《舆地志·风土》记载："邑俗旧重宗法，聚族而居，每村一姓或数姓；姓各有祠，支分派别，复为支祠，堂皇闳丽，与居室相间。"休宁《竹林汪氏宗祠记》记载，新安各姓，"聚族而居，数千百年，春露秋霜，明禋不替。村落间，祠宇相望，规模宏敞"。据罗应鹤《祖东舒翁祠堂记》碑刻记载和我们调查，始建于明嘉靖年间的歙县呈坎前罗氏宗族贞靖罗东舒先生祠，坐落在呈坎东北角、溧水西岸。根据呈坎地形和村落布局，采取坐西向东。祠堂最前面是棂星门。在徽州祠堂建筑中，绝无仅有。据说是仿照曲阜孔庙建造。棂星门内为一个院落，两边"列碑亭两座，翼然前趋"。院后是仪门，"大肩者三"，其颜曰："贞靖罗东舒先生祠"，为太师郭大司马题识。"左右各有厅事，以备聚食待馂之所"。仪门

---

① 赵华富：《黟县南屏叶氏宗族调查研究报告》，载《徽州社会科学》，1994年第2期。

以内,是一个大庭院,"两旁而前各有庑,为楹二十有四"。当中是享堂。"堂上度以筵。堂高四筵,广八筵,深六筵"。其颜曰"彝伦攸叙",出云间董其昌手笔。堂后为寝。"寝度以寻,广十寻,深四寻"。"寝因前人草创,益之以阁,用藏历代'恩纶'",因名"宝纶阁"。除了主体建筑以外,贞靖罗东舒先生祠右方还建有一个女祠,左边建有一座厨房。全部建筑"缭以周垣,为一百七十六堵",占地5亩。贞靖罗东舒先生祠气势恢宏,巍巍壮观,国内罕见,为国务院重点文物保护单位。① 明弘治十一年(公元1498年)兴建的罗氏文献家庙,经明清两代多次增建和维修,今天虽已破旧不堪,但主体建筑基本还在。这是一座三进七开间规模宏伟的徽派祠堂建筑,坐落在呈坎村西南角。根据呈坎地形和村落布局,采取坐西向东朝向。祠堂纵深135米,宽21.3米,占地面积2,875.5平方米。第一进是仪门,宽21.3米,进深10.7米,建筑面积227.9平方米,用34根木、石柱支撑。第一进后面,是一个近50米长的大院。大院后面第二进是享堂,宽21.3米,进深11.3米,建筑面积240.7平方米,用32根木柱支撑。第二进后面,又是一个近50米长的大院。大院后面第三进是寝室,宽21.3米,进深14.15米,建筑面积301.4平方米,用14根硕大木柱支撑。罗氏文献家庙整个建筑纵深长达135米。在徽州地区,纵深这样大的祠堂建筑,还属少见。由于纵深长度异常大,在第一进和第二进之间,第二进和第三进之间,各有一个近50米长的大院,这种建筑布局不仅给人一种开阔、壮观和气派的视觉,而且又令人感到阴森、神秘、崇敬。"新安侯封甲族,江右文献世家"的后罗氏宗族祠堂,规模宏大,气势雄伟,确实与众不同! 宋代始建、明代崇祯年间(公元1628—1644年)重建的休宁古林黄氏宗祠,有正堂5间,两庑5间,回廊5间,仪门5间,前仪门5间,后寝楼5间,前门楼3间,公厨1所。这座规模宏大的祠堂,共占地4亩8分。② 祁门渚口倪氏贞一堂,始建于明初,后多次重新修建,是一座三进七开间典型徽派祠堂建筑,位于渚口村中心,坐

---

① (明)罗应鹤:《祖东舒翁祠堂记》碑刻,现置黄山市徽州区呈坎贞靖罗东舒先生祠。
② (明)黄文明纂:休宁《古林黄氏重修族谱》卷一《祠宇祀产》,明崇祯十六年(公元1643年)刻本。

北朝南,建筑面积 976.25 平方米,占地面积 1,267 平方米。整个建筑有 108 根硕大立柱,巍峨壮观,气势恢宏,为祁门县一大巨观。① 始建于明弘治年间(公元 1488—1505 年)的黟县南屏叶氏宗族的奎光堂,也是一座三进五开间的典型徽派祠堂建筑。这座祠堂周砌高耸砖墙,宛如一座城堡,仪门、享堂、寝室梁架用 86 根硕大木柱和石柱支撑,占地面积 1,000 多平方米,规模宏大,巍峨壮观,为安徽省重点文物保护单位。②

徽州宗族祠堂建筑,大都用料优良、营造精细、装饰华美、古朴典雅。据我们调查,歙县呈坎前罗氏宗族贞靖罗东舒先生祠、潜口汪氏宗祠、郑村郑氏宗祠、北岸吴氏宗祠、大阜潘氏宗祠、叶村洪氏宗祠、绍村张氏宗祠、韶坑徐氏宗祠、石潭村吴氏叙伦堂、棠樾鲍氏敦本堂和清懿堂;休宁古林黄氏宗祠、东临溪程氏宗祠、溪头村王氏祠堂;婺源汪口俞氏宗祠、黄村经义堂(又曰敦仁堂);祁门渚口贞一堂、历溪王氏宗祠;黟县屏山舒馀庆堂、南屏村奎光堂和叙秩堂、汤村汤氏宗祠;绩溪龙川胡氏宗祠、城西周氏宗祠等,均具有很高的建筑艺术价值。

闻名遐迩的绩溪龙川胡氏宗祠,被中外建筑学家和艺术家誉为"雕刻艺术博物馆"。这是一座明清三进七开间的豪华徽派祠堂建筑,国务院重点文物保护单位。

祠堂门前溪水南岸是祠堂屏壁(或曰照壁、影壁)。

第一进是门楼,这是一座飞檐翘角、雍容华贵的典型五凤楼建筑。宽达 22 米的门楼,由 28 根立柱和 33 根月梁构成。第一重门为黑漆色大栅栏门。第二重门中间是仪门(俗称"正门"),两边是边门(又称"旁门")。仪门上有大唐开国元勋秦叔宝和尉迟恭大元帅的彩色画像。门前左右各置一个高大的石鼓和威武雄壮的大石狮。最引人注目的是前后 8 条方梁梁面的精美木雕图案,前面中间上梁是"九狮滚球遍地锦",后面中间上梁是"九龙戏珠满天

---

① 赵华富:《祁门县渚口、伊坑、滩下、花城里倪氏宗族调查研究报告》,见《徽学》2000 年卷,合肥:安徽大学出版社,2001 年。

② 赵华富:《黟县南屏叶氏宗族调查研究报告》,载《徽州社会科学》,1994 年第 2 期。

星",下面和左右两边方梁是各种各样的历史戏文。这些木雕内容丰富,雕刻精湛,具有很高的艺术价值。

第二进是享堂,这是一座恢宏高大、豪华典雅的宫殿式建筑。它用 48 根直径 53 厘米的高大银杏圆柱,架着 54 根硕大的冬瓜梁构成。在龙川胡氏宗祠建筑群中,享堂是主体建筑。

享堂两侧各有 10 扇高丈余的落地隔板,上半截为镂空的花格,下半截为平板浮雕。雕刻内容是出水芙蓉。莲花,有的含苞待放,有的花蕾初绽,有的盛开怒放,有的瓣落蓬显;荷叶,"有的迎风翻卷,有的平铺水面,有的舒展如伞,有的低垂若帽";池水,"有的微波粼粼,有的浪花朵朵,有的涟漪荡漾,有的水流湍急";动物,"或有鸟翔蓝天,或有鱼潜水底,或有鸭戏碧波,或有蛙跃荷塘,或有鸳鸯交颈,或有河蚌翕张",或有对虾追逐,或有螃蟹横行。20 扇花雕,千姿百态,充满诗情画意。①

享堂正面是一排大型木雕隔扇。这些隔扇雕刻的主题是梅花鹿。雕工精细入微,不仅雕出鹿身点点梅花,而且细毛都清晰可见。鹿的神态:有的悠游慢步,有的回头顾盼,有的仰首嘶鸣,有的受惊疾奔,有的饮水溪畔,有的口衔花草,还有母鹿舔抚,幼鹿吮乳……件件绘声绘色,惟妙惟肖,巧夺天工。②

第三进是寝室,这是一座高大的楼阁式建筑。这里的隔扇浮雕是静物——插花艺术。花瓶造型,有六角、八角、半圆、长颈、大口、菱形等;瓶身图案,有回纹、云纹、细线、挂铃等;瓶内插花,有桃、李、梅、兰、菊、牡丹、海棠、水仙、玉簪等。隔扇上下小木板浮雕,有文房四宝、书案画卷、八仙道具等。

龙川胡氏宗祠雕刻作品琳琅满目,十分丰富。据龙川胡氏宗族老人说,原有六百余件,经过长期自然和人为破坏,现存还有四百多件。宗祠大多数建筑构件都经过精雕细刻,成为精美的艺术品。

徽州宗族祠堂建筑大都耗费了十分巨大的人力、物力和财力,建筑造价很高。如,歙县昉溪许邦伯门修建祠堂,"阅时七载,用款逾万缗,工费浩大,

---

① 参见冬生:《木雕艺术的厅堂》,载《安徽画报》,1986 年第 2 期。
② 参见冬生:《木雕艺术的厅堂》,载《安徽画报》,1986 年第 2 期。

卒底于成"①。桂溪项氏宗族修建宗祠,宗族子弟集资银 7,042 两 6 钱 2 分 3 厘。从清代康熙十八年(公元 1679 年)到乾隆十九年(公元 1754 年),75 年之中维修、扩建 4 次,耗银 9,800 余两,其中康熙四十二年(公元 1703 年)一次维修费即耗银 6,000 余两。② 康熙年间(公元 1662—1722 年),潭渡黄氏宗族建享妣专祠,"庀材鸠工,为堂五楹,前有三门,后有寝室与祠门。而四堂之崇三丈五尺,其深二十七丈,其广六丈四尺。前后称是,坚致完好。凡祠之所应有者,亦无不备。阅载而后成,计白金之费三万两"③。休宁县竹林汪氏宗族修建宗祠,从乾隆二十六年(公元 1761 年)开工至三十二年(公元 1767 年)告竣,历时 6 载,共 67 大项开支,其中大厅木料支银 2,576 两 5 钱 2 分,木司工账支银 3,805 两 7 钱,石司工账支银 3,109 两……使用石灰 187,320 斤,总计耗银 38,230 两 5 分 4 厘。④ 明万历十四年(公元 1586 年),歙县江村江氏宗族修建歙州公祠,二十六年(公元 1598 年)"始得者见其成"。乾隆二年(公元 1737 年)重修,九年(公元 1744 年)落成,"除旧祠木石陶冶外,共用费二万九千一百九十两零。堂为楹五,颜曰'贲成',仍旧额也"。⑤ 乾隆五十年(公元 1785 年),歙县江村江氏宗族修建敦本堂,"阖族踊跃,共成先志,有地者输地,有银者输银,多者以数百金,少则数十数两,其代众生息,并自输之数,总记之有输至数千两零者,至于输献柱,输块石,亦各视其家之所有焉"⑥。乾隆年间,绩溪县城西周氏宗族重建宗祠,规划既定,"于是诹日迁主,测影正

---

① (民国)许家修纂:《古歙昉溪许邦伯门修建祠记汇存·重建邦伯门敦本堂祠记》,民国二十二年(公元 1933 年)铅印本。
② (清)项启铴纂:歙县《桂溪项氏族谱》卷二十二《祠记》,清嘉庆十六年(公元 1811 年)刻本。
③ (明)黄玄豹纂:歙县《潭渡孝里黄氏族谱》卷六《祠记·新建享妣专祠记略》,清雍正九年(公元 1731 年)家刻本。
④ (清)佚名:休宁《竹林汪氏宗祠记》,清刻本。
⑤ (清)江登云纂:歙县《橙阳散志》卷十《艺文志·歙州公祠堂记碑》,清嘉庆十二年(公元 1807 年)刻本。
⑥ (清)江光裕纂:黟县《济阳江氏宗谱》卷二《艺文·江村敦本堂纪略》,清道光十九年(公元 1839 年)木活字本。

位,前当孔道,后凿山丛,左购庐,右易地,以广厥基。伐石于浙,萃木于宣。任畚掬者呼邪,䚯者运,甓者施,罄寻者日指以千计,凡岁八稔而祠成……是役也,经始于乾隆三十四年四月朔日,落成于四十一年十月,计银一万六千八百两有奇"①。黟县西递明经胡氏宗族修建本始堂,"始于(乾隆)戊申年,至己酉年落成。九月朔,进木主致祭,计经费六千九百余金。除各支祠会合输百金外,例以捐百金者得祔祀,于是有后嗣为其支祖者,有孙为其祖者,有子为其父者,凡三十六人"。胡氏宗族富商胡学梓"独以三千余金总其成"。②

在徽州宗族祠堂建设中,资金主要是宗族子弟的"捐献"。据徽州地方志和谱牒家乘等文献记载,许多宗族建造祠堂时,宗族子弟中仕宦和富商的慷慨解囊起了重要作用。请看下表:

表 3-2 宗族子弟捐资修建祠堂举例表

序号	年代	宗族	姓名	建祠记述	资料来源
1	元	婺源桂岩戴氏	察罕	授金陵寨巡检,倡建宗祠。	程尚宽:《新安名族志》后集
2	明	婺源凤砂汪氏	汪寿庆	乐善好施,倡建宗祠。	程尚宽:《新安名族志》前集
3	明	婺源庆源詹氏	詹仁	倡建宗祠,置祭田,立时思堂。	程尚宽:《新安名族志》前集
4	明	休宁南街叶氏	叶亨	以族大派迁,恐其久而离也,则建宗祠,春秋而萃聚之。	程尚宽:《新安名族志》后集
5	明	绩溪涧洲许氏	许金	立宗祠,修建桥梁道路之举甚众。	程尚宽:《新安名族志》后集
6	明	黟县古筑孙氏	孙万	倡族众,构宗祠,乐于厚助。	程尚宽:《新安名族志》后集

---

① (清)周之屏、周赞贤纂:《绩溪城西周氏宗谱》卷首《重建宗祠记》,清光绪二十四年(公元1898年)敬爱堂活字本。

② (清)胡朝贺纂:黟县《明经胡氏存仁堂支谱》卷首《本始堂附记》,清同治八年(公元1869年)木活字本。

续表

序号	年代	宗族	姓名	建祠记述	资料来源
7	明	祁门白塔蒋氏	蒋贯	倡义率族,积千金建祠,兼捐田数亩助祭。	程尚宽:《新安名族志》后集
8	明	婺源桃溪潘氏	潘珍	尝建宗祠,复祖墓,修身正家朝野推重。	程尚宽:《新安名族志》后集
9	明	歙县长原程氏	程澧	首倡捐千金,遍赞诸宗以其力来助,举宗响应,不日祠成。	汪道昆:《太函集·明故明威将军新安卫指挥佥事衡山程季公墓志铭》
10	明	歙县溪南吴氏	吴光升	以小宗未有祠,独鸠工庀材先之,费巨万。	李维桢:《大泌山房集》卷七十四《吴季公程孺人家传》
11	明	歙县寒山方氏	方仲	以数千缗缮宗祠祀者。	李维桢:《大泌山房集》卷七十二《方仲公家传》
12	明	歙县丛睦里汪氏	汪玩	首捐万金建宗祠,祠遂为一郡最。	李维桢:《大泌山房集》卷七十二《汪翁家传》
13	明	歙县溪南吴氏	吴肖甫	从兄光升,特造宗祠,复捐金构支祠。	歙县《丰南志》第五册《光裕公行状》
14	明	歙县棠樾鲍氏	鲍象贤	"拓西畴书院遗址为之"万四公支祠。	歙县《棠樾鲍氏宣忠堂支谱》卷二十二《重建万四公支祠记》
15	明	歙县呈坎前罗氏	罗弥四	合诸族而效其力,庀材鸠工,"额曰'罗氏世祠'"。	歙县《宗系支谱·罗氏祠堂》(传抄本)
16	明	绩溪龙川胡氏	胡跃	宗祠毁于兵火,"公乃力以自任,捐赀倡族,卒抵于成"。	《明封承德郎户部主事澹庵胡公墓志铭》碑刻
17	明	婺源江湾江氏	江一麟	输赀独建宗祠,规模宏丽,为一邑冠。	民国《重修婺源县志》卷三十七《人物·义行》
18	明	祁门胡村胡氏	胡天禄	以族有思本祠祀先祖以下,构报本祠,祀其亲。	康熙《徽州府志》卷四《孝义》
19	明	歙县城东许氏	许禾	捐二千余金,鼎建宗祠。	《重修古歙城东许氏世谱》卷八《许禾公传》
20	明	祁门严源李氏	李秀	家祠未建,秀独力创成。	康熙《祁门县志》卷四《孝义》
21	明	婺源江湾江氏	江国铭	宗祠颓圮,"慨然输赀数千金,修复如故,兼置祀田"。	民国《重修婺源县志》卷三十七《人物·义行》
22	清	歙县郡城汪氏	汪德昌	念宗祠湫隘败坏,与兄怀昌、弟孕昌捐赀重建。	民国《歙县志》卷九《人物志·义行》
23	清	歙县棠樾鲍氏	鲍志道	世孝祠之建,世孝事实之刻,则有关于风俗人心。	歙县《棠樾鲍氏宣忠堂支谱》卷二十一《鲍肯园先生小传》

续表

序号	年代	宗族	姓名	建祠记述	资料来源
24	清	婺源秋溪詹氏	詹思润	修葺祖祠,捐银三百两。	民国《重修婺源县志》卷四十一《人物·义行》
25	清	婺源长径程氏	程金广	创建宗祠,输数千金,以成父志。	民国《重修婺源县志》卷四十一《人物·义行》
26	清	婺源渔潭程氏	程国远	修宗祠。	民国《重修婺源县志》卷四十《人物·义行》
27	清	婺源金源单氏	单启泮	祠宇将倾,输己地集赀,独任营造,三年落成。	民国《重修婺源县志》卷四十《人物·义行》
28	清	婺源上溪头程氏	程兆枢	归家创祠宇,助祀田。	民国《重修婺源县志》卷四十一《人物·义行》
29	清	歙县丰堨头汪氏	汪秉键	建支祠、修古路、置义冢、施棺衾,皆竭力为之。	民国《歙县志》卷九《人物志·义行》
30	清	婺源官源洪氏	洪 胜	见祠宇之待葺,祀田之未置业,毅然引为己任。	婺源《燉煌郡洪氏通宗谱》卷五十九《福溪雅轩先生传》
31	清	歙县江村江氏	江承炳	捐金数千,助建宗祠,并田千余亩,为宗党祭祀备荒之费。	歙县《橙阳散志》卷三《人物志·义行》
32	清	歙县棠樾鲍氏	鲍志道	鸠工庀材,"重建万四公支祠"。	歙县《棠樾鲍氏宣忠堂支谱》卷二十二《重建万四公支祠记》
33	清	绩溪西关章氏	章 炜	族修家庙,"首倡以董其成"。	绩溪《西关章氏族谱》卷二十四《家传》
34	清	歙县城关汪氏	汪嘉树	规度旧基,建祠供奉。	民国《歙县志》卷九《人物志·义行》
35	清	休宁长丰朱氏	朱钟元	尝倾囊捐重赀建造祠宇,复捐祭田以充祀产。	嘉靖《休宁县志》卷十五《人物·乡善》
36	清	婺源凤山查氏	查公艺	凤山虽有祠室,而统宗阙如,"捐重赀创建之"。	民国《重修婺源县志》卷二十八《人物·孝友》
37	清	婺源清华胡氏	胡孔昭	归家见宗祠倾圮,集众议修,倡捐二百金。	民国《重修婺源县志》卷四十一《人物·义行》
38	清	婺源溪头程氏	程世德	祀厅被毁,慨输五百金襄成。	民国《重修婺源县志》卷四十一《人物·义行》
39	清	婺源梅溪槎坑吴氏	吴永钥	尤笃根本,修祀厅,葺宗谱,所费不下五百金。	民国《重修婺源县志》卷四十一《人物·义行》
40	清	婺源高安程氏	程邦灿	服贾粤东,获奇羡,"率弟建家祠"。	民国《重修婺源县志》卷三十《人物·孝友》

续表

序号	年代	宗族	姓名	建祠记述	资料来源
41	清	歙县渔梁巴氏	巴源立	尝葺祠宇,置祀产。	民国《歙县志》卷九《人物志·义行》
42	清	婺源盘山程氏	程世杰	修建祠宇、造桥施槥,勇于为义者指不胜屈。	民国《重修婺源县志》卷三十九《人物·义行》
43	清	休宁陈村陈氏	陈志宏	族中无宗祠,独立捐建,并置祭田。	嘉靖《休宁县志》卷十五《人物·尚义》
44	清	婺源龙尾江氏	江可烈	族有祖祠倾圮,捐赀重建,费亦如之。	民国《重修婺源县志》卷三十八《人物·义行》
45	清	歙县岩镇汪氏	汪之机	葺宗祠,定祭礼。	民国《歙县志》卷九《人物志·义行》
46	清	婺源在城胡氏	胡正鸿	香田祖祠被毁,约同宗某汇赀重建。	民国《重修婺源县志》卷四十《人物·义行》
47	清	歙县江村江氏	江演	族中家庙圮塌,一力修葺;"构立支祠,以妥先灵"。	歙县《济阳江氏族谱》卷九《清诰赠光禄大夫演公原传》
48	清	歙县棠樾鲍氏	鲍志道	改宣忠堂宅以为尚书公祠,置祭器祀田。	歙县《棠樾鲍氏宣忠堂支谱》
49	清	歙县石门陈氏	陈启元	长服贾苕溪,家业稍裕,遂创建宗祠。	民国《歙县志》卷九《人物志·义行》
50	清	婺源词坑王氏	王光秀	凡修祠宇,"输金无吝色"。	民国《重修婺源县志》卷四十五《人物·质行》
51	清	歙县东门许氏	许登瀛	尝捐数千金,修宗祠,创义学。	《重修古歙东门许氏宗谱·新安许氏族谱序》
52	清	歙县新馆鲍氏	鲍集等8人	建立宗祠,并置祭田。	《歙新馆鲍氏著存堂宗谱》卷三《祠规序》
53	清	休宁竹林汪氏	汪丕 汪缨	捐巨资共建"竹林汪氏宗祠"。	休宁《竹林汪氏宗祠记》
54	清	婺源读屋泉孙氏	孙有燨	建祖祠、立圭田、修祀典。	民国《重修婺源县志》卷四十一《人物·义行》
55	清	歙县江村江氏	江蕃	尝修宗祠,"创建忠义、节孝、节义诸祠"。	民国《歙县志》卷九《人物志·义行》
56	清	歙县潭渡黄氏	黄以祚	尝捐金"修其远祖芮庐墓地,建孝子祠"。	民国《歙县志》卷九《人物志·义行》
57	清	歙县江村江氏	江承珍	性仁孝,见义必为,助建宗祠。	歙县《橙阳散志》卷三《人物志·义行》

续表

序号	年代	宗族	姓名	建祠记述	资料来源
58	清	歙县江村江氏	江时琏	本支祠宇被灾,与弟琮捐金重建,以妥祖灵。	歙县《橙阳散志》卷四《人物志·义行》
59	清	祁门渚口倪氏	倪秀亭	首捐巨赀,重建"贞一堂"支祠。	倪望隆:《祁门倪氏族谱》
60		休宁陈村陈氏	陈 济	族建宗祠,公输金五百,地一区,为族人倡。	休宁《陈氏宗谱》卷三《本宗列传》
61		绩溪西关章氏	章有元	独出己赀建造敦伦堂,为小宗家庙。	绩溪《西关章氏族谱》卷二十四《家传》
62		绩溪西关章氏	章江通	尝创建支祠。	绩溪《西关章氏族谱》卷二十四《家传》
63		婺源沱川余氏	余鼎狄	支祖未有祠宇,狄独力创建,总费数千余金。	《婺源县采辑·义行》

第三节 徽州宗族祠堂的规制

一、祠堂朝向

有人在谈到徽州女祠时说:"徽州女祠一色坐南朝北或坐东朝西,与宗祠、男祠坐北朝南或坐西朝东相对,取男乾女坤、阴阳相悖之意。"我们认为,这种观点是值得商榷的。

在历史文献记载和宗族调查中,我们发现徽州宗族女祠有歙县潭渡黄氏宗族"黄氏享妣专祠"、呈坎前罗氏宗族女祠、棠樾鲍氏宗族女祠"清懿堂"、休宁黄村黄氏宗族女祠、祁门渚口倪氏宗族"庶母祠"等。在这些女祠当中,规模恢宏的有潭渡黄氏的"享妣专祠"、棠樾鲍氏的"清懿堂"、黄村黄氏的女祠。歙县《潭渡孝里黄氏族谱》卷六《祠祀·新建享妣专祠记略》记载,清康熙年间(公元1662—1722年),潭渡黄氏宗族"庀材鸠工",建造享妣专祠,"为堂五楹,前有三门,后有寝室与祠门。而四堂之崇三丈五尺,其深二十七丈,其广六丈四尺。前后称是,坚致完好。凡祠之所应有者,亦无不备。阅载而后成,计白金之费三万两"。这是一座建筑规模异常恢宏的女祠,祠堂营造之精、用料之良、装饰之美,从"白金之费三万两",即可想而知。嘉庆年间(公元1796—1820年),棠樾盐商巨子鲍启运建造的"清懿堂",现在还屹立在棠樾村,成为一大人文景观。祠宇构架宏大,可与男祠颉颃,装饰精美典雅,有过之而无不及。

据我们了解,歙县呈坎前罗氏宗族女祠坐东朝西,与贞靖罗东舒先生祠坐西朝东正好相反;棠樾鲍氏宗族女祠——清懿堂——坐南朝北,与男祠——敦本堂——坐北朝南完全相对。

根据这两个实例,能不能得出徽州女祠"一色坐南朝北或坐东朝西"的结论呢?事实告诉我们:不能。据我们调查,休宁县黄村黄氏宗族女祠与男祠并列一处,男祠居右,女祠居左,两祠俱坐西朝东;祁门县渚口倪氏宗族"庶母祠",与规模恢宏、装饰精美的贞一堂近在咫尺,两祠俱坐北朝南。事实证明,认为徽州女祠"一色坐南朝北或坐东朝西"的说法,是没有根据的。

据歙县呈坎前罗氏宗族的贞靖罗东舒先生祠坐西朝东、棠樾鲍氏宗族男祠——敦本堂——坐北朝南,能不能得出徽州宗祠、支祠、男祠都是"坐北朝南或坐西朝东"的结论呢?事实告诉我们,也不能。据我们调查,绩溪县浒里方氏宗祠、休宁县月潭朱氏宗祠既不是坐北朝南,也不是坐西朝东,两祠俱坐东朝西,与歙县呈坎贞靖罗东舒先生祠的女祠同一朝向。黟县西递明经胡氏宗族的追慕堂、烨公祠虽都坐西(偏北)朝东(偏南),但敬爱堂则坐东(偏南)朝西(偏北),与追慕堂、烨公祠正好相对。歙县杞梓里王氏祠堂、齐武方氏祠堂也都是坐南朝北,与歙县棠樾鲍氏宗族的女祠——清懿堂——属同一朝向。祁门县花城里倪氏宗族的雍睦堂,既不坐北朝南,也不坐西朝东,而是坐东朝西。婺源县游山董氏宗族有宗祠1座,支祠22座。其中坐北朝南的有3座,它们是贞训堂、贞和堂、双节堂;坐西朝东的有3座,它们是永思堂、保和堂、光裕堂。其余17座当中,坐东朝西的2座,它们是崇义堂、志礼公祠;坐南朝北的多达15座,它们是嘉会堂(董氏宗祠,又曰"董氏总祠")、著存堂、荫槐堂、继思堂、树德堂、叙伦堂、听彝堂、庆远堂、种德堂、勤诒堂、叙庆堂、敦义堂、崇德堂、怀德堂、光烈堂。

事实证明,徽州宗族祠堂的朝向有的与男阳女阴、男乾女坤、男尊女卑有关,但绝大多数与男阳女阴、男乾女坤、男尊女卑无关。如果因为男为"阳"、为"乾","尊而处上",所以宗祠、男祠都"坐北朝南或坐西朝东",那么,绩溪县浒里方氏宗祠、休宁县月潭朱氏宗祠、婺源县游山董氏宗族的崇义堂、志礼公祠都坐东朝西,我们怎样解释呢?歙县杞梓里王氏祠堂、齐武方氏祠堂,婺源县游山董氏宗族的嘉会堂、著存堂、荫槐堂、继思堂、树德堂、叙伦堂、听彝堂、庆远堂、种德堂、勤诒堂、叙庆堂、敦义堂、崇德堂、怀德堂、光烈堂,俱坐南朝北,又怎样解释呢?同样,如果因为女为"阴"、为"坤","卑而处下",所以女祠"一色坐南朝北或坐东朝西",那么,休宁县黄村黄氏宗族的女祠、祁门县渚口倪氏宗族的庶母祠,一个坐西朝东,一个坐北朝南,我们又如何解释呢?

我们认为,徽州宗族祠堂(包括宗祠、支祠、男祠、女祠等等)的朝向虽然与中国传统文化不无关系,但是,最重要的是受村落的朝向、布局、环境和祠堂在村落中所处的位置制约。歙县郑村和棠樾村落都坐北朝南,郑村郑氏宗祠和棠樾的敦本堂、世孝祠、文会祠,宣忠堂又都坐落在街北侧,所以这些祠堂都坐北朝南。呈坎村西面是大山,深水由北向南穿村而过,罗氏宗祠(又曰"罗氏家庙""罗氏世祠")、罗氏文献家庙、贞靖罗东舒先生祠地处深水西岸,为了依山傍水,所以三座祠堂都坐西朝东。休宁县月潭村南为天马山,村北是率水,朱氏宗祠坐落在月潭村东部,为了与村落遥相呼应,所以坐东朝西。绩溪县浒里村后——村东——是高插云端的龙须山,村前——村西——为登源河,方氏宗祠坐落在村中心街东侧,为了依山傍水,所以坐东朝西。黟县西递明经胡氏宗族的追慕堂和烨公祠都坐落在村中心街(南北走向)西侧,所以必须坐西(偏北)朝东(偏南),这是不言而喻的。祁门县花城里村东和西均为高山,溪水自南向北穿村而过,倪氏宗族雍睦堂坐落在山溪东岸,为了依山傍水,所以坐东朝西。

这里应该指出,朱熹在《家礼》卷一《通礼·祠堂》中说:"凡屋之制,不问何向背,但以前为南,后为北,左为东,右为西。"如按这种说法,徽州宗族祠堂——包括宗祠、支祠、男祠、女祠等——不论何种朝向,统统是坐北朝南了。

二、享堂寝室和龛室之规

徽州宗族祠堂是从周代宗庙演变和发展而来的,因此,探讨徽州宗族祠堂享堂、寝室和龛室之规,必须从周代宗庙说起。《毛诗》卷十二《小雅·巧言》曰:"奕奕寝庙,君子作之。"《礼记》卷三《月令》记载,仲春之月,"耕者少舍,乃修阖扇,寝庙毕备"。郑玄注曰:"凡庙,前曰庙,后曰寝。"孔颖达疏说:"庙是接神之处,其处尊,故在前;寝,衣冠所藏之处,对庙而卑,故在后。"由此可见,周代宗庙分为庙和寝两部分,庙在前,寝在后。

根据徽州谱牒记载和宗族调查资料,徽州宗族祠堂绝大多数是三进。第一进称"仪门",或曰"大门""门厅""过厅"等;第二进称"享堂",或曰"大堂""正堂""大厅""正厅"等;第三进称"寝室",或曰"寝""室""正寝"等。享堂是进行祭祖活动和举行祭祀礼仪的地方,是从古代的"庙"发展、演变而来的。寝室是供奉祖先神主的地方,是从古代的"寝"发展、演变而来的。歙县《潭渡孝里黄氏族谱》卷六《祠祀·新建享妣专祠记略》记载,女祠"为堂五楹,前有三门,后有寝室与祠门"。由此可见,歙县潭渡黄氏宗族享妣专祠前曰"门",中曰"堂",后称"寝室"。歙县《丰南志》卷八《艺文志(下)·溪南吴氏祠堂记》记载,溪南吴氏祠堂"前堂后寝,缭以周垣,笾豆裳衣,各得其所"。这座祠堂的规制也是前为享堂,后为寝室。名闻中外的歙县呈坎贞靖罗东舒先生祠,是一座规模宏大的典型四进徽派祠堂建筑。前面是棂星门和仪门。据罗应鹤《祖东舒翁祠堂记》记载:"中建'堂',其颜为'彝伦攸叙',出云间董太师手笔。堂上度以筵。堂高四筵,广八筵,深进六筵。"享堂后是寝室。罗应鹤说,嘉靖二十一年(公元1542年),"伐山刊木,得善材数千章,匠人营之,陶人甓之,后寝几成,遇事中辍,因循垂七十年"。万历四十五年(公元1617年)又继续兴建。"寝因前人草创,益之以阁,用藏历代恩纶",因名"宝纶阁"。"中奉翁及祖妣(按:罗东舒夫妇神主——引者),左右按礼分曹,东西为夹室,东崇有功,西报有德,祔祠之主序列焉。"①

---

① (明)罗应鹤:《祖东舒翁祠堂记》碑刻,现置歙县呈坎贞靖罗东舒先生祠。

徽州宗族祠堂龛室之规是怎样的呢？据历史文献记载，宋元时期与明清时期不完全相同。

朱熹在《家礼》卷一《通礼·祠堂》中记载："君子将营宫室，先立祠堂于正寝之东，为四龛以奉先世神主。"注曰："祠堂之内，以近北一架为四龛，内置一卓。大宗及继高祖之小宗，则高祖居西，曾祖次之，祖次之，父次之。继曾祖之小宗，则不敢祭高祖，而虚其西龛一。继祖之小宗，则不敢祭曾祖，而虚其西龛二。继祢之小宗，则不敢祭祖，而虚其西龛三。若大宗世数未满，则亦虚其西龛，如小宗之制。"

朱熹制定的祠堂龛室之规，是宋元时期"家祠"龛室之规，而不是明清时期"宗祠"之龛室之规。这种祠堂建在住宅正寝之东，内有四龛。龛中供奉先世神主有四：高、曾、祖、考，即五服之内的"四亲"。

家祠中的"改题递迁礼"是怎样规定的呢？《家礼》卷四《丧礼·大祥》告迁于祠堂记载："以酒果如朔日之仪。无亲尽之祖，则祝版而云云，使其主祭告讫，改题神主如加赠之仪，递迁而西，虚东一龛，以俟新主。若有亲尽之祖，而其别子也则祝版云云，告毕而迁于墓所，不埋。其支子也，而族人有亲未尽者，则祝版云云，告毕迁于最长之房，使主其祭。其余改题递迁如前。若亲皆已尽，则祝版云云，告毕埋于两阶之间。其余改题递迁如前。"《家礼》卷一《通礼·祠堂》记载："改题递迁礼，见丧礼大祥章。大宗之家始祖亲尽，则藏其主于墓所。而大宗犹主其墓田，以奉其墓祭，岁率宗人一祭之，百世不改。其第二世以下祖亲尽，及小宗之家高祖亲尽，则迁其主而埋之。其墓田则诸位迭掌，而岁率其子孙一祭之，亦百世不改也。"

为什么要将祧主迁往墓所呢？朱熹释曰："天子、诸侯有太庙夹室，祧主藏于其中。今士人家无此，祧主无可置处，不得已只埋于墓所。"① 杨复曰："世次迭迁，昭穆继序，其事至重。《家礼》但以酒果告迁于祠堂，恐礼太轻。当于吉祭前一夕，以荐告还至毕，乃题神主；厥明合祭毕，奉祧主埋于墓所，奉

---

① （宋）朱熹撰：《家礼》，《四库全书》影印本，上海：上海古籍出版社，1987年。

迁主、新主各归于庙。"①

　　据历史文献记载,宋元时期,墓祠盛行。徽州有的宗族即在祖墓建有墓祠。如,婺源凤亭里汪氏墓祠、婺源回岭汪氏墓祠、婺源汪介然墓祠、新安吴氏墓祠、歙县呈坎后罗氏杨干墓祠、潭渡黄氏七里湾墓祠、大瞻茔墓祠、小瞻茔墓祠、绩溪乳溪道院,等等。②朱熹的门生问:"今士庶亦有始基之祖,只祭四代,四代以上则可不祭否?"朱熹曰:"若是始基之祖,想亦只存得墓祭。"③杨复说:"始祖亲尽则藏其主于墓所,然则墓所必有祠堂,以奉墓祭。"④歙县《潭渡孝里黄氏族谱》卷五《祖墓·募重修孝子庐墓所疏》:"祖宗之所以望其子孙者,祠墓而已。为子孙者孝乎,则以祖宗为有知,而于祠墓谨焉;不孝乎,则以祖宗为无知,而于祠墓忽焉。二者甚可畏也。"

　　明代中期,随着明朝政府民间祠堂规制和祭祖制度的改革,徽州宗族掀起建设宗族祠堂的热潮,大批宗祠、支祠拔地而起,出现"厅祠林立"的社会现象。

　　明中期以后,徽州宗族祠堂供奉神主的规制是怎样的呢?歙县桂溪项氏宗祠《供奉神主龛室规》记载:

　　　　寝室之制,龛坐三间,中为正寝,左右为昭穆室,供奉规则,具列于后:

　　　　始祖以下五世考妣,聿开巨族,泽利后人,其神主敬宜供奉正中,永远不迁。

　　　　荣膺封赠神主,文武仕宦神主,甲第科贡神主,仁贤盛德神主,忠孝节义神主,各门门祖神主,爵德兼隆,光前裕后,并宜祔享中龛

---

① (宋)朱熹撰:《家礼》,《四库全书》影印本,上海:上海古籍出版社,1987年。
② 歙县呈坎《传家命脉图·始祖秋隐公墓图》,抄件;(明)黄玄豹纂:歙县《潭渡孝里黄氏族谱》卷五,清雍正九年(公元1731年)家刻本;(清)胡炳衡、胡广植、胡培翚纂:《绩溪金紫胡氏家谱·乳溪道院诗序》,清嘉庆二十四年(公元1819年)刻本。参见常建华:《宗族志·元代墓祠祭祖事例简表》,上海:上海人民出版社,1998年。
③ (宋)朱熹撰:《家礼》,《四库全书》影印本,上海:上海古籍出版社,1987年。
④ (宋)朱熹撰:《家礼》,《四库全书》影印本,上海:上海古籍出版社,1987年。

左右,永远不祧。

输金急公神主,建修祠墓神主,裹粮效力神主,捐辑谱乘神主,凡百金以上有功祠祖者,于昭穆室特为酬功位,供奉祔祭,永远不祧。

各祖考妣神主,捐职考职未邀封典神主,例捐贡监文武庠生神主,并安昭穆室,五世则迁。①

桂溪项氏宗祠的"寝室之制"具有代表性和典型性。《婺源桃溪潘氏族谱》卷十九《祠堂从祀先祖议辩》记载:"寝室中奉始祖神主固也,而各派亲尽所祧之先祖,虽曰难以遍举,然其中有齿德重于一时,学行闻于乡曲,亦有登科第、膺封典、入仕籍者,是皆足以启我后人,既祧于家,无所于祀,独不可循其世次,列居寝室,而为始祖之从祀者乎?"歙县新馆鲍氏宗族支丁鲍存晓在《赴新馆省祠墓记》中记载,其叔鲍鸣岐认为,"旧规配飨一典,仅以捐资者得与,而忠、孝、节、义缺然未讲,非所以励风俗也"。鲍存晓"于是输百余金,新设三龛于楼,升始祖于中龛,以敦贞公一辈、棠集八公一辈祔之,又以忠、孝、节、义各主祔之。其左右两龛,则凡有齿爵及捐配者与焉"②。《新安程氏阖族条规·祠规条目》规定:"中室奉元谭公、灵洗公、文季公及迁虹梁始祖、各分支祖,其登科甲与出贡者,附此室;忠臣、孝子及有大功于合族者,亦附此室;能输百金入祠者,亦附此室。余主照常昭穆序坐。"

祠堂寝室神龛中神主排列规制,其目的是为了明彝伦,序昭穆,正名分,辨尊卑。歙县《程氏东里祠典》记载:"凡进神主,除上世祖考妣立于中龛外,其后世祖考妣及祔位者,人数颇多。今议,男进于左,女进于右,进时以序递迁,毋以昭紊穆,以穆僭昭,不许藉口年向一成不移。观《家礼》,祭时移主就于中堂则递迁,又何伤哉!违者,管年率众厘正。"《重修古歙东门许氏宗谱》

---

① (清)项启锅纂:歙县《桂溪项氏族谱》卷二十二《祠祀》,清嘉庆十六年(公元1811年)刻本。

② (清)鲍存良、鲍诚猷纂:《歙新馆鲍氏著存堂宗谱》卷二,清光绪元年(公元1875年)活字本。

卷八《规约·书宗祠条规后》记载：

> 祠中神主向论龛座，不序昭穆，殊为失次。考宗庙之礼，原所以序昭穆。是子孙入祠坐次，且悉照祖宗昭穆为序，而祖宗坐位昭穆先乱，何以示子孙乎？今议：龛座中列为始祖，并所奉不祧之主坐次；余悉以世次，分左昭右穆，相循而坐，此正名根本，千古不易之论也。

明清时期徽州宗祠神龛中神主的递迁，不仅与周代宗庙主祏递迁有很大不同，而且与宋元时期徽州家祠神主的递迁相比也发生了重大变化。明清时期，徽州宗祠之中供奉的是始祖以下全体祖先的神主，除了始祖神主百世不迁以外，始祖以下五世考妣神主、爵德兼隆神主、有功祠祖神主，也永远不祧。

据我们了解，中国疆域辽阔，全国各地宗祠龛室之规千差万别。但是，明清时期宗祠始祖神主供奉中龛正中，"永远不迁"，全国各地是一样的。

明清时期，徽州宗祠龛室的"五世则迁"是怎样规定的呢？据文献记载和我们调查，明清时期徽州人父母亡故，子孙即为先人立"主"（又曰"神主""栗主""木主""灵位""神位""牌位"等）。最初，供奉于家中厅堂，然后依宗祠规定的"进主日"，送往宗祠，俗称"进主"，或曰"入主""晋主"。大多数宗祠为了统一规格，整齐美观，神主都由宗祠统一制作。亡故人的子孙上报宗祠，统一填写。几乎所有的宗祠都规定，支丁到宗祠入主，必须按规定缴纳"入主钱"。大多数宗祠入主都是一年一次，一般是在冬祭之前一日。根据族规家法规定，除了因特殊原因被剥夺了进入宗祠的权利者以外，宗族所有成员机会均等，其神主都有供奉于宗祠、享受子孙后代祭祀的权利。这是神圣不可侵犯的。

那么，哪些人的神主不准进宗祠呢？绩溪县城西周氏宗祠《祠规》规定：

一、殇亡及室女，均不准进主。

一、派丁男妇有忤逆乱伦及犯奸为匪经官者，并卖妻女与人为妾者，即行革出，生死不许入祠。

一、同姓不宗及义子外姻入继者,生死不许入祠。①

徽州宗族关于不准进入宗祠的神主之规定,大同小异。绩溪城西周氏宗祠《祠规》的有关规定,具有代表性和典型性。歙县《程氏东里祠典》规定:"其进神主,须议应进之人。倘有殇亡,并无子之妾,俱不许祔。若殇虽婚,而其室不终,且无继子者,亦不许祔。……其或伤伦败俗、不齿人类者,则生黜于祠,死不许进主。"

一个宗祠之中供奉众多祖先神主,而且代数很多。少者四五代,多者八九代,甚至更多。怎样实行"五世则迁"的规定呢？据调查,按宗祠的规定,除了"百世不迁"的神主以外,其他祖先神主在宗祠只供奉4代(儿子、孙子、曾孙、玄孙),玄孙死绝即亲尽,至玄孙之子出了"五服",神主即从宗祠龛室中迁走,或埋于墓地,或置于祠堂寝室高阁。

这样,宗祠之中供奉的祖先神主虽然代数很多,但是,就宗族每个玄孙个人来讲,他们的先人全部都是高、曾、祖、考四代设主;对宗祠龛室中普通祖先神主来说,每一个神主都恪守"五世则迁"——或曰亲尽则迁——的规定和原则。朱熹在《家礼》中说:"第二世祖以下亲尽,及小宗之家高祖亲尽,则迁其主而埋之。"明清时期,徽州宗祠龛室之规的"五世则迁"虽与《家礼》有所不同,但基本精神是一致的。

封建礼法非常重视辨嫡庶,正名分。程子曰:"庶母不可祔祠堂,其子当祀私室。"这一规定,被徽州人视为天经地义。

但是,这一教条产生了许多矛盾和问题。众所周知,在封建时代,只要有权、有钱的人,不仅能娶妻,而且能纳妾;只有有权、有钱的人家,才有庶母。这就产生了一个问题,即庶母之子虽有权、有钱,但其生母的神主"不可祔祠堂",只能祀于"私室"。每当烝尝时祭,他们入祠祭祖,顾瞻神龛,其母神主阙如,心理即产生不安,实乃必然。特别是当嫡母无子,由庶母之子"主宗祀"

---

① (清)周之屏、周赞贤纂:《绩溪城西周氏宗谱》卷首《祠规》,清光绪二十四年(公元1898年)敬爱堂活字本。

时,见到神龛中没有生母神主,心理更不平衡,实乃人之常情。

为了解决这个矛盾和问题,徽州有的宗族统治者采取了三条措施,并将其写进族规家法之中:

一、生子取得一定功名,庶母神主可以入祠堂。众所周知,在封建时代,母以子贵,当生子取得一定功名时,如果庶母的神主不能进祠堂,即与朝廷的封赠相悖。《歙新馆鲍氏著存堂宗谱》卷三《祠规序》解释说,庶母神主不准入祠堂,是"重嫡也";因子贵,庶母神主得以进祠堂,"重爵也"。

二、生子经商发财致富,向祠堂捐献或输纳一定"入主费",庶母神主得以进祠堂。歙县新馆鲍氏宗族宗祠——著存堂——祠规规定,庶母神主入主费"任其量力行之"。每主有的输银28两,有的高达500两。①

三、嫡母无子,由庶母之子"主宗祀",庶母神主可以进祠堂。②

虽然庶母神主具备一定条件可以入祠堂,但不能与嫡母神主置于同等地位。休宁《茗洲吴氏家典》卷二记载:"庶母不可入祠堂,若嫡母无子而庶母之子主宗祀,亦当祔嫡母之侧。"据我们调查,祁门县渚口倪氏宗族祠规规定,命官勋臣和富商大贾支丁庶母的神主,只要向祠堂捐输一些田地和银两,缴纳一定的"入主费",都可以进祠堂。但是,这些神主都供奉在神龛下部、边沿牌位座上。

据历史文献记载,徽州名宗右族命官勋臣和富商大贾很多,因此,造成宗族子弟的庶母众多和庶母神主入祠堂者也甚多的现象。③ 休宁县茗洲吴氏宗族认为,这是一种"僭越","终于礼不合"。为了解决这个问题,贯彻既"重嫡"又重政治地位和既"重嫡"又重经济实力的原则,这个宗族在《庶母另列一

---

① (清)鲍存良、鲍诚猷纂:《歙新馆鲍氏著存堂宗谱》卷二,清光绪元年(公元1875年)活字本。

② (清)吴翟纂:休宁《茗洲吴氏家典》卷二《庶母另列一龛议》,清雍正十三年(公元1735年)紫阳书院刻本。

③ (清)吴翟纂:休宁《茗洲吴氏家典》卷二《庶母另列一龛议》,清雍正十三年(公元1735年)紫阳书院刻本。

龛议》中规定：在祠堂寝室中单独"另置一龛，以奉庶母之主"①。这一措施，虽然是将庶母神主置于卑贱者的地位，但是"得以致其情也。一举而公义私情两得之矣"②。

虽然庶母神主具备一定条件可以进祠堂，但是，这类神主在祠堂中供奉的时间很短。徽州世家大族祠堂龛室之规都规定，"爵德兼隆""有功祠祖"者神主"永远不祧"，一般祖先神主"五世则迁"。但是，庶母神主不仅不能享有"爵德兼隆""有功祠祖"者"永远不祧"的殊荣，而且连一般祖先"五世则迁"——即玄孙死绝以后，神主从神龛中迁出——的待遇也不能享有。休宁《茗洲吴氏家典》卷二《庶母另列一龛议》规定：庶母神主供奉祠堂，"终其子之身，即奉主埋墓侧"。也就是说，庶母神主在祠堂里供奉的时间只有一代，当其生子死绝，就得将神主从祠堂内迁出，埋到其墓地。

第四节　徽州宗族祠堂的祭祖活动

徽州宗族普遍建有宗祠、支祠，有的还建有家祠。祠堂是"妥祖先之灵而为飨祀之所"。《新安黄氏大宗谱》卷二《溪西叙伦堂记》记载："今夫家必有庙，庙必有主，禴祀蒸尝，时必有祭。"建造祠堂是为了"妥先灵而隆享祀"。

徽州宗族祠堂祭祖的目的是什么呢？

祠堂祭祖的首要目的是"报本返始，以伸孝思"③。歙县《潭渡孝里黄氏族谱》卷六《潭渡黄氏享妣专祠记》记载："报本之礼，祠祀为大，为之寝庙以安之，立之祏主以依之，陈之笾豆以奉之，佐之钟鼓以飨之。登降拜跪，罔敢不虔；春雨秋霜，无有或怠。一世营之，百世守之，可云报也。"

---

① （清）吴翟纂：休宁《茗洲吴氏家典》卷二《庶母另列一龛议》，清雍正十三年（公元1735年）紫阳书院刻本。
② （清）吴翟纂：休宁《茗洲吴氏家典》卷二《庶母另列一龛议》，清雍正十三年（公元1735年）紫阳书院刻本。
③ （清）许登瀛纂：《重修古歙东门许氏宗谱》卷八《许氏家规》，清乾隆二年（公元1737年）刻本。

祠堂祭祖另一个重要的目的是为了收族、治人,巩固封建统治。休宁《茗洲吴氏家典》卷二《祭田议》记载:"治人之道,莫急于礼;礼有五经,莫重于祭。祭也者,非自外至者也,自中出生于心也,心怵而奉之以礼。是故先王萃合人心,总摄众志,既立之庙,又定之祭。"

祠堂祭祖贵在一个"诚"字。歙县《潭渡孝里黄氏族谱》卷四《家训》记载:"歙为名邑,民多故家,所在设祠宇以祀其先,是可以观尊祖之孝,本心之诚矣。"休宁《茗洲吴氏家典》曰:"祭祀务在孝敬,以尽报本之诚。"歙县东门许氏宗族《许氏家规》记载:"人本乎祖而祭于春秋,所以报本返始,以伸孝思焉。于此不用其诚,恶乎用其诚?"①《新安黄氏大宗谱》卷二《溪西叙伦堂记》记载:"践位行礼,必存其诚,以祖考之精神为一体之精神,以祖考之灵爽为一身之灵爽,体亲亲之谊,思一本之情。"

祠堂祭祖是宗族最隆重的大典,参加祭祖活动的支丁,必须衣冠整肃,庄严肃穆。绩溪县城西周氏宗族《祠规》规定:

一、祭祖重典,理宜虔肃,与祭子孙,俱走旁门,毋许向中门阶直趋而进,亦毋许喧哗。违者罚跪。

一、衣冠不备,不敢以祭。宗子、主祭及分献老人,各宜衣冠齐整。阖族斯文穿公服,整冠带。与祭子孙亦宜各整衣冠,毋得脱帽跣足。违者罚跪。

一、与祭子孙临祭时,俱在堂下,随宗子后,分昭穆跪拜,毋得挽前及拥跻上堂。祭毕散票,亦依尊卑鱼贯而出,不许挽越。违者令头首随时记名,概不给胙。②

歙县潭渡黄氏宗族《祀约》规定:"子孙入祠,列祖在上,岂容亵玩,务须恭

---

① (清)许登瀛纂:《重修古歙东门许氏宗谱》卷八《许氏家规》,清乾隆二年(公元1737年)刻本。

② (清)周之屏、周赞贤纂:《绩溪城西周氏宗谱》卷首《祠规》,清光绪二十四年(公元1898年)敬爱堂活字本。

敬慎重,整肃衣冠,不得嬉笑嫚语。"①棠樾、蜀源、岩寺鲍氏宗族《棠樾西畴书院仪礼》规定:"助祭人员,俱要青衣整肃,冠履鲜明,亵衣素服,不许入祭。"又规定:"当祭,乃祖考陟降之时,各派子孙俱要肃恭致敬,不许喧哗忿争,不许讪言嬉笑。助祭人违者,罚银三分;执事人等违者,罚银五分,送祠公用。"②休宁《茗洲吴氏家典·家规》规定:"祭祀务在孝敬,以尽报本之诚。其或行礼不恭,离席自便,与夫跛倚、欠伸、哕噫、嚏咳,一切失容之事,立司过督之。"《休宁范氏族谱》祠堂祀仪规定:"临祭尤当严谨,不得附耳私语,回头四顾,搔痒伸腰,耸肩呵欠。拜时,必俟声尽方起。拜后,勿遽拂尘抖衣。违者罚。"

宗祠祭祖,一般都是宗子或族长主祭。歙县《程氏东里祠典》记载:"礼以宗子主祭,但宗子不常家居,今的议以管年达礼者主之。"黟县环山余氏宗族《家礼仪节》规定:"宗子主祭,礼之常也。设若宗子年幼,恐弗堪事,则惟祝文书其名,存其位,乃择五十以上、行谊无过、精力强健、礼仪闲习者一人辅之,又令二人分祭。"③休宁《商山吴氏宗法规条》规定:"祭祖日,取元宵、冬至二节,主祭三人。于礼当以宗子主祭,倘宗子幼稚及有过、礼貌不扬者,则以族长主之。虽在族长行列,而童幼不成立,德行有亏及庶孽,皆不可以主祭祀,当以肩次年尊者代之。然祭之任,诚为至重,必须衣冠整肃,致敬尽礼,以对祖宗之灵。当主祭者不宜逊让,不当者宜揣引退,毋得僭乱。"据我们调查,民国时期,歙县棠樾鲍氏宗族、唐模许氏宗族、西溪南吴氏宗族、呈坎前罗氏宗族、呈坎后罗氏宗族;休宁县古林黄氏宗族、月潭朱氏宗族;黟县西递明经胡氏宗族、南屏叶氏宗族;祁门县渚口、伊坑、滩下、花城里倪氏宗族;绩溪县龙川胡氏宗族等,都是族长主祭。

祭祀之前,许多名宗右族都要举行祭祀礼仪预演。《新安程氏阖族条规·祠规条目》规定:"春秋祭期,定于二仲月十五日黎明。先一日,诣祠演

---

① (明)黄玄豹纂:歙县《潭渡孝里黄氏族谱》卷六,清雍正九年(公元1731年)家刻本。
② (清)鲍光纯纂:《重编歙邑棠樾鲍氏三族宗谱》卷一百八十三,清乾隆二十五年(公元1760年)一本堂刻本。
③ (民国)余攀荣、余旭升纂:黟县《环山余氏宗谱》卷一《余氏家规》,民国六年(公元1917年)木活字本。

礼。主祭者是夜斋戒宿坛，同礼生省牲、献毛血。"歙县东门许氏宗族《宗祠祀典条录》记载："祠内春秋致祭，各有定则，礼生四十二人。演礼毕，各受胙肉二斤。"①休宁《商山吴氏宗法规条》规定："举通、引、执事、司樽、纠仪共十四人，于祭前二日，首家议选知礼有衣服者，开名各送一帖，使得办衣演习。"歙县《程氏东里祠典》记载："凡祭，管年者请衣冠之士八人，作礼生行礼。然须先一日同主祭者演习，庶礼节可观。如衣冠之士不足，择达礼者补之。"

祭祀之日，一些名宗右族大都鸣号（或鸣锣，或鸣鼓）三遍，通知支丁，齐集祠堂。过时不到，议罚。歙县棠樾、蜀源、岩寺鲍氏宗族《棠樾西畴书院仪礼》规定："祭之日五鼓，执事依图陈设，聚鼓乐。昧爽，鼓初严，同至祠所；鼓再严，各具服；鼓三严，各供其事。三鼓已毕，助祭后至者，免入班，不许领胙；执事人等后至者，另议罚。"②歙县《程氏东里祠典》记载："祭之时虽质明从事，先鸣锣三次招集，后以大金齐之，金一过则不待也。所谓'质明'者，正明也。逮晏而祭，则虽有肃敬之心，亦倦怠矣。"据我们调查，黟县西递明经胡氏宗族族规家法规定："祭祀祖先，是宗族大事，在家支丁必须参加。祭日，沿街鸣锣三遍，通知支丁。如果第三遍锣响还迟迟不至，族长或房长就要对其训斥。"

徽州有些宗族族规家法规定，祠堂祭祖大典，凡是能参加的成年支丁，必须一律参加。歙县新馆鲍氏宗族《祠规》规定："祠祭日，凡派下子孙在家者，俱要齐集。如无故不到者，罚银三分。六十以上者，不论。管祭者稽查。"③绩溪县上庄明经胡氏宗族《新定祠规二十四条·崇祭祀》规定："凡祭祀，春以春分日举行，冬以冬至日举行……有无故不到及怠慢失仪者，罚。"又规定：

---

① （明）许光勋纂：《重修古歙城东许氏世谱》卷一，明崇祯七年（公元 1634 年）家刻本。
② （清）鲍光纯纂：《重编歙邑棠樾鲍氏三族宗谱》卷一百八十三，清乾隆二十五年（公元 1760 年）一本堂刻本。
③ （清）鲍存良、鲍诚猷纂：《歙新馆鲍氏著存堂宗谱》卷三，清光绪元年（公元 1875 年）活字本。

"凡派下子孙,有不祀其祖考者,革出,毋许入祠。"①歙县《程氏东里祠典》记载:"管年者查,冠者不到,罚银三分;如恃强不出,管年则揭名于堂辱之,祖宗当必阴殛之也。如容隐,法当连坐。查,果有事先出及卧病不能成礼者,免其罚;若六十以上者,不在限内。"一些名宗右族,支丁繁衍,少者以百计,多者以千数。祭祖时,有的享堂天井往往容纳不下众多支丁,这是造成徽州宗族祠堂愈来愈大的重要原因之一。

参加祠堂祭祖活动的支丁都按昭穆世次和年齿排列。歙县《棠樾鲍氏宣忠堂支谱》卷十七《祠祀·值年规例》记载:"陪祭支丁,各依世次为班,不许紊乱。"黟县《环山余氏宗谱》卷一《家礼仪节》记载:"传曰:宗庙之礼,所以序昭穆也。故分有尊卑,主有定位。凡祭日,除正献、陪祭、执事者各有定位外,余皆以昭穆之行分先后,以各行之年齿分左右,不得参越紊次。"休宁《商山吴氏宗法规条》祭仪规定:1.通序立;2.执事者各就位;3.主祭者就位;4.昭一行就位;5.穆一行就位;6.昭二行就位;7.穆二行就位;8.昭三行就位;穆三行就位……

祭祀礼仪进行时,香烟缭绕,钟鼓齐鸣,庄严肃穆。据调查,一些名宗右族行祭开始,大都鸣放鞭炮;同时,击鼓撞钟,以形成庄严、隆重、肃穆的气氛。许多名宗右族都有粗、细乐队两班。粗乐以唢呐为主,此外就是鼓、锣等乐器;细乐以丝竹为主,此外还有笙、箫、管、笛等乐器。乐队大都设在祠堂第一进——仪门两侧。

祠堂祭祖设礼生,有的宗族设十几人,有的宗族设数十人。依据担任的具体职务,分为"通赞"(又曰"鸣赞")"引赞"(又曰"引礼")"司祝""司帛""司樽""司爵""司馔""司盥""司过"(又曰"纠过"、"纠仪")等。通赞类似今天的司仪和主持人,负责全部祭祀程序的指挥,全体与祭人员(包括主祭人)均听其号令。引赞、司祝、司帛、司樽、司爵、司馔、司盥各司其职。司过负责对违礼支丁进行监视和纠举。据我们调查,司馔大都由儿童担任,负责捧送祭品,

---

① (清)胡祥麟、胡祥木纂:绩溪《上川明经胡氏宗谱》下卷,清宣统三年(公元1911年)木活字本。

俗称"进馔儿童"。

徽州宗族祠堂祭祖都遵朱熹《家礼》，行"三献礼"。民国《歙县志》卷一《舆地志·风土》记载："祭礼，俗守文公《家礼》，在昔小异大同。咸(丰)、同(治)以后，踵事增华。'三献'也，而六行之；日不足，继以烛；跛倚临祭，视为固然。未免数则烦，烦则不敬矣。"徽州谱牒记载和宗族调查资料证明，民国《歙县志》这个记载与历史实际基本一致。歙县《泽富王氏家谱·宗规》规定："祠堂之设，所以报本重礼也。……立春、冬至，遵依《家礼》祭祖。"休宁《茗洲吴氏家典·家规》规定："祭礼，并遵文公《家礼》。"绩溪《上川明经胡氏宗谱·新定祠规二十四条》规定："凡祭祀，春以春分日举行，冬以冬至日举行，高、曾、祖、祢用牲，旁亲用庶馐，一切仪节，谨遵朱子《家礼》。"据我们调查，民国时期，歙县棠樾鲍氏宗族、唐模许氏宗族、西溪南吴氏宗族、呈坎前罗氏宗族、呈坎后罗氏宗族；休宁县古林黄氏宗族、月潭朱氏宗族；黟县西递明经胡氏宗族、南屏叶氏宗族；祁门县渚口、伊坑、滩下、花城里倪氏宗族；绩溪县龙川胡氏宗族等，祠堂祭祖都行"三献礼"——初献、亚献、终献。歙县《棠樾鲍氏宣忠堂支谱》《歙新馆鲍氏著存堂宗谱》等历史文献，都载有"三献礼"的过程、动作和仪节。歙县《桂溪项氏祠谱》卷上《祭仪》记载"三献礼"的节目如下：

1. 序立
2. 执事者各司其事
3. 主祭者就位 （引：就位）
4. 陪祭者各就位
5. 盥洗 （引：诣盥洗所 盥手 拭巾 复位）
6. 启椟
7. 降神 （引：诣降神所 跪 三上香 进酒 酹酒 覆卮 进果 献果 俯伏 兴 平身 复位）
8. 参神鞠躬拜兴 拜兴 拜兴 拜兴 平身
9. 奠帛行初献礼 （引：诣酒樽所 司樽者举幂酌酒 诣神位前 跪 进帛 献帛 供上神位前 进爵 献爵 供上神位前

进馔　献馔　供上神位前)

10. 读祝文 (引:俯伏　兴　平身　诣读祝所　跪)

11. 陪祭者皆跪

12. 宣圣谕 (祝宣:孝顺父母,尊敬长上,和睦乡里,教训子孙,各安生理,无作非为。)

13. 俯伏　兴　平身 (引:复位)

14. 鞠躬拜兴　拜兴　平身

15. 行亚献礼 (引:诣酒樽所　司樽者举幂酌酒　诣神位前　跪　进爵　献爵　供上神位前　进馔　献馔　供上神位前　俯伏　兴　平身　复位)

16. 鞠躬拜兴　拜兴　平身

17. 行终献礼 (引:诣酒樽所　司樽者举幂酌酒　诣神位前　跪　进爵　献爵　供上神位前　进馔　献馔　供上神位前　俯伏　兴　平身　复位)

18. 鞠躬拜兴　拜兴　平身

19. 侑食 (引:诣神位前　跪　执事者提壶　进酒　献酒　敬上神位前)

20. 歌曲 (引:俯伏　兴　平身)

21. 上酒　上酒　上酒 (引:复位)

22. 鞠躬拜兴　拜兴　平身

23. 主人以下皆出

24. 阖门

25. 祝噫歆 (祝呼:噫歆！噫歆！噫歆！)

26. 启门

27. 主人以下各复位

28. 献茶 (引:诣神位前　进茶　献茶　供上神位前)

29. 奏乐 (引:俯伏　兴　平身　复位)

30. 鞠躬拜兴　拜兴　平身

31. 饮福受胙　（引：诣饮福位饮福酒）

32. 宣嘏辞　（祝宣：祖考命工祝,承致多福无疆,于汝孝孙,来汝孝孙,俾汝受禄于天,宜稼于田,眉寿永年,勿替引之。拜兴　拜兴　拜兴　拜兴　平身）

33. 主人东立

34. 告利成　（祝：利成）

35. 执事者鞠躬拜　（四拜　引：复兴）

36. 辞神　鞠躬拜兴　拜兴　拜兴　拜兴　平身

37. 奠帛者捧帛、读祝者捧祝,各诣燎所化燎　（引：望燎　复位）

38. 阖棂

39. 彻馔

40. 礼毕

仪节程序由通赞生唱,陪赞生复唱。祝文、圣谕、嘏辞由礼生宣读。徽州宗族祠堂祭祖礼仪,繁文缛节,异常严重,每次祭祀时间长数小时,所以,"日不足,继以烛。跛倚临祭,视为固然"。因体力不支,许多年老体弱支丁大都坚持不下来,或者不能参加。

对不能参加祭祖活动的老年支丁,有的宗族作了特别规定。例如,歙县棠樾、蜀源、岩寺鲍氏宗族《棠樾西畴书院仪礼》规定："年高不能拜伏者,立于西序监礼。"[1]后来,棠樾鲍氏宗族将这条规定改为："年七十老人不能行礼者,准祭后补拜。"[2]休宁《商山吴氏宗法规条》规定："有（年）高力衰不便随班起拜者,先行四拜礼,退立于傍。"

徽州宗族很重视未冠支丁（徽州视年15岁以下为未冠）的宗法教育,许

---

[1]（清）鲍光纯纂：《重编歙邑棠樾鲍氏三族宗谱》卷一百八十三,清乾隆二十五年（公元1760年）一本堂刻本。

[2]（清）鲍琮纂：歙县《棠樾鲍氏宣忠堂支谱》卷十七《祀事·值年规例》,清嘉庆十年（公元1805年）家刻本。

多宗族都对不参加祠堂祭祖活动的未冠支丁作了相应规定。歙县棠樾、蜀源、岩寺鲍氏宗族《棠樾西畴书院仪礼》规定："年幼未冠者,立于西序观礼。"①后来,棠樾鲍氏宗族将这个规定改为："未冠八岁以上,即命与祭,俾自幼习知礼节。"②歙县《潭渡孝里黄氏家训》规定："子弟五岁以上,每谒祖、讲书及忌辰祭祀,务令在旁观看学习,使之见惯。"③

徽州宗族宗祠祭祖的祭品都行"少牢礼"。郑玄曰："羊、豕曰'少牢',诸侯之卿大夫祭宗庙之牲。"④徽州地区俗称"猪羊祭"。此外,还有许多祭盆或祭碗,内盛各种各样的菜肴和水果。根据"凡事死之礼,当厚于奉生者"的准则,许多名宗右族宗祠祭祖的祭品都非常丰厚。歙县《程氏东里祠典》记载,这个宗族宗祠祭祖祭品有帛、和羹、黍、稷、枣、栗、菱、芡、鹿脯、藁(即干鱼)、糗饵、粉糍、韭菹、菁菹、芹菹、笋菹、羊醢、豕醢、鱼醢、鸡醢、五腥(羊肩、豕肩、鹿肩、鸡、鱼)、三馔(鸡一只、鱼一头、腊一枚。原注:"腊即干兔")、祝文、羊一腔、猪一口、玄酒、酒、金银纸马纸钱、烛三斤、大麦饭、新米饭、饭一甑、米羹等。据黟县《南屏叶叙秩堂值年规则(附奎光)》记载,黟县南屏叶氏宗族清明祠祭有祭盆16个,夏祭、中元、冬祭各有祭盆36个。清明祠祭祭盆内祭品有鱼翅、金针、海参、香菇、大爪、粉丝、肚皮、鲜笋、干鸡、红枣、腌鱼、干糕、蹄包、荸荠、肉元、甘蔗等。歙县东门许氏宗族春秋二祭,每次祭祀,"计用豚胙五十余口,约二千余斤,鸡百只,鱼百尾,枣栗时果百斤,蜡烛百斤,焚帛百端,香楮、蔬肴、美醢之类不及悉纪"⑤。

祠堂祭祖毕,即散胙(或曰"颁胙")、散福(或曰"饮福")和合馂(或曰"合食")。所谓散胙、散福和合馂,即是参加祭祖的支丁在祠堂分领祭肉,参加祭

---

① (清)鲍光纯纂:《重编歙邑棠樾鲍氏三族宗谱》卷一百八十三,清乾隆二十五年(公元1760年)一本堂刻本。
② (清)鲍琮纂:歙县《棠樾鲍氏宣忠堂支谱》卷十七《祀事·值年规例》,清嘉庆十年(公元1805年)家刻本。
③ (明)黄玄豹纂:歙县《潭渡孝里黄氏族谱》卷四,清雍正九年(公元1731年)家刻本。
④ (汉)郑玄注,(唐)贾公彦疏:《仪礼注疏·少牢馈食礼》,上海:上海古籍出版社,1990年。
⑤ (明)许光勋纂:《重修古歙城东许氏世谱》卷一,明崇祯七年(公元1634年)家刻本。

祖的部分支丁在祠堂会餐。《新安程氏阖族条规·祠规条目》规定:"散胙以五人共一席,每席八色,每色二格,每格计猪肉十二两,鸡半只,鱼半斤,丑肉十二两,假鳖半斤,猪肚半斤,肉丸半斤,煎付时菜。每人双料酒一乎(壶?)。不许乱席喧哗,违则众共攻之。"《绩溪城西周氏宗谱》卷之首《办祭颁胙例》规定:"散福定例:每祭日午时,宗子与老人及与祭斯文齐集宗祠,依昭穆序坐,四人一席,每席剔骨烂猪肉半斤,烂羊肉半斤(去头尾),煎鱼四两,熟鸡四两,酒包半斤,时菜豆腐一锅,酒八壶。"歙县《程氏东里祠典》记载:"胙乃祖宗之惠也,理宜均受,但族内人数颇多,力诎不能人人遍及。今众议照进神主之位给牌分之。……分受之法,会首须于未时鸣锣招集分之。然恐人择肥脊致争,今以羊豕成熟去骨秤称,掣牌给与。每进神主一位,各给熟羊二两,熟豕八两,羊不足以豕补之。其肉除乐工并承役每人赏豕二两外,余者会首领去,折价归众。如少胙肉,此必会首失于检察矣,须令赔给。其冬祭羹饭,亦照进主给散,每给饭羹各二碗。"又载:"祭品八筵,祭之毕,亦祖宗之余惠也。管年者匀作五席,合馂之。夏秋之时,人多生理,故只请六十以上老者及礼生同馂,余者不与。若春冬之时,外归颇众,使不聚而享之,非睦族之道也。故请冠者以上,俱来合馂,益以五腥成熟享焉。其列坐之法,俱宜礼让相先,毋得昭穆僭紊。其酒每人不过十余行,管年者当会计供给,恐多致乱耳。"

  由于每个宗族经济状况和祠堂收入不同,散胙数量有多有少。但是,几乎徽州所有宗族都遵循这样两个原则:一、优待高龄支丁;二、奖励有功名子弟。绩溪县城西周氏宗族《办祭颁胙例》规定:与祭支丁,15岁至59岁给包胙1对,猪肉半斤;60岁给包胙2对,外散福;70岁给包胙3对,猪羊胙1斤,外散福(不与祭者亦给);80岁者送包胙4对,猪羊胙2斤,外散福;90岁者送包胙5对,猪羊胙共4斤,外散福;百岁老人鼓乐送包胙20对,猪羊胙各8斤,散福楪盒1席。又规定:童生给包胙1对,猪羊胙1斤,外散福;生员与监生给包胙3对,猪羊胙2斤,外散福;例贡生、廪生给包胙4对,猪羊胙3斤,外散福;恩拔副岁贡给包胙5对(出仕者照出身倍给),猪羊胙4斤,外散福;举人给包胙7对,猪羊胙8斤,外散福;进士给包胙14对,猪羊胙16斤,外散福；鼎甲及翰林送包胙 28 对，鼓乐送猪羊胙各 24 斤。出仕州县以上送包胙 12 对，猪羊胙 12 斤，科甲出身者外照本身加胙；出仕府道以上送包胙 24 对，猪羊胙 24 斤，科甲出身者外照本身加胙；三品以上毋论出身，通用鼓乐送猪羊全副（各 1 头）……①

第五节　徽州宗族的女祠

明清时期，徽州地区"厅祠林立""城乡相望"。个别宗族不仅建有宗祠、支祠、家祠，而且还建造女祠。徽州有的宗族为什么要建造女祠呢？有人认为，是为"贞节妇女"而建，女祠是一种"烈女纪念馆"。徽州宗族女祠这一社会现象的出现，是妇女社会地位的提高，还是封建宗法制度的强化呢？是男女平等意识的萌芽，还是封建礼教对妇女压迫和束缚形式的改变呢？学术界对这些问题存在着完全相反的回答。有人认为，"女祠的出现和发展有其社会历史根源，是社会文明进步的必然结果"；"这一历史活化石记载了中国妇女抗争与觉醒的早期珍贵资料。"与此相反，有人则认为，"徽州女祠的建筑不仅不能说明徽州妇女地位的提高，相反它正说明了徽州以忠、孝、节、义为中心的封建伦理观念对妇女的束缚和压迫"的加重，是"封建伦理杀害妇女的见证"。

我们认为，这些问题都需进一步研究。

据文献记载和我们调查，歙县呈坎前罗氏宗族、潭渡黄氏宗族、棠樾鲍氏宗族、休宁黄村黄氏宗族都建有女祠，祁门渚口倪氏宗族还建有庶母祠。歙县《潭渡孝里黄氏族谱》卷六《祠祀·新建享妣专祠记略》记载，清康熙年间（公元 1662—1722 年），潭渡黄氏宗族"庀材鸠工"，建造享妣专祠，"为堂五楹，前有三门，后有寝室与祠门。而四堂之崇三丈五尺，其深二十七丈，其广六丈四尺。前后称是，坚致完好。凡祠之所应有者，亦无不备。阅载而后成，

---

① （清）周之屏、周赞贤纂：《绩溪城西周氏宗谱》卷首，清光绪二十四年（公元 1898 年）敬爱堂活字本。

计白金之费三万两"。嘉庆年间（公元 1796—1820 年），棠樾鲍氏宗族盐商巨子鲍启运之子鲍有莱独资建造"清懿堂"女祠。这座女祠规模之大、营造之精、材料之良、装饰之美，许多方面比鲍氏宗族的敦本堂（俗称'男祠'）有过之而无不及。

徽州有的宗族为什么要建造女祠呢？歙县呈坎前罗氏宗族《罗氏宗谱·宗仪八条》"妥神灵"条，对这个宗族建造女祠的原因和目的作了说明。其文曰：

> 至于女主，当峻其防。盖言不逾阃，祭不受胙，男女素著远别之文。生则异室，主则同堂，幽冥宜有不安之魄。当专立一室，分妥诸灵。登贞烈者于左方，藏封诰者于右室，则祭仪斯尽，教本能敦矣。

由此可见，歙县呈坎前罗氏宗族于贞靖罗东舒先生祠的右方别建一座女祠，为的是男女"生则异室"，死后如果"主则同堂，幽冥宜有不安之魄"，所以"当专立一室，分妥诸灵"。"登贞烈者于左方，藏封诰者于右室"，十分明确地说明女祠不是专为供奉"贞节妇女"而设。

歙县《潭渡孝里黄氏族谱》卷六《祠祀·新建享妣专祠记略》，对黄氏宗族建造女祠的原因和目的，也有非常清楚的论述。其文曰：

> 窃见吾乡设立宗祠，敬祀其先，统之以鼻祖，于报本追远之意可云得矣；然多祀祖，而不及妣。烝尝时祭，子孙入庙，顾瞻座位，母氏之主咸阙如，于私心每有未安者……
>
> 吾乡僻在深山之中，为丈夫者，或游学于他乡，或服贾于远地，尝违其家数年、数十年之久，家之黾勉维持，惟母氏是赖。凡子之一身，由婴及壮，抚养教诲，从师受室，以母而兼父道者多有之，母氏之恩何如其深重耶！正幼恃母慈，长承母训，以有今日。

宗祠之内，只供奉祖考神主，"而不及妣"。大多数宗族子弟"幼恃母慈，长承母训"。烝尝时祭，他们进入宗祠，"顾瞻座位，母氏之主咸阙如"，自然"于私心每有未安者"。"由婴及壮，抚养教诲，从师受室，以母而兼父道者"，在祠堂中应该占有一席之地。为了弥补这一缺憾，黄氏宗族"庀材鸠工"，建造这座规模巨大的黄氏享妣专祠,为女性祖先"妥先灵,隆享祀"。它不是专为供奉"贞节妇女"神主而设,是毫无疑义的。

清嘉庆年间(公元1796—1820年),歙县棠樾鲍氏宗族盐商巨子鲍志道、鲍漱芳父子出巨资重修万四公支祠(又名"敦本堂",俗称"男祠")。此祠只"奉男主",不"祔女主"。大盐商鲍启运(鲍志道胞弟)为了女性祖先之灵有所依所妥,欲建妣祠,未逮而殁。夫人命其子鲍有莱建造清懿堂女祠,专"奉女主",以"隆享祀"。这座女祠不是"烈女祠"。在有关历史文献的记载当中,没有说这座女祠是专为供奉"贞节妇女"神主而设。

能不能说,女祠的兴建是妇女社会地位的提高,男女平等意识的萌芽呢?或者是封建宗法制度的强化,封建礼教对妇女压迫和束缚形式的改变呢?我们认为,不能。因为,徽州只"奉男主",不"祔女主"的宗族祠堂是极个别现象,不具有社会普遍性。

徽州宗族的族规家法大都规定,除了因特殊原因被剥夺了进入祠堂的权利者以外,一般妇女的神主都可以进祠堂。这是祠堂的规制。歙县桂溪项氏宗祠《供奉神主龛室规》记载:"寝室之制,龛座三间,中为正寝,左右为昭穆室。……始祖以下五世考妣,聿开巨族,泽利后人,其神主敬宜供奉正中,永远不迁。……各祖考妣神主……并安昭穆室,五世则迁。"①休宁《茗洲吴氏家典》中有"冬至祭始祖图",左为"始祖考牌位",右为"始祖妣牌位"。又有"立春祭先祖图",左为"先祖考牌位",右为"先祖妣牌位"。绩溪《上川明经胡氏宗谱·新定祠规二十四条》序昭穆条规定:

一、凡高、曾、祖、考,皆以嫡配。其继娶者,无论有子无子,皆配入祠。若嫡无子,而妾有子,其妾亦附入祠。若嫡有子,须倍牌资。若妾无子,暨有子而夭殇者,不准入祠。

一、凡旁亲二室,若伯叔曾祖,若伯叔曾祖母;若伯叔祖,若伯叔

---

① (清)项启钖纂:歙县《桂溪项氏族谱》卷二十二《祠记》,清嘉庆十六年(公元1811年)刻本。

祖母；若伯叔，若伯叔母；若兄弟，若兄弟之妻；若子侄，若子侄之妻，及成人无后者，男统于东，女统于西，以行辈为序，四世而迁。其年十五以下未成人者，不准入祠。

绩溪县城西周氏宗族《祠规》关于不准入祠堂之神主的规定，间接说明这个宗族的祠堂既供奉男祖先神主，也供奉女祖先神主。《祠规》规定：

一、殇亡及室女，均不许进主；
一、派丁男妇有忤逆乱伦及犯奸为匪经官者，并卖妻女与人为妾者，即行革出，生死不许入祠；
一、同姓不宗及义子外姻入继者，均不许入祠。①

这个宗族的《祠规》表明，除了这三条规定以外的男祖先神主和女祖先神主，均可以进入周氏宗族祠堂。

《歙新馆鲍氏著存堂宗谱》卷二《江太孺人传》记载，新馆鲍氏宗族宗祠著存堂也是同时供奉男女祖先的神主。据这个传记载，支丁鲍立昂早殇，未婚妻汪氏年幼誓不改嫁。因父母相逼，自缢殉夫。新馆鲍氏宗族议定：考祠规，未娶而殇者神主不得入宗祠。但是，"今其聘汪氏以贞烈著，女既心为立昂妻，即不得以殇论。为此，合族公议：为立昂、汪氏立嗣，得并入祠配享。盖合族以贞烈为重，不以常格拘者"。

徽州许多宗族族规家法关于庶母神主"不可祔祠堂"的规定，也间接地说明这些宗族的祠堂不但供奉男祖先的神主，同时也供奉女祖先的神主。休宁县茗洲吴氏宗族《茗洲吴氏家典》记载："庶母不可入祠堂，若嫡母无子而庶母之子主宗祀，亦当祔嫡母之侧。"这一规定说明了两点：一、嫡母神主与男祖先的神主一样，共同供奉在祠堂内；二、庶母神主在一定条件之下也可入祠堂，只是要"祔嫡母之侧"。

徽州宗族女祠不是专为"贞节妇女"而建。除了因特殊原因被剥夺了进

---

① （清）周之屏、周赞贤纂：《绩溪城西周氏宗谱》卷首《祠规》，清光绪二十四年（公元1898年）敬爱堂活字本。

入祠堂的权利者以外,一般妇女的神主均能进祠堂,体现了徽州祠堂规制的原则和精神。

据朱熹的《家礼》记载,祠堂内既供奉男祖先神主,也供奉女祖先神主。《家礼》卷一《通礼·祠堂》载:"旁亲之无后者,以其班祔。"其注曰:"伯叔祖父母,祔于高祖;伯叔父母,祔于曾祖;妻若兄弟、若兄弟之妻,祔于祖;子侄祔于父,皆西向,主椟并如正位。"又载:"正至朔望则参。"其注曰:"主人盥、帨、升,启椟,奉诸考神主置于椟前;主妇盥、帨、升,奉诸妣神主置于考东;次出祔主亦如之。"又载:"有事则告。"其注曰:"凡言祝版者……于皇高祖考、皇高祖妣,自称孝元孙;于皇曾祖考、皇曾祖妣,自称孝曾孙;于皇祖考、皇祖妣,自称孝孙;于皇考、皇妣,自称孝子。"同书卷五《祭礼·初祖》载:"降神参神。"其注曰:"主人盥、升,奉脂盘诣堂中炉前,跪告曰:'孝孙某,今以冬至,有事于皇始祖考、皇始祖妣,敢请尊灵,降居神位,恭伸奠献。'"《祭礼·先祖》载:"前一日设位陈器。"其注曰:"设祖考神位于堂中之西,祖妣神位于堂中之东。"《祭礼·忌日》载:"作主。"其注曰:"府君、夫人共为一椟……椟用黑漆,且容一主,夫妇俱入祠堂。"

徽州人对朱熹异常崇拜,将《家礼》奉为经典,"炳如日星"。我们在徽州宗族的谱牒和族规家法之中,经常见到"恪遵《家礼》""须依文公《家礼》""遵行《家礼》""并遵文公《家礼》""遵依《家礼》""悉遵朱子《家礼》""谨遵朱子《家礼》"类似规定。徽州人"遵行《家礼》,率以为常","非敢于《家礼》有所损益也"。① 绝大多数宗族祠堂既供奉男祖先神主,又供奉女祖先神主,是忠实地执行《家礼》的一个具体表现。

既然绝大多数宗族祠堂都是男女祖先共"享祀",那么,极个别不"祔女主"祠堂的宗族兴建女祠,专门供奉女祖先神主的举动,不言而喻就没有多大意义了。它既不表明"社会文明进步"和"妇女抗争与觉醒",也不说明"封建伦理观念对妇女的束缚和压迫"的加重。

---

① (清)吴翟纂:休宁《茗洲吴氏家典》,清雍正十三年(公元 1735 年)紫阳书院刻本。

祁门县渚口倪氏宗族的庶母祠,是徽州地区仅见的独特女祠。

据民国《祁门倪氏族谱》和渚口倪氏贞一堂碑刻记载,宣统二年(公元1910年)元宵第二天,渚口倪氏宗族支祠——贞一堂——"祝融为厉,突兆焚如""柱折梁倾,玉石俱碎""付之一炬",一片焦土,"目之者鲜不谓无复旧观之一日矣"。当"族众惊恐之余,束手无策"之时,族人富商大贾倪尚荣独倡言曰:"此天予我去旧更新之象。吾族虽贫,而子姓繁衍,众志可以成城,出资出力,各尽乃心。仆虽衰年,不得不捐金以为之倡。"他"首捐巨赀,议复重建,合众翕然从之"。族人倪化麟、倪兆熊、倪望漳等,"力任其劳,庀材鸠工,经之营之"。当"两阅寒暑,大局甫成"之时,不幸倪尚荣"作古"。其侧室金、王二氏,"善承夫志","以纺织资,独担任两廊、石池"工程,"竟乃夫未偿之愿","光复旧物,家庙依然"。①

金、王二氏的义举,受到渚口倪氏宗族族众的高度赞扬。现在,倪化麟和倪兆熊撰写的两块颂扬纪念碑,还镶嵌在贞一堂天池左右。其一曰:

> 卓卓女士,一族之光;相夫创业,德显名扬;恩如春露,节比秋霜;能知大义,不惜倾囊;仪型女界,仰彼高冈。涛涛池水,用作甘棠;百兽率舞,气象光昌;兹逢告峻,百世馨香;嶙嶙峭立,汨汨飘飏;女士之风,共此天长。

据今天渚口倪氏宗族老年支丁说,二氏死后,宗族议定:虽然金、王二氏对宗族立了大功,然而,根据"庶母不可祔祠堂"的礼法,其神主仍不能入贞一堂。怎么办呢?二氏慷慨解囊,兴建祠堂,可谓至孝,决不能让她们当野鬼。于是兴建庶母祠,奉祀金、王二氏神主。

但是,民国元年倪望隆撰《清授直奉大夫五品衔例贡生倪公秀亭行状》记载:"我倪氏向无庶母祠,公倡议建筑,遂观厥成。"②根据这个文献记载,早在

---

① (民国)倪望隆:《祁门倪氏族谱·清授直奉大夫五品衔例贡生倪公秀亭行状》,民国十四年(公元1925年)活字本;渚口倪氏贞一堂天池石刻。

② (民国)倪望隆纂:《祁门倪氏族谱》,民国十四年(公元1925年)活字本。

金、王二氏在世时,庶母祠已经建成。倪望隆系清末民初人,当过渚口倪氏宗族族长。他不但耳闻目睹庶母祠的建造过程,而且很可能还亲自参与和主持了庶母祠的建筑工程。我们认为,倪望隆的说法是可靠的,是信史。

倪尚荣(字秀亭)为什么倡议建造庶母祠呢?不言而喻,是为了解决渚口倪氏宗族庶母神主入祠难的问题,使庶母有一个妥"先灵"、行"享祀"的场所。当然,也不能排除有为自己侧室的后事作准备的想法和打算。

在中国历史上,为节妇烈女歌功颂德、树碑立传的事例数不胜数,浩如烟海。这是统治者的"国策"。渚口倪氏宗族对金、王二氏的颂扬和庶母祠的修建,并没有改变庶母的社会地位。

第六节 徽州宗族祠堂对宗族统治的作用

明代中期,商品经济的繁荣和资本主义生产关系萌芽的产生,对徽州宗族产生了重大冲击,这是摆在宗族统治者面前的一个严峻问题。为了巩固宗法制度和宗族群体,徽州宗族统治者必须采取有力措施,加强宗族统治。大兴土木,建造祠堂,就是诸多措施当中一个极为重要的措施。《新安歙西溪南吴氏世谱·续刻溪南吴氏世谱叙》记载:"创建宗祠,上以奉祀祖宗,报本追远;下以联属亲疏,惇叙礼让,其晟典也。"歙县《金山洪氏宗谱》卷二《世祠引》记载:"祠之时义大矣哉!人本乎祖,昉于一人之身,而渐而为千百人之身,而渐而为亿万人之身,求其合族众而咸知尊祖,尊祖而敬宗,敬宗而睦族,非祠曷由臻此。"一言以蔽之,大兴土木,建造祠堂,就是为了尊祖、敬宗、睦族,加强宗族统治。

徽州宗族历史文献记载告诉我们,宗族祠堂的兴建对宗族统治的巩固起了重大作用。

(一)强化了宗法思想和宗族观念

历史上,徽州人的宗法思想和宗族观念特别强烈,这已成为学术界的共识。大兴土木,建造宗族祠堂是这种思想观念加强的重要原因。因为宗族祠堂是宗法思想和宗族观念的主要象征和集中体现。建造宗族祠堂就是为了宣传、贯彻和弘扬宗法思想和宗族观念。按宗祠龛室之规,中龛正中供奉始祖神主,左右供奉始祖以下五代祖先和有功德祖先神主,其他祖先神主供奉左右神龛或左右昭穆室。中龛神主"永世不迁";左右昭穆室神主"五世则迁"。神主这种排列规制增强了族众的祖先崇拜观念,加深了"人本乎祖,昉于一人之身,而渐而为千百人之身,而渐而为亿万人之身"的"木本水源"意识。按祠堂之制和古代传统礼法,寝室神龛中祖先神主,均按左昭右穆世次规制排列,祭祖时陪祭支丁全部按昭穆世次站队排列。祖先神主和祭祖支丁这种排列规制,加深了一切必须依辈分行事的意识。有些名门望族采古代宗法制之遗意,"究始祖自来之嫡长,而立为大宗子,以统通族之众"①。宗子"上奉祖考,下一宗族"②,是祠堂祭祖大典的主祭者。黟县《环山余氏宗谱》卷一《余氏家规》记载:"宗子主祭,礼之常也。设若宗子年幼,恐弗堪事,则惟祝文书其名,存其位,乃择五十以上、行谊无过、精力强健、礼仪闲习者一人辅之,又令二人分祭。"宗子祠堂主祭,增强了族众的嫡长观念,加深了族众的嫡长意识。

(二)缓和了宗族内部矛盾,加强了宗族团结

祠堂是供奉和祭祀祖先的神庙,又是宗族成员集会和集体活动的场所。在祠堂祭祖和祠堂集会中,全体支丁都以祖宗子孙的身份参加活动,以血缘亲属关系结为一体。正如歙县《托山程氏宗祠记》所说,"子孙千亿,其初兄弟也,又其初一人也。犹水之千溪万壑而源同,木之千枝万干而根同"③。这就模糊和冲淡了宗族成员之间的矛盾和对立。特别是为睦族和增进宗族子弟之间的族谊,在祠堂举行的"散胙""散福"和"合食"(又曰"会食""堂食""燕饮之会")活动,使支丁蒙上一层温情脉脉的血缘亲族关系的面纱,富者与贫者,

---

① (清)方怀德、方淇泟纂:歙县《方氏族谱》卷七《家训》,清康熙四十年(公元 1701 年)刻本。

② (清)吴翟纂:休宁《茗洲吴氏家典》,清雍正十三年(公元 1735 年)紫阳书院刻本。

③ (明)程本华、程光弼纂:《古歙长原托山程氏重修家谱》卷二十一,明崇祯九年(公元 1636 年)刻本。

贵者与贱者,恩者与仇者,强者与弱者,剥削者与被剥削者,统治者与被统治者,欢聚一堂,同饮共餐,共同享受祖宗的德泽,对缓和宗族内部矛盾,加强宗族团结,起了很大作用。绩溪《金紫胡氏家谱·亶然堂重订规谱序》记载:"共大宗者,岁一合食;共高祖者,再;共曾祖者,三。凡合食必于宗祠,期在忌日、生辰斋祭之后,俾敦宗睦族,知自厚于人道,而贫富贵贱无自于相耀,夫乃恍然知其本支勃兴有所自来矣。"金紫胡氏宗族子弟胡匡宪说:"吾高祖民畏公生曾祖振铭公一人,而振铭公生吾祖兄弟六人,今之所立亶然堂者振铭公支派,而即明(民)畏公支派也。自清明、腊祭外,尚有忌日、生辰,凡八次虔祭,祭毕合食。盖逾于共高祖者再、共曾祖者三焉。……(支丁)未见彼我相形、优绌相去至于甚悬绝者,以故群聚宴会以及酬酢往来间,逾百年如一日,合一百六十人之心如一人之心。虽其中间有勃豀于一时者,不旋踵而烟消云散,各以藏怒宿怨为羞。由是而思先人购建亶然堂,所以萃涣合离诒孙燕子者,岂不深且远哉!"①程一枝《程典》卷十九《宗法志》第三记载:"岁为燕饮之会,以洽族人,其时以春秋祀日,其物以时祀之余。"《古歙城东许氏世谱》卷七《许氏宗祠重置祭田记》曰:"许之先尝建有宗祠,以奉其先世主,岁时会祀,元旦、腊社会食。故虽亲尽服竭,而敦睦之道赖是不废,以迄于今。"

(三)强化了宗族管理,维护了宗族组织

宗族祠堂兴起后,宗族有了办公场所。每遇宗族有重大建设工程、重大活动和重要事务,以族长为核心的宗族统治者都在祠堂议决。祠堂就是宗族的议事厅。特别是宗族祠堂建立后,宗族支丁全都组织于祠堂之中,不仅宗族活动在祠堂举行,而祠堂本身就成了宗族组织。支丁降生,要在祠堂《支丁名册》上登记;年到十五岁,要在祠堂举行冠礼;婚嫁迎娶,要在祠堂举行婚礼;入泮中式,要在祠堂举行贺礼;逝世归天,要在祠堂举行丧祭和死亡登记,等等。组织在祠堂中的全体支丁,都是同一个始祖的后裔,不仅异姓、螟蛉子绝对不能加入,即使是同姓异宗的人也不能入祠。按宗族族规家法规定,触

---

① (清)胡炳衡、胡广植、胡培翚纂:《绩溪金紫胡氏家谱·亶然堂重订规谱序》,清嘉庆二十四年(公元 1819 年)刻本。

犯族规家法较严重的支丁,多数宗族的惩处是"革出祠堂"。历史上,徽州人视族籍如同生命。革出祠堂,即是革出族籍。革出族籍是人生最大耻辱。宗族统治者按昭穆世次将全体支丁组织于宗法体系之中。当宗族与宗族之间发生矛盾和斗争时,宗族支丁大都能团结一致,共同应对。这从一个侧面,反映了宗族群体和宗族组织的内聚力。徽州宗族认为,"崇本枝,萃涣散,莫大于建祠"①。

(四)巩固了宗族统治和宗族制度

族规家法是宗族统治者统治广大族众、巩固宗族制度的重要工具。宗族祠堂兴起后,祠堂成为族规家法的宣传厅。宗族统治者通过族规家法的宣传,借以巩固宗族统治和宗族制度。宣传族规家法有两种方式:第一,定期在祠堂宣讲。绩溪《华阳邵氏宗谱·新增祠规》记载:"祠规者,所以整齐一族之法也。然徒法不能以自行,宜仿王孟箕《宗约仪节》,每季定期由斯文、族长督率子弟赴祠,择读书少年善讲解者一人,将祠规宣讲一遍,并讲解训俗遗规一二条。"黟县《环山余氏宗谱》卷一《余氏家规》规定:"每岁元旦,拜谒祖考。团拜已毕,男左女右分班,站立已定,击鼓九声,令善言子弟面上正言,朗诵训戒。"第二,缮列粉牌,悬挂祠堂。绩溪《华阳邵氏宗谱·新增祠规》曰:"公议重订祠规,以期通族亲睦,勉为盛世良民,作祖宗之令子。顾立规难,行规尤难,一或有不肖者任意阻挠,以行其私,则祠规破坏,百弊丛生,通族之人莫不并受其害。爰集族众,将祠规公同核定,缮列粉牌,悬挂祠内,俾有遵守,用垂久远。"黄山市徽州区呈坎村贞靖罗东舒先生祠至今还完整保存《新祠八则》粉牌八块②。祠堂就是宗族法庭。休宁范氏宗族《宗规》规定,族众中有犯"奸盗"者,即执至祠堂,"听族长、房长率子弟以家法从事"③。《新安程氏阖族条规》规定:"不孝不悌者,众执于祠,切责之,痛责之。"徽州宗族祠堂内,大

---

① (明)吴元满纂:《新安歙西溪南吴氏世谱·续刻溪南吴氏世谱叙》,明末清初吴启暴抄本。
② 1993年,笔者见到这八块"粉牌"保持原样,存放在贞靖罗东舒先生祠。1994年,笔者又见到这八块"粉牌",已重新油漆一新,但失去文物价值。
③ (明)范涞纂:《休宁范氏族谱》,明万历二十八年(公元1600年)刻本。

都悬挂大竹板,对触犯族规家法的族众,轻者教育、训斥,重者杖责。笞而不改,革出祠堂,或送官惩治。

明朝中期以后,徽州宗族仍然异常繁荣,宗族制度仍然十分典型。赵吉士在《寄园寄所寄》卷十一《故老杂记》中说:"新安各姓,聚族而居,绝无一杂姓搀入者,其风最为近古。出入齿让,姓各有宗祠统之。岁时伏腊,一姓村中,千丁皆集,祭用文公《家礼》,彬彬合度。父老尝谓,新安有数种风俗胜于他邑:千年之冢,不动一抔;千丁之族,未常散处;千载之谱系,丝毫不紊;主仆之严,数十世不改,而宵小不敢肆焉。"

徽州宗族能够长期保持繁荣,徽州宗族制度和宗族统治能够长期巩固,宗族祠堂的建造起了重要作用。

第七节 徽州宗族的祖墓和墓祭

徽州人信仰风水术(又曰堪舆、地形、地理等),由来已久。早在东晋和南朝时期,从中原迁到徽州的世家大族,即精心选择"风水宝地"。唐宋时期,由于风水术书籍的传播、罗盘的发明制作,再加上程朱理学家的大力鼓吹,风水术日益深入人心。徽州宗族子弟认为,"人之魂体居墓,受山川淑气则灵,灵则魂安,安则致子孙昌衍而不替"[①]。选择祖墓,要"土厚、水深、无砂、无蚁,土色以黄为正,坚而不燥、光润而不湿者吉。须使他日不为城郭、沟池、道路,不为贵势所夺、耕犁所及,又须避村落,远井窑"[②]。许多人到处寻觅吉壤,"卜地葬亲,树封坚固,审察地形,虑夫日后不为道路,不为城堞,不为沟渠,耕犁不能及,豪势不能夺,有一于此,则惕然凛惧,别卜区焉。此孝亲之至,永锡

[①] (明)许光勋纂:《重修古歙城东许氏世谱》卷一《戒后侵祖迁坟伐木说》,明崇祯七年(公元 1634 年)家刻本。

[②] (明)王宗本纂:《休宁宣仁王氏族谱》卷十《族谱四礼》,明万历三十八年(公元 1610 年)刻本。

尔类者也"①。他们认为,"大抵万物本乎天,人本乎祖,重坟墓所以重本也,重本义也,忘本不义也。薄于义者,祖先不享,天道不容,天道与之,鬼神不佑;厚于义者,祖先享之,天道与之,鬼神助之"②。罗愿《新安志》记程灵洗为父选"吉兆"的故事,不但具有代表性,而且影响很大。其文曰:

> 黄墩湖,在县西南四十五里,阔二十余丈,长三百步,众水所潴。湖旧有蛟。湖侧居人程灵洗者,好勇善射,夜梦白衣道士告曰:"吾数为吕湖蛟所困,明日当复来,君能见助,当有厚报。"灵洗问:"何以为识?"道士曰:"束白练者我也。"许之。旦日,率里中少年鼓噪于湖上。顷之波涌,大声如雷,有二牛相奔,触其一肩,白者甚困。灵洗射黑牛,中之。俄而阴晦廓然,湖水皆变。明日,有蛟死于吉阳滩下。吕湖由是渐塞,后名其滩曰蛟滩。未几,灵洗偶出,有道人过其母乞食,食已,令母随行,至山上,以白石识地,曰:"葬此可以骤贵。"灵洗还,母语之。因葬其父于此。已而灵洗官仪同,封侯。③

据谱牒记载,歙县潭渡黄氏宗族"好堪舆之术者自德庵公始,故得凌源充(俗名'蜈蚣形')以葬其考大受公,得七里湾以迁葬妣程氏,又自营寿藏于叶干(俗名'道人庵',又名'荷花出水形')。族凡八门,而茂人、财盛、科甲者独四门,则皆公之子孙也。继之者有仲禧公,为亲营窀所,积年不就,即屏弃百务,日夜取杨、曾、廖、赖之书读之,乃得地于县东乡,曰江村湾(即'倒坑交椅形'),虽专门师莫之过。后发甲科二,乡科二"④。双桥郑氏宗族子弟郑赤山继承

---

① (明)黄文明纂:休宁《古林黄氏重修族谱》卷一《修墓通知帖》,明崇祯十六年(公元1643年)刻本。

② (明)王铣纂:婺源《武口王氏统宗世谱》卷首《炎公祖墓经界公据簿序》,明隆庆四年(公元1570年)黄西园刻本。

③ (宋)罗愿纂,赵不悔修:淳熙《新安志》卷三《水源》,清光绪三十三年(公元1907年)刻本。

④ (明)黄玄豹纂:歙县《潭渡孝里黄氏族谱》卷七《艺事》,清雍正九年(公元1731年)家刻本。

祖父郑思穆之志,"跋履山泽,览胜寻源,祖父以上,咸得吉兆以安"①。江村江氏宗族子弟江长遇,"性好学,精究堪舆,卜地营坟,祖、父尽安吉壤"②。

朱熹认为,风水"夺神功,回天命,致力于人力之所不及,莫此为验"③。如果祖墓先茔"择之不精,地之不吉",则"子孙亦有死亡灭绝之忧,甚可畏也"④。因此,"葬必择地,有死者在时已营生圹者,则葬圹中。无生圹,则于死后请堪舆者觅地。如仓卒不得地,则蒉厝于野,谓之厝基,有厝至数代不葬者"⑤。许多人不惜一切代价寻觅风水宝地、龙脉良穴。例如,歙县棠樾鲍氏宗族子弟经商致富,腰缠万贯,富比王侯。人们认为,此系鲍氏祖墓风水龙脉吉祥,泽遗后世的结果。该族里田墓地有"祔葬一穴",因"荫株叠遭崛匪欺鸳盗窃,兼亦各处坟山每有势豪贪占谋葬,缠讼无休",宣忠堂"公订祔葬者输一千两","卖给二房逢仁公支派"⑥。他们认为,此穴吉祥,所以一介之地,价值千金。休宁人赵吉士的父母棺柩虽早在康熙十三年(公元 1674 年)已安葬,但因未得到龙脉吉穴,成为数十年未了的心愿。康熙四十九年(公元 1710 年)岁末,赵氏"访地师于白下"。翌年,"周地师云:地已得矣。风水合局不必言,合抱大木罗列于前,亦不知多少"。赵吉士在《寄园寄所寄》卷十一《故老杂记》记载:"因不惜重价成事。阖郡堪舆家二十余人,纷纷点穴不定,予(指赵吉士——引者)用称土法,择土之重者用事,及开金井,土如紫粉,光润异常,登山者咸贺得地。"更有甚者,为寻觅龙脉良穴,亲自研究堪舆风水之学。如,绩溪县仁里明经胡氏宗族子弟胡颜庵,"念先人浮厝未葬,遂潜心堪舆之学,昼夜研究,靡问寒暑。平生奔走江湖,稍获微资,即归里安顿先人,建造坟

---

① 歙县《双桥郑氏墓地图志·明处士郑赤山君克深墓志铭》。
② (清)江登云纂:歙县《橙阳散志》卷三《人物志·隐德》,清嘉庆十二年(公元 1807 年)刻本。
③ (清)赵吉士撰:《寄园寄所寄》卷七《獭祭寄·人事》,清康熙刻本。
④ 转引叶显恩《明清徽州农村社会与佃仆制》,合肥:安徽人民出版社,1983 年,第 216 页。
⑤ (民国)王集成纂:《绩溪庙子山王氏谱》卷九《宅里略》二《风俗·丧葬》,民国二十四年(公元 1935 年)铅印本。
⑥ (清)鲍琮纂:歙县《棠樾鲍氏宣忠堂支谱》卷十七《祀事·祔葬银两公置祀产敬设冬祭缘由》,嘉庆十年(公元 1805 年)家刻本。

茔,筑就完固。若必欲如是,而心始快"①。徽州殡葬先人,"既择年、月、日、时,又择山水形势,以为子孙贫富、贵贱、贤愚、寿夭,尽系于此。而为求多不同,争论纷纷,无时可决"②。因此,"亲殁不即营宅兆。富者为屋以殡;贫者仅覆茅茨,至暴露不忍见者。由俗溺阴阳,择地择日拘忌,以故至屡世不能复土举葬"③。程一枝在《程典》卷二十《风俗志》中评曰:"死丧多拘阴阳,不即营宅兆。富者为屋槀葬;贫者类亦如之。至屡世不能复土,是其为敝,通诸郡邑矣。"

徽州宗族非常重视祖墓的保护,将保护祖墓视为保护命根子。风水家认为,龙脉吉地,"本自天成";如果"龙穴沙水一处受伤,则体破气散,焉能发福?"所以,许多宗族的族规家法都有"护龙脉"的规定,即所谓"辅相正需人力"。绩溪县龙井明经胡氏宗族《祠规》护龙脉条规定:"堪舆家示人堆砌种树之法,皆所以保全生气也。吾族阴阳二基,宜共遵此法,尤必严禁损害。倘有贪利忮刻之徒,或掘挖泥土,或砍斫薪木,不分己地人地,罚银一两入祠,仍令其禁止安宅。首报者赏银二钱。知情故隐者,罚银三钱,以护龙脉也。"④黟县环山余氏宗族《余氏家规》省茔墓条规定:

一、各处坟茔系祖宗藏魄之所,除清明祭扫外,各宜不时展视,无令外人斫毁木枝及放畜践踏,以致荒秽。族中子弟并家下奴仆有犯此禁,即时获送家长(即族长——引者),重加罚责,以警其余。隐匿不言者,一体重罚。惟八都坟茔隔家稍远,除清明外,正九、二月十五以理掌事十人特往看谒,清理树木,界限有众侵害,叮咛地佃谨

---

① (清)王吉人等纂:婺源《仁里明经胡氏支谱》卷首《颜庵公传》,清同治八年(公元1869年)惇叙堂木活字本。

② (清)吴翟纂:休宁《茗洲吴氏家典》卷五,清雍正十三年(公元1735年)紫阳书院刻本。

③ (清)赵吉士撰,丁廷楗、卢询修:康熙《徽州府志》卷二《舆地志·风俗》,清康熙三十八年(公元1699年)刻本。

④ (民国)胡宝铎、胡宜铎纂:绩溪《宅坦明经胡氏龙井派宗谱》卷首《明经胡氏龙井派祠规》,民国十年(公元1921年)木刻本。

守无失,并收各处租苗。如或失期及急不往者,议罚。

一、凡各处坟茔,宗族有往殡葬者,务要禀命家长(即族长——引者),会同族众往视。须无碍昭穆、斩夺龙脉及妨害各家者,方许。如有恃强要结偷殡盗葬者,定行举伐,仍重罚,以警其余。①

徽州的名门右族为了保护祖墓,防止被人破坏,皆有墓田,置人看守。②这些守墓者都是宗族的庄仆。

徽州宗族十分重视墓祭。《歙风俗礼教考》记载:"祭礼,尽遵文公《家礼》,各乡小异大同。家祠祭先,则以春秋二仲,有举于至日者,则僭矣。墓祭最重,曰挂钱,亦曰挂纸,举于清明,标识增封也。族祖则合族祭之,支祖则本支祭之,下及单丁小户,罔有不上墓者。故自汉、晋、唐、宋迄今,诸大族世代绵长,而祖墓历历咸在,无或迷失,执此故也。十月间,有上坟之祀,曰送寒衣,亦感霜露之意。"③

徽州宗族称清明墓祭为"标祀"(又曰"标挂""挂纸""挂钱""标钱")。

宋元以来,徽州宗族大都将春祭(祠祭)与清明墓祭结合在一起举行,即在同一个时间之内,先在祠堂祭祀,而后再赴祖墓祭祀。程昌、程钫《窦山公家议》卷二《墓茔议》记载:"自尚书(指程仲繁——引者)胡夫人以下十墓,清明合祭宗祠,各捧纸钱分往各墓摽挂。自汝霖公以下十一墓,清明合祭宗祠后,五房轮备祭品,往各墓所致奠摽钱。窦山公以上三墓,以下三墓,俱于清明合祭宗祠,数日后,五房轮备祭品致奠各墓摽钱,长幼毕集百花园墓祠散胙,即日每房各一人至章溪刘孺人墓致奠摽钱,不至者罚银五分。前项奠仪,俱有祭谷,有定式。"这里说得一清二楚:春仲祠祭与清明墓祭都是同时举行。所以,我们在徽州进行宗族调查,当问及徽州宗族有哪些重要的祭祖活动时,一些老人都知有"春秋二祭"、冬祭(又曰"腊祭")和清明墓祭,而说不清春祭

---

① (民国)余攀荣、余旭升纂:黟县《环山余氏宗谱》卷一,民国六年(公元1917年)木活字本。
② 参见(明)范涞纂:《休宁范氏族谱·谱茔》,明万历二十八年(公元1600年)刻本。
③ (民国)许承尧撰:《歙事闲谭》第十八册,稿本。

是在什么时候举行。许多人只知道清明墓祭,而不知道春祭。据我们调查,歙县棠樾鲍氏宗族、呈坎前罗氏宗族、呈坎后罗氏宗族、休宁月潭朱氏宗族、祁门渚口、伊坑、滩下、花城里倪氏宗族、黟县西递明经胡氏宗族、南屏叶氏宗族、绩溪龙川胡氏宗族、婺源游山董氏宗族,都是将春仲祠祭(春祭)与清明墓祭在同一时间内举行,即先在祠堂祭祀,再赴祖墓标祀。

据历史文献记载和宗族调查资料,徽州世家大族清明墓祭都极为隆重。参加祭祀的队伍,大都车水马龙,浩浩荡荡。徽州黄氏始祖墓地处歙县黄墩。明万历二十年(公元1592年)三月初五日,徽州黄氏"各派齐至黄墩,肇举祀典。于时缙绅、文学五十余人,仆从车舆骈阗一市。祭奠礼仪森备,炫煌睹听,观者云集"①。据歙县《潭渡孝里黄氏族谱》卷五《祖墓》记载,万历二十二年(公元1594年)墓祭时,缙绅、文学们共同议定:"每年二月二十日,风雨不移,合族十六派共支下四十名齐至黄墩,各具本等衣冠行祭。"墓祭祭品定式为:

> 猪一口,羊一腔,糖献五色,饼锭五色,粘果五色,罩果五色(花套全),鲜献五色,煎炸五色,酒肴四桌,三馔四桌,随食四桌,饼锭四桌,果子四桌,面饼四桌,小糖狮四桌,插花三十支,衣冠六身(男四、女二),绢帛六副,香烛七对,金银纸钱,祀后土三牲一副,酒米三斗,饭米三斗,柴油盐酱醋菜。②

黟县南屏叶氏宗族的祖墓坐落在陈间山、月塘和下衙前园三处。这个宗族清明祭祖仪式最为隆重。南屏村属五都管辖,当地有个谚语:"五都清明,九都社。"意为:五都清明祭祖,九都社日祭社非常隆重。南屏叶氏宗族清明标祀分三天进行,每处一天。

祭品有全猪、全羊,俗称"猪羊祭"。郑玄说:"羊、豕曰'少牢',诸侯之卿

---

① (明)黄玄豹纂:歙县《潭渡孝里黄氏族谱》卷五《祖墓》,清雍正九年(公元1731年)家刻本。

② (明)黄玄豹纂:歙县《潭渡孝里黄氏族谱》卷五《祖墓》,清雍正九年(公元1731年)家刻本。

大夫祭宗庙之牲。"①此外，还有数十个祭盆。祭盆内祭品有燕窝、海粉、青螺、大乌、紫菜、金针、大爪、软糕、山药、大蛭、肉圆、雪梨、鱼翅、猪肌、青果、鲜蹄、冬菇、山楂、塘鱼、醉蟹、鲜笋、鲜鸡、猪肚、荸荠。②

祭品制作色彩绚丽，造型优美。有鲤鱼跳龙门、玉兔望月、梅开五福、海参石笋、宰相冠、老寿星、罗汉、寿桃、花瓶、花卉等等。

陈间山墓、月塘墓标祀祭物有：

栗色男纸衣3通，女纸衣2通，盔靴鞋巾女妆全；间山长钱1根，月塘白钱9根，二处飞钱12根；祭桌、屏桌、猪架、羊架、执事全；表礼2副，方帛4副；后土文、祝文共4篇；足四两烛2对（两祭），堂灯子烛2对；一千鞭炮7串，一百鞭炮2串；锭7副（列祖5，后土2），料香4筒，双响6个；烛台1副，香炉香匙全；饭3银盂，汤3银盂，杯盘3副，牙筷3双；安息香26枝，铜护书10张；馔盘6面（包亥），馔碗3个（内鸡、鱼、肉），礼壶1把（并酒），茶壶1把（并茶），爵杯3个，藤盘4面，铜盆面巾盆架全；桌围5个，椅帔3个，跪垫3个，木椅3把，食箱1扛，散丢小花包3斤，赏封钱各200文；间山古樔素菜盒，花饼2盒（装6斤，后土用），拜后土、古樔三牲1盒（并香烛、酒饭、各杂物共装1担）；凤凰坞4盒1担（内香锭、爆竹、香烛、火柴、纸钱及物均全）；青袋4只（装2担用），昨筹轿筹。③

下衙前园墓标祀祭物有：

栗8团，女衣1通，凤冠等件全；长钱、表礼、方帛，祭桌、屏桌、猪羊全；祝文、后土文，虚四两烛2对，一千鞭炮，一百鞭炮，料香双筒；锭2副（二世妣1，祀后土1），香炉、香匙、烛台；毡条1床（芹三公祭桌用），大香炉1个（芹三公祭桌用）；饭3银盂，汤3银盂，杯盘3副，牙筷3双；安息香14枝；礼壶茶壶，馔盘馔碗，爵杯藤盘；铜盆面巾盆架全；桌围椅帔跪垫，三牲盒花饼盒；赏封钱

---

① （汉）郑玄注，（唐）贾公彦疏：《仪礼注疏·少牢馈食礼》，上海：上海古籍出版社，1990年。
② （民国）黟县《南屏叶叙秩堂值年规则（附奎光）》，民国十五年（公元1926年）铅印本。
③ （民国）黟县《南屏叶叙秩堂值年规则（附奎光）》，民国十五年（公元1926年）铅印本。

200文,胙钱5,200文。①

清明祭祖前三日,值年"具帖祠前通知",让族众周知祭祀日期。同时,"亲带一粗工至陈闾山、凤凰坞、月塘三处,打草皮加堆,插竹枝挂钱,割墓前杂草,事毕,给钱六百文"。②祭日,值年沿街鸣锣三次,通知族众在宗祠——叙秩堂——门前广场集合。

标祀队伍排列次序是:响号2枝、堂灯2枝、金鼓2面、旗4面、铳2个、牌2面、伞1把、粗乐4名、屏桌1张、纸衣和表礼2桌、猪1架、羊1架、细乐4名、祭盆2桌、食箱1扛、4盒2担、挑椅3把、礼衣2担;后面是鸣赞、引赞、礼生、进馔儿童、族长、乡绅、文学、支丁、观礼妇女和儿童。③

参加标祀的子弟,必须俱着礼服——礼帽马褂。观礼妇女和儿童俱着盛装。富商大贾和官宦人家的妇女和儿童,个个衣冠楚楚,花枝招展;珠宝首饰,闪闪发光。

南屏叶氏宗族规定,年届花甲老年支丁参加标祀祭祖活动,宗族"给寿轿一顶"。但是,"不坐决无钱折;礼帽马褂未齐全,其轿等仍不准发兑"。④这个规定,一方面是表示尊祖敬宗,另一方面是表示财大气粗。

南屏叶氏宗族标祀礼仪还规定,为了向祖先和观众显示人丁兴旺,当年内新添丁人家,都要杀一只母鸡祭祖。祭鸡分别供在本房的祭桌之上。这个宗族共分六大房,哪房祭桌上有几只祭鸡,即表明哪房本年添了几个丁。⑤

标祀之日,许多小商小贩都麇集叶氏宗族祖坟附近做生意。有卖小吃的,有卖副食品的,有卖小玩具的……热闹非凡。南屏叶氏宗族清明祭祖礼仪,不仅是一次"展亲大礼",而且成为一个盛大节日。⑥

---

① (民国)黟县《南屏叶叙秩堂值年规则(附奎光)》,民国十五年(公元1926年)铅印本。
② (民国)黟县《南屏叶叙秩堂值年规则(附奎光)》,民国十五年(公元1926年)铅印本。
③ (民国)黟县《南屏叶叙秩堂值年规则(附奎光)》,民国十五年(公元1926年)铅印本;赵华富:《黟县南屏叶氏宗族调查研究报告》,载《徽州社会科学》,1994年第2期。
④ (民国)黟县《南屏叶叙秩堂值年规则(附奎光)》,民国十五年(公元1926年)铅印本。
⑤ 赵华富:《黟县南屏叶氏宗族调查研究报告》,载《徽州社会科学》,1994年第2期。
⑥ 赵华富:《黟县南屏叶氏宗族调查研究报告》,载《徽州社会科学》,1994年第2期。

标祀毕,颁发"胙筹"。陈间山和月塘,"每处发成丁饼筹二根,幼丁饼筹一根,其未成丁而入文会者,亦发筹二根。六十岁另加一根,七十岁再加一根,八十、九十又递加一根,百岁族□议加。守制在七七内、天花在四旬内、及婴儿未沐浴者,筹亦照颁"。"向章筹钱三十二文,后改为三十文。民国十三年,因钱价大贱,每筹议发钱六十文"。下衙前园筹钱,"发成丁念文,幼丁十文,其未成丁而入文会者,亦发钱念文。余与上同。但因□近,不加寿胙"①。支丁持胙筹,回到村中祠堂领现金。据调查,抗日战争前夕,因兵荒马乱,祠堂收入减少,每个胙筹改为铜钱二十枚。有些支丁在墓地用胙筹购买副食品、小玩具、小吃、日用品……小商贩持胙筹可以到叶氏宗族祠堂兑换现金。②

清明标祀,许多外迁"子族"和侨居外地的支丁也回祖籍和故乡参加祭祖活动。《新安黄氏大宗谱》卷二《左田一本堂记》记载,唐末黄仪卜居祁门左田,"黄氏之千枝万派无不自左田分焉"。每年清明节,黄氏"远近子姓咸集,宗长主之,稽派登名,厘正辨伪,乃躅洁质明,群济衣冠于柏林下,祭扫始祖焉。祭毕,聚族堂中,行燕毛礼,彬彬乎礼乐可观,洋洋乎笑语卒获,诚盛典也"。朱熹生于福建尤溪,祖籍徽州婺源。据王懋竑《朱子年谱》记载,朱熹一生返归故里二次,都是参加婺源茶院朱氏宗族的清明祭祖典礼。第一次是绍兴二十年(公元1150年)春,"如婺源展墓"。史载,朱松(朱熹之父)去闽,"质其先业百亩以为资。同乡张公敦颐教授于剑,请为赎之。计十年之入,可以当其值"。绍兴十三年(公元1143年),朱松逝世,张敦颐"以书慰文公于丧次,而归田焉"。朱熹这次"省墓于婺源,以其租入充省扫祭祀之用"。③ 第二次是淳熙三年(公元1176年)春三月,如婺源展墓。十二日,朱熹抵达婺源,"更一两日遍走山间坟墓","以远祖制置府君兆域岁久弗修,为他人所有,乃言于有司而复其旧,伐石崇土,加修葺焉"。④ 歙县里村江氏宗族子弟江以

---

① (民国)黟县《南屏叶叙秩堂值年规则(附奎光)》,民国十五年(公元1926年)铅印本。
② 赵华富:《黟县南屏叶氏宗族调查研究报告》,载《徽州社会科学》,1994年第2期。
③ (清)王懋竑撰:《朱子年谱》卷一上,《万有文库》本,上海:商务印书馆,1929—1937年。
④ (清)王懋竑撰:《朱子年谱》卷二上,《万有文库》本,上海:商务印书馆,1929—1937年。

宥,"居无为州南圩头。性诚朴,笃志根本,年七十外,犹率领宗支,时归故里,展谒先墓,不惮千里跋涉,孝思真挚,近俗所不多觏"①。江永俅,"居扬(州)数世,不惮千里,遄归故乡,展谒先墓。奉三世栗主入祀支祠,作《还乡日记》,以遗子孙,人共称焉"②。祁门善和程氏宗族子弟程文延在《祁门善和仁山门支修宗谱》序中说:"延总角时,即闻诸先大父之言曰:'吾家故徽产也,祖居于歙之岑泾,乾隆中迁肥,及尔仅八世耳。上代坟墓皆在歙,岁时祭祀,吾少壮时常至焉。"据我们调查,休宁月潭朱氏始迁祖朱兴的先祖是婺源阙里朱氏,每年清明佳节,月潭朱氏宗族都有代表前往婺源,参加阙里朱氏宗族的标祀礼仪,并派佃仆2人担着祭品一同前往。③ 黟县西递明经胡氏始迁祖胡士良原籍婺源考川,清明时节,西递明经胡氏宗族都派代表前往婺源,参加考川明经胡氏宗族的祖墓标祀,并有4名佃仆抬着祭品同往。④ 绩溪龙川胡氏宗族有一支分迁浙江省昌化岛石坞,年年清明节,昌化岛石坞胡氏子弟都到绩溪坑口,参加龙川胡氏宗族的祭祖活动。⑤

徽州有些富有的名宗右族还设立住所,专门用来接待远道返归故里参加清明标祀的外迁族人,免费提供住宿,并设宴款待。

第八节 徽州宗族祭祖的种类

徽州宗族祭祖的种类很多,有春祭、中元、秋祭、冬祭、烧年、祖先诞辰、祖先忌日等。从祭祀时令来看,主要有春祭、秋祭和冬祭;从祭祀场所来分,有

---

① (清)江登云纂:歙县《橙阳散志》卷三《人物志·隐德》,清嘉庆十二年(公元1807年)刻本。

② (清)江登云纂:歙县《橙阳散志》卷三《人物志·孝友》,清嘉庆十二年(公元1807年)刻本。

③ 赵华富:《休宁月潭朱氏宗族调查研究报告》,见《徽学》第三卷,合肥:安徽大学出版社,2004年。

④ 赵华富:《黟县西递明经胡氏宗族调查笔记》,未刊。

⑤ 赵华富:《名臣辈出的徽州世家大族——绩溪龙川胡氏宗族调查研究报告》"祠堂建设与祭祖典礼",见《谱牒学论丛》第三辑,太原:三晋出版社,2008年。

祠祭、墓祭和家祭。

民国《歙县志》卷一《舆地志·风土》记载："祭先以春秋二仲,亦有祭于至日者。"《歙风俗礼教考》曰："祭礼尽遵文公《家礼》,各乡小异大同。家祠祭先,则以春秋二仲,有举于至日者,则僭矣。"①朱熹在《家礼》中说："某家旧时时祭外,有冬至、立春、季秋三祭,后以冬至、立春二祭似僭,觉得不安,遂已之,季秋依旧祭祢。"又曰："始祖之祭似禘(冬至),先祖之祭以祫(立春)。"歙县《程氏东里祠典》规定："祭不欲疏,疏则怠,怠则忘;亦不欲数,数则烦,烦则不敬。故今议有四祭,春、夏、秋、冬是已。四祭俱取孟月举之,从季首也。"但是,徽州谱牒记载,绝大多数宗族都是实行"春秋二祭"和冬祭。例如,《新安程氏阖族条规》规定："春秋祭期,定于二仲月十五日黎明。"歙县城东许氏宗族《许氏家规》"春秋祭祀"条记载："人本乎祖,而祭于春秋,所以报本返始以伸孝思焉。"②婺源武口王氏宗族《宗规》规定："立春、冬至,遵依《家礼》祭祖,不可失。"③歙县棠樾鲍氏宗族《祀事·值年规例》规定,除了春秋二祭、中元、烧年以外,"冬祭订以冬至日举行,司祀先期付银交管年者,定买猪羊,置办祭品"④。绩溪县龙井明经胡氏宗族《明经胡氏龙井派祠规》"脩祭事"条规定："凡春分、冬至二祭,前期三日,祠首共入祠肃办祭事,值事仆二人洒扫祠宇,拭几席,涤祭器。"⑤休宁《茗洲吴氏家典》卷一《家规》规定："冬至专祭始迁祖荣七公考妣,不别奉配,以隆特享。……立春之祭,其正享、配享皆效仿《郑氏家规》,审慎斟酌而后定。"据我们调查,民国时期徽州绝大多数宗族主要祭祖活动只有两次,即春祭和冬祭。宣统二年(公元1910年)修的绩溪《华阳邵氏宗谱》卷十八《家规》"祀典"条记载："祭不欲数,数则烦,烦则不敬。祭不欲疏,疏则怠,怠则忘先世。……吾宗元旦拜天而拜祖,清明祭墓,中元祭于宗

---

① (民国)许承尧撰:《歙事闲谭》第十八册,稿本。
② (明)许光勋纂:《重修古歙城东许氏世谱》卷七,明崇祯七年(公元1634年)家刻本。
③ (明)王铣纂:婺源《武口王氏统宗世谱》,明隆庆四年(公元1570年)黄西园刻本。
④ (清)鲍琮纂:歙县《棠樾鲍氏宣忠堂支谱》卷十七,清嘉庆十年(公元1805年)家刻本。
⑤ (民国)胡宝铎、胡宜铎纂:绩溪《宅坦明经胡氏龙井派宗谱》卷首,民国十年(公元1921年)木刻本。

室,复设馈祭王舅公于前堂,相传旧矣。至于冬至祭先,乃古今之通义也。此礼若缺,孝子慈孙之心安乎?"宣统三年(公元1911年)修的绩溪《上川明经胡氏宗谱》下卷中《新定祠规二十四条》"崇祭祀"条规定:"凡祭祀,春以春分日举行,冬以冬至日举行,高、曾、祖、祢用牲,旁亲用庶馐,一切仪节,谨遵朱子《家礼》。"由此可见,清朝末期这些宗族都以春祭和冬祭作为主要祭祖礼仪了。

徽州宗族祭祖,无论春祭、中元、秋祭、冬祭、烧年,还是祖先诞辰、祖先忌日,都在祠堂举行,所以,这些祭祀又都称为"祠祭"。赵吉士在《寄园寄所寄》卷十一《泛叶寄故老杂记》中记载:"新安各姓,聚族而居,绝无一杂姓搀入者。其风最为近古。出入齿让,姓各有宗祠统之。岁时伏腊,千丁皆集,祭用文公《家礼》,彬彬合度。"《新安黄氏大宗谱》卷二《溪西叙伦堂记》记载:"今夫家必有庙,庙必有主,湮祀蒸尝,时必有祭。"歙县潭渡黄氏宗族《潭渡黄氏享妣专祠记略》说:"报本之礼,祠祀为大,为之寝庙以安之立之,祐主以依之陈之,笾豆以奉之佐之,钟鼓以飨之;登降拜跪,罔敢不虔;春雨秋霜,无有或怠;一世营之,百世守之,可云报矣。"①绩溪县华阳邵氏宗族《家规》"宗祠"条载:"《家礼》云:君子将营宫室,宗庙为先。盖宗祠之建,所以妥先灵而萃族涣。……若不建不修,则冠、婚、丧、祭之礼无自而行,同派连枝之属无地以会。"②歙县城东许氏宗族《许氏家规》曰:"宗祠之建,本为妥先灵而奉祭祀,因以合族也。"③歙县《泽富王氏宗谱·宗规》说:"祠堂之设,所以报本重礼也。每岁正旦,集少长以叙团拜之礼。立春、冬至,遵依《家礼》祭祖,永不可失。"

清明节,徽州宗族都在祖先墓地举行祭祀,是为墓祭(俗称"标祀""标挂""挂钱""挂纸""增封"等)。《歙风俗礼教考》记载:"墓祭最重,曰挂钱,亦曰挂纸,举于清明,标识增封也。族祖则合族祭之,支祖则本支祭之,下及单丁小户,罔有不上墓者。故自汉、晋、唐、宋迄今,诸大族世代绵长,而祖墓历历咸

---

① (明)黄玄豹纂:歙县《潭渡孝里黄氏族谱》卷六《祠祀》,清雍正九年(公元1731年)家刻本。

② (清)邵玉琳、邵彦彬纂:绩溪《华阳邵氏宗谱》卷十八,清宣统二年(公元1910年)木活字本。

③ (明)许光勋纂:《重修古歙城东许氏世谱》卷七,明崇祯七年(公元1634年)家刻本。

在,无或迷失,执此故也。"①歙县东门许氏宗族《许氏家规》记载:"古之墓祭非礼也,后世举而不废者,祖宗体魄所在,欲子孙识其处,盖以所系之重也。"②婺源《武口王氏统宗世谱·宗规》曰:"茔田之置,崇墓祭也。在各枝子孙轮流岁收其租,每届清明节五日内,务备祭物,举各房长少,遍历先垅拜扫致奠。"与许氏宗族看法不同,《歙西岩镇程氏宗族·族约篇》认为:"墓祭,古礼也。观孟子墦间之祭,可见也。本族每届□□,□族老少悉诣朱吴村始祖茔前拜扫,依文公《家□(礼)》□祭。"③万历二十年(公元1592年)清明,徽州黄氏各派至歙县黄墩祖墓,"肇举祀典。于时,缙绅文学五十余人,仆从车舆骈阗一市,祭奠礼仪森备,炫煌睹听,观者云集"④。

徽州宗族认为,"祠宇宗祖神灵所依,墓冢宗祖体魄所藏。子孙思宗祖不可见,见所依所藏之处,即如见宗祖也。祠祭、墓祭皆属展亲大礼,必加敬谨"⑤。

除了祠祭、墓祭以外,徽州宗族还有家祭。朱熹在《家礼》中说:"君子将营宫室,先立祠堂于正寝之东,为四龛以奉先世神主。"这种建于住宅正寝之东,供奉高、曾、祖、考四亲神主的祠堂,是一种家祠。在这里举行的祭祖活动,实际上是家祭。宋元时期,徽州绝大多数宗族没有建宗祠,建有宗祠的是个别现象。⑥ 因此,宗族子弟不是祭于家祠,即是"祭于寝"。我们认为,无论祭于家祠,还是"祭于寝"的祭祖活动都是家祭,这是毫无疑义的。

明代中期宗祠建立以后,联宗祭祖成为主要祭祖形式。宗祠内供奉的神主,有始祖、先祖,有高、曾、祖、考。始祖合族祭之,先祖合族或本支祭之,高、曾、祖、考则兄弟、从兄弟、再从兄弟、三从兄弟祭之。祭祀高、曾、祖、考虽然

---

① (民国)许承尧撰:《歙事闲谭》第十八册,稿本。
② (明)许光勋纂:《重修古歙城东许氏世谱》卷七,明崇祯七年(公元1634年)家刻本。
③ (明)程弘宾、程霆纂:《歙西岩镇百忍程氏本宗信谱》卷十一,明万历十八年(公元1590年)刻本。
④ (明)黄玄豹纂:歙县《潭渡孝里黄氏族谱》卷五《祖墓》,清雍正九年(公元1731年)家刻本。
⑤ (明)王宗本纂:《休宁宣仁王氏族谱·宗规》,明万历三十八年(公元1610年)刻本。
⑥ 赵华富:《徽州宗族祠堂的几个问题》,见《'95国际徽学学术讨论会论文集》,合肥:安徽大学出版社,1997年,第346~352页。

都在祠堂举行,但是从祭祀对象和参祭支丁来看,也属于家祭。

在徽州历史文献之中,宗祠又曰家祠(或曰家庙),宗谱又曰家谱(或曰族谱、家乘),宗规又曰家规(或曰族规)。因此,我们必须特别指出:文献中所谓"家祭",有的是指合族之祭,有的是指一支(或曰一房、一派、一门、一隅)之祭,有的是指一家之祭。陆游诗曰:"死后元知万事空,但悲不见九州同。王师北定中原日,家祭无忘告乃翁。"这里所说的"家祭"指的是一族之祭、一支之祭,还是一家之祭,必须具体考证。

徽州宗族为了保证祭祖礼仪的举行,大都成立各种相应的祭祀组织。他们称这种组织为"会"。如,始祖会、敦本祀会、清明会、冬至会、冬祭会、昌公会、汪公会、叶兆公会、叶冬至会、懋公会、亿公会、黄公会、鼎公会、运公会、忠公会、五三公会,等等。① 这些"会",有的是春祭组织,有的是冬祭组织,有的是祠祭组织,有的是墓祭组织;有的祀会既包括春祭、冬祭,又包括祠祭、墓祭。宗族支丁组织祀会,捐款置田,收取租谷,以保"祀之久远"。黟县西递明经胡氏宗族子弟胡藤圃在《扫墓祀会议》一文中说:"吾徽聚族而居,凡古始祖,皆有宗祠。自始祖而下,世系载之家谱;其分支者又多有支祠。祠必有祠会,即未建祠者,亦集赀立祠会。赀多者岁有谷麦租入,粜之得其价;赀少者权其子母,皆以供岁时祭祀之用。"②

为了证明祀会不是"会祭",下举2个实例。

例一:

婺源《董氏宗谱·竹林琳公清明序》

……虽冬至、团拜(按:二者均为祀会组织——引者)早日各立。而清明佳节,凡支下各祖俱立祀田亩数,以为省墓之资。届时,少长咸集邱垅,爱墓之心常与祖宗神灵相接于白云松楸间;旋而颁胙燕俊,彬彬礼让,仪典极隆。独公反无专祀,揆之于礼,甚觉有歉。兹

---

① 昌公会以下,参见章有义:《明清徽州土地关系研究》,北京:中国社会科学出版社,1984年,第326页。

② (清)胡朝贺撰:《胡藤圃杂著》,清刻本。

余叔雠啗忽兴水木之思,克尽仁孝之意,欲为公创立清明,谋之伯叔兄弟辈。幸我祖有灵,众志如一,欣然捐赀,以成此举,共计五十九名,编作七挈,并议立章程,永远咸遵此例。递年于清明前十一日,各人整肃衣冠,入祠恭行祭礼,而后共登坟拜扫,以展孝思。庚子年,已将输银价买藻睦方汉霜户仪字一千三百二十九、三十、三十一、三十二号桑林塅旱田三亩五分零九毛(毫)五系(丝)正,付与公正人收租管理。倘从兹矢公矢慎,夫孰非培本濬源之所在乎?……

这纸《竹林琳公清明序》记载的是,婺源县游山董氏宗族竹林派支丁为祖先董琳成立的春季祠祭和清明墓祭组织。

例二:

婺源《董氏宗谱·竹林玉保公崇礼冬祭序》

自琳、佩二公分派以来,我竹林以琳公为鼻祖,等而下之,至玉保公凡十世。以享以祀,春秋匪懈,诸祖有之。独玉保公无祀享,奉先之谓何?况支下丁逾二百,尤有无可阙如者。幸堂叔本晶、本光、本明及房叔荣润、房兄昌求等,矢慎矢公,任劳任怨,特于光绪戊寅岁,挺身领袖,而询谋支下,又复佥同。爰独创立冬祭,名曰"崇礼",共百二十五名,每名捐租一兜,如是者六年,至今人力协和,卒置产业若干。虽曰聿兴祀事、报本追远之常,而后来子孙得于冬至前一日,骏奔在庙,荐时食以展孝思,非数人之力不及此……

这纸《竹林玉保公崇礼冬祭序》记载的是,婺源县游山董氏宗族竹林派支丁为祖先董玉保成立的冬至祠祭——冬祭——祀会组织。

乾隆五十六年(公元1791年),黟县西递明经胡氏宗祠本始堂落成,成立"敦本祀会"组织。现存西递村入口处的"敦本祀会"石刻记载,万兆公等37位配享神主,每个主输银20两,共计740两;置田40号,共计16.72667亩,"合立祀会"。这个祀会是为本始堂所有祭祀而设——从祭祀时令讲包括春祭、冬祭,从祭祀场所论包括祠祭、墓祭。

第四章 徽州宗族谱牒

徽州宗族谱牒源远流长。宋元以来,徽州的谱牒资料异常丰富。在中国谱牒发展史上,徽州谱牒具有代表性和典型性。阐明徽州谱牒的发展变化,在一定程度上可以揭示中国谱牒发展变化的一般规律。

第一节 宋元徽州谱牒

现在,国内外各大图书馆、档案馆、博物馆馆藏中国谱牒,绝大多数是明清谱牒,宋元谱牒"只有个别发现且难以看到"。因此,中外谱牒学专家研究宋元谱牒,只能依据文集之中的谱序资料。

宋元以来,徽州谱牒资料十分丰富。在现存公藏近2,000种徽州谱牒当中,我们发现宋元谱牒有14种(有的是宋元编纂,明人续修),占全国已经发现的23种宋元谱牒的60%以上。这14种徽州谱牒,已属凤毛麟角,所以极为珍贵。

一、宋元徽州宗族的修谱活动

魏晋以来,为了"九品中正"制的需要,国家设"有谱局,亦有谱学官"[1]。

---

[1] (明)胡自立纂:祁门《贵溪胡氏族谱》,明成化四年(公元1468年)刻本。

谱牒之作,"皆掌之在官,天下名家巨族,斑斑可考"①。唐代中期以后,中国封建社会发生重大变化,世族地主逐渐衰落,庶族地主开始崛起,并取得统治地位。适应这一社会变化的需要,唐宋之际,谱牒的纂修、管理、功能和编纂宗旨发生了重大变化,"家自为谱"的宗族谱牒制逐渐兴起,并成为占主导地位的谱牒编纂、管理制度。歙县《双桥郑氏世系图谱·重修双桥郑氏谱序》记载:"晋唐之际,掌谱有局,知谱有官,公卿大夫通朝籍者预焉,而庶民则不与也。五季坏乱,其法寝废,宋之诸儒乃详其世次之可考者,家自为谱,而作者继有人矣。"《歙新馆鲍氏著存堂宗谱》记载:"古者之谱,掌于王官,谱则重姓以及氏;今则家自为谱,谱则重氏以及姓,虽别婚娶,抑亦所以统族属矣。"

宋元时期,徽州宗族的修谱活动开始活跃起来。《新安黄氏会通谱》记载:

> 盖人伦不明、宗法废弛、民俗颓弊甚矣。幸而皇宋诞膺景运,五星聚奎。于是吾郡朱夫子者出,阐六经之幽奥,开万古之群蒙,复祖三代之制,酌古准今,著为《家礼》,以扶植世教。其所以正名分、别尊卑、敬宗睦族之道,亲亲长长之义,灿然具载。而欧、苏二子亦尝作为家谱,以统族属。由是海内之士,闻其风而兴起焉者,莫不家有祠,以祀其先祖;族有谱,以别其尊卑。

徽州《汪氏渊源录》记载:

> 大朝(按:指元朝——引者)御宇,混合华夷;姓氏之繁,于斯为盛;谱谍(牒)之事,盍大兴焉。

据我们所知,虽然保存下来的宋元徽州谱牒已属凤毛麟角,但是保存在宋元文人文集和明清徽州谱牒之中的宋元谱序,数以千百计。② 大量谱序说

---

① (清)黄开簇纂:歙县《虬川黄氏宗谱》,清道光十年(公元1830年)刻本。
② 保存在谱牒之中的宋元谱序,比收于文集中的多得多。如,《朱文公文集》中一篇徽州谱序没有,而在徽州谱牒中我们见到朱熹的谱序有《婺源茶院朱氏世谱后序》《呈坎罗氏宗谱序》《新安汪氏大族谱序》,等等。

明,宋元时期徽州宗族修谱活动是很活跃的,纂修的谱牒数量之大,可想而知。

宋元时期徽州宗族修谱活动十分活跃,与宗族的繁荣是分不开的,它不但是宗族繁荣的表现,同时,又是宗族繁荣的结果。嘉靖《徽州府志》卷二《风俗》记载:"家多故旧,自唐宋来,数百年世系,比比皆是。重宗义,讲世好,上下六亲之施,村落家构祠宇,岁时俎豆。"康熙《祁门县志》卷一《风俗》记载:"旧家多世系,唐宋来不紊乱,宗谊甚笃。家有祠,岁时嘉会在焉。"光绪《婺源县志》卷三《风俗》记载:"乡落皆聚族而居,多世族,世系数十代,尊卑长幼犹秩秩然,罔敢僭忒。尤重先茔,自唐宋以来,邱墓松楸世守勿懈,盖自新安而外所未有也。"

宋元时期徽州宗族修谱活动十分活跃的另一个重要原因,是宗族对修谱的重视。婺源《溪源程氏势公支谱》记载:"尝谓族之有谱,犹国之有史。史以纪一代之始终,谱以叙一姓之源流,其体一也。始终备而是非存焉,源流具而亲疏别焉,其用同也。是故国无史则千载之下无公论,族无谱则百世之后无定伦。无公论而公理之在于人心者,犹不可泯也;无定伦则礼教不兴,人心日醨,而风俗日偷,其弊有不可胜言者矣。甚哉,谱之不可以不作也。"史载,早在两晋时期,徽州世家大族程氏祖先名曰程延者,即"尝为文以示子孙,有三世不修谱,便为小人之戒"①。朱熹说:"人家三代不修谱,则为不孝矣。"②这个观念经理学集大成者朱夫子倡导之后,则成了徽州人的金科玉律。许多名宗右族每隔一段时间即修一次谱牒。有些宗族统治者甚至"谆谆修族谱、修茔志,近则三年五年,远则三五十年,以其本固而末不摇"③。《休宁曹氏统宗世谱》记载,"曹氏家录,自宋嘉祐丙申至绍熙辛亥轶一百三十六年,四更纪述"。"屯田郎中谱于嘉祐(丙申),内舍谱于崇宁(甲申),主簿谱于绍兴(甲

---

① (清)程榳、程度渊纂:歙县《槐塘程氏重修宗谱·订正程氏屡代编续总谱得失序(出槐阴堂水木图)》,清康熙十二年(公元 1673 年)刻本。
② (明)程本华、程光弼纂:《古歙长原托山程氏重修家谱·谱说》,明崇祯九年(公元 1636 年)刻本。
③ (明)吴元满纂:《歙西溪南吴氏世谱》,明末清初吴启暴抄本。

寅），归耕谱于绍熙辛亥"。元"至元甲午弘斋先生又谱焉"。程一枝《程典》卷十二《本宗列传》第二下记载："谱者，家之大典，姓氏之统于是乎出，宗祖之绩于是乎章，子姓之绪于是乎传，宗法于是乎立，礼义于是乎兴，胡可缓也。"《歙西溪南吴氏世谱》记载："家之有谱，犹国之有史也。国而非史，则君臣之贤否，礼乐之污隆，刑政之臧否，兵机之得失，运祚之兴衰，统绪之绝续，无由以纪；家而非谱，则得姓之源流，枝派之分别，昭穆之次序，生卒之岁月，嫁娶之姓氏，出处之显晦，无由以见，国何以治，而家何以齐哉？"《程典》和《歙西溪南吴氏世谱》虽然都纂于明代，但这些论述都是徽州世家大族的传统观念，是毫无疑义的。

宋元时期，徽州宗族修谱活动虽然十分活跃，纂修的谱牒数量很多，但是，流传到今天的却是凤毛麟角。在我们看到的徽州谱牒之中，宋元时期的谱牒只有 14 种。它们是：

①《汉歙丹阳河南方氏衍庆统宗图谱》1 卷,(宋)方桂森纂修,明刻本,1 册；

②休宁《商山吴氏重修族谱》2 卷,(宋)吴浩纂修,(明)吴明庶、吴士彦等续集,明崇祯十六年家刻本,1 册；

③婺源《溪源程氏势公支谱》7 卷,(宋)程祁传述,(明)程顼续,程时化校正,据明嘉靖本影抄,4 册；

④歙县《柏林罗氏族志》1 卷,(宋)罗颖等辑,抄本,1 册；

⑤祁门《左田黄氏宗派图》,(宋)黄天衢纂,明末清初刻本,1 册；

⑥《皖绩程里程叙伦堂世谱》,(宋)程祁修,清抄本,1 册；

⑦婺源《庆源詹氏族谱》不分卷,(元)詹晟等纂修,明初抄本,1 册；

⑧《新安汪氏庆源宗谱》不分卷,(元)汪垚纂修,元抄本,1 册；

⑨徽州《汪氏渊源录》10 卷,(元)汪松寿纂修,明刻正德十三年重修本,1 册；

⑩《新安胡氏历代报功图》1 卷,元刻本；

⑪《新安汪氏族谱》不分卷,(元)汪云龙纂修,元刻本,1 册；

⑫《新安旌城汪氏家录》7 卷,(元)汪焰纂修,元泰定元年刻本,1 册;

⑬休宁《陈氏谱略》不分卷,(元)陈栎纂修,载《定宇集》,《四库全书》本。

⑭《新安汪氏宗谱》,元刻本,残,1 册。

流传到今天的宋元时期的徽州谱牒为什么成为凤毛麟角了呢?最重要的原因是经过一次又一次战争和动乱,绝大多数谱牒都被毁掉了。绩溪《明经胡氏龙井派宗谱》记载:"自来谱牒之遗佚,每沦于兵燹之劫灰。"《重编歙邑棠樾鲍氏三族宗谱》记载:"金、元移宋,文献荡然无复有存者。"据一些谱牒记载,歙县潭渡黄氏宗族,"惜经兵火之后,谱牒无存"①。休宁县泰塘程氏宗族"泗州太守公乙祖乃修次家谱,(北)宋末兵燹散失;至(南宋)景定间,应祖复通谱于槐塘吉国公、文清公,元末红巾之乱,又复损失"②。古林黄氏宗族,"兵燹之后,旧谱废烬"③。五城黄氏宗族族谱,"昔罹兵燹之后,莫有存者"④。婺源县桃溪潘氏宗族的族谱,"亦经兵燹,率皆煨烬"⑤。黟县环山余氏宗族的族谱,"年久代湮,因遭兵燹,散失无复存"⑥。元末,天下大乱,"十数年间,殆无宁岁"。徽城杨氏宗族"谱书已亡失矣"⑦。《新安吴氏族谱》记载,徽州"历年多而经兵燹,即大姓谱牒什不一"。

二、宋元徽州谱牒的体例和内容

中国谱牒的体例曾经发生过三次变化,有一个由简到繁的历史发展过程。《新安许氏世谱》记载:

---

① (明)黄玄豹纂:歙县《潭渡孝里黄氏族谱》,清雍正九年(公元 1731 年)家刻本。
② (明)程子珏、程子钟纂:休宁《世忠程氏泰塘族谱》,明嘉靖二十四年(公元 1545 年)家刻本。
③ (明)黄文明纂:休宁《古林黄氏重修族谱》,明崇祯十六年(公元 1643 年)刻本。
④ (明)黄录、黄岩昱、程天相纂:《新安黄氏会通谱·休宁五城黄氏家谱序》,明弘治十四年(公元 1501 年)刻本。
⑤ (明)潘文炳、潘儁纂:《婺源桃溪潘氏族谱》,明崇祯六年(公元 1633 年)刻本。
⑥ (民国)余攀荣、余旭升纂:黟县《环山余氏宗谱》,民国六年(公元 1917 年)木活字本。
⑦ (明)杨贞一纂:《徽城杨氏宗谱》,明崇祯三年(公元 1630 年)刻本。

古今修谱之例有三变,始如道统图体者;中如欧、苏谱体者;至程篁墩(按:即程敏政——引者),谓欧、苏谱体,一图一传,不见统宗之义,乃变为《汉书》年表、《唐书》相表体。

《新安黄氏会通谱·黟石山黄氏家谱后序》曰:

族之有谱,所以序昭穆,别亲疏,而笃同宗也。古封建一变之后,宗子之礼废,而谱学不明久矣。宋欧阳文忠公、苏老泉先生以尊祖、敬宗、睦族之心为心,采太史公记表、郑玄诗谱略作世谱,且曰:"三世不修谱,则同小人。"由是后世修谱牒者,必以欧、苏为法。

宋元时期,徽州宗族"谱牒之修,多法欧、苏二家之说,所以纪源流、叙昭穆也"①。徽州宗族认为,"宋之立谱,其法莫良于欧、苏。欧据本支,系以直图,苏为横表,后之为谱者,兼法二家"②。《新安王氏统宗世谱·重修新安王氏统宗世谱序》载:"宋庐陵欧阳氏、眉山苏氏皆有谱,而为法不同。欧谱则世经人纬,若史氏之年表;苏谱则系联瓜属,若礼家之宗图。后之言谱者,莫不以二家为准。"新安《汪氏统宗正脉》记载:"谱之作也,所以维宗法之穷也。世之为谱者,称欧阳氏、苏氏。汪氏之谱视二家之书以为法,准诸先生尊祖、敬宗、收族之遗义。"

什么是欧、苏谱法呢?

欧阳修的《欧阳氏谱图》和苏洵的《苏氏族谱》的体例虽然略有不同,但是,二谱皆为"小宗之法"③。欧阳修在《欧阳氏谱图》谱例中说:"姓氏之出,其来也远,故其上世,多亡不见。谱图之法,断自可见之世,即为高祖下至五世玄孙,而别自为世。如此世久,子孙多则官爵功行载于谱者不胜其繁,宜以远近亲疏为别,凡远者疏者略之,近者亲者详之,此人情之常也。玄孙既别自

---

① (明)黄录、黄岩岂、程天相纂:《新安黄氏会通谱·绩溪羣岭下黄氏续谱序》,明弘治十四年(公元1501年)刻本。
② (清)吴永凤、吴承寿纂:歙县《仙源吴氏宗谱》,清光绪五年(公元1879年)活字本。
③ (宋)苏洵纂:《嘉祐集》卷十三《谱例·大宗谱法》:"《苏氏族谱》,小宗之法也。"上海:商务印书馆,民国八年(公元1919年)《四部丛刊》影印本。

为世,则各详其亲,各系其所出,是详者不繁,而略者不遗也。凡诸房子孙,各纪其当纪者,使谱谍(牒)互见,亲疏有伦,宜视此例而审求之。"①苏洵在《苏氏族谱·谱例·族谱后录》上篇中说,吾眉州苏氏始祖味道"至吾之高祖,其间世次,皆不可纪。而洵始为族谱,以纪其族属,谱之所记,上至于吾之高祖,下至于吾之昆弟,昆弟死而及昆弟之子。曰:呜呼! 高祖之上不可详矣,自吾之前而吾莫之知焉。已矣! 自吾之后而莫之知焉,则从吾谱而益广之,可以至于无穷。盖高祖之子孙家授一谱而藏之。其法曰:凡嫡子而后得为谱,为谱者皆存其高祖,而迁其高祖之父,世世存其先人之谱无废也。而其不及高祖者,自其得为谱者之父始,而存其所宗之谱皆以吾谱冠焉。其说曰:此古之小宗也"②。

欧阳修的《欧阳氏谱图》和苏洵的《苏氏族谱》由谱序、谱例、世系图、世系录、祖先考辨五部分组成。程敏政所说的"欧、苏谱体,一图一传",就是指世系图和世系录。二者是欧、苏谱法的重大创造和谱牒的核心,对后世谱牒体例影响巨大。宋元时期徽州宗族"谱谍(牒)之修,多法欧、苏二家之说",主要指效法欧、苏创造的世系图和世系录,即所谓"一图一传"。

如果将宋元时期徽州14种谱牒与《欧阳氏谱图》《苏氏族谱》相比较,我们即会发现,二者除了"一图一传"相同以外,还是有许多差别。宋元徽州谱牒与《欧阳氏谱图》《苏氏族谱》的主要区别是什么呢?

第一,《欧阳氏谱图》《苏氏族谱》皆为"小宗之法",都是"家自为谱",而宋元徽州谱牒大都为大宗谱法与小宗谱法相结合。苏洵在《苏氏族谱·谱例·族谱后录》上篇中说:"凡今天下之人,惟天子之子与始为大夫者,而后可以为大宗,其余则否。独小宗之法犹可施于天下,故为族谱,其法皆从小宗。"③欧

---

① (宋)欧阳修纂:《欧阳文忠公文集》卷七十一《谱》,上海:商务印书馆,民国八年(公元1919年)《四部丛刊》影印本。

② (宋)苏洵纂:《嘉祐集》卷十三,上海:商务印书馆,民国八年(公元1919年)《四部丛刊》影印本。

③ (宋)苏洵纂:《嘉祐集》卷十三,上海:商务印书馆,民国八年(公元1919年)《四部丛刊》影印本。

阳修在《欧阳氏谱图》谱例中说："凡诸房子孙,各纪其当纪者,使谱谍(牒)互见,亲疏有伦。"这种谱牒,是"家谱",而不是"宗谱"。现存宋元徽州谱牒,不是"断自可见之世",而是大都以始祖为一世,五世一提,记录数十代。如,《汪氏渊源录》世系图表,从始祖姬汪起,记录多达77代;《庆源詹氏族谱》世系图表,记录了26代,等等。这些谱牒都是"宗谱",而不是"家谱"。这里还应该特别指出,《汉歙丹阳河南方氏衍庆统宗图谱》《汪氏渊源录》等,不仅是"宗谱",而且还是"统宗谱"。现存宋元徽州谱牒,都是站在宗族的角度,以宗族为中心纂修的,其中没有五服以内详之,五服以外略之,或曰"远者疏者略之,近者亲者详之"。如果说欧、苏谱法是"家自为谱",那么宋元徽州谱牒则是"宗自为谱"。婺源《韩溪程氏梅山支谱》卷首《韩溪程氏重修梅山公支谱序》记载:"在元时,都巡府君尝创韩溪族谱,其后文昭公踵成其志,而谱为会通。"

第二,《欧阳氏谱图》《苏氏族谱》内容比较简单,仅由谱序、谱例、世系图、世系录、祖先考辨五部分组成,而现存宋元徽州谱牒除了这五项内容以外,还有凡例、恩荣、支派、祖墓、传记、著述等。有些谱牒内容相当丰富。如,《汪氏渊源录》除了谱序、目录以外,第一卷包括叙谱、原姓、谱论、周鲁叙系、汪字说、汪芒辩、平阳辩、颍川辩、平阳后辩;第二卷包括晋汪旭上旧谱表、旧谱叙祖墓、旧谱叙支派、旧谱唐族望敕;第三卷是五十二代旧谱;第四卷是续谱、代表;第五卷是支始图、详亲录;第六卷是垂名记;第七卷是风云记;第八和第九卷是辞源集;第十卷包括谱录古今地理图、古鲁国颍川图、唐越国公告、唐白渠府统军告、后序、字音。两卷《辞源集》中有:诗、记、序、论、表、铭、诰、赋、辞、祝、箴等诗文。

三、宋元徽州宗族修谱的宗旨

宋元时期,徽州宗族纂修谱牒的宗旨是奠世系、序昭穆、尊祖、敬宗、收族。对这一宗旨,宋人汪高梧在《新安汪氏庆源谱序》中有如下阐述:

> 周文王立为宗法,别子为祖,继别为宗,继祢为小宗,使相联属而不忘其祖。复设庠序,以明其大宗、小宗之法,叙其昭穆,有喜则

相庆,有急则相救,死葬相恤,而疾病相扶持,欢然恩以相爱,粲然文以相接,然皆出于亲也。虽亲尽服绝,而和气蔼然;虽家析户分,而尊卑秩若如初,皆宗有谱、谱有图之所致也。后世以娄为刘,以疏为亲,姓系淆乱,宗法不明,情弗洽而若胡越,服未远而如途人,是独无人心之天乎?良由谱不明,族不和,情不通,而势不相亲也。①

宋元时期徽州谱牒对修谱的宗旨有许多论述。宗族统治者认为,编纂谱牒不仅是为了奠世系、序昭穆、尊祖、敬宗、收族,更重要的是要厘正"世教湮微,而宗法敉,五服之外,亲竭情忘,驯致同姓之间,化为异类,民德不归于厚"②;是要改变,五服之外,"视如路人,稍有忿争,患若仇敌"的不良现象③。休宁《商山吴氏重修族谱》卷一《吴氏续谱序》记载:"昔欧、苏二公仿太史公年表、世家之例以修谱系,大抵隆祖宗、叙昭穆,俾子孙知出之有自而已。"徽州《汪氏续谱》记载:"家之谱录,犹国之有史也。尊祖、敬宗、叙亲、明族,族谱其庸待乎?"④徽州《汪氏渊源录》曰:"宗族之礼不厚,而数世之下相视如途人,其又何能推同姓之宗而知所先后者哉?"元代徽州理学家郑玉说:"世之宗族,服属既尽,尊卑遂紊,贫富不等,利害相凌,不知其初为一人之身也。"⑤婺源《溪源程氏势公支谱·上溪源里村续谱旧序》记载:

> 昔人以汉高祖立庙于战争之秋,为深得先王合涣之意。予以为修谱于乱离之后,亦所以合涣也何也?作之庙,以示之趋,则人莫不知尊祖;作之谱,以示之的,则人莫不知敬宗。尊祖敬宗之心生,则涣不期合而自合矣。是故能合一世之涣者,固可以致一世之治;能合一族之涣者,亦可以致一族之睦。故修谱之与立庙,其事虽殊,而

---

① (元)汪垚纂:《新安汪氏庆源宗谱》,元抄本。
② (元)汪松寿纂:徽州《汪氏渊源录》,明正德十三年(公元1518年)重修刻本。
③ (元)汪云龙纂:《新安汪氏族谱》,元刻本。
④ (元)汪松寿纂:徽州《汪氏渊源录》,明正德十三年(公元1518年)重修刻本。
⑤ (元)郑玉撰:《师山遗文》卷一《郑氏石谱序》,《四库全书》影印本,上海:上海古籍出版社,1987年。

其为功则一也。

为了贯彻和实现奠世系、序昭穆、尊祖、敬宗、收族的纂修宗旨,宋元时期徽州修谱都将辨族姓、别族类、考始祖、明支派和编纂世系图表作为主要内容,特别是世系图表,成为重中之重。

第一,族姓源流。阐明姓氏之源,可以达到"虽族散万途,而宗归一本;视今秦越,于古为亲;稽牒则同,明伦不远"的目的①。宋人汪克一在《重修家谱并序》中说:"汪氏之出,始于黄帝,帝少典之子也。姓公孙,居轩辕之丘,名曰'轩辕'。"②徽州《汪氏渊源录》第一卷"原姓"篇详曰:"汪氏之先,本于轩辕,别于后稷,族于姬鲁,而氏于颍川,实为鲁成公之次子,夫人姒氏之所生。"《汉歙丹阳河南方氏衍庆统宗图谱》记载:"方氏本炎帝八世孙(按:或曰"九世孙"——引者)",曰雷公者,"生而有圣德,保蚩尤有功,让位于轩辕,封于方山","以地为氏"。元人吴浩在《商山吴氏修谱序》一文中说:"吴氏出自泰伯。"③婺源《庆源詹氏族谱》引胡愚斋的话说:"詹氏之得姓,其系出于周文王食采于詹;入于周,卿士所谓詹父,詹桓伯是也。"

第二,别生分类。编纂谱牒的一个重要目的是收族,一方面不要将出了五服的亲族"视为途人";但是,另一方面必须别族类,严防异姓乱宗和同姓异宗混入族内。休宁《商山吴氏重修族谱》卷一《商山吴氏修谱序》记载:

> 别生分类,窃于有虞,是故天子赐姓而命氏。盖姓者百世之所同,而氏者别子孙所出之异也。谱中凡继以他姓、他族子者,其后不书,嫌其淆乱,失古人分类命氏之意。矧今同里而居,有自浯田来者,有自邑市来者,西南数里有两族不知其所自来者,世代浸远,易于无辨,其间岂无称谢安为宗衮,呼罗隐为叔父之人乎?后之人守斯谱而勿失,则姓同而族异者,亦不言而喻矣。

---

① (宋)方桂森纂:《汉歙丹阳河南方氏衍庆统宗图谱》,明刻本。
② (元)汪垚纂:《新安汪氏庆源宗谱》,元抄本。
③ (宋)吴浩、(明)吴明庶、吴士彦纂:休宁《商山吴氏重修族谱》,明崇祯十六年(公元1643年)家刻本。

宋元时期,徽州宗族纂修谱牒非常重视辨族类。徽州《汪氏渊源录》卷二《论竹溪新谱书》记载:"别生分类,其来尚矣。三代以降,氏族日繁,支派日广,赐别改冒之姓,漫不可求。苟非谱牒所传,则莫能知其所自,故后世官籍定其源委,家乘最其乘传。然而犹惑迷失遗忘,断没难考。"郑玉针对社会上的攀附现象,提出严厉的批评。他说:"予每怪世之奸人侠士,妄取前代名公卿以为上世,自诧遥遥华胄,以诬其祖,以辱其身。"①徽州人认为,为了尊祖、敬宗、收族,必须严格地辨族类。

第三,初迁始祖。"万物本乎天,人本乎祖。人之有祖,犹木之有根,水之有源也。"②程一枝《程典》卷十九《宗法志》第三记载:"人之生也,本之为祖,统之为宗,散之为族。祖也者,吾身之所自出,犹木之根也;宗族也者,吾身所同出,犹木之支干也,是皆生理之自然,而不可忽者矣。"宋元时期的徽州谱牒为了尊祖、敬宗、收族,都非常重视考辨始迁祖。《新安汪氏庆源宗谱》记载:"后汉建安二年,有文和者,乃汪之三十一代孙也,以龙骧将军迁会稽令,遂家于新安,于是颍川之汪派流江左矣。"③徽州汪氏宗族都奉汪文和为始祖。婺源《庆源詹氏族谱·新安间源记》记载:"间源在新安婺源之东七十里。时大兴中,康邦自南阳来。是时中原版荡,独江东差完。康邦公始来,随寓为家。其后洗为侯官令,生二子(宣、节宣)。公之后有曰敬者,徙居新安,不知世次,生黄公,迁间源。"詹黄即是婺源县间源詹氏始祖。《汉歙丹阳河南方氏衍庆统宗图谱》曰:"望祖子纮公避莽乱,之丹阳,为东乡鼻祖。纮公孙曰储公,封黟县侯,支分派衍,蔓延天下,江南盖半其苗裔矣。"徽州方氏宗族大都尊方纮为始祖。

第四,支分派衍。我们已经指出,宗族的繁衍裂变是一个自然和社会发

---

① (元)郑玉撰:《师山遗文》卷一《方氏族谱序》,《四库全书》影印本,上海:上海古籍出版社,1987年。

② (明)程本华、程光弼纂:《古歙长原托山程氏重修家谱》,明崇祯九年(公元1636年)刻本。

③ 按:徽州汪氏宗族始祖汪文和"以龙骧将军迁会稽令"。龙骧将军有争议,会稽令有误。

展的普遍规律。宋元时期徽州宗族修谱时,为了达到尊祖、敬宗、收族的目的,都把阐明支派作为一个编纂重点。徽州《汪氏渊源录》卷四上《诸支代表》(按:这里说的"代表",即世代图表)记载的汪氏支派有歙县唐模诸支代表、歙县石冈分支代表;婺源州大畈支代表①、大畈分支代表、浯溪大畈分支代表、婺源回岭支代表、回岭分支代表;休宁西门支代表、彭护源本支代表、休宁程村支代表;饶州德兴县银港东中支代表、婺源五镇分支代表、鹳林下坑分支代表、符村浮沙高沙支代表等。《新安汪氏族谱·汪氏家乘世系图》所列的汪氏支派有:歙东坦头派、歙东坦头东宗派、坦市西宗派、坦市东宗派、荆溪坦市东宗派、江村湾派;绩溪罗川派、坊市派等。《新安汪氏庆源宗谱》记载的汪氏支派有:桐木派、唐模派、潜口派、岩寺派、古城关派、凤凰古巷口派、黟县黄陂派、石冈派、婺源回岭派、凤凰章祈神霄城中派、休宁西门派、石田旌城派、藏溪派等。

第五,世系图表。编纂世系图表,是达到奠世系、序昭穆、尊祖、敬宗、收族的最重要手段,宋元时期的徽州谱牒都将其放在重中之重。我们见到的宋元时期14部徽州谱牒,除了陈栎的《陈氏谱略》,都有世系图表。《汉歙丹阳河南方氏衍庆统宗图谱》共有《统宗图》10部分,其中《统宗图之一》列世系图表1个,《统宗图之二》列世系图表4个,《统宗图之三》列世系图表8个,《统宗图之四》列世系图表5个,《统宗图之五》《统宗图之六》《统宗图之七》各列世系图表3个,《统宗图之八》列世系图表11个,《统宗图之九》列世系图表15个,《统宗图之十》列世系图表13个。徽州《汪氏渊源录》记载:"夫世系明则宗法立,宗法立则族敦;亲系明所以为教也,立宗所以为制也,敦族所以为功也;显明则融,修立则化,敦亲则和;教是以正,制是以定,功是以成,岂特小补之哉?"

中国谱牒有一个从简到繁的历史发展过程。宋元时期,徽州宗族纂修谱牒的宗旨是奠世系、序昭穆、尊祖、敬宗、收族;谱体"以欧、苏为法","一图一

---

① 按:徽州《汪氏渊源录·诸支代表》记载的"大坂支代表",为"大畈支代表"之讹。

传";内容有谱序、恩荣、世系图、世系录、传记、祖墓、祖先考辨、谱例、支派、著述等,比较简单。

第二节　明清和民国时期的徽州谱牒

明清时期,由于世家大族的昌盛,宗族仕宦和宗族商人的发展,徽州宗族的修谱活动,空前活跃起来。从国内外各大图书馆、档案馆、博物馆馆藏谱牒来看,明清徽州谱牒不仅数量非常大,而且善本特别多。据《北京图书馆古籍善本目录》记载,该馆馆藏善本谱牒427部,其中徽州谱牒占50%以上。① 明清时期,徽州是谱牒编纂最发达的地区之一,民国时期,开始衰落。

一、明清和民国时期徽州宗族的修谱活动

明清时期,徽州的世家大族为了巩固宗族统治,十分重视谱牒的编纂。徽州宗族统治者认为,"立族之本,端在修谱,族之有谱,犹国之有史。国无史不立,族无谱不传"②。"夫谱者,收族之道,尊祖、敬宗之本也"③。绩溪洪川程氏宗族引用吕本中的话说:"国无国之道,而后国乱;家无家之道,而后家乱。故礼乐纲纪者,国之道也;宗法谱系者,家之道也。"④歙县《桂溪项氏族谱》卷首《汪太傅公序》记载:"余家新安,居万山中,风淳俗古,城郭村落率多聚族而居,故族谊最笃,而世家巨阀尤竞竞以修谱为重务。"

民国婺源《董氏宗谱》跋曰:"欧阳文忠有言:'二世(按:可能是"三世"之

---

① 《北京图书馆古籍善本目录》载,该馆藏善本谱牒427部;张志清:《北京图书馆藏中国家谱综述》载,该馆藏善本谱牒458种。
② (民国)王德藩纂:绩溪《盘川王氏宗谱》卷首《凡例》,民国十年(公元1921年)五教堂活字本。
③ (明)程本华、程光弼纂:《古歙长原托山程氏重修家谱·托山程氏重修本支谱后序》,明崇祯九年(公元1636年)刻本。
④ (民国)程礼恭、程兰纂:绩溪《洪川程氏宗谱·洪川程敦睦堂世系谱序》,民国十二年(公元1923年)活字本。

讹——引者)不修谱,为不慈不孝。'吾宗阅一世即修,其笃于孝慈也至矣。"歙县槐塘程氏宗族于明万历十四年(公元1586年)修谱以后,至清顺治九年(公元1652年)已过66年,"逾两世"未再修谱,江村程氏族人有曰程槚者,"闻而惧矣"①。根据"三世不修谱,便为小人"的原则,明清时期徽州的世家大族,大都每隔一段时间修一次族谱。婺源《董氏续修宗谱序》记载,游山董氏宗族的宗谱"自元大德以来而明而清而民国,凡九修矣"②。游山董氏宗族九修宗谱是:

元大德七年(公元1303年)谱

明正统六年(公元1441年)谱

明正德六年(公元1511年)至万历辛未(?)谱

清乾隆六年(公元1741年)至乾隆四十二年(公元1777年)谱

清嘉庆十六年(公元1811年)谱

清道光二十一年(公元1841年)谱

清同治十年(公元1871年)谱

清光绪二十七年(公元1901年)谱

民国二十年(公元1931年)谱③

婺源《武口王氏统宗世谱》卷首《会修统宗谱序》记载,武口王氏宗族统宗谱"传至有明之季,每当周甲一修。各派诸君,趋义捐输,家乘大典,昭如日星,乃沿明以至于今,百有余岁"。

对一个宗族来讲,纂修谱牒——特别是统宗谱——是一项大工程。为此,一些世家大族都建立编纂机构,名曰"谱局"。大的谱局往往有数十人。如,明隆庆年间(公元1567-1572年),婺源武口王氏纂修统宗世谱,肩事者

---

① (清)程宗宜等纂:《绩溪仁里程世禄堂世系谱》卷首上《编修周渔先生槐塘显承堂重续宗谱序》,清宣统三年(公元1911年)活字本。

② (民国)董培元、董维干、董国华纂:婺源《董氏宗谱》,民国二十年(公元1931年)木活字本。

③ (民国)董培元、董维干、董国华纂:婺源《董氏宗谱·续修家乘序》,民国二十年(公元1931年)木活字本。

"济济多人"①。天启年间(公元 1621—1627 年),武口王氏宗族又修统宗世谱,参与编"修者三十余人"②。民国二十年(公元 1931 年),婺源游山董氏宗族修谱,在宗祠嘉会堂设谱局,作为纂修机构。机构中设总理 3 人,管库 3 人,赞理 6 人,辑校 2 人,分校 4 人,考核 6 人,誊稿 9 人,谱师 6 人。③

徽州宗族认为,纂修谱牒是宗族"盛典"④。有些宗族在纂修开始,还举行告祖典礼。《祁门善和程氏仁山门支修宗谱·经修谱述》记载,修谱伊始,"沐浴斋戒,祭告于我门祖祠神前,祝之曰:'凡首事者无保其力,与事者共诚其心,纂校参考,誓襄厥成。惟我祖神,正直聪明,锡福无疆,邦族之光。'"

在谱牒修成之后,许多世家大族都举行隆重的祭祖典礼,以告于列祖列宗。清雍正四年(公元 1726 年),婺源武口王氏宗族续修统宗世谱纂成,"族人传知,谱事告竣,各派诣祖墓、统祠祭奠"⑤。绩溪《明经胡氏龙井派宗谱》卷首《明经龙井派续修宗谱记》记载:"谱既成,族人皆会,置酒相庆,更荐俎豆,以告于列祖列宗,煌煌乎洵盛典也。"道光五年(公元 1825 年),黟县西递明经胡氏宗族为《西递明经胡氏壬派宗谱》修成,举行隆重的祭祖典礼。据胡氏宗族《道光五年修族(谱)账录》(手稿本)记载,胡氏宗族于"本始堂、敬爱堂两祠张灯挂彩,以为祭祀之地"。九月初三日祭义祖胡三及族祖七哲,初六日祭始祖胡昌翼,初九日祭始迁祖胡士良,"皆以谱纖(?)"。从祭祖开始之日,请黄山和尚大启道场,在本始堂唪经三日,"诵经谢神,以迓神庥,以邀厚福"。同时,"合村禁屠,斋戒三日,以昭虔敬"。

---

① (明)王铣纂:婺源《武口王氏统宗世谱》卷首《续修希翔公支下统宗谱序》,明隆庆四年(公元 1570 年)黄西园刻本。
② (明)王铣纂:婺源《武口王氏统宗世谱·凡例》,明隆庆四年(公元 1570 年)黄西园刻本。
③ (民国)董培元、董维干、董国华纂:婺源《董氏宗谱》,民国二十年(公元 1931 年)木活字本。
④ (元)詹晟等纂:婺源《庆源詹氏族谱》卷首《会修宗谱公启》记载:"谱牒之修,今为盛典。"清初抄本。
⑤ (明)王铣纂:婺源《武口王氏统宗世谱》卷首《续修统谱序》,明隆庆四年(公元 1570 年)黄西园刻本。

西递明经胡氏宗族为了表示祭祖典礼,"事至重也,礼至隆也",公议演戏致祭。据《道光五年修族(谱)账录》(传抄本)记载,戏有三班:曰庆升,曰有庆,曰小春。戏台设三处:一在本始堂前,一在双溪口,一在上厅坦。自九月初三日至十二日,共演戏 10 天,唱 60 余本。初六日大祭之日,"三处演戏,自辰至暮,自暮达旦,一日一夜,共演戏十本"。各方"来观者不下四万人",乃黟县前所"未有之事"。

西递明经胡氏宗族《道光五年修族(谱)账录》(手稿本)记载:"凡大神会必有台阁,此我徽之风气使然也。"在举行祭祖之前和祭祖期间,西递明经胡氏宗族于敬爱堂门外"设台阁四座"。台阁有"扮戏之孩童",有"上梯之勇士"。前者"以兆孩童之腾达",后者"以表壮年之先登"。

纂修宗族谱牒——特别是统宗谱——是一项大工程,需要耗费大量的人力和财力。明隆庆年间(公元 1567—1572 年),婺源武口王氏宗族纂修统宗世谱,肩事者"济济多人,经营十载有余"①。天启年间(公元 1621—1627 年),武口王氏宗族又修统宗世谱,"修者三十余人,历十二年而后成"。仅武口王氏与"各派往返食用工费,重至数千金"②。清乾隆年间(公元 1736—1795 年),歙县棠樾、蜀源、岩镇鲍氏三族合修《重编歙邑棠樾鲍氏三族宗谱》,棠樾鲍氏输银 2,320 两,蜀源鲍氏输银 1,200 两,岩镇鲍氏输银 44 两,总计耗银 3,564 两。③ 道光五年(公元 1825 年),黟县西递明经胡氏纂修《西递明经胡氏壬派宗谱》,共集资银 4,602.746 两,最后共支出银 5,344.77 两,兑除透支银 742.024 两。④

---

① (明)王铣纂:婺源《武口王氏统宗世谱》卷首《续修希翔公支下统宗谱序》,明隆庆四年(公元 1570 年)黄西园刻本。
② (明)王铣纂:婺源《武口王氏统宗世谱·凡例》,明隆庆四年(公元 1570 年)黄西园刻本。
③ (清)鲍光纯纂:《重编歙邑棠樾鲍氏三族宗谱》卷二百《刊谱输金》,清乾隆二十五年(公元 1760 年)一本堂刻本。
④ (清)黟县西递明经胡氏《道光五年修族(谱)账录》,稿本。

二、明中期徽州宗族修谱宗旨的发展变化

历史文献记载,宗族纂修谱牒是为了奠世系、序昭穆,这是亘古不变的宗旨。所以,歙县《泽富王氏宗谱·云源王氏世谱序》记载,"奠世系,辨昭穆,此谱之所由起也"。但是,由于历史的发展变化和社会背景的不同,每个时代的谱牒又有每个时代不同的纂修目的。

明代中期,商品经济的繁荣和资本主义生产关系的萌芽,引起徽州宗族风俗的"浇漓",冲击了宗族制度和宗族统治。从此以后,徽州宗族统治者为了巩固宗族制度、加强宗族统治,即将纂修谱牒变为突出宣扬封建道德、厘正宗族风气的工具。

据历史文献记载,徽州宗族统治者借纂修谱牒宣扬封建道德、厘正社会风俗的历史已很悠久。元修《庆源詹氏族谱·庆源孝义记》记载:

> 星源,歙州之岩邑也。地曰庆源,吾家实居之。其年代已不可考。孝行义风,表表于前。有慧民者,常蒙朝廷旌表门闾,《新安志》记其实事。其后,绍兴年间,一乡一民,结盟立社,目曰孝义,常积金谷。但遇孤寡困乏之人,遂则赒恤;或遇丧死,则买棺椁而敛葬之。先王生养死葬之遗意也。安昌曾求文以记之,刻梓为不朽之传。嘉定壬午年,大夫闻而加之,因索版记,往观焉。盖欲闻于朝,益加优奖。不幸回禄之灾遍及邑,而版亦烬于火。父老恐泯其传,嘱于重记其实。予获辞,且紬绎而告之曰:夫孝者,德之本也。义者之宜,孝以为本,义以合宜,斯为善矣。有能父告子,兄告其弟,事亲以敬,事长以悌,里闾相亲,室家相睦,缓急相助,疾病相周,孝也,亦义也。吾见熙熙焉,皞皞焉⋯⋯

这是一篇通过谱牒宣扬封建道德、厘正社会风俗的重要文章。在宋修、明续《商山吴氏重修族谱》中,有一篇洪武十四年(公元1381年)《吴氏续谱序》。其文曰:

族之有谱,自昔然也。三代圣王,封建诸侯,而立宗法,所以统族属,别亲疏,明宗叙,厚风化者也。太史掌其籍,司徒掌其教,而必曰孝、曰友、曰睦,其不孝、不睦、不弟者刑之。是故喜则庆,忧而吊,患难相救,贫乏相周,服属虽远,而恩礼尚存,世代虽更,而分义不泯,此所以支派繁而本源固,民俗厚而教化行。越自后王,降德之典,不行于民,法弛教衰,风漓俗变,于是贵不与贱齿,富不与贫叙,争夺之端,多于异姓,忮忍之害,憯于他人。呜呼! 其亦可哀也哉! 则凡世家大族士夫君子,有感于人伦风化,得不思所以捄之欤!

这也是一篇通过谱牒宣扬封建道德、厘正社会风俗的重要文章。

但是,到明代中期,徽州宗族统治者纂修谱牒时,才将宣扬封建道德、厘正社会风俗、巩固宗族统治,变为修谱主要宗旨。这个宗旨在嘉靖三十年(公元 1551 年)编纂的徽州谱牒摘要汇编——《新安名族志》一书中,表现得十分鲜明,非常突出。针对徽州社会"风俗浇漓",编纂者对这一宗旨进行了淋漓尽致的阐述。程光显在《新安名族志序》一文中提出,编纂《新安名族志》的目的就是要大兴"仁让之风"。他认为,"新安,紫阳夫子乡也。以仁让教天下者,紫阳夫子之学也。兹欲执其机,溥其化,以推其教于天下,则生紫阳之乡者皆与有责焉。是故斯志也,虽所以续定宇陈氏之编(按:指《新安大族志》——引者),亦所以翼紫阳夫子之教于万一也"。程光显说:"夫子曰:一家仁,一国兴仁;一家让,一国兴让。……此盖孔门授受要道,而朱子平生所愿学,莫先焉者也。故曰:斯志也,所以翼其教也。"维护朱熹思想,实际上就是宣扬封建道德,维护封建纲常,厘正社会风俗,从而达到巩固宗族制度、加强封建统治的目的。因为朱熹思想的核心就是三纲五常。《新安名族志凡例》规定的一个重要编纂原则是:"名族实迹,其忠孝、节义、勋业、文章有关世教者,不拘隐显存殁,悉在所录。"编纂者认为,辑录名宗右族封建道德实践者的事迹,"有关世教"。他们企图通过宣扬这些执行封建纲常的楷模,达到厘正社会风俗、巩固宗族制度和宗族统治的目的。所以,《新安名族志凡例》开宗明义即说:"名族志,因元儒陈氏定宇旧本而补辑之者也。观者于此,不惟见新安礼乐文物之盛,抑以彰国家化民成俗之意,相与庆甄陶之有自,以保乐利于无涯者,不为无助也。"

明中期以后,徽州谱牒都围绕宣扬封建道德、厘正社会风俗、巩固宗族统治这一宗旨编纂。谱牒中的传记,绝大多数是科第仕宦传、孝子贤孙传、节妇烈女传、隐德义行传。

明中期以后,徽州宗族编纂谱牒时,为了贯彻宣扬封建道德、厘正社会风俗、巩固宗族统治这一宗旨,在许多谱牒中增添了族规家法这一重要内容。① 据我们掌握的 100 多部徽州宗族族规家法,其中大多有大量封建纲常的说教和规定。如绩溪《明经胡氏龙井派祠规》开宗明义四条就是:"训忠""训孝""表节""重义"。② 婺源《武口王氏统宗世谱·庭训八则》:一曰"孝",二曰"弟",三曰"忠",四曰"信",五曰"礼",六曰"义",七曰"廉",八曰"耻"。

君为臣纲,对封建皇帝和封建朝廷要忠,这是封建纲常第一条。绩溪《明经胡氏龙井派祠规》"训忠"条要求入仕的宗族子弟,"在位而恪共乃职,始不负于朝廷,乃有光于宗祖"③。婺源武口王氏宗族《庭训八则》"忠"字条要求入仕的宗族子弟,"公尔忘私,国尔忘家"④。武口汪氏宗族《西皋祠训》对入仕的弟子规定:"事君则以忠,当无二无他以乃心王室,当有为有守而忘我家身。为大臣,当思舟楫霖雨之才;为小臣,当思奔走后先之用;为文臣,当展华国之谟;为武臣,当副干城之望。"⑤

父为子纲,对父母要孝,这是封建纲常第二条。歙县《金山洪氏家谱》卷一《家训》"敦伦纪"条记载:"孝为百行之先,孝弟乃为仁之本。故人能立身行

---

① 参见赵华富:《明代中期徽州宗族统治的强化》,见《两驿集》,合肥:黄山书社,1999年,第 402~426 页。
② (民国)胡宝铎、胡宜铎纂:绩溪《宅坦明经胡氏龙井派宗谱》卷首,民国十年(公元 1921 年)木刻本。
③ (民国)胡宝铎、胡宜铎纂:绩溪《宅坦明经胡氏龙井派宗谱》卷首,民国十年(公元 1921 年)木刻本。
④ (明)王铣纂:婺源《武口王氏统宗世谱》,明隆庆四年(公元 1570 年)黄西园刻本。
⑤ (明)王铣纂:婺源《武口王氏统宗世谱》,明隆庆四年(公元 1570 年)黄西园刻本。

道,显亲扬名,此固孝之大者;即不然,服劳奉养,昏定晨省,以无忝所生,亦不失为人子。"歙县《方氏族谱》卷七《家训》规定:"人子于父母,不得不愉色婉容,以欢其情,承颜顺意,以适其志;或其惑于宠嬖、厚于庶孽,而情有不均,为之子者,但当逆来顺受而已,不敢于之较也。……古人于父母所爱者亦爱之,父母所恶者亦恶之,正为此耳。"

夫为妻纲,妇女要守节,这是封建纲常第三条。休宁宣仁王氏宗族《宗规》"闺门当肃"条记载:"男正位乎外,女正位乎内,圣训也。君子正家取法乎此,其闺阃未有不严肃者。"①妇女要三从四德,做贤妻良母。歙县潭渡黄氏宗族《潭渡孝里黄氏家训》规定:"风化肇自闺门,各堂子侄当以四德三从之道训其妇,使之安详恭敬,俭约操持,奉舅姑以孝,事丈夫以礼,待娣姒以和,抚子女以慈,内职宜勤,女红勿怠,服饰勿事华靡,饮食莫思饕餮,毋搬斗是非,毋凌厉婢妾,并不得出村游戏,如观剧玩灯,朝山看花之类,倘不率教,罚及其夫。"②特别强调,妇女要从一而终,"不幸寡居,则丹心铁石,白首冰霜"③。绩溪《明经胡氏龙井派祠规》记载:"妇人之道,从一而终,一与之齐,终身不改。泛柏舟而作誓,矢志何贞?歌黄鹄以明情,操心何烈?倘有节孝贤妇,不幸良人早夭,苦志贞守,孝养舅姑,满三十年而没者,祠内酌办祭仪,请阖族斯文迎祭以荣之;其慷慨捐躯殉烈者,亦同。仍为公呈请旌,以表节也。"④

"义"是封建纲常的一个重要组成部分。明中期以后,徽州族规家法之中,都有"义"的规定。歙县东门许氏宗族《许氏家规》"表彰节义"条记载:"节义者,天地之正气,士人之懿行,非所望于妇人女子者也。"⑤休宁《商山吴氏宗法规条》规定:"凡有……尚义为善者,宗正、副约会族众,告祠,动支银一

---

① (明)王宗本纂:《休宁宣仁王氏族谱》,明万历三十八年(公元1610年)刻本。按:《周易》曰:"家人女正位乎内,男正位乎外,男女正,天地之大义也。"
② (明)黄玄豹纂:歙县《潭渡孝里黄氏族谱》卷四,清雍正九年(公元1731年)家刻本。
③ (明)王宗本纂:《休宁宣仁王氏族谱》,明万历三十八年(公元1610年)刻本。
④ (民国)胡宝铎、胡宜铎纂:绩溪《宅坦明经胡氏龙井派宗谱》卷首,民国十年(公元1921年)木刻本。
⑤ (明)许光勋纂:《重修古歙城东许氏世谱》卷七,明崇祯七年(公元1634年)家刻本。

两,备办花红鼓乐,行奖劝礼,即题名于祠。其堪奏请表扬者,合族共力举之。"《新安程氏阖族条规·祠规条目》规定:"凡有孝子顺孙、义夫烈士、恤孤怜寡、敦谊睦族、救灾恤患一切有善可风者,小则众共声举,登簿表扬,散胙之时,另席中堂,以斯文陪之;大则鸣众徽棹,揳以旌其间。"

明中期以后,徽州宗族统治者将封建纲常法规化,写进族规家法,编入谱牒,变成宗族成员必须恪守的行为规范,触犯了就要受到宗族的惩处。

三、明中期徽州谱牒体例和内容的变化

明代,"正史"对谱牒体例和内容的影响问题,已经引起学术研究者的注意。

什么是"正史"呢?《隋书》卷三十三《经籍志二》以纪传体史书为正史。《明史》卷九十七《艺文志二》以纪传体、编年体史书并称正史。清乾隆时编纂《四库全书》,定纪传体史书为正史。我们今天说的"正史",就是纪传体史书《二十四史》。

从徽州谱牒来看,明代徽州谱牒虽不同程度受正史影响,但其体例和内容与正史区别很大。

纪传体是以帝王活动和人物传记为中心的史书体例。司马迁的《史记》开其端。历代封建王朝所修正史均采用这种体例。纪传体史书包括:"本纪""表""书"(或曰"志")"列传"。所以称"纪传体",因"本纪"和"列传"是这种史书的核心。

明代徽州谱牒的体例是什么样的呢?据我们翻阅过的明代徽州谱牒,绝大多数是"图传体"。这种谱牒体例为宋人欧阳修和苏洵所创立。《新安许氏世谱凡例》记载:"古今修谱之例有三变,始如道统图体者;中如欧、苏谱体者;至程篁墩,谓欧、苏谱体,一图一传,不见统宗之义,乃变为《汉书》年表、《唐书》相表体。"[①]实际上,程敏政只是依据《汉书》年表和《唐书》宰相表对欧、苏谱体的谱图——世系表或曰世系图——作了一些改动,并没有根本改变欧、

---

① (明)方信纂:《新安许氏世谱》,清康熙间精抄本。

苏"一图一传"的"图传体"。明清时期徽州谱牒的体例虽然有些变化,但是基本上仍然继承和遵循欧、苏谱体,图和传是谱牒的核心。《新安黄氏会通谱·黟石山黄氏家谱后序》记载:

> 族之有谱,所以序昭穆,别亲疏,而笃同宗也。古封建一变之后,宗子之礼废,而谱学不明久矣。宋欧阳文忠公、苏老泉先生以尊祖、敬宗、睦族之心为心,采太史公年表,郑玄诗谱略作世谱,且曰:"三世不修谱,则同小人。"由是后世修谱牒者,必以欧、苏为法。

明代中期以后,徽州谱牒虽然基本上仍遵循欧、苏"一图一传"的"图传体",但是,绝大多数谱图的人名之下都增加了生平简介,内容包括:生卒年月、官爵、葬地、配偶、子女等。并为忠孝、节义、勋业、文章有关"世教"者单独立传。这是徽州谱牒体例的一个显著变化。

明代中期以后,徽州谱牒的内容有了很大增加。宋元时期,徽州谱牒的内容包括:谱序、谱例、科第、恩荣、祖先考辨、世系图、世系录、传记、祖墓、支派、文翰等。明中期以后,增加了祠堂、祠产、族规、村图、像赞、祭祀、行辈联、馀庆录、领谱编号等,有的谱牒还有书馆、庙宇、桥梁、山场水道等等。

嘉靖十五年(公元1536年),礼部尚书夏言上《请定功臣配享及臣民得祭始祖立家庙》奏议中说:"臣民不得祭其始祖先祖,而庙制亦未有定则,天下之为孝子慈孙者,尚有未尽申之情。……乞诏天下臣民冬至日得祭始祖。……乞诏天下臣工建立家庙。"① 随着明朝民间祭祖礼仪的改革,徽州世家大族掀起大建宗族祠堂的热潮。② 明代中期以后徽州谱牒增加了"祠堂"这一内容,就是这个历史变化的反映。

徽州祠产历史悠久。但是直到明代中期以后,随着徽商的繁荣昌盛,徽州的祠产才开始得到迅猛的增长。笔者在《明代中期徽州宗族统治的强化》

---

① (明)夏言撰:《桂洲先生奏议》卷十七,《四库全书存目丛书》影印本,济南:齐鲁书社,1997年。
② 参见赵华富:《徽州宗族祠堂的几个问题》,《'95国际徽学学术讨论会论文集》,合肥:安徽大学出版社,1997年,第20~42页。

一文中，列举了宋、元、明时期20宗祭田，其中多数属于明中后期设置；又列举了18宗义田，其中也多为明中后期设置①。明代中期以后徽州谱牒增加了"祠产"这一内容，就是这个历史事实的记录。

在我们发现的宋元时期的14种徽州谱牒当中，还没有"族规家法"这一内容。明代中期以后，徽州谱牒当中开始出现族规家法。如《古歙城东许氏世谱》卷七《许氏家规》《休宁宣仁王氏族谱·宗规》等等。有的宗族的族规家法还单独付梓。如《窦山公家议》《商山吴氏宗法规条》等等。

有人认为，明隆庆《新安歙北许氏东支世谱》"吸收和总结了嘉靖以前家谱内容，正式提出'家之有谱，犹国之有史'的观点，在内容上集文献、世系、地理聚落、宗族建筑之大成"。这是值得商榷的。唐代徽州谱牒，我们没有见到。宋人方桂森纂《汉歙丹阳河南方氏衍庆统宗图谱·汉歙丹阳河南统宗世谱凡例》开宗明义即曰："国有史，家有谱，一义也。善恶备书，史之义；隐恶扬善，谱之义。"元人汪松寿纂徽州《汪氏渊源录》卷四上《汪氏续谱》记载："家之谱录，犹国之有史也。尊祖、敬宗、叙亲、明族，族谱其庸待乎？"宋修、明续婺源《溪源程氏势公支谱·上溪源里门续谱旧序》（据明嘉靖本影钞）也记有："尝谓族之有谱，犹国之有史。"

明代中期，徽州宗族为了宣扬封建道德，厘正社会风俗，巩固宗族统治，扩大了谱牒的卷帙。现存宋元时期14种徽州谱牒之中，婺源《庆源詹氏族谱》《新安汪氏庆源宗谱》《新安汪氏族谱》、祁门《左田黄氏宗派图》《皖绩程里程叙伦堂世谱》、休宁《陈氏谱略》都不分卷，《汉歙丹阳河南方氏衍庆统宗图谱》、歙县《柏林罗氏族志》《新安胡氏历代报功图》各1卷，休宁《商山吴氏重修族谱》2卷，婺源《溪源程氏势公支谱》《新安旌城汪氏家录》各7卷，卷数最多的是徽州《汪氏渊源录》，10卷。这14种谱牒中，13种都是1册，只有宋纂、明续婺源《溪源程氏势公支谱》是4册。明代前期，徽州谱牒卷帙虽然有所增加，但是卷帙较大者较少。我们掌握的明代前期徽州谱牒只有程孟纂

---

① 《'98国际徽学学术讨论会论文集》，合肥：安徽大学出版社，2000年，第216～242页。

《新安程氏诸谱会通》,14卷,3册,景泰二年刻本;程敏政纂《新安程氏统宗世谱》,20卷,谱辨1卷,附录1卷,2册,成化十八年家刻本;黄禄、程天相纂《新安黄氏会通谱》,16卷,文献录2卷,外集3卷,6册,弘治十四年家刻本。明代中期以后,徽州谱牒卷帙大增。据《北京图书馆古籍善本书目》记载,黄积瑜纂《新安左田黄氏正宗谱》,派系20卷,文献19卷,12册,嘉靖三十七年自刻本;汪湘纂徽州《汪氏统宗谱》,172卷,北京图书馆藏3部,其中一部24册,存108卷,万历三年家刻本;李晖、李春荣等纂徽州《三田李氏宗谱》,13卷,18册,万历四十二年家刻本;程一枝纂《程典》,32卷,6册,万历二十六年至二十七年家刻本;程嗣功纂歙县《槐塘程氏宗谱》,20卷,首1卷,12册,万历十四年家刻本;俞育、俞周隋纂徽州《重编俞氏统谱》,18卷,又2卷,13册,万历刻本;程一枝辑《程氏贻范集补》,甲集5卷,乙集20卷,丙集1卷,丁集3卷,戊集1卷,已集1卷,10册,隆庆刻本;朱印相、朱邦校纂《徽婺紫阳朱氏正宗重修统谱》,9卷,21册,天启四年家刻本;戴尧天纂《休宁戴氏族谱》,15卷,10册,崇祯五年家刻本;张习孔、张士麟纂《新安张氏续修宗谱》,30卷,6册,顺治十六年家刻本;鲍光纯纂《重编歙邑棠樾鲍氏三族宗谱》,200卷,首1卷,北京图书馆藏一部20册,存199卷,乾隆二十五年一本堂刻本;汪玑、汪嘉祺等纂《汪氏通宗世谱》,140卷,目录2卷,北京图书馆藏一部35册,存132卷,乾隆刻本,等等。

四、明中期徽州谱牒出版和管理的变化

明代中期以后,徽州宗族为了宣扬封建道德,厘正社会风俗,巩固宗族制度和宗族统治,加大了谱牒的出版力度。现在,我们发现的宋元徽州谱牒只有14部。据《北京图书馆古籍善本目录》记载,该馆馆藏明代徽州谱牒200多部,其中明代前期(洪武至弘治年间,公元1368—1505年)仅有10余部,90%以上是明代中后期编纂的。在明代中后期的谱牒当中,嘉靖、万历年间的特别多。中国社会科学院历史研究所收藏徽州家谱目录(周绍泉先生手抄本)记载,该所图书馆馆藏明代徽州谱牒19部,除休宁洪一讳纂《洪氏系谱》

具体纂修年代不明以外,其他18部全是明代中后期的作品。安徽省博物馆馆藏族谱目录(油印本)记载,该馆馆藏明代徽州谱牒37部,其中具体纂修年代不明的5部,明初2部,明中后期多达30部。《徽州地区博物馆藏书目录》(油印本)记载,黄山市博物馆藏明代徽州谱牒16部,其中5部具体纂修年代不明,明代中后期有11部。河北大学图书馆藏家谱书目(油印本)记载,该馆馆藏明代徽州谱牒13部,全部都是明代中后期的作品。

明代中期以后,徽州宗族为了宣扬封建道德,厘正社会风俗,巩固宗族制度和宗族统治,还提高了谱牒的出版质量。从我们翻阅过的徽州谱牒来看,宋元和明前期编纂的徽州谱牒出版质量大都较低。明代中期以后,纸张、雕版、印刷、版式、装订等都有很大提高,有些谱牒装帧十分考究和精美。

从明中期起,徽州宗族加强了谱牒的管理。许多世家大族为了防止谱牒损坏和遗失,制定了严格的谱牒领取和保管个人负责制。有些宗族还将谱牒统一编号。他们将谱牒管理办法,甚至领谱人的姓名记在谱牒卷末。请看《休宁宣仁王氏族谱》记载的"给领族谱字号"票:

给领族谱字号

祖宗名讳事迹,皆载族谱。子孙万宜保藏。每年清明前日,各房长先自稽考。至清明会祭日,带付宗祠。房长祀　字号,给宣仁支二十二世兆奎收据。首众共查验。如有损坏及鬻非族者,罪坐不孝,定加攻究。祠、谱先削其名示戒。祖宗灵爽冥冥之中,实共鉴之。

祁门《善和程氏仁山门支谱·验谱规例》规定:

查旧谱各家所领多有遗失,因年久未验,不能深究。旧谱存者则给新谱,失者不给,仍将存失开明于后。自今各领新谱并所存旧谱及和溪公谱,递年腊祭之日,同赍至祠,照号众验。倘有遗失,务必追究。如系失于收藏,至风雨、虫鼠损坏等情,定行议罚。若属盗卖,则照和溪公所立《凡例》议黜,断不轻恕。倘遇兵火大故,致失落者,不在罚例。

从众多宗族的谱牒管理规定中，我们可以看到，徽州宗族对谱牒管理的检查是很认真的，对损坏谱牒和遗失谱牒者的惩处是很严厉的。尤其是对盗卖谱牒予"非族者"，作了极为严厉的惩处规定——"罪坐不孝"。婺源《湖溪孙氏宗谱》卷一《湖溪孙氏领谱字号》记载：

> 此谱同治辛未年修辑，源源本本，支派不紊，标字号钤印，记各派分领，宜谨收藏，以备查考。每至子、午、卯、酉年清明节后一日，各带来祠检验，倘有不肖孙曾，慢藏私鬻，察出公削，仍行呈追，以不孝罪论。

清道光六年（公元 1826 年），黟县《西递明经胡氏壬派宗谱》付梓告竣。我们在西递调查时，见到村中有一方碑刻，碑上镌刻道光六年领谱人名单。西递明经胡氏宗族为什么要将领谱人的名单刻在石碑上呢？无疑是为了防止谱牒损坏和遗失，以垂久远。

第三节　徽州谱牒数量大、善本多的原因

今天，全国各地图书馆、博物馆和档案馆等单位馆藏谱牒，以府级地方比较，徽州谱牒种类特别多，数量特别大。以世界上收藏谱牒最多的单位上海图书馆为例（这里指的是原件），该馆馆藏谱牒 12,000 多部，"依地区排列，以浙江省为最多"，其次是安徽。而"安徽的家谱则以徽州地区最为集中"[①]。现在全国共有谱牒 4 万多部，其中徽州谱牒近 2,000 部，几乎占二十分之一。据我们了解，数以千计的徽州谱牒现分别藏于：北京图书馆、中国历史博物馆、中国社会科学院历史研究所图书馆、北京大学图书馆、北京师范大学图书馆、上海图书馆、天津图书馆、吉林大学图书馆、河北大学图书馆、南京图书馆、安徽省图书馆、安徽省博物馆、黄山市博物馆、歙县博物馆、绩溪县档案馆等数十个单位。此外，还流散到国外一大批。

---

① 《上海图书馆馆藏家谱简介》，载《全国谱牒开发与利用学术研讨会》论文摘要。

现在，全国各地图书馆、博物馆和档案馆等单位收藏的徽州谱牒，不仅数量非常大，而且善本特别多，价值特别高。在现在全国已经发现的 23 种宋元谱牒之中，有 14 种属于徽州谱牒，2 种内有徽州宗族的内容。《北京图书馆古籍善本书目·谱牒类》记载，该馆馆藏善本谱牒总计 427 部，其中徽州善本谱牒占一半以上。① 据我们所知，中国社会科学院历史研究所图书馆馆藏徽州谱牒 67 部，其中善本有明谱 19 部，清前期谱 16 部。安徽省博物馆馆藏徽州谱牒近 200 部，其中善本有宋谱 1 部，元谱 1 部，明谱 37 部，清前期谱 50 部。黄山市博物馆馆藏徽州谱牒 200 多部，其中善本有宋谱 1 部，明谱 16 部，清前期谱 49 部。河北大学图书馆馆藏徽州谱牒 50 多部，其中善本有元谱 1 部，明谱 13 部。收藏徽州谱牒较多的上海图书馆和安徽省图书馆不计，仅上述五个单位即拥有徽州善本谱牒 400 多部。徽州谱牒无论是数量、还是善本，均居全国州级之冠。

流传和保存到今天的徽州谱牒数量特别大、善本特别多的原因是什么呢？

一、宗族的繁荣及其对修谱的重视

徽州谱牒数量特别大、善本特别多，与历史上徽州宗族非常发达是分不开的。它是徽州宗族繁荣的表现和结果。

嘉靖《徽州府志》卷二《风俗》记载：徽州"家多故旧，自唐宋来，数百年世系，比比皆是。重宗义，讲世好，上下六亲之施，村落家构祠宇，岁时俎豆"。郑佐在《新安名族志序》中说：徽州"有殊邑联宗、数村一姓之繁"；"其先代坟墓之存者，远肇齐梁，近有唐宋，百年十世者勿论焉"。这种宗族繁荣现象，"他郡罕及之也"②。胡晓在《新安名族志序》一文中记载：

新安……山峭水厉，燹火弗惊，巨室名族，或晋唐封勋，或宦游

---

① 据张志清《北京图书馆藏中国家谱综述》，该馆馆藏善本族谱为 458 种。
② （明）程尚宽等纂：《新安名族志》，日本东洋文库藏明嘉靖三十年（公元 1551 年）刻本。

宣化,览形胜而居者恒多也。其故家遗俗,流风善政,宛然具在。以言乎派,则如江淮河汉,汪汪千顷,会于海而不乱;以言乎宗,则如泰华之松,枝叶繁茂,归一本而无二;言乎世次,则尊卑有定,族居则闾阎辐辏,商贾则云合通津;言乎才德,则或信义征于乡间,或友爱达于中外,或恬退著述,或忠孝赫烈。至于州里之镇定,六州之保障,诸儒之大成,宗庙血食,千载不磨,又名族之杰出者。①

在这篇序文中,胡晓对徽州宗族的发达和繁荣作了淋漓尽致的描绘与阐述。他认为,天下"求族之不紊者,盖廖廖矣";但是,"新安则异是矣"。这里的名宗右族大都宗一本而"无二",派系分而"不乱",世次明而"有定",宗族制度特别发达,十分繁荣。正如康熙《徽州府志·风俗》所说:"吾徽有千年祖坟,千人祠宇,千丁乡村,他处无有也。"

徽州名宗右族十分重视谱牒的修纂。他们认为,"立族之本,端在修谱。族之有谱,犹国之有史;国无史不立,族无谱不传"②。

徽州宗族认为,编纂谱牒是收族的主要手段,是尊祖、敬宗和孝道的根本体现。他们说:"孝莫大于尊祖,尊祖莫先于合族,合族之道,必修谱以联之。"③"家谱之兴,所以收族而导之尊祖敬宗也。"④纂修谱牒是"收族之道,尊祖敬宗之本也"⑤。

徽州宗族认为,编纂谱牒是巩固宗族制度和宗族统治的重要保障。《洪川程敦睦堂世系谱序》引吕本中的话说:"国无国之道,而后国乱;家无家之

---

① (明)程尚宽等纂:《新安名族志》,日本东洋文库藏明嘉靖三十年(公元 1551 年)刻本。
② (民国)王德藩纂:绩溪《盘川王氏宗谱》卷首《凡例》,民国十年(公元 1921 年)五教堂活字本。
③ (清)黄开簇纂:歙县《虬川黄氏宗谱·虬川黄氏重修宗谱序》,清道光十年(公元 1830 年)刻本。
④ (清)鲍琮纂:歙县《棠樾鲍氏宣忠堂支谱》卷二十一《鲍氏两翁传》,清嘉庆十年(公元 1805 年)家刻本。
⑤ (明)程本华、程光弼纂:《古歙长原托山程氏重修家谱·托山程氏重修本支谱后序》,明崇祯九年(公元 1636 年)刻本。

道,而后家乱。故礼乐纲纪者,国之道也;宗法谱系者,家之道也。"①徽州人认为,"家之有谱,犹国之有史也。国而非史,则君臣之贤否,礼乐之污隆,刑政之臧否,兵机之得失,运祚之兴衰,统绪之绝续,无由以纪;家而非谱,则得姓之源流,枝派之分别,昭穆之次序,生卒之年月,嫁娶之姓氏,出处之显晦,无由以见,国何以治,而家何以齐哉?"②

徽州宗族认为,编纂谱牒是有关世教与治平之事。他们说:"管摄天下人心,须明谱牒。……谱牒之作,上关世教,下维风俗,所为笃亲亲之义,尽尊尊之礼。"③"谱其有关于世教也,大矣。"④《明经胡氏甲派芳塘宗谱序》记载:"故家巨族莫不有谱,使知千万之身皆如一人,亲其所亲,长其所长,为上者安坐而致治平,岂不休哉!"⑤所以,《婺南中云王氏世谱·明戊寅重修世谱序》认为,"谱之为说,固非一家之事,而天下国家之事也"。

徽州人认为,编纂谱牒是宗族的头等大事。歙县《桂溪项氏族谱·汪太傅公序》记载:"新安居万山中,风淳俗古,城郭村落率多聚族而居,故于族谊最笃,而世家巨阀尤兢兢以修谱为重务。"所有名宗右族都将修谱视为宗族的"盛典"⑥。

早在晋朝,徽州宗族即有"三世不修谱,便为小人之戒"⑦。南宋时期,朱熹指出:"三世不修谱者,当以不孝论。"⑧经朱熹倡导之后,这一观点遂成为徽州宗族金科玉律的教条,许多宗族每隔一段时间即修一次谱牒。徽州宗族

---

① (民国)程礼恭、程兰纂:绩溪《洪川程氏宗谱》,民国十二年(公元1923年)活字本。
② (明)吴元满纂:《歙西溪南吴氏世谱》,明末清初吴启暴抄本。
③ (明)王铳纂:婺源《武口王氏统宗世谱》卷首《会修统谱序》,明隆庆四年(公元1570年)黄西园刻本。
④ (民国)程礼恭、程兰纂:绩溪《洪川程氏宗谱》卷首《洪川程敦睦堂世系谱序》,民国十二年(公元1923年)活字本。
⑤ (清)吴之觐纂:歙县《明经胡氏甲派芳塘宗谱》,清康熙六十年(公元1721年)刻本。
⑥ (元)詹晟等纂:婺源《庆源詹氏族谱》卷首《会修宗谱公启》,清初抄本。
⑦ (清)程槚、程度渊纂:歙县《槐塘程氏重续宗谱》,清康熙十二年(公元1673年)刻本。
⑧ (清)洪承科、洪必华纂:歙县《金山洪氏宗谱》卷一《金山洪氏宗谱后序》,清同治十二年(公元1873年)刻本。

认为,"谱者,家之大典,姓氏之统于是乎出,宗祖之绩于是乎章,子姓之绪于是乎传,宗法于是乎立,礼义于是乎兴,胡可缓也"①。婺源武口王氏宗族,"传至有明之季,每当周甲一修。各派诸君,趋义捐输。家乘大典,昭如日星"②。许多名宗右族甚至"谆谆修族谱、修茔志,近者三年五年,远则三五十年,以其本固而末不摇"也③。歙县《明经胡氏甲派芳塘宗谱》的作者认为,"夫谱之重于家,犹史之重于国。史以纪善恶,示劝惩;谱以溯本源,联情谊。故史不可一日不备,谱亦不可一日不修"。

由于徽州宗族十分重视谱牒的修纂,每隔一段时间即修一次谱牒,因而就造成徽州谱牒不但数量特别大,而且善本特别多。

二、宗族仕宦和富商的积极参与

徽州谱牒数量特别大,善本特别多,宗族仕宦和富商积极参与谱牒的修纂起了重要作用。

宋代以来,徽州宗族学子科第仕宦取得了辉煌成就。据历史文献记载,宋代徽州中式进士多达619人④,出现"名臣辈出"的社会现象⑤。明代,除了寄籍外地的大量进士以外,仅本籍进士即有392人,形成一个庞大的徽籍官僚群体。清代,仅歙县一个县即有本籍和寄籍进士296人。在这些中式者当中,有状元5人,榜眼2人,武榜眼1人,探花8人,传胪5人,会元3人,解元13人。在京师的高官显宦有大学士4人,尚书7人,侍郎21人,都察院都御

---

① (明)程一枝纂:《程典》卷十二《本宗列传》第二下,明万历二十六年(公元1598年)家刻本。
② (明)王铣纂:婺源《武口王氏统宗世谱》卷首《会修统宗谱序》,明隆庆四年(公元1570年)黄西园刻本。
③ (明)吴元满纂:《歙西溪南吴氏世谱》,明末清初吴启暴抄本。
④ (明)汪舜民纂,彭泽修:弘治《徽州府志》卷六《选举志·科第》,明弘治十五年(公元1502年)刻本。
⑤ (宋)罗愿纂,赵不悔修:淳熙《新安志》卷一《风俗》,清光绪三十三年(公元1907年)刻本。

史7人,内阁学士15人。①

历史文献记载,宗族仕宦从小都受朱熹思想熏陶。他们"读朱子之书,服朱子之教,秉朱子之礼",生活和成长在宗族当中,宗族观念极端强烈,非常深厚。这些人仕宦以后,大都衣锦还乡,为宗族做种种"义举",荣宗耀祖。纂修谱牒,是他们尊祖、敬宗的重要表现,又是他们义不容辞的光荣使命。所以,许多仕宦都为宗族修谱。绩溪《龙川尚书公派胡氏支谱》(传抄本)记载:"胡氏家乘之修,窒于太师魏国公思谦公,修之于晋(?);郡宪仕义公修之于陈;枢使子荣公修之于唐;提干念五公修之于宋,继大学士允年公亦修之于宋;教授竹州公考之于元。"明代,户部尚书胡富、曲靖府同知胡光、都察院右副都御史胡宗明、兵部尚书胡宗宪等宗族子弟,都曾积极从事绩溪龙川胡氏宗族谱牒的编纂工作。我们今天见到的徽州谱牒,多数都是宗族历代仕宦纂修的。如《新安朱氏族谱》,宋权浙西常平提举朱汝贤初纂;《汉歙丹阳河南方氏衍庆统宗图谱》,宋仁和县知县方桂森纂;歙县《汪氏十六族近属家谱》、歙县《岩镇汪氏家谱》,明兵部左侍郎汪道昆纂;《新安程氏统宗世谱》,明礼部右侍郎程敏政纂;《祁门善和程氏谱》,明按察使程昌纂;歙县《槐塘程氏宗谱》,明南京户部右侍郎程嗣功纂;《祁门倪氏族谱》,清诸暨等县知县倪望重纂;《重修古歙东门许氏宗谱》,清观察使许登瀛纂,等等。

唐宋之际,中国社会经济的重心从中原转移到江南。在这个经济背景之下,徽商开始崛起。经过几个世纪的历史发展,到明嘉靖、万历年间,随着商品经济的繁荣和资本主义生产关系的萌芽,徽商进入黄金时代。徽州人"业贾者,什七八"②,许多富商大贾商业资本以百万甚至以千万计③。他们作为明清时期最大商帮,执中国商界之牛耳3个多世纪。与徽籍仕宦一样,徽州宗族商人也都是生活和成长在宗族之中,从小都"读朱子之书,服朱子之教,

---

① (民国)许承尧撰:《歙事闲谭》第十一册,稿本。
② (明)汪道昆撰:《太函集》卷十七《阜成篇》,明万历十九年(公元1591年)金陵刻本。
③ (清)李澄纂:《淮鹾备要》,清道光三年(公元1823年)刻本。卷七记载:"闻父老言,数十年前淮商赀本之充实者,以千万计,其次亦以数百万计。商于正供完纳而外,仍优然有余力,以夸多而斗靡,于是居处饮食服饰之盛,甲于天下。"

秉朱子之礼",受朱熹思想熏陶很深,宗族观念非常强烈,极端深厚。他们经商致富之后,也大都衣锦还乡,为宗族做种种"义行",荣宗耀祖。纂修谱牒,同样是他们尊祖、敬宗的重要表现,也是他们责无旁贷的光荣任务。

编纂谱牒不容易,付梓更难。特别是一个历史悠久的大族的谱牒,大都是多卷本,大部头。例如,万历三年刻本《汪氏统宗谱》,多达 172 卷;北京图书馆有一部存 108 卷,竟有 24 册。乾隆刻本《汪氏统宗世谱》,多达 140 卷,目录 2 卷;北京图书馆有一部存 132 卷,多达 35 册。乾隆二十五年刻本《重编歙邑棠樾鲍氏三族宗谱》,竟多达 200 卷,首 1 卷,20 册。乾隆三十年刻本《星源甲道张氏宗谱》,42 卷,42 册。纂修这样多卷本、大部头的谱牒,需要大量经费。如,明隆庆年间婺源武口王氏修统宗世谱,肩事者"济济多人,经营十载有余"①,费用之巨,可想而知。天启年间武口王氏修统宗世谱,"修者三十余人,历十二年而后成"。仅"各派往返食用工费,重至数千金"②。乾隆年间,歙县棠樾、蜀源、岩镇鲍氏三族修纂《重编歙邑棠樾鲍氏三族宗谱》,耗银 3,564 两③。道光五年(公元 1825 年),黟县西递明经胡氏宗族纂修《西递明经胡氏壬派宗谱》,耗银 5,344.77 两④。

徽州谱牒编纂、付梓的经费,大都来源于宗族商人的慷慨解囊。在徽州的地方志和谱牒当中,徽商捐资修谱的记载,俯拾即是,不胜枚举。例如,歙县棠樾鲍氏宗族大盐商鲍志道"由困而亨","修宗祠,纂家牒"⑤。蜀源鲍氏宗族盐商鲍光甸,"幼通经艺,长往扬州营盐策。……于族中置祠产义田,修

---

① (明)王铣纂:婺源《武口王氏统宗世谱》卷首《续修希翔公支下统宗谱序》,明隆庆四年(公元 1570 年)黄西园刻本。

② (明)王铣纂:婺源《武口王氏统宗世谱·凡例》,明隆庆四年(公元 1570 年)黄西园刻本。

③ (清)鲍光纯纂:《重编歙邑棠樾鲍氏三族宗谱》卷二百《刊谱输金》,清乾隆二十五年(公元 1760 年)一本堂刻本。

④ (清)黟县西递明经胡氏《道光五年修族(谱)账录》,稿本。

⑤ (清)鲍琮纂:歙县《棠樾鲍氏宣忠堂支谱》卷二十一《鲍肯园先生小传》,清嘉庆十年(公元 1805 年)家刻本。

谱牒"①。岩镇郑氏宗族盐商郑鉴元居扬州,"先世业盐,鉴元总司鹾事十余年,修洪桥郑氏宗祠,又尝修族谱"②。城关汪氏宗族商人汪嘉树,"年十六服贾以养亲,曾两修支谱"③。婺源县龙腾俞氏宗族商人俞铨,"幼失怙,性耽书史,后经商赀裕,为支祖立祀田祭扫,修葺本支谱牒"④。梅溪槎坑吴氏宗族商人吴永钥"往汉镇业贾,值水灾,钥雇舟救援,全活甚众。尤笃根本,修祀厅,葺宗谱,所费不下五百金"⑤。读屋泉商人孙有燨,"幼读书,以父抱疾,弃儒就贾,赀渐饶。建祖祠,立圭田,修祀典,葺宗谱"⑥。胡正鸿"成童后,父命服贾。……若修谱谍(牒),葺祖茔,费皆独任"⑦。鲍起元在汴梁经商,闻宗谱付梓,"喜不自胜,乐输多金,从事其襄"⑧,等等。

由于宗族仕宦和富商积极参与谱牒的修纂,因而就造成徽州谱牒不仅数量特别大,而且善本特别多。

三、"万山回环"的地理环境

徽州谱牒数量特别大,善本特别多,与徽州的地理环境是分不开的。

绩溪《明经胡氏龙井派宗谱》记载:"自来谱牒之遗佚,每沦于兵燹之劫

---

① (民国)许承尧纂:《歙县志》卷九《人物·义行》,民国二十六年(公元 1937 年)铅印本。
② (民国)许承尧纂:《歙县志》卷九《人物·义行》,民国二十六年(公元 1937 年)铅印本。
③ (民国)许承尧纂:《歙县志》卷九《人物·义行》,民国二十六年(公元 1937 年)铅印本。
④ (民国)葛韵芬等修,江峰青纂:《重修婺源县志》卷四十一《人物·义行》,民国十四年(公元 1925 年)刻本。
⑤ (民国)葛韵芬等修,江峰青纂:《重修婺源县志》卷四十一《人物·义行》,民国十四年(公元 1925 年)刻本。
⑥ (民国)葛韵芬等修,江峰青纂:《重修婺源县志》卷四十一《人物·义行》,民国十四年(公元 1925 年)刻本。
⑦ (民国)葛韵芬等修,江峰青纂:《重修婺源县志》卷四十《人物·义行》,民国十四年(公元 1925 年)刻本。
⑧ (清)鲍光纯纂:《重编歙邑棠樾鲍氏三族宗谱》卷一百零一《希圣公派》,清乾隆二十五年(公元 1760 年)一本堂刻本。

灰。"事实证明,战乱是许多地方谱牒亡失的主要原因。但是,徽州"届万山中",似"世外桃源","兵燹鲜经",因而使许多名宗右族的谱牒得以保存和流传下来。《休宁戴氏族谱》曰:"新安届万山中,无兵燹之虞。聚族以居,谨姻连,贱赘冒,家庙鲜饬,系牒明备,柱础碑碣往往有唐宋间物,以故大家巨姓所在有之,而休之戴氏尤著。"歙县《方氏族谱》记载:"歙以山谷为州也,其险阻四塞,几类蜀之剑阁矣,而僻在一隅,用武者莫之顾。中世以来,兵燹鲜经矣,以故故家旧牒多有存者。"明嘉靖年间,一位叫徐中行的政府官员对徽州的地理环境与宗族兴旺、谱牒繁荣的关系作了精辟的阐述。他说:

  余昔奉诏,恤刑南畿,入新都境内,见村落不二三里,鸡犬相闻,居民蜂房鳞次,若廛市然,一姓多至千余人,少亦不下数百。盖以地僻大江之南,万山回环,郡称四塞,即有兵火,不至延久。故其民多生全,而庶甲海内。隋唐世家,历历可考,且家各有谱。余每喜其乐土,而诵其善俗也。①

  据文献记载,徽州由于"万山回环"的地理环境,即"间遭兵革",许多名宗右族的谱牒也不一定亡失。《古歙城东许氏世谱》记载:"今寓内,乔木之家,相望不乏。然而族大指繁,蕃衍绵亘,所居成聚,所聚成都,未有如新安之盛者。盖其山川复阻,风气醇凝,世治则诗书什一之业,足以自营;世乱则洞壑溪山之险,亦足以自保,水旱兵戈所不能害。"歙县《吴氏族谱·新安昌溪吴氏太湖支谱序》说:"夫新安,在汉为丹杨(按:即丹阳。《汉书·地理志》作'丹扬';《晋书·地理志》作'丹杨'——引者)山越地,万山攒峭,径路陡绝。自汉迄明,虽间遭兵革,而世家大族窜匿山谷者,犹能保其先世所藏。非若金陵,南北土地平衍,一经离乱,公私扫地,其势然也。"黟县《环山余氏宗谱》记载:"环黟皆山,邑多古族,虽当兵争时代,犹能于山中敦崇本务,自成为世外桃源。"

---

① (清)项启铴纂:歙县《桂溪项氏族谱》卷一《旧谱序跋》,清嘉庆十六年(公元1811年)刻本。

现在,除徽州以外,全国各个地区的明代谱牒都已寥寥无几。而全国各地图书馆、博物馆和档案馆等单位馆藏的明代徽州谱牒总和却有数百种,数量相当可观。据我们了解,除徽州以外,全国各个地区的宋元谱牒,绝大多数已亡失殆尽。而在全国已经发现的 23 种宋元谱牒当中,有 14 种属于徽州谱牒;有 2 种谱籍未定,但谱中记有徽州宗族内容,与徽州宗族有关。这 16 种谱牒占已发现的全国宋元谱牒总数 69.6%。这些谱牒属凤毛麟角,极为珍贵。

今天,全国各地图书馆、博物馆和档案馆等单位馆藏徽州谱牒数量大,善本多,特别是宋、元、明谱牒在全国同时期的谱牒中所占比例非常大,"万山回环""兵燹鲜经"的地理环境是一个重要原因。

第四节 《新安大族志》的编纂

据我们所知,现在国内外藏《新安大族志》共有 3 部。

一、安徽省博物馆藏本(以下简称"安博藏本")。元陈栎编纂,前后两卷,抄本。有陈栎《新安大族志序》、(明)彭泽《新安大族志序》《新安大族凡例》《新安大族姓氏目录》和《后跋》。

二、安徽省图书馆藏本(以下简称"安图藏本")。元陈定宇(栎)编纂,(明)彭德庵(泽)参辑,(清)程以通补校,上下两卷,清康熙六年刻本。有彭德庵《新安大族志序》、程以通《剖疑》《新安大族志全集凡例》《新安大族志目录》和《后跋》。

三、日本东洋文库藏本(以下简称"东文藏本")。分为《新安大族志金集》和《新安大族志玉集》。前后都有缺页,因此无编纂者姓名、序文、凡例、目录和后跋。

一、《新安大族志》的编纂者

谁是《新安大族志》的编纂者呢？有的学者说，是元儒陈栎[①]；有的学者说，不是陈栎[②]。我们认为，说陈栎不是《新安大族志》的编纂者比较难。

说陈栎不是《新安大族志》的编纂者比较难的原因有哪些呢？

第一，不同版本的《新安名族志》"凡例"都讲到陈栎和《新安大族志》，讲到《新安大族志》与《新安名族志》的关系。《新安名族志》"凡例"（国家图书馆藏二册本）说："元儒陈定宇栎著有《新安大族志》，惜未梓行，间见抄本，疏略未备，且立例混于他郡姓名。今之采辑，惟著姓于吾新安有足征者悉书之，其无所考据及迁徙外郡者遗之。"日本东洋文库藏本《新安名族志》"凡例"说："《名族志》，因元儒陈氏定宇旧本而补辑之者也……"《新安名族志》是一部集体著作，从序文来看，参加这部书编纂的徽州六邑乡绅，先后有郑佐、洪垣、汪孟汌、戴廷明、胡德卿（或曰方德卿）、程瑞（或曰程子瑞）、王克和、吴信夫、叶本静、程尚宽等多人。如果他们都没有见到陈栎的《新安大族志》，他们编纂的《新安名族志》没有因袭"陈氏定宇旧本而补辑之"，《凡例》的作者这样"凭空杜撰"，他们能答应、能接受吗？

第二，国家图书馆藏本和东洋文库藏本《新安名族志》中有7篇序文，其中有5篇用不同的语言文字，或讲到了陈栎与《新安大族志》，或阐述了陈栎的《新安大族志》与《新安名族志》编纂的关系。为了阐明这个问题，现据东洋文库藏本将有关序文文字列下。

(1)婺源乡绅洪垣在《新安名族志序》中说：

> 元儒陈定宇以不得行其志，惧乡俗日且疲庲，乃窃取新安名族，叙其源委，以微存昭鉴之权于十一，识者亮之。厥今，和溪戴子、古

[①] ［日］多贺秋五郎：《关于〈新安名族志〉》，见刘淼辑译：《徽州社会经济史研究译文集》，合肥：黄山书社，1988年。

[②] 郑力民：《〈新安大族志〉考辨——兼谈〈实录新安世家〉》，载《安徽史学》，1993年第3期。

山吴子、旸谷程子辈,则又因述旧典,更加撷集,以详著各族先世之善,核而不滥,侈而不夸,夫岂无所为哉!

(2)休宁乡绅邵龄在《新安名族志序》中说:

应劭有氏族之纂,王符有姓氏之述,何承天有《姓苑》之修,路敬淳有《姓略》之辑……顷乃以是编者,为定宇陈子,悬衡于胡元,已苛瀛选。和溪诸子缀旒于我代,犹歉珠遗。

(3)祁门乡绅王讽在《新安名族志序》中说:

诸君子雅意斯举,博采各邑各氏之谱,约而成一郡名族之志,使阅之者不烦晷刻而周知无遗,且使后此而子孙者、而父祖者、而先达者、而后进者,皆知所以观感警劝……则是岂不为陈定宇之遗意哉!……诸君子之举,其必有以先得予心之所同,然而不致遗议于后来矣。而陈定宇之意,苟其借名族之志,以厘正新安之风俗,以寓观感警劝之机……

(4)黟县乡绅程光显在《新安名族志序》中说:

新安,紫阳夫子乡也,以仁让教天下者,紫阳夫子之学也。兹欲执其机、溥其化,以推其教于无穷,此则生紫阳之乡者皆与有责焉。是故斯志也,虽所以续定宇陈氏之编,亦所以翼紫阳夫子之教于万一也。

(5)歙县乡绅程尚宽在《新安名族志引》中说:

元儒陈氏定宇尝编有《新安大族志》,其书惜未盛行。顷者,双溪郑公、觉山洪公因其遗编增益而梓布之,彬彬乎可以观新安人文之盛矣,骎骎乎可以占世道亨昌之机矣,猗欤休哉!而为之采录者,则始于祁之叶本静,继以休之戴廷明辈,勤勤蒐辑,垂十年矣。

洪垣、邵龄、王讽、程光显、程尚宽的上列言论充分地证明,元儒陈栎确曾编有一部《新安大族志》。如果陈栎没有编纂《新安大族志》,这些人的阐述都是"凭空杜撰"或"人云亦云",参与《新安名族志》编纂的"六邑贤士大夫"能不群起而攻之吗？十个编纂者为什么都一声也不响呢？这有力地说明,他们在编纂《新安名族志》时,确曾参考了陈栎的《新安大族志》。

有的学者问：既然陈栎是《新安大族志》的编纂者,怎么去元不远的弘治《徽州府志·陈栎传》记录文字较详,只字未提该志呢？怎么作为陈栎私淑弟子的朱升在其宏富的著作之中,一点未提到该志呢？怎么记载一代大儒的《元史·陈栎传》,也不著录该志呢？①

我们认为,这些问题不难理解。因为,陈栎的《新安大族志》是一个编写大纲,不是一部成熟的著作。用曹嗣轩的话说,就是"陈氏《大族志》仅书地名、迁祖"②。所以,朱升不提它,弘治《徽州府志·陈栎传》和《元史·陈栎传》不著录,是理所当然的。

明嘉靖年间,徽州六邑乡绅要编纂《新安名族志》,已经被人们遗忘两百多年的陈栎《新安大族志》,成为编纂者的热门话题。因为这个编写大纲对编纂者们有重要的参考价值。用《新安各族志·新安名族志凡例》(国家图书馆藏八卷本、东洋文库藏本——引者)的话来说："《名族志》,因元儒陈氏定宇旧本而补辑之者也。"

二、东洋文库藏《新安大族志》的版本

东文藏《新安大族志》是什么时代的刊本？有的学者说："这本书说是元代本子,是可信的,因为：(一)印刷(镌刻)、纸质、书体等方面,可以断定为元代所为,没有丝毫矛盾；(二)各氏族的调查不充分,有空白和余白；(三)记载事项简洁,接近于更古老些的氏族志记载样式。"③有的学者说,这本书"刊刻简陋,只

---

① 郑力民：《〈新安大族志〉考辨——兼谈〈实录新安世家〉》,载《安徽史学》,1993年第3期。
② 曹嗣轩：《休宁名族志·名族志凡例》,合肥：黄山书社,2007年。
③ [日]多贺秋五郎：《关于〈新安名族志〉》,见刘淼辑译：《徽州社会经济史研究译文集》,合肥：黄山书社,1988年。

是《新安名族志》的一个框架而已,但要认定它是元刊本却很困难"[①]。

东文藏《新安大族志》是不是元刊本,其中记载的内容作了十分明确的回答。例如,歙县大族汪氏上路派是一条元代末年的资料。其文曰:

> 上路,城东。有曰初者,为长兴令,由绩溪迁城东天庆观前,元季第煅于兵,徙此。

这条资料说明,东文藏《新安大族志》不是元刊本。因为,如果是元刊本,元人刻书时怎么会知道汪初在绩溪宅第毁于火,另迁歙县城东天庆观前,已处于元朝末年了呢?

除了元末资料,我们还看到5条明代资料。现列4条于下:

(1)休宁大族戴氏瑶林派,"邑东三十五里。忠恭后奢公居隆阜。四世充公之子,曰十四、十五公迁阿坑,因避乱遂迁瑶林。又传至曰亥孙公,洪武三年奉诏受役南京内府,入籍江宁县,今子孙世居瑶林"。

(2)休宁大族程氏古墩派,"邑南四十里。沄公十二世孙逢午,于宋开庆、景定间置庄产于此。洪武甲子,汉口被火。十四世槿公娶古墩吴山长正夫公之孙女,因亲迁此居焉"。

(3)歙县大族程氏托山派,"邑西四十里。故名长源,至永乐初,室于源之西山麓,因遂改今名也"。

(4)休宁大族李氏阳湖派,"邑南三十里。唐宗室昭王德鹏公后,婺理田迁此。明德公洪武为赣州尉。嘉、隆间,叠补博士弟子员"。

上列4条资料充分证明,东文藏《新安大族志》不是元刊本。因为,元人刊刻的书中不可能记载明洪武、永乐、嘉靖、隆庆年间的事,这是不言而喻的。

我们认为,陈栎的《新安大族志》没有元刊本,明人程尚宽在《新安名族志凡例》中已说得一清二楚。其文曰:"元儒陈定宇栎著有《新安大族志》,惜未

[①] 朱万曙:《〈新安名族志〉·整理前言》,见(明)戴廷明、程尚宽等撰:《新安名族志》,合肥:黄山书社,2004年。

梓行,间见抄本,疏略未备,且立例混于他郡姓名。"①

由于《新安大族志》,"惜未梓行,间见抄本,疏略未备,且立例混于他郡姓名",因此,后人出版时对其重新编订和增补,就成为必然的了。对于这个问题,安图藏本的出版者程以通交代得比较清楚。他在《剖疑》一文中说:"或问:'大族前贤既有定本(按:陈定宇编纂、彭德庵参辑《新安大族志》——引者),今又何用补辑?'余曰:'贤如定宇、德庵两先生成是一书,必有定见;但皆二三百年矣,其中岂无升沉异数,致有阙失。则各派向系古族,代有名人、丁繁地广者,可不编次,以备遗漏。'"程以通在《新安大族志全集凡例》中,对重新编订、补辑、考证陈栎的《新安大族志》,有比较详尽的阐述。现将第一条至第七条抄录如下:

一、《大族志》,因元大儒陈定宇先生真本,明兵部尚书关中彭德庵先生参辑,细为考订,分明世派,改正亥鲁,慎之重之。

一、各姓据所迁新安朝代先后为之次序,并无甲乙。

一、大族实迹,自见各宅宗谱,此概不赘。

一、各邑有同姓同族者,则合其派而书之。

一、大族未得其世系者,止标其地名,缺疑以俟各宅自登记。

一、族姓迁徙未久、丁众未广者,虽显达著称,当世不敢私意插入,擅标地名,以存大公。

一、大族各派,通历年游览乡邦,出入详悉;又于读史之暇,检古残本,细为考正,方敢下笔付梓。

《新安大族志全集凡例》证明,《新安大族志》最初虽然是陈栎编纂,但是经过彭泽、程以通等后人重新修订,增添了元末和明代洪武、永乐、嘉靖、隆庆一些资料,已非原貌。

---

① (明)程尚宽等纂:《新安名族志》,日本东洋文库藏明嘉靖三十年(公元1551年)刻本。

三、三个藏本选择比较

我们对安博藏本、安图藏本和东文藏本作了比较研究，发现三个藏本不仅体例完全一致，而且姓氏、始祖、派祖、迁徙、支派、居地、排列、文字、年代等内容，大同小异。由此可见，三个藏本最初来源于一个本子。现对三个藏本选择比较，以窥异同。

（一）安博藏本与安图藏本姓氏目录比较

现将安博藏本姓氏目录列上，将安图藏本姓氏目录列下，进行比较。

程 鲍 方 俞 余 黄 汪 谢 詹 胡 吴 张 陈 李 叶 朱 殷 郑 戴
程 鲍 方 俞 余 黄 汪 谢 詹 胡 吴 张 陈 李 叶 朱　　 郑 戴

任 闵 许 孙 周 高 项 邵 仇 林 康 凌 唐 曹 王 蒋 奚 洪 范 舒 查 倪
任 闵 许 孙 周 高 项 邵 仇 林 康 凌 唐 曹 王 蒋 奚 洪 范 舒　　 倪

徐 吕　　 毕 潘 金 董 冯 江 刘 罗 杨 何 游 廖 夏 赵 姚 施 韩 宋 佘
徐 吕 巴 毕 潘 金 董 冯 江 刘 罗 杨 何 游 廖 夏 赵 姚 施 韩 宋 佘

马 饶 齐 祝 仰 卢 滕 苏 孔 葛 庄 杜 章 欧阳　　 田 萧 丁 柯 蔡 巴
马 饶 齐 祝 仰 卢 滕 苏 孔 葛 庄 杜 章 欧阳 查 田 萧 丁 柯 蔡

两个藏本相比，安博藏本有殷氏，安图藏本无殷氏；安博藏本查氏在舒氏之后，安图藏本查氏在欧阳氏之后；安博藏本巴氏在蔡氏之后，安图藏本巴氏在吕氏之后。其他姓氏的排列次序完全相同。

（二）安图藏本与东文藏本支派比较

将安图藏本与东文藏本72个大族支派进行比较，我们发现其中余、詹、胡、郑、任、许、高、陆、邵、仇、林、康、凌、唐、曹、蒋、范、倪、徐、吕、奚、董、冯、刘、罗、杨、游、廖、夏、赵、施、韩、宋、佘、马、饶、齐、祝、仰、卢、滕、苏、孔、葛、庄、杜46个姓氏的支派完全相同。支派不同的姓氏有程、鲍、方、俞、黄、汪、谢、吴、张、陈、李、叶、朱、戴、孙、周、项、王、洪、舒、毕、潘、金、江、何、姚26个。

在26个支派不同的姓氏之中，绝大多数是大同小异。现将安图藏本和东文藏本 26 个姓氏支派数,相同支派数,各自独有支派数列表于下。

表 4-1　安图藏本与东文藏本支派比较表

姓氏	支派	相同支派	安图藏本独有	东文藏本独有	相同者百分比
程氏	84	79	4	1	94%
鲍氏	7	6		1	85.7%
方氏	16	14	1	1	87.5%
俞氏	10	9		1	90%
黄氏	21	19	1	1	90.5%
汪氏	58	50	7	1	85.9%
谢氏	13	12	1		92.3%
吴氏	62	47	6	9	75.8%
张氏	24	22	2		91.7%
陈氏	25	13	12		52%
李氏	18	17	1		94.4%
叶氏	22	20	2		90.9%
朱氏	22	20	1	1	90.9%
戴氏	19	16	2	1	84.2%
孙氏	23	14	8	1	60.9%
周氏	7	6		1	85.7%
项氏	5	4		1	80%
王氏	32	31	1		96.9%
洪氏	14	9	3	2	64.3%
舒氏	4	1		3	25%
毕氏	8	7		1	87.5%
潘氏	11	4	1	6	36.4%
金氏	8	7		1	87.5%
江氏	26	14	1	11	53.8%
何氏	4	3	1		75%
姚氏	8	7	1		87.5%

在 26 个支派之中,安图藏本与东文藏本均收录且重合度高的支派,有程氏、俞氏、黄氏、谢氏、张氏、李氏、叶氏、朱氏、王氏,均占 90% 以上;鲍氏、方氏、汪氏、戴氏、周氏、项氏、毕氏、金氏、姚氏,均占 80% 以上。两种藏本均收录且重合度低的支派,有江氏占 53.8%,陈氏占 52%。最少者为潘氏占 36.4%,

舒氏占 25%。

(三)安图藏本与东文藏本姓氏来源文字叙述比较

表 4-2　安图藏本与东文藏本姓氏来源文字叙述比较表

安图藏本	东文藏本
林　氏	林　氏
殷比干之子逃难长林,因指为姓。	林出殷比干之子逃难长林,因以为姓。
唐　氏	唐　氏
出颛顼后,至唐高祖有天下,大号曰唐。其后,子孙避难江东,以国为姓。	唐出帝颛顼高阳氏,至唐高祖有天下,大号曰唐。其后,子孙避难江东,遂以国为氏。
蒋　氏	蒋　氏
周公第三子伯龄封于蒋,子孙因氏焉。汉末,曰钦,从孙策渡江,授荡寇将军,子孙散居诸处。	蒋出周公第三子伯龄封于蒋,子孙因氏焉。传至曰钦,从孙策东渡,迁荡寇将军,散迁诸处。
江　氏	江　氏
嬴姓伯益之后,玄仲受封于江,因氏焉。又有萧江,本萧姓,唐宰相遘仲子祯伐黄巢,受江南守,驻兵歙,指江为誓,复唐,易姓江。	江出嬴姓伯益之后,玄仲受封于江,因氏焉。又有萧江,本萧姓,唐宰相遘仲子祯伐巢,受江南守,驻兵歙,指江为誓,复唐,易姓江。

大家可以看到,安图藏本和东文藏本文字叙述大同小异,基本相同。

四、徽州第一部移民史

《新安大族志》是第一部徽州族志,同时,也是第一部徽州移民史。它主要阐述的是新安大族始迁祖的来源和各派派祖的迁徙。

据《新安大族志》记载,新安大族始迁祖大都来自四面八方,而以"中原衣冠"为主。他们迁徙徽州、把徽州作为安身立命之地的原因是什么呢?

(一)徽州的大好山水,令人无限向往

许多到徽州为官的士大夫,"有爱其山水幽奇,遂解印终身不返;亦有乐其高山万仞,爱弃官以家其间者矣"[①]。现据《新安大族志》记载,将在徽州为

---

① （清）赵吉士撰,丁廷楗、卢询修:康熙《徽州府志》卷二,清康熙三十八年(公元1699年)刻本。

官迁徙徽州者列表如下。

表4-3 《新安大族志》记载在徽州为官迁徙徽州者一览表

年代	姓名	官职	祖籍或原籍	居地
西晋	程元谭	新安太守	安定	歙县黄墩
东晋	鲍 弘	新安太守	青州	歙县鲍屯
东晋	胡 育	新安太守	青州	黟县横冈
东晋	黄 积	新安太守		歙县黄墩
南梁	任 昉	新安太守		休宁古楼
隋代	谢 杰	歙州教授	汝南	歙县谢村
唐代	胡 珌	新安太守	青州	绩溪市东
唐代	张 荣	歙州教授		休宁岭南
唐代	叶尚或	新安教授	湖州	休宁陪廓
唐代	凌 安		余杭	歙县沙溪
唐代	洪经纶	观察使	河内	婺源官源
唐代	毕师远	歙州判官	河南	歙县长陔
唐代	冯 系	歙尹		歙县
唐代	江 祯	江南守		
宋代	黄 珀	歙州知州	麻城	歙县黄家坞
宋代	陈一清	婺源县令	颖州	婺源陈家巷
宋代	佘 潜	歙州令(?)	雁门	歙县岩镇
宋代	饶 弘			祁门胥山
宋代	孔端朝	黟县县令	曲阜	绩溪八都
宋代	杜 中	婺源教授(?)		婺源崇化坊
元代	仇 铉	徽州总管		歙县王充
元代	李 端	榷茶提举	南滁	休宁中街
	范进荣	休宁县丞		休宁博村
	余 荣	新安太守		黟县西隅
	周继忠	祁门县令	道州	祁门南门
	宋 贶		当涂	歙县上丰

(二)徽州万山回环,郡称四塞,是理想的避难地

众所周知,在宋代以前,中原地区一直是中国经济、政治、文化中心。因此,各种重大战乱——包括农民战争、民族战争和统治阶级内部战争——大都发生在中原地区。据历史文献记载,每当中原大乱,即有大批人渡江南迁,徽州成为他们的首选避地。据《新安大族志》记载,徽州许多大族始迁祖都是避地徽州,视徽州为"世外桃源"。现将这些始迁者列表于下。

表 4-4 《新安大族志》记载迁徙徽州避难者一览表

年代	姓名	祖籍或原籍	居地	迁徙原因
东汉	汪文和	颍川	新安	门阀混战
西晋	俞纵	河间	歙县	永嘉之乱
西晋	余祥		歙县余岸	永嘉之乱
唐代	姚彝		休宁合阳	安史之乱
唐代	张保望	吴楚山	婺源甲路	黄巢起义
唐代	陈禧	严陵	休宁陈村	黄巢起义
唐代	李祥		祁门孚溪	黄巢起义
唐代	朱师古	苏州	歙县黄墩	黄巢起义
唐代	康先	会稽	歙县黄墩	黄巢起义
唐代	曹向贤	益都	休宁曹村	黄巢起义
唐代	潘逢辰	闵三山	歙县黄墩	黄巢起义
唐代	罗文昌	长沙	歙县呈坎	黄巢起义
唐代	罗秋隐	长沙	歙县呈坎	黄巢起义
唐代	赵思	陇西	休宁龙源	黄巢起义
唐代	姚郇	陕西	休宁小贺	黄巢起义
唐代	胡昌翼	陇西	婺源考水	朱温篡唐
唐代	李德鸾		婺源严田	朱温篡唐
唐代	刘依仁	彭城	休宁县前	"因乱"

除了上述两个重要原因之外,据安图藏本《新安大族志》记载还有:歙县程氏元里派祖"姓许,自汴迁杭。元初,有八公者赘于此,顶姓程氏"。婺源马家巷马氏始迁祖马威,"因仇蔡京辞职,隐居于此"。祁门乌门廖氏始迁祖廖嵩"性好乌,辞职,每潜祝乌,栖止为家,乃随乌至祁西,栖不去。嵩遂家此,因名乌门"。婺源济溪游氏始迁祖游潜,"奉父柩,葬婺,家焉。潜子翔迁此"。歙县雄村曹氏先祖曹翱、曹翔,"同程忠壮公定乱,家黄墩。后系彦冲迁此"。婺源叶家埠始迁祖叶林,先世苏州人,"从学于歙,迁此"。

五、徽州大族的发展和分布

从汉代开始，徽州大族的始迁祖即从全国各地向徽州迁徙。到达徽州之后，他们的后裔都聚族而居，逐渐形成许多以血缘关系为纽带的社会人群共同体——宗族。在历史发展的过程之中，宗族的繁衍裂变是自然和社会发展的普遍规律。

宗族繁衍裂变的原因是什么？据安图藏本《新安大族志》记载，都是由于支丁向外迁徙。一、外出为官任职而迁者。如，唐景福间，歙县堨田程氏始迁祖程郁"为歙兵马先锋，分兵巡镇郡西堨田，遂家于龙墩"。休宁汊口程氏始迁祖程泆"为歙州副兵马统帅、检校御史中丞，迁此"。休宁陪廓程氏始迁祖程南节"官至左领大将军，镇休宁，遂家此"。婺源枧溪程氏先祖程湘及程全礼，因全礼"领婺源都督，遂居此"。祁门左田黄氏始迁祖黄仪，"任青阳、祁门尉，迁此"。南唐保大间，汪溃"守婺三梧镇，子中元遂家此"。二、追求大好山水而迁者。歙县云雾塘程氏始迁祖程以贵，系休宁会里程氏支丁，"尝游歙北云雾塘，耽其山水之秀，遂家焉"。休宁西馆程氏始迁祖程文祐、程必达"登齐云山，玩山水，至西馆，遂卜居焉，称为'西程'"。婺源梅溪吴氏始迁祖吴宗道经梅溪，"爱其风土，卜居焉"。三、因婚姻、继嗣而迁者。休宁古墩程氏始迁祖程槿，"娶古墩吴山长正夫公之孙女，因迁此"。歙县郡城李氏始迁祖李念祖"娶郡城汪氏，因家焉"。休宁凤湖街戴氏始迁祖戴重熺，"自隆阜出赘刘氏，家此"。休宁西馆戴氏始迁祖戴炯"赘程氏，因家此"。休宁黄村黄氏始迁祖，"本程忠壮公系，居太塘，传七世曰可顾，出继黄氏，居此"。

据安图藏本《新安大族志》记载，在 82 个姓氏之中，有程氏、黄氏、汪氏、胡氏、吴氏（据东文藏本补）、李氏、许氏、周氏、王氏、范氏、舒氏、倪氏 12 个姓氏的支派分布徽州六县。在这 12 个姓氏之中，程氏、汪氏和吴氏三姓发展最快，分布最广。宋元以来，徽州即有"十姓九汪""一程二汪"之说，是否也可以说"一程二汪三吴"呢？

据安图藏本《新安大族志》记载，歙县程氏有 22 个支派。它们是槐塘派、郡城派、荷花池派、岑山渡派、宣明坊派、南市派、竦口派、临河派、岩镇派（邑西 30 里）、岩镇派（邑西 20 里）、五里牌边派、虹梁派、元里派、表里派、冯塘派、褒家坦派、云雾塘派、竭田派、托山派、方村派、唐具派、古城关派。

休宁程氏有 39 个支派。它们是汊口派、闵口派、率口派、榆村派、遛富派、山斗派、黄石派、会里派、牛坑派、阳村派、鬲山派、富溪派、溪头派、古城派、蟾溪派、汪干派、溪口派、中泽派、苏田派、渠川派、芳关派、浯田派、上草市派、率东派、临溪派（三门程氏）、临溪派（四门程家）、临溪派（白玉程家）、冲山派、泰塘派、横干派、陪廓派、仙林派、西馆派、梅林朱汪派、商山派、溪坦房派、浯田岭派、金川派、古墩派。

婺源程氏有 16 个支派。它们是剑潭派、枧溪振、长径派、彰睦派、香田派、香山派、城东派、西湖派、种德坊派、韩溪派、溪源派、龙陂派、中平派、兴孝坊派、金竹派、沙溪派。

祁门程氏有善和派、程村派。

黟县程氏有南山派。

绩溪程氏有中正坊派、程里派、仁里派、大谷派。

徽州六邑程氏共计有 84 个支派。

据安图藏本《新安大族志》记载，歙县汪氏有 12 个支派。它们是唐模派、潜口派、上路派、稠墅派、古城关派、西沙溪派、斗山派、岩镇派、富喝派、水界山派、丛睦坊派、环山派。

休宁汪氏有 21 个支派。它们是西门派、旌城派、溪口派、斯干派、洪芳派、鹏鹄原派、富山派、当坑派、李沟派、资村派、上资派、梅林派、黎阳派、隐冲派、汊口派、石砫派、水南派、兖山派、长丰派、藏溪派、东山下派。

婺源汪氏有 10 个支派。它们是大畈派、回岭派、凤砂派、官源派、符村派、西门派、冲山派、集贤坊派、石井派、鸿溪派。

祁门汪氏有 10 个支派。它们是井亭派、舜溪派、侯潭派、崇善坊派、泸溪派、东西街派、北关派、桃墅派、村墅派、大坦派。

黟县汪氏有黄陂派、霞阜派。

绩溪汪氏有古墙派、税务前派。

徽州六邑汪氏共计有 57 个支派。

据安图藏本《新安大族志》记载,歙县吴氏有 16 个支派。它们是向杲派、岩镇派、澄塘派、竭田派、泽富派、吴村派、南溪派、金山派、祊塘派、北岸派、石岭派、茆田派、黄墩南溪派、石岭篁坞派、古溪派、葛塘派。

休宁吴氏有 33 个支派。它们是石岭派、江潭派、长丰派、和村派、大溪派、商山派、璜溪派、稍云派、璜源派、城北派、临溪派、方口派、吴田派、雁塘派、隆阜派、朱塘派、油潭派、高枧派、邑前派、汉口派、溪南派、官滩派、老柏墩派、流口派、山背石川派、古墩派、博村派、隆阜派、青山闸派、大连派、黄冈派、高桥派、磻溪派。

婺源吴氏有梅溪派、赋春派、中云派、环溪派。

据东文藏本《新安大族志》记载,还有歙县吴氏瑶村派;休宁吴氏万安派;祁门吴氏墩上派、仙桂坊派;黟县吴氏横岗派、东山派;绩溪吴氏县前派、县后派。

徽州六邑吴氏共计有 61 个支派。

据安图藏本《新安大族志》记载,除了程氏、汪氏、吴氏以外,胡氏有 38 个支派,王氏有 32 个支派,陈氏有 25 个支派,张氏有 24 个支派,孙氏、叶氏各有 22 个支派,朱氏有 21 个支派,黄氏有 20 个支派。

六、对远古中华历史文化认同观念的继承

据安图藏本《新安大族志》记载,徽州大族有不少姓氏是黄帝的后裔。例如,程氏是黄帝、重黎之后。"周大司马休父佐宣王,封程伯,因氏焉"。俞氏"出轩辕系。有讳拊者,轩辕俞其言,遂赐为姓。春秋,晋公子食采俞豆亭,以为氏"。吴氏"始于黄帝。至亶父,欲立季历以及昌。泰伯阴逊,逃吴。至武王定天下,封吴,以承世祀。后以国为姓"。张氏"出轩辕后,胶(彤)鱼氏之子曰挥,观弧置(制)矢,赐姓曰张,官封弓正,主祀弧星,居尹城,国于晴(青)阳"。董氏,出"黄帝之后,仕舜,赐姓董氏"。庄氏,出"黄帝后。熊绎受周封

楚,有谥庄王者,后遂以庄为氏"。东文藏本记载,祝氏"出黄帝孙重黎,为高辛氏火正,有功,封于祝地,号曰'祝融',因以为氏"。

此外,据安图藏本《新安大族志》记载,还有不少姓氏是黄帝之孙颛顼、曾孙喾的后裔。如,朱氏"出颛帝之后,周封曹侠于邾,为楚所灭,子孙去邑,以朱为氏";项氏"出颛顼之后,世居陈,渡江以后,散居江南";唐氏"出颛顼后,至唐高祖有天下,大号曰'唐',其后,子孙避难江东,以国为姓";曹氏"出颛顼帝元孙陆终第五子安";赵氏,"颛帝伯益后造父受封于赵城,因以为氏";周氏,"帝喾生后稷以及文王,因以国为氏"。

怎样理解许多大族以黄帝为始祖——或曰远祖——这种现象呢?宋代以来,许多学者都说这是攀附古代帝王。在谱牒学理论和谱牒序文中,批判这种攀龙附凤的文字,举不胜举。我们认为,这种观点值得商讨。

据历史文献记载,春秋战国和秦汉时期,中华民族的祖先对远古中华历史文化形成一种共识——黄帝是中原各族(或曰"华夏族",下同)的共同始祖,尧、舜等人是中原各族共同的祖先。

这种对远古中华历史文化的认同观念是怎样产生和形成的呢?

(一)黄帝是中原地区的统一者

据历史传说,在洪荒时期,中原地区有许多氏族、部落和部落联盟,他们经常相互侵伐,造成社会动乱,生灵涂炭。《史记·五帝本纪》记载,"轩辕之时,神农氏世衰,诸侯相侵伐,暴虐百姓,而神农弗能征。于是轩辕乃习用干戈,以征不享,诸侯咸来宾从"。"炎帝欲侵陵诸侯,诸侯咸归轩辕。轩辕乃修德振兵","与炎帝战于阪原之野,然后得其志"。"蚩尤作乱,不用帝命。于是黄帝乃征师诸侯,与蚩尤战于涿鹿之野,遂禽杀蚩尤。而诸侯咸尊轩辕为天子,代神农氏,是为黄帝。天下有不顺者,黄帝从而征之"。

统一中原地区是黄帝做的第一件大事,是春秋战国和秦汉时期中华民族的祖先对远古历史文化认同观念产生和形成的第一个原因。

(二)黄帝是中原社会体制的制定者

据历史传说,黄帝征服了炎帝,消灭了蚩尤,统一了中原地区之后,建立了从地方到中央一套比较完整的社会管理体制。《通典·食货》记载："昔黄帝始经土设井以塞争端,立步制亩以防不足,使八家为井,井开四道而分八宅,凿井于中。一则不泄地气,二则无费一家,三则同风俗,四则齐巧拙,五则通财货,六则存亡更守,七则出入相同,八则嫁娶相媒,九则无有相贷,十则疾病相救……井一为邻,邻三为朋,朋三为里,里五为邑,邑十为都,都十为师,师十为州。"

制定从地方到中央的社会管理体制是黄帝做的第二件大事,是春秋战国和秦汉时期中华民族的祖先对远古历史文化认同观念产生和形成的第二个原因。

(三)黄帝是中华民族文明的开创者

据历史传说,在洪荒时期,百姓巢居穴处,茹毛饮血,"未有麻丝,衣其羽皮"①。黄帝有许多创造发明,提高了百姓征服自然的能力和水平。《周易·系辞(下)》记载:

> 刳木为舟,剡木为楫;舟楫之利,以济不通……服牛乘马,引重致远,以利天下……断木为杵,掘地为臼;臼杵之利,万民以济……弦木为弧,剡木为矢;弧矢之利,以威天下。

中华民族文明的开创是黄帝做的第三件大事,是春秋战国和秦汉时期中华民族的祖先对远古历史文化认同观念产生和形成的第三个原因。

(四)黄帝多子多孙,人丁兴旺,繁荣昌盛

据历史传说,中原各族绝大多数是黄帝的子孙后裔。《国语·晋语》说:"黄帝之子二十五人。"《论衡·奇怪篇》云:"五帝三王,皆祖黄帝。"《史记·三代世表》曰:"舜、禹、契、后稷,皆黄帝子孙也。"据《世本》等历史文献记载,春秋战国时期,黄帝的直系后裔已繁衍分封101个方国和诸侯国,有510多个姓氏。其中,青阳一支姬姓繁衍多达432个姓氏。

黄帝多子多孙,后裔人丁兴旺,繁衍昌盛,是春秋战国和秦汉时期中华民族的祖先对远古历史文化认同观念产生和形成的第四个原因。

---

① (宋)朱熹撰:《周易本义》,《四书五经》影印本,北京:中国书店,1994年。

《新安大族志》继承了春秋战国和秦汉时期形成的中华民族的祖先对远古历史文化的认同观念，许多宗族都以黄帝为始祖，尧、舜等人为祖先，具有重大历史意义。这个认同观念，加深了中华民族的感情，增强了中华民族的凝聚力，促进了中华民族的团结，巩固了国家的统一。秦汉以来，在两千多年的历史发展过程中，凡是顽固反对国家统一和坚持闹分裂者，不仅不得人心，而且都被视为乱臣贼子、中华民族的败类，而被钉在历史的耻辱柱上，永远不得翻身。

七、《新安大族志》编纂的背景、宗旨和特点

什么是"大族"？彭泽在《新安大族志序》中作了全面阐述。他说：

> 周人世官，诸侯有国，大夫有家，嗣是犹有因功德以授氏者，皆所以昭荣赏也。今尚其世之从来者远，故曰"大族"，此其一焉。又有先世或以任道、或以明道、或效忠义、或敦孝友、或勋业著、或文章著、或政治著。今皆各尚其源流之美，故曰"大族者"，此又其一焉。舍是二者，不以大族称。①

彭泽认为以大族称者有二：一、"其世之从来者远"者；二、"其源流之美"者。

《新安大族志》编纂的历史背景与社会背景是什么呢？一言以蔽之，就是徽州宗族的繁荣昌盛。胡晓在《新安名族志序》中说：

> 新安……山峭水厉，燹火弗惊，巨室名族，或晋唐封勋，或宦游宣化，览形胜而居者恒多也。其故家遗俗，流风善政，宛然具在。以言乎派，则如江淮河汉，汪汪千顷，会于海而不乱；以言乎宗，则如泰华之松，枝叶繁茂，归一本而无二；言乎世次，则尊卑有定，族居则间阎辐辏，商贾则云合通津；言乎才德，则或信义征于乡间，或友爱达

---

① （元）陈栎：《新安大族志》，安图藏本，全国图书馆文献缩微复印中心2003年影印。

于中外,或恬退著述,或忠孝赫烈。至于州里之镇定,六州之保障,诸儒之大成,宗庙血食,千载不磨,又名族之杰出者。①

我们认为,没有唐宋以来徽州宗族的繁荣昌盛,就不会有《新安大族志》。《新安大族志》是徽州宗族繁荣昌盛的产物与反映。

为什么要编纂《新安大族志》呢？这个问题署名陈栎的《新安大族志序》作了深刻的阐述。其文曰:"古者,国朝必立史,家庙必继志。国史所以载统绪,家志所以别族属。国不可以无史,家不可以失志。使有金匮之藏,以昭后世,无效于蛮夷之戒。"但是,徽州大族"有被火难而失其家乘,或渐消而弃之者"。因此,有些大族的后裔"不明宗祖之源,遂致无相叙义,故有彼我之论,往往皆然"。所以,"士君子上以推本得姓之源,下以载派脉之远而作也"②。编纂《新安大族志》的宗旨,是立"体统"、厚"风俗"。用彭泽的话说就是,由于《新安大族志》的编纂,"人人知所尊祖敬宗矣,是不亦体统之立矣乎？"由于《新安大族志》的流行,"人人知所矜持自立矣,是不亦风俗之厚矣乎？"③

《新安大族志》既属于谱牒学著作,又属于姓氏学著作。谱牒学著作与姓氏学著作相结合是《新安大族志》一个显著特点。安博藏本《新安大族志·后跋》曰:

> 夫人生天地间,总总林林,内而中华,外而蛮貊,苟无姓氏以纪之,则族类何由而辨焉？且古者,伏羲氏以风为姓,神农以姜为姓,黄帝以公孙为姓,尧以伊耆为姓……姓之与氏不胜其繁。姓者因姓所自,氏胙土所得之也。唐太宗命儒贤作《氏族志》,先品爵而后氏族也。逮乎赵宋之时,始有苏老泉、欧阳修始集系谱之端,其类于此矣。于是世家巨族皆效其法,推本姓所出之源,明世裔以纪之,使婚姻无夷狄、同姓之讥,礼序有分鱼龙之论,是以尊祖敬宗之义也。

---

① (明)程尚宽等纂:《新安名族志》,日本东洋文库藏明嘉靖三十年(公元1551年)刻本。
② (元)陈栎:《新安大族志》,安博藏本。
③ (元)陈栎:《新安大族志》,安图藏本,全国图书馆文献缩微复印中心2003年影印。

唐太宗命儒贤编纂的《氏族志》是姓氏学著作；苏洵《苏氏族谱》和欧阳修《欧阳氏谱图》是谱牒学著作。《新安大族志》按姓氏编目，首叙姓氏来源和演变，而后叙述宗族的迁徙、支派和一些人的世次。前者属于姓氏学研究，后者属于谱牒学研究。二者既有联系又有区别。

第五节 《新安名族志》的编纂宗旨

明嘉靖三十年（公元 1551 年）编纂的《新安名族志》，是徽州宗族一部重要著作。此书依据徽州谱牒，对 84 个姓的名宗右族进行了简要叙述（据日本东洋文库藏明嘉靖三十年刻本）。其中包括姓氏起源、始祖来源、族姓郡望、支分派别、世系源流和忠孝、节义、勋业、文章有关世教者等。这部著作是徽州宗族繁荣的产物。没有徽州宗族的发达，就不会有《新安名族志》这部文献。同时，本书的编纂与明代中期商品经济的发展和资本主义生产关系的萌芽是分不开的。明代中期，中国商品经济的繁荣和资本主义生产关系的萌芽，对徽州宗族制度和宗族统治造成了很大威胁。《新安名族志》就是在这个社会背景之下产生的。

《新安名族志》编纂的宗旨是什么呢？这个问题，此书的序文和凡例作了深刻的阐述，特别是在此书的正文中得到了充分的贯彻和具体的反映。

一、明本宗纪世系

早在元朝，陈栎在《新安大族志序》中就提出："族志，何为而作也？士君子，上以推本得姓之源，下以载派脉之远而作也。"他认为，族志的编纂要"如木由本以达其枝，如水由源放乎四海"。[①]

陈栎提出的这个编纂宗旨，被《新安名族志》的编纂者完全接受和继承。胡晓在《新安名族志序》中说："族志者，所以明本宗，纪世系也。"二人使用的

[①] （元）陈栎：《新安大族志》，安博藏本。

文字和表述虽有差异,但目的完全相同。

《新安名族志》的编纂和内容,充分地贯彻和体现了这一宗旨。这主要表现在四个方面:

首先,族志记述了姓氏的起源。《新安名族志》全书共列 84 个姓氏,其中柯、邓、谭、严 4 姓内容阙如,9 姓没载姓氏起源。编纂者推本溯源,上自三皇五帝,下至夏、商、周三代,记述了 71 个姓氏的赐姓授氏渊源。例如,"程出黄帝重黎之后。自周大司马曰休父,佐宣王中兴,封程伯,子孙因以国氏,望安定";"鲍本姒姓,夏禹之后。至周,敬叔仕齐,食采于鲍,因氏焉";"谢出姜姓,神农之后,申伯为周宣王元舅,受封于汝南谢城,因以为氏,望于陈留";"朱出颛帝之后,周封曹侠于邾,为楚所灭,子孙去邑,以朱为氏",等等。族志记述的姓氏起源,不无为了抬高身价,攀龙附凤,侧身帝王后裔之嫌;但是,我们也不同意一概而论,全部否定这些记载的真实性。因为,《新安名族志》关于姓氏渊源的记载来源于《元和姓纂》;《元和姓纂》所依据的资料是先秦的《世本》和汉代一些关于姓氏源流的历史文献。在没有发现不同记载的文献以前,不能轻易完全否定这些姓氏的起源。

第二,族志记述了宗族的始祖。每一个宗族都有自己的共同始祖,这是宗族的一个基本特征。所谓"始祖",实际上绝大多数是"始迁祖"。《新安名族志》记载了每一个宗族始祖的来源。例如,方纮、范传正迁自河南;齐绰、董知仁、杜中、祝承俊迁自德兴;鲍弘、胡焱、孙万登迁自青州;陈子京、章铁迁自浮梁;任昉、蒋俨迁自乐安;李祥、赵思迁自陇西;江仲容迁自峄县;周继忠迁自道州;俞纵迁自河涧;马廷鸾迁自乐平;曹尚贤迁自益都;王璧迁自琅玡;王熙迁自扬州;孔端朝迁自曲阜;康先迁自会稽;姚郋迁自陕西;吕渭迁自河东;韩实迁自上党;黄积迁自江夏;毕师远迁自河南郾师;欧阳文一迁自长沙;吴浅迁自鄱阳;闵纮迁自浔阳;詹敬迁自南阳;查师诣迁自河内;陈禧迁自严陵;章胜迁自遂安;章运之迁自昌化,等等。

第三,族志记述了宗族的支派。宗族的繁衍裂变是一个自然和社会发展的普遍规律。《新安名族志》对这一现象作了简要的叙述。例如,歙县篁墩程灵洗的后裔分裂出的"子族"有:歙县槐塘程氏、竦口程氏、托山程氏;休宁县汊口程氏、会里程氏、陪郭程氏、闵口程氏、富溪程氏、阳村程氏、鬲山程氏、溪头程氏、五城溪口程氏、中泽程氏、苏田程氏、浯田程氏、金川程氏、率东程氏、珠光程氏、临溪程氏、泰塘程氏、仙林程氏、富戴程氏;婺源县高安程氏、枧溪程氏、韩溪程氏、龙陂程氏、溪源程氏、彰睦程氏、香田程氏、香山程氏、城东程氏、西湖程氏、中平程氏;祁门县善和程氏、程村程氏;黟县南山程氏、城南程氏、淮水门程氏、淮渠程氏;绩溪县中正坊程氏、程里程氏、仁里程氏等。

第四,族志记述了宗族的世系。昭穆世次是宗族的一个基本特征。《新安名族志》内所有的宗族,全部都按昭穆世次顺序排列叙述。如,黟县善和汪氏宗族,"一世曰三,元末补黟县掾;二世曰四一,朝议;三世曰一,宣尉;四世曰千;五世曰敬;六世曰秀三,于洪武六年始迁于此;七世曰间,补邑掾……"又如,绩溪县市东胡氏宗族,"(一世)曰宓,唐太和间以散骑常侍掌节新安,因家乌耶(聊)山下,卒家绩溪西门外石碑头;二世曰沼,为南唐客都之官,迁居绩溪市东,以守父业;三世曰峤,四世曰埠,俱有隐德;五世曰策,庆历间捐粟赈饥,时契丹聚兵西北,又以财十万助给军赏,诏补仕斋郎,官铅山县尉;六世曰宏,皇祐五年进士,历官处州司法参军……"

二、强化封建纲常

明朝中期,由于商品经济的繁荣和资本主义生产关系萌芽的产生所影响,徽州社会风俗发生了重大变化,这对宗族制度和宗族统治是一种严重冲击。在封建宗法制度的卫道者们看来,这是"礼崩乐坏"的前奏,"天下大乱"的前夕。他们想通过《新安名族志》的编纂,达到强化封建纲常,巩固宗族统治的目的。

针对徽州社会出现"风俗浇漓",程光显在《新安名族志序》一文中提出,编纂名族志就是为了宣扬和倡导"仁让之风"。其文曰:

> 名族志,志名族也;志云何,述先德也,而迪后之机寓焉。迪后之机活,则夫兴于仁让者益久而不替矣。仁让之风旁以流,而新安

之望加重于天下矣。新安,紫阳夫子乡也,以仁让教天下者,紫阳夫子之学也。兹欲执其机,溥其化,以推行其教于无穷,此则生紫阳之乡者皆与有责焉。是故斯志也,虽所以续定宇陈氏之编,亦所以翼紫阳夫子之教于万一也。何也?夫合分殊而示以一本之义,广亲亲也;亲亲则爱自我立,而仁昭矣。揭其人而考其当世之实,广贤贤也;贤贤则敬自我立,而让行矣。亲亲贤贤,孰无是心哉?

程光显认为,"仁让之风"兴,"殆不止于新安,机动而化自神,沛然溢乎四海,而天下平矣"。

针对徽州社会风气的重大变化,王讽在《新安名族志序》中直言不讳地说:名族志者,"苟其借名族之志,以厘正新安之风俗,以寓观感警劝之机"。《新安名族志凡例》开宗明义即说:"名族志因元儒陈氏定宇旧本而补辑之者也。观者于此,不惟见新安礼乐文物之盛,抑以彰国家化民成俗之意,相与庆甄陶之有自,以保乐利于无涯者,不为无助也。"

他们认为,"出贾既多,土田不重;操资交捷,起落不常;能者方成,拙者乃毁;东家已富,西家自贫;高下失均,锱铢共竞;互相凌夺,各自张皇",以及由此引起的"诈伪""讦争""芬华""靡汰"等现象,是一种不正之风。① 厘正这种社会风气,最重要的是强化封建纲常。《新安名族志》编纂者为了达到这一目的,采取的基本编纂原则是:"名族实迹,其忠孝、节义、勋业、文章有关世教者,不拘隐显存殁,悉在所录。"②他们企图通过宣扬徽州名宗右族中的忠孝、节义和勋业、文章有关世教者的实绩,以达到强化封建纲常,巩固宗族统治的目的。

《新安名族志》紧扣这一编纂宗旨,"世次精白,衍派详明,文约而事该,语质而不俚",阐述了80个姓氏中的忠孝、节义和勋业、文章有关世教者的实绩。③

---

① (明)谢陛纂,张涛修:万历《歙志·风土》,明万历三十七年(公元1609年)刻本。
② (明)程尚宽等纂:《新安名族志·凡例》,日本东洋文库藏明嘉靖三十年(公元1551年)刻本。
③ (明)胡晓:《新安名族志序》,见(明)程尚宽等纂:《新安名族志》,日本东洋文库藏明嘉靖三十年(公元1551年)刻本。

整部书的内容基本上就是徽州名宗右族子弟忠孝、节义、勋业、文章"光荣榜"。我们抽出其中部分宗族,作了一个统计,现将统计表列后:

表 4-5 《新安名族志》中忠孝、节义、勋业、文章有关世教者统计表

序列	宗族名称	科第仕宦	孝子贤孙	节妇烈女	隐德义行	儒林著述
1	歙县槐塘程氏宗族	33人		1人		5人
2	休宁县汉口程氏宗族	52人	1人	3人		5人
3	歙县棠樾鲍氏宗族	37人	3人	16人	17人	3人
4	婺源县汪口俞氏宗族	30人			2人	25人
5	婺源县沱川余氏宗族	12人	1人		3人	7人
6	黟县城西余氏宗族	10人	1人	7人	10人	4人
7	歙县结林方氏宗族	9人	1人	4人	8人	20人
8	歙县潭渡黄氏宗族	23人	3人	8人	4人	20人
9	祁门县左田黄氏宗族	16人	2人	3人	29人	16人
10	婺源县大畈汪氏宗族	45人			1人	24人
11	婺源县凤砂汪氏宗族	33人	3人	5人	6人	12人
12	休宁县龙源邵氏宗族	9人		1人	12人	1人
13	歙县岩镇谢氏宗族	5人		2人	7人	10人
14	婺源县庐源詹氏宗族	28人	1人	2人	1人	
15	婺源县庆源詹氏宗族	9人	6人		10人	7人
16	婺源县考水明经胡氏宗族	22人			2人	5人
17	黟县横冈胡氏宗族	43人	3人	2人	18人	8人
18	黟县西递明经胡氏宗族	7人		2人	15人	12人
19	绩溪县市东胡氏宗族	29人	2人	2人	7人	5人
20	绩溪县龙川胡氏宗族	55人				19人
21	绩溪县北门张氏宗族	11人	4人	5人	6人	22人
22	歙县向杲吴氏宗族	7人	5人		8人	10人
23	休宁县临溪吴氏宗族	21人	1人		2人	8人
24	黟县横冈吴氏宗族	18人		5人	22人	11人
25	休宁县南街叶氏宗族	8人		1人		2人
26	婺源县香田朱氏宗族	24人			3人	5人

续表

序列	宗族名称	科第仕宦	孝子贤孙	节妇烈女	隐德义行	儒林著述
27	歙县郑村郑氏宗族	23人	3人	5人	2人	11人
28	婺源县桂岩戴氏宗族	51人	2人	3人	4人	5人
29	绩溪县涧洲许氏宗族		3人	3人	19人	3人
30	绩溪县坊市周氏宗族	20人	6人	4人	4人	10人
31	婺源县官源洪氏宗族	24人		1人	1人	9人
32	歙县桂溪项氏宗族	15人	1人	4人	4人	14人
33	歙县呈坎前罗氏宗族	10人		3人	10人	20人
34	歙县呈坎后罗氏宗族	14人				
35	歙县郡城杨氏宗族	9人	1人		3人	8人
36	祁门县白桃康氏宗族	32人				2人
37	歙县表城门唐氏宗族	30人	2人	1人	1人	8人
38	祁门县白塔蒋氏宗族	20人	2人		3人	19人
39	黟县屏山舒氏宗族	20人	2人	2人	8人	7人
40	婺源县桃溪潘氏宗族	69人	2人	1人	6人	33人
合计		933人	61人	96人	258人	415人

《新安名族志》编纂者认为，上表所列人物都是忠孝、节义和勋业、文章有关世教者的楷模。宣扬这些楷模，向楷模学习，就能"厘正新安风俗"，强化封建三纲五常，巩固封建宗族统治。这是《新安名族志》最重要的编纂宗旨。

第六节 徽州谱牒资料辨

徽州谱牒资料异常丰富，它是研究徽州社会、宗族、经济、人口、伦理、风俗、文化的重要资料。其学术价值很高，是我国一份宝贵的传统文化遗产。有的学者认为，谱牒"与正史、方志一起，构成中华民族历史学大厦三大支柱，是中华民族悠久历史文化的重要组成部分"[①]。但是，由于宗族统治者修谱

---

① 王鹤鸣：《中国家谱知多少——关于中国家谱的收藏与统计》，见《中华谱牒研究——迈入新世纪中国族谱国际学术研讨会论文集》，上海：上海科学技术文献出版社，2000年，第1页。

的普遍宗旨,都是为了"亢宗""亢族"、显亲扬名、荣宗耀祖;同时,又都将"家乘书善不书恶,为亲者讳"作为金科玉律,因此谱牒与正史、方志相比,其中渲染、夸张、虚假、隐讳、错误的成分要大得多。我们认为,运用谱牒资料进行学术研究,必须认真辨伪,去伪存真。

一、可疑的历史记载

有的宗族纂修谱牒时,为了光大门第,拔高社会地位,攀龙附凤、伪造历史的现象时有发生。徽州的学者和宗族对此早有批评。元代著名学者郑玉说:"予每怪世之奸人侠士,妄取前代名公卿以为上世,自诧遥遥华胄,以诬其祖,以辱其身。"① 祁门渚口、伊坑、滩下、花城里倪氏宗族《康熙丁卯修谱凡例》记载:"始封姓源及旧谱、诸会谱所载汉唐名贤置之以为祖者,俱不敢援入。吾谱断自迁祁之有墓者始,尊康民公为始祖,示可征也。"② 歙县《桂溪项氏族谱》卷一《旧谱序跋》记载:"今观前后序跋,随时该载,并无事实,止有谱系之编,见趣不同,笔削随异,或厌其烦而削焉,或羞其贫贱而削焉,或鄙其无学而削焉。于是富贵者牵合得书,而可羞可鄙者虽五服之内亦为路人矣。谱之不明也,由是可胜叹哉!"胡适在绩溪旺川《曹氏显承堂族谱序》一文中说:"中国的族谱有一个大毛病,就是'源远流长'的迷信。没有一个姓陈的不是胡公满之后,没有一个姓张的不是黄帝第五子之后,没有一个姓李的不是伯阳之后。家家都是古代帝王和古代名人之后,不知古代那些小百姓的后代都到哪里去了?"③ 虽然有许多人对攀龙附凤、伪造宗族历史的行为有所批评,但是,有的谱牒(包括族志)仍然存在这种现象。

歙县《罗氏宗谱》卷一《汝洁公遗像》赞曰:"堂堂宰辅,亘古无双;百僚视事,纲纪四方;靖共尔职,万世休光;才高班马,誉逮汾阳。"呈坎后罗这个罗汝

---

① (元)郑玉撰:《师山遗文》卷一《方氏族谱序》,《四库全书》影印本,上海:上海古籍出版社,1987年。
② (清)倪望重纂:《祁门倪氏族谱》,清光绪二年(公元1876年)刻本。
③ 胡适撰:《胡适文存》第一集,合肥:黄山书社,1996年。

洁是何许人？《罗氏宗谱·汝洁公传》记载："公讳汝洁，字玉光，谏公之三子。六七岁时，读书于杨干寺内。其家室如悬磬（罄），立锥无地，衣食每多取于师。师亦以此子相貌魁梧，天姿轶众，后当成大器，故抚如己子。……天福三年登进士，累官文渊阁大学士。"

歙县《罗氏宗谱》卷一《汝济公遗像》赞曰："清刚者神，超迈者志；夙夜匪懈，靡怙王事；兢兢业业，无忝厥职；七步才华，卓哉吏治。"呈坎后罗这位罗汝济是什么人呢？《罗氏宗谱·汝济公传》记载："公讳汝济，字传美，为元宝公之孙，谏公之子。其为人重言诺，与道为际；慎交游，与德为邻。兢兢业业，凡五经四子之书，无不会通。每与人议论，非大义不出于口，非名言不与人谈，一时咸称为大器，后累官左仆射。蒙宋懿亲王收为继子，不与归宗。此所以谏公名下有其名，而无其传……故特志之。"

我们认为，《罗氏宗谱》中的文渊阁大学士《汝洁公传》和左仆射《汝济公传》，真实性令人怀疑。第一，《歙北呈坎文献罗氏族谱》（又名《罗氏族谱》《新安罗氏族谱》，蒙古字体书名《罗氏家史》，传抄本）世系图记载，呈坎后罗氏六世祖罗元宝，生一子曰罗谏，谏生二子，长曰罗汝斌，次曰罗汝淳。罗谏之子当中，既无罗汝洁，也没有罗汝济。第二，《歙北呈坎文献罗氏族谱》（传抄本）序文中，大都讲到罗氏宗族的"精英"，而没有一篇提到文渊阁大学士罗汝洁和左仆射罗汝济。如，元大德九年（公元 1305 年）知严州府事郑仲实《罗氏族谱序》载，自始祖罗秋隐传八世，"为吏部尚书汝楫公。公子二为郡守，四为通判。为鄂州知府曰愿，郢州知府曰颂，夔州通判曰颉，福州通判曰吁、曰颢，蕲州通判曰顾。子孙世代显宦"。至正六年（公元 1346 年），知泰安州事张旭《罗氏族谱序》曰："（秋隐）翁传至八世孙尚书汝楫公有六子，其福州通判曰颢、曰吁，夔州通判曰颉，蕲州通判曰顾，郢州知府曰颂，鄂州知府曰愿。"其后，"兰溪县丞曰廷臣（即表臣），建康都税院事曰延臣（即宝臣），江淮等幹官曰庞臣（即虎臣），进士、安庆府教授曰似臣，南康录事参军曰睦臣，奉直大夫曰益臣（即阜臣），朝请大夫、侍郎曰椴，会稽知县曰景高（名同祖），临江府判曰一公（名永臣），容州文学、翰林直阁学士曰洪祖，进士、初选宣教郎、海盐县丞曰楠仲，南陵国学祭酒曰绮。仕宦从出，文武一家，簪缨继世"。元代陈汝贤的《罗氏族谱序》、赵圮的《罗氏宗谱序》、明代方勉的《罗氏族谱序》、罗佐的《急修宗谱前序》等，都说罗氏宗族的"精英"是罗汝楫及其子孙。如果后罗氏宗族有位文渊阁大学士罗汝洁和一位左仆射罗汝济，为什么他们只讲汝洁和汝济的堂兄弟、户部尚书罗汝楫，只字不提罗汝洁和罗汝济呢？第三，弘治十二年（公元1499年），徽州知府彭泽、同知邝璠、通判陈理为歙县呈坎后罗氏宗族立"文献坊"，表彰后罗氏宗族34位科第仕宦子弟。这34位后罗氏宗族子弟是吏部尚书罗汝楫、忠训郎罗颢、承直郎罗吁、承德郎罗颉、中顺大夫罗颂、中议大夫罗愿、中散大夫罗颀、武翼郎罗献右、承务郎罗表臣、修职郎罗虎臣、承直郎罗元臣、修职郎罗介臣、文林郎罗扈臣、绍熙进士罗似臣、修职郎罗宝臣、文林郎罗睦臣、承直郎罗永臣、承务郎罗世臣、修职郎罗力臣、奉直大夫罗阜臣、紫阳书院堂长罗任臣、修职郎罗庞臣、迪功郎罗鼎、户部侍郎罗棷、宣教郎进士罗楠仲、直奉大夫罗蕭、儒林郎罗梓、迪功郎罗同祖、通直郎罗宏祖、容州文学翰林直阁罗洪祖、朝列大夫罗绮、文林郎罗传道、奉训大夫罗孟正、宋文解元罗汝诸。如果后罗氏宗族有个文渊阁大学士罗汝洁和左仆射罗汝济，为什么"文献坊"上没有他们的大名呢？第四，后罗氏宗族始祖罗秋隐是唐末黄巢起义时（公元875-884年）由江西豫章迁至歙县呈坎村，其八世孙怎么会于五代后晋天福三年（公元938年）中式进士呢？史载，明朝才设文渊阁大学士，怎么罗汝洁在五代后晋时即官居文渊阁大学士了呢？罗汝济"累官左仆射"，是一个一人之下万人之上的宰相，不但《宋史·列传》之中无他的传记，而且《宋史·宰相表》和徐自明的《宋宰辅编年录》中也没有他的名字和记载，这就不能不令人怀疑，宋朝后罗氏宗族这位宰相是真，还是假。

在呈坎村，宋朝吏部尚书罗汝楫，家喻户晓，妇幼皆知。但是，我们于1993年和1994年两次去呈坎进行宗族调查，在村里与罗氏子弟朝夕相处，谈论的话题都是他们祖先的历史。从来没有听到一个人说，罗氏宗族的祖先有人当过宰相。

凌应秋《沙溪集略》（族志）卷三《科甲·进士》记载，宋元时期歙县沙溪凌氏宗族子弟共中式进士 29 人。他们是凌策、凌彦仁、凌彦智、凌彦义、凌彦信、凌彦忠、凌彦和、凌景阳、凌民瞻、凌民师、凌永宁、凌皋、凌天钧、凌琰、凌伯玉、凌沟、凌哲、凌唐佐、凌撲、凌景夏、凌次英、凌罴、凌云、凌嵩、凌万顷、凌大渊、凌仁、凌懋翁、凌悦。但是，道光《徽州府志》卷九《选举志·进士》记载，在宋元时期徽州凌氏本籍和寄籍进士之中，只有凌唐佐一人，但他不是歙县人，而是休宁人。

凌应秋《沙溪集略》卷三《科甲·进士》记载，明洪武年间至清乾隆二十四年（公元 1759 年），歙县沙溪凌氏宗族子弟共中式进士 28 人。他们是凌晖、凌云翰、凌云轮、凌镐、凌山、凌寀、凌相、凌楷、凌儒、凌迪、凌卢、凌云翼、凌邦奇、凌汝志、凌登瀛、凌汉罴、凌义渠、凌世韶、凌必正、凌驷、凌云罴、凌盘、凌鹗远、凌绍雯、凌如焕、凌应龙、凌应兰、凌镐等。但是，道光《徽州府志》卷九《选举志·进士》记载，从明洪武年间至清乾隆二十四年（公元 1759 年），徽州府本籍、寄籍凌姓子弟中式进士者总计只有 6 人。他们是嘉靖四十一年（公元 1562 年）壬戌科歙城人凌卢、崇祯七年（公元 1634 年）甲戌科歙县沙溪人凌世韶、崇祯十六年（公元 1643 年）癸未科歙县沙溪人凌驷、康熙五十四年（公元 1715 年）乙未科歙县沙溪人凌如焕、乾隆元年（公元 1736 年）丙辰科歙县在城人凌应龙、乾隆二年（公元 1737 年）丁巳恩科歙县邑城人凌应兰。除了这 6 人以外，其余的人都是哪些地方的人呢？据《明清进士题名碑录索引》记载，凌辉，应天府上元人；凌云翰，应天府上元人；凌镐，浙江新城人；凌山，湖广麻城人；凌寀，浙江山阴人；凌相，直隶通州人；凌楷，直隶通州人；凌儒，直隶泰州人；凌云翼，直隶太仓州人；凌邦奇，直隶崑山人；凌汝志，直隶太仓州人；凌登瀛，浙江钱塘人；凌汉罴，直隶长洲人；凌义渠，浙江乌程人；凌必正，直隶吴县人；凌盘，浙江乌程人；凌鹗远，江南宜兴人；凌绍雯，浙江仁和人；凌镐，江南吴县人。① 此外，凌云轮、凌迪、凌云罴三人，不但道光《徽州府志》未载，而且《明清进士题名碑录索引》也未载。

---

① （清）凌应秋撰：《沙溪集略》卷三《科甲·进士》，传抄本。"凌辉"作"凌晖"。

绩溪龙川《胡氏家谱》、龙川胡氏《祖宗谱》等谱牒（均为传抄本）记载，宋元时期龙川胡氏宗族子弟中式进士者共 9 人。他们是胡思诚、胡云龙、胡桂一、胡桂二、胡桂三、胡桂四、胡桂五、胡伯玉、胡伯成。但是，道光《徽州府志》卷九《选举志·进士》和嘉庆《绩溪县志》卷九《选举志·科第》记载，只有宋淳熙二年（公元 1175 年）乙未科胡思诚 1 人，他是绩溪人，但乡里不明。

绩溪龙川《胡氏家谱》、龙川胡氏《祖宗谱》等谱牒记载，从明洪武至清道光年间，龙川胡氏宗族子弟中式进士共 19 人。他们是胡彦申、胡富、胡光、胡宗明、胡宗宪、胡宗周、胡德纯、胡尚德、胡拱昫、胡昫峨、胡宗荣、胡嵩山、胡崇化、胡阶庆、胡亮、胡公著、胡士冕、胡华训、胡天格。但是，道光《徽州府志》卷九《选举志·进士》和《明清进士题名碑录索引》记载，从明洪武至清道光年间，龙川胡氏宗族本籍、寄籍子弟中式进士共计只有 7 人。他们是：明成化十四年（公元 1478 年）戊戌科胡富、成化二十年（公元 1484 年）甲辰科胡光、正德十二年（公元 1517 年）丁丑科胡宗明、嘉靖十七年（公元 1538 年）戊戌科胡宗宪、清顺治十五年（公元 1658 年）戊戌科胡公著、乾隆四年（公元 1739 年）己未科胡华训。此外，嘉庆《绩溪县志》卷九《选举志·科第》载，还有康熙三十三年（公元 1694 年）甲戌科武进士胡士冕。

二、美化祖先的现象

徽州宗族子弟请祖先的门生故吏或亲朋好友为祖先撰写的行状（或曰行述、行实）、墓表、墓志铭、传记等，内多"浮夸溢美之词"，是一种普遍社会现象，亦是人之常情。他们利用这些资料纂修谱牒，并将这些资料辑于谱牒之中，不论是有意还是无意，都是按儒家道德标准重新塑造祖先的形象。[①]《重修古歙东门许氏宗谱·凡例》记载："家乘书善不书恶，所以体孝子顺孙之心，为亲者讳也。"因此，我们在徽州谱牒之中所见到的徽州宗族祖先的形象，大都是道德高尚的人；行状、墓表、墓志铭、传记之中记载的徽州宗族的祖先，大

---

① 参见葛剑雄：《在历史与社会中认识家谱》，见王鹤鸣等主编：《中国谱牒研究——全国谱牒开发与利用学术研讨会论文集》，上海：上海古籍出版社，1999 年，第 42 页。

都是忠、孝、节、义的化身。

明代中期,随着商品经济的繁荣和资本主义生产关系的萌芽,徽州宗族子弟"弃儒服贾""弃农经商"者日益增多,商人在宗族子弟中所占比例 70%～80%。① 徽州许多宗族由农业宗族变为亦农亦商的宗族。随着宗族商人队伍的发展,谱牒之中商人的行状、墓表、墓志铭、传记资料大幅度增加。同时,在徽州方志当中,根据这些资料编纂的宗族商人的传记也大量涌现。在讲到徽州宗族商人的商业道德时,在这些行状、墓表、墓志铭、传记之中,就出现以诚待人、以信接物、以义为利、仁心为质这些美丽的辞藻和带有颂扬性质的描述。

徽州宗族商人之中有没有这种高尚道德的人呢?历史文献记载,确实存在。但是,只要我们离开这些宗族商人的行状、墓表、墓志铭、传记资料一步,就会发现徽州宗族商人之中不诚、不信、不义、不仁者,大有人在;在经商活动之中,不讲商业道德的现象也相当严重。

万历《歙志》卷五《风土》记载,明弘治时期,徽州宗族"家给人足,居则有室,佃则有田,薪则有山,艺则有圃;催科不扰,盗贼不生,婚媾依时,间阎安堵;妇女纺织,男子桑蓬,臧获服劳,比邻敦睦"。但是,弘治以后,徽州宗族发生了重大变化。其文曰:

> 寻至正德末、嘉靖初,则稍异矣。出贾既多,土田不重;操资交捷,起落不常;能者方成,拙者乃毁;东家已富,西家自贫;高下失均,锱铢共竞;互相凌夺,各自张皇。于是诈伪萌矣,讦争起矣,芬华染矣,靡汰臻矣……
>
> 迨至嘉靖末、隆庆间,则尤异矣。末富居多,本富尽少;富者愈富,贫者愈贫;起者独雄,落者辟易;资爱有属,产自无恒;贸易纷纭,诛求刻核;奸豪变乱,巨滑侵牟。于是诈伪有鬼蜮矣,讦争有戈矛矣,芬华有波流矣,靡汰有丘壑矣……

---

① (明)汪道昆撰:《太函集》卷十七《阜成篇》,明万历十九年(公元 1591 年)金陵刻本。

迄今三十余年,则夐异矣。富者百人而一,贫者十人而九;贫者既不能敌富,少者反可以制多;金令司天,钱神卓地;贪婪罔极,骨肉相残;受享于身,不堪暴殄;因人作报,靡有落毛。于是鬼蜮则匿影矣,戈矛则连兵矣,波流则襄陵矣,丘壑则陆海矣……

万历《歙志》卷五《风土》记载,徽州宗族商人哪里还有一点以诚待人、以信接物、以义为利、仁心为质的影子?

明弘治年间,江阴汤沐知石门时,徽州商人"至邑货殖,倍取民息"。汤沐下令"捕之,皆散去,阖境称快"。但是,徽州商人"挟丹圭之术,析秋毫之利,使人甘其饵而不知。日以朘,月以削,客(指徽商——引者)日益富,土著者日益贫,岂惟石门一邑而已,盖所至皆然也"。倘"使夫长民者,尽若汤侯之深计远思,凡为蟊贼于民间者,务悉去之,其德不亦溥乎?"①徽州宗族商人经营典当,"倍取民息","日以朘,月以削",使百姓"日益贫",被人骂为"蟊贼",与以诚待人、以信接物、以义为利、仁心为质的高尚道德大相径庭。

明崇祯八年至十一年(公元 1635－1638 年),徽州发生连年大旱灾,"时雨愆期,亢阳肆虐,田畴龟坼,禾菽焦枯,枵腹待哺,苦粒食之难"。"米价腾盏,万姓嗷嗷"。"啼饥乞赈之众,百什成群;告荒禁乱之词,肩踵相接"。有的地方,"山裂出土如面,远近饥民争奔掘出充食"②。歙县知县傅岩,一方面向上"申报旱荒","以请浩荡之恩";另一方面招诱米商,发布"平粜之令",对贫困户实行"凭票"供米。但是,许多奸恶米贩、牙行和米铺,乘人缺食之危,大发灾荒财。他们"高抬价值,惑乱人心"。歙县知县傅岩在《谕各米铺》告示中指出,平粜之令,本县三令五申,"然闻米铺遇大家,十石二十石,则射利暗卖;遇小户零星,则回言无米,甚至闭门,何能谢肩贩小民之口而杜攘哄之虞乎?自今各米店俱照公平零星发粜,自升斗以至一石为止,不许顿卖富室,以夺小民之食。如违,指名赴县禀告究治"③。歙县县衙实行"时价买米、减钱卖米"

---

① (清)焦袁熹撰:《此木轩杂著》,清道光刻本。
② (明)傅岩纂:《歙纪》卷六《纪详议》,明崇祯新安吴氏刻本。
③ (明)傅岩纂:《歙纪》卷八《纪条示》,明崇祯新安吴氏刻本。

"凭票"供应制,本"为下等贫民,非为上中二等人户也"。但是,"当铺、米行、牙家假充贫户,一人有四五票者,有三四斗者"。① 休宁一时"米价腾贵",歙县商人"所贩之米,目视乡里嗷嗷待爨,惟知趋利,透越而过"。傅岩认为,"有人心者,断不如是"。② 一些奸恶铺家和牙行,"以轻马兑出,以重马兑入"者有之;斛斗"内外削戮,私置两样,出入大小之弊"者有之;籴粜银色,"插铅灌铜低假者"有之;"斛夫强霸,轻重其手,致有盈诎"者有之;"吊情揑抬高价,以致市价腾盏,惑乱人心,酿患害民"者有之;对发卖粮米,"通同贩子掣去,经年取讨无远(还)"者有之;一些贩运米商,唯利是图,不顾"乡土待哺之情","透越他鬻,射利抬价"者有之,等等。③ 一言蔽之,这些徽州商人不是以诚待人、以信接物、义取利、仁心为质,而是极端不诚、极端不信、非常不义、非常不仁。

清康熙年间,平湖县"游惰日众。有田宅者鬻田宅,无田宅者典衣质器以谋薪粒。城周广数里余,而新安富人挟资权子母,盘踞其中至数十家。世家巨室,半为所占"。康熙十八年(公元1679年),知县景贞运"奉宪檄,行查违禁重利"。徽州宗族子弟典当商黄履顺等,以白银240两贿之,案发,"词讼之上台,劾景罢官"。平湖县"典利三分,视京师及他郡邑为独重。商横民凋,湖人之髓其足供徽人之嚼吸耶?"④这些徽州宗族典当商哪里还有一点以诚待人、以信接物、以义为利、仁心为质的味道?

凌濛初在《拍案惊奇》卷十五《卫朝奉狠心盘贵产》中,塑造了一个不诚、不信、不义、不仁的徽州典商形象。其文曰:

> 却说卫朝奉平素是个极刻剥之人。初到南京时,只是一个小小解铺,他却有百般的昧心取利之法。假如别人把东西去解时,他却把那九六七银子充作纹银,又将小小的等子称出,还要欠几分兑头;

---

① (明)傅岩纂:《歙纪》卷八《纪条示·示籴米人》,明崇祯新安吴氏刻本。
② (明)傅岩纂:《歙纪》卷八《纪条示·分留歙贩米船以济乡里》,明崇祯新安吴氏刻本。
③ (明)傅岩纂:《歙纪》卷六《纪详议·米行勒石》,明崇祯新安吴氏刻本。
④ (清)朱维熊修,陆莱纂:康熙《平湖县志》卷四《风俗志·习尚》,清康熙二十八年(公元1689年)刻本。

后来赎时,却把大大的天平兑将进去,又要你找足兑头,又要你补匀成色,少一丝时,他则不发货。又或有将金银珠宝首饰来解的,他看得金子有十分成色,便一模一样,暗地里打造来换了;粗珠换了细珠;好宝换了低石。如此行事,不能细述。

小说帷妙帷肖地刻画了徽州典商卫朝奉,淋漓尽致地揭露了"一个不爱财的魔君"卑鄙无耻的伎俩。① 这虽是一部文艺作品,但它是社会现实的反映。

休宁宣仁王氏宗族和休宁博村范氏宗族《宗规》"职业当勤"条规定:"工者,不得作淫巧,售敝伪器什。商者,不得纨袴冶游,酒色荡费。"②由此可见,明清时期徽州宗族商人制造假冒伪劣商品者,一定不少见。不然,王氏宗族和范氏宗族在《宗规》中为什么要作这条规定呢?

---

① 参见(明)凌濛初撰:《初刻拍案惊奇》卷十五《卫朝奉狠心盘贵产》,北京:古典文学出版社,1957年。
② (明)王宗本纂:《休宁宣仁王氏族谱》,明万历三十八年(公元1610年)刻本;(明)范涞纂:《休宁范氏族谱》,明万历二十八年(公元1600年)刻本。

第五章　徽州宗族族产

据历史文献记载,早在宋代徽州有的名宗右族即拥有族产。明中期以来,随着徽商的发展和宗族的繁荣,徽州宗族族产得到长足的增长。太平天国运动时期,徽州宗族遭到严重打击,人口锐减,许多宗族的族产大量流失。但是,民国时期徽州宗族的族产在耕地总数之中所占比例之大,在全国还是仅见的。据统计,土地改革以前,徽州耕地为1,183,477.46亩,其中宗族拥有耕地169,431.49亩,占耕地总数的14.32%。[①] 按县统计,黟县耕地总数为99,972亩,其中宗族祀会占有耕地39,943亩,占耕地总数的39.96%。[②] 休宁耕地总数为298,326亩,其中宗族祀会占有耕地31,854亩,占耕地总数的10.68%。[③]《祁门县结束土改中处理山林的几个具体办法》的报告说:"山林的占有,根据了解五区的文堂村(可以代表一般村庄),山林为公堂祀会占有数字较大。全村的山林总数为5,252.61亩,公堂祀会就占有4,600亩(其中地主仅占一小部分)。"按这个统计,公堂祀会拥有的山林是全村山林总数

[①] 参见中共安徽省委农村工作部编:《安徽省土地改革资料》。按:土改时徽州领有歙县、休宁、黟县、祁门、绩溪、旌德,婺源已划归江西。

[②] 黟县地方志编纂委员会编:《黟县志·农业志·黟县土地改革前各阶层占有土地情况统计表》,北京:光明日报出版社,1989年,第148页。

[③] 休宁县地方志编纂委员会编:《休宁县志》卷五《土地制度·休宁县土改前各阶层占有土地情况统计表》,合肥:安徽教育出版社,1990年,第105页。

的87.6%。据我们调查,民国时期徽州地区山林绝大多数归宗族所有①。徽州有句俗话:"穷村乡,富祠堂。"

第一节　徽州族产的来源

民国《歙县志》卷一《舆地志·风土》记载:"邑俗,旧重宗法,聚族而居,每村一姓或数姓,姓各有祠,支分派别,复为支祠。……祠之富者,皆有祭田,岁征其租,以供祠用,有余则以济族中之孤寡。田皆族中富室捐置。良法美俗,兹其一也。"我们认为,族田"皆族中富室捐置"的说法,是值得商榷的。据历史文献记载,徽州宗族的族产来源于许多渠道,重要的渠道有4种。

一、货币购买

在中国,土地买卖源远流长。从唐代均田制解体以后,土地买卖成了封建地主阶级占有土地的主要手段。徽州宗族的族产,有很多是用货币购买的。这是徽州族产的一个重要来源。徽州大量土地买卖契文证明,宗族许多土地都是利用土地买卖这种手段取得土地所有权的。下面列举3张卖田白契,以窥徽州宗族购买土地的具体情况。

例一:

嘉靖二年吴玺卖田白契

十六都二图吴玺,今自情愿将自己赖字……号下田三分二厘,坐落撩车,其田东至……西至……南至……北至……今将前项四至内田,立契出卖与吴宗祠为业。面议价银四两四钱,其银当即收足。其税粮,候造册之年,本户起割支解,即无异说。其田原上籼租三

---

① 参见赵华富:《祁门县渚口、伊坑、滩下、花城里倪氏宗族调查研究报告》,见《徽学》2000年卷,合肥:安徽大学出版社,2001年;《名臣辈出的徽州世家大族——绩溪龙川胡氏宗族调查研究报告》"宗族结构和祖训家规",《谱牒学论丛》第三辑,太原:三晋出版社,2008年。

秤,佃人胡道。今恐无凭,立此为照。

嘉靖二年七月二十七日

　　　　　　　　　　　　　　立契人　吴　玺(押)契
　　　　　　　　　　　　　　中见人　吴齐云(押)
　　　　　　　　　　　　　　　　　　吴性淳(押)
　　　　　　　　　　　　　　　　　　吴荣锡(押)①

例二:

嘉靖二年吴文景卖田白契

十六都二图吴之景,今将赖字一千二百三十号下田一分二厘,土名落金刚堀,其田东至……西至……南至……北至……今将前项四至内田,尽行立契出卖与吴宗祠名下为业。面议时价银六两整,其价当(即)收足,即(既)无欠少,亦无准折。其田在先即不存(曾)与他人重复(交易),如有内外人争论,并系出卖之当,不干买人之事。其税候册年,推入吴宗祠户内支解,本家即无难异。今恐无凭,立此文契为照。

嘉靖二年七月二十七日

　　　　　　　　　　　　　　立契出卖(人)　吴文景(押)契
　　　　　　　　　　　　　　中　见　人　　吴齐方(押)
　　　　　　　　　　　　　　　　　　　　　吴惟淳(押)
　　　　　　　　　　　　　　　　　　　　　吴荣锡(押)②

---

① 《明清徽州社会经济资料丛编》(第二集),北京:中国社会科学出版社,1990年,第50~51页。

② 《明清徽州社会经济资料丛编》(第二集),北京:中国社会科学出版社,1990年,第51页。

例三：

嘉靖十一年吴廷正卖田白契
（附推单）

十六都二图吴廷正，今将承父赖字三百二十号下田一亩四分，坐落土名朱山下，东至……西至……南至……北至……又将赖字三百九十一号下田五分，坐落土名冢后，东至……西至……南至……北至……今将前二号内共取下田一亩九分，又取竦塘一分，立契出卖与本图吴宗祠名下为业。议定时价纹银三十八两整，其价银当成契日一并收足，即（既）无欠少，亦无准折。在先不曾与他人重复交易，如有内外人拦占，并系卖人之当，不干买人之事。自卖之后，听从买人日（自）下（行）管业。其税粮，造黄册年推入买人户内解纳，即无难异。今恐无凭，立此文契为照。

嘉靖十一年十一月　日

　　　　　　　　　立卖契人　吴廷正（押）契
　　　　　　　　　中见人　　李　保（押）

其契内赖字三百九十一号下田五分，坐落冢后，此号田系卖在良和契内，其田听从良和收租管业。批此为照。

（附推单）

十六都二图吴廷正，今将赖字号，土名朱山下冢后，下田一亩九分；又塘一分，税粮本户，推入本图吴宗祠户内解纳无异。立此推单为照。

嘉靖十一年十一月二十五日

　　　　　　　　　立推单人　吴廷正（押）
　　　　　　　　　中见人　　李　保（押）①

---

① 《明清徽州社会经济资料丛编》（第二集），北京：中国社会科学出版社，1990年，第52~53页。

上列是吴玺、吴文景、吴廷正出售土地给吴氏宗祠立的田契。所谓"田契",就是土地所有权转让的法律凭证和法律依据。

歙县唐模(今属黄山市徽州区)许氏宗族,是徽州一个名宗右族。清代,这个宗族的许荫祠利用土地买卖兼并土地的文契资料,非常典型。现据这些文契列表如下:

表 5-1　清代唐模许氏许荫祠购置田地一览表

年代	卖者姓名	出售原因	田地税亩	塘税亩	价银(两)
顺治十七年	许志尹等	送主入祠	田 2.711		30
顺治十七年	许明恺	送主入祠	田 2.318	0.15	30
康熙五年	许志羲	送主入祠	田 2.5735		30
康熙八年	许恩德	管业不便	田 0.0795		0.64
康熙九年	许宁邦	缺少使用	田 0.486		3.3
康熙九年	许公韩		田 0.375		3
康熙十一年	许　广	欠少祠银	田 0.873		7
康熙十二年	许士知		田 9.77	0.01	70
康熙十二年	吴际五		田 2.7015		15
康熙十二年	许奉三	管业不便	田 1.54		9.5
康熙十三年	许似武	管业不便	田 1.165		11
康熙十三年	许志淮	今因急用	田 2.628	0.03	18
康熙十五年	许沫远	钱粮急用	田 0.203		2
康熙十六年	汪公渭	管业不便	田 0.056		0.6
康熙十六年	洪时可	乏　　用	田 2.221		14
康熙十六年	许怀德		田 2.604		22
康熙十七年	许元声	管业不便	地成田 0.31		2.7
康熙十九年	鲍元玉	钱粮急用	田 0.8958	0.04	5
康熙十九年	许予清		田 1.342		10
康熙十九年	许孝仪	粮差欠缺	田 0.7463	0.05	5.2
康熙十九年	吴圣寿	欠少使用	圹成田 0.24		2.2
康熙十九年	许宁藩	管业不便	田 0.8801		7.2
康熙十九年	许光都	欠少祠租	田地 0.34		1.6

续表

年代	卖者姓名	出售原因	田地税亩	塘税亩	价银（两）
康熙十九年	许肇永		田地 3.4325		30
康熙十九年	吴茂枝	欠少钱粮	田 0.36		6
康熙十九年	许嘉崎	管业不便	田 5.039		41.5
康熙十九年	许来于	管业不便	田 1.139		9.7
康熙十九年	吴茂之	欠少粮差	田 0.1554		4
康熙二十二年	毕　祖	欠少使用	田地 1.412		10.4
康熙二十五年	许用羽	钱粮紧急	圹成田 0.4		3.4
康熙二十六年	许芳叶	送主入祠	田 0.93		10
康熙二十七年	许靖伯	粮差乏用	田 1.22		9.75
康熙二十七年	许靖伯	粮差乏用	田 0.496		4.2
康熙二十八年	仇伯荣	管业不便	田 1.483		9.2
康熙二十八年	胡子瑜	管业不便	田 2.168		21.7
康熙二十九年	程士明	管业不便	田圹 0.418		4.6
康熙二十九年	许沐远	管业不便	田 0.098		0.8
康熙二十九年	许闻远	欠少使用	田 1.088		11.4
康熙三十年	许　铭	送主乏用	田 1.3855		12.5
康熙三十年	许靖伯	钱粮紧急	田 0.81		8.7
康熙三十二年	程阿鲍	钱粮紧急	田 4.774		55
康熙三十六年	许用羽	缺少钱粮	田 1.105	0.06	11
康熙三十六年	吴周辉	欠少粮差	田 0.172	0.01	2
康熙四十三年	许龙文		田 1.1863		15.6
康熙四十五年	许光潢	欠神主银	田 0.773		11
康熙四十六年	许恩德		田 3.43		49
康熙四十七年	汪东序		田 5.718		63.7
康熙四十七年	吴永凤	欠少钱粮	田 0.1295		1.3
康熙四十七年	鲍西友	欠少使用	田 2.4903		27.4
康熙四十八年	鲍敬扶	管业不便	田 1.533		18.4
康熙四十八年	胡异皇	管业不便	田 1.139		11.7
康熙四十九年	王启周		田 1.354	0.062	13

续表

年代	卖者姓名	出售原因	田地税亩	塘税亩	价银(两)
康熙五十一年	许自迩		田1.852		15
康熙五十一年	子孟		田1.775		30
康熙五十三年	汪楚玉	讼费无措	田2.416	0.03	33.8
康熙五十三年	汪景魏	祖葬讼费	田1.737	0.2	22.2
康熙五十三年	吴文玉		田0.48		4
康熙五十三年	许楚分	欠少使用	田0.488		7.7
康熙五十五年	汪楚玉	乏用	田1.5	0.02	20
康熙五十五年	汪景魏	祖坟讼费	田2.9	0.08	37.3
康熙五十六年	黄华德	欠少使用	田0.7154		10
康熙五十七年	叶子龙	欠少粮差	田1.615	0.02	20
康熙五十七年	许焕章	乏用	地成田0.878	1.17	16.8
康熙五十七年	许舜玉		田0.275		2
康熙五十七年	张得之	欠少使用	田2.7412		35
康熙五十七年	张德之	欠少使用	田2.6385		35
康熙五十八年	许虞功		田2.6345	0.08	31
康熙五十九年	胡阿王	欠少使用	田1.64	0.05	20.7
雍正一年	洪阿宋	因欠使用	田1.3		16.9
雍正一年	张得之	欠少使用	田0.8875		12.5
雍正一年	黄君正	欠少使用	田1.04		13.5
雍正二年	汪楚玉	钱粮紧急	田0.5		6.6
雍正三年	朱阿岭	欠少粮差	田2.93	0.08	36
雍正三年	叶仲文等	欠少粮差	田0.3		4
雍正三年	许光宗		田0.167		1.6
雍正三年	叶自芳	钱粮紧急	田0.96		12.5
雍正三年	鲍格非	管业不便	田2.002		23
雍正四年	叶子龙	欠少粮差	田0.78		10.9
雍正四年	洪岐山	欠少使用	田0.3		4.2
雍正五年	汪子严	钱粮紧急	田1.379		16
雍正五年	鲍右瞻	欠少使用	田0.93		14

续表

年代	卖者姓名	出售原因	田地税亩	塘税亩	价银（两）
雍正五年	赵社凤	欠少使用	田1.446		13.5
雍正五年	汪需久	欠少使用	田0.175		2.2
雍正五年	程元中	欠少钱粮	田0.72		8.7
雍正五年	汪彬玉	钱粮紧急	田0.39		4.8
雍正五年	汪际唐	钱粮紧急	田0.15		2
雍正六年	许恩高	管业不便	田6.39944		87.2
雍正六年	许恩高	管业不便	田1.566		21.6
雍正六年	徐阿许	管业不便	田0.91		11.7
雍正六年	效濂	需用	田3		34.5
雍正六年	汪子严	需用	田3.2308		38.2
雍正六年	程日成	欠少使用	田0.72		9
雍正七年	马周	欠少使用	田0.52		8
雍正七年	汪楚玉	钱粮紧急	田0.442		6
雍正七年	许君逢	乏用	田地1.30025		12.5
雍正八年	王廷昭	钱粮无措	田0.275		4
雍正十年	黄永成	欠少使用	田0.8		11
雍正十三年	汪子严	钱粮紧急	田0.9364		6.8
雍正十三年	赵德芳	缺少使用	田0.864	0.08	11
乾隆二年	程令宜	钱粮紧急	田0.737		7.2
乾隆五年	汪树周	管业不便	田0.8	0.01	11
乾隆五年	汪楚玉	欠少钱粮	田0.242		2.9
乾隆六年	许阿汪	欠少使用	田0.815		17
乾隆六年	成阿叶	乏用	田1.3211		11.5
乾隆七年	叶方翼	欠少粮差	田0.9921		14.5
乾隆八年	许阿王	管业不便	田0.454		5.5
乾隆八年	程垩		田0.3		3
乾隆九年	汪羽仪		田0.2		4
乾隆九年	许殿邦	因病急需	田0.08		1.2
乾隆十年	程圣元	欠少使用	田0.627		8.7

续表

年代	卖者姓名	出售原因	田地税亩	塘税亩	价银（两）
乾隆十年	张华山	欠少使用	田 1.6459		26.4
乾隆十一年	许阿汪	缺少使用	田 1.9008		50
乾隆十三年	程蔚山	缺少拜祭	田 1		15
乾隆十四年	黄文辉	欠少使用	田 1.2		10
乾隆十四年	程天祥	欠少使用	田 0.9		13
乾隆十四年	叶阿方	欠少使用	田 1.573	0.01	20
乾隆十八年	许吾酉		田 3.513		60
乾隆十八年	鲍锡钧	乏　用	田 2.355		50.6
乾隆十九年	程阿汪	欠少使用	田 0.4877		11.1
乾隆二十年	叶观龙	正　用	田 1		18
乾隆二十年	许效森	正　用	田 0.156		2.5
乾隆二十年	吴哲文	管业不便	田 0.858		15
乾隆二十四年	吴根汉		田 2.12		40
乾隆二十四年	程梧宾		田 1.86		42.8
乾隆二十五年	谢锡蕃		田 4.62		80
乾隆三十年	吴根汉	管业不便	田 1.9656	0.17073	30
乾隆三十二年	许阿江	正　用	田 3.508	0.01	86.19
乾隆三十四年	许佩玉	急　用	田 0.8		18.2
乾隆三十五年	胡方度	管业不便	田 5.5445		100
乾隆四十三年	许疑鹿		田 3.867	0.04	140
乾隆四十五年	黄瑶珍	欠少使用	田 2.0932		52.24
乾隆四十八年	许孙位	正　用	田 13.3826		359.44
乾隆五十六年	程仲威	正　用	田 4.92	0.186	100
乾隆六十年	茂　瑶		田 0.577		14
嘉庆十年	胡曙光	正　用	田 1.32	0.012	22
嘉庆十六年	许汪氏	欠少使用	田 5.122		90
嘉庆十七年	洪阿吴	正　用	田 5.4035		76
嘉庆十七年	程新彩	正　用	田 2.25		63
嘉庆十八年	汪慎先	正　用	田 2.6		57.2

续表

年代	卖者姓名	出售原因	田地税亩	塘税亩	价银(两)
嘉庆十八年	汪灿封	正用	田 24.49101	0.949478	640
嘉庆十八年	汪祖槐	正用	田 0.9		19.8
道光一年	程新粲	正用	田 3.35		66.33
道光二年	汪仰成	正用	田 21.7587		430.82
道光三年	程秀顺	正用	田 3.31		66.4
咸丰八年	许宅仁	正用	田 0.4		5
咸丰八年	黄士灿	正用	田 1.164		23.7
光绪二十四年	许仇氏	正用	田 6.887	0.019	50
光绪三十三年	许继伯	正用	田 4.222	0.0466	24

资料来源：《明清徽州社会经济资料丛编》(第一集)，北京：中国社会科学出版社，1988年。

从顺治十七年(公元1660年)至光绪三十三年(公元1907年)，歙县唐模许氏宗族许荫祠通过148宗土地买卖交易，总计共购田地298.199692亩，购塘3.648808亩。① 此外，这个祠堂还通过土地买卖购进一批地和小买田②。族人的私产是祠堂重要的兼并对象。在许荫祠购进的148宗田地中，有56宗是许氏族人的私产。徽州大量土地买卖文契证明，利用货币兼并土地是徽州宗族族产的一个重要来源。

祠堂的银两是哪里来的呢？明清时期，徽州宗祠普遍征收进主、添丁、婚嫁、中举、入仕等银两，这是祠堂货币的重要来源。例如，歙县《程氏东里祠典》记载："本家原有三治堂……此祠新建，前堂续置龛座并祭器等事，一切取办盛德会银。……今议，会中三十八户，各与进神主一位，不论男妇，俱不取进主之银。其余议有五等，上等进主一位，出银十两，其次八两，次六两，又次四两，再次二两。以上纳银之日，方许登位。如有恃强借口会内有分，并虚挂

---

① 其中99%以上为田，含地数量微乎其微。
② 参见《明清徽州社会经济资料丛编》(第一集)，《卖田皮契》和《卖地契》，北京：中国社会科学出版社，1988年。

银数者,管年率众阻之。违者,罚。"①嘉靖初年,歙县潭渡黄氏宗族建德庵公祠,公议:"四门内,凡有孝子顺孙欲为祖、父立主以配纖德庵公享祭者,每主出银三十两。"祠成,又议:"进主以十为例,前出过三十金者,许子孙补进二名。"②《古歙城东许氏世谱》卷七《许氏宗祠出资置田祭祀名分目次》记载,许尚质、许天益、许琬、许璇、许炜、许伯谅、许禾等数十人,捐进主银32宗,计银2,537两,钱1,000缗。清代,黄氏大宗祠规定:"子孙进祖、父之主者,纳五金,春秋祭颁胙。"③黄氏宗族享姒专祠规定:"进主例纳二金,而不颁胙。节烈则迎请,而不输金,所以崇潜德也。"④歙县稠墅《汪氏祠规》晋神主条规定:"正主议以九五银二两四钱外,备主一钱,贴祭一钱;纖主、母主九五银一两一钱,备主一钱,贴祭一钱。……其有节孝可风,名宦乡贤,公请入祠,以示表扬,免其出银。"民国时期,黟县南屏叶氏宗族《南屏叶叙秩堂值年规则(附奎光)》规定:"送特牌入祠者,祠内每牌取银币二元,特牌由丧家自备。"按封建礼法规制,"庶母不可纖祠堂,其子当祀私室"。但是,徽州许多宗族都规定,只要其子缴一笔"入主费",即可破例。歙县新馆鲍氏宗族宗祠——著存堂——祠规规定,庶母神主入主费"任其量力行之"。每主输银自28两至500两不等。⑤有些贫困族众不得不省吃俭用缴纳进主银。如,明崇祯十三年(公元1640年),歙县新馆鲍氏宗族,"(江)太孺人年已六十有五矣。一日

---

① 程氏宗族是根据家庭财富多寡划分等级。《程氏东里祠典》载:"其出主银等第,难凭自陈,须会众公议。自有千金至五千者,咸议上等。自六百至九百者,以二等议之。自三百至五百者,以三等议之。自二百下至百金者,以四等议之,不能盈百及无资产者,则议末等矣。若六千盈万者,力既厚积,宜超五等之上,议以三十金进一主也。其或不足各等,而愿从厚出者,诚为好事,众欣听之。"

② (明)黄玄豹纂:歙县《潭渡孝里黄氏族谱》卷五《附建祠立主合同》,清雍正九年(公元1731年)家刻本。

③ (清)黄白山著,黄克吕录,黄必桂校:《重订潭滨杂志》下编《进主》,清光绪二年(公元1876年)刻本。

④ (清)黄白山著,黄克吕录,黄必桂校:《重订潭滨杂志》下编《进主》,清光绪二年(公元1876年)刻本。

⑤ (清)鲍存良、鲍诚猷纂:《歙新馆鲍氏著存堂宗谱》,清光绪元年(公元1875年)活字本。

病甚,邀族众告之曰:'先夫不辛早卒,无嗣,且吾守节之年又不得与于旌表,吾夫妇殆不血食矣。吾身后衣衾棺椁幸皆予备,尚存二十余金,皆平日针黹所积,请为我置薄产归宗祠,破例以存夫祀,死当不憾。'族众重其节,并悯其志,悉允之"①。除了征收入主费以外,徽州宗族还规定有许多输金入祠项目。例如,歙县潭渡黄氏宗族大宗祠规定:"新娶者五分;新诞者五分;再诞者三分;冠巾者三分。预先交银入匣,各给红鸡子四枚发兆。其入学、纳监、登科、发甲、入仕者,酌量输赀多寡,给以花红。"②黟县南屏叶氏宗族《南屏叶叙秩堂值年规则(附奎光)》规定:"嫁女,祠内取堂仪银币一元五角正——凡用本祠上轿者,堂仪加倍,共取银币三元正——当给袖饼一斤。民国十四年起,另取每家折红帖银币二元,免其登阖族门上送帖。成丁来祠请帖者,每人红帖二个,仍照旧规。"

据休宁《商山吴氏宗法规条》记载,吴氏宗祠"出银入祠例"共有7类:

一、入祠拜祖银。"凡新冠即许入祠拜祖受胙,谅身家肥瘦分为五等。一等者入祭,祀银三钱;二等者,二钱五分;三等者,一钱五分;四等者,一钱;五等者,五分。极贫无力者,听以尽孝诚而已。新冠之后,祭即要担银入祠,宗谱上名,注生时,定银数。有已冠拖延不入拜祖者,罚出银加倍"。

二、新娶入祠银。"新娶入祠银亦分五等。一等者,出银五钱;二等者,四钱;三等者,三钱;四等者,二钱;五等者,一钱。此银须先担入祠,然后娶亲,如至期无银,在取亲之家本房尊长及同本门尊长、支年首家率众闭大门不开,此乃各乡各族之大例,是以名曰'开门银'也。未有先娶亲而后缘门取讨推换多寡之弊。今后凡有失于先入银而即娶亲者,罚在本房尊长及本门尊长并支年首家。娶亲之家罚出银加倍"。

三、聘女入祠银。"聘女入祠银一两,此银出自讨亲之家,故不分等;亦要先担银入祠,注名上簿,查亲戚相当者,然后受聘。如或贪财不择门楣者,众

---

① (清)鲍存良、鲍诚猷纂:《歙新馆鲍氏著存堂宗谱》卷二《家传·江太孺人传》,清光绪元年(公元1875年)活字本。

② (明)黄玄豹纂:歙县《潭渡孝里黄氏族谱》卷五《黄氏大宗祠初刻祀产簿序》,清雍正九年(公元1731年)家刻本。

叱劝戒。或有私聘,希躲前银,至于嫁日,终不能掩,此等罚出银三倍"。

四、童生入学银。"童生入学出银五钱至二两,上俱照等第,纳充谒祠仪。祠中支银五钱,办花红果酒,行举贺礼。入太学者,出银二两,充谒祠仪。祠中办花红果酒,行举贺礼,照前例"。

五、科举中式银。"中乡试,除办谒祠仪外,出牌坊银一十两入祠。祠中支银三两,行举贺礼。中会试者,入银倍之"。

六、例监生授职银。"例监生授职,除办谒祠仪外,出银五两入祠公用。祠中动支银一两,行举贺礼"。

七、诰敕封赠银。"受诰敕封赠祖父母及父母并本身妻室者,除办谒祠仪外,出俸银五两入祠公用。祠中动支银一两,迎恩举贺礼"。

徽州宗族祠堂收取银两,除了祭祀等费用支出,大部分都用于购置族产。如,黟县西递明经胡氏宗祠本始堂《敦本祀会》石刻(现置西递村村口)记载,这个宗祠规定:"配享每股出银二十两,合立祀会"。出银配享的神主,有万兆公等37位。敦本祀会用族人缴纳的配享银660.55两,购置田地40号,计田税15.91267亩,地税0.814亩。

二、子弟捐献

徽州许多名宗右族,累世簪缨,富商济济。这些仕宦和商人从小都生活和成长在宗族之中,他们"读朱子之书,服朱子之教,秉朱子之礼",受朱熹思想的熏陶,因此宗族观念很深。他们仕宦发财和经商致富,大都衣锦还乡,为乡族做种种义举。向宗族捐献田地,是"义行"的重要表现。据历史文献记载,徽州宗族族产的一个重要来源是"富室捐置"。

歙县《棠樾鲍氏宣忠堂支谱》卷十九《义田·敦本户田记》记载,盐商巨子鲍启运向宗族捐置义田多达1,249亩。其文曰:

> 启运少承训于先君,以谓一本之戚,皆所宜敦,而其间孤寡及贫无食者,尤为可念。他日苟能自给,庶有以顾恤焉。启运谨识之不敢忘。迨长,服贾四方,薄积所赢,因本先君之意,先其急者,置体源户田五百四十亩,专以赡给族间"四穷"(即鳏、寡、孤、独——引者),

归诸宗祠,而告之有司,用垂久远。嗣恐经费不充,续增田一百六十余亩足之。自此,吾族中有不幸茕独者,可无虑于饔飧矣。第吾邑地硗,族丁繁盛,其间贫乏者,每届青黄不接之际,众口嗷嗷。一本关怀,疚心遗训,亟又置敦本户田五百余亩。所收租息,以体源、敦本两户应纳钱粮营米作为价值,逢春粜与族人,每谷一升,取钱不过四五文,已足完粮,而贫族不无有裨朝夕。……所有敦本户田,并续增体源户田,悉归宗祠。

在徽州地方志和宗族谱牒记载之中,宗族仕宦和商人——特别是富商大贾——向宗族捐输土地的事例,比比皆是,举不胜举。他们捐献土地的数量,小则数十亩,大多数是一百亩至数百亩;数量较多者,甚至一千多亩或数千亩。据我们不完全的统计,明清时期歙县富商大贾向宗族捐输的土地,总计在一万亩左右。《丰南志》卷六《艺文·行状》记载,歙县西溪南吴氏宗族吴之骏一人,即向宗族捐输土地"数千亩"。

"徽州介万山之中","民鲜田畴"①。占有"田产千亩",即被视为富甲一乡的大地主。明清时期,一般地主大部分占有土地在百亩左右。② 一个仕宦或富商向宗族捐献土地数百亩或数千亩,相当于几个或几十个地主占有土地的数量。

仕宦和富商捐置是宗族族产的重要来源。但是,一些非命官勋臣、富商大贾之家,也有节衣缩食、慷慨解囊向祠堂捐献土地者。康熙《徽州府志》卷十三《人物志·风节》记载:"许文蔚,字衡甫,休宁东郭人。……自壮至老,布衣败席,一室萧然,平生笔耕所蓄,倒囊买田百亩为义庄,以赡宗族。"嘉庆《黟县志》卷六《人物志·质行》记载:"王懋赏,字延季,鲍村人。邑庠生。家贫,教授生徒,多知名士,所得馆俸辄以周恤族邻,葺修祖庙,捐置义田。"《古歙城

---

① (清)赵吉士、廖腾煃纂:康熙《休宁县志》卷七《奏疏》,清康熙三十二年(公元1693年)刻本;(清)赵吉士撰,丁廷楗、卢询修:康熙《徽州府志》卷二《风俗》,清康熙三十八年(公元1699年)刻本。

② (民国)吴吉祜纂:歙县《丰南志》第六册《艺文志·明处士先兄汝钟公暨配孺人鲍氏状》记载:"新安僻在山谷,富者无二顷之田,贫者无一日之积,一遇多凶,比户嗷嗷。"稿本。

东许氏世谱》卷七《朴庵翁祭田记》载,许朴庵向祠堂捐献土地时说:"吾今已之田而为祀之田,以备祭祀,以明可久,为所得为吾心之所安也。十二亩之田,百余金之费耳,吾何惜于百金而不从心之所安乎?"族人咸曰:"是盛举也,大道之公也,孝心之融也,匪一人之私也。"于是"谋肖翁像于祠之右厢,以族厥美。锡山王翁为文,以勒于石;心萱叔祖为文,以登于簿"。

向宗族捐献土地被称为"义行",是一种非常光荣的行为。所以,许多仕宦、商贾和一般族人都很积极。

三、众存族产

历史上,徽州宗族支丁分家析产时,往往都存留一部分田地和山场作为"众存",不参与分配,只在阄书上注明各个支丁拥有的份额。

徽州宗族子弟分家析产时为什么要除去一部分田地和山场作为众存族产呢?第一,为了祭祀祖先的需要。中国人自古就有"无田不祭"之说。朱熹在《家礼》中规定:"初立祠堂,则计见田,每龛取其二十之一,以为祭田。亲尽则以为墓田。后凡正位纎者,皆仿此。宗子主之,以给祭用。上世初未置田,则合墓下子孙之田,计数而割之。皆立约闻官,不得典卖。"徽州宗族子弟分家析产时除出一部分田地和山场作为众存族产,是作为祭祀祖先之用。第二,为了保护风水龙脉。徽州人重堪舆风水,大都认为风水龙脉关系子孙后代的兴衰,因而禁约极严。在宗族子弟分家析产时,墓地、墓山、阳基山作为众存族产,不仅不能分析,而且不准典卖。如违,即以"不孝论"。

历史文献记载,早在宋元时期,徽州有的宗族子弟分家析产时即有众存族产。据绩溪《龙川胡氏宗谱》卷六《六架祖宗合立禁养荫庇基墓山地文约》记载,南宋庆元四年(公元1198年),龙川胡氏宗族二十一世祖胡之纲的子孙分家析产时,众存祖墓山地有:始祖胡焱墓,地70步,山3亩;十世祖胡思谦墓,地4亩;胡之纲墓,地1.5亩。众存荫护阳基山有:汪瘗石山、水口石山9亩、白石山等处共19亩。《婺源茶院朱氏家谱·文翰录》中,载有一张元代批田入祠契约,系众存族产转为祠堂族产的凭证。其文曰:

批田入祠契

长田朱伯亮等,有众存祖坟山地一片,坐落一都,土名练下坞,经理寒字一千七百二号,柴茶山二亩二角,茶山三角,荒草地一亩,下早田一角三十步,内安葬朱五上舍等坟八所,元系本户经理掌立。上件祖坟,系与先贤朱文公同出一源,切虑日后子孙不能久远保守,复睹文公□立庙宅,祖坟山地祭田归一掌管,永远不废。今将上件茶山、草地、早田,系本处朱记秀兄弟耕作,每年计租谷一拾归称,请本庙逐年收租,以充输纳用度,仍量立价钱中统宝钞三十贯文,以凭印契受税管业,庶几祖坟得以岁时拜扫标挂保全,以尽子孙之责。恐后无凭,立此为照。

至元十(?)年十一月十五日

朱伯亮　押契

朱樵隐　押

朱桂芳　押

契　尾

皇帝圣旨里,徽州路婺源州据朱文公庙宅用中统宝钞三十贯文,据朱伯亮兄弟批舍到坟山:

一都下练坞(?)柴茶山二亩二角,茶山三角,荒草地一亩,下早田一角三十步,山内安葬朱五上舍坟八所。

至元六年十二月　日

右付本庙收执,准此。

税课司　　　　　　　　　　　　　　　　印押、押、押①

---

① 契文"至元十年"是讹误。按:元朝有两个至元年号,一为元世祖"至元"年号,一为元顺帝"至元"年号,学术界称后者为"后至元"。元世祖至元十年(公元1273年),徽州还为宋领地,因此不可能用"至元"记年。元顺帝至元只有6年。据歙县《棠樾鲍氏宗谱·婺源朱文公新庙复田记》(明成化刻本)记载:"得旨立徽国朱文公庙……则后至元乙亥三月八日也。"由此可见,至元十年为讹误,是毫无疑问的。

这张文契和契尾告诉我们,婺源州长田朱伯亮兄弟"有众存坟山地一片",包括"柴茶山二亩二角,茶山三角,荒草地一亩,下早田一角三十步",于元顺帝至元年间(公元 1335－1340 年)转让给朱文公庙宅管业,其目的是:"庶几祖坟得以岁时拜扫标挂保全,以尽子孙之责。"

明清时期,随着宗族的繁荣,众存族产有一定程度的发展。弘治元年(公元 1488 年),祁门吴氏《竹字阄书》中记载,五房众存山场共计 22 号,"各山众存竹园竹木及各地栽柿、栗木,毋许私自侵砍;如违,侵砍一根,罚一钱公用"。同时,此次分家析产又续置众存田两号,田租共计 25 秤 11 斤,"轮流收谷管办",用于接待"众客"——公共客人——购买"果合、酒肴"和祖墓"标举"等费用。^① 万历二十八年(公元 1600 年),休宁十七都四图江村洪岩德兄弟 3 人分家析产,在《阄书分单》中所列众存族产,共计有田 37 号,地 14 号,承祖及续置坟地 9 号,豆租园地 28 号,山场 19 处,塘 17 个,"三房实存众租三百零一砠零二十八斤,又十五斤"^②。康熙元年(公元 1662 年),祁门官塘许曰攀兄弟 4 人和侄子许澄分家析产,《分家阄书》中列众存族产,有祀田 100 余秤,嫡母方氏口食田 100 余秤,庶母孔氏口食田 60 余秤,五妹口食田 30 余秤;此外,还有"本家承祖并续置房屋基地、菜园、坟墓山场、塘、地、庙佃、菓树等项,一概众存,毋得徇私擅专,致生弊端"。嫡母和庶母的口食田,待二人百年以后,一半作殡葬费,一半仍归众存族产。五妹的口食田,待其出嫁之后,"其田骨仍系众存"。^③ 雍正三年(公元 1725 年),《陈氏分家书》说:"历观先世阄书,田园俱分拨于各房名下,另拨祀田众存。今因田园有限,公议尽行存众,以作祀产,听支年家收租。除祭祀正用之外,余者亦听支年家收用。"阄书共列众存耕地 56 处,合计田租 376 砠 20 斤,又 9 石 4 斗 7 升,硬米租 2 石,豆麦租 9 斗 5 升。^④ 光绪年间,管氏兄弟 3 人分家析产,在《管氏公众总分单》中,开列众存祀田 20 处,共 34 丘,计田税 30.5 亩;众存学田 8 处,共 9 丘,计田税 14.2

---

① 原件藏中国社会科学院历史研究所图书馆。
② 原件藏中国社会科学院历史研究所图书馆。
③ 原件藏中国社会科学院历史研究所图书馆。
④ 原件藏中国社会科学院经济研究所资料室。

亩，两项合计田税 44.7 亩。这些众存族田，"一概均照三房三股均占，日后为子孙者不得以家驭、家瑞曾继与俍公、俨公两房名下为嗣，为与欤公无相涉焉。如有此情，即以不孝论"。①

四、进主祀田

徽州宗族祠堂神主入祠，除了征收"入主银"以外，还有征收"入主祀田"者。特别是为官宦人家和富商大贾而设的"配享神主"和"特祭神主"，征收"入主祀田"者甚多。明天启五年（公元 1625 年），歙县托山程氏宗族程凌蛟等为父盐运副使公神主入祠，缴纳进主祀田共 4 号，计田税 0.96962 亩，田租 7.5 秤（内含车净租 3 秤）。程凌凤等为父光禄公神主入祠，缴纳进主祀田共 2 号，计田税 1.423 亩，车净租 3 秤，硬租银 8 钱。天启六年（公元 1626 年），程凌鸿为叔祖经历公神主入祠，缴纳进主祀田共 3 号，计田税 1.1726 亩，田租 8.5 秤（内含车净租 3 秤）。崇祯七年（公元 1634 年），程承周为伯父进主入祠，缴纳进主祀田 0.2245 亩，田租若干；地 1.02 亩，豆租、麦租各 5 斗。程维垣同母阿徐为父进主入祠，缴纳祀田，永作祭祀，共 2 号，计田税 1.173 亩，塘税 0.0205 亩，田租 8 秤。崇祯九年（公元 1636 年），程九鸣为祖父、伯父、自身共进 5 主，取田税 1.91 亩，计租 19 秤。"遵新例，作价银四十两，写田入祠，以供祭祀，永远无许诸人变卖"②。清同治十三年（公元 1874 年），祁门渚口、伊坑、滩下、花城里倪氏宗族《立齐心扶正祀典合文》规定："凡在子孙备送神主配享，输租入祠。""进特主者输实租，孝思各尽；得功名者捐小费，科分必详"。具体规定是：

> 一、嗣后创立特主，各家愿送入统祠者，输租十秤。制钱二千四百文，以为整田做牌之资。其税任本祠扒入，仍遵老例，每秤八厘。蒸祭后一日，另设一祭。每主给胙四斤，饱一道，糖一支。其礼生用

---

① 原件藏中国社会科学院经济研究所资料室。
② （明）程本华、程光弼纂：《古歙长原托山程氏重修家谱》卷二十一《祠田》，明崇祯九年（公元 1636 年）刻本。

特秩裔,每名一人,给胙一斤。本夜饮福祭仪,只备一席,以十二簋为率;寿烛一对,金艮山一付;香、纸、炮酌用。

一、官居四品以上者,亦立特主入祠享祭。未输租者,颁胙二斤;已输租者,颁胙六斤,饱一道,糖一支。①

"输租"即是向宗祠缴纳田地。每个特主"输租十秤",约一亩田。

明清时期,徽州宗族祠堂普遍设"配享田"。《婺源桃溪潘氏族谱》卷十九《宗祠配享书》记载,配享神主,"令胤人输上田一亩入祠,力不及者裁其数,岁课其获,以供牺牲粢盛"。《绩溪城西周氏宗谱》卷之首《周允传》记载,宗族"立祠田","堂兄弟有不能给者",周允即"割腴田佐之"。

虽然每一个神主入祠缴纳的祀田面积和数量都很有限,但是,按规定这种田都"不准典卖",也就是说只能进、不能出。因此,随着宗族子弟的传承和繁衍,日积月累,数量愈来愈多。所以,宗族子弟进主祀田是徽州祠堂族产一个重要来源。

第二节 徽州族田的种类

徽州宗族都占有一定数量的土地,有些富有的宗族占有土地的数量相当多。这些土地的名目很多,有族田、祠田、祭田(又曰祀田)、墓田、义田、学田、右文田、公田、社田、会田、众存田等等。这些不同种类、不同名称的土地,既相互区别,有的又相互包含,有的归宗族公共所有,有的归宗族一支一房所有,有的归部分支丁共有,所以,我们总称之为"族田"。

虽然徽州族田的种类和名称很多,但是,归纳起来重要的只有三类:一、祭田(墓田、社田田租主要用于祭祀,所以基本上都属于祭田);二、义田(公田田租主要用于宗族的公益事业,所以基本上属于义田);三、学田(右文田田租主要用于文教事业,所以基本上属于学田)。祠田有的是祭田,有的既包含祭

---

① 赵华富:《祁门县渚口、伊坑、滩下、花城里倪氏宗族调查报告》,见《徽学》2000年卷,合肥:安徽大学出版社,2001年。

田,又包括义田。会田有的属于祭田,有的属于义田。

一、祭 田

祭田是为了祭祀祖先而设置的土地。朱熹在《家礼》中规定:"初立祠堂,则计见田,每龛取其二十之一,以为祭田。亲尽则以为墓田。后凡正位祔者,皆仿此。宗子主之,以给祭用。上世初未置田,则合墓下子孙之田,计数而割之。皆立约闻官,不得典卖。"因婺源是"文公阙里",所以徽州人对朱熹特别崇拜。朱熹的话就是经典,人们大都奉行不悖。因此,徽州宗族非常重视祭田的设置。历史上的徽州人认为,"祠而弗祀,与无同;祀而无田,与无祀同"①。"凡祭田之置,所以敬洁备物,诚不可缺"②。《古歙城东许氏世谱》卷七《许氏家规》"经理祭田"条曰:

> 祭之有田,业可久也。传曰无田不祭,盖谓此尔。吾宗祭社、祭墓、祭于春秋,俱有田矣。

休宁《江村洪氏家谱》卷十四《宗祠祀田记》记载:

> 宗祀之所赖以久远者,惟田。礼曰:惟士无田,则以不祭。田固蒸尝之所自出也。吾家宗祠既建,钟鼓既具,则春秋湮祀,所恃以备羊豕、洁粢盛、立百年不敝之贮者,非田不可。……后世子孙,即有公用急需,勿得妄动祀田。如弃田,是绝祖宗血食也。

徽州宗族祭田源远流长。早在宋代,许多宗族即设有祭田。明代中期,随着民间祭祖礼制的改革,徽州出现大兴祠堂建设和祭祖活动的热潮。众所周知,举行大规模祭祖盛典需要大量物力和财力,在封建时代,这些费用主要是来自地租收入。因此,就促进了祭田的长足发展。在明清以来徽州的方志、谱牒和文书契约之中,祭田资料俯拾即是,不胜枚举。现据部分资料,列表如下:

---

① (明)许光勋纂:《重修古歙城东许氏世谱》卷七《朴庵翁祭田记》,明崇祯七年(公元1634年)家刻本。

② (民国)余攀荣、余旭升纂:黟县《环山余氏宗谱》卷一《余氏家规》,民国六年(公元1917年)木活字本。

表 5-2 徽州宗族祭田举例表

序列	年代	地区	宗族	捐输人	名称	面积	资料来源
1	宋	绩溪	盘川王氏		墓地	400余亩	绩溪《盘川王氏宗谱·始祖常书府君墓地侵复纪略》
2	宋	休宁	旌城汪氏	汪泳	祭田	100亩	弘治《徽州府志》卷七《人物志·勋贤》
3	宋	祁门	善和程氏		墓田	1亩1角	《祁门善和程氏仁山门支修宗谱·善和程氏世坟记》
4	宋	婺源	茶院朱氏	朱熹	祭田	100亩	汪懋竑:《朱子年谱》卷之一上
5	元	婺源	茶院朱氏	朱伯亮等	墓田墓地	4亩2角30步	《婺源茶院朱氏家谱·文翰录·批田入祠记》
6	元	黟县	黄村黄氏	黄真元	祭田	630余亩	嘉庆《黟县志》卷七《人物志·质行》
7	元	休宁	泰塘程氏		墓田墓地	80余亩	程一枝:《程典》卷二十八《茔兆图》第三
8	明	休宁	泰塘程氏		庙田	60余亩	程一枝:《程典》卷二十八《茔兆图》第三
9	明	歙县	东门许氏	许朴庵	祀田	12亩	《重修古歙城东许氏世谱》卷七《朴庵翁祭田记》
10	明	歙县	东门许氏	许禾	祭田	70亩	《重修古歙城东许氏世谱》卷七《许氏义田宅记》
11	明	歙县	托山程氏	程世业	祭田		歙县《古歙长原托山程氏重修家谱》卷二十一《祠田》
12	明	歙县	丰南吴氏	吴翔凤 吴允龄	墓田	3.46亩	《歙西溪南吴氏世谱》
13	明	歙县	东门许氏	许殷	祭田		《重修古歙城东许氏世谱》卷七《许氏宗祠重置祭田记》
14	明	歙县		程懋绩	祠田	30亩	民国《歙县志》卷九《人物志·义行》
15	明	歙县	江村江氏	江若清	祀田		民国《歙县志》卷九《人物志·义行》
16	明	歙县	丰南吴氏	吴迪哲	祀田		民国《歙县志》卷九《人物志·义行》

续表

序列	年代	地区	宗族	捐输人	名称	面积	资料来源
17	明	祁门	胡村胡氏	胡天禄 胡徵献		330亩	康熙《徽州府志》卷十五《人物志·尚义》
18	明	祁门	善和程氏	程新春等		320亩	周绍泉、赵亚光:《窦山公家议校注》
19	清	歙县	江村江氏	江承柄	祭田	1000余亩	歙县《橙阳散志》卷三《人物志·义行》
20	清	歙县	江村江氏	江振鸿	祀田	千数百亩	民国《歙县志》卷九《人物志·义行》
21	清	歙县	棠樾鲍氏	鲍志道	祭田	150亩	歙县《棠樾鲍氏宣忠堂支谱》卷十九《祀事》
22	清	歙县	潭渡黄氏	黄天寿	祭田	150亩	歙县《潭渡孝里黄氏族谱》卷七《厚德》
23	清	休宁	茗洲吴氏	吴任廣等	祭田		休宁《茗洲吴氏家典》卷二《祭田议》
24	清	休宁	竹林汪氏	汪丕	祠田	300余亩	休宁《竹林汪氏宗祠记》
25	清	祁门	石坑张氏	张启勋	祭田	数百十亩	同治《祁门县志》卷三十《人物志·义行》
26	清	婺源	江湾江氏	江祚锡	祭田	400亩	民国《重修婺源县志》卷三十七《人物·义行》
27	清	歙县	潭渡黄氏	黄天寿	祭田	20亩	歙县《潭渡孝里黄氏族谱》卷七《厚德》
28	清	歙县	江村江氏	江承东	祭田		民国《歙县志》卷九《人物志·义行》
29	清	歙县	富堨汪氏	汪士暹	墓田		民国《歙县志》卷九《人物志·义行》
30	清	歙县	江村江氏	江必达	祀田		民国《歙县志》卷九《人物志·义行》
31	清	歙县	江村江氏	江裕瑸	祀田		民国《歙县志》卷九《人物志·义行》
32	清	歙县	坤沙胡氏	胡良权	祀田		民国《歙县志》卷九《人物志·义行》

第五章 徽州宗族族产

续表

序列	年代	地区	宗族	捐输人	名称	面积	资料来源
33	清	歙县	坑口项氏	项光诰	祀产		民国《歙县志》卷九《人物志·义行》
34	清	歙县	丰南吴氏	吴寰	祀田		民国《歙县志》卷九《人物志·义行》
35	清	歙县	沙溪凌氏	凌彝珮	祀田		民国《歙县志》卷九《人物志·义行》
36	清	歙县	双溪凌氏	凌和贵	祀产		民国《歙县志》卷九《人物志·义行》
37	清	歙县	长林吴氏	吴自亮	祭田		民国《歙县志》卷九《人物志·义行》
38	清	歙县	邑城程氏	程光国	祀田		民国《歙县志》卷九《人物志·义行》
39	清	歙县	渔梁巴氏	巴源立	祀产		民国《歙县志》卷九《人物志·义行》
40	清	歙县	项村郑氏	郑延佐	祀田		民国《歙县志》卷九《人物志·义行》
41	清	歙县	呈狮范氏	范信	祀田		民国《歙县志》卷九《人物志·义行》
42	清	歙县	郑村郑氏	郑秀圃	祀田	20余亩	民国《歙县志》卷九《人物志·义行》
43	清	歙县	洪源王氏	王恒镇	祭田		民国《歙县志》卷九《人物志·义行》
44	清	歙县	王宅王氏	王一标	祀田		民国《歙县志》卷九《人物志·义行》
45	清	歙县	江村程氏	程文萼	祀产		民国《歙县志》卷九《人物志·义行》
46	清	歙县	蜀源鲍氏	鲍光旬	祀田		《重编歙邑棠樾鲍氏三族宗谱》卷一百五十五《恩锡公派》
47	清	黟县	艾坑余氏	余延椿	祭田	1,026租	嘉庆《黟县志》卷七《人物志·尚义》

续表

序列	年代	地区	宗族	捐输人	名称	面积	资料来源
48	清	婺源	江湾江氏	江祚锡	祠田	数十亩	民国《重修婺源县志》卷三十七《人物·义行》
49	清	婺源	庆源詹氏	詹德章	祠田	百数十亩	民国《重修婺源县志》卷三十七《人物·义行》
50		婺源	桃溪潘氏		墓田	25亩	《婺源桃溪潘氏族谱》卷十二《墓田记》
51		歙县	托山程氏		祠田	30余亩	歙县《古歙长原托山程氏重修家谱》卷二十一《祠田》
52		歙县	棠樾鲍氏		墓田	9亩余	《重编歙邑棠越鲍氏三族宗谱》卷一百八十三《墓图》
53		黟县	城东隅王氏	王锌等	祭田		嘉庆《黟县志》卷七《人物志·尚义》
54		歙县		鲍荧	祀田		《重编歙邑棠樾鲍氏三族宗谱》卷一百三十八《广公派》
55		歙县	蜀源鲍氏	鲍德成	祠田		《重编歙邑棠樾鲍氏三族宗谱》卷一百五十五《恩锡公派》
56		歙县	蜀源鲍氏	鲍德周	祠田		《重编歙邑棠樾鲍氏三族宗谱》卷一百五十五《恩锡公派》
57		休宁	月潭朱氏	朱元宽等	祭田		《新安月潭朱氏族谱》卷九
58		休宁	鬲山陈氏	陈廷阿	墓田		休宁《陈氏宗谱》卷三《本宗列传》第十四
59		黟县	朱村朱氏		祭田		嘉庆《黟县志》卷六《人物志·质行》
60		黟县	古筑孙氏	孙伯清	祀田		嘉庆《黟县志》卷六《人物志·尚义》
61		歙县	潭渡黄氏	黄资仁	墓田		歙县《潭渡孝里黄氏族谱》卷七《孝友》
62		歙县	桂溪项氏		祭田	17.8亩	歙县《桂溪项氏族谱·祭田原始》

备注：表内1号含山，2、17、19、20、25、26号含义田，6、10、22、47、60号含义田、学田，18号含义田、学田、军业田。

这张表共列祭田 62 例,其中宋代 4 例,元代 3 例,明代 11 例,清代 31 例,朝代不明 13 例。虽然表中所列祭田只是一小部分,但它反映了徽州祭田发展的过程。

徽州宗族的祭田,来自祠堂购置、子弟捐输、分家众存、配享进主等。我们在这张表中所列的祭田,主要是来自宗族子弟的捐置。如果将各种来源的祭田加在一起,徽州宗族祭田的数额之大就可想而知了。

二、义 田

义田主要是为周济鳏、寡、孤、独和贫困族人而设。歙县棠樾鲍氏宗族《鲍氏义田记》说:"义田之设,始于范文正公。"① 休宁《新安月潭朱氏族谱》卷二十二下《任衡朱公义田记》记载:

> 自宋范文正公创立义田,规模具备。明荆川唐氏以为得立宗之遗意。其后,希风往哲,接踵代兴。至我朝(即清朝——引者),世家大族有能遵行者,经大府题达,例得旌奖。其为风化人心计,至深长也。

徽州宗族非常重视对鳏、寡、孤、独和贫困族人的周济工作,几乎所有宗族的族规家法都有这一方面的规定。绩溪华阳邵氏宗族《家规》"恤族"条记载:"族由一本而分,彼贫即吾贫。苟托祖宗之荫而富贵,正宜推祖宗之心以覆庇之,使无所失,此仁人君子之用心也。若自矜富贵,坐视族人贫困,听其鬻妻质子,而为人仆妾,以耻先人,是奚翅贫贱羞哉?即富贵亦与有责也。"② 歙县东门许氏宗族《许氏家规》"救灾恤患"条规定:"人固以安静为福,而灾危患难亦时有之,如水火、盗贼、疾病、死丧。凡意外不测之事,此人情所不忍,而推恩效力,固有不容于己者。其在乡党邻里,有相周之义焉,有相助相扶持

---

① (清)鲍琮纂:歙县《棠樾鲍氏宣忠堂支谱》卷十九,清嘉庆十年(公元 1805 年)家刻本。
② (清)邵玉琳、邵彦彬纂:绩溪《华阳邵氏宗谱》卷十八《家规》,清宣统二年(公元 1910 年)木活字本。

之义焉,况于族人本同一气者乎?今后,凡遇灾患,或所遭之不偶也,固宜不恤财、不恤力以图之,怜悯、救援、扶持、培植以示敦睦之义。此非有所强而迫也,行之存乎人耳。"①《许氏家规》"抚孤恤寡"条规定:"父之于子,而见其成人;妇之于夫,而及尔偕老,是处人伦之幸,道之常也。不幸而值其变,固有无父而孤,无夫而寡者焉。此穷民无告,王政之所必先焉者。……今后凡遇孤儿寡妇,恩以抚之,厚以恤之,扶持培植,保全爱护,期于树立,勿致失所;为之婚嫁,为之表彰,伯叔懿亲不得而辞其责也。"②为了落实救灾恤患、抚孤恤寡的条规,徽州宗族对子弟的义举普遍实行奖励。绩溪《明经胡氏龙井派祠规》"重义"条规定:"仁人正谊不谋利,儒者重礼而轻财。然仁爱先以亲亲,孝友终于任恤。辟家塾而教秀,刘先哲具有成规;置义田以赈贫,范夫子行兹盛举。倘有好义子孙,捐义产以济孤寡,置书田以助寒儒,生则颁胙,殁给配享,仍于进主之日,祠内酌办祭仪,请阖族斯文迎祭以荣之,以重义也。"③除了宗族的奖励以外,封建政府也实行"旌奖"政策。歙县《棠樾鲍氏宣忠堂支谱》卷十九《鲍氏义田记》记载:

  《周礼·大司徒》教民以六行,而任恤居其二;又于州党之中,示以相周相救之法,凡以矜贫乏通有无也。我朝(按:指清朝——引者)圣圣相承,勤求疾苦,令有司朔望宣讲《圣谕广训》,敦敦启牖,诚欲使各亲其亲,家给人足,而后民生以厚,风俗以淳。方今海内涵濡教泽,从风慕义之士,指不胜屈。

凡是为宗族设置义田,周济鳏寡孤独和贫困族人者,"经大府题达,例得旌奖"。

  徽州宗族义田源远流长。明代中期以来,随着徽州宗族子弟商业的发达,宗族义田得到长足的发展。与祭田来源不同,义田"皆族中富室捐置"。

---

① (明)许光勋纂:《重修古歙城东许氏世谱》卷七,明崇祯七年(公元1634年)家刻本。
② (明)许光勋纂:《重修古歙城东许氏世谱》卷七,明崇祯七年(公元1634年)家刻本。
③ (民国)胡宝铎、胡宜铎纂:绩溪《宅坦明经胡氏龙井派宗谱》卷首,民国十年(公元1921年)木刻本。

在徽州的地方志和谱牒家乘之中,义田资料与祭田一样,同样是比比皆是,举不胜举。现据部分资料列表如下:

表 5-3 徽州宗族义田举例表

序号	朝代	地区	宗族	捐输人	面　积	资料来源
1	宋	休宁	东阁许氏	许文蔚	100亩	程尚宽:《新安名族志》后集
2	宋	婺源	庆源詹氏	詹公昌		程尚宽:《新安名族志》前集
3	宋	休宁	旌城汪氏	汪　泳	100亩	弘治《徽州府志》卷七《人物志》
4	宋	休宁	陪郭程氏	程　信	500亩	弘治《徽州府志》卷七《人物志》
5	宋	休宁	文昌金氏		90亩	《新安休宁文昌金氏世谱》
6	宋	祁门	汪氏	汪　浚		同治《祁门县志》卷三十《人物志》
7	元	黟县	黄村黄氏	黄真元	630亩	嘉庆《黟县志》卷七《人物志·质行》
8	明	黟县	韩村汪氏	汪　辛	30余亩	程尚宽:《新安名族志》前集
9	明	歙县	溪南吴氏	吴光升		李维桢:《大泌山房集·吴季公程孺人家传》
10	明	歙县	岩镇余氏	余文义	100亩	民国《歙县志》卷九《人物志·义行》
11	明	休宁	吴氏	吴继良	178亩	康熙《徽州府志》卷十五《人物志·尚义》
12	明	祁门	胡村胡氏	胡天禄胡徽献	330亩	康熙《徽州府志》卷十五《人物志·尚义》
13	明	婺源	方村方氏	方仲诰	100亩	民国《重修婺源县志》卷三十七《人物·义行》
14	明	歙县	东门许氏	许　禾	70亩	《古歙城东许氏世谱》卷七《许氏义田记》
15	明	歙县	潭渡黄氏	黄立文	100亩	歙县《潭渡孝里黄氏族谱》卷七《孝友》
16	明	祁门	善和程氏	程新春等	320亩	周绍泉、赵亚光:《窦山公家议校注》
17	明	歙县	呈坎前罗氏	罗元孙	100亩	民国《歙县志》卷九《人物志·义行》

续表

序号	朝代	地区	宗族	捐输人	面积	资料来源
18	明	歙县	东关李氏	李天详		民国《歙县志》卷九《人物志·义行》
19	明	歙县	东关李氏	李天祥		民国《歙县志》卷九《人物志·义行》
20	明	歙县	方氏	方尚本	数十亩	民国《歙县志》卷九《人物志·义行》
21	明	歙县	东关程氏	程钧		民国《歙县志》卷九《人物志·义行》
22		歙县	潭渡黄氏	黄算之	100余亩	歙县《潭渡孝里黄氏族谱》卷十《彰义黄翁义田记》
23	清	歙县	溪南吴氏	吴之骏	1,000余亩	歙县《丰南志》第六册《艺文志·行状》
24	清	歙县	江村江氏	江承炳	1,000余亩	歙县《橙阳散志》卷三《人物志·义行》
25	清	歙县	江村江氏	江振鸿	千数百亩	民国《歙县志》卷九《人物志·义行》
26	清	歙县	江村江氏	江裕琜	100亩	民国《歙县志》卷九《人物志·义行》
27	清	歙县	雄村曹氏	曹景宸	500余亩	民国《歙县志》卷九《人物志·义行》
28	清	歙县	伏塘坑方氏	方德龙	109亩	民国《歙县志》卷九《人物志·义行》
29	清	歙县	唐模许氏	许以晟等	100亩	民国《歙县志》卷九《人物志·义行》
30	清	歙县	松明山汪氏	汪人御	500亩	民国《歙县志》卷九《人物志·义行》
31	清	歙县		鲍玉堂	500亩	民国《歙县志》卷九《人物志·义行》
32	清	歙县	唐模许氏	许荫本		民国《歙县志》卷九《人物志·义行》
33	清	歙县	唐模许氏	许以景	数百亩	民国《歙县志》卷九《人物志·义行》
34	清	歙县	大阜潘氏	潘景文	100亩	民国《歙县志》卷九《人物志·义行》
35	清	歙县	唐模许氏	许承基	100亩	民国《歙县志》卷九《人物志·义行》
36	清	歙县	大阜潘氏	潘仲兰	100亩	民国《歙县志》卷九《人物志·义行》

续表

序号	朝代	地区	宗族	捐输人	面　积	资料来源
37	清	歙县	大阜潘氏	潘文崧		民国《歙县志》卷九《人物志·义行》
38	清	歙县	溪南吴氏	吴邦伟 吴邦佩	1,000余亩	民国《歙县志》卷九《人物志·义行》
39	清	歙县	郡城胡氏	胡　璋		民国《歙县志》卷九《人物志·义行》
40	清	歙县	小溪项氏	项　宪 项士溥		民国《歙县志》卷九《人物志·义行》
41	清	歙县	丛睦坊汪氏	汪守仁 汪文焕		民国《歙县志》卷九《人物志·义行》
42	清	歙县	富竭汪氏	汪士暹		民国《歙县志》卷九《人物志·义行》
43	清	歙县		汪　晋		民国《歙县志》卷九《人物志·义行》
44	清	歙县	蜀源鲍氏	鲍光甸		民国《歙县志》卷九《人物志·义行》
45	清	歙县	古关李氏	李有亮		民国《歙县志》卷九《人物志·义行》
46	清	歙县	狮岭下胡氏	胡纯瑾	40余亩	民国《歙县志》卷九《人物志·义行》
47	清	歙县	潭渡黄氏	黄　晟		民国《歙县志》卷九《人物志·义行》
48	清	歙县		王为珩		民国《歙县志》卷九《人物志·义行》
49	清	歙县	上丰宋氏	宋元国		民国《歙县志》卷九《人物志·义行》
50	清	歙县	桂林洪氏	洪受嘉 洪杜洲		民国《歙县志》卷九《人物志·义行》
51	清	歙县	桂林洪氏	洪清田	数十亩	民国《歙县志》卷九《人物志·义行》
52	清	歙县	棠樾鲍氏	鲍汪氏	100余亩	歙县《棠樾鲍氏宣忠堂支谱》卷十九《祀事》
53	清	歙县	棠樾鲍氏	鲍启运	1,249亩	歙县《棠樾鲍氏宣忠堂支谱》卷十九《祀事》

续表

序号	朝代	地区	宗族	捐输人	面 积	资料来源
54	清	歙县	潭渡黄氏	黄天寿	150亩	歙县《潭渡孝里黄氏族谱》卷七《厚德》
55	清	祁门	旸源谢氏	谢明哲	140亩	同治《祁门县志》卷三十《人物志·义行》
56	清	祁门	梓墅洪氏	洪世迎	100余亩	同治《祁门县志》卷三十《人物志·义行》
57	清	祁门	石坑张氏	张启勋	数百十亩	同治《祁门县志》卷三十《人物志·义行》
58	清	婺源	江湾江氏	江源进	100余亩	民国《重修婺源县志》卷三十七《人物·义行》一
59	清	婺源	江湾江氏	江祚锡	400亩	民国《重修婺源县志》卷三十七《人物·义行》一
60	清	婺源	盘山程氏	程世杰	300余亩	民国《重修婺源县志》卷三十七《人物·义行》一
61	清	婺源	庆源詹氏	詹德章	70亩	民国《重修婺源县志》卷三十七《人物·义行》一
62	清	婺源	官桥朱氏	朱文煊		民国《重修婺源县志》卷四十《人物·义行》
63	清	歙县	新馆鲍氏	鲍光安		《歙新馆鲍氏著存堂宗谱》卷九《宋公派世系图》
64	清	黟县	古筑孙氏	孙伯清		嘉庆《黟县志》卷六《人物志·尚义》
65	清	歙县	东门许氏	许登瀛		《重修古歙东门许氏宗谱·新安许氏宗谱序》
66	清	黟县	鲍村王氏	王懋赏		嘉庆《黟县志》卷六《人物志·尚义》
67	清	黟县	艾坑余氏	余延椿	1,026䂮	嘉庆《黟县志》卷七《人物志·尚义》
68	清	歙县	新馆鲍氏	鲍存晓 鲍鸣岐	20亩	《歙新馆鲍氏著存堂宗谱·赴新馆省祠墓记》
69		歙县	溪南吴氏	吴钠		歙县《丰南志》第六册《艺文志·嵩堂府君行述》
70		婺源	桃溪潘氏		5亩	《婺源桃溪潘氏族谱》卷十九《彰赐纪》

备注：表内3、12、24、25、57、59号含祭田；11、23、55、70号含学田；7、14、54、64、67号含祭田、学田；16号含祭田、学田、军业田。

上表共列义田 70 例,其中宋代 6 例,元代 1 例,明代 14 例,清代 46 例,年代不明者 3 例。虽然这张表中所列的义田只是一小部分,但是它反映了徽州义田的发展过程——宋代是初创阶段,明代是发展时期,清代富室捐置义田,"指不胜屈"。

徽州宗族的义田,大都是富商大贾捐置,每例的数量大都较大。在我们列举的义田中,有亩数记载者共 44 例,其中数千亩 1 例,千数百亩 2 例,1,000 余亩 2 例,630 亩 1 例,500 余亩 1 例,500 亩 3 例,400 亩 1 例,数百亩 1 例,330 亩、320 亩、300 余亩各 1 例,178 亩、150 亩、140 亩各 1 例,100 余亩、100 亩 18 例,100 亩以下者 8 例。①

歙县棠樾鲍氏宗族义田田租的分配和使用,具有典型性。这个宗族将 1,300 多亩义田分别属于"体源户""敦本户""节俭户"三个税户。②

体源户义田田租是用来周济鳏、寡、孤、独和自幼废疾不能受室难于活命者。据棠樾鲍氏敦本堂《公议体源户规条》(石刻现存敦本堂墙壁)规定,体源户田租分配基本原则是:一、"发谷日期,每月定于初一日。如次年正月,即先期于头年十二月二十五日预发。"二、"每人每月给谷三斗,闰月如之。"三、"谷系给本族鳏、寡、孤、独四穷之人,须合例者,不得徇情滥给。"四、"四穷及废疾与例相符应给谷者,执事之人知会督总,给与经折。孤子注明年庚,以备查考,再行给谷,以专责成。"五、"四者之外,有自幼废疾不能受室委实难于活命者,一例给发。"

对于鳏、独户的特殊规定是:"鳏、独年至六十岁,给领食谷后有愿继与为子者,亦一体给领,全其宗祧。其子年至十八岁停止。其父母仍照例给发。"

对孀户的特殊规定是:"孀居有子,俟其子年至二十五停止。""孀居住居母家者,准其领给;居亲戚者,不准领给。妾住母家不准。""孀居年少时不愿

---

① 表中 67 号,黟县艾坑余氏宗族子弟余延椿捐置义田 1,026 砠,如果按每亩田租 10 砠计,即置义田 100 多亩。

② 参见(清)鲍琮纂:歙县《棠樾鲍氏宣忠堂支谱》卷十九《义田·公议体源户规条》《义田·公议敦本户规条》,卷十七《节俭户田缘由》,清嘉庆十年(公元 1805 年)家刻本。

食谷,出村佣食,及至年迈归家再行请领者,永不准给。"

对孤户的特殊规定是:"孤子年至十八岁停止";"孤女出嫁日停止。"

对外出久无音信和食谷之人病故者的规定是:一、"族人或有流荡地方久无音信者,其父母妻子不得捏称物故,援例食谷。总以访有实据,本家迎过魂后,方准给领。"二、"食谷之人有病故者,给谷三十六斗,以为身后使用。孤子女自十五岁以内者,给谷二十四斗;十岁以内者,给谷十八斗;五岁以内者给谷九斗。其谷于下月初一日给领。"

对食谷者违犯《公议体源户规条》的经济制裁是:"鳏独、孤子有干犯长上行止不端者,停给三年,改过三年后再给。""妇人打街骂巷不守规法者,停给一年,改过次年再给。"

笔者在棠樾作调查时发现,棠樾鲍氏后裔还保存一体源户——鲍铭恕妇罗氏——领粮"经折"。这个领粮经折编号为第二百四十五号。折内书:

凡合规食谷者,皆须遵守条规,不得品行不端,盗卖盗砍祖产,干犯长上,聚赌打降,酗酒讹诈,恃强欺弱。鳏独尤不得恃老诈命。妇女须遵守清规,门庭严肃,不得打街骂巷,恃寡逞刁。孤幼须谨受尊长约束,入塾者入塾,习业者习业,不得在街市闲散破口骂人。废疾亦须安分,不得倚病讹诈。每人能守此规,于食谷之日,须凭本家房长及同居族邻公举联环互保着押。设有犯规,公议:本人察其轻重,停止。保人不能约察申明,公酌议罚。此照。

本人　铭恕妇罗氏(押)

房长　尚　勇　　(押)

族邻　颂　周　　(押)

奉

宪,不得私相抵押,如违停止,逞究。

铭恕小娘(乳名永宁)右谷给至丁卯年,长子淮会二十四岁止。长子淮会甲辰年生,谷给至庚申年,十七岁止。次子淮昶壬子年生,谷给至戊辰年,十七岁止。

　　　　　　　　　每月共给谷九斗

咸丰六年二月　　　　　　□敦
　　　　　　　　　　　　章本　立
　　　　　　　　　　　　　堂

咸丰六年二月初一日　　　谷发讫
咸丰六年三月初一日　　　谷发讫
咸丰六年四月至十二月　　谷发讫

棠樾鲍氏宗族"体源户"义田创自清嘉庆二年（公元1797年），田租用于周济鳏、寡、孤、独四种人和自幼废疾不能受室与难于活命者。鲍铭恕妇罗氏领谷"经折"证明，这一制度直到清咸丰六年（公元1856年）仍然按章实行。后因徽州成为太平天国农民军与清军的主要战场，佃户逃亡，田地无人耕种，地租收不到手，鲍氏宗族也就不可能再有谷物周济鳏、寡、孤、独和自幼废疾不能受室与难于活命者。所以鲍铭恕妇罗氏及其两个儿子，从咸丰六年（公元1856年）二月到十二月，只领了十一个月的谷子，以后没有再领。

太平天国被镇压以后，徽州人口锐减，经济萧条，处处焦土，遍地瓦砾，棠樾鲍氏宗族从此一蹶不振。据调查，抗日战争爆发后，鳏、寡、孤、独四穷和自幼废疾不能受室与难于活命者周济粮已不能照常发放，"四穷"户到族长面前"叩头作揖"，好话说尽，才能勉强领到一点谷子。

敦本户义田田租是用于每年青黄不接时平价粜给族人。据棠樾鲍氏敦本堂《公议敦本户规条》（石刻现存敦本堂墙壁）规定，敦本户田租"平粜"基本原则是：一、自宋住居本村者（按：即鲍荣的后裔——引者），方准粜。二、族人贸易来去无定，届期亲身报名，准粜；期后来者，不补。三、有佣人者，不准粜。如出嫁女归宁在家，及妻之母相依者，不以佣人论。女与妻母准粜，本家听粜。此外，另有亲戚及帮工者，即与佣人无别，该户概不准粜。

对粜谷者违犯《公议敦本户规条》的经济制裁：一、聚赌，无论骰子，跌钱，看牌，概不准粜，改过次年准粜；二、酗酒打降者，不准粜，改过次年准粜；三、男妇干犯长上、品行不端及好与人寻事争斗者，停粜三年，改过三年后准粜；

四、妇人打街骂巷不守法规者,停籴一年,改过次年准籴。

节俭户义田田租是用来分给鲍氏宗族宣忠堂女眷。据歙县《棠樾鲍氏宣忠堂支谱·节俭户田缘由》规定,"节俭户"田租分配原则是:"按宣忠堂三大房女眷公分,除去不要此谷者,总按要者名数均匀分派。所有男丁、童稚暨未出嫁女,一概不分。"这是因为捐献义田者系鲍志道夫人汪氏,所以"只惠妇人一辈"。

敦本户平价谷子何年停籴,节俭户周济粮何时停止发放,现在棠樾鲍氏老人都说不清楚。

棠樾鲍氏宗族用体源户义田田租周济鳏、寡、孤、独四穷户和自幼废疾不能受室与难于活命者,用敦本户义田田租于每年青黄不接时平价籴给族人,在歙县和徽州产生了巨大反响。当地流传一句谚语说:"唐模、棠樾,饿死情愿。"意思是说:生活在歙县唐模村的许氏和棠樾村的鲍氏,其族下子孙的生活有保障,永远不会饿肚子。

三、学 田

徽州宗族非常重视教育。《休宁查氏肇涇堂祠事便览》卷二《本祠义学序》记载:"尝观家由人兴,人以才见,才之高下,功之大小因焉。未有无其才而可以兴者也。然才之所就,亦匪易矣。古者家有塾,党有庠,俾子弟出就外傅,课以诗书,守以礼义,扩充其天赋之赀,而防闲其外诱之习,以为立身修业之基。"于是,这个宗族即设学校,培养子弟。支丁查多侯尝喟言叹曰:"欲宗族之登仕进,必由多贤才;欲子弟之多贤才,必由先教育。"于是,"捐己资设义学,延请明师,教育本支子弟。至今里中弦诵不辍"。①

由于徽州宗族特别重视教育,所以,宋元以来徽州的宗族学校十分发达。史载,宗族创办的义塾、书屋、书院,星罗棋布,遍布城乡各地。"远山深谷,居

---

① (明)查应光编次,查维鼎重辑:《休宁查氏肇裡堂祠事便览》卷四《皇清特赠显考多侯府君暨显妣王安人行述》,明崇祯十六年(公元1643年)刻本。

民之处,莫不有学有师,有书史之藏"①。"十家之村,不废诵读"②。

这些学校的经费是从哪里来的呢?据历史文献记载和社会调查资料,绝大多数学校都拥有学田,学校经费大都来自田租。这些学田大都是"富室捐置"——宗族仕宦和富商是主要捐献者。现据部分资料,列表如下:

表5-4 徽州宗族学田举例表

序号	年代	地区	宗族	学校名称	捐输人	面积(亩)	资料来源
1	元	婺源	考川明经胡氏	明经书院	胡淀 胡澄	350	弘治《徽州府志》卷五《学校》
2	元	婺源		遗安义学	程本中	300	康熙《徽州府志》卷七《营建志·学校》
3	元	婺源	中山祝氏	中山书塾	祝寿朋	200	康熙《徽州府志》卷七《营建志·学校》
4	元	黟县	黄村黄氏	集成书院	黄真元	630	嘉庆《黟县志》卷七《人物志·尚义》
5	元	休宁		商山书院	汪同		赵汸:《东山存稿·商山书院学田记》
6	明	婺源		桂岩书院	戴善美 戴铣		康熙《徽州府志》卷七《营建志·学校》
7	明	祁门		李源书院	李汛	20	康熙《徽州府志》卷七《营建志·学校》
8	明	婺源	桃溪潘氏	太白精舍	宗族捐	100	道光《徽州府志·学校》
9	明	歙县	东门许氏		许禾	70	《古歙城东许氏世谱》卷七《许氏义田宅记》
10	明	歙县	呈坎前罗氏		罗元孙	100	康熙《徽州府志》卷十五《尚义》
11	明	歙县	潭渡黄氏		黄立文	100	歙县《潭渡孝里黄氏族谱》卷七《孝友》
12	明	婺源	桃溪潘氏			5	《婺源桃溪潘氏族谱》卷十九《彰赐纪》
13	明	休宁	吴氏	明善书院	吴继良	178	康熙《徽州府志》卷十五《人物志·尚义》

---

① (元)赵汸:《商山书院学田记》,见(清)方崇鼎纂,何应松修:道光《休宁县志》,清道光三年(公元1823年)刻本。

② (民国)葛韵芬等修,江峰青纂:《重修婺源县志》卷四《风俗》,民国十四年(公元1925年)刻本。

续表

序号	年代	地区	宗族	学校名称	捐输人	面积(亩)	资料来源
14	明	祁门	胡村胡氏		胡天禄 胡徽献	330	康熙《祁门县志》卷四《孝义》
15	明	休宁	吴田吴氏	冯山精舍	吴		汪道昆:《太函集·吴田义庄吴次公墓志铭》
16	明	祁门	善和程氏		程新春等	320	周绍泉、赵亚光:《窦山公家议校注》
17	明	黟县			丁佛佑		嘉庆《黟县志》卷七《人物志·尚义》
18	清	黟县	古筑孙氏		孙伯清		嘉庆《黟县志》卷六《人物志·尚义》
19	清	歙县	桂林洪氏		洪清田	数十亩	民国《歙县志》卷九《人物志·义行》
20	清	休宁	查氏		查多侯		《休宁查氏肇飙堂祠事便览》卷四
21	清	绩溪	曹氏		曹六行	数十亩	乾隆《绩溪县志》卷八《尚义》
22	清	歙县	潭渡黄氏		黄天寿	150	歙县《潭渡孝里黄氏族谱》卷七《厚德》
23	清	歙县	溪南吴氏		吴之骏	数千亩	歙县《丰南志》第六册《艺文志》下《行状》
24	清	黟县	艾坑余氏		余延椿	1,026 砠	嘉庆《黟县志》卷七《人物志·尚义》
25	清	祁门	旸源谢氏		谢明哲	140	同治《祁门县志》卷三十《人物志·义行》
26	清	绩溪	城西周氏	濂溪书院	周槐堂	二百数十亩	《绩溪城西周氏宗谱·十三都遥遥田产》
27	清	休宁	茗洲吴氏				休宁《茗洲吴氏家典》卷二《学田议》
28	清	歙县	东门许氏				《重修古歙东门许氏宗谱·宗祠新置义田规约》
29	清	休宁	月潭朱氏		朱士铨		《新安月潭朱氏族谱》卷十四
30	清	歙县	江村江氏		江允升		歙县《橙阳散志》卷三《人物志》一《义行》

续表

序号	年代	地区	宗族	学校名称	捐输人	面积(亩)	资料来源
31	清	婺源	游山董氏	游山书屋	合族捐	51亩余	婺源《董氏宗谱·凤游山书屋记》
32	清		管氏		众存	14.2	《光绪管氏公众总分单》
33	清	歙县	江村江氏	飞布书院	江承珍江允升等		歙县《橙阳散志》卷三《人物志·义行》
34		歙县			鲍如衡		《重编歙邑棠樾鲍氏三族宗谱·孝嗣公派》
35		婺源	横槎黄氏	义山书屋	黄德顺		《新安黄氏大宗谱》卷二《义山书屋记》
36		黟县	朱村朱氏		朱思信		嘉庆《黟县志》卷七《人物志·尚义》

备注：表内 12、13、23、25 号含义田；4、9、18、22、24 号含祭田、义田；16 号含祭田、义田、军业田。

上表共列学田 36 例，其中元代 5 例，明代 12 例，清代 16 例，年代不明者 3 例。虽然这张学田表所列学田只是徽州宗族学田极少一部分，但是，我们从中也可以看出，明清时期随着徽商的发达和宗族的繁荣，徽州宗族学田有了长足的发展。

徽州教育发达，宗族创办的书院、义塾、书屋非常多。按理来讲，徽州宗族的学田应该很多。但是，学田资料比祭田、义田资料少。这是为什么呢？我们认为，这是由两个原因造成的。第一，许多学田包括在义田之中。例如，歙县西溪南吴氏宗族子弟吴之骏，"置义田数千亩，以济族之贫乏者"。同时，"族子弟之秀者，或无力延师，谋设义塾以教，惜未竟厥志"①。这里的学田即在义田之中，是毫无疑义的。黟县艾坑余氏宗族子弟余延椿侨寓苏州。清乾隆十四年(公元1749年)，他"以金一千八百寄艾坑，凭族置义田一千二十六

---

① (民国)吴吉祜纂：歙县《丰南志》第六册《艺文志》下《皇清诰封中宪大夫大理寺寺副加五级岁进士损斋太老姻台吴公行状》，稿本。

砠,为宗祠祭祀,族童延师,及赡给孤孀费"①。这里的义田,不仅包括学田,而且还含有祭田。休宁商山吴氏宗族子弟吴继良,"尝构义屋数百楹,买义田百亩,建明善书院,设义塾"②。这里所说的"义田",包括学田,甚至可能即是学田。歙县潭渡黄氏宗族子弟黄立文,"置义田百亩,筑室为义学,延明师以训子弟"③。这里所谓"义田",显然就是学田。祁门胡村胡氏宗族支丁胡天禄,"幼贫而孝,后操奇赢,家遂丰。……输田三百亩为义田,使蒸尝无缺,塾教有赖,学成有资,族之婚嫁丧葬与嫠妇无依穷而无告者,一一赈给。曾孙征献又输田三十亩益之"④。很明显,这里的"义田",既包括祭田,又含有学田。有的义田资料透露,其中含有学田,但是,大量义田资料没有具体说明其中是否包括学田。我们认为,这些没有具体说明用途的义田,有的其中也含有学田,否则许多宗族设立的书院、义塾、书屋的经费来自何处呢？第二,所谓"义学"大都设有学田。在徽州地方志和家乘谱牒的"义行"传和"尚义"传中,有大量宗族子弟捐资兴建"义学""义塾"的事例。如,歙县棠樾鲍氏宗族子弟鲍起正,"率族裔与续宗谱,捐金襄刻,更以义塾为急务"⑤。潭渡黄氏宗族子弟黄资仁,"尝置义塾以教里中贫寒子弟"⑥。新馆鲍氏宗族富商鲍亭表,"置祠田,设义学,资婚嫁,助葬埋,施药饵,给棺椁,其惠及里党者,未易更仆,县东

---

① (清)程汝翼、俞正燮纂,吴甸华修:嘉庆《黟县志》卷七《人物志·尚义》,清嘉庆十七年(公元 1812 年)刻本。
② (清)赵吉士撰,丁廷楗、卢询修:康熙《徽州府志》卷十五《尚义》,清康熙三十八年(公元 1699 年)刻本。
③ (明)黄玄豹纂:歙县《潭渡孝里黄氏族谱》卷七《孝友》,清雍正九年(公元 1731 年)家刻本。
④ (清)赵吉士撰,丁廷楗、卢询修:康熙《徽州府志》卷十五《尚义》,清康熙三十八年(公元 1699 年)刻本。
⑤ (清)鲍光纯纂:《重编歙邑棠樾鲍氏三族宗谱》卷一百零一《希圣公派》,清乾隆二十五年(公元 1760 年)一本堂刻本。
⑥ (明)黄玄豹纂:歙县《潭渡孝里黄氏族谱》卷七《孝友》,清雍正九年(公元 1731 年)家刻本。

之人至今以为美谈"①。东门许氏宗族支丁许登瀛,"生平兢兢筹画者,尤在敬宗睦族一事。尝捐数千金,修宗祠,创义学"②。虬川黄氏宗族子弟黄仕瑜"创有光裕堂,为弟侄辈家塾之所"③。黟县宏村汪氏宗族父老,捐资于南湖之滨兴建家学,"以文讲塾,以为子弟肄业课文之所。洁其脩脯,延名师以教习之,其于古人家塾之义,固有合焉"④。汪氏宗族的子弟汪廷兴,"孝谨嗜义,为乡间所重。尝捐白金三百立义学"⑤。嘉庆《黟县志·书院义学》记载:"云门书屋,在三都黄陂,汪氏建,并建文峰塔于其侧。岁时子弟课文于其中。"又载:"西园书屋,在五都南屏村心,里人叶华年建,为其族中肄业课文之所。"这些义学都未明言学校置有学田。但是,嘉庆《黟县志》卷十五《新建碧阳书院记》说:"所谓'务本庄',义学也。""庄"是什么呢?庄者,庄田也。"务本庄,义学也"这条记载说明,义学拥有学田。《重修古歙东门许氏宗谱》卷八《宗祠新置义田规约》规定:

> 立经学一处,延请文行兼优者为师训导,每岁束脩以三十六金为率,供给十二金。族中能成篇者愿入经学,到祠公同文会诸公面试准入。每月在馆,公立两粥一饭火食,每以二分为率。三、八作文期,每位给肉四两,外助诸生纸笔。应府县试者,卷赀三钱。乡试者,五钱。院试者,四金。不在馆肄业者,亦助二金。
>
> 立蒙学一处,延请老成盛德者为师训导,每岁束脩以二十四金为率,供给十二金。外助诸童纸笔书本,月试日程,岁有课习,庶几

---

① (清)鲍存良、鲍诚猷纂:《歙新馆鲍氏著存堂宗谱》卷二《鲍亭表公传》,清光绪元年(公元1875年)活字本。
② (清)许登瀛纂:《重修古歙东门许氏宗谱·新安许氏族谱序》,清乾隆二年(公元1737年)刻本。
③ (清)黄开簇纂:歙县《虬川黄氏重修宗谱》,清道光十年(公元1830年)刻本。
④ (清)程汝翼、俞正燮纂,吴甸华修:嘉庆《黟县志》卷七《人物志·尚义》,清嘉庆十七年(公元1812年)刻本。
⑤ (清)程汝翼、俞正燮纂,吴甸华修:嘉庆《黟县志》卷七《人物志·尚义》,清嘉庆十七年(公元1812年)刻本。

成人有德,小子有造,吾宗文教日益振兴也。

歙县东门许氏宗族,无论是"经学",还是"蒙学",都没有学田。两所学校的经费均来源于宗祠义田。所以,许氏宗祠的义田,实际上即含有学田。

第三节 徽州族产的所有制形式

一、多层次占有制

徽州族产绝大多数是多层次占有制。民国《歙县志》卷一《舆地志·风土》记载:"邑俗,旧重宗法,聚族而居,每村一姓或数姓,姓各有祠,支分派别,复为支祠。……祠之富者,皆有祭田,岁征其租,以供祠用,有余则以济族中之孤寡。"绩溪《上川明经胡氏宗谱》记载:"吾族祀产最多,自宗祠、支祠,下逮近代各家,无不毕有。"大体而言,徽州族产有宗祠占有、支祠占有、族丁众存三种基本形式。

(一)宗祠占有形式

宗祠是宗族的象征,宗祠祠产实际上是全宗族集体占有的公有财产。据历史文献记载,徽州族产大多数归宗祠所有,全宗族公有制是徽州族产所有制的主要形式。这方面的资料,俯拾即是,举不胜举。史载,歙县溪南吴氏宗族是一个非常富有的名宗右族,明清时期这个宗族仅义田即拥有"数千亩"①。歙县东门许氏宗族,"先世置有祀田三百余亩,岁之谷利三千余斛,及外之山、塘、屋舍之子利若干"②。清代雍正年间,许氏支丁许登瀛"更捐万金,置义田,俾群族之人,日有食,岁有衣,嫁娶凶葬皆有赠"③。据徽州土地

---

① (民国)吴吉祜纂:歙县《丰南志》第六册《皇清诰封中宪大夫大理寺寺副加五级岁进士损斋太老姻台吴公行状》,稿本。

② (明)许光勋纂:《重修古歙城东许氏世谱》卷一《宗祠祀典条录·祠祀》,明崇祯七年(公元1634年)家刻本。

③ (清)许登瀛纂:《重修古歙东门许氏宗谱·新安许氏族谱序》,清乾隆二年(公元1737年)刻本。

买卖契约文书资料记载,雍正年间徽州每亩田的价银 25 两左右①。如果按这个田价计算,10,000 两白银,即能购义田 400 亩。乾隆年间,潭渡黄氏宗族子弟黄履昊,向宗族"捐银计一万六百余两,置田八百八十余亩",用作义田,"以恤族姓之孤贫"②。嘉庆年间,唐模许氏宗祠登记在《许荫祠实征归户册》中的族产,有田 559 亩,地 70 亩,塘 16 亩,山 7 亩,总计 652 亩③。绩溪城西周氏宗族宗祠占有族产,共分 17 类:(1)旧置田产;(2)旧置北乡田产;(3)旧置十五都田产;(4)旧置地业;(5)旧置山业;(6)新置田产;(7)修祠户;(8)老配享;(9)文会;(10)上京户;(11)能干会;(12)税户;(13)新管庄田产;(14)新置产业归修祠户;(15)新特祭配享产业;(16)新特祭配享户;(17)十三都遥遥庄渊字等号田产。前 16 类,总计田近 300 亩,地 30 多亩,山 20 余亩。最后一类,总计租谷 12,231 斤,租芦 8.5 斗。④ 绩溪金紫胡氏宗族《金紫胡氏祠产册序》记载:"金紫家庙产业颇丰,若无底籍流传,世远年湮,势难保无遗失侵占之弊。……爰将祠基屋业首列于前,各处坟茔继之,三则家边、东村、杨溪、丁家店、大石门、卓溪六柱田产,由近及远,雁编成本,颜曰《考据》,良有以也。"⑤

(二)支祠占有形式

徽州宗族的中层血缘组织称为"房",或曰"门""支""隅""派"等。每个房大都建有支祠,即所谓"支分派别,复为支祠"。陈去病说:"徽州多大姓,莫不聚族而居,而以汪、程为最著,支祠以数千计。"⑥据我们调查,歙县呈坎前罗

---

① 《明清徽州社会经济资料丛编》(第一集),北京:中国社会科学出版社,1988 年;《明清徽州社会经济资料丛编》(第二集),北京:中国社会科学出版社,1990 年。

② 黄质朴存述:《仁德庄义田旧闻》,见《黄宾虹文集·杂著编》,上海:上海书画出版社,1999 年。

③ 原件藏安徽省博物馆,编号:2:23856。

④ (清)周之屏、周赞贤纂:《绩溪城西周氏宗谱》卷二十,清光绪二十四年(公元 1898 年)敬爱堂活字本。

⑤ (清)胡炳衡、胡广植、胡培翚纂:《绩溪金紫胡氏家谱》卷首下《艺文》,清嘉庆二十四年(公元 1819 年)刻本。

⑥ (民国)陈去病撰:《五石脂》,南京:江苏古籍出版社,1999 年。

氏宗族的宗祠是罗氏世祠,又曰"罗氏家庙""文昌宗祠",此外,支祠有贞一公祠、贞靖罗东舒先生祠、尚翁公祠、士元公祠、舜臣公祠、士达公祠(即承善堂)、士文公祠、长房祠、世德祠(二房)、三房祠、四房祠、东峰公祠、秀书祠等。① 歙县江村江氏宗族的宗祠是赍成堂,此外,支祠有伯固门、悠然堂、惇叙堂、笃本堂、千里门、东皋堂、居敬堂、安义堂、明善堂、贻庆堂、敦善堂、德新堂、滋德堂、荣养堂、展锡堂、茂荆堂、聚顺堂、太守昌公祠、都御史江公祠、忠功堂、以舟公祠、御史祠、乐野翁祠、桂林公祠,还有烈女祠等。② 婺源游山董氏宗族的宗祠是嘉会堂,此外,还有支祠贞训堂、贞和堂、双节堂、永思堂、保和堂、光裕堂、崇义堂、志礼公祠、著存堂、荫槐堂、继思堂、树德堂、叙伦堂、听彝堂、庆远堂、种德堂、勤诒堂、叙庆堂、敦义堂、崇德堂、怀德堂、光烈堂等。③

徽州宗族的支祠与宗祠一样,富有者"皆有祭田,岁征其租,以供祠用"。乾隆年间,歙县棠樾鲍氏宗族大盐商鲍志道,为其曾祖鲍象贤建宣忠堂支祠,并置祭田。歙县《棠樾鲍氏宣忠堂支谱》卷十七《祀事·新置祀产》记载:"旧传祀产无多,近又丁繁力薄,每至轮及司年,各房尊祖敬宗之心虽不少懈,而勉强支持,终恐难于久远。志道敬念尚书公为一代名臣,云南百姓尚建生祠,岂我为子孙者反使祭祀有缺。爰捐己资置田五十亩,立'鲍宣忠户',永远归公,为贴补管年敬办祭品之用。"据《新置祀产》开列的田亩,鲍志道这次捐输共计置田、塘46号,田税53.725亩,塘税0.26亩。每年共计时租谷1,251.5斗,硬租谷221斗。乾隆五十八年(公元1793年),宣忠堂三大房公议,将里田祖墓纤葬一穴——三棺之地,以价银1,000两高价卖给鲍逢仁支派。这项银两,除"二百两为两房庄仆完婚治家之计"外,所余800两"公同收置田亩,税入'宣忠户'内,归祠轮管征租,以充公用"。这800两银子,共购大买田、塘31号,田税31.885亩,塘税0.284亩;共计时租谷643.6斗,硬租谷137斗。

---

① 赵华富:《歙县呈坎前罗氏宗族调查笔记》,未刊。
② (清)江登云纂:歙县《橙阳散志》卷八《祠堂》,清嘉庆十二年(公元1807年)刻本。
③ 赵华富:《婺源县游山董氏宗族调查研究》,见《徽学》第二卷,合肥:安徽大学出版社,2002年。

据我们调查,徽州地区不仅宗祠,而且几乎所有支祠都占有或多或少田亩。民国时期,歙县呈坎前罗氏宗族贞靖罗东舒先生祠共有祠田 35 宗,计 60.5 亩;罗士元公祠共有祠田 32 宗,计田 58.8 亩。① 据这个宗族的老人们说,罗氏大小支祠都拥有或多或少祭田。土地改革时《绩溪县第四区大坑口行政村土地登记册》记载,除了龙川胡氏宗祠拥有田 44 号,共 23.07 亩,租额 8,600 斤,支祠占有土地的有:顺德堂田 3.65 亩,地 0.5 亩,租额 167 斤;思敬堂田 4.45 亩,租额 242 斤 12 两;五中堂田 1 亩;胡大中堂田 3.95 亩;大德堂田 0.3 亩,租额 22.5 斤;元在堂田 2.4 亩,租额 222 斤 12 两。据胡氏宗族的老人们说,胡大宗堂占有土地很多,这些土地大都分布在大坑口周围一些村庄;土改时《大坑口行政村土地登记册》上记载的土地,只是这个支祠在本村占有的耕地。

(三)部分族人公共占有

自古以来,中国即有"无田不祭"之说。徽州宗族子弟对祭田的设置十分重视。他们认为,"祠而弗祀,与无同;祀而无田,与无祀同"②。"祀田所入,充每年祭祀之费,岁不可缺"③。"夫祀之有产,所以经久远而绵湮祀也。……使非有东阡西陌之入,以岁供其粢盛,又何能使子孙绳绳世守而弗替乎?"④所以,徽州宗族子弟分家析产时,大都留除一部分田亩和山场,作为"众存"族产,用于祭祖经费。这些众存族产都是部分族人公共占有制。早在南宋时期,绩溪龙川胡氏宗族二十一世祖胡之纲的子孙分家析产时,即有众存坟地和山场。其文如下:

---

① 《歙县第三区呈坎村整理地籍清册》,歙县档案馆资料室藏打印本。
② (明)许光勋纂:《重修古歙城东许氏世谱》卷七《朴庵翁祭田记》,明崇祯七年(公元 1634 年)家刻本。
③ (清)吴翟纂:休宁《茗洲吴氏家典·家规》,清雍正十三年(公元 1735 年)紫阳书院刻本。
④ (明)黄玄豹纂:歙县《潭渡孝里黄氏族谱》卷六《祠祀·黄氏大宗祠初刻祀产簿序》,清雍正九年(公元 1731 年)家刻本。

六架祖宗合立禁养荫庇基墓山地文约

　　新安龙山里胡霆、胡电、胡霁（霱）、胡霖偕侄孝先、孝明等，共承父亲念五公田产，进粮十万。爰凭亲戚阄分产业，各自经管。上念祖、父教育创业之恩，下念叔侄谨节守成之义，诚恐世远人繁，不肖或有之，当以木本水源思念祖宗墓茔为重也。居此地阳基、墓茔荫庇山场为急务，若不立文约禁戒，恐不肖者藉己有分，或至变卖，丘垅难存。于荫庇山场，或至掘损，致生灾祸，自害本支，莫此为甚。有幸字号土名金紫山前坟地七十步，山三亩，殡始祖常侍公。又坟地一亩半，在择木前，殡父提幹公。又奏字号土名水村庄坟地四亩，殡太师魏国公。又众存荫护阳基，有摄字号土名汪杯石水口石山九亩；又甚字五十二号山八亩，五十三号山四亩，五十五号石山七亩，土名白石山等处荫庇阳基。立约之后，子孙永远保守，毋许变卖掘损。如敢违犯，望贤达子孙，经官惩治，坐以不孝罪论。立此之约，永远执照。

　　宋庆元四年正月元宵后一日

立合同文约	胡　霆
	电
	霱
	霖
	孝　先
	孝　明
亲　　戚	许　仁
	洪　山
	程　庆
	戴　尚[①]

[①]（民国）胡缉熙等纂：绩溪《龙川胡氏宗谱》卷四，民国十三年（公元1924年）敬爱堂活字本。按：从"六架祖宗"来看，文约标题显然系后代子孙添加。绩溪《龙川大坑口阳基书》（传抄本）记载的文契标题为《六架分析阄书文约》。

明清时期,徽州宗族子弟分家析产时,众存族产有了长足的发展。遗存至今的大量分家阄书,几乎都有众存族产。例如,明弘治元年(公元 1488 年),祁门吴仕昌立《竹字阄书》记载,"众存各保田、地、山、塘",多达 130 多号,"日后所自三男眼同品答,毋许各人执坳(拗)"①。弘治十三年(公元 1500 年),祁门汪希仙立《摽书文簿》记载,众存田共 40 号,地 4 号,山 4 号,这些"未傈(摽)田、地、山,二男以洪、以明均共"②。嘉靖二十二年(公元 1543 年),歙县余程氏立阄书,为 3 个儿子分家析产。"其阄书作福、禄、寿三勾"。众存族产有:福字阄名下众存田共 28 号。众存祀祖田 3 号,计 5 亩;山 8 亩 1 厘,"通族合业,内本家与岐分该山五亩五分"。福、禄、寿三阄"均管麻田庄内田亩",计田 37 号,地 3 号。众存"养老田",计田 7 号。③

众存族产是一种集体占有的公有制财产。这种所有制与族众的私有观念相悖,因此弊端丛生是必然的。为了克服这些弊病,许多宗族采取"分产到户"的措施。万历三十二年(公元 1604 年),祁门郑公佑等立《分山阄单》记载:

> 奇峰郑公佑同侄可继、可成、可嘉四大房人等,原承祖、父并续置山场,因人心不一,致山荒芜。今同商议,除先年存留祀山外,其余山场作天、地、人、和品搭均分,以便各人栽养……④

万历四十六年(公元 1618 年),程本和等立阄书记载:

> 立合同簿人程本和、本初、本良同侄君瑞等,先年承祖赀产,四房已有"天""地""人""和"阄书分析矣。其所存祀产,并祖母吴氏太孺人

---

① 王钰欣、周绍泉编:《徽州千年契约文书》(宋元明编)卷五,石家庄:花山文艺出版社,1981 年。
② 王钰欣、周绍泉编:《徽州千年契约文书》(宋元明编)卷五,石家庄:花山文艺出版社,1981 年。
③ 王钰欣、周绍泉编:《徽州千年契约文书》(宋元明编)卷五,石家庄:花山文艺出版社,1981 年。
④ 王钰欣、周绍泉编:《徽州千年契约文书》(宋元明编)卷八,石家庄:花山文艺出版社,1981 年。

奉养口食租分及余产业,共计五百有零。自祖母于隆庆庚午弃世,嗣后四房轮收,以供祭祀,以备修缉(葺)众厅房屋、坟墓等项,数十年来,恪守无异。近因人事参差,众心不一,祭祀尚供,而修缉(葺)亦废,不肖者因觊觎其间,及至坏乱散失。今众议,祭祀大典必不可缺者,将祖墓前后田地产业立簿众存分租,四房轮收,以备祭祀标挂,及贺节等项额定支费;余产四分,肥瘠均搭阄分,照阄管业……①

二、地权的分割

徽州宗族族产地权的分割主要表现在两个方面:一方面,由于中国自古以来实行家产诸子均分制,造成一块田地有数个或数十个所有者;另一方面,由于商品经济的发展,产生同一块土地所有权和使用权分离的现象。

(一)数家共业一田

在徽州的誊契簿和地租簿中,我们可以看到徽州盛行土地"合业"制的现象,即同一宗田产归两家以上地主共同占有。清同治、光绪年间,黟县孙氏宗族居易堂租簿记载89宗田地中,竟有49宗是"合业",超过50%以上。这些"合业"田产中有:

2家共业1宗者	16宗
3家共业1宗者	13宗
4家共业1宗者	10宗
5家共业1宗者	5宗
7家共业1宗者	1宗
8家共业1宗者	1宗
28家共业1宗者	1宗
合业家数不详者	2宗
合计	49宗

---

① 王钰欣、周绍泉编:《徽州千年契约文书》(宋元明编)卷八,石家庄:花山文艺出版社,1981年。

同一宗田地归七八家,甚至几十家占有。一二百斤田租,往往被三五个地主分占。不少合业者所占租额,只有一二十斤,或三四十斤。据孙氏宗族居易堂租谷簿记载:

  第 7 号 3 家合业者中有 1 家占 30 斤。

  第 17 号 28 家合业者中有 4 家各占 45 斤。

  第 20 号 8 家合业者中有 2 家各占 20 斤,1 家占 34 斤。

  第 26 号 5 家合业者中有 2 家各占 31 斤。

  第 31 号 5 家合业中 2 家各占 10 斤,1 家(即孙居易堂)占 40 斤。

  第 43 号 3 家合业中有 1 家占 20 斤,1 家(即孙居易堂)占 23 斤。

  第 44 号 3 家合业中有 1 家占 20 斤。

  第 45 号 4 家合业者中有 1 家占 40 斤,1 家占 48 斤。

  第 47 号 4 家合业者中有 1 家(即孙居易堂)占 45 斤。

  第 48 号 4 家合业者中有 1 家(即孙居易堂)占 45 斤。

  第 49 号 7 家合业者中有 1 家占 16 斤。

  第 50 号 5 家合业者中有 1 家(即孙居易堂)占 16 斤 10 两,有 3 家分别占 20 斤、30 斤、47 斤。

  第 51 号 4 家合业者中有 1 家占 37 斤,1 家(即孙居易堂)占 37.5 斤。

  第 54 号 5 家合业者中有 2 家各占 31.5 斤,1 家占 45 斤。

  第 57 号 2 家合业者中有 1 家(即孙居易堂)占 40 斤。

  第 63 号 3 家合业者中有 1 家占 20 斤。

合业者中,除个人外,有许多是堂、会地主。如孙建堂、三成堂、存仁堂、汪崇德堂、尚古堂、叶念祖堂、昌公会、汪公会、叶兆公会、叶冬至会、懋公会、亿公会、黄公会、鼎公会、运公会、忠公会、五三公会、八关会、老社会、清明会、新文昌会、诗礼会、辅成会、乐成会、五都文会等。[①]

  这种众多地主共同占有一宗田产的情况是怎样造成的呢? 有人认为,这

---

  ① 参见章有义:《明清徽州土地关系研究》,北京:中国社会科学出版社,1984 年,第 325~326 页。

是"当地土地兼并比较剧烈的一个反映",表明"这里的地主对土地的攫取简直是寸土必争,分厘不放"①。这种观点值得商榷。我们认为,这种土地占有状况与土地兼并毫无关系。恰恰相反,土地兼并的必然结果不是地权的分割,而是地权的集中,即中国封建社会屡见不鲜的所谓"田连阡陌"。

那么,造成这种地权分割的主要原因是什么呢?历史文献记载证明,是中国传统的诸子均分制。遗存至今的大量徽州分家阄书充分地说明了这个问题。明隆庆六年(公元1572年),休宁环珠里张氏宗族子弟张烜、张烈兄弟二人分家析产。他们在所立分家阄书中共列众存田13宗、地18宗、塘1宗、山138宗,总计170宗。其中:

不足1毫者	10宗
1毫至5毫者	20宗
5毫以上至1厘者	5宗
1厘以上至5厘者	56宗
5厘以上至1分者	22宗
1分以上至5分者	37宗
5分以上者	2宗
未记亩数者	18宗②

张氏分家阄书记载,除了1宗田0.846亩、1宗山0.517亩以外,其他有亩数记载的150宗田、地、塘、山的面积都异常小。这里要特别指出,有10宗山场每宗面积仅有0.0006亩,约等于0.4平方米,栽种一棵树木都不可能。地权这样的分割,主要是中国诸子均分制造成的。中国封建社会是以男子为中心,实行父家长制。所谓"诸子均分制",就是父亲的财产或遗产,诸子人人有份;分家析产时,实行平均分配的原则。由于子子孙孙一而再、再而三地分

---

① 章有义:《明清徽州土地关系研究》,北京:中国社会科学出版社,1984年,第325~326页。
② 王钰欣、周绍泉编:《徽州千年契约文书》(宋元明编)卷五,石家庄:花山文艺出版社,1981年。

割,必然形成一宗田(或地、或塘、或山)归众多子孙共同占有的格局。

分家析产时,宗族子弟个人分得的田、地、塘、山,均可以典卖。在土地兼并的封建社会,众多子孙共有一宗田(或地、或塘、或山)的格局常常被打破、被调整。众存族产则不然。徽州宗族的族规家法都规定,作为祭祀经费来源的众存田、地、塘、山不准典卖,如违,以不孝论处。宗族子弟分家析产时,作为公有制的众存族产不参与分配,但是,在阄书之中都写明每一房或每一个子弟对这些族产所占股份。经过几代或几十代一再地分家析产,就会出现一宗田(或地、或塘、或山)被分割成数股或数十股,每股只有几分、几厘、几毫,甚至只有几丝、几忽的现象。

(二)地骨权与地皮权的分离

宋元时期,农民即提出永佃权的要求。地主虽然是土地的所有者,对土地具有所有权,但是,农民在土地上进行了投资,他们要求对土地有永久的使用权。这就意味土地所有权与土地使用权开始分离,永佃权萌芽。

明清时期,由于商品经济的发展和资本主义生产关系萌芽的产生,徽州地区土地所有权与土地使用权的分离有了长足的发展,出现"一田二主"的社会现象。地主对土地拥有"田骨权",或曰"田底权";佃农对土地拥有"田皮权",或曰"田面权"。在土地买卖文契——即土地法权文献中,田骨权称为"大买田",简称"大买";田皮权称为"小买田",简称"小买"。现在,列举 2 例买卖田骨权契约于下:

例一:

万历四十年祁门谢阿程卖田白契

十西都谢阿程,今有承祖金业田一备,坐落本保土名流罗坑长弯。系新丈经理唐字四十二号,共积五百二十五步四分,折实税二亩一分五厘二毫六丝。计田八丘,计硬早租二十秤又零四秤。其田与伯庚生相共,本身合得一半。计硬早租一十二秤。今因娶媳缺用,自情愿托中立契将(田)骨并本身租一半,尽数立契出卖与同都谢敦本名下,收租永远为业。三面言议时值价文银六两正,价契当日两相交付明白。未卖之先,即无家外人重复交易。来历不明,卖人之当,不及买人之事。所有税粮,该得一亩零七厘六毫三丝。今当大造,随即照数于谢　访户起割,入谢　用户供解毋(无)词,不及另立推单。成交之后,各不许悔。如先悔者,甘罚银一两与不悔人用,仍依此文为准。今恐无凭,立此卖契为照。

万历四十年十一月廿四日

　　　　　　　　　　　立卖契妇　谢阿程(押)
　　　　　　　　　　　领 价 男　谢永显(押)
　　　　　　　　　　　代笔叔公　谢高遇(押)
　　　　　　　　　　　中 见 人　谢玄孙(押)
　　　　　　　　　　　　　　　　谢兴祖(押)①

例二:

万历四十五年祁门谢阿汪卖田白契

十西都谢阿汪,今有承夫谢朋宣业田二备,坐落本都七保,土名言家坞,系丈册唐字一千八百四十五号,计早租三秤十斤。又土名刀肖坞,系二千二百三十六号,计早租二秤十斤。二备亩步四至,悉照丈册为准。今因户役缺用,自情愿与男谢国聘商议,将前田骨共实硬早租六秤,凭中立契出卖与同都谢敦本名下为业。面议时值价文银二两九钱正。其价并契当日两相交明。未卖之先,即无家外人重复交易,来历不明,卖人之当,不及买人之事。所有税粮候大造之年,照该步数听买人起割入户供解无词。自成(交)之后,各无悔易,如先悔者,甘罚白银五钱公用,仍依此文为准。今恐无

---

① 《明清徽州社会经济资料丛编》(第二集),北京:中国社会科学出版社,1990年,第100~101页。

凭，立此卖契为照。

万历四十五年二月初四日

　　　　　　　　　立卖契妇　谢阿汪（押）
　　　　　　　　　奉书领价男　谢国聘（押）
　　　　　　　　　弟　　谢端阳（押）
　　　　　　　　　中见人　谢懋德（押）①

卖田契说明，祁门十西都谢阿程，因娶媳缺用，将流罗坑长弯2.1526亩田"田骨并本身租一半，尽数立契出卖与同都谢敦本名下，收租永远为业"。十西都谢阿汪，因户役缺用，将言家坞和刀肖坞2宗田"田骨共实硬早租六秤，凭中立契出卖与同都谢敦本名下为业"。从"谢敦本"这个名字来看，受业者是一户公堂地主，是祠户。现在，再列举2张买卖田皮权的契约：

例一：

歙县汪子严交业小买批

立交业小买批人汪子严，今将向年卖过及字等号田一业，计税六亩四分八厘四毫□丝，大小共八丘，系子严出卖之业，凭中尽交业与许荫祠名下管业，听凭另召他人耕种，得受小买银九两整。其青苗一应在内。其银当即收足。此交业之后两无异说。倘有亲房内外人等异说，俱系子严一并承当，不涉许祠之事。今恐无凭，立此交业小买批存照。

雍正十二年十一月　日

　　　　　　　　　立交业小买批人　汪子严
　　　　　　　　　凭　　　　中　　汪楚玉
　　　　　　　　　　　　　　　　　汪焕若
　　　　　　　　　　　　　　　　　汪我佾
　　　　　　　　　　　　　　　　　汪静公

---

① 《明清徽州社会经济资料丛编》（第二集），北京：中国社会科学出版社，1990年，第103页。

计开：及字二百四十九号，田一亩一分五厘四毫，土名石塔头；及字二百五拾一号，田二亩零二厘六毫八丝，土名同；及字二百九十九号，田七分八厘，土名塘桥口；及字二百五十号，田五分八厘二毫八丝，土名石塔头；及字二百四十七号，田一亩整，土名长丘；及字四百四十五号，田一分九厘四毫八丝，土名官中井堀塘；及字四百四十八号，田三分三厘六毫，土名同。

日后有老小买契检出，不在行用。①

例二：

歙县许荫宗退小买田契

立退麦秕田人许荫宗，今退到胡名下田壹亩贰分，土名碓臼塌，兹因作种不便，自愿出退与胡姓耕种，三面言定价银九色九四平伍两整。其银当即收足。其田听凭管业耕种。期以陆年为满，听凭早晚麦秕田取续（赎）。倘有内外人等异说，俱系出退人承当，不涉耕种人之事。今恐无凭，立此退契存照。

乾隆六十年四月　日

　　　　　　　　　　立出退小买契人　许荫宗
　　　　　　　　　　凭　　　中　　　许文灿
　　　　　　　　　　　　　　　　　　陶从心

嘉庆六年十二月　日立，加价九色九四平银三两整。其银当即收足。其田言定永远无得生端加价取续（赎）。恐口无凭，立此存照。②

这是歙县唐模许氏宗祠买进和卖出田皮权的2张契约。乾隆六十年（公元1795年），许荫宗将碓臼塌小买田"出退与胡姓耕种"，价银5两，"期以陆

---

① 《明清徽州社会经济资料丛编》（第一集），北京：中国社会科学出版社，1988年，第192页。
② 《明清徽州社会经济资料丛编》（第一集），北京：中国社会科学出版社，1988年，第193页。

年为满,听凭早晚麦秫田取续(赎)"。嘉庆六年(公元 1801 年),又加价银 3 两卖断,"永远无得生端加价取续(赎)"。

永佃权和田皮权不完全是一回事。前者属于租佃关系的范畴,后者属土地法权的范畴。但是,田皮权是永佃权的发展,二者不仅相互联系,而且相互包含。不论永佃权,还是田皮权,都与佃农对土地的投资有关,换句话说,都是佃农物化劳动的结果。据文献记载和我们调查,徽州祠堂所占有的土地大都是"大买田",即只拥有田骨权。佃农是祠堂土地的耕作者,他们不仅大都具有永佃权,同时,又是田皮权的所有者。明清时期,徽州宗族大部分土地的所有权和使用权、田骨权和田皮权已经分离。绩溪龙川胡氏宗祠的祠田充分地反映了这个问题。请看下表:

表 5-5　龙川胡氏宗祠土地登记表

序号	种类	土　名	亩数	佃权	业佃姓名
1	田	高圩	1	永佃	永佃人胡永祥
2	田	后圩	1	永佃	永佃人胡观来
3	田	伏岭上	0.8	永佃	永佃人胡正顺
4	田	伏岭上	0.6	永佃	永佃人胡正顺
5	田	前圩下	0.17	永佃	永佃人胡信远
6	田	会屋坦	0.5	永佃	永佃人胡金泉
7	田	茶元头	0.3	永佃	永佃人胡观贤
8	田	后圩屋背后	0.6	永佃	永佃人胡汪灶
9	田	尚贤墓	0.2	永佃	永佃人胡安金
10	田	后圩	0.9	永佃	永佃人章荷娟
11	田	后圩	0.9	永佃	永佃人章荷娟
12	田	后圩中汶	0.1	永佃	永佃人胡安德
13	田	龙乡圩	1	永佃	永佃人吴可椿
14	田	底圩	0.3	永佃	永佃人方善才
15	田	上高圩	0.4	永佃	永佃户胡社和
16	田	上圳	0.1	永佃	永佃户胡社和
17	田	状元头	0.3	永佃	永佃户胡安仁

续表

序号	种类	土名	亩数	佃权	业佃姓名
18	田	产岭	0.2	永佃	永佃户胡月姣
19	田	后圩	0.2	永佃	永佃户胡招全
20	田	横形圩	0.8	永佃	永佃户僧善祺
21	田	大盘	0.2	永佃	永佃户胡柳森
22	田	塘统下	0.15	永佃	永佃户叶济金
23	田	后圩	0.4	永佃	永佃户胡木如
24	田	泗洲堂	0.4	佃	佃户胡成法
25	田	前圩下坝外	1	永佃	永佃户汪贤耀
26	田	上石墓	0.2	永佃	永佃户胡安金
27	田	上石墓	0.4	永佃	永佃户胡高桂
28	田	高圩	0.4	永佃	永佃户胡观安
29	坡田	云杨龙王干	0.5	佃	佃户胡云华
30	坡田	云杨桥头	0.5	佃	佃户胡云华
31	平地	云杨浅结树	0.5	佃	佃户胡云华
32	地	油坑口源塘口	0.75		章灶煌
33	田	百龙	0.8		章社春
34	田	浒里社屋塘	0.2		胡顺根
35	田	浒里前圩下	0.7		方观如
36	田	浒里双甲塘	0.2		许仲康
37	田	百龙龙乡干	0.3		胡灶福
38	田	百龙周家元	0.6		胡顺兴
39	田	百龙水口上	0.9		胡善佳
40	田	岭外丘塘井凹	0.8		章观德
41	田	外巧川大屋口	0.4	永佃	永佃户胡炳富
42	田	外巧川塘后	0.8	永佃	永佃户胡定成
43	田	外巧川上塌	0.2	永佃	永佃户汪廷德
44	田	外巧川后头山	1.2		胡炳富
45	田	外巧川上眼丘	0.2		汪来富
46	田	外巧川村头堪	0.4		江正昌

资料来源：绩溪县登瀛乡大坑口土地登记清册。

我们在徽州进行社会调查时,当地的老人都说,永佃权就是小买。① 上表共列龙川胡氏宗祠出租田、地 46 宗,其中佃户拥有永佃权者 30 宗。拥有永佃权也就是拥有地面权。上述就是徽州地区土地所有权和土地使用权、田骨权和田皮权分离的状况。

第四节　徽州族产的经营管理

一、管理方法与管理机构

宗族族产是一种公有制财产,由于与族众的私有观念相悖,产生流失是不可避免的。明清时期,宗族土地所有权和使用权——田骨权和田皮权——分离的加剧,造成土地法权的复杂化。祠堂对土地拥有所有权和田骨权,佃农对土地拥有使用权和田皮权。不论是所有权和田骨权,还是使用权和田皮权,都可以买卖和转让。由于佃农对土地使用权和田皮权的买卖和转让,使宗族公共族产流失的现象更为严重了。歙县《棠樾鲍氏宣忠堂支谱》卷十七《祀事·旧有祀租》记载:"再查旧置祀产,现在无租收者甚多,其中或有因年远遗失,或有将山租赏给庄仆,或有归公取用,或有因公出质不等。"《休宁查氏肇湮堂祠事便览》卷二《肇湮堂六房公存产业新丈税亩归户事宜》记载:

先年众存田、地、山、塘甚夥,多在八都原尾等处,向属值年取租办祀,缘因业远佃赖,虽经取讨,十获二三。其后,值年中又多懒散因循,益复难追,所收者未足办粮之用。几欲控追,无如一羊九牧,彼此相推,遂作空谈。于是,众议卖价,另谋生息,以裕祭祀,是查之业悉归于佃矣。

---

① 绩溪县地方志编纂委员会编:《绩溪县志》第四章《农业·大小买田考》记载:"客民垦植荒田,有永佃权,称'小买'。原业主收较少的租谷并纳税,称'大买'。"合肥:黄山书社,1998年。

歙县棠樾鲍氏宗族和休宁查氏肇湮堂族产为什么会大批流失呢？不难看出，主要是宗族公有制造成的。同时，与"一田二主"——祠堂拥有土地所有权和田骨权，佃农拥有土地使用权和田皮权——也不无关系。

虽然棠樾鲍氏宗族采取许多办法，制定了许多措施，但是，仍然不能遏制宗族公有族产的流失。据我们调查，嘉庆年间这个宗族拥有1,500多亩土地，民国时期已经寥寥无几。按《公议体源户规条》规定，鳏、寡、孤、独、残每人每月给谷3斗，抗日战争爆发后已不能照常发放。中华人民共和国成立前夕，棠樾鲍氏宗族只有33户人家，鳏、寡、孤、独、残人数不会很多，是不言而喻的。虽然人数很少，但是他们想领到一点谷子，也得在族长面前叩头作揖，好话说尽。①

许多宗族为了防止族产流失，都对族产进行登记、编册，载入谱牒。绩溪《金紫胡氏家谱·金紫胡氏祠产册序》记载："金紫家庙，产业颇丰，若无底籍流传，世远年湮，势难保无遗失侵占之弊。……爰将祠基、屋业首列于前，各处坟茔继之，三则家边、东村、杨溪、丁家店、大石门、卓溪六柱田产，由近及远，雁编成本，颜曰《考据》，良有以也。"歙县《棠樾鲍氏宣忠堂支谱·值年规例》中规定："征租簿登载田亩、字号、土名、租额及佃人姓名，逐年再将征收实数分载各佃名下；尾后再总结数，本年收毛谷若干，计晒干谷若干。倘遇佃人转手顶种，征租时务须查询明白，即于该佃名下填注某年某人顶种字样，以备稽查。"《棠樾鲍氏宣忠堂支谱·凡例》记载："义田，原系支丁启运体承先志，为阖族义举，原可不入支谱，但因税亩繁多，条例庞杂，附刊谱后，日久有所稽查，且不负启运经营苦心。"该谱《凡例》又载："节俭户田，系志道配汪氏节俭之所积，捐为公产，征租分惠本堂女眷，所有田亩租额以及分给日期，俱附载祀事之内，便于稽查。"程昌《窦山公家议》卷四《田地议》记载："各处田、地、塘土名、租数，照保逐号开列于后。每年称租之时，即于各号边空行内，填注某年收完，或监，或让，并佃人名目，逐一注明，以便查考。其字号、四至、亩步、

---

① 参见赵华富：《歙县棠樾鲍氏宗族个案报告》，《两驿集》，合肥：黄山书社，1999年，第233~254页。

丘数,查注各号下。其各保号后存有空板,日后续买,管理者递年刊刻续上。"该书卷五《山场议》载:"田地俱有定租,家议开注,逐年一册可也。山场长养,逐年功效不同,必须递年治山事绩萃于一册,方有稽考。众议山场另立草册二本,一本收贮众匦,管理递年填注存照;一本轮给递年治山者,开注本年某处栽垒杉苗若干,某处崭拨杉苗若干,某处凑买力垒若干,某处大苗若干,某处小苗若干,某处拚卖砍木若干,某处拚卖柴价若干。先期十日逐一开明,交与管理。管理查实,填注匦内草册上,并注家议手册上,至中元日一齐交递。其草册即付接管治山者收领,开注下年事绩。按管者承领草册,续行查勘。倘有不实,告家长家众,管理与治山者同罚,仍令将草册所注改正。其草册,治山者逐年轮传,毋得损坏、失落。如有损坏,不许接管者承领。如有失落,罚银一两,责令照依匦内草册誊录逐年事绩,付接管治山者。"①

明清时期,徽州宗族拥有族产较多的宗祠,大都设立"祠户"作为经营管理、收取租谷和缴纳税亩的单位。据朱塾《歙西碣田朱氏祠志》记载,隆庆三年(公元 1569 年),朱熹十二代孙朱塾、朱钟向府、县递交为朱子建祠置产呈文。隆庆六年(公元 1572 年)正值大造之年,朱兴铭等人又提出设立祠户的请求。朱氏宗族子弟的要求,获得歙县知县姚氏批准。批文曰:

> 二十一都五图朱兴铭等呈:为尊立户事。户因祠立,税以户收。会族世袭翰林院五经博士朱塾议建唐始祖瑰公、宋献靖公、文公祠宇,蒙段太爷赐扁,众置祭田,以备春秋祭仪,税无所归。今值大造,望乞垂念先贤,准立文公儒籍收税……
>
> 隆庆六年五月　　日　　具

据历史文献记载,黟县南屏叶氏宗族的宗祠是叙秩堂。嘉庆十七年(公元 1812 年),叶氏宗族纂修族谱时规定:"各房支丁名下,所有从前乐输入叙秩堂一切地业、山场,历今久远,俱照旧入众管业。"据《南屏叶氏族谱·户籍》记载,叙秩堂共设缴税祠户 5 个。它们是:1. 兴正户,叙秩堂大三房、大四房

---

① 周绍泉、赵亚光:《窦山公家议校注》,合肥:黄山书社,1993 年。

支丁输纳,明房附;2.善美户,奎长房支丁输纳;3.荫大户,奎二房善续公、善述公支丁输纳;4.光裕户,奎二房荫显公支丁输纳;5.善宝户,奎三房支丁输纳,奎四房附。① 休宁古林黄氏宗族《祠宇祀产》记载,"祀田、地、山、塘亩步四至,各有保簿开载,税入三甲黄宗祠户,十甲黄承祀户,上纳粮编"②。由此可见,古林黄氏宗祠族产有两个祠户,即黄宗祠户和黄承祀户。歙县唐模许氏宗祠拥有田559亩,地70亩,塘16亩,山7亩。从这个宗祠土地买卖文契中,我们看到该宗祠明文记载的祠户即有:"许孝睦户""许竟立户""许森祚户""许存礼户",等等。③ 新馆鲍氏宗族子弟鲍集、鲍概、鲍乐、鲍宋、鲍囊、鲍檀、鲍善烨、鲍善耀,在杭州"各以盐策致富,皆倜傥有志,相谋赀巨万,建立宗祠,并置祭田"④。此外,族人鲍鸣歧又捐输祭田85亩,义冢地9亩⑤。据《歙新馆鲍氏著存堂宗祠谱》记载,这个宗祠有祠户3个,即鲍著存户、鲍懋户、鲍宗祠户。同治年间,族人鲍志桐和鲍存晓"合捐上祀户田十七亩有奇"、"清节户田二十亩"。⑥ 这样新馆鲍氏宗族祠户由3个增加到5个。嘉庆年间,棠樾鲍氏宗族盐商巨子鲍启运,先后置田700余亩,立"体源户"祠户,"专以赡给族间四穷"——即鳏、寡、孤、独。接着,又置田500余亩,立"敦本户"祠户,于"每届青黄不接之际",廉价"粜与族人"。所有"体源户"和"敦本户"田亩,全部"归诸宗祠,而告之有司,用垂久远"。鲍志道夫人汪氏捐田百亩,专门惠及女眷,立"节俭户"⑦。

---

① (清)叶有广、叶邦光纂:黟县《南屏叶氏族谱》卷一《叶氏族谱凡例》《户籍》,清嘉庆十七年(公元1812年)木活字本。
② (明)黄文明纂:休宁《古林黄氏重修族谱》卷一,明崇祯十六年(公元1643年)刻本。
③ 参见《明清徽州社会经济资料丛编》(第一集),北京:中国社会科学出版社,1988年。
④ (清)鲍存良、鲍诚猷纂:《歙新馆鲍氏著存堂宗谱》卷三《祠规序》,清光绪元年(公元1875年)活字本。
⑤ (清)鲍存良、鲍诚猷纂:《歙新馆鲍氏著存堂宗谱》卷二《家传·例授奉直大夫州同衔加二级鸣歧再从叔行状》,清光绪元年(公元1875年)活字本。
⑥ (清)鲍存良、鲍诚猷纂:《歙新馆鲍氏著存堂宗谱》卷二《家传·例授奉直大夫州同衔加二级鸣歧再从叔行状》,清光绪元年(公元1875年)活字本。
⑦ (清)鲍琮纂:歙县《棠樾鲍氏宣忠堂支谱》卷十九《义田·敦本户田记》,清嘉庆十年(公元1805年)家刻本。

宗族族产较多者,为了防止公有财产流失,大都在官府注册备案。歙县《橙阳散志》卷十二《中丞公请给印保坟呈文》记载:"各处坟山、田、地,关系国课、祭祀,恐年远弊生,亦特造具清册一本传流,轮次经管,庶典守有人,稽查有据,既不为豪强所觊觎,又可杜不肖侵卖,而盗荫戕坟之患可免矣。为此具呈,并将呈词抄录册首,恳乞大祖台俯鉴诚忱,呈赐存房立案册,赐给印领归,俾世世子孙奉为铁据,共保祖业。"歙县《棠樾鲍氏宣忠堂支谱》卷十九《义田·敦本户田记》记载:"(鲍)启运少承训于先君,以谓一本之戚,皆所宜敦,而其间孤寡及贫无食者,尤为可念。他日苟能自给,庶有以顾恤焉。启运谨识之不敢忘。迨长,服贾四方,薄积所赢,因本先君之意,先其急者,置'体源户'田五百四十亩,专以赡给族间"四穷",归诸宗祠,而告之有司,用垂久远。"

宗族族产较多者,其田不仅本县有之,而且分散四周郡县。如,绩溪龙川胡氏宗祠祠田,有的分布在本县,有的分布在宣城、郎溪、广德和浙江昌化、孝丰诸县。① 歙县西溪南吴氏大宗祠(即太白祠)祠田,散布在宣城一带,有1,000多亩。② 族田凡是不在本村,而是在外村、外乡、外县者,都立"庄"经营管理。如,宋代,婺源庆源詹氏宗族子弟詹公昌"置孝义庄,以周给贫者"③。休宁东阁许氏宗族子弟许文蔚,"平生笔耕所储,倒橐买田百亩为义庄,以赡宗族贫者"④。元至正十一年(公元1351年),黟县黄村黄氏宗族支丁黄真元,"念祖宗先泽不忍没,效范公法买田六百三十余亩,立庄建祠,祀其先人。自始祖而下,冢木蓊郁,祭膰膻芗。族众百余口,日食、岁帛、婚嫁、丧祭给支有等。延致硕师,训其子弟,规式凡目,具有条理。至正十一年,奉旨,就将前项

---

① 赵华富:《名臣辈出的徽州世家大族——绩溪龙川胡氏宗族调查研究报告》,《谱牒学论丛》第三辑,太原:三晋出版社,2008年。
② (清)吴荫培撰:歙县西溪南《吴氏言行录》上,抄本。
③ (明)程尚宽等纂:《新安名族志》前集,日本东洋文库藏明嘉靖三十年(公元1551年)刻本。
④ (明)程尚宽等纂:《新安名族志》后集,日本东洋文库藏明嘉靖三十年(公元1551年)刻本。

铭刻于石"①。后有人作《义庄》诗曰：

> 厚本前朝之故址，今日新庄我园是。
> 土田会计租六千，岁入周族半延士。
> 泽民汪公大秩宗，上闻篆勒垂孙子。
> 红巾蜂聚两祝繁，契书抛露谢征比。②

据我们调查，徽州名宗右族族产多者大都设"庄"管理。休宁县月潭朱氏宗族老年人说，民国时期，月潭村周围40里以内大部分土地都归朱氏宗祠、支祠和支丁所有。朱氏宗族立有数庄，作为管理这些土地的机构。其名曰周仁庄、协和庄、春鹤庄、崇善庄、心逸庄、敦和庄等。③

徽州宗族祠堂都有专职管理人员，绝大多数由支丁轮流担任。各个宗族名称不一，有的曰"值年"，有的曰"司年"，有的曰"司值"，有的曰"轮年"，有的曰"当年"，等等。祠堂的田地、山场大都由这些人管理。绩溪城西周氏宗族《祠规》规定："祠首收租，议定在祠公处，不得私收入家。谷麦贮存祠内。其租谷每百斤折干谷八十斤，麦每斗折甕麦十升半，豆每十升折干豆八升，俱于办祭时照时价出支，不得多收报少、少支多报，着令司值随时查核。"④绩溪县龙井明经胡氏宗族《明经胡氏龙井派祠规》"保祠产"条规定："总理祠务者，必先将祠产查明字号、税亩、步数，以便校数收租。其田地、山塘、屋碓以及祖墓余地有侵占者，在异姓，托人理论，如有强硬，呈官究治；在派下，责令归还，仍量占业所值之数，罚其银两，如不遵条，即行黜革，生死不许入祠。吞租者，在异姓，照前办事；在派下，揭书祠壁，生停其胙，殁停其牌，俟交还时，方许进

---

① （清）程汝翼、俞正燮纂，吴甸华修：嘉庆《黟县志》卷七《人物志·尚义》，清嘉庆十七年（公元1812年）刻本。
② （清）黄世恕等纂：《新安黄氏大宗谱》卷三《正色公行略》，清乾隆十七年（公元1752年）刻本。
③ 赵华富：《休宁月潭朱氏宗族调查研究报告》，《徽学》第三卷，合肥：安徽大学出版社，2004年。
④ （清）周之屏、周赞贤纂：《绩溪城西周氏宗谱·祠规》，清光绪二十四年（公元1898年）敬爱堂活字本。

主。以上诸项,管祠如有人徇情容隐,照前罚例。"① 歙县东门许氏宗族《许氏家规》经理祭田条规定,设"轮首或四人、八人",每年"至佃户之家而收其租",同时"率同佃人而履其田,并其坐落四至,询访而缔视之"。族长正、副于祭毕之时,"集轮首收其租者而加考察,以验其果至之与不至,毋听其虚应故事而妄对也。有妄对者,而罚行焉。庶几人知所警,而次年轮首亦惟率是而行之。其田或倾倒淹涨,轮首者议取众物而料理之"②。黟县环山余氏宗族《余氏家规》"重祭祀"条记载:"凡祭田之置,所以敬洁备物,诚不可缺。向有祠产,后因分析而多寡不一,难以复合。应从时议,储积资财,以备续置。其有合出数目条件,俱载储积簿中,掌事轮流接管,务宜从公举行。如有违时徇情,监视检出,议罚。"③

歙县棠樾鲍氏宗族拥有1,500多亩族田,为了防止宗族不肖子弟侵占,公产流失,他们采取承包制的经营管理模式,将"体源户"和"敦本户"1,200多亩族田承包给外姓谢楚良和鲍于天。二人出据甘结,并于官府注册备案。歙县《棠樾鲍氏宣忠堂支谱》卷十九《义田·宪示》内有3张甘结,现录如下:

> 二十二都九图六甲册书鲍于天,今于与甘结事实,结得承管鲍体源户内现置各字号田亩,逐一按册确查,共收上实田税五百四十亩七分三毫八丝五忽,塘税七亩二分一厘二毫一丝五忽,地税十七亩六分八厘二毫,俱系身家承管,并无遗漏粮税,日后不致勾通盗卖情事。如有遗漏串捏盗卖舞弊等情,愿甘治罪。所具甘结是实。
>
> 嘉庆二年五月　日
>
> 　　　　　　　　具甘结册书　鲍于天(押)
>
> 东关二图册书谢楚良,今于与甘结事实,结得承管二十二都九

---

① (民国)胡宝铎、胡宜铎纂:绩溪《宅坦明经胡氏龙井派宗谱》卷首,民国十年(公元1921年)木刻本。
② (明)许光勋纂:《重修古歙城东许氏世谱》卷七,明崇祯七年(公元1634年)家刻本。
③ (民国)余攀荣、余旭升纂:黟县《环山余氏宗谱》卷一,民国六年(公元1917年)木活字本。

图三甲鲍敦本户内收置各字号田亩,逐一按册确查,共收上实田五百三亩八分七厘五毫一丝,塘八亩五分九厘三丝五忽,俱系身家承管,并无遗漏税粮,日后不致勾通盗卖情事。如有遗漏串捏盗卖舞弊等情,愿甘治罪。所具甘结是实。

嘉庆十年五月　日

具甘结册书　谢楚良(押)

二十二都九图六甲册书鲍于天,今于与甘结事实,结得承管鲍体源户内续置各字号田地税亩,逐一按册确查,共收上实田税一百六十六亩五分八厘一毫八丝四忽,塘税二亩三分三厘五毫三丝八忽八微,地税二亩四分六厘,俱系身家承管,并无遗漏粮税,日后不致勾通盗卖情事。如有遗漏串捏盗卖舞弊等情,愿甘治罪。所具甘结是实。

嘉庆十年五月　日

具甘结册书　鲍于天(押)

虽然棠樾鲍氏宗族采用了承包制,将1,200多亩义田分别交给鲍于天和谢楚良二人管理,但是,仍然没有能够防止公有财产大量流失。据我们调查,太平天国运动爆发以后,鲍氏宗族许多族田不但无人耕种,而且有大量族田下落不明。民国前期,只剩下500亩左右;抗日战争爆发以后,所剩已寥寥无几。①

二、生产劳动制

徽州宗族族田生产劳动者有两种人,即佃户与庄仆。根据这两种人的不同身份和情况,徽州宗族实行两种不同的制度,即租佃制与庄仆制。前者在第二章中已作了介绍,这里只对庄仆和庄仆制进行论述。

---

① 赵华富:《歙县棠樾鲍氏宗族个案报告》,见《两驿集》,合肥:黄山书社,1999年,第242页。

徽州名宗右族大都占有不同数量的庄仆（又曰佃仆、世仆、小姓、小户等），一是为宗族耕田种地，二是供宗族役使。

徽州宗族庄仆制源远流长。最早的庄仆可以追溯到被征服的山越人①。黟县《南屏叶叙秩堂值年规则（附奎光）》记载，元代末年南屏叶氏宗族始祖叶伯禧被江友松招赘。江氏即以自己的亲身胡姓庄仆，"特着来老姑爷家服务"。徽州庄仆都是世袭制，胡姓庄仆世世代代为叶氏宗族种田、服役，时间有6个多世纪。民国时期，每逢除夕胡姓庄仆都到叶氏宗祠——叙秩堂——"打扫香火楼，及扫围墙各地，爬祠前水坑。事毕，当给鲜亥三斤，米粽三个。元旦来祠叩头，给钱念四文，后改共给银币一元。清明前一日，并至间山、凤凰坞、月塘三处，打草皮、加坟堆、插竹枝、备挂钱，例在凤凰坞坐候。此处拜毕，即将福事四盒尽给之，约□银币一元"。

明清时期，徽州地区庄仆制有很大发展。一些名宗右族都拥有庄仆，少者一二十户，多则数十户。如，明代祁门善和程氏宗族有"庄基"——庄仆住处——34处，庄仆多达48户。② 程昌、程钫《窦山公家议》卷六《庄佃议》记载："计众佃仆，昔称繁盛，今渐落落，殊可慨也。"善和程氏宗族庄仆繁盛之时人数之多，可以想见。由于社会文明的发展和庄仆不屈不挠反剥削、反压迫的斗争，清朝政府于雍正五年（公元1727年）和六年（公元1728年）、乾隆三十四年（公元1769年）、嘉庆十四年（公元1809年）、道光五年（公元1825年），先后五次下诏"开豁"奴仆为良。但是，这些诏谕在天高皇帝远的徽州产生了多大作用呢？我们曾对歙县棠樾鲍氏宗族和呈坎前、后罗氏宗族，休宁月潭朱氏宗族，祁门渚口、伊坑、滩下、花城里倪氏宗族，黟县西递明经胡氏宗族、南屏叶氏宗族，绩溪龙川胡氏宗族，婺源游山董氏宗族，作过重点调查。我们发现，民国时期这些宗族都占有庄仆，少者数户，多者数十户。例如，民

---

① 婺源《三田李氏重修宗谱》卷三十九《嘉靖监察御史官源觉山洪垣序》载："夫新安环邑越地也。秦汉居民漫不可考，于今所谓'故家'，如吾婺之李、张、朱、王、汪者，皆唐时迁寓人物，无有于汉，而又何有秦？纵有一二土著畸落之氓等诸家者，又皆伏役而奴隶之，不得与各名族齿。"

② 周绍泉、赵亚光：《窦山公家议校注》卷六《庄佃议》，合肥：黄山书社，1993年。

国二十年(公元1931年),婺源游山董氏宗族拥有庄仆程、朱、施、余、吴5姓。其中施姓有施嘉善、施嘉礼、施灶林、施灶熔、施树春5户;吴姓有吴社万、吴富科、吴金寿、吴振源、吴振清、吴善金、吴逢春、吴明春、吴法春、吴春福、吴法林、吴森林、吴振根、吴振火、吴振柏15户。① 据叶显恩调查,中华人民共和国成立前,休宁茗洲吴氏宗族共占有庄仆53户,其中葆和堂15户,启贤堂25户,吴氏族众12户,吴厚富1户。祁门查湾汪氏宗族有庄仆居住点50个,共有庄仆208户,其中"郎户"(又称"拳头庄")121户,"小户"87户。②

一般农民沦为徽州世家大族庄仆的原因是什么呢?据文献记载,主要原因是:"种主田,住主屋,葬主山。"在徽州,占有较多土地的名宗右族多在自己的土地之上建庄屋,供贫穷农民居住和佃耕。农民一旦住进地主的庄屋,佃耕地主的土地,使用地主的山场埋葬先人,根据他们向世家大族所立的"投主应役文书"即沦为庄仆——庄佃。③ 即是说:"种主田,住主屋,葬主山","俱在应主之例"④。请看下列3例庄仆立还文书:

例一:

歙县七里湾大冢火佃吴福祖等服辨文书

二十三都九图住人吴福祖同侄隆兴并程志员等,是曾祖投到东人黄宅屋宇住歇,代守坟茔。其坟前后地段,俱系福祖、隆兴、程志员等耕种,租米饶让其多,以为标挂装香等用。今年隆兴等自不合标挂之日逃躲,不先伺候,房东要行告理。隆兴等托浼里长洪永贵、老人黄堂,愿还文书。本家并程志员共十五人,自弘治十二年始,祠

---

① (民国)董培元、董维干、董国华纂:婺源《董氏宗谱·凤游世仆引》,民国二十年(公元1931年)木活字本。

② 参见叶显恩:《关于徽州的佃仆制的调查报告》,见《明清徽州农村社会与佃仆制》,合肥:安徽人民出版社,1983年。

③ 王钰欣、周绍泉编:《徽州千年契约文书》(宋元明编)卷二《隆庆六年汪什投主应役文书》《隆庆六年汪付保兄弟投主应役文书》,石家庄:花山文艺出版社,1981年。

④ (清)休宁茗洲吴氏《葆和堂需役给工食定例》,功善抄存。

内担挑标挂物件至坟所,周而复始,子子孙孙,毋许推调。如有失误,甘罚白米五石入祠,买猪羊祭祖坟,愿自受责八十,仍依此文书为准。今恐无凭,立此文书为照。

弘治十一年四月十一日

    立文书 吴福祖(押)

    男   长生(押)   希生(押)

    侄   隆兴(押)   隆付(押)

          黑儿(押)   隆贵(押)

          隆祖(押)   社关(押)

          付关(押)   社孙(押)

          程志员(押) 程志宗(押)

          程贞宗(押) 程社克(押)

  里 长 洪永贵(押)

  老 人 黄 堂(押)①

例二:

祁门庄仆胡乞等立还文书

二十一都胡乞、胡进童等,原于成化二十三年,有祖胡富丧柩无地安葬。是父叔胡昂、胡晟恳托谢汝英、饶永善,求浼到伍都洪瀚等将祖伍保土名塘山水字一千三十七号山脚内风水一穴,安葬祖柩。但系洪家洪家段等近祖坟山地一应事务并婚姻丧葬应付使唤,本家子孙至今应付使唤毋违。今又有父胡昂、叔胡晟夫妇丧柩,亦无葬地。又托饶英等浼及洪家。又听本家于前坟山脚地内傍祖安葬空堆贰穴,其坟穿心算得九步,听自本家子孙拜扫。再后不许入山侵及。自葬坟之后,但有洪家到于黄岗一应事务,听自使唤,以准山

---

① (明)黄玄豹纂:歙县《潭渡孝里黄氏族谱》卷五《祖墓》,清雍正九年(公元1731年)家刻本。

租,毋致违文抵拒。如违不服使唤,听自陈理,甘当举坟还山无词。今恐无凭,立此为照。

  正德玖年十二月二十一日

立 文 胡 乞

胡进童

胡三乞

胡祖得

中见人 饶社乞

王 壮

代书人 饶 瑛

  又,于嘉靖十三年十二月,又托饶老浼求洪家将胡天保母傍祖安葬,日后子孙仍照前遵文应付差使毋违。魁批。①

例三:

祁门庄仆胡社龙等立还租约

  立还租约庄仆胡社龙、胡夏龙、胡新龙、胡秋龙等,原身等承佃洪氏六大房田租,土名黄岗、塘坞、洪家坦等处,共计早租壹百叁拾捌秤零叁斤六两,共晚租贰拾柒秤。今众主会议,其早晚租不论时年旱熟,价目贵贱,额定早租每秤价银柒分,晚租价银捌分,其银递年冬至日交银一半,次年正月初一日交足。如过期,每两每月加利叁分等入匣。其二次交银之日,务接各房众主眼同兑明,包封收贮大匣,不敢私付当年头首。如有私付者,听众主行罚银一两,仍不认账。自后永远遵守,不敢违议,立此租约存照。

  再批:其各田信鸡仍照旧例交纳当年头首。各田塍并塘倘有些小损坏沙积等,身等自备工夫,随时修理,不烦众主。如有大坏大积,务接各房众主临田看明,议价给银与身修理,不敢擅自接当年头

---

① 《明万历洪氏誊契簿》,安徽省博物馆藏。

首,通同作弊。如违,听众照前行毋词。

计开:

一、塘坞等处早租壹拾壹秤拾叁斤陆两,晚租壹拾秤;

一、塘坞塍下晚租壹拾伍秤;

一、寿公坟前晚租贰秤,早租肆拾贰秤;

一、洪家坦方盘丘早租壹拾秤;

一、洪家段早租柒拾叁秤拾斤;

一、仁家坞早租壹秤。

通共早晚租壹百陆拾伍秤零三斤六两,内除递年清明粥晚租贰秤拾斤,又除递年补还马家早谷贰秤,实共早租壹百叁拾陆秤零三斤六两,额定该银玖两伍钱三分四厘,晚租贰拾肆秤拾斤,额定该银壹两玖钱六分,统共早晚租谷银一十一两四钱九分四厘。

崇祯四年七月贰拾肆日

立还租约庄仆　胡社龙
胡新龙
胡夏龙
胡秋龙
胡义男①

"种主田,住主屋,葬主山"之外,也有因生活所迫沦为祠堂庄仆者。在我们对徽州一些宗族进行调查中,当我们问到祠堂庄仆的来源时,一些老人说,有的祠仆是祠堂用钱买来的。现存徽州文书中的"卖身契"证明,因生活所逼卖身为仆是徽州宗族庄仆一个重要来源。请看下面3例卖身文契:

例一:

胡音十卖男婚书

立卖婚书十二都住人胡音十,今因缺食,夫妇商议,自情愿将男胡

---

① 原件藏中国社会科学院经济研究所。

懒佣乳名昭法,命系辛丑年三月十五日申时,凭媒说中出卖与家主汪□□名下为仆,三面议作财礼银叁两伍钱整。其银当日收足。其男成人日后,听从家主婚配,永远子孙听家主呼唤使用,不得生心异变。如有等情听从家主呈公理治〔直〕。恐后无凭,立此卖男婚书存照。

长命富贵

婚书大吉

嘉靖三十年二月三十日

立婚书人　胡音十

婚　　　人　胡永道

中 见 人　汪玄寿①

例二：

祁门县洪三元等卖身婚书

立卖身婚书人洪三元同妻李氏、男国胜,今因欠少食用,自愿浼中出卖与洪相公名下为仆,得受财礼银一十五两整。住居谭渡(潭渡)祠屋看守坟墓,每年正月初二日上门叩岁,清明拜扫,中元节及送寒衣,主人上坟,务要在祠伺候。所种田园纳租,每年麦、豆、粟各一石三斗,干洁送纳,不致欠少。以上如有违失,听凭责治无辞。今恐无凭,立此婚书为照。

万历己酉(三十七)年十月　日

立婚书人　洪三元

中　　　王　益

媒　　　世光妻②

---

① 《明清徽州社会经济资料丛编》(第一集),北京:中国社会科学出版社,1988年,第551页。

② 《明清徽州社会经济资料丛编》(第一集),北京:中国社会科学出版社,1988年,第553~554页。

例三：

汪茂卖子文书

　　立领文书人汪茂，因需用钱，愿将亲生子汪来富卖给呈坎罗家祠内守祠服役，领去银元四十元整。自后如有偷盗走失，俱身承当。天时不测，各安天命。空口无凭，立此存照。

　　民国十八年九月　日

立领文书　汪　茂
中 见 人　罗向手
代 书 人　罗时淦①

　　徽州庄仆都是世袭制。有些宗族子弟的庄仆，经过若干代以后，即都演变为宗族的庄仆。

　　佃耕祠堂田地，缴纳地租，是庄仆的重要职责。歙县吴祖福等出具的文书记载，潭渡黄氏宗族七里湾大冢坟"前后地段，俱系（吴）福祖、（吴）隆兴、程志员等耕种，租米饶让其多，以为标挂装香等用"。祁门洪三元等所立文书说，他们所种潭渡祠的田园，每年纳租麦、豆、粟"各一石三斗，干洁送纳，不致欠少"。祁门胡社龙等立还租约记载，他们承佃洪氏六大房田租，"共计早租壹百叁拾捌秤零叁斤六两，共晚租贰拾柒秤"。崇祯四年（公元1631年），折为"早租每秤价银柒分，晚租价银捌分，其银递年冬至日交银一半，次年正月初一日交足"。"各田信鸡仍照旧例交纳当年头首"。休宁茗洲吴氏宗族《葆和堂需役给工食定例》（功善抄存）记载："葆和堂众仆，各家己仆，所有本身及其父母，并一切有关于祠堂正务者，家主从其宽，尔等守其分，毋犯上，毋怠慢，采山耕田，安居乐土，亦家主之所深望也。"又记载，众仆耕田纳租，"倘岁遭荒歉，自因时另让若干；逢大有岁，必要照常交足，不得短少。权衡固宜公平。交租者，必要干净、色老，一切青湿冇餍、有名无实者，退还不收，必要更

---

①　转引自叶显恩：《明清徽州农村社会与佃仆制》，合肥：安徽人民出版社，1983年，第247页。

换好者方已。其麦、豆、粟亦然"。

庄仆除了为祠堂种田纳租,还要为宗族服役。正如《窦山公家议》卷六《庄佃议》所说:"前人置立庄佃,不惟耕种田地,且以备预役使。"庄仆服役项目繁多,除了守卫祠堂、打扫祠堂、看守坟墓、巡夜打更、保卫宗族等经常性劳役,还有搭桥撑船、修路拔草、搭造戏台等临时性工作。宗族子弟举行冠礼、婚礼、丧礼、祭礼和进学,是庄仆最繁重的劳役负担。他们要为主人抬送妆奁、礼品、祭器、祭品,充当轿夫、火把手和吹鼓手。宗族成员亡故,庄仆要送讣闻、洗死尸、抬尸体、宿棺柩、挖墓穴、抬棺材、埋死人,充当嚎丧户。此外,还要向主人行元旦叩节、寿诞叩贺、科甲叩贺、归寿叩吊礼。① 请看下列3例庄仆服役文书:

例一:

祁门县陈发立还文书

　　立还文书仆人陈发,原祖母吴氏再嫁与祖胡喜孙,是父大魁同叔小魁从幼随母,蒙祖视如亲子,恩养成人,讨亲婚配。身父魁故,今蒙房东洪主寿公与正坞山,安葬祖母吴氏,父大魁。身浼伯父社龙,自情愿立还文书,看守洪主祖坟,应付祭扫听差,婚姻丧祭使唤,毋得生情悖义等情。如违,听主呈理毋词。今恐无凭,立此文书,子孙永远应付为照。

　　再批:递年清明前五日,议着一人同老庄胡仆同来挑祭仪,其清明日俟候打扫塘坞祖坟,毋得至期不到。如违,听主责罚。

　　万历十六年十月十一日

　　　　　　　　　　立还文书仆人　陈　发
　　　　　　　　　　同　　　伯　胡社龙②

---

① 参见休宁茗洲吴氏《葆和堂需役给工食定例》,功善抄存;赵华富:《徽州宗族调查研究》,北京:人民出版社,2014年。
② 中国社会科学院经济研究所藏契约原件。

例二：

祁门县胡梦龙立还服义文书

　　五都住人立还服义文书仆人胡梦龙，原身祖胡住保同叔祖胜保、迟保寄四大房祖胡昂、胡晟，向承洪主寿公将本都土名黄岗南山塘下山地壹号，与身等安葬始祖胡富夫妇。续后各人安葬一十五棺，节还文书，子孙人等应役。其婚姻葬祭，蒙主念住居窎远，近庄仆人足用，只每年遇清明时着二人上门听用祭扫。如逢入学、纳监、科贡、选官，四房各着一人听用，历遵无异。因身等违文叛逆，洪主要行惩治，身等知亏，浼叔胡法、胡社富，弟胡承明、义男，侄社龙，哀求宽宥，甘立文书，永遵旧文。凡遇洪主呼唤，自行照房亲身应付，不敢抵拒。如违，听主呈治，以叛逆论。口恐无凭，立此服义文书，永远为照。

　　天启五年八月初十日

　　　　　　立还服义文书仆人　胡梦龙同弟胡天和
　　　　　　叔　　胡　　法
　　　　　　见叔　胡社富
　　　　　　弟　　胡承明　胡义男
　　　　　　侄　　胡社龙
　　　　　　子　　玄龙代书①

例三：

祁门县仆人胡桢福立领约

　　立领约仆人胡桢福，缘身祖居黄岗塘坞，看守洪东主坟茔，历来无异。今身年已二十七岁，无钱婚娶。蒙洪东主将身移继朱门，所招春林叔次女为室。当蒙洪东主帮贴婚配钱四千文，在手足讫。自

---

①　中国历史博物馆藏契约原件。

此以后，朱门及塘坞两家门户，以及洪东主婚姻丧祭等役，使唤毋辞。如有违抗，听凭处治，身无异说。恐口无凭，立此领约存照。

同治十三年九月十九日吉

立领约仆人　胡桢福
凭代笔中人　吴联庆①

据叶显恩调查，新中国成立前祁门查湾汪氏宗族拥有郎户121户，小户87户。这208户庄仆之中，有拳斗庄48户，抬轿庄20户，守坟庄10户，粮仓庄2户，火把庄4户；拳斗庄兼戏台庄53户，拳斗庄兼守坟庄12户，拳斗庄兼道士庄8户，吹打庄兼龙灯庄4户，吹打庄兼守坟庄2户，吹打庄兼治丧庄11户，抬轿庄兼守坟庄2户，抬轿庄兼治丧庄8户，守坟庄兼治丧庄3户，守坟庄兼粮仓庄9户；吹打庄兼龙灯庄、仓库庄4户，抬轿庄兼守坟庄、粮仓庄2户，抬轿庄兼治丧庄、挑担庄4户，守祠庄兼守夜庄、包袱庄2户。②

在封建时代，人们视艺人为下流。许多徽州宗族的族规家法规定，宗族子弟不得从事这种职业和活动。宗族祭祀祖先、游神赛会、节日庆典所需的乐师和演员，都是庄仆必须承担的工作和任务。我们在婺源县游山董氏宗族调查时，发现这个宗族30多户庄仆，青年男子大都是"傩仆"。在董氏宗族一些庆典活动中，他们身着古老的戏装，头戴各式各样的——有数十种——木雕面具演出傩戏傩舞。其形象，有青面獠牙，有忠奸善恶，有喜怒哀乐。演出节目有开天辟地、后羿射日、判官醉酒、张飞祭枪、耕耘丰收、刘海戏金蟾、猴王降耗子精等20多个。舞蹈夸张粗犷、古朴简练、场面壮观。傩舞，又曰"鬼舞""舞鬼"，流行于徽州西部黟县、祁门、婺源三县，休宁、歙县、绩溪部分地区也有。它是原始文化的活化石和古越人古老文化的遗存，与巫舞有千丝万缕的联系，带有巫祭色彩。

宗族成员与庄仆之间是一种主仆关系，良贱关系，奴役和被奴役的关系。

---

① 《明清徽州社会经济资料丛编》（第一集），北京：中国社会科学出版社，1988年，第462页。

② 参见叶显恩：《明清徽州农村社会与佃仆制》，合肥：安徽人民出版社，1983年。

这种关系一旦确立,就成为一种世袭制度。庄仆们"世世代代""周而复始",永远是贱人。康熙年间,徽州父老尝谓,"新安有数种风俗胜于他邑","主仆之严,虽数十世不改,而宵小不敢肆焉",就是其中之一。^① 元代末年,黟县南屏叶氏宗族始祖叶伯禧娶江友松之女江端奴为妻。一个随端奴陪嫁的双溪湾胡姓庄仆的后裔,与其主子——叶氏宗族的子弟——保持主仆关系长达"六百载",直至民国十五年(公元1926年)才"遂终止焉"^②。据黟县《南屏叶氏族谱》记载,胡姓庄仆与叶氏宗族子弟保持主仆关系多达20多代。嘉靖《徽州府志·风俗》在讲到庄仆与主人的关系时说,"其主仆名分尤极严肃而分别之。藏获辈即盛赀厚富,终不得齿于宗族乡里"。康熙《徽州府志·风俗》附注曰:"此俗至今犹然。脱有稍紊主仆之分,则一人争之,一家争之,一族争之,并通国之人争之,不直不已。民牧者当随乡入俗,力持风化,万不可以他郡宽政施之新安。"民国时期,婺源县游山董氏宗族有数十户庄仆。这个宗族在民国二十年(公元1931年)修的《董氏宗谱·风游世仆引》中记载:"军民之有主仆良贱之所攸分,冠履之不容倒置也。"

庄仆是被奴役、被剥削阶层。雍正皇帝宣称:"夫主仆之分,所以辨上下而定尊卑,天经地义,不容宽纵。"^③庄仆与主人之间,"平日起居不敢与同,饮食不敢与共,亦不敢尔我相称"^④。主人"有呼即至,有令即行"^⑤。据我们调查,庄仆称宗族老年支丁为大老爷,青少年支丁为少爷,老年妇女为夫人,青年妇女为少夫人,未出嫁的女孩为小姐。他们与主人相遇,坐必起,行必让。如有违犯,则要被唤到祠堂惩罚。他们必须按规定为宗族和支丁服役,不准拒绝,不准违抗。服役时,要忠于职守,谨慎劳作;不准迟到,不准失礼,不准

---

① (清)赵吉士撰:《寄园寄所寄》卷十一《故老杂记》,清康熙刻本。
② (民国)黟县《南屏叶叙秩堂值年规则(附奎光)》,民国十五年(公元1926年)铅印本。
③ (清)《满汉文起居注册》不分卷,清内府抄本。
④ 戴炎辉点校:《大清律例汇辑便览》卷二十七《刑律·良贱相殴》,台北:成文出版社,1980年。
⑤ 王钰欣、周绍泉编:《徽州千年契约文书》(清·民国编),石家庄:花山文艺出版社,1981年。

消极怠工,不准破坏器具和财物。如违,轻者唤至祠堂罚跪,重者执至祠堂笞杖。婺源县游山董氏宗族族规家法规定,每年农历三月十三、十四两日,宗族成员人人都可以对庄仆进行惩罚。因此,常常出现这种现象:一些还不懂事的小孩子对庄仆实行罚跪,庄仆都不敢反抗。徽州宗族族规家法都规定,宗族子弟严禁与庄仆通婚,违者族谱除名,革黜族籍。庄仆的子女不准进学校读书,即使一些庄仆家经济较富裕,其子女也都是文盲。①

宗族的庄仆都隶属于祠堂,严禁叛主逃亡。如违,严惩不贷。请看下列3例庄仆立还文约:

例一:

祁门五都庄仆胡初立还文约

五都庄仆胡初同男胡喜孙、胡奇在原承祖应付五都洪名下婚姻丧祭工役,并无违背。今二男长大,无屋居住,无田耕种。蒙洪寿公秩下子孙洪六房等重造楼屋五间,并左右余屋,土名塘坞坎前与身及二男居住;取田贰拾亩有零与身男耕种。今重立还文约。自后身秩下子孙,永远应付洪主婚姻丧祭使唤,毋敢背义抵拒等情;子孙亦不敢私自逃居他处,及工顾、过房;其所取田地亦不私自典卖。如违呈治准不孝论。今欲有凭,立此文约为照。

隆庆五年正月初一日

　　　　　　　　　　立约仆　胡　初
　　　　　　　　　　奉命长男　胡喜孙
　　　　　　　　　　中见弟　胡　兴②

---

① 赵华富:《婺源县游山董氏宗族调查研究》,载《徽学》第二卷,合肥:安徽大学出版社,2002年。
② 《明万历洪氏誊契簿》,安徽省博物馆藏。

例二：

祁门十四都火佃朱钿立还文约

十四都安山居住火佃朱钿，因身日食难度，自不合挈妻并男一家背主逃走。是主当获，要行呈官理治。是身央中情愿立还限约，候正差之年自行挈家小回宗当差，应付毋违。如有抗违，听自呈官重究。今恐无凭，立此限约为照。

万历五年二月二十四日

　　　　　　　　　　　　立还限约　朱　钿
　　　　　　　　　　　　中见保人　谢凤保
　　　　　　　　　　　　代书房东　胡　才①

例三：

祁门县仆人刘三女等立服约

立服约仆人刘三女、弟三龙、三喜等，今不合于康熙卅四年冬月，妄生叛主另迁逃居，致于主怒，即欲送官按律治罪。身思情（义）理法难宥，即求众主免送□□惩治，身等甘心自立服约，到主人洪名下世世照旧看守坟墓，不敢妄生他念。嗣后小心守法，看管山场田地，如再复犯前辙，听凭家主治罪无辞。立此服约，永远存照。

康熙卅五年正月初

　　　　　　　　　　　　立服约人　刘三女
　　　　　　　　　　　　　子　和　尚
　　　　　　　　　　　　　三龙子
　　　　　　　　　　　　　梅　香②

---

① 原件藏中国社会科学院经济研究所。
② 《明清徽州社会经济资料丛编》（第一集），北京：中国社会科学出版社，1988年，第461页。

徽州《三田李氏重修宗谱》记载，雍正七年（公元 1729 年），理田李氏宗族庄仆王瑞生等"凭党唆煽，妄行跳梁"。李氏宗族统治者议决，报官惩治。由于知府"亲提严讯"，王瑞生等认罪归服。三年以后，庄仆"逆志复炽，挈家远逃"。李氏宗族又投状官府，官府发给缉捕关文，分头缉捕。由于李氏"意在捉人，计定重赏"，仅德兴县一路，官兵押送回婺源的庄仆，即"沿途百人"。"抚宪予以枷责，而犹谓主仆名分不得废弛"。因"犹虑逆等招摇煽惑，愚民群起效尤，准许布闻饬示示禁"。乾隆九年（公元 1744 年），祁门县黄氏庄仆刘添盛、刘嘉兴逃亡。生员黄仪坦告于县衙，知县郑氏批准黄生自行缉拿。在批文中，官府不仅给了黄生自行追捕逃亡庄仆的特权，而且还为其创造了许多有利于追捕的条件。请看乾隆九年祁门县缉拿逆仆批文：

> 江南徽州府祁门县正堂加三级郑，为逆仆潜逃等事：据生员黄仪坦具禀，前事当批准缉在卷，合行给批自缉。为此，批给本票，持批前去，毋分疆界，跟踪严缉。如遇关津隘口，持批挂号放行。倘有不法之徒及营伍之家窝藏阻挠，许即赴所在官司陈禀立拿，移解过县，以凭讯究。该本禀，毋得借端滋事。如违，察究未便须至。批者。
>
> 计批缉
>
> 　　　　被犯　刘添盛　刘嘉兴
> 右批差本禀准此
>
> 乾隆九年三月廿三日　　　　　　　　刑科承①

批文告诉我们，黄生追捕逃亡庄仆刘添盛、刘嘉兴，受到官府的大力支持和法律保护。

三、地租率

战国以来，中国佃农都是"或耕豪民之田，见税什五"。也就是说，封建地

---

① 王钰欣、周绍泉编：《徽州千年契约文书》（清·民国编），石家庄：花山文艺出版社，1981 年。

主对佃农的地租剥削率为50%。据历史文献记载,在整个封建时代地租率始终保持这个比例。明清时期,徽州地区地租率是多少呢?我们曾对徽州一府六县进行过调查,调查资料证明,私人地主土地的地租率大都在50%左右,祠堂公有土地的地租率大都较低。请看绩溪县龙川胡氏宗族下列3个地租率统计表:

表 5-6　土地改革前龙川胡氏宗祠祠田地租率

经营性质	地目	土名	常年亩产量	丘数	面积(亩)	产量	佃户姓名	佃户住址	地租额	佃权	地租率
出租	坡乙田	高圩	310斤	1	1	310斤	胡永祥	大坑口	75斤	永佃	24%
出租	平甲田	后圩	420斤	1	1	420斤	胡观来	大坑口	67.5斤	永佃	16%
出租	坡乙田	伏岭上	310斤	1	0.8	248斤	胡正顺	大坑口	60斤	永佃	24%
出租	坡乙田	伏岭上	310斤	1	0.6	186斤	胡正顺	大坑口	46斤	永佃	24%
出租	平乙田	前圩下	340斤	1	0.17	57斤12两	胡信远	大坑口	19.5斤	永佃	33%
出租	平乙田	会屋坦	340斤	1	0.5	170斤	胡金泉	大坑口	22.5斤	永佃	13%
出租	坡乙田	状元头	310斤	1	0.3	93斤	胡观贤	大坑口	22.5斤	永佃	24%
出租	平乙田	后圩	340斤	1	0.6	204斤	胡汪灶	大坑口	45斤	永佃	22%
出租	坡甲田	上石墓	330斤	1	0.2	66斤	胡安金	大坑口	15斤	永佃	22%
出租	平甲田	后圩	420斤	1	1.8	756斤	章荷娟	大坑口	135斤	永佃	17%
出租	平甲田	后圩	420斤	1	0.1	42斤	胡安德	大坑口	7.5斤	永佃	17%
出租	坡乙田	龙须圩	310斤	1	1	310斤	吴可以	大坑口	75斤	永佃	24%
出租	坡乙田	低圩	310斤	1	0.3	93斤	方善才	大坑口	22.5斤	永佃	24%
出租	坡乙田	上高圩	310斤	1	0.4	124斤	胡社和	大坑口	37.5斤	永佃	24%
出租	坡乙田	上圳	310斤	1	0.1	31斤	胡社和	大坑口		永佃	
出租	坡乙田	状元头	310斤	1	0.3	93斤	胡安仁	大坑口	22.5斤	永佃	24%
出租	坡乙田	产岭	310斤	1	0.2	62斤	胡月姣	大坑口	15斤	永佃	24%
出租	平甲田	后圩	420斤	1	0.2	84斤	胡招全	大坑口	15斤	永佃	17%
出租	平甲田	横形圩	420斤	1	0.8	336斤	僧善祺	大坑口		永佃	
出租	坡乙田	大盘	310斤	1	0.2	62斤	胡柳森	大坑口	15斤	永佃	24%

续表

经营性质	地目	土名	常年亩产量	丘数	面积（亩）	产量	佃户姓名	佃户住址	地租额	佃权	地租率
出租	山乙田	塘耾下	230斤	1	0.15	34斤8两	叶济金	大坑口	11斤4两	永佃	32%
出租	平甲田	后圩	420斤	1	0.4	168斤	胡木如	大坑口	30斤	永佃	17%
出租	平甲田	泗洲堂	420斤	1	0.4	168斤	胡成法	大坑口	30斤		17%
出租	平乙田	前圩下	340斤	1	1	340斤	汪贤耀	大坑口	30斤	永佃	8%
出租	坡甲田	上贤墓	330斤	1	0.4	132斤	胡高桂	大坑口	30斤	永佃	22%
出租	坡乙田	高圩	310斤	1	0.4	124斤	胡观安	大坑口		永佃	

资料来源：《绩溪县第四区大坑口行政村土地登记册》。按：状元头，又曰"茶园头"；上贤墓，又曰"上石墓"。

表5-7 土地改革前龙川学校学田地租率

经营性质	地目	土名	常年亩产量	丘数	面积（亩）	产量	佃户姓名	佃户住址	地租额	佃权	地租率
出租	平甲田	曲水湾	420斤	1	1.2	504斤	胡灶金	大坑口	119斤	永佃	23%
出租	平甲田	曲水湾	420斤	1	1	420斤	胡华春	大坑口	100斤	永佃	23%
出租	平甲田	曲水湾	420斤	1	0.4	168斤	胡松□	大坑口	40斤	永佃	24%
出租	平乙田	前圩下	340斤	1	0.5	170斤	汪家焕	大坑口	49斤	永佃	29%
出租	坡乙田	低圩	310斤	1	0.4	124斤	胡观安	大坑口	40斤	永佃	32%
出租	平甲田	曲水湾	420斤	1	0.4	168斤	胡安金	大坑口	40斤	永佃	23%
出租	平甲田	曲水湾	420斤	1	0.4	168斤	胡正顺	大坑口	40斤	永佃	23%
出租	平甲田	砂碓揭	420斤	1	0.6	252斤	胡福如	大坑口	60斤	永佃	23%
出租	坡甲田	上贤墓	330斤	1	0.4	132斤	胡富生	大坑口	40斤	永佃	30%
出租	坡乙田	湾耾	310斤	1	0.3	93斤	汪社海	大坑口	30斤	永佃	32%
出租	平甲田	低圩	420斤	1	0.4	168斤	胡观富	大坑口	40斤	永佃	23%
出租	平甲田	曲水湾	420斤	1	0.4	168斤	胡普来	大坑口	40斤	永佃	23%
出租	平甲田	曲水湾	420斤	1	0.4	168斤	胡定海	大坑口	40斤	永佃	23%
出租	平甲田	曲水湾	420斤	1	0.4	168斤	胡三和	大坑口	40斤	永佃	23%
出租	平甲田	横形圩	420斤	1	0.8	336斤	僧善祺	大坑口	80斤		24%

续表

经营性质	地目	土名	常年亩产量	丘数	面积（亩）	产量	佃户姓名	佃户住址	地租额	佃权	地租率
出租	田	下塘坑		1	1		章汪苟	油坑口			
出租	田	竭川金庄屋		1	0.9		章福庆	油坑口			
出租	地	竭川金庄屋		1	0.5		章福庆	油坑口			
出租	田	塘屋等2处		2	2.1		方金元	周仙村			
出租	地	大山脚		1	0.5		方金元	周仙村			
出租	田	黄桶丘		1	0.6		方铁如	周仙村			
出租	田	塘 屋		1	1.2		方汪灿	周仙村			
出租	田	塘 屋		1	0.8		方 根	周仙村			
出租	田	古焦堂		1	0.2		汪王寿	百 龙			
出租	田	塘树坞		5	1		汪杏娥	岭 外			
出租	平乙田	低 圩	340斤	1	0.3	102斤	方善才	坑口	30斤		28%

资料来源：《绩溪县第四区大坑口行政村土地登记册》。

表5-8　土地改革前万安公祠祠田地租率

经营性质	地目	土名	常年亩产量	丘数	面积（亩）	产量	佃户姓名	佃户住址	地租额	佃权	地租率
出租	坡乙田	杨桥头	310斤	1	0.5	155斤	胡社如	大坑口	30斤	永佃	19%
出租	坡乙田	大 盘	310斤	1	0.2	62斤	胡柳森	大坑口	15斤	永佃	24%
出租	平甲田	后 圩	420斤	1	0.5	210斤	叶济金	大坑口	37.5斤	永佃	17%
出租	坡乙田	杨桥头	310斤	1	0.3	93斤	胡松义	大坑口	22.875斤		24%
出租	坡乙田	纹 里	310斤	1	0.3	93斤	胡汪安	大坑口	22.5斤	永佃	24%
出租	坡甲田	大 盘	330斤	1	0.6	198斤	胡如流	大坑口	45斤	永佃	22%
出租	坡甲田	上贤墓			0.6		胡善清	浒 里			
出租	坡甲田	上贤墓	330斤	1	0.3	99斤	胡永祥	大坑口	22.5斤	永佃	22%
出租	平乙田	前圩下	340斤	1	0.4	170斤	高稻仓	大坑口	30斤	永佃	18%

续表

经营性质	地目	土名	常年亩产量	丘数	面积（亩）	产量	佃户姓名	佃户住址	地租额	佃权	地租率
出租	坡甲田	上贤墓	330斤	1	0.3	99斤	胡增铭	大坑口	22.5斤	永佃	22%
出租	坡乙田	纹里	310斤	1	0.2	62斤	胡观安	大坑口	15斤	永佃	24%
出租	坡乙田	杨桥头	310斤	1	0.3	93斤	胡渭顺	大坑口	22.5斤	永佃	24%
出租	坡乙田	杨桥头	310斤	1	0.2	62斤	胡安金	大坑口	15斤	永佃	24%
出租	坡甲田	尚贤墓	330斤	1	0.5	165斤	胡安定	大坑口	33.75斤	永佃	20%
出租	山乙田	下坑	230斤	1	1	230斤	胡金泉	大坑口	37.5斤	永佃	16%
出租	山乙田	捉渔湾	230斤	1	0.6	138斤	胡金泉	大坑口	31.5斤	永佃	22%
出租	坡甲田	岙头灶	330斤	1	0.3	99斤	胡金泉	大坑口	22.5斤	永佃	22%
出租	山乙田	石印	230斤	1	0.3	69斤	胡观灶	大坑口	22.5斤	永佃	32%
出租	山乙田	社屋坑口	330斤	1	1	330斤	胡五林	大坑口	52.5斤	永佃	16%
出租	坡乙田	上高圩	310斤	1	0.6	186斤	胡社和	大坑口	27斤	永佃	14%
出租	平甲田	会屋坦	420斤	1	0.6	252斤	胡社和	大坑口	36斤	永佃	14%
出租	坡乙田	杨桥头	310斤	1	0.3	93斤	胡社如	大坑口	18斤	永佃	19%
出租	坡甲田	上贤墓	330斤	1	0.05	17.5斤	胡永祥	大坑口	3.75斤	永佃	21%

资料来源：《绩溪县第四区大坑口行政村土地登记册》。按：上贤墓，又曰"上石墓"。

龙川胡氏宗祠土地登记册共列田26宗，其中25宗是大买田。在26宗中，除3宗无地租额，其余23宗田的地租率是：33%1宗，32%1宗，24%10宗，22%3宗，17%5宗，16%1宗，13%1宗，8%1宗。地租率最高者为33%，最低者为8%。

龙川学校土地登记册共列田26宗，其中14宗是大买田。在26宗中，除10宗无地租额，其余16宗田的地租率是：32%2宗，30%1宗，29%1宗，28%1宗，24%2宗，23%9宗。

万安公祠土地登记册共列田23宗，其中20宗是大买田。在23宗中，除1宗无地租额，其他22宗田的地租率是：32%1宗，24%6宗，22%5宗，21%1

宗,20％1宗,19％2宗,18％1宗,17％1宗,16％2宗,14％2宗。地租率最高者为32％,最低者为14％。

据歙县档案馆藏土地改革时整理地籍登记表记载,歙县呈坎罗氏宗祠祠田28宗,地租率32.98％、32.08％各1宗,25％上下5宗,20％上下7宗,15％上下9宗,10％上下5宗;贞靖罗东舒先生祠祠田35宗,其中记有或可知每亩应产量、业主收入、佃户收入者,共26宗,地租率为29.86％－30％;罗士元公祠祠田32宗,地租率38.43％、29.91％、29.49％、24.74％、24.3％各1宗,20％上下5宗,15％上下14宗,10％上下6宗,4.89％、3.73％各1宗。

据我们调查,民国时期黟县南屏叶氏宗祠——叙秩堂——占有土地100多亩,各个支祠、家祠共占有土地200多亩。这些土地绝大多数是大买田,全部出租给佃户和庄仆耕种,"佃各载租簿"。① 佃户租种的土地,全部实行实物地租,地租率一般占土地收获量的30％左右。②

祠堂族田地租率为什么如此低呢? 这有两个原因:一、民主革命时期——特别是民主革命后期——共产党实行减租减息政策,减低地租和佃农的负担;二、宗族实行周贫济困措施,对贫困的佃农——特别是贫穷的族人——征收较低地租。由于祠堂族田的地租率较低,许多佃农千方百计争取租佃祠堂的土地。我们在徽州进行宗族调查时,有的老人说:"因为祠堂田租低,所以许多佃户都害怕祠堂撤佃。"

---

① (清)叶有广、叶邦光纂:黟县《南屏叶氏族谱》卷一《祀田》,清嘉庆十七年(公元1812年)木活字本。

② 赵华富:《黟县南屏叶氏宗族调查报告》,见《'95安徽大学学术活动月论文选粹》,合肥:安徽大学出版社,1996年,第115页。

第六章　徽州宗族族规家法

徽州宗族族规家法源远流长。但是，在我们已经发现的 14 种宋元时期的徽州谱牒之中，都没有族规家法的记载。明代中期，由于商品经济的繁荣和资本主义生产关系萌芽的影响，徽州宗族出现"风俗浇漓"的现象。这对宗族制度和宗族统治是一个严重的冲击和挑战。为了巩固宗族制度、加强宗族统治，同时，也是为了宗族的兴旺发达，世家大族制定族规家法日益增多。这些族规家法大都收编在谱牒当中，也有少数宗族将其单独付梓，以便保存和应用。徽州宗族族规家法资料非常丰富，它是研究中国封建时代社会、经济、宗族、制度、法制、家庭、伦理、道德、风俗、思想极为珍贵的资料。

徽州宗族族规家法不仅在历史上产生过重要作用，而且在今天还有一定社会影响。

第一节　族规家法的制定

徽州宗族族规家法都是以族长为核心的房长、乡绅统治者们制定的。歙县《潭渡孝里黄氏族谱》卷六《祠祀·附公议规条》记载："公议宗祠规条计三十二则，乃八堂尊长暨文会诸公于康熙甲午仲春下浣七日议定，自当永远遵守。倘司年违议不行，必集众公罚，不得徇情。"同谱卷六《祠祀·附康熙己亥公立德庵府君祠规》记载："德庵府君祠规二十三则,系五门门长、文会于康熙五十八年二月十三日在祠中列祖之前公同议定,支丁子姓务须永远遵守,如紊乱祠规,变坏成例,及玩忽怠惰不遵者,俱以不孝论,慎之勉之。"乾隆六十年(公元1795年),歙县新馆鲍氏宗族族长、八公(集公、概公、乐公、宋公、檀公、橐公、善烨公、善耀公)、房长共同制定庶母神主入祠规条。歙县《鲍氏著存堂宗祠谱》记载："今公议,除受封准入毋庸置议外,其加捐职衔未经受赠者,随时酌夺。如捐监生从九荣身者,即以其捐纳银数报祖,以归祠用。至庶民力薄躬耕自给者,则以二十八两为定例。读书入泮者,须念其锐志功名,寒窗十载,且既入圣贤之门,自知报祖之道,任其量力行之,此亦上体祖宗永锡尔类之意也。无出者不为,庶母不得入,于理既当,于情亦安。为此,缮写于奕世流芳之后,以昭定制。八公、族长、房长公述。"

徽州宗族统治者制定族规家法的目的是什么呢？历史记载告诉我们,以族长为核心的房长、文会统治者制定族规家法的宗旨,是为了巩固宗族统治和促进宗族兴旺发达。徽州《汪氏统宗正脉·汪氏族规》记载：

> 越国(指汪华——引者)之裔,椒实蕃衍,允矣新安之巨室也。然梧檟之林,不能无樲棘矣。君子惧其族之将圮也,思有以维持安全之,于是作为家规,以垂范于厥宗。规凡四类,敦孝弟首之,崇礼义次之,勤职业又次之,息词讼终焉。夫孝悌者,百行之本也;礼义者,行之大端也;职业者,生人之务也;词讼者,倾覆之阶也。是故敦本所以崇德也,勤职所以广业也,息讼所以厚俗也。德崇、业广、俗厚,家其弗延矣乎？

歙县《方氏家谱》卷七《家训》注,对宗族统治者为什么要制定族规家法作了进一步阐述：

> 百家之族,情以人殊,虽不能悉为淳良,然其自弃者可劝,自暴者可惩也。睦族君子于其善之所当勉,与不善之所当戒者,编为宗约。歆之以作德之休,使跃然而知趋;示之以作伪之拙,使竦然而知

避。条分目析,衡平鉴明,而俾有聪听者,罔不信从。如此而尤有自外于条约者,则齐之以刑,纠之以法,虽欲不为善,不可得矣。

歙县方氏宗族统治者认为,"族属盛而无谱系,则伦分不明;谱系分而无家训,则人心不肃,是固家之贤士大夫责也"。于是,他们"举先世所传遗训,采其风俗通行永当鉴诫者,隐括成篇,令子孙世世守之,庶几约束行而家道正,心志一而善人多矣"①。

徽州宗族统治者非常重视族规家法的宣传工作。为了使族众知法守法,按照族规家法的要求做人,依据族规家法的规定处事,许多宗族都定期在祠堂宣讲族规家法。有的定在元旦,有的定在春秋二祭,有的定在月朔。黟县环山余氏宗族《余氏家规》规定:"每岁正旦,拜谒祖考。团拜已毕,男左女右分班,站立已定,击鼓九声,令善言子弟面上正言,朗诵训戒。……腊祭,至饮福时,亦行此礼。其有无故不出者,家长议罚。"②绩溪县华阳邵氏宗族《新增祠规》记载:"祠规者,所以整齐一族之法也。然徒法不能以自行,宜仿王孟箕《宗约仪节》,每季定期由斯文、族长督率子弟赴祠,择读书少年善讲解者一人,将祠规宣讲一遍,并讲解训俗遗规一、二条。"③程一枝《程典·宗法志》记载,休宁县泰塘程氏宗族春祭和冬祭毕,宗正面北立,余以齿东西相向。宗正亢声读祖训曰:"凡为吾祖之后,曰:敬父兄,慈子弟,和族里,睦亲旧,善交游,时祭祀,力树艺,勤生殖,攻文学,畏法令,守礼义;毋悖天伦也,毋犯国法也,毋虐孤弱也,毋胥讼也,毋胥欺也,毋斗争也,毋为奸慝以贼身也,毋作恶逆以辱先也。有一于此者,生不齿于族,没不入于祠。"众拱而应曰:"敢不祗承长者之训!"宗正复戒之曰:"慎思哉!勿坠先祖之祀。"咸应曰:"诺。"乃揖而出。

为了使族众时刻警惕,不违犯族规家法,有些宗族还将族规家法"缮列粉

---

① (清)方怀德、方淇泞纂:歙县《方氏族谱》卷七《家训》,清康熙四十年(公元 1701 年)刻本。

② (民国)余攀荣、余旭升纂:黟县《环山余氏宗谱》卷一,民国六年(公元 1917 年)木活字本。

③ (清)邵玉琳、邵彦彬纂:绩溪《华阳邵氏宗谱》卷首,清宣统二年(公元 1910 年)木活字本。

牌,悬挂祠内"。《休宁查氏肇湮堂祠事便览》卷一《家规十五则》记载:"家规数则,特书大牌,悬于骏惠堂后。当日莫不凛遵,外内肃然。"绩溪《华阳邵氏宗谱》卷首《新增祠规》记载:

> 公议重订祠规,以期通族亲睦,勉为盛世良民,作祖宗之令子。顾立规难,行规尤难,一或有不肖者任意阻挠,以行其私,则祠规破坏,百弊丛生,通族之人莫不并受其害。爰集族众,将祠规公同核定,缮列粉牌,悬挂祠内,俾有遵循,用垂久远。

今天,黄山市徽州区呈坎乡呈坎村贞靖罗东舒先生祠内,还完整地保存有《新祠八则》8块粉牌。

有的宗族,一方面在祠堂定期宣讲族规家法,另一方面月月在祠堂总结工作,彰善惩恶,有赏有罚。例如,黟县环山余氏宗族《余氏家规》规定:

> 每月朔日,家长会众谒庙,将前月内行过事迹,或善或恶,或赏或罚,详具祝版,告于祖庙,庶人心有所警醒。①

徽州宗族统治者非常重视族规家法的制定和宣传,把制定和宣传族规家法视为巩固宗族统治、促进宗族兴旺发达的头等大事和根本。歙县《潭渡孝里黄氏族谱·录刊隐南公谱凡例》记载:"祖训家规,诒谋深远,为子孙者,所当百世遵守。"歙县《金山洪氏宗谱》卷一《金山洪氏宗谱序》记载:"欲合通族之谊,则家规不可不严,家礼不可不讲。"黟县《南屏叶氏族谱》卷一《祖训家风》记载:"祖宗详立家训,美善多端,阖族奉行,阅世二十,历年数百,罔敢懈怠。"有的宗族还择一德高望重老人,"维持家规,相继不乏"。徽州人认为,"故其族益盛"②。

---

① (民国)余攀荣、余旭升纂:黟县《环山余氏宗谱》卷一,民国六年(公元1917年)木活字本。
② (清)程际隆纂:《祁门善和程氏仁山门支修宗谱》卷三《明故处士程公孔隆先生墓表》,清光绪三十三年(公元1907年)刻本。

第二节　伦理道德的规范

在徽州族规家法之中,封建伦理道德占了极大篇幅。许多族规家法几乎都有封建伦理的大量说教。绩溪《明经胡氏龙井派祠规》开宗明义就是:"训忠""训孝""表节""重义"。① 婺源《武口王氏统宗世谱·庭训八则》:一曰孝,二曰弟,三曰忠,四曰信,五曰礼,六曰义,七曰廉,八曰耻。许多族规家法除了为臣要忠、邻里要睦等规定以外,最重要的内容就是父子关系、兄弟关系、夫妻关系、亲疏关系、上下尊卑关系、继嗣关系等规定。例如,绩溪上庄明经胡氏宗族《新定祠规二十四条》当中,关于父子关系、夫妻关系、嫡庶关系、继嗣关系等封建伦理道德的规定,即有11条。② 黟县环山余氏宗族《余氏家规》共计43条,其中关于父子关系、兄弟关系、夫妻关系、嫡庶关系、妯娌关系等封建伦理道德的规定,即占11条。③ 这些名曰"正彝伦"的规定,是徽州族规家法的核心和主要内容。徽州宗族族规家法,实质上就是将封建伦理道德法规化,变成人们必须遵守的带有法制性的行为规范。族众违犯了这些伦理道德规定,不但要受到舆论的谴责,而且要受到宗族的惩处。

一、关于"忠"的规定

君为臣纲,对封建皇帝和封建国家要忠,这是封建纲常第一条。徽州族规家法大都从不同角度对此作了相应的规定。

《休宁宣仁王氏族谱·家规》,开篇就是"圣谕当遵";歙县《仙源吴氏族谱》,开卷就是《圣谕广训》。历史上,徽州宗族认为,遵守"圣谕",按"圣谕"行

---

① (民国)胡宝铎、胡宜铎纂:绩溪《宅坦明经胡氏龙井派宗谱》卷首,民国十年(公元1921年)木刻本。
② (清)胡祥麟、胡祥木纂:绩溪《上川明经胡氏宗谱》下卷中,清宣统三年(公元1911年)木活字本。
③ (民国)余攀荣、余旭升纂:黟县《环山余氏宗谱》卷一,民国六年(公元1917年)木活字本。

事,是"忠"的重要表现。他们把封建皇帝的"圣谕"作为制定族规家法的纲领,把族规家法视为"圣谕的注脚"①。

明太祖朱元璋的"圣谕"是:"孝顺父母,尊敬长上,和睦乡里,教训子孙,各安生理,毋作非为。"②清圣祖康熙皇帝的《圣谕广训》是:"敦孝弟以重人伦,笃宗族以昭雍睦,和乡党以息争讼,重农桑以足衣食,尚节俭以惜财用,隆学校以端士习,黜异端以崇正学,讲法律以儆愚顽,明礼让以厚风俗,务本业以定民志,训子弟以禁非为,息诬告以全良善,诫窝逃以免株连,完钱粮以省催科,联保甲以弭盗贼,解仇忿以重身命。"③徽州人认为,封建皇帝的"圣谕""包尽作人道理,凡为忠臣,为孝子,为顺孙,为圣世良民,皆由此出,一切贤愚皆通此义,只因逡巡,不加遵守,故自陷于过恶。祖宗在上,岂忍使子孙辈坐此"④。他们将封建皇帝的"圣谕"视为金科玉律,有的宗族在祭祖时,还在祠堂"特加宣诵,各宜体行,共成美俗"⑤。

绩溪《明经胡氏龙井派祠规》"训忠"条要求入仕的宗族子弟,"在位而恪供乃职,始不负于朝廷,乃有光于宗祖"⑥。婺源武口王氏宗族《庭训八则》"忠"字条要求入仕的宗族子弟,"公尔忘私,国尔忘家"⑦。这个宗族的《西皋祠训》要求入仕的宗族子弟,"事君,则以忠,当无二无他以乃心王室,当有为有守而忘我身家;为大臣,当思舟楫霖雨之才;为小臣,当思奔走后先之用;为文臣,当展华国之谟;为武臣,当副干城之望"⑧。休宁《茗洲吴氏家典·家

---

① (明)王宗本纂:《休宁宣仁王氏族谱·宗规》,明万历三十八年(公元1610年)刻本。
② (明)王宗本纂:《休宁宣仁王氏族谱·宗规》,明万历三十八年(公元1610年)刻本。
③ (清)吴永凤、吴兴□纂:歙县《仙源吴氏宗谱》卷一《圣谕广训》,清光绪五年(公元1879年)活字本。
④ (明)王宗本纂:《休宁宣仁王氏族谱·宗规》,明万历三十八年(公元1610年)刻本。
⑤ (明)王宗本纂:《休宁宣仁王氏族谱·宗规》,明万历三十八年(公元1610年)刻本。
⑥ (民国)胡宝铎、胡宜铎纂:绩溪《宅坦明经胡氏龙井派宗谱》卷首,民国十年(公元1921年)木刻本。
⑦ (明)王铣纂:婺源《武口王氏统宗世谱》,明隆庆四年(公元1570年)黄西园刻本。
⑧ (明)王铣纂:婺源《武口王氏统宗世谱》卷首,明隆庆四年(公元1570年)黄西园刻本。

规》规定:"子孙有发达登仕籍者,须体祖宗培植之意,效力朝廷,为良臣,为忠臣,身后配享先祖之祭,有以贪墨闻者,于谱上削除其名。"

宗族中的劳动人民怎样忠于皇帝和封建国家呢？绩溪华阳邵氏宗族《家规》"忠上"条要求宗族成员,"忠上之义,担爵食禄者,固所当尽;若庶人不传质为臣,亦当随分报国,趋事输赋,罔敢或后,区区蝼蚁之忱,是即忠君之义。传曰:嫠不恤纬,而忧王室;野人献芹,犹念至尊"①。宗族中普通劳动者忠于皇帝和封建国家的最重要表现是老老实实地纳赋服役。休宁宣仁王氏宗族《宗规》"赋役当供"条记载:"以下事上,古今通谊。赋税力役之征,国家法度所系。若□□钱粮,躲避差役,连累里长,取罪官司,追呼拷问,甚至身遭□责,家声顿亏,玷辱父母,分内赋役,仍行一一供给,是何见之左也？我族子姓,务将一年本等差粮,须先办纳明白,讨经手印押收票存证,上不欠公钱,下不贻私议,何等自安,此良民职分,所当尽者。"②黟县《环山余氏宗谱》卷一《余氏家规》"重输纳"条规定:"朝廷赋税,须要应时完纳,无烦官府追比。倘拖欠推捱,致受笞扑挛系,毋论于体面有伤,且非诗礼之家、好义急公者所宜。各有钱粮之族丁,悉宜深省。"休宁《茗洲吴氏家典·家规》记载:"朝廷国课,小民输纳,分所当然。凡众户己户每年正供杂项,当予为筹画,及时上官,毋作顽民,致取追呼。亦不得故意拖延,希冀朝廷蠲免意外之恩。"

徽州族规家法关于"忠"的规定,起了重大作用。历史上,徽州籍仕宦者当中,产生了许多忠臣。因此,一方面在徽州的地方志和谱牒中,忠臣传占了很大篇幅;另一方面在徽州地区的牌坊中,"恩荣"坊占了很大比例。沧海桑田,现在保留下来的牌坊已经不多了。但是,许国的"大学士"坊,鲍尚贤的"工部尚书"坊,胡富、胡宗宪的"奕世尚书"坊,胡文光的"荆藩首相"坊等等,依然矗立在徽州城乡各地。

---

① (清)邵玉琳、邵彦彬纂:绩溪《华阳邵氏宗谱》卷十八《家规》,清宣统二年(公元1910年)木活字本。按"嫠不恤纬,而忧王室",出自《左传》"昭公二十四年":"嫠不恤其纬,而忧宗周之陨,为将及焉。"

② (明)王宗本纂:《休宁宣仁王氏族谱》,明万历三十八年(公元1610年)刻本。

二、关于"孝"的规定

父为子纲,对父母要孝顺,这是封建纲常第二条。徽州宗族对孝都极为重视,关于孝的规定在族规家法当中占有极为重要的地位。

绩溪县华阳邵氏宗族《家规》"孝亲"条记载:"孝为百行之原,人子所当自尽者,大而扬名显亲,小而承颜顺志,皆孝也。"①歙县《金山洪氏家谱》卷一《家训》"敦伦纪"条记载:"孝为百行之先,孝弟乃为仁之本。故人能立身行道,显亲扬名,此固孝之大者;即不然,服劳奉养,昏定晨省,以无忝所生,亦不失为人子。"歙县方氏宗族在《家训》中规定:"人子于父母,不得不愉色婉容,以欢其情;承颜顺意,以适其志;或其惑于宠嬖,厚于庶孽,而情有不均,为之子者,但当逆来顺受而已,不敢于之较也。……古人于父母之所爱者亦爱之,父母之所恶者亦恶之,正为此耳。"②祁门善和程氏宗族在《养蒙要训》中规定:"善事父母为孝,《小学》中说得详。如一出一入一事一物都要说与父母知道,凡父母之所欲者,必须而承之,竭力营办,务遂其欲。饮食衣服之类,必先奉父母,不可只私妻子。父母所爱之人,亦当爱之,所敬之人,亦当敬之,至于犬马亦然。父母有过,必直言告语,语若不听,则下气怡色婉曲开导,以回其心,不使其终陷于有过之地。凡此皆是孝道。"③婺源《武口王氏统宗世谱·庭训八则》第一则即是"孝"。其文曰:"生我者谁?育我者谁?择师而教我者谁?虽生事葬祭,殚力无遗,未克酬其万一。苟其或缺,滔天之罪,尚何可言?"

在历史上,孝子是一种最光荣的称号。什么人才能得到孝子称号,被誉为孝子呢?绩溪《明经胡氏龙井派祠规》"训孝"条规定:

> 众之本教曰孝,其行曰能养,其养必兼之能敬,敬而将之以礼,

---

① (清)邵玉琳、邵彦彬纂:绩溪《华阳邵氏宗谱》卷十八,清宣统二年(公元1910年)木活字本。
② (清)方怀德、方淇浤纂:歙县《方氏族谱》卷七,清康熙四十年(公元1701年)刻本。
③ (清)程际隆纂:《祁门善和程氏仁山门支修宗谱》卷四,清光绪三十三年(公元1907年)刻本。

始无愧为完人,乃得称为孝子。啜菽饮水,但求能尽其欢;夏清冬温,又在不违其节;而且丧祭有礼,庐墓不忘。有此仁孝子孙则颁胙,殁给配享,仍为公呈请旌,以敬孝子也。①

徽州族规家法对不孝顺父母的宗族子弟,都有严格的规定。绩溪上庄明经胡氏宗族《新定祠规二十四条》规定:"凡派下子孙,有不孝于其父母、祖父母者,革出,毋许入祠。"②绩溪《明经胡氏龙井派祠规》规定:"父母之恩,欲报罔极,乃有博弈,纵饮好货,私妻夙夜,既忝所生,朝夕不顾亲养;甚且妇姑不悦,反唇相稽,此等逆子悍妇,一经投纸入祠,即行黜革。"③歙县东门许氏宗族《许氏家规》规定:"不孝不悌者,众执于祠,切责之,痛治之,庶几惩已往之愆,图将来之善。昔为盗跖,而今亦可为尧舜之徒矣。其或久而不悛、恶不可贷者,众鸣于公,以正典刑。"④

为贯彻族规家法关于"孝"的规定,徽州宗族对孝子普遍采取三大重要措施:一、"殁给配享";二、"族谱列传";三、"公呈请旌"。在历史上,这已经是一种极高的荣誉了。

徽州族规家法关于"孝"的规定,起了重大社会作用。在历史上,徽州地区产生了许多孝子。这可以从历史文献和历史文物两方面得到有力证明。第一,在徽州的地方志以及谱牒当中,孝子传占了很大篇幅;第二,在徽州地区,牌坊非常众多,孝子坊占了很大比例。驰名中外的歙县棠樾牌坊群7座牌坊当中,就有2座孝子坊。在闻名遐迩的黟县西递村已拆毁的12座牌坊之中,即有2座孝子坊。此外,大盐商鲍志道还专为棠樾鲍氏宗族历代孝子建了一座"世孝祠"。他在《世孝祠记》中记载:"夫孝者,百行之原也。……因

---

① (民国)胡宝铎、胡宜铎纂:绩溪《宅坦明经胡氏龙井派宗谱》卷首,民国十年(公元1921年)木刻本。

② (清)胡祥麟、胡祥木纂:绩溪《上川明经胡氏宗谱》下卷之中,清宣统三年(公元1911年)木活字本。

③ (民国)胡宝铎、胡宜铎纂:绩溪《宅坦明经胡氏龙井派宗谱》卷首,民国十年(公元1921年)木刻本。

④ (明)许光勋纂:《重修古歙城东许氏世谱》卷七,明崇祯七年(公元1634年)家刻本。

是敬述先德,用勖后人,于宗祠外别建世孝祠,合累世孝子之主祀焉。"①

三、关于"节"的规定

夫为妻纲,妇女要守贞节,这是封建纲常第三条。徽州宗族对妇女的贞节非常重视,许多族规家法对此都作了极严格的规定。

首先,要别男女,肃闺门。婺源县武口王氏宗族《王氏家范十条》别男女条记载:"《易》之家人卦曰:'男正位乎外,女正位乎内,男女正,天地之大义也。'至哉,圣人之言。盖天地之风化始于闺门,若不先正以男女,则家风何以厚哉?男子出入宜行左,女子从右,违者罚在本房族长。"②休宁宣仁王氏宗族《宗规》"闺门当肃"条记载:"男正位乎外,女正位乎内,圣训也。君子正家取法乎此,其闺阃未有不严肃者。"③黟县环山余氏宗族《余氏家规》"辨内外"第六规定:

一、闺门内外之防,最宜严谨。古者,妇人昼不游庭,见兄弟不逾阈,皆所以避嫌而远别也。凡族中妇女,见灯毋许出门,及仿效世俗往外观会、看戏、游山、谒庙等项,违者议罚。

一、男不言内,女不言外,礼也。凡男子言辩有议及闺内,妇人有出堂媒言及阃外之事,议罚。

一、本族男妇接见,自有常礼。但居室密迩及道路往来仓卒相遇,务照旧规,各相回避,毋许通问玩狎,违者重罚。

一、女子年及十三以上,随母到外家,当日即回。余虽至亲,亦不许往,违者重罚其母。

一、妇人亲族有为僧道者,不许往来。④

---

① (清)鲍琮纂:歙县《棠樾鲍氏宣忠堂支谱》卷二十二《文翰》,清嘉庆十年(公元1805年)家刻本。
② (明)王铣纂:婺源《武口王氏统宗世谱》,明隆庆四年(公元1570年)黄西园刻本。
③ (明)王宗本纂:《休宁宣仁王氏族谱》,明万历三十八年(公元1610年)刻本。
④ (民国)余攀荣、余旭升纂:黟县《环山余氏宗谱》卷一,民国六年(公元1917年)木活字本。

绩溪华阳邵氏宗族《家规》"别嫌"条规定:"物各有偶,无相渎也。设恣淫行,以溃内外之防,是禽兽也。礼义之家,可有是欤?谚云:'好男不看春,好女不看灯';'男忌花街,女忌佛殿'。切戒谨耳。"①

其次,要三从四德,做贤妻良母。歙县潭渡黄氏宗族《潭渡孝里黄氏家训》规定:"风化肇自闺门,各堂子姓当以四德三从之道训其妇,使之安详恭敬,俭约操持。奉舅姑以孝,事丈夫以礼,待娣姒以和,抚子女以慈,内职宜勤,女红勿怠,服饰勿事华靡,饮食莫思饕餮,毋搬斗是非,毋凌厉婢妾,并不得出村游戏,如观剧玩灯,朝山看花之类,倘不率教,罚及其夫。"②歙县泽富王氏宗族《宗规》记载:"家之和与不和,皆系妇人之贤否。其贤者,奉舅姑以孝顺,事夫主以恭敬,待妯娌以温和,抚子侄以慈爱,御妇仆以宽恕,如此之类是也;其不贤者,狼戾妒忌,恃强欺弱,摇唇鼓舌,面是背非,争长竞短,任意所为,以坏家政,如此之类是也。福善祸淫,天道昭昭,为妇人者可不鉴此。"③休宁《茗洲吴氏家典·家规》规定:"妇人必须安祥恭敬,奉舅姑以孝,事丈夫以礼,待娣姒以和,无故不出中门,夜行以烛,无烛则止。如其淫狎,即宜屏放。若有妒忌长舌者,姑诲之;诲之不悛,则出之。"又规定:"妇女宜恪守家规,一切看牌嬉戏之具,宜严禁之。违者,罪家长。"

再次,要从一而终,苦志贞守。休宁宣仁王氏宗族《宗规》规定:妇女"不幸寡居,则丹心铁石,白首冰霜"④。绩溪《明经胡氏龙井派祠规》记载:"妇人之道,从一而终,一与之齐,终身不改。泛柏舟而作誓,矢志何贞?歌黄鹄以明情,操心何烈?倘有节孝贤妇,不幸良人早夭,苦志贞守,孝养舅姑,满三十年而殁者,祠内酌办祭仪,请阖族斯文迎祭以荣之;其慷慨捐躯殉烈者亦同,

---

① (清)邵玉琳、邵彦彬纂:绩溪《华阳邵氏宗谱》卷十八,清宣统二年(公元1910年)木活字本。
② (明)黄玄豹纂:歙县《潭渡孝里黄氏族谱》卷四,清雍正九年(公元1731年)家刻本。
③ (明)佚名:歙县《泽富王氏宗谱》,明隆庆、万历间刻本。
④ (明)王宗本纂:《休宁宣仁王氏族谱》,明万历三十八年(公元1610年)刻本。

仍为公呈请旌,以表节也。"①

徽州宗族对触犯族规家法的妇女作了严厉的惩治规定。例如,休宁宣仁王氏宗族《宗规》规定,对"冥顽化诲不改、夫亦无如之何"的妇女,"轻则公堂不齿,重则告祠除名,或屏之外氏之家。祠中据本夫告词询访的确,当于祖宗前合众给以除名,帖付证,庶闺门有□□矣"②。

徽州族规家法中关于"节"的规定,起了重大社会作用。历史上,徽州地区产生了数以万计节妇烈女。

徽州地区,牌坊林立。在忠、孝、节、义四大类牌坊当中,妇女"节孝坊"占的比例最大。据我们调查,驰名中外的歙县棠樾鲍氏宗族牌坊群7座牌坊,其中就有两座是妇女节孝坊。在闻名遐迩的黟县西递明经胡氏宗族已拆毁的12座牌坊之中,节孝坊多达9座。

在徽州府的地方志和谱牒中,《列女传》占的篇幅特别大。例如,民国《歙县志·人物志》,《勋绩》《宦绩》共1卷,《忠节》《儒林》《文苑》共1卷,《材武》《孝友》共1卷,《义行》1卷,《士林》(诗林附)、《遗佚》《方技》共1卷,而《列女》一类多达4卷。《歙县志》全书共16卷,16册,而《列女》多达4册。民国《重修婺源县志》全书共70卷,其中《列女》多达14卷,占全书总卷数的1/5。赵吉士曰:"世之衰也,慷慨激烈之事,往往不生于男子,而见于妇人。然荜门圭窦父兄之教未必先,而香闺淑媛亦未必诵诗读书通晓义理也。而从一之志,可以生,可以死,固守不变。世之列士林通冠冕者,其节操反出巾帼下。呜呼!读《新安志》者,可以知所愧矣。"③

四、关于"义"的规定

"义"是封建纲常的一个组成部分。徽州宗族对"义"都很重视,在族规家

---

① (民国)胡宝铎、胡宜铎纂:绩溪《宅坦明经胡氏龙井派宗谱》卷首,民国十年(公元1921年)木刻本。
② (明)王宗本纂:《休宁宣仁王氏族谱》,明万历三十八年(公元1610年)刻本。
③ (清)赵吉士撰、丁廷楗、卢询修:康熙《徽州府志》卷二《舆地志》下《形胜》,清康熙三十八年(公元1699年)刻本。

法中都作了重要规定。

婺源《武口王氏统宗世谱·庭训八则》曰："尚义之与任侠,大是不同。任侠者,近于慷慨,然亦不无过举;尚义者,审事几揆轻重,非穷理尽性不能。"绩溪《明经胡氏龙井派祠规》"重义"条记载："仁人正谊不谋利,儒者重礼而轻财。然仁爱先以亲亲,孝友终于任恤。辟家塾而教秀,刘先哲具有成规;置义田以赈贫,范夫子行兹盛举。"①

为贯彻执行族规家法中关于"义"的规定,徽州许多宗族采取种种不同的举措,以表彰宗族子弟的"义行"。

休宁《商山吴氏宗法规条》规定："凡有孝子顺孙、义夫节妇、名宦功德及尚义为善者,宗正、副约会族众,告祠,动支银一两,备办花红鼓乐,行奖劝礼,即题名于祠。其堪奏请表扬者,合族共力举之。"

《新安程氏阖族条规·祠规条目》规定："凡有孝子顺孙、义夫烈士、恤孤怜寡、敦谊睦族、救灾恤患一切有善可风者,小则众共声举,登簿表扬,散胙之时,另席中堂,以斯文陪之;大则鸣众徽棹,揳以旌其间。"

绩溪华阳邵氏宗族《家规》规定："三代以还,全人罕觏,苟有一行一节之美,如孝子顺孙、义夫节妇,或务学而荣宗,或分财而惠众,是皆祖宗之肖子,乡党之望人,族之人宜加敬礼,贫乏则周恤之,患难则扶持之,异日修谱则立传以表扬之。"②

歙县东门许氏宗族《许氏家规》"表彰节义"条规定："节义者,天地之正气,士人之懿行,非所望于妇人女子者也。……吾宗以忠义传家,而立节守义者亦多。今特疏名于簿籍,第其事势之难易,列为二等,剂量胙之厚薄,每祭必颁行以赐之,用示优待之意,抑亦表彰之义也。"③

徽州族规家法中关于"义"的规定,产生了重大社会作用。大多数宗族子

---

① (民国)胡宝铎、胡宜铎纂:绩溪《宅坦明经胡氏龙井派宗谱》卷首,民国十年(公元1921年)木刻本。

② (清)邵玉琳、邵彦彬纂:绩溪《华阳邵氏宗谱》卷十八,清宣统二年(公元1910年)木活字本。

③ (明)许光勋纂:《重修古歙城东许氏世谱》卷七,明崇祯七年(公元1634年)家刻本。

弟仕宦发财和经商致富,都为宗族和家乡修宗谱、筑祠堂、置族田、建书院、修桥铺路、兴修水利、赈灾济贫、扶孤恤寡,等等;有的富商大贾还向地方政府和国家"捐输"银两,资助国家的土木工程、水利建设、军事费用、重大庆典等。

在徽州的地方志和谱牒当中,《义行传》占了极大篇幅。民国《歙县志》共16卷,16册,其中《人物志·义行》1卷,1册,占总篇幅的1/16,共列人物传记445篇。民国《重修婺源县志》全书共70卷,其中《义行》多达6卷,编入人物传记数以千计。

"义行"卓著,影响巨大,进行旌表。徽州牌坊林立,旌表义行的牌坊是"忠""孝""节""义"四大类牌坊之一。著名的歙县棠樾鲍氏宗族牌坊群7座牌坊,中间一座即是清朝皇帝旌表大盐商鲍漱芳和鲍均父子的"乐善好施"义行坊。新中国成立后拆毁的黟县西递明经胡氏宗族12座牌坊,其中即有一座清朝皇帝旌表江南六大富豪之一的富商大贾胡贯三的"乐善好施"义行坊。

五、关于"礼"的规定

"礼"是封建纲常的重要组成部分,是关于社会行为的法则、规范、仪式的规定。徽州宗族对此非常重视,在族规家法中,关于"礼"的规定,条目最多,占的篇幅最大。

婺源《武口王氏统宗世谱·庭训八则》关于礼的规定说:"人之有礼,犹物之有规矩,非规矩不能成物,非礼何以成人?故凡一身之中,动息作止,慎勿以细行忽之。"休宁《茗洲吴氏家典》记载:"礼原于天,具于性,见于人伦、日用、昏、冠、丧、祭之间。"休宁宣仁王氏宗族《宗规》"四礼当行"条记载:"先王制冠、婚、丧、祭四礼,以范后人,载在《性礼大全》及《家礼仪节》者,皆奉国朝颁降者也。民生日用常行,此为最切。惟礼则成,父道成,子道成。夫妇之道,无礼则禽兽耳。"①

在历史上,徽州人对朱熹异常崇拜,奉其为圣人。徽州族规家法中关于

---

① (明)王宗本纂:《休宁宣仁王氏族谱》,明万历三十八年(公元1610年)刻本。

"礼"的规定,都是遵循朱熹《家礼》。歙县泽富王氏宗族《宗规》规定:"子弟当冠,虽延有德之宾,庶可责成人之道,其仪式并遵文公《家礼》。"①黟县环山余氏宗族《余氏家规》规定:"婚姻人道之本,亲迎、醮晬、奠雁、授绥之礼,人多违之,今一袪时俗之习,恪遵《家礼》以行。"②歙县金山洪氏宗族《家训》记载:"丧祭之仪,文公《家礼》具在,遵而行之足矣。"③《歙西岩镇百忍程氏本宗信谱》卷十一《族约》篇规定:"凡族内有丧之家,须依文公《家礼》仪节举行。富厚者不必过制,贫乏者量减行之。其有贫困之甚者,各助银三分或五分;如富厚者愿多助银三五钱或上两,听□□□行之。"

在徽州族规家法中,冠、婚、丧、祭四礼占的篇幅很大。歙县泽富王氏宗族《宗规》共 28 条,冠、婚、丧、祭的规定就有 7 条。④ 黟县环山余氏宗族《余氏家规》之中,冠礼、婚礼、丧礼规定 7 条,祭礼规定 6 条,计 13 条。⑤ 休宁宣仁王氏宗族《宗规》和茗洲吴氏宗族《家规》都对冠、婚、丧、祭四礼作了详细的规定⑥。据歙县《棠樾鲍氏宣忠堂支谱》卷十七《祀事·值年规例》和《歙新馆鲍氏著存堂宗谱》卷三《祠规·行礼》规定,这两个鲍氏宗族祠祭"三献礼"仪式,繁文缛节有 130 多个节目。

徽州宗族认为,祭礼必须庄严肃穆,"务在孝敬,以尽报本之诚"⑦。《休宁范氏族谱·林塘宗祠祀仪》规定:"临祭尤当严谨,不得附耳私语,回头四顾,搔痒伸腰,耸肩呵欠。拜时必俟声尽方起,拜后勿遽拂尘抖衣,违者罚。"

---

① （明）佚名:歙县《泽富王氏宗谱》卷一,明隆庆、万历间刻本。
② （民国）余攀荣、余旭升纂:黟县《环山余氏宗谱》卷一,民国六年（公元 1917 年）木活字本。
③ （清）洪承科、洪必华纂:歙县《金山洪氏宗谱》卷一,清同治十二年（公元 1873 年）刻本。
④ （明）佚名:歙县《泽富王氏宗谱》卷一,明隆庆、万历间刻本。
⑤ （民国）余攀荣、余旭升纂:黟县《环山余氏宗谱》卷一,民国六年（公元 1917 年）木活字本。
⑥ 参见（明）王宗本纂:《休宁宣仁王氏族谱·宗规》,明万历三十八年（公元 1610 年）刻本;（清）吴翟纂:休宁《茗洲吴氏家典·家规》,清雍正十三年（公元 1735 年）紫阳书院刻本。
⑦ （清）吴翟纂:休宁《茗洲吴氏家典·凡例》,清雍正十三年（公元 1735 年）紫阳书院刻本。

歙县棠樾鲍氏宗族祠祭规定:"未冠八岁以上,即命与祭,俾自幼习知礼节。年七十老人不能行礼者,准祭后补拜。"①

徽州族规家法中关于"礼"的规定,实质上就是进行封建伦理道德教育,使广大族众安分守己,俯首帖耳地接受宗族统治者的统治。

徽州族规家法中关于"礼"的规定和贯彻,产生了重大社会作用。休宁《月潭朱氏族谱》卷首《月潭朱氏族谱序》记载:"新安里各姓别,姓各有祠,祠各有谱牒,阅岁千百,厘然不紊。用能慈孝敦睦,守庐墓,长子孙,昭穆相次,贫富相保,贤不肖相扶持,循循然,彬彬然,序别而情挚。试稽其朔,固由考亭先生定礼仪,详品节,渐渍而成俗。吾徽人食考亭之泽深且远,宜今之旅于外者,为馆舍必尊祀考亭也。"清康熙年间,徽州府同知兼祁门县令姚启元,对于祁门的社会状况记载:"入其境,见君子让如慢,廉而知耻,无迎鱼矣;见其小人愿而恫慎,而知畏,无挺鹿矣。"他得出一个结论:"此礼义之国,有先王遗风焉。"②

六、关于"名分"的规定

徽州族规家法中关于上下、尊卑、长幼关系的规定,充分地体现了宗族统治者和封建统治阶级的意志和要求。

徽州族规家法规定,对尊长必须恭敬。歙县东门许氏宗族《许氏家规》规定:"古者宗法立而事统于宗,今宗法不行,而事不可无统也。一族之人有长者焉,分莫逾而年莫加,年弥高则德弥卲,合族尊敬而推崇之,有事必禀命焉。此宗法之遗意也。有司父母斯民,势分相临,而情或不通。族长总率一族,恩义相维,无不可通之情。凡我族人知所敬信,庶令推行而人莫之敢犯也。"③《歙西岩镇百忍程氏本宗信谱》卷十一《族约》篇规定:"凡族人相遇于道,尊长少立,卑幼进揖,仍立路旁,以俟其过,毋得傲忽疾行先长,以蹈不恭。"歙县潭

---

① (清)鲍琮纂:歙县《棠樾鲍氏宣忠堂支谱》卷十七《祀事》,清嘉庆十年(公元1805年)家刻本。
② (清)张瑗纂:康熙《祁门县志》,清康熙二十二年(公元1683年)刻本。
③ (清)许登瀛纂:《重修古歙东门许氏宗谱》卷八,清乾隆二年(公元1737年)刻本。

渡黄氏宗族《潭渡孝里黄氏家训》规定："子孙受长上呵责,不论是非,但当俯首默受,毋得分理。"这个宗族族规家法还规定："子侄虽年至耄耋,凡侍伯父,俱当隅坐,随行不得背礼贻讥。"①《休宁宣仁王氏族谱·宗规》"名分当正"条记载："同族者实有名分,兄弟叔侄彼此称呼,自有定序。近世风俗浇漓,或狎于亵昵,或狃于阿承。乃有谑号混名相称者,意虽亲而反疏之,非礼也。我族于趋拜,必祈于恭,言语必祈于逊,坐次必祈依于先后,不论近宗远宗,俱照名分序列,情实亲洽,心更相安。故家巨室之礼,原自如是。又有尊庶母为嫡,跻妾为妻者,大乖纲常,远遗垢笑。又女子已嫁而归,辄居客位,甚非古道。……若同族义男,亦必严遵约束,不得凌犯疏房长上,有失族谊。"

根据徽州族规家法的规定,凡是不遵守上下、尊卑、长幼关系规定的宗族成员,都要受到惩处。歙县东门许氏宗族《许氏家规》规定,对族长"有抗违故犯者,执而笞之"②。歙县潭渡黄氏宗族《潭渡孝里黄氏家训》规定："卑幼不得抵抗尊长,其有出言不逊制行悖戾者,会众诲之;诲之不悛,则惩之。"③绩溪上庄明经胡氏宗族《新定祠规二十四条》规定："凡派下子孙,有恃强逞暴无礼于其亲长者,革出,毋许入祠。"④这是对以下犯上、以卑凌尊、以幼抗长者的最严厉的惩治。

徽州族规家法中关于奴仆的规定,最露骨地表现了以族长为核心的房长、乡绅宗族统治者和封建统治阶级的意志和要求。绩溪《明经胡氏龙井派宗谱》卷首《明经胡氏龙井派祠规》规定："下不干上,贱不替贵,古之例也。然间有主弱仆强、主懦仆悍者,呈其忿戾,不顾统尊,或至骂詈相加,甚且拳掌殴辱,虽非犯其本主,然以祖宗一体之例揆之,是则凌其本主也。族下如有此婢仆,投明祠首;祠首即唤入祠内,重责示惩,仍令其叩首谢罪。倘本主不达大义,护短姑息,阖族鸣鼓攻之,正名分也。"歙县东门许氏宗族《许氏家规》"制

---

① （明）黄玄豹纂：歙县《潭渡孝里黄氏族谱》卷四,清雍正九年（公元1731年）家刻本。
② （清）许登瀛纂：《重修古歙东门许氏宗谱》卷八,清乾隆二年（公元1737年）刻本。
③ （明）黄玄豹纂：歙县《潭渡孝里黄氏族谱》卷四,清雍正九年（公元1731年）家刻本。
④ （清）胡祥麟、胡祥木纂：绩溪《上川明经胡氏宗谱》下卷,清宣统三年（公元1911年）木活字本。

御仆从"条记载:"苏子谓:'家有主母,豪奴悍仆不敢与弱子抗。'族人既众,而仆从必多。主微弱而仆骄悍,往往有之;有之而不能自治者,声诸众以治之。其或犯上者,罪不容于死。其见他房之主,坐则必起。少有犯者,痛加责治,仍遣叩首致谢于所犯之家,毋得宽纵,以启效尤。仆不率者,重其罪;主姑息者,罪其主。此君子小人之大分,不可不正者也,慎毋忽。"① 休宁《商山吴氏宗法规条》记载:"主仆分严,徽称美俗。近来各乡巨室之仆,每每侵渔富,赎身出屋,越礼犯分,抗僭无比,自今即当预为之防。倘有此等,宗正、副访出,将赎身之物追入祠中公用,仍拘原仆,听宗正责罚。或有豪奴凶恶,抗忤主辈,有伤大体,宗正、副即行拘入祠中,从重责罚。"

有的宗族奴仆众多,还择伶俐奴仆为班长,以奴仆制奴仆。黟县环山余氏宗族《余氏家规》"御僮仆"条规定:"家下奴仆,无所统率,致多恣肆。不论各房远近,分作十班,择伶俐十人长之。其长一年一易,俱要系腰,以别贵贱。有呼即至,有令即行。如有抗违主命、侵害各家山场,及在外饮酒生事并自相詈殴者,其长禀于家主,重治,以警其余。"②

徽州族规家法规定,宗族子弟对奴仆要实行硬软两手,既要惩治"恶逆"者,又要宽恕顺从者。绩溪县华阳邵氏宗族《宗规》规定:"婢仆为人服役,至艰苦也,少拂家主意,鞭扑随加;含泪吞声而应命趋事,犹恐复挞,此亦人子也,心何忍乎? 此等女子小人,当庄以莅之,不与戏谑;宜慈以蓄之,使得饱暖,而仍盗窃,则责惩之。年至十五六以上者,防闲当谨,不可偶有逾越。"③ 许多宗族族规家法都规定,妇女"勿凌厉婢妾"④,"御奴仆以宽恕"⑤……

---

① (明)许光勋纂:《重修古歙城东许氏世谱》卷七,明崇祯七年(公元1634年)家刻本。
② (民国)余攀荣、余旭升纂:黟县《环山余氏宗谱》卷一,民国六年(公元1917年)木活字本。
③ (清)邵玉琳、邵彦彬纂:绩溪《华阳邵氏宗谱》卷十八,清宣统二年(公元1910年)木活字本。
④ (明)黄玄豹纂:歙县《潭渡孝里黄氏族谱》卷四《潭渡孝里黄氏家训》,清雍正九年(公元1731年)家刻本。
⑤ (明)佚名:歙县《泽富王氏宗谱·宗规》,明隆庆、万历间刻本。

七、关于彰善瘅恶的规定

彰善瘅恶是徽州宗族统治者的重要思想,同时,又是徽州宗族族规家法一条重要内容。歙县呈坎先贤罗荣祖在《重修家谱叙》中说:"《易》曰:'积善之家,必有余庆。'吾族子孙蕃衍,历年滋远,无(非)祖宗积善余庆也。后之人,谨勿亏孝敬之行,以伤蠹此善根;谨勿贼骨肉之恩,以湮塞此善源;谨勿怀奸饰诈犯义侵礼,以斫丧此善根基,则仁积而弥厚,泽流而益深,此祖宗之望也。子子孙孙,尚冀识之。"①罗荣祖在《宗谱旧序》中又说:"吾族来自洪都,家于歙之通德乡呈坎,更历一十六世,时经四百余年,传家世守,惟以一'善'字为箴规。"②黟县西递明经胡氏宗族有两副楹联,很能说明徽州宗族子弟占主导地位的善恶观。一曰:"欲高门第须为善,要好儿孙必读书";二曰:"第一等好事只是读书,几百年人家无非积善。"

歙县东门许氏宗族《许氏家规》"彰善瘅恶"条规定:"立彰善、瘅恶二匾于祠,善可书也,从而书诸彰善之匾;恶可书也,从而书诸瘅恶之匾。屡善则屡书,而善者知所劝;屡恶则屡书,而恶者知所惩。使其惩恶而为善,则亦同归于善,是亦与人为善之意也。树德务滋,与众旌之;积恶不悛,与众弃之,人何不改恶趋善哉!"③

什么是善呢?歙县泽富王氏宗族《宗规》认为,所谓"善"就是:"恤寡怜贫而周急,救灾拯难而资扶,居家孝悌而温和,处事仁慈而宽恕,凡济人利物之事皆是也。"④什么是彰善呢?绩溪《明经胡氏龙井派祠规·彰善四条》说,"彰善"就是表彰忠臣、孝子、列女、义夫及其事迹。⑤绩溪华阳邵氏宗族《家规》"彰善"条规定:"三代以还,全人罕觏,苟有一行一节之美,如孝子顺孙、义

---

① (民国)佚名:歙县呈坎《罗氏历代祖宗谱》,传抄本。
② (民国)佚名:歙县呈坎《罗氏历代祖宗谱》,传抄本。
③ (清)许登瀛纂:《重修古歙东门许氏宗谱》卷八,清乾隆二年(公元1737年)刻本。
④ (明)佚名:歙县《泽富王氏宗谱》,明隆庆、万历间刻本。
⑤ (民国)胡宝铎、胡宜铎纂:绩溪《宅坦明经胡氏龙井派宗谱》卷首,民国十年(公元1921年)木刻本。

夫节妇,或务学而荣宗,或分财而惠众,是皆祖宗之肖子,乡党之望人,族之人宜加敬礼,贫乏则周恤之,患难则扶持之,异日修谱则立传以表扬之。"①

什么是恶呢?歙县泽富王氏宗族《宗规》认为,所谓"恶"就是:"欺孤虐寡,恃富吞贫,阴毒善良,巧施奸伪,侮弄是非,恃己势以自强,剥人赀以自富,反道败德之事皆是也。"②什么是瘅恶呢?绩溪《明经胡氏龙井派祠规·瘅恶四条》说,"瘅恶"就是憎恨忤逆、奸淫、贼匪、凶暴。③绩溪华阳邵氏宗族《家规》"瘅恶"条规定:"人之行检,虽恐惧修省,且未易致声称,况席祖、父之庇,惟思般乐怠傲,上不足以光前,下不足以裕后。此无赖之徒,有识羞之。又有一等玩王法而不顾,奸盗诈伪,行同禽兽,小则徒黔,大则处死,此尤为辱先人而玷家声也。名列于谱者,省之。"④

歙县泽富王氏宗族告诫族人曰:"爱子孙者,遗之以善;不爱子孙者,遗之以恶,慎之勿纵。"⑤

徽州宗族族规家法之中关于彰善瘅恶的规定,产生了很大社会作用。在徽州的地方志和谱牒之中,《义行传》《尚义传》篇幅巨大,人物众多;宗族成员隐德积善、好善乐施的事例和资料,俯拾即是,不胜枚举,就是明证。

第三节 生活行为的规范

为了巩固宗族统治,促进宗族的兴旺发达,必须使族众的生活行为规范化。于是,徽州宗族统治者在族规家法之中制定了许多生活行为的规条。其

---

① (清)邵玉琳、邵彦彬纂:绩溪《华阳邵氏宗谱》卷首,清宣统二年(公元1910年)木活字本。
② (明)佚名:歙县《泽富王氏宗谱》,明隆庆、万历间刻本。
③ (民国)胡宝铎、胡宜铎纂:绩溪《宅坦明经胡氏龙井派宗谱》卷首,民国十年(公元1921年)木刻本。
④ (清)邵玉琳、邵彦彬纂:绩溪《华阳邵氏宗谱》卷首,清宣统二年(公元1910年)木活字本。
⑤ (明)佚名:歙县《泽富王氏宗谱》,明隆庆、万历间刻本。

中有祠堂与祠祭、祖墓与墓祭、族产与田租、学校与科举等规定；元旦团拜、元宵庆典、迎神赛会等规定；勤俭节约、扶孤济贫、救灾恤患、冠婚丧祭等规定；禁止斗殴、赌博、游闲、迷信等规定；表彰忠孝节义、反对健讼械斗等规定；等等。

一、四业当勤的规定

徽州宗族要求他们的子弟，士农工商，各治生业。歙县东门许氏宗族《许氏家规》"各治生业"条记载："生业者，民所赖以常生之业也。《书》之所谓'厚生'，文正之所谓'治生'，其事非一，而所以居其业者有四。固贵乎专，尤贵乎精，惟专而精，生道植矣。士而读，期于有成；农而耕，期于有秋；工执艺，期于必售；商通货财，期于多获。此四民之业，各宜治之，以生者也。上而赋于公，退而恤其私，夫是之为良民。出乎四民之外而荡以嬉者，非良民也，宜加戒谕。其或为梁上君子，族长正、副访而治之，不悛者，鸣官而抵于法。"①

徽州宗族要求他们的子弟，勤奋努力，自强不息。休宁宣仁王氏宗族《宗规》"职业当勤"条记载："士农工商，所业虽别，是皆本职，惰则职隳，勤则职修。父母妻子仰给于内，姻里九族观望于外，系非轻也。"②绩溪县华阳邵氏宗族《宗规》"勤业"条规定："业精于勤，荒于嬉。耕读，男子职也，移于游谈而男作荒矣；纺纴，女子职也，移于艳冶而女作荒矣。此则十人耕之，不能食一人；十女绩之，不能衣一人，而家何由裕？吾宗男女当务勤。"③婺源《武口王氏统宗世谱·王氏家范十条》"勤生业"条记载："天下之事，莫不以勤而兴，以怠而废。……子弟辈志在国家者，固当奋志向上，自强而不息。其不能者，或于四民之事，各治一艺，鸡鸣而起，孜孜为善，励陶侃运甓（甓）之志，作祖狄（按：祖逖之讹——引者）起舞之勇，必求其事之成，艺之精，然后可。"

---

① （明）许登瀛纂：《重修古歙东门许氏宗谱》卷八，乾隆二年（公元1737年）刻本。
② （明）王宗本纂：《休宁宣仁王氏族谱》，明万历三十八年（公元1610年）刻本。
③ （清）邵玉琳、邵彦彬纂：绩溪《华阳邵氏宗谱》卷十八，清宣统二年（公元1910年）木活字本。

徽州族规家法中关于四业当勤的规定,起了重大作用,士、农、工、商都取得很大成就。知识分子在理学、朴学、科技、艺术等领域创造了彪炳史册的辉煌业绩。农民男耕女织,不仅供给千百万人的生活需要,而且还为国家提供了大量赋税。手工业者创造的刻书、罗盘、歙砚、徽墨,誉满天下。徽商称雄中国商业舞台三个多世纪。

二、崇尚节俭的规定

崇尚节俭是徽州族规家法的一条重要规定。绩溪《华阳邵氏宗谱》卷十八《家规》"节俭"条记载:"财者难聚而易散也,故一朝而可以散数世之储。苟服饰而工丽都,燕会而极鲜浓,物力无由取给,乃倾囊倒廪,以希观美,而不知有穷之积,难应无穷之费也。若赌博宿娼,其倾家尤为易焉。吾宗子弟当崇俭。"歙县金山洪氏宗族《家训》"尚勤俭"条规定:"古言勤能致丰,俭能养德。盖业专于勤,荒于怠,穷奢极欲,则家声坠焉。今为族人劝,毋怠荒游,毋好骄奢。凡属四民,俱宜孜孜汲汲,惟恒产是务,此敦本崇实之良谋也,无(勿)忽。"①

徽州人很重视理财之道,并将其写入族规家法之中。婺源《武口王氏统宗世谱·王氏家范十条》"节财用"条记载:"理财之遵,入之无数,不如出之有节。苟能节用,则所入虽少,亦自不至空乏。尝见世之好华靡而不质实者,鲜有不坏事。故光武以帝王之家,而犹戒公主勿用翠羽。子弟辈须知渐不可长,凡土木之事,不得已而后作;服饰之类,只宜以布为美;妇人首饰,不必华丽。能如此,则是守富之道。"

徽州族规家法中关于崇尚节俭的规定,产生了重大社会作用。康熙《徽州府志》卷二《风俗》记载,徽州人"家居也,为俭啬而务畜积。贫者日再食,富者三食,食惟馇粥,客至不为黍,家不畜乘马,不畜鹅鹜。……女人犹称能俭,居乡者数月不占鱼肉,日挫针治繲纫绽"。明清时期,虽然有些富商大贾生活

---

① (清)洪承科、洪必华纂:歙县《金山洪氏宗谱》卷一,清同治十二年(公元1873年)刻本。

极端奢侈腐化,但是绝大多数人还是崇尚"性节俭,甘淡泊"。

三、重视教育的规定

(一)重视启蒙教育

《休宁宣仁王氏族谱·宗规》"蒙学当豫"条规定:"闺门之内,古人有胎教,又有能言之教;父兄又有小学之教,大学之教,是以子弟易于成材。……吾族中各父兄,须知子弟之□教,又须知教法之当正,又须知养正之当豫。六岁便□□□,学字学书;随其资质渐长,有知觉便择端悫师友,将养蒙□孝顺故事,日加训迪,使其德性和顺;他日不必定要为儒者,为缙绅,就是为农、为工、为商,亦不失为醇谨君子。"歙县东门许氏宗族《许氏家规》"养正于蒙"条记载:"蒙以养正,圣功也。夫养于童蒙之时,而作圣之功基焉,是岂细故也哉?始养之道,莫要于塾师。今之塾师难焉哉!工以役之,而非以师道尊之也。其扑作教刑,师道之所不免也。而父母之姑息者,岂惟尤之,又从而詈之。夫是则法废,而教有所不行矣。以此养蒙,而冀蒙之得其养哉?蒙之失养,本实先拨,又可望他日之有成哉?吾宗童蒙颇多,而设馆非一,随地有馆,以迎塾师,幸毋陷前之弊。隆师傅之礼,惩姑息之爱,教导之预,则蒙得其养,虽无作圣之望,庶几其为成人,毋忝厥祖,不亦幸哉!"①

(二)重视道德教育

《休宁宣仁王氏族谱·宗规》"蒙学当豫"条记载:"今俗教子弟者何如?上者教之作文,取科第功名止矣!功名之上,道德未教也;次者教之杂字柬笺,以便商贾书记;下者教之状词活套,以为他日刁猾之地。是虽教之,实害之矣。"徽州宗族普遍重视道德教育。休宁《茗洲吴氏家典》序说:"我新安为朱子桑梓之邦,则宜读朱子之书,服朱子之教,秉朱子之礼,以邹鲁之风自待,而以邹鲁之风传之子若孙也。"徽州地区教育的基本方针是:"理学第一,文章

---

① (明)许光勋纂:《重修古歙城东许氏世谱》卷七《许氏家规》,明崇祯七年(公元 1634 年)家刻本。

次之"①。歙县《潭渡孝里黄氏家训》曰:"子孙为学,须以孝悌礼义为本,毋偏习词章,此实守家第一要事,不可不慎。"②

(三)重视教师选聘

婺源《武口王氏统宗世谱·王氏家范十条》"重家学"条记载:"天下之本在国,国之本在家,家之本在身。格物致知,诚意正心,皆所以修身也。《易》曰:'蒙以养正,圣功也。'家学之师,必择严毅方正可为师法者。教苟非其人,则童蒙何以养正哉?"徽州宗族普遍重视教师选聘,大多数家塾教师都有一定儒学功底,绝大多数书院主讲都是饱学之士。

(四)对学子严格要求

"业精于勤,荒于嬉。"徽州宗族普遍要求学子认真读书,"期于有成"。歙县《金山洪氏宗谱·家训》"贵读书"条记载:"古人□□□入小学,十三入大学,使就外傅,诵诗读书,乃所以成其□□。如德成,而言可为百世师,行可为天下法,此读书之最上品也;其次,莫如成名,以显其亲,而泽及宗族;否则,博览古今,彬彬儒雅,犹不失大风范,所谓'要好儿孙在读书'者此耳,有志者勖诸。"宋元以来,徽州教育质量较高,与对学子严格要求有关。新中国成立前,黟县还有"三钱买板,二钱买书"的谚语。

(五)资助学子膏火

徽州许多族规家法都规定,资助贫困学子——特别是资助聪明俊伟、有培养前途学子——的膏火。歙县东门许氏宗族《许氏家规》"振作士类"条规定:"士之肄举业者,有志于科第者也。业之弗精,而能以应举及第者乎?饥寒困穷乱其心,吾未见业之能精也。营营内顾之私,衣食之累,悠悠岁月,浪过一生,而终于无成,甚可惜也。今后凡遇族人子弟肄习举业,其聪明俊伟而迫于贫者,厚加作兴。始于五服之亲,以至族人之殷富者。其诸月给灯油、笔札之类,量力而助之,委曲以处之,族人斯文又从而诱掖奖劝之,庶其人之有

---

① (民国)许承尧撰:《歙事闲谭》第六册,稿本。
② (明)黄玄豹纂:歙县《潭渡孝里黄氏族谱》卷四,清雍正九年(公元1731年)家刻本。

成,亦且有光于祖也。况投我木桃,报以琼瑶,又何惮而不为乎?"①歙县潭渡黄氏宗族《潭渡孝里黄氏家训》规定:"子姓十五以上资质颖敏苦志读书者,众加奖劝,量佐其笔札膏火之费。另设义学,以教宗党贫乏子弟。"②休宁《商山吴氏宗法规条》规定:"凡在学,家事贫乏,有志向上,勤苦读书,每岁祠中量给纸笔灯油之费。其可以自给者,不在此限。"歙县《方氏族谱》卷七《家训》"教其贤俊"条注曰:"人才之盛,宗族之光。惟无可教之子弟,则虽勉强诲养,无所用也。苟有贤俊子弟,乃由祖宗积德所生,增光门户,正在于彼。虽或生于窘迫之家,而衣食不给,不能自立,在我亦当委曲处分,资其诵读,他日有成,则吾之祖宗因之益显矣。"

(六)奖励升学科第

绩溪《明经胡氏龙井派祠规》规定:"凡攻举子业者,岁四仲月,请齐集会馆会课,祠内支持供给。……其学成名立者,赏入泮贺银一两,补廪贺银一两,出贡贺银五两。"参加科举学子,宗族资助旅费,省试"各名给元银二两";会试"每人给盘费十两"。"登科贺银五十两,仍为建竖旗匾,甲第以上加倍"。这个《祠规》记载:"为父兄者,幸有可造子弟,毋令轻易废弃。盖四民之中,士居其首,读书立身,胜于他务也。"③

徽州族规家法中关于重视教育的规定,产生了重大社会作用。宋元以来,徽州教育发达,"十家之村,不废诵读",被誉为"东南邹鲁"。

四、济贫救灾的规定

小农经济十分脆弱。为了保持宗族稳定,徽州宗族很重视济贫救灾工作,并将其写入族规家法之中。

绩溪华阳邵氏宗族《家规》"恤族"条记载:"族由一本而分,彼贫即吾贫,

---

① (明)许光勋纂:《重修古歙城东许氏世谱》卷七《许氏家规》,明崇祯七年(公元1634年)家刻本。
② (明)黄玄豹纂:歙县《潭渡孝里黄氏族谱》卷四,清雍正九年(公元1731年)家刻本。
③ (民国)胡宝铎、胡宜铎纂:绩溪《宅坦明经胡氏龙井派宗谱》卷首,民国十年(公元1921年)木刻本。

苟托祖宗之荫而富贵,正宜推祖宗之心以覆庇之,使无失所,此仁人君子之用心也。若自矜富贵,坐视族人贫困,听其鬻妻质子而为人仆妾,以耻先人,是奚翅贫贱羞哉？即富贵亦与有责也。"①

歙县东门许氏宗族《许氏家规》"救灾恤患"条规定:"人固以安静为福,而灾危患难亦时有之,如水火、盗贼、疾病、死丧。凡意外不测之事,此人情之所不忍,而推恩效力,固有不容己者。其在乡党邻里,有相周之义焉,有相助相扶持之义焉,况于族人,本同一气者乎？今后,凡遇灾患,或所遭之不偶也,固宜不恤财、不恤力以图之,怜悯、救援、扶持、培植以示敦睦之义。此非有所强而迫也,行之存乎人耳。"②

《休宁宣仁王氏族谱·宗规》"宗族当睦"条记载:"衣食窘急,生计无聊,虽或自招,数亦蹇产,则周之。量己量彼,可为则为,不必责其报,不必求人知也。……为义田、义仓、义学、义冢,教养同族,使生死无失所,皆豪杰所当为者。"

徽州族规家法中关于济贫救灾的规定,起了很大社会作用。在徽州的地方志以及谱牒的《义行传》中,宗族子弟济贫救灾的历史资料,比比皆是,举不胜举。许多徽商因为慷慨解囊,济贫救灾,得到宗族、州县,甚至朝廷的表彰,得以树碑立传,名垂青史,万世流芳。

五、抚孤恤寡的规定

在徽州族规家法中,抚孤恤寡是一个重要内容。歙县东门许氏宗族《许氏家规》"抚孤恤寡"条规定:"父之于子,而见其成人；妇之于夫,而及尔偕老,是处人伦之幸,道之常也。不幸而值其变,固有无父而孤,无夫而寡者焉。此穷民无告,王政之所必先焉者。……今后凡遇孤儿寡妇,恩以抚之,厚以恤之,扶持培植,保全爱护,期于树立,勿致失所；为之婚嫁,为之表彰,伯叔懿亲

---

① （清）邵玉琳、邵彦彬纂：绩溪《华阳邵氏宗谱》卷十八,清宣统二年（公元 1910 年）木活字本。
② （明）许光勋纂：《重修古歙城东许氏世谱》卷七,明崇祯七年（公元 1634 年）家刻本。

不得而辞其责也。"①绩溪《明经胡氏龙井派祠规》"重义"条规定:"倘有好义子孙,捐义产以济孤寡,置书田以助寒儒,生则颁胙,殁给配享,仍于进主之日,祠内酌办祭仪,请阖族斯文迎祭以荣之,以重义也。"②休宁宣仁王氏宗族《宗规》记载,睦族"有四务",其一曰"恤孤寡"。"鳏、寡、孤、独,王政所先,况吾同族,得于耳闻目击者乎?"对这些族人必须恤之。"贫者恤之善言,富者恤之金帛,皆作德也"。③

徽州族规家法中关于抚孤恤寡的规定,产生了很大社会作用。许多富商大贾,把踊跃捐输、抚孤恤寡视为人生一种高尚德行和极大光荣。歙县棠樾大盐商鲍启运置"体源户"义田,赡给鲍氏宗族鳏、寡、孤、独,是一个典型。据《棠樾鲍氏宣忠堂支谱》卷十九《义田·敦本户田记》记载:"启运……服贾四方,薄积所赢,因本先君之意……置体源户田五百四十亩,专以赡给族间'四穷'(即鳏、寡、孤、独——引者),归诸宗祠,而告之有司,用垂久远。嗣恐经费不充,续增田一百六十余亩足之。自此,吾族中有不幸茕独者,可无虑于饔飧矣。"

六、和睦邻里的规定

徽州宗族认为,邻里乡党,贵尚和睦。所以,许多族规家法对此都作了严格规定。

歙县东门许氏宗族《许氏家规》"斗殴相争"条记载:"君子无所争,言其恭逊,不与人争;争固不可,而况斗殴以争乎?"④黟县环山余氏宗族《余氏家规》规定:"邻里乡党,贵尚和睦,不可恃挟尚气,以启衅端。如或事尚辩疑,务宜揆之以理,曲果在己,即便谢过;如果彼曲,亦当以理谕之。彼或强肆不服,事在得已,亦当容忍;其不得已,听判于官,毋得辄逞血气,怒詈斗殴,以伤和气。

---

① (明)许光勋纂:《重修古歙城东许氏世谱》卷七,明崇祯七年(公元1634年)家刻本。
② (民国)胡宝铎、胡宜铎纂:绩溪《宅坦明经胡氏龙井派宗谱》卷首,民国十年(公元1921年)木刻本。
③ (明)王宗本纂:《休宁宣仁王氏族谱》,明万历三十八年(公元1610年)刻本。
④ (明)许光勋纂:《重修古歙城东许氏世谱》卷七,明崇祯七年(公元1634年)家刻本。

违者议罚。"①休宁宣仁王氏宗族《宗规》"姻里当厚"条记载:"姻者族之亲,里者族之邻,远则情义相关,近则出户相见。宇宙茫茫,幸而聚集,亦是良缘,况童蒙时,或同里塾,或共嬉游,比之路人迥别。凡事皆当从厚,通有无,恤患难,一切皆以诚心和气遇之,即人负我,我必不可负人,久之人且感而化矣。若恃强凌弱,倚众暴寡,靠富欺贫,捏故占人田地、风水,侵山林疆界,放债行利,违例过三分息,滚骗敛怨,皆薄恶凶□,□道好还,尤急戒之。"②

宗族械斗,常给人们带来严重灾难。绩溪《上川明经胡氏宗谱·拾遗》记载,道光中"族中械斗之风颇甚"。徽州虽号称"礼仪之邦",但宗族械斗也不是一时一族的个别现象。因此,黟县环山余氏宗族《余氏家规》对此作了严格规定:"迩来盛族大姓,恃强相尚,少因睚眦之忿,遂各集众斗打,兴讼求胜,风俗恶薄,莫此为甚,而殒命灭门,多由此也。族众务宜痛惩,毋相仿效,以保身家。其有子弟三五成群、讥此赛彼、甘靡荡造端生事者,族众不许干预外,仍各重罚,以警其余。其有轻听肤诉望风鼓众者,一例重罚。"③

徽州族规家法中关于和睦邻里的规定,起了一定的社会作用。历史文献记载和社会调查资料证明,宋元以来,邻里和睦是徽州人的社会风尚和社会主流。当然,在人们的社会生活中,打仗斗殴,公堂诉讼,也在所难免。

七、禁止闲游的规定

游手好闲,必然生事构祸。所以,在徽州族规家法中,对游闲子弟大都作了严厉惩治的规定。

黟县环山余氏宗族《余氏家规》"禁游侠"条记载:"祖宗家法,于本家子弟,非课以读书,即责之务农……至于商贾技艺,随材治业,则资生不患无策。近世闲游子弟,假称豪侠,或于衙门内外,街头巷口,遇事生风,以讥谈拳勇为

---

① (民国)余攀荣、余旭升纂:黟县《环山余氏宗谱》卷一,民国六年(公元1917年)木活字本。
② (明)王宗本纂:《休宁宣仁王氏族谱》,明万历三十八年(公元1610年)刻本。
③ (民国)余攀荣、余旭升纂:黟县《环山余氏宗谱》卷一,民国六年(公元1917年)木活字本。

酒食之谋……构祸滋衅,损坏家声,莫此为甚。我族子弟,如有前项行为,家长、家督即宜呼来面斥,痛惩其非。如刚狠不驯,众共鸣公重处,以防效尤。"①《歙西岩镇百忍程氏本宗信谱》卷十一《族约》篇记载:"上之读书为士,下之力田为农,至于为工为商,守分安生,何所不可? 乃有不务生业、游手好闲、赌博骗财、诱人为非者,真盛世之敝民,乡族之巨蠹也。"休宁《商山吴氏宗法规条》规定:"族中或有一等棍徒,名为轿杠,引诱各家骄纵败子,酗酒、习优、宿娼、赌博,不顾俯仰,必致倾家破产丧身而后已。此等恶俗,犹为可恨。宗正、副约会族长,呈官惩治。"《新安程氏阖族条规》记载:"今之游荡戏侮者,殆又甚焉。职业不修,放辟邪侈,使酒骂座,生事里间,聚党构徒,摊场赌博,诱人子弟,荡人身家。若此之流沉溺,既必至渐随于卑污,甘冒辱人贱行而不辞矣,宜痛惩之,使其迁善。"

有的宗族要求子弟,行为庄重,禁绝一切蛊心惑志之事。歙县《潭渡孝里黄氏家训》规定:宗族子弟"不得谑浪败度,背手跷足,勾肩搭背,以陷入轻儇;不得信口歌唱,率意胡行,以致流为游手游食之人。……其棋枰、双陆、词曲、虫鸟之类,皆足以蛊心惑志,废事败家,一切皆当弃绝,不得收畜;至于俗乐戏术,诲淫长奢,不可令子弟观听肄习。有类此者,神而明之,均应痛戒也。"②

徽州族规家法中关于禁止闲游的规定,起了一定的社会作用。据凌应秋记载,清乾隆中叶以前,歙县沙溪"人大半安于农业,习儒习贾,各有正务,而游手者寡。近世稍异于古矣"③。这虽是局部地区,但从族规家法关于禁止闲游的规定,可以看到,闲游不仅受到族规家法的制约,而且受到社会舆论的谴责。

八、禁止迷信的规定

徽州人崇拜朱熹,程朱理学在徽州占统治地位。朱熹反对迷信,因此,许

---

① (民国)余攀荣、余旭升纂:黟县《环山余氏宗谱》卷一,民国六年(公元1917年)木活字本。

② (明)黄玄豹纂:歙县《潭渡孝里黄氏族谱》卷四,清雍正九年(公元1731年)家刻本。

③ (清)凌应秋撰:《沙溪集略》卷二《风俗》,传抄本。

多宗族在族规家法中都有禁止迷信的规定。

婺源《武口王氏统宗世谱·王氏家范十条》"远佛老"条记载:"佛老之说,最惑人心,人死岂有轮回之理?……修斋供佛,何益于事?"休宁茗洲吴氏宗族《家规》规定:一、"子孙不得修造异端祠宇,装塑土木形象";二、"不得惑于邪说,溺于淫祀,以徼福于鬼神";三、"三姑六婆,概不许入门,其有妇女妄听邪说引入内室者,罪其家长";四、"遇疾病当请良医调治,不得令僧道设建坛场,祈禳秘祝,其有不遵约束者,众叱之,仍削除本年祭胙一次"。① 休宁宣仁王氏宗族《宗规》"邪巫当禁"条规定:"禁止师巫邪术,律有明条。盖鬼道盛人道衰,理之一定者。故□国将兴听于人,将亡听于神,况百姓之家乎?今后族中一□僧道诸辈,勿令至门;凡超荐、诵经、披剃等俗,并皆禁绝,违者祠中行罚。惟禳火祈年一事,关系大众,姑徇人情行之。至于妇女识见庸下,更喜媚神徼福,其惑于邪巫也,尤甚于男子;且风俗日偷,僧道之外,又有斋婆、卖婆、尼姑、跳神、卜妇、女相、女戏等项,穿门入户,人不知禁,以致哄诱费财,甚有犯奸盗者,为害不小。各家家督,须皆预防,如严守望家数,察其动静,杜其往来,庶免后患,此亦是齐家吃紧一事。"②

迷信活动是愚昧无知的表现和结果,单靠族规家法当然是禁止不了的。但是,族规家法中有关禁止迷信活动的规定,对人们总有或多或少的约束作用,这是毫无疑义的。

九、禁止赌博的规定

赌博恶习,不仅坏人心术,有时还能使人倾家荡产。因此,徽州不少族规家法都有禁止赌博的规定。

歙县金山洪氏宗族《家训》"禁赌博"条规定:"赌博一事,更关风化。素封子弟,忘其祖、父创业之艰,挥金如土,狼藉者饵诱,呼红喝绿,一掷千金,迷不知悟,及至倾家荡产,无聊底止,方知怨恨,殊不思不能谨于始,事后悔前非,

---

① (清)吴翟纂:休宁《茗洲吴氏家典》,清雍正十三年(公元1735年)紫阳书院刻本。
② (明)王宗本纂:《休宁宣仁王氏族谱》,明万历三十八年(公元1610年)刻本。

其能济乎？犯此者，众共击之。"①歙县东门许氏宗族《许氏家规》"游戏赌博"条记载："……构徒聚党，登场赌博，坏人子弟，而亦有坏其心术，破毁家产，荡析门户；若此之流，沉溺既久，迷而弗悟，宜痛戒治，使其改行从善，不亦可乎？"②

有的宗族对赌博深恶痛绝，在族规家法中制定了严厉的打击措施。休宁茗洲吴氏宗族《家规》规定："子孙赌博无赖及一应违于礼法之事，其家长训诲之；诲之不悛，则痛箠之；又不悛，则陈于官而放绝之；仍告于祠堂，于祭祀除其胙，于宗谱削其名；能改者复之。"③婺源游山董氏宗族族规家法严禁赌博，规定"聚赌成群，不分昼夜，坑族子弟，多陷其阱，为患酿祸，非细故也。族人佥议，捐赀请示申禁。各家父教其子，兄诫其弟，无得偶犯"，"凛遵恪守，各安本业"。敢行聚赌者和窝赌者，即行重罚，并绑缚万年台立柱示众，"决不轻恕"。"或犯赌无力罚出者，叫街抽辱"。捉获聚赌、窝赌者，即行重偿。④ 黟县南屏叶氏宗族《祖训家风》"禁邪僻"条规定："族中邪僻之禁至详，而所尤严者赌博。赌博之禁，业经百余年，间有犯者，宗祠内板责三十，士庶老弱，概不少贷。许有志子弟访获，祠内给奖励银二十两。恐年久禁弛，于乾隆十四年加禁，乾隆四十三年加禁，嘉庆十四年又加禁。历今恪守无违，后嗣各宜自凛。"⑤

徽州族规家法中关于禁止赌博的规定，起了很大作用。黟县南屏叶氏由于族规家法措施具体，打击有力，同时宗族又抓住这个问题不放，结果出现了长时期"恪守无违"的良好状况。

---

① （清）洪承科、洪必华纂：歙县《金山洪氏宗谱》卷一，清同治十二年（公元1873年）刻本。

② （明）许光勋纂：《重修古歙城东许氏世谱》卷七，明崇祯七年（公元1634年）家刻本。

③ （清）吴翟纂：休宁《茗洲吴氏家典》，清雍正十三年（公元1735年）紫阳书院刻本。

④ （民国）董培元、董维干、董国华纂：婺源《董氏宗谱·禁赌小引》，民国二十年（公元1931年）木活字本。

⑤ （清）叶有广、叶邦光纂：黟县《南屏叶氏族谱》卷一，清嘉庆十七年（公元1812年）木活字本。

十、尊敬耆老的规定

在历史上,徽州宗族是以昭穆世次排辈分。但是,尊敬耆老也是一种普遍社会风尚,有的宗族还单列条文将其写入族规家法当中。

绩溪《明经胡氏龙井派祠规》"敬耆老"条规定:"年之贵乎,天下久矣。朝廷尚有敬老之礼,乡里可无尚齿之风?今酌立定制,年登七十者,春冬二季,颁其寿胙;八十以上,渐次加倍,其式详载规例谱。且筋力就衰,举动艰苦,入祠拜祖,初祭时四拜,跪毕退坐西塾,值事仆奉茶水以安之,敬耆老也。"①《休宁宣仁王氏族谱·宗规》"宗族当睦"条规定:"尝谓睦族之要有三,曰尊尊、曰老老、曰贤贤。名分属尊行者,尊也,则恭顺退逊,不敢触犯。分属虽卑,而齿迈众,老也,则扶持保护,事以高年之礼。有德行可采,贤也。贤者乃本宗桢干,则亲炙景仰,每事效法,忘分忘年以敬之。此之谓三要。"徽州宗族普遍对老者事"高年之礼"。

徽州族规家法当中,有许多关于尊敬耆老的规定。例如,新年元旦,宗族普遍在祠堂举行谒祖、团拜礼。拜毕,有的宗族每人散发米粉制作的"和合饼"一双,有的宗族每人散发米粉制作的"元宝"一双,有的宗族每人散发米粉制作的"寿桃"一双。徽州宗族族规家法都有这样规定:年届60岁的发2双,年届70岁的发3双,年届80岁的发4双,依此递增。再如,名门右族祖墓较远的,族规家法大都规定:清明标祀,年过60岁以上子弟,乘轿前往,经费由祠堂支付。②

十一、戒溺女婴和禁止偷盗的规定

据历史文献记载,五代以来,由于封建思想作祟,江南有些地区溺女婴陋

---

① (民国)胡宝铎、胡宜铎纂:绩溪《宅坦明经胡氏龙井派宗谱》卷首,民国十年(公元1921年)木刻本。

② 参见赵华富:《歙县棠樾鲍氏宗族个案报告》,《两驿集》,合肥:黄山书社,1999年;《黟县南屏叶氏宗族调查研究报告》,载《徽州社会科学》,1994年第2期。

习蔓延。针对这一陋习,绩溪华阳邵氏宗族《家规》"戒溺"条发出严厉抨击和规定:"世俗溺女,最可痛恨。彼来投生,父母何仇而致之死?若云家贫,甘苦可以同尝,一丝一粒皆有分定;若云难嫁,荆钗裙布可以从夫;若云出腹,生子则得子,有一定之命,岂不思残忍不仁,天必斩其嗣。此等人,天理尽绝,人心尽丧,罪恶与杀人同科,可不戒哉!"①这个宗族《家规》对溺女婴陋习的血泪控诉,已不仅仅是一条民间法规,同时,也是一个檄文。这个檄文对那些"天理尽绝,人心尽丧"的人,或大或小是一个震动和社会舆论约束。《绩溪东关冯氏家谱》卷首上《冯氏祖训十条》"教女子"条记载:"溺女恶习,大干天怒。吾乡既无育婴堂,全赖族中设法禁止,不可不知。"

社会生活当中,偷盗行为很难避免。针对这一社会现象,绩溪《明经胡氏龙井派祠规》"贼匪"条规定:"天地之间,物各有主。乃有不轨之徒,临财起意;纳履瓜田,见利生心;整冠李下,鼠窃狗偷。此等匪人,宜加惩戒。如盗瓜菜、稻草、麦杆(秆)之属,罚银五钱;五谷、薪木、塘鱼之属,罚银三两,入公堂演戏示禁。其穿窬夜窃者,捉获有据,即行黜革。"②《休宁宣仁王氏族谱·宗规》"守望当严"条记载:"上司设立保甲,只为地方。而百姓辈乃复欺瞒官府,虚应故事,究致防盗无术,束手待寇,小则窃,大则强;及至告官,得不偿失,即能获盗,牵累无时,抛废本业,是百姓之自为计疏也。吾族虽散居,然多者千烟,少者百室,又少者数十户;兼有乡邻同井,相友相助,须依奉上司条约,严谨施行。平居互讥出入,有事递为应援,或合或分,随便邀截。若约中有义男不遵防范踪迹可疑者,即时察之。若果有实迹可据,即鸣诸宗祠,会呈送官。若其人自知所犯难掩畏罪自尽者,本主具备实情,一□投祠,约各房长证明,即为画知存照。倘有内外棍徒诈索,即以此照经官究治。盖思患预防,不可不虑,奢靡之乡,尤所当虑也。"

---

① (清)邵玉琳、邵彦彬纂:绩溪《华阳邵氏宗谱》卷十八,清宣统二年(公元 1910 年)木活字本。
② (民国)胡宝铎、胡宜铎纂:绩溪《宅坦明经胡氏龙井派宗谱》卷首,民国十年(公元 1921 年)木刻本。

历史上,徽州崇尚勤俭,闾阎仁让,俗朴民淳,鼠窃狗偷之事较少。《新安竹枝词》记载:"山村僻处少尘嚣,买犊何妨卖却刀。入夜不须防盗贼,比邻无地匿旗逃。"①

十二、保护林木的规定

徽州处万山中,峰峦叠嶂,崇山峻岭和丘陵地带占整个地区总面积的90%。山林既是重要的自然资源,又关系自然生态和宗族聚居的自然环境。

我们在徽州进行宗族调查时发现,大多数宗族的族规家法中都有关于保护林木的规定,而且这种规定都异常严厉。有些宗族还发布保护林木的公告,并将其镌刻在石碑上。请看祁门县环砂村养山碑刻:

告　示

立养山合墨文约人环砂程之璞、起来、发秀等,盖闻本立道生,根深枝茂,盈谷百木,丛生条枝,可供采取,即长养成林,而供课资用,亦大有益迩(耳)。缘人心不一,纵火烧山,故砍松山,兼之锄挖柴桩,非惟树尽山穷,致薪如桂,且恐焚林惊冢,滋事生端,为害匪轻。似此人人叹息,所以不谋而合,共立合文演戏,请示订完界止。所有界内山场,无问众己,蓄养成材。自后入山烧炭采薪,如有带取松杉二木,并挖柴桩及纵火烧山者,准目观之人□名鸣众,违禁者罚戏一台。如目观存情不报者,查出,与违禁人同例。倘有硬顽不遵,定行鸣官惩治,仍要遵文罚戏议之。至三年之后,无论众己山业,出拼之日,每两内取银三分,交会凑用。如自山自取正用,并风损折者,俱要先行出字通知。在掌会首事,务要进出分明,勷成美举,有始有终,慎勿懈怠,沿门签押,子孙遵守。如违规条,合境赉出此文,同□鸣官,费用议作三股均出。如犯何山,该山主人认费二股,众朋出一股。追赔木价,亦三股均收,仍依是约为始。恐后无凭,立此养

---

① (民国)许承尧撰:《歙事闲谭》第七册,稿本。

山合文，一样二十四纸，各执存照。

一、养山界，七保里至九龙埸，外至环砂岭；八保里至□家埸，外连七保界止；东至风浪岭、罗望岭；西至八保上岭、七保罗家岭。

一、中秋神会演戏，程村社并门下迭年架火松柴，准七月议期一日采取；五村社迭年八月初九日则规交纳松柴，准八月议期一日采取。以上所办之柴，除坟山庇荫及二尺围成材之料不砍，仍准按期节取。

一、纵火烧山者，罚戏一台，仍要追赔木价。

一、挖桩脑者，无问松杉杂植，罚戏一台。

一、采薪带取松杉二木，并烧炭故毁，无问干湿，概在禁内。违禁者，罚戏一台。

一、举报者，赏给钱一百文；如目观存情不报，查出，与违禁人同例。

一、自山取正用，并风损折者，要先行出字通知。

一、材山出拼者，无论众己，每两内取银三分，交会使用。

一、山场自后有砍□兴苗者，先行出字登账准种，花利五年。违者，定行处罚。

一、公议首事支持进出账目，及一切违禁之条，务要巡查，鸣众议罚。

大清嘉庆二年正月　日
立养山合文约人环砂首事

程之瑶　发曙

元顺　延芳

元恺（以下人名略）

永禁碑

特授祁门县正堂加五级纪录五次赵为恳恩示禁等事，据西乡十七都民人程加灿、之瑶、延芳、元顺等禀，环砂地方山多田少，向赖蓄养山材，河通江右，以活民生。近数年来，非惟材木少觏，则即采薪亦艰。揆厥弊端，总因燎原莫扑，本根既无绝故也。今幸合境人心，深感宪化,倏然否变,演戏公议立约定规。纵火挖桩,在所必禁;松杉二木,在所必蓄。违者,罚戏一台。但恐日后,犯规不遵,硬顽难制,谨粘养山合墨,呈叩恩赏示禁,永垂警后,始振文风,继兴地利,世世被泽等情到县,据此合行示禁。为此示仰环砂地方居民人等知悉,嗣后该山挖桩及私砍树木、纵火等情,概依合文例禁。倘敢故违,许业主人等协同地保查明,赴县县禀,以凭拿究,决不故宽。该业主亦不得藉端滋讼。各宜凛遵毋违。特示。遵

右谕通知

嘉庆二年十一月　　日　　示①

歙县呈坎前罗氏宗族、呈坎后罗氏宗族,黟县西递明经胡氏宗族、南屏叶氏宗族,绩溪县龙川胡氏宗族……都规定:不经宗族同意和批准,任何人不准砍伐宗族山林一树一木;无论何人,乱砍滥伐一棵树木,处以用纸箔祭树,直至将砍伐树墩(或曰砍伐的树木)烧化的惩罚。呈坎前罗氏宗族、后罗氏宗族不成文的族规家法还规定:乱砍滥伐宗族风水林木,除了处以用纸箔祭树、将砍伐树墩(或曰砍伐的树木)烧化的惩罚以外,犯者还要绕山一周燃放鞭炮,并请道士设醮诵经;同时,犯者还得设宴招待道士、族长和管山人员,并支付道士和管山人工资。

这里应该特别指出,绩溪县龙川胡氏宗族不成文的族规家法规定:宗族子弟生个男孩,必须担土上山栽一棵树(因山上泥土稀少),让孩子与树木同时成长。因此,造成宗族子弟繁衍与宗族山林增长同步的现象。

徽州族规家法中关于保护林木的规定,产生了巨大的社会作用。据我们调查,历史上,徽州大小山场都一片郁郁葱葱。有些地方,古木参天,树围有1公尺甚至数公尺。

---

① 碑刻现置祁门县彭龙乡环砂村祠堂门口。

第四节　对触犯族规家法者的惩处

以族长为核心的房长、乡绅是族规家法的执行者。休宁《商山吴氏宗法规条》记载："祠规虽立,无人管摄,乃虚文也。须会族众,公同推举制行端方立心平直者四人——四支内每房推选一人——为宗正、副,经理一族之事。遇有正事议论,首家邀请宗正、副裁酌。如有大故难处之事,会同概族品官、举监生员、各房尊长,虚心明审,以警人心,以肃宗法。"黟县《环山余氏宗谱》卷一《余氏家规》规定："家规议立家长(亦即族长,下同——引者)一人,以昭穆名分有德者为之;家佐(亦即族佐,下同——引者)三人,以齿德众所推者为之;监视三人,以刚明公正者为之;每年掌事十人,二十以上五十以下子弟轮流为之。凡行家规事宜,家长主之,家佐辅之,监视裁决之,掌事奉行之,其余家众,毋得各执己见,拗众纷更者倍罚。"《歙风俗礼教考》记载："各村自为文会,以名教相砥砺。乡有争竞,始则鸣族,不能决则诉于文会,听约束焉。再不决,然后讼于官,比经文会公论者,而官藉以得其款要过半矣,故其讼易解。若里约坊保,绝无权焉,不若他处把持唆使之纷纷也。"①

徽州宗族族规家法名称不一,有的曰"族规""宗规""家规",也有的曰"家训""庭训"。如,歙县《潭渡孝里黄氏家训》、歙县《方氏家训》、歙县《金山洪氏家训》、歙县《呈坎罗氏家训》、婺源《武口王氏庭训八则》、黟县《南屏叶氏祖训家风》,等等。名称虽异,但内容大同小异,性质完全相同。

为什么许多宗族将族规家法命名为"家训"呢?因为徽州宗族制定族规家法主要是为了教育族众;对于触犯族规家法的族众也都立足于一个"教"字。以教育为主导、教育与惩治相结合,是徽州宗族执行族规家法的主要特点。歙县金山洪氏宗族《家训》"敦伦纪"条记载:

　　孝为百行之先,孝弟乃为仁之本。故人能立身行道,显亲扬名,

---

① (民国)许承尧撰:《歙事闲谭》第十八册,稿本。

此固孝之大者;即不然,服劳奉养,昏定晨省,以无忝所生,亦不失为人子。若夫兄弟,同气连枝者也,当相友爱,式好无尤。至于夫妇,乃人伦之始,男正外,女正内,无敢反目,皆居家之首务也。吾族勉乎哉!①

金山洪氏宗族《家训》在阐述了父子、兄弟、夫妇等重要人伦关系之后,只是说这些"皆居家之首务也",号召族人互相勉励,按照伦理道德标准行事。

黟县环山余氏宗族《余氏家规》记载:

> 吾族列祖所订家规,其大纲有十:曰严宗庙、曰省茔墓、曰重祭祀、曰正彝伦、曰崇礼教、曰辨内外、曰睦族邻、曰重输纳、曰禁游侠、曰御僮仆。其纲又别为目,计共四十三条。悬于祖庙,使子孙观览取法,亦古人规正之意。其后族丁繁衍,付之枣梨,以期传播多而喻晓易,立教垂训,既详且备。②

大家可以看到,环山余氏宗族制定和贯彻《余氏家规》只是"立教垂训"。怎样执行族规家法呢?这个宗族在《家规》中说:"家规之设,专主于教,宜无事于法,然不能不借法以行教。"③换句话说,执行族规家法的目的还是为了"教"。为了贯彻以教育为主导、教育与惩治相结合的思想和原则,环山余氏宗族于宗祠设立"劝惩簿四扇,监视掌之。族内有孝子顺孙、义夫节妇及有隐德异行者,列为一等;务本力穑、勤俭于家,为第二等;能迁善改过、不得罪乡党宗族者,为第三等。每月朔,告庙毕,即书之《善录》。族有违规扑罚者,随事轻重,每月朔,告庙毕,即书之《记过簿》。其有勇于服善而能改,复书《劝善录》,以美之。三录不悛者,倍罚。三年会考,如终不悛,而倍罚;不服者,则削之,不

---

① (清)洪承科、洪必华纂:歙县《金山洪氏宗谱》卷一,清同治十二年(公元 1873 年)刻本。
② (民国)余攀荣、余旭升纂:黟县《环山余氏宗谱》卷一,民国六年(公元 1917 年)木活字本。
③ (民国)余攀荣、余旭升纂:黟县《环山余氏宗谱》卷一,民国六年(公元 1917 年)木活字本。

许入祠堂,仍榜其名于通衢"①。

歙县棠樾鲍氏宗族《公议体源户规条》和《公议敦本户规条》,充分体现了徽州族规家法以教育为主导、教育与惩治相结合这一特点。这个宗族设"体源户"义田,无偿发给鳏、寡、孤、独四穷之人和自幼废疾不能受室者,每月谷3斗。根据《公议体源户规条》规定:鳏、独、孤有干犯长上行止不端者,停发3年,改过3年后再给;寡妇打街骂巷不守规法者,停给1年,改过次年再给。② 这个宗族又设"敦本户"义田,每年青黄不接时以异常低价粜谷物给族众。根据《公议敦本户规条》规定:一、聚赌,无论骰子、跌钱、看牌,概不准粜,改过次年准粜;二、酗酒打降者,不准粜,改过次年准粜;三、男妇干犯长上、品行不端及好与人寻事争斗者,停粜3年,改过后准粜;四、妇人打街骂巷不守规法者,停粜1年,改过次年准粜。③

但是,"梧櫺之林,不能无樲棘矣"。一个世家大族,"多至千余人,少亦不下数百",总会有极少数不肖者,不听教训,"任意阻挠,以行其私",破坏族规家法。对这些触犯族规家法的不肖者怎样处置呢?据历史文献记载和我们调查,徽州族规家法是一种民间法规,没有一个统一的处置规定。每个宗族有每个宗族的族规家法,每个宗族有每个宗族的处置规定,千差万别,处分形式多种多样。概括起来,普遍采用的惩治方法有7种。

一、斥责训诫

执行族规家法的重要目的,是促使不肖者弃恶从善。因此,对触犯族规家法者动之以情,晓之以理,进行责诫,就成为徽州宗族执行族规家法普遍采用的一种方法。歙县东门许氏宗族《许氏家规》"居家孝弟"条记载:"孝也者,

---

① (民国)余攀荣、余旭升纂:黟县《环山余氏宗谱》卷一《余氏家规》,民国六年(公元1917年)木活字本。

② (清)鲍琮纂:歙县《棠樾鲍氏宣忠堂支谱》卷十九《义田》,清嘉庆十年(公元1805年)家刻本。

③ (清)鲍琮纂:歙县《棠樾鲍氏宣忠堂支谱》卷十九《义田》,清嘉庆十年(公元1805年)家刻本。

善事父母之谓也;弟也者,善事兄长之谓也。……吾族之人,率其日用之常,其谁不为孝悌。苟拘于气禀,染于习俗,灭天理而伤人伦,亦不免于不孝不悌也。但其始于小过,渐流于恶,不可不开其自新之路。今后于不孝不悌者,众执于祠,切责之,痛治之,庶几惩已往之愆,图将来之善。昔为盗跖,而今亦可为尧舜之徒矣。"①《许氏家规》"正始闺门"条规定:"闺门之中,正始之地也。……其或娶妇不贤……不事姑嫜,不顺夫子,仇妯娌而欺比邻,慢尊长而贼奴婢,放纵无耻,而坏我门风,嫉妒尤甚,而索人宗嗣。妇道至此,为之夫与为之舅者尚优容之,以长其恶,其于正始之义何有哉!吾宗不幸而有此妇,初犯责其夫,再犯戒其妇。"②《新安程氏阖族条规》规定:"不孝不悌者,众执于祠,切责之,痛治之。"徽州宗族统治者对不肖者责诫,其目的都是希望不肖者弃恶从善。

二、屈膝罚跪

罚跪是徽州宗族惩治不肖者普遍采用的一种方法。黟县环山余氏宗族《余氏家规》规定:"间有悍妻傲妇蔑视舅姑恣肆忤逆者,家长呼至中堂,舅姑上坐,责令长跪,诲谕省改。"③绩溪城西周氏宗族《祠规》规定:一、"祭祖重典,理宜虔肃,与祭子孙,俱走旁门,毋许向中门中阶直趋而进,亦毋许喧哗,违者罚跪"。二、"衣冠不备,不敢以祭。宗子、主祭及分献老人,各宜衣冠齐整。阖族斯文穿公服,整冠带。与祭子孙亦宜各整衣冠,毋得脱帽跣足。违者罚跪"。④ 据我们调查,民国时期祁门渚口、伊坑、滩下、花城里倪氏宗族族规家法规定:不孝顺父母,"轻者唤至祠堂教育、训斥;重者执至祠堂,当众笞杖、罚跪"。妇女"不准虐待公婆,搬弄是非,打街骂巷,偷鸡摸狗,行为不规,有伤风化"。违者,或"唤至祠堂教育、训斥",或"执至祠堂罚跪"。"罚跪时

---

① (清)许登瀛纂:《重修古歙东门许氏宗谱》卷八,清乾隆二年(公元1737年)刻本。
② (清)许登瀛纂:《重修古歙东门许氏宗谱》卷八,清乾隆二年(公元1737年)刻本。
③ (民国)余攀荣、余旭升纂:黟县《环山余氏宗谱》卷一,民国六年(公元1917年)木活字本。
④ (清)周之屏、周赞贤纂:《绩溪城西周氏宗谱》卷首,清光绪二十四年(公元1898年)敬爱堂活字本。

间,三柱(炷)香燃尽"。① 婺源游山董氏宗族族规家法规定:"为人子者,必须听从父母的教诲,对父母和颜悦色,赡养服侍。不准遗弃,不准虐待,不准打骂。违者,洞开祠堂大门,执至祠堂,依据情节轻重,或训斥教育,或烧香罚跪"。宗族子弟,"士、农、工、商,都要自强不息"。"不准游手好闲,吃喝玩乐;聚众斗殴,惹事(是)生非;更不准聚众赌博,败坏家业。违者,酌情惩处,或唤至祠堂教育、训斥,或执至祠堂焚香罚跪。"② 绩溪龙川胡氏宗族族规家法规定,要孝顺父母,在任何情况下对父母都"不准遗弃、虐待、打骂。如违,即将犯者执至祠堂,轻者教育、训斥,重者罚跪,令其悔改"。宗族子弟要"尊敬长上,晚辈见长辈年长者,坐要起,行要让,不准直呼其名,不准无理顶撞。如违,家长要对犯者进行教育。对打骂长上者,要将犯者执至祠堂,在列祖列宗前罚跪,令其悔改"。祭祖时,"必须诚敬,壮(庄)严肃穆。不准回首四顾,讪言嬉笑,搔痒伸腰,耸肩呵欠,喧哗忿争,离席自便。拜时,必须声尽才起。拜毕,不得抖衣拂尘。如违,轻者罚胙,重者罚跪。罚跪时间,视情节轻重而定"。此外,对宗族子弟聚众赌博、毁坏山林和妇女打街骂巷、作风不正,都有在"祠堂列祖列宗神主前罚跪"的规定。③

三、祠堂笞杖

歙县东门许氏宗族《许氏家规》"小过鞭扑"条记载:"古人扑作教刑,又云蒲鞭示辱,盖以过之小而鞭扑行焉,辱之也,教之也,非有伤残于肌肤,使之惩创,以自新也。……凡因小过情有可宥者,而欲尽抵于法,亦非所以爱之也。莫若执之于祠,祖宗临之,族长正、副斥其过而正之,箠楚以加之,庶其能改,

---

① 赵华富:《祁门县渚口、伊坑、滩下、花城里倪氏宗族调查研究报告》,见《徽学》2000卷,合肥:安徽大学出版社,2001年。
② 赵华富:《婺源县游山董氏宗族调查研究》,见《徽学》第二卷,合肥:安徽大学出版社,2002年。
③ 赵华富:《名臣辈出的徽州世家大族——绩溪龙川胡氏宗族调查研究报告》"宗族结构和祖训家规",《谱牒学论丛》第三辑,太原:三晋出版社,2008年。

而不为官府之累,其明刑弼教之行于家者乎?"① 许氏宗族《许氏家规》"尊崇族长"条规定:"一族之人有长者焉,分莫逾而年莫加,年弥高则德弥卲,合族尊敬而推崇之,有事必禀命焉。……凡我族人知所敬信,庶令推行而人莫之敢犯也。其有抗违故犯者,执而笞之。"② 黟县环山余氏宗族《余氏家规》共有43条,其中"议罚"21条,"倍罚"2条,"重罚"7条,"有罚"1条。"罚"指的是什么呢?"凡所谓'罚'者,扑之,从一至三十。愿罚一钱,抵扑一十。妇人罚布一丈,抵扑一十。妇人有应扑者,从其夫并姑或伯叔祖母扑之,其轻重俱要丽事。凡言加等,以五递加;言倍罚者,照数倍罚"③。所谓"扑",即是"鞭扑"。《国语·鲁语上》曰:"薄刑用鞭扑。"鞭是用蒲做的,所以称为"蒲鞭"。《后汉书·刘宽传》记载:"吏人有过,但用蒲鞭罚之,示辱而已,终不加苦。"所谓"笞",即是"笞刑",是用小荆条或小竹板敲打臀、腿或背的刑罚。隋代定为五刑之一,一直沿用至清代。据我们调查,民国时期,徽州宗族祠堂大都悬挂竹板,对触犯族规家法的族人,轻则教育、训斥,重则笞杖。休宁月潭朱氏宗族族规家法规定:"子弟必须孝顺父母,赡养侍奉,问寒问暖,和颜悦色,不得有误。……严禁顶撞和遗弃父母。如违,唤至祠堂教育、训斥。教育不改,执至祠堂当众笞杖。"④据我们调查,歙县呈坎前、后罗氏宗族族规家法规定,对不赡养父母和虐待、打骂父母者,轻则唤至祠堂训斥、教育;重则执至祠堂,当众笞杖。

四、经济制裁

经济制裁是徽州宗族惩处触犯族规家法的族人普遍采用的一种重要方法。绩溪《明经胡氏龙井派祠规》"护龙脉"条记载:"阴阳二基之关盛衰大矣。

---

① (清)许登瀛纂:《重修古歙东门许氏宗谱》卷一,清乾隆二年(公元1737年)刻本。
② (清)许登瀛纂:《重修古歙东门许氏宗谱》卷一,清乾隆二年(公元1737年)刻本。
③ (民国)余攀荣、余旭升纂:黟县《环山余氏宗谱》卷一,民国六年(公元1917年)木活字本。
④ 赵华富:《休宁月潭朱氏宗族调查研究报告》"组织管理和族规家法",《徽学》第三卷,合肥:安徽大学出版社,2004年。

然吉地本自天成,辅相正需人力,倘龙穴沙水,一处受伤,则体破气散,焉能发福?堪舆家示人惟砌种树之法,皆所以保全生气也。吾族阴阳二基,宜共遵此法,尤必严禁损害。倘有贪利忮刻之徒,或掘挖泥土,或砍斫薪木,不分己地人地,罚银一两入祠,仍令其禁山安宅。首报者,赏银二钱。知情故隐者,罚银三钱,以护龙脉也。"①绩溪华阳邵氏宗族《新增祠规》记载:"族中以强欺弱、倚众暴寡、恃尊凌卑、以幼犯长、靠富欺贫、捏故占产、诬人名节、挑弄是非、唆讼滋事、盗窃损物,以及一切犯法违理不平之事,凡此恶习,最为大害。准被害者禀祠,亟应会众,研究实则,由祠示罚。令向祖前焚香谢罪,酌量情节轻重,轻则罚洋五元,重则二十元充公。"②有的子弟,"不能自立,稍不如意,每归怨于祖,或发其冢而甓其地,或妄信堪舆家言,谓某房吉、某房凶,遂至此房欲改葬,而彼房强阻,一切凶煞水蚁置诸不闻,竟听其父、祖骸骨损坏,忍心害理,莫此为甚。倘族中有此等不肖子,亟宜会同族众,力攻其罪,并罚洋二十元充公,以示惩儆"③。休宁江村洪氏宗族《祠规》规定:"祭日,支裔毕集,每人给胙肉一斤,如不到者,罚银三钱";"新岁拜坟年,定期初十日,如不到山者,罚银一钱。"④据我们调查,歙县呈坎前、后罗氏宗族聚居溪水东西两岸,村中及附近上下河流为宗族"养生溪",环秀桥头立有"禁渔"石碑。有破坏禁渔者,轻则焚香烛纸箔将鱼烧化,并沿环秀桥至长春桥河岸燃放鞭炮,以示悔过;重者另外还要请5位道士沿河诵经,以示忏悔,同时,罚面粉13斤,猪肉13斤,豆腐三板,宴请族长、门长、检举人和五位道士。此外,犯者还得支付道士和祠仆工资。罗氏宗族为保护风水,禁山很严。如有砍伐山林者,罚以焚香烛纸箔将树墩(或曰被砍树木)烧化,绕山一周——小圈几里,大圈几十里——燃放鞭炮,并请道士上山做道场,以示忏悔。同时,罚面粉13斤,

---

① (民国)胡宝铎、胡宜铎纂:绩溪《宅坦明经胡氏龙井派宗谱》卷首,民国十年(公元1921年)木刻本。

② (清)邵玉琳、邵彦彬纂:绩溪《华阳邵氏宗谱》卷首,清宣统二年(公元1910年)木活字本。

③ (清)邵玉琳、邵彦彬纂:绩溪《华阳邵氏宗谱》卷首,清宣统二年(公元1910年)木活字本。

④ (清)洪昌纂:休宁《江村洪氏家谱》卷十四,清雍正七年(公元1729年)刻本。

猪肉13斤,豆腐三板,供族长、门长、管山人员和道士用餐。如果砍伐一善祠（又名罗士元公祠）风水林,除了上述惩罚以外,犯者还要杀猪宰羊"祭山"。

祭祖毕,徽州宗族祠堂都按人头将祭肉分给支丁,名曰"散胙"。对触犯族规家法者"罚胙",是徽州宗族普遍实行的一种经济制裁。绩溪城西周氏宗族《祠规》规定,祭祖时,与祭子孙"俱在堂下随宗子后,分昭穆跪拜,毋得搀前及拥挤上堂。祭毕散票,亦依尊卑鱼贯而出,不许搀越。违者,令头首随时记名,概不给胙"①。歙县东门许氏宗族《许氏家规》"春秋祭祀"条规定："五鼓聚齐,祭以黎明。而凡威仪、仪物之类,立纠仪礼生二名,以察其致祭之仪,尽志尽物,期于感格。黎明而祭,不举者罪其轮首之人。过时不至,与祭而衣冠礼仪不肃者,罚其胙,仍书于瘅恶匾。"②休宁茗洲吴氏宗族《家规》规定："子孙赌博无赖及一应违于礼法之事,其家长训诲之；诲之不悛,则痛箠之；又不悛,则陈于官而放绝之；仍告于祠堂,祭祀除其胙……"③休宁月潭朱氏宗族族规家法规定,新年、清明、中元、立冬、冬至祭祖,"司年必须认真筹办祭品,协助祠堂管理人员组织祭祀活动,不得敷衍应付。支丁必须虔诚行礼,不得无故缺席。违者罚胙"④。绩溪城西周氏宗族《祠规》规定："祠首收租,议定在祠公处,不得私收入家,谷麦贮存祠内。其租谷每百斤折干谷八十斤,麦每斗折瓮麦十升半,豆每十升折干豆八升,俱于办祭时照时价出支,不得多收报少,少支报多,着令司值随时查核。如祠首有此情弊,即时鸣众,将侵蚀之项照数追出,公罚,永不给胙。司值或徇情庇护,查出罚胙三年。"⑤据我们调查,徽州宗族族规家法都规定：游闲、赌博、斗殴、盗窃等一切违犯礼法子弟,"概不给胙"。

---

① （清）周之屏、周赞贤纂：《绩溪城西周氏宗谱》卷首,清光绪二十四年（公元1898年）敬爱堂活字本。

② （清）许登瀛纂：《重修古歙东门许氏宗谱》卷一,清乾隆二年（公元1737年）刻本。

③ （清）吴翟纂：休宁《茗洲吴氏家典》,清雍正十三年（公元1735年）紫阳书院刻本。

④ 参见赵华富：《休宁月潭朱氏宗族调查研究报告》"组织管理和族规家法",见《徽学》第三卷,合肥：安徽大学出版社,2004年。

⑤ （清）周之屏、周赞贤纂：《绩溪城西周氏宗谱》卷首,清光绪二十四年（公元1898年）敬爱堂活字本。

对触犯族规家法者"罚戏",是徽州宗族一种别出心裁的经济制裁。所谓"罚戏",就是宗族请戏班演戏,令被罚族人支付经费。清道光十八年(公元1838年),祁门滩下倪氏宗族立"禁山"碑刻曰:

> 官有正条,各宜遵守。民有私约,各依规矩。公同勒石,永禁。
>
> 一、禁公私祖坟并住宅来龙下庇水口所蓄树木,或遇雪,折倒归众,毋许私搬,并梯桠杪、割草,以及砍斫柴薪、挖桩等情。违者,罚戏一台。
>
> 一、禁河洲上至九郎坞下至龙船滩两岸蓄养树木,毋许砍斫开挖。恐有洪水推搅树木,毋得私折私搬,概行入众,以为桥木。如违,鸣公理治。
>
> 一、禁公私兴养松杉、杂木、苗竹,以及春笋、五谷、菜蔬,并收桐子、采摘茶子,一切等项。家外人等,概行禁止,毋许入山,以防弊窦、偷窃。如违,罚戏一台。倘有徇情,查出照样处罚(报信者,给钱一百文)。
>
> 一、禁茶叶递年准摘两季,以六月初一日为率,不得过期。倘故违偷窃,定行罚钱一千文演戏,断不徇情。
>
> 以上规条,望家外等触目惊心,务宜自重,勿视众材,勿贪微利,则风俗遗于后矣。近因人心不一,习俗浇漓,见食唾涎,欲贪亡(之?)腹。如此恃强混行,不知伊于胡底,是以各条勒石。切嘱!切嘱!
>
> 大清道光十八年仲秋月
>
> 合社公立①

五、革出祠堂

我们的祖先,非常重视族籍,视族籍为生命。革出祠堂,开除族籍,是人生最大耻辱,无以立于世矣。革出祠堂是徽州宗族对触犯族规家法者的严厉惩处。休宁江村洪氏宗族《祠规》规定:一、"入主(钱)分上中下三等,上等一

---

① "禁山"碑刻,现仍树立滩下村中。

两,中等六钱,下等三钱。其银入匣,预存为修葺(祠堂)之资。该祠首查明交下,毋得侵渔。违例者,逐出。"二、"各祖墓山地,不许不肖者盗卖丝毫。其上蓄养荫木,不许擅伐。虽有枯树,亦听其自倒。其既倒之树,收取入众公用。违者逐出祠堂,仍行呈处。"三、"支裔有不忠不孝、烝淫败类,及婚姻庆吊与奴隶辈相俦伍者,一概逐出。"①绩溪《明经胡氏龙井派祠规》"奸淫"条记载:"人之有偶,不可乱也。乃有纵欲者流,名教不恤,坏族名风,破人节行,甚且中冓难言,新台有刺。此等人面兽行,或径投纸入祠,告讦有据,即行黜革。至若士耽固不可言,女耽尤不可说。见金夫而不有乘垝垣而嘱迁,如此女流,亦不许进主。其娶宗妇及同姓者,并加黜革。"②绩溪华阳邵氏宗族《家规》"择友"条记载:"朋友五伦之一。人未有不须友以成者。但损益殊途,不可不慎。故友得其人,则德业相劝,过失相规,其益多矣。比之匪人,则淫燕比耽,以樗蒲为生计,以浩饮为适情,士废读,农废耕,工者技因不精,商者财因不阜,即千金之子,一旦被诱,未有不倾家者。名列于谱者,省之。"③族谱除名,即是革出祠堂。据我们调查,黟县西递明经胡氏宗族族规家法规定,宗族子弟"恶逆显著""弃毁祠墓""鬻卖宗谱"者,革出祠堂,族谱除名。黟县南屏叶氏宗族族规家法规定,有严重不孝支丁,即执至祠堂,"杖责惩处,杖责不改,即书白纸字条,横贴祠堂门外,《支丁名册》除名,革除族籍"④。绩溪上庄明经胡氏宗族《新定祠规二十四条》"敦伦常"规定:

一、凡派下子孙,有不孝于其父母、祖父母者,革出,毋许入祠。

一、凡派下子孙,有恃强逞暴无礼于其亲长者,革出,毋许入祠。

一、凡派下子孙,有同姓为婚暨娶奴仆之女为妻者,革出,毋许入祠。

---

① (清)洪昌纂:休宁《江村洪氏家谱》卷十四,清雍正七年(公元1729年)刻本。
② (民国)胡宝铎、胡宜铎纂:绩溪《宅坦明经胡氏龙井派宗谱》卷首,民国十年(公元1921年)木刻本。
③ (清)邵玉琳、邵彦彬纂:绩溪《华阳邵氏宗谱》卷首,清宣统二年(公元1910年)木活字本。
④ 赵华富:《黟县南屏叶氏宗族调查研究报告》,载《徽州社会科学》,1994年第2期。

一、凡派下子孙,有无故嫁妻者,革出,毋许入祠。

上庄明经胡氏宗族《新定祠规二十四条》,其中有 16 条,如触犯一条,即"革出,毋许入祠"①。

六、呈公究治

对极少数屡教不改、极端恶劣的不肖子孙,虽然被革除族籍,但仍为非作歹者,如何处置呢?徽州宗族普遍采用的一种方法是送官惩治。歙县东门许氏宗族《许氏家规》"送官惩治"条记载:"今之所谓'良民',不劳官府而治也。盖其以善自淑,以时输赋,与世相安于无事,而又奚恶之可惩哉!彼不为良民,而身犯罪戾,不应以下,吾得训而戒之,原而宥之也。其不率教训,不守家法,自不应以上,情不可恕,法不可贷,是不免于经公也。芟夷稂莠,以植嘉谷,竟送官司,以正国法,是可容一毫私意于其间乎?是可徇一人之私轻贷而不举乎?"《许氏家规》规定:"今后于不孝不悌者,众执于祠,切责之,痛治之,庶几惩以往之愆,图将来之善。昔为盗跖,而今亦可为尧舜之徒矣。其或久而不悛、恶不可贷者,众鸣于公,以正其罪。"②歙县《潭渡孝里黄氏家训》规定,宗族子弟"不得引进娼优,讴词献伎,以娱宾客;并不得好勇斗狠,及与打降闯将匪类等往来。不得沉迷酒色,妄肆费用,以致亏折赀本。至若不务生理,或搬斗是非,或酗酒赌博,或诓骗奸盗,或党恶匿名,一应违于理法之事,当众诫之。如屡诫不悛,呈公究治,不可姑容"③。

族众纷争,要由以族长为核心的房长、文会统治者从中调停处分。如遇不讲理的暴徒,即送官惩治。黟县环山余氏宗族《余氏家规》记载:"家族人众事繁,争辩多所不免;但不可辄兴词讼,烦扰官府。各备其情,陈之家长,会集监事、亲族于祠堂中,将两下究其颠末,分剖孰是孰非,毋得一毫挟私偏向。

---

① (清)胡祥麟、胡祥木纂:绩溪《上川明经胡氏宗谱》下卷之中,清宣统三年(公元 1911 年)木活字本。

② (清)许登瀛纂:《重修古歙东门许氏宗谱》卷一,清乾隆二年(公元 1737 年)刻本。

③ (明)黄玄豹纂:歙县《潭渡孝里黄氏族谱》卷四,清雍正九年(公元 1731 年)家刻本。

然后于直者劝其涵容,曲者省其输服,务与调停处分,以息其争。如或执拗不从众议者,议罚;曲而不从者,倍罚之。倘有肆梗怙终、悍黠健讼、背规忘祖之徒,家众详具是非,揭帖呈官,官必赐允,决不长奸纵恶也。"①

七、以不孝论

《孝经·五刑》曰:"五刑之属三千,而罪莫大于不孝。"自唐朝以来,历代封建王朝都把不孝定为十恶之一。不孝是封建社会的大罪。徽州宗族族规家法之中,也有以不孝论处治宗族成员的规定。如,歙县泽富王氏宗族《宗规》记载:"先世祖宗坟墓,坐向、地名、字号、亩步,俱详各业,毋斩丘木,毋侵疆域。或贫无以资生有出售者,许枝下子孙赎之。如不赎,方许疏枝以赎,勿得售诸他姓。敢有此等,乃率族计议,陈之以理,惩其不孝之罪。"②黟县环山余氏宗族《余氏家规》规定:"间有悍妻傲妇蔑视舅姑恣肆忤逆者,家长呼至中堂,舅姑上坐,责令长跪,诲谕省改。再犯从重扑罚,三犯令夫出之。如纵容,坐以不孝例论。"③休宁《商山吴氏宗法规条》记载:"凡族中有交结异性(姓)伤残手足者,此皆悖逆祖宗之辈,倘以事犯,祠中当以不孝论。"又载:"凡各支祖坟,倘有不肖子孙盗卖,及有富豪谋买或恃强侵葬,甚至斩棺裁脉、紊乱昭穆者,此皆欺蔑祖宗之徒。倘有此犯,宗正、副据实呈治,以不孝论。"

近几年,我们对徽州一些宗族进行社会历史调查,搜集到许多宗族统治者在祠堂惩治族众的资料。例如,有的宗族妇女与情人私通和私奔,后来又返归村中,族长即将其传到祠堂,下令捆绑于祠堂柱子上,时间长达一整天,以示惩处。有的宗族不肖支丁虐待老母,经门长长期教育仍不悔改,族长即在祠堂召开门长、乡绅会议,令司年将犯者执至祠堂,当众重杖 20 大板。有一不肖支丁,听说寺庙神像是"金胆""银喉",财迷心窍,毁像窃取。案发,族

---

① (民国)余攀荣、余旭升纂:黟县《环山余氏宗谱》卷一,民国六年(公元 1917 年)木活字本。
② (明)佚名:歙县《泽富王氏宗谱》,明隆庆、万历间刻本。
③ (民国)余攀荣、余旭升纂:黟县《环山余氏宗谱》卷一,民国六年(公元 1917 年)木活字本。

长即在祠堂召开门长、乡绅会议,将犯者捉到祠堂重杖,族谱除名,革出祠堂。有的宗族不肖支丁,勾结土匪,抢劫宗族子弟的财产。族长即在祠堂召开宗族成员大会,不但将犯者革出祠堂,取消族籍,而且还对犯者处以肉刑。有的宗族不肖支丁,以职务之便盗卖祠堂古字画,事发案犯逃亡。祠堂派人追缉,在上海捕获,就地送司法机关惩处。同时,将该支丁全部动产搬到祠堂门前广场焚毁,以示惩罚。有的宗族不肖支丁,盗窃一户老妪锡笕,被老妪发现,犯者怕事泄受惩,纵火焚屋,企图消灭罪证,不料将老妪烧死。案发,宗族将该支丁抓到祠堂,当众宣告其罪行,《支丁名册》除名,革除族籍,然后送县衙治罪,并宣布其生死都不准回村。有的宗族妇女虐待婆母,被执至祠堂笞杖,并罚跪,时间长达三炷香。有一支丁打骂老母,宗族议决对犯者活埋惩处,后经其母讲情,从宽惩治,笞杖40板。有的宗族支丁不务正业,家产败落,沦为土匪;有的宗族支丁聚众赌博,倾家荡产,沦为盗贼,均被革除族籍。有的宗族妇女虐待公婆、摧残幼女,被执至祠堂罚跪、笞杖。

第五节 "家法大于国法"辨

明代中期,由于受商品经济的繁荣和资本主义生产关系萌芽产生的影响,徽州宗族"风俗浇漓"。这对宗族制度和宗族统治是一个严重冲击和挑战。徽州宗族统治者为了巩固宗族统治和宗族的兴旺发达,不仅加强了族规家法的制定,而且还加大了执法力度。史载,明隆庆年间,歙县潭渡黄氏宗族子弟黄德涣持刀杀父。族长和房长一方面将其罪行呈报县衙,另一方面将罪犯"缒之将军潭"。这是徽州宗族对不肖者最严厉的惩治。① 崇祯年间,一个名曰詹三阳的人财物被盗,怀疑是胡氏宗族支丁胡五元、胡连生二人所为。县衙派捕快捉拿,在被押解的路上二人贿赂公差脱逃。宗族得知,准备捉拿二人送官,二人连夜逃跑。宗族议决,二人"家口遵祖旧规赶逐出村,庶免败

---

① (清)黄白山著,黄克吕录,黄必桂校:《重订潭滨杂志》上编,清光绪二年(公元1876年)刻本。

坏门风,枉法连累"。"有见者并知信者,即报众捕捉送理。……如有知信见者不报,亦赶逐出村,不许在族坏法"。① 打击面除了胡五元和胡连生二人,还株连及二人的家属和知情人。明末祁门文堂陈氏宗族在族规家法中规定,族中若有盗贼或素行不端者,令其"即时自尽,免玷宗声"②。清初,歙县潭渡黄氏宗族族人"以乱伦故,为族众缚而沉之于水"③。稠墅汪氏宗族族人"有奸情事,为众人双获于奸所,遂聚薪活焚之"④。历史文献记载,徽州宗族统治者有点无法无天。

陈柯云在祁门六都考察时,问一些老人:"从前人们怕不怕族老(族长)?"老人们异口同声地说:"当然怕啦!族老权力很大,他要你死,你就不能活;他要你活,你也不能死。在我们这里是家法大于国法。"⑤我们在徽州一府六县进行宗族调查时,也常听到一些老人们说:"在我们宗族,是家法大于国法。"

怎样理解"家法大于国法"这种说法呢?明清时期,徽州宗族家法与国法哪个"大",哪个"小"呢?

我们认为,徽州人所谓徽州宗族是"家法大于国法",是就一定意义和一定条件而说的。

明清时期,徽州宗族是一种封建家长制社会人群共同体。宗族的族长,又称"家长"。歙县东门许氏宗族《许氏家规》"尊崇族长"条记载:"古者宗法立而事统于宗。今宗法不行,而事不可无统也。一族之人有长者焉,分莫逾而年莫加,年弥高则德弥劭,合族尊敬而推崇之,有事必禀命焉。此宗法之遗意也。有司父母司民,势分相临,而情或不通。族长总率一族,恩义相维,无

---

① 王钰欣、周绍泉编:《徽州千年契约文书》(宋元明编),石家庄:花山文艺出版社,1981年。
② (明)祁门《陈氏文堂乡约家法》,明隆庆六年(公元1572年)刻本。
③ (清)黄白山著,黄克吕录,黄必桂校:《重订潭滨杂志》上编,清光绪二年(公元1876年)刻本。
④ (清)黄白山著,黄克吕录,黄必桂校:《重订潭滨杂志》上编,清光绪二年(公元1876年)刻本。
⑤ 陈柯云:《明清徽州宗族对乡村统治的加强》,见《徽学研究论文集》,黄山市社会科学界联合会与《徽州社会科学》编辑部编。

不可通之情。凡我族人知所敬信,庶令推行而人莫之敢犯也。其有抗违故犯者,执而笞之。"①黟县环山余氏宗族《余氏家规》规定:"家规议立家长(或曰族长——引者)一人,以昭穆名分有德者为之;家佐三人,以齿德众所推者为之;监事三人,以刚明公正者为之。"②据我们调查,民国时期徽州宗族都是选举辈分高、年齿长、德高望重的族人为族长。在封建家长制的宗族统治之中,作为宗族最高首领的族长,因为辈分高、年龄大,不但他自己将广大族众视为子孙后代,而且广大族众也都将族长视为长辈,"尊敬而推崇之"。在这种封建家长制的宗族统治之中,族长处置族众就像老子处置儿子一样,可以为所欲为,这就成为必然的了。因此,明清时期一些宗族对触犯族规家法的族人的惩治,有的超越了国法的量刑标准和规定。如,对盗贼和素行不端者,令其"即时自尽";因为"乱伦",即"缚而沉之于水";因"有奸情事,为众双获",即于奸所"聚薪活焚之"。甚至对被怀疑有盗窃行为者,不但罪及本人,而且株连家属和知情不报者,也"赶逐出村"。我们认为,在这种意义和条件下,可以说"家法大于国法"。

众所周知,任何社会的国家法律对有些案件都不是大小事都管,刑法如此,民法也是这样。同时,任何时代的国家法律对有些案件都有一个"民不告,官不究"的规定。与此不同,国家法律不管的事,徽州宗族的族规家法要管;族众不告的事,族长要干涉。例如,歙县泽富王氏宗族《宗规》规定:"先世祖宗坟墓……毋斩丘木,毋侵疆域……勿得售诸他姓。"众所周知,墓地卖给本姓或他姓问题,国法是不管的。如果发生"斩丘木""侵疆域",也是"民不告,官不究"。但是,泽富王氏宗族《宗规》规定,如果族人敢于违犯这项规定,"乃率族计议,陈之以理,惩其不孝之罪"。③众所周知,封建社会"不孝之罪",在国家刑法之中属于"十恶不赦"。斩祖坟丘木、侵祖坟疆域、售祖坟于

---

① (明)许光勋纂:《重修古歙城东许氏世谱》卷七,明崇祯七年(公元1634年)家刻本。
② (民国)余攀荣、余旭升纂:黟县《环山余氏宗谱》卷一,民国六年(公元1917年)木活字本。
③ (明)佚名:歙县《泽富王氏宗谱》卷一,明隆庆、万历间刻本。

他姓,怎么能定为"死罪"呢?歙县《潭渡孝里黄氏家训》规定:"男女不亲授受,礼之常经。故子女虽幼,不共圊溷,不共湢浴。无故不出中门,夜行以烛,无烛则止。家中燕飨,除舅姑礼宜馈食外,男女不得互相献酬。至于妇之母家二亲存者,礼得归宁,无者不许。除有服亲属庆吊外,无得轻出。女子年及八岁者,不许随母至外家。其余姻戚,除本房至亲外,俱不许相见。即有服亲属,亦须子弟引导,方入中门,见灯则止。"这部《家训》又规定:"亲族之中有为僧为道者,不许往来。至于三姑六婆及走街之妇,类多奸匪之流,最能引诱邪僻,不可纵其入门。"在封建时代,国家法律对女孩和妇女的这些行为是不管的。但是,徽州宗族的族规家法要管。歙县潭渡黄氏宗族《家训》规定:"凡我子姓,均宜遵守,违者议罚。"①《潭渡孝里黄氏家训》又规定:"子弟幼者必后于长者,言语必有伦序;应对宾客不得杂以里俗方言,不得戏谈乐道、议人短长,不许谈人闺阃,即他省外府者亦不得轻信妄谈;不得谑浪败度、背手跷足、勾肩搭背,以陷入轻儇;不得信口歌唱,率意胡行,以致流为游手游食之人。……其棋枰、双陆、词曲、虫鸟之类,皆足以蛊心惑志,废事败家,一切皆当弃绝,不得收畜;至于俗乐戏术、诲淫长奢,不可令子弟观听肄习。"像这种不务正业、游手好闲之人,国家法律也是不管的。但是,《潭渡孝里黄氏家训》规定:"有类此者,神而明之,均应痛戒也。"②我们认为,从国法管不着的事家法管这个意义来讲,也可以说"家法大于国法"。

但是,如果我们从国法与家法在惩治宗族刑事犯罪和民事纠纷的权威来看,还是"国法大于家法",而不是"家法大于国法"。

第一,徽州宗族族规家法大都规定,宗族无法处理的刑事犯罪和民事纠纷,"呈公究治"。黟县环山余氏宗族《余氏家规》"禁游侠"条规定:"近世闲游子弟,假称豪侠,或于衙门内外,街头巷口,遇事生风,以讥谈拳勇为酒食之谋,即间有公道,亦丛指摘,所以上则取嫌于官府,下则招尤于亲邻,构祸滋衅,损坏家声,莫此为甚。我族子弟如有前项行为,家长、家督即宜呼来面斥,

---

① (明)黄玄豹纂:歙县《潭渡孝里黄氏族谱》卷四,清雍正九年(公元1731年)家刻本。
② (明)黄玄豹纂:歙县《潭渡孝里黄氏族谱》卷四,清雍正九年(公元1731年)家刻本。

痛惩其非。如刚狠不驯，众共鸣公重处，以防效尤。"①歙县金山洪氏宗族《家训》"息争讼"条规定："大抵贪利则争，使气则斗，争斗不已，而讼兴焉。夫讼一兴，未有不倾家破产，以至结仇于莫解者。故处宗族以和睦为贵，凡遇族中有事，当善为劝解，俾相安于无事，则风俗日以淳。切不可教唆，致宗支如吴越也。倘有犯者，小则鸣鼓责惩，大则呈公究治。"②歙县东门许氏宗族《许氏家规》"各治生业"条规定："士而读，期于有成；农而耕，期于有秋；工执艺，期于必售；商通货财，期于多获。此四民之业，各宜治之，以生者也。上而赋于公，退而恤其私，夫是之谓'良民'。出乎四民之外而荡以嬉者，非良民也，宜加戒谕。其或为梁上君子，族长正、副访而治之。不悛者，鸣官而抵于法。"③徽州宗族族规家法之中，"刚狠不驯，众共鸣公重处，以防效尤"；"小则鸣鼓责惩，大则呈公究治"；"不悛者，鸣官而抵于法"等规定说明，是"国法大于家法"，而不是"家法大于国法"。

　　第二，徽州宗族一些立法，往往呈官府备案，求得官府的承认、支持和庇护。明代，新安许氏为创祠、修谱、立宗法三事，呈徽州府。直隶徽州府知府段批："据议修谱、创祀、立宗法三事；顾一门光前裕后之谋，实一方移风易俗之机也。且首遵圣谕及录端毅公注孝弟诗与诸训戒之词，即古蓝田之约不是过也。况今地方多事，保甲乡约尤本府切欲行之而未能者。兹举首倡，以先士民，甚有裨保约，益地方多矣。即如议，著实举行。如有梗议挠约者，呈究。"推官吴批："保甲之法不行，盖由宗法不立。许氏独欲修谱创祠，效仇上党家法。自此，明乡约、立保甲、闻风兴起者，当不止一家一乡也。盛世义举，孰过于此。……即如议，著实举行。"④由此可见，许氏立宗法之举得到官府的承认、支持和庇护。万历年间，祁门洪氏宗族洪廷谘等立族产会约，其文曰：

---

①　（民国）余攀荣、余旭升纂：黟县《环山余氏宗谱》卷一，民国六年（公元1917年）木活字本。
②　（清）洪承科、洪必华纂：歙县《金山洪氏宗谱》卷一《凡例》，清同治十二年（公元1873年）刻本。
③　（明）许光勋纂：《重修古歙城东许氏世谱》卷七，明崇祯七年（公元1634年）家刻本。
④　（明）方信纂：《新安许氏世谱》卷二《举创祠修谱立宗法呈》，清康熙间精抄本。

(立)合同会约人族长洪廷谘等,我家尚书恭靖公乃世世不迁之祖,其诒有谕葬坟山、祠屋及第宅、祭田、牌坊、基址,正所以表国恩,留先泽,尤当世世守之勿失。近因不肖子孙希图盗卖,已经告府,恳有照帖,自后各宜遵守,无生异心。违者执此经公,以不孝论罪。其照帖随光裕会轮管收执,倘有遗失,定罚白银一百两,仍责令告补。今恐众心无凭,立此合同会约为照。

万历卅五年二月二十六日

洪廷谘　洪元亮

洪应采　洪应辰

洪应祖　洪应阳

洪允思　洪应周

洪应乐　洪应勋①

祁门洪氏宗族为了保护公有族产不被不肖子孙"盗卖",立约"告府",恳求"照帖",得到官府的承认、支持和庇护。清咸丰年间,绩溪龙川胡氏宗族为保护"祖墓来龙",不被不肖派丁"开矿掘损"和"私卖他姓",呈报县衙,恳请"勒碑永禁"。现"奉宪严禁"碑刻仍竖立在龙川胡氏宗祠。碑文曰:

奉宪严禁

署绩溪县正堂加十级纪录十次田为佥叩给示勒碑永禁事:据恩贡生胡炳坤、教谕衔池州府训导胡湛、觉罗官学教习胡泮、布政司经历胡洪溥、浙江即补府经历胡祥麟、翰林院孔目胡成训、贡生胡沈林、生员胡铭浚、胡华照、胡凤仪、胡佩兰、胡大莹、胡琦、胡烑、胡克健、胡良浚、胡良鸿、监生胡嗣怀、胡沈沛、胡沈淦、胡德馨、胡天煮、胡照、胡茂辉、胡胜辉、胡烜、胡名瀚、胡瑞祥、胡成琨、胡俊卿、胡志谦、胡监廷、胡鹤龄、胡柏龄、胡洪泽、胡良本、职员胡作楫、胡沈光、

---

① 《明清徽州社会经济资料丛编》(第一集),北京:中国社会科学出版社,1988年,第566页。

胡明藻、胡洪照、胡良汇、耆民胡金相、胡瑞发等禀称：生等统祖晋散骑常侍炎公、世祖宋提幹念五公暨德应公、伏音公安葬土名虎林坑。派衍丁繁，算为发祥之地。该处祖墓来龙，属鳞册资字、事字等号。自龙须山发脉，及土名正班坞、金紫山一带左右山场，均为来龙出脉处所。自宋元迄今，子孙附葬者不可悉数，是以世代相沿。凡属资字、事字等号产石山场，无论众业己业，俱不准取石烧灰，亦不得私卖他姓。所以，保祖坟而庇丁命，叠奉前宪示禁有案。兹因派丁无知，不识禁令之严，希射取石之利。业经生等控奉提究，蒙公处息情，愿受罚伏罪，并安醮祖基，勒碑永禁，嗣后不再掘损。为此，复申前禁，佥叩恩赏给示，勒碑永禁，没存啁感。上禀等情到县，据此，除批示外，合行出示严禁。为此，仰该处人民知悉。查得：龙须山系郡城来龙正脉，自此分枝，及正班坞、金紫山一带左右山场，悉为该祖坟要脉，仍遵前禁，无论众业己业，概行禁止，不得开矿掘损。嗣后如有不肖派丁勾通顽梗石工，胆敢破禁开矿情事，许该生等指名禀县，以凭立拿严究，按律重办，决不姑宽。各宜禀遵毋违，特示。

咸丰七年六月　日示

告　　示　　　　　　　　　　　　　　　　　右仰知悉

这个告示表明，绩溪龙川胡氏宗族为保护"祖墓来龙"，不被不肖派丁"开矿掘损"和"私卖他姓"的立法，得到县衙的认可、支持和庇护。

我们认为，许多宗族立法要在官府备案，求得官衙认可、支持和庇护，说明"国法大于家法"，而不是"家法大于国法"。

第三，封建政府对徽州宗族一些权势，不仅可以依法惩治，甚至能够任意宰割。绩溪龙川胡氏宗族支丁胡宗宪，是胡氏宗族最显赫的人物。明嘉靖三十三年（公元 1554 年），胡氏受命巡按浙江。他采用武力与计谋相间的战略战术，捕杀了猖獗于江浙沿海一带的王直、徐海、陈东、麻叶等头目及其部众，"倭患遂息"。因平倭战功卓著，胡宗宪青云直上，由御史超擢右佥都御史，迁兵部右侍郎、右都御史、兵部尚书、太子少保、太子太保等显赫要职。但因"党严嵩"和征敛贪污,锒铛入狱。虽然学术界对这些问题还有不同看法,但是,朝廷敢于在龙川胡氏宗族这样一个"威权震东南"的大人物头上开刀,这是不争的事实。① 歙县西溪南吴氏宗族子弟吴养春,是一个腰缠万贯、富比王侯的盐商巨子,是吴氏宗族一个有权势的人物。他在政治上与江南开明士绅有联系,思想倾向东林党,反对太监当政。因而遭到魏忠贤的嫉恨。天启六年(公元1626年),魏忠贤以清理"欺隐黄山旧案"为名,给吴养春扣上霸占黄山、盗卖山植、违抗朝廷"拆毁天下书院""坐赃六十余万"等罪,将其逮捕至京,严刑拷掠致死,家产全部没收,以助皇帝陵寝工程。随后,魏忠贤又派党羽至徽州追夺财产,迫使吴之妻女自缢,家破人亡。史称"黄山大狱"。这是明朝政府迫害歙县富商大贾的一场冤案,商民受株连者甚多。崇祯帝即位以后,才得以平反。② 民国三十六年(公元1947年)或曰三十七年(公元1948年),祁门县水村村民汪英九在渚口村边的河里捕鱼,拿到渚口村出售,被渚口倪氏宗族的族人发现。因渚口的历河(又称"沥河")河道,上流从大北埠起,下流至周家坝胭脂窟止,归渚口倪氏宗族管辖,所以,倪氏宗族认为汪英九侵犯了他们的权利。在倪氏贞一堂族长号令下,一些青年支丁将汪氏捉到贞一堂,吊打惩治。水村的倪伟成为汪氏鸣不平,上告到祁门县政府,矛盾进一步激化。贞一堂族长又号令青年支丁,到水村抄了倪伟成的家,并将他家房子上的瓦从屋顶掀起,全部摔碎。经祁门县法院审理,渚口倪氏宗族败诉,族长被判刑。支丁倪荣生自告奋勇代替族长去坐牢。由此可见,一个县法院的权力远远超过了族长的权力。③

明清时期,徽州宗族的权力虽然有所膨胀,但仍然是"国法大于家法",而不是"家法大于国法"。大量契约文书和诉讼档案证明,虽然许多宗族都反对擅兴词讼,叫嚷一听宗族裁决,但是,不仅许多刑事案件他们不能解决,就连

---

① (清)张廷玉等撰:《明史》卷二百零五《胡宗宪传》,北京:中华书局,1974年。
② (清)佘华瑞纂:歙县《岩镇志草》,清乾隆刻本。
③ 赵华富:《祁门县渚口、伊坑、滩下、花城里倪氏宗族调查研究报告》,见《徽学》2000年卷,合肥:安徽大学出版社,2001年。

一些民事纠纷他们也无能为力。清雍正九年(公元1731年),祁门伊坑倪氏建本堂支丁倪起聪等盗篡祖坟墓穴案,宗族即解决不了,不得不"鸣官惩治"。请看《祁门倪氏立齐心合同文书》:

> 立齐心合同文书珍公秩下崇本、贞一、建本、雍睦、世德、继善、乐善、遗安、合一九祠人等,因建本祠秩下倪起聪等突于本月十二日夜,在珍公祖坟左臂盗篡一穴,算系大逆灭祖,理合当诛,为此众议鸣官惩治。所有费用,公议照各祠老幼人丁均出,不得累及出身,并控告有名之人;或费不足,将祀田变易,亦无异说。再,出身在官,并敷合囗之人,皆不得借端退缩,徇私推诿。如有退缩推诿等情,准囗囗论,仍行众罚,永不给胙。恐后人心不一,立此合同文书九纸,各收一纸存照。
>
> 众议:每丁暂出九色银三分。
>
> 雍正九年十一月十四日
> 　　立齐心合同文书
>
> 　　　　　　　　崇本祠　思朋等　押
> 　　　　　　　　贞一祠　思增等　押
> 　　　　　　　　　　　　国录等　押
> 　　　　　　　　建本祠
> 　　　　　　　　雍睦祠　国璋等　押
> 　　　　　　　　世德祠　宗通等　押
> 　　　　　　　　继善祠　国宾等　押
> 　　　　　　　　乐善祠　起从等　押
> 　　　　　　　　遗安祠　国衍等　押
> 　　　　　　　　合一祠　国禧等　押

(各祠出身并任事敷费人名、画押从略)

第七章　徽州宗族重教崇文的传统

徽州宗族的始祖大都来自"中原衣冠",重教崇文是徽州宗族的传统。这个传统对徽州宗族的发展和繁荣起了重大作用。宋元以来,徽州宗族教育发达,科第蝉联、累世簪缨、人文荟萃。万历《歙志》记载:"人文郁起,为海内之望,郁郁乎盛矣。"因此,徽州被誉为"东南邹鲁""文献之邦"。

第一节　"十家之村,不废诵读"

一、亢宗之本与蒙学兴盛

徽州世家大族子弟绝大多数是"中原衣冠"的后裔,是孔孟之道的信徒和儒家思想的继承者。重视教育事业,是儒家学派和儒家知识分子一个重要特点,也是儒家思想的一个传统。他们把教育事业提高到修身、齐家、治国、平天下的战略高度。朱熹在《玉山讲义》中说:"圣贤教人为学,非是使人缀缉言语,造作文辞,但为科名爵禄之计,须是格物致知,诚意正心,修身而推之,以至于齐家、治国,可以平治天下,方是正当学问。"[①]他在《送李伯谏序》一文中

[①] (宋)朱熹撰:《朱文公文集》卷七十四,《四部丛刊》影印本,上海:商务印书馆,民国八年(公元1919年)。

又说:"国家建立学校之宫,遍于郡国,盖所以幸教天下之士,使之知所以修身、齐家、治国、平天下之道,而待朝廷之用也。"①徽州宗族子弟继承"中原衣冠"的衣钵,同时,又受到朱熹思想的影响,所以,对教育事业非常重视。

徽州宗族认为,创办学校,令子弟读书科第是亢宗的主要手段和途径。《绩溪东关冯氏家谱》卷首上《冯氏祖训十条》记载:"子孙才,族将大。族中果有可期造就之子弟,其父兄即须课之读书;倘彼家甚贫,便须加意妥筹培植。"歙县《方氏族谱》卷七《家训》"教其贤俊"条记载,"人才之盛,宗族之光。……苟有贤俊子弟,乃由祖宗积德所生,增光门户,正在于彼";如果"生于窘迫之家,而衣食不给,不能自立",应当"委曲处分,资其诵读,他日有成,则吾之祖宗因之益显矣"。歙县溪南江氏宗族盐商江才程督二子就学,曰:"吾先世夷编户久矣,非儒术无以亢吾宗,孺子勉之,毋效贾竖子为也。"②《歙西岩镇百忍程氏本宗信谱》卷十一《族约篇》第九记载:"宗族之大,子孙贤也;子孙之贤,能读书也。能读书则能识字,匪特可以取科第,耀祖宗,即使未仕,亦能达世故,通事体,而挺立于乡邦,以亢厥宗矣。先孝长公尝为文示后人曰:'吾之子若孙,须学问,须修谱牒,比见位高金多者,至疏族以陵,吾不愿汝曹为也。三世不学问,不仕宦,不修谱,即流为小人。'呜呼! 前人明训如此,凡我族属,宁惜以一经教子。"徽州历史文献记载,"三世不学问,不仕宦,不修谱,即流为小人",是徽州宗族的普遍观念。据我们调查,徽州地区许多地方都流传这样一个谚语:"三世不读书,等于一窝猪。"徽州宗族认为,重视教育是亢宗之本。

宋元以来,徽州宗族教育事业特别发达。道光《休宁县志》记载:"自井邑田野,以至远山深谷,居民之处,莫不有学有师,有书史之藏。"宗族主办或宗族子弟主办的"蒙学"(包括家塾、私塾、书塾、义塾、书馆、书舍、书屋、书堂、书轩、山房等),星罗棋布,比比皆是。民国《重修婺源县志·风俗》记载:"十家

---

① (宋)朱熹撰:《朱文公文集》卷七十五,《四部丛刊》影印本,上海:商务印书馆,民国八年(公元1919年)。

② (明)汪道昆:《太函集》卷六十七《明赠承德郎南京兵部车驾司署员外郎主事江公暨安人郑氏合葬墓碑》,明万历十九年(公元1591年)金陵刻本。

之村,不废诵读。"(嘉靖《婺源县志·风俗》作:"十户之村,无废诵读。")婺源《董氏宗谱·凤游山书屋记》记载,徽州"一村一家,亦各有书屋。书屋者,即古所谓'家塾'也。族师掌之,尤为子弟讲习养心之地。学业之造成,人文之聿起,皆由此始"。这些学校的教学宗旨,都是对宗族广大儿童和少年进行启蒙教育,所以称为"蒙学"。

据历史文献记载,宋淳熙年间(公元1174—1189年),绩溪人汪龟从建云庄书屋于狮子峰。元代,休宁万安人汪德懋建万川家塾,以教乡族子弟;祁门中山人汪应构中山书堂于桃墅,以为子汪克宽讲习之所;休宁回溪人朱升建枫林书屋于歙县石门,讲学其中;婺源大畈人汪同建知本堂,延师以教族人子弟;至正七年(公元1347年),婺源人程本中建遗安义学于松山,延师以教乡之子弟;至正八年(公元1348年),婺源中山人祝寿朋建中山书塾,延师以教宗族及乡之子弟。明代正统年间(公元1436—1449年),歙县澄潭吴氏宗族设家塾于吴氏祠堂,延师以教宗族子弟;景泰七年(公元1456年),祁门柏溪人程叙建钟山书堂,隐居教授,乡族子弟多从之;景泰年间(公元1450—1456年),祁门人汪思诰、汪思敬建查山书堂;天顺元年(公元1457年),婺源人朱□重建屏山书屋于翠屏山;成化年间(公元1465—1487年),祁门人祝孟节、祝茂瑞、祝茂隆、祝茂衍、祝茂镛、祝公瑄等重建中山书塾;祁门南山源人谢复建南山书堂,为藏修之所;绩溪人冯镕重建云庄书堂于冯川之东;绩溪龙川人胡天龄重建绿照亭,讲学其中;嘉靖年间(公元1522—1566年),绩溪龙川人胡宗宪建梅林书屋。此外,还有明朝绩溪人胡有明建的东园书屋、陈于泰建的谦如书屋、程格建的怀林书屋、程辂建的石泉书屋、胡禺建的慕川书屋、方正建的梅涧草堂、程亮工建的云阶书屋。清嘉庆九年(公元1804年),黟县一都大宽段建霭门书屋,为子弟肄业之所;嘉庆十九年(公元1814年),黟县宏村汪氏宗族建以文家塾于南湖。①

民国《重修婺源县志》卷七《建置·宫室》记载,婺源县的馆塾有沱川的最

---

① 参见史铎:《徽州教育纪》,载《徽学通讯》,第13~14期增卷。

闲馆、城西的天香馆、二都的太乙馆、花桥的开先馆、黄声谐和黄声翰建造的砥中馆和云封馆、沱川的先天馆、万田的临秀馆、虹钟坦的联辉馆、吴源西岸的凌云馆、凤砂的容清馆、凤梅的延秀馆、中云的桂林书馆、太白的仙市书塾等;山房有县城的隐求山房、心远山房、见一山房、有斐山房、玉川的苎轴山房、凝春山房、汾水的丛桂山房、汪口的岩筑山房、沱川的不二山房、花桥的在兹山房、黄连山的莲峰山房、官源的一指山房、中云的种绩山房、江湾的中台山房、中木山房、篁岭的文瑞山房、龙尾的松竹山房、古西村的西苎山房、庆源的绯紫山房、轮溪的四翁山房、外汾水的丽泽山房、中云的丽泽山房、桂岩的水镜山房、中云的积翠山房、高田山的云起山房、在山溪的桂竹山房、万田的嘤鸣山房、晓湖的晓溪山房、盘山店坞旁的韫玉山房等;草堂或山居有金竺的春谷草堂、翀田的望翀草堂、词川的见山居、中云的陶陶居、长溪的求己居等:总计50余所。

民国《重修婺源县志》卷七《建置志·宫室》记载,婺源县书屋有翠屏山的屏山书屋、锦屏山的锦屏书屋、庆源的松岩书屋、裔村的天仓书屋、镇头的耕心书屋、翀田的环带书屋、中云的芸溪书屋和明经书屋、龙溪的仲闻书屋、张村的翀霄书屋、虹钟坦的涧滨书屋和仰山书屋、汾水的怀古书屋、引溪的青云书屋、外诗春水口的拱北书屋、平盈的乐伊书屋、盘山的遗安书屋、东正荷田的培桂书屋、汪毕村的拱辰书屋、段莘的翰泉书屋、龙腾的培风书屋、龙湾的登瀛书屋、思口的环溪书屋、长溪的玉麟书屋等;书舍有盘古的义塘书舍、汪厚建的青云书舍、翀田的天香书舍、赋春文昌阁旁的涌溪书舍、吴源的一浤书舍、岭下的龙池书舍等;精舍有虹井东的虹东精舍、潘世辂和潘世铭建的太白精舍、汾水的圣言精舍、坑口的怀恩精舍、甲道的原泉精舍、廖坞的鹤烟精舍、环村的西瀛精舍、中云的海泉精舍、翀田的联芳精舍、段莘古龙山颠的古龙精舍、城牧民坊的怀清精舍等:总计60余所。

据我们调查,一个较大的宗族往往有"蒙学"数所,多至一二十所。清朝末年,黟县西递明经胡氏宗族有胡育才、胡西川、胡依仁、胡卓峰、胡贡廷、胡连科、胡善明、胡霭溪、胡绍书、胡畅春、胡福善、胡绍吉、胡寄蘅、胡宝佛、胡蓉甫、胡荫南等人主办的私塾和秋实山房近 20 所。黟县南屏叶氏宗族有叶七斤、叶抱斋、叶彭春、叶新模、叶新咸等人主办的私塾数所。歙县东门许氏宗族《许氏家规》记载："吾宗童蒙颇多,而设馆非一,随地有馆,以迎塾师。"①

元代实行村社制,50 户立一社。每社设社学一所。社学是一种村社办的初级学校,始建于元朝初年。因"新安各姓,聚族而居,绝无一杂姓搀入者"②,所以,村社往往都是同姓立社,与宗族血缘团体相结合,社学也就成为宗族办的学校。《通制条格》卷十六《田令·农桑》规定："每社设立学校一所,择通晓经书者为学师,于农隙时月,各令子弟入学。先读《孝经》《小学》,次及《大学》《论》《孟》、经、史,务要各知孝悌忠信,敦本抑末。依乡原例出办束脩。如自愿立长学者,听。若积久学问有成者,申复上司照验。"据弘治《徽州府志》卷五《学校》记载,明朝初年,歙县有社学 112 所,休宁有 140 所,婺源有 140 所,祁门有 27 所,黟县有 13 所,绩溪有 30 所,总计 462 所③。

二、书院的发展与昌盛

徽州书院源远流长。据廖腾煃《海阳纪略·瞻云书院序》记载,"郡邑之有书院,自南唐始也"。宋元以来,徽州的书院出现非常发达的局面,成为全国书院最多的一个地区。明天启六年(公元 1626 年),御史张讷奏言："天下书院最盛者,无过东林、江右、关中、徽州。"④道光《徽州府志》卷三《营建志·学校》记载："歙在山谷间,垦田盖寡,处者以学,行者以商。学之地自府县学外,多聚于书院。书院凡数十,以紫阳为大。"婺源《董氏宗谱·凤游山书屋记》记载："古者,家有塾,党有庠,术有序,国有学,由来尚矣。我郡邑曾建紫阳书院,以甄别取士。四乡或间立书院,以讲学、会文。"

徽州书院都设山长,主持书院工作。大都聘请饱学之士和有名学者作主

---

① (明)许光勋纂:《重修古歙城东许氏世谱》卷七,明崇祯七年(公元 1634 年)家刻本。
② (清)赵吉士撰:《寄园寄所寄》卷十一《故老杂记》,清康熙刻本。
③ (明)汪舜民纂,彭泽修:弘治《徽州府志》,明弘治十五年(公元 1502 年)刻本。记载,社学总数为 394 所,与 6 个县所记社学总计不一致。
④ (清)夏銮等纂,马步蟾修:道光《徽州府志·学校》,清道光七年(公元 1827 年)刻本。

讲,采用个别钻研、相互问答、课堂讲授三结合的教学方法,以研究和学习儒家经典为主,间亦议论时政。其教育宗旨是,为国家培养修身、齐家、治国、平天下的人才。所以,明清时期,多数书院都成为准备科举的场所。

徽州书院绝大多数是宗族主办或宗族子弟创办的,也有少数是官办的。宋元以来,徽州共建有多少书院呢?众说纷纭,莫衷一是。有的说61所,有的说64所,有的说70所,有的说93所,有的说114所,有的说124所,有的说260多所。① 造成说法不一的一个重要原因,是对命名为"精舍""书屋"等看法不一致,有人将其划入启蒙学校,有人将其归为经学学府。所以,徽州共建有多少书院,很难有个准确的统计数字。道光《徽州府志》卷三《营建志·学校》介绍歙县斗山书院时说:"元明间,姚连、唐仲等作精舍讲学。嘉靖十年,知府冯世雍葺为书院。"由此可见,精舍不是书院明矣。但是,有些精舍确实类似书院。书屋是不是书院呢?婺源《董氏宗谱·凤游山书屋记》回答说,不是。其文曰,徽州"一家一村,亦各有书屋。书屋者,即古所谓'家塾'也"。

现将徽州以书院命名的学校列下:

1. 桂枝书院　北宋景德四年(公元1007年),绩溪胡忠建,"以教乡族子弟,群一族之英,兴一族儒学之昌",地处宅坦胡氏宗祠右。②

2. 龙川书院　北宋天禧年间(公元1017—1021年),张舜臣建,地处婺源龙川。元代胡炳文等著述于此。③

---

① 参见吴景贤:《安徽书院志》;民国《安徽通志稿·教育考·书院》;《徽州的书院》,载《徽学通讯》,第13~14期增卷,未署作者;吴存心:《源远流长的徽州古代教育》,载《徽学通讯》,1989年第1期;李琳琦:《徽州书院略论》,载'98国际徽学学术讨论会论文集》,合肥:安徽大学出版社,2000年,第440~458页;刘秉铮:《徽州书院沿革述略》,见《徽学研究论文集》,黄山市社会科学界联合会与《徽州社会科学》编辑部编。

② (民国)胡宝铎、胡宜铎纂:绩溪《宅坦明经胡氏龙井派宗谱》卷一,民国十年(公元1921年)木刻本。

③ (民国)葛韵芬等修,江峰青纂:《重修婺源县志》卷七《建置·宫室》,民国十四年(公元1925年)刻本。

3. **秀山书院** 北宋崇宁年间(公元1102—1106年),休宁汪若楫建,地处藏溪南山之阳。①

4. **乐山书院** 北宋政和年间(公元1111—1117年),绩溪许润建,"讲道其中","名声甚著",地处沉山。②

5. **西山书院** 南宋绍兴年间(公元1131—1162年),休宁程大昌建,"以淑学者",地处会里。③

6. **柳溪书院** 原处休宁县城西门外柳溪,元末汪洗自柳溪迁邑南汊川。明代,汪尚和"讲学于此"。④

7. **槐溪书院** 南宋淳熙年间(公元1174—1189年),绩溪戴季仁建,地处县东。后毁,裔孙戴祥重建。汪元锡记。⑤

8. **紫阳书院** 南宋淳祐五年(公元1245年),州守韩补建,理宗赐额曰"紫阳书院",地处郡治南门外。后多次迁徙。明弘治十四年(公元1501年),知府彭泽重修。⑥

9. **心远书院** 祀婺源乡贤俞皋。永乐间(公元1403—1424年),诏祀"明经著述者"。⑦

---

① (明)汪舜民纂,彭泽修:弘治《徽州府志》卷五《学校》,明弘治十五年(公元1502年)刻本。

② (清)赵吉士撰,丁廷楗、卢询修:康熙《徽州府志》卷十五《人物志·隐逸》,清康熙三十八年(公元1699年)刻本。

③ (明)汪舜民纂,彭泽修:弘治《徽州府志》卷五《学校》,明弘治十五年(公元1502年)刻本。

④ (明)汪舜民纂,彭泽修:弘治《徽州府志》卷五《学校》,明弘治十五年(公元1502年)刻本。

⑤ (明)汪舜民纂,彭泽修:弘治《徽州府志》卷五《学校》,明弘治十五年(公元1502年)刻本;(清)清恺、席存泰纂修:嘉庆《绩溪县志》卷五《乡学》,清嘉庆十五年(公元1810年)刻本。

⑥ (明)汪舜民纂,彭泽修:弘治《徽州府志》卷五《学校》,明弘治十五年(公元1502年)刻本。

⑦ (民国)葛韵芬等修,江峰青纂:《重修婺源县志》卷七《建置·宫室》,民国十四年(公元1925年)刻本。

10. 秘阁书院	宋歙县直秘阁汪叔詹、汪若海建,地处二十三都西溪。①	
11. 万山书院	宋婺源程傅宸建,地处九都金竺。②	
12. 山屋书院	婺源许月卿藏书处,地处许村。③	
13. 东麓书院	宋靖康元年(公元1126年),绩溪城西胡氏宗族支丁胡舜陟建。④	
14. 翠岩书院	南宋,休宁五城黄氏宗族七世子弟黄发,"举明经不就,筑翠岩书院"。地处五城。⑤	
15. 翰林书院	宋代,休宁方塘汪氏宗族子弟汪龙孙,为"宋学士,尝建翰林书院于方塘中村"。⑥	
16. 横绿书院	宋代,休宁方塘汪氏宗族子弟汪洽为"省元,尝建横绿书院,学者云集"。地处方塘。⑦	
17. 剑潭书院	宋代,休宁剑潭程氏宗族子弟程师长"业儒,建剑潭书院,有《剑潭赋》"。⑧	
18. 西畴书院	南宋末年歙县鲍寿孙,元曹泾、方回讲学其中。地处棠	

---

① (清)赵吉士撰,丁廷楗、卢询修:康熙《徽州府志》卷七《营建志·学校》,清康熙三十八年(公元1699年)刻本。

② (民国)葛韵芬等修,江峰青纂:《重修婺源县志》卷六《建置·学校》,民国十四年(公元1925年)刻本。

③ (民国)葛韵芬等修,江峰青纂:《重修婺源县志》卷七《建置·宫室》,民国十四年(公元1925年)刻本。

④ 《黄山》1985年春季号。

⑤ (明)程尚宽等纂:《新安名族志》前集,日本东洋文库藏明嘉靖三十年(公元1551年)刻本。

⑥ (明)程尚宽等纂:《新安名族志》前集,日本东洋文库藏明嘉靖三十年(公元1551年)刻本。

⑦ (明)程尚宽等纂:《新安名族志》前集,日本东洋文库藏明嘉靖三十年(公元1551年)刻本。

⑧ (明)程尚宽等纂:《新安名族志》前集,日本东洋文库藏明嘉靖三十年(公元1551年)刻本。

		櫬。清嘉庆八年(公元1803年),鲍漱芳重建。①
19.	**易安书院**	宋元之际,歙县呈坎后罗氏宗族建,地处呈坎村。②
20.	**友陶书院**	元初歙县汪维岳建,地处丛睦。维岳入元不仕,以陶渊明自况,隐居教授。③
21.	**南轩书院**	元至元年间(公元1264—1294年),休宁汪逊曾任山长。④
22.	**晦庵书院**	元至元二十四年(公元1287年),知州汪元圭创建,地处婺源文庙侧。延祐元年(公元1314年)火。后至元间(公元1335—1340年)复建于县学之东北。至正壬辰(公元1352年)毁于火。明嘉靖九年(公元1530年),知县曾忭重建于保安山,更名"紫阳书院"。⑤
23.	**明经书院**	元至大三年(公元1310年),婺源考川胡淀建,胡炳文任山长,地处考川。元末,"兵毁"。明成化十六年(公元1480年),胡濬重建,"族人协谋捐货,以相其成"。⑥
24.	**集成书院**	元至正十一年(公元1351年),黟县黄真元建,"以教其族中子弟",地处黄村。捐田立义庄曰"厚本"。婺源汪泽民记。⑦

---

① (清)夏銮等纂,马步蟾修:道光《徽州府志》卷三《营建志·学校》,清道光七年(公元1827年)刻本。

② 歙县呈坎《传家命脉图·宗祊再造引言》,抄件。

③ (清)赵吉士撰,丁廷楗、卢询修:康熙《徽州府志》卷七《营建志·学校》,清康熙三十八年(公元1699年)刻本。

④ (清)赵吉士、廖腾煃纂:康熙《休宁县志》卷六《人物·隐逸》,清康熙三十二年(公元1693年)刻本。

⑤ (明)汪舜民纂,彭泽修:弘治《徽州府志》卷五《学校》,明弘治十五年(公元1502年)刻本;(清)赵吉士撰,丁廷楗、卢询修:康熙《徽州府志》卷七《营建志·学校》,清康熙三十八年(公元1699年)刻本。

⑥ (明)汪舜民纂,彭泽修:弘治《徽州府志》卷五《学校》,明弘治十五年(公元1502年)刻本。

⑦ (清)程汝翼、俞正燮纂,吴甸华修:嘉庆《黟县志》卷十《书院》,清嘉庆十七年(公元1812年)刻本。

25. 商山书院　至正间(公元 1341—1368),婺源汪同建,地处休宁浯田,延朱升、陈光为师。①

26. 南门书院　元建,地处歙县南门。明初毁于兵火,唐桂芳重建于东门。②

27. 翚阳书院　元绩溪程璲建,地处十一都仁里。璲先世"累世簪缨"。"因念遗泽,构此院以教育子姓与其里之后(俊)秀者"。元末兵燹。明弘治初,程儒重建。③

28. 湖山书院　元初婺源理学家胡一桂结庐讲学于此,清道光十三年(公元 1833 年)创建书院,地处南乡太白。④

29. 竹溪书院　元至正年间(公元 1341—1368 年),祁门方贡孙建,地处县城北隅。⑤

30. 师山书院　元至正年间(公元 1341—1368 年),歙县郑玉门人鲍元康等"以受业者众,玉所居不能容,乃相与即其地为之。中书省名曰'师山书院'"。地处师山。郑玉讲学处。⑥

31. 费公书院　元代,歙县岩镇闵氏宗族子弟闵道源,任太平路教授,"上章请立费公书院"。地处岩镇。⑦

---

① (明)汪舜民纂,彭泽修:弘治《徽州府志》卷五《学校》,明弘治十五年(公元 1502 年)刻本。

② (清)施璜辑,吴瞻泰等补,程建校:《紫阳书院志》卷十三,清雍正三年(公元 1725 年)刻本。

③ (明)汪舜民纂,彭泽修:弘治《徽州府志》卷五《学校》,明弘治十五年(公元 1502 年)刻本。

④ (民国)葛韵芬等修,江峰青纂:《重修婺源县志》卷六《建置·学校》,民国十四年(公元 1925 年)刻本。

⑤ (清)赵吉士撰,丁廷楗、卢询修:康熙《徽州府志》卷十七《杂志·古迹》,清康熙三十八年(公元 1699 年)刻本。

⑥ (清)夏銮等纂,马步蟾修:道光《徽州府志》卷三《营建志·学校》,清道光七年(公元 1827 年)刻本。

⑦ (明)程尚宽等纂:《新安名族志》前集,日本东洋文库藏明嘉靖三十年(公元 1551 年)刻本。

32. 道川书院	元代,婺源大田五镇倪氏宗族子弟倪士安,为纪念理学家倪士毅,"于居傍为构书院,以容讲学之士。学者扁(匾)额曰'道川书院'。仍捐田四十亩,以赡四方学者"。①
33. 月友书院	元末,休宁鬲山程氏宗族子弟程翊夫(号月友),"尝创月友书院,与赵东山、倪尚绅、倪尚谊、陈伯□、陈自新、朱允升……诸贤,肄业其中"。②
34. 凤池书院	元末,姚琏讲席之处,地处歙县三十一都深渡。③
35. 枫林书院	元末,休宁理学家朱升建,讲学其中,地处歙县二十五都石门。明太祖曾赐"梅花初月"匾额。④
36. 阆山书院	元至正中,婺源汪同建,地处阆山。延赵汸为师,"以教乡之俊秀者"。明弘治时已废。⑤
37. 石丘书院	元末,婺源里人胡孟成建,以居来学,地处邑西考川南。至正壬辰(公元1352年)兵毁。⑥
38. 屯山书院	元明之际,休宁屯溪潘氏宗族子弟潘琪(号屯山),"与宪副雪湖冯公吟咏,素善,构屯山书院,以教子姓"。⑦
39. 樟源书院	元明之际,婺源新溪程氏宗族子弟程焕创建,"捐资成就

---

① (明)程尚宽等纂:《新安名族志》后集,日本东洋文库藏明嘉靖三十年(公元1551年)刻本。

② (明)程尚宽等纂:《新安名族志》前集,日本东洋文库藏明嘉靖三十年(公元1551年)刻本。

③ (民国)许承尧纂:《歙县志》卷二《营建志·学校》,民国二十六年(公元1937年)铅印本。

④ (清)赵吉士撰,丁廷楗、卢询修:康熙《徽州府志》卷七《营建志·学校》,清康熙三十八年(公元1699年)刻本;(民国)许承尧纂:《歙县志》卷二《营建志·学校》,民国二十六年(公元1937年)铅印本。

⑤ (明)汪舜民纂,彭泽修:弘治《徽州府志》卷五《学校》,明弘治十五年(公元1502年)刻本。

⑥ (明)汪舜民纂,彭泽修:弘治《徽州府志》卷五《学校》,明弘治十五年(公元1502年)刻本。

⑦ (明)程尚宽等纂:《新安名族志》后集,日本东洋文库藏明嘉靖三十年(公元1551年)刻本。

贫士,德声著扬"。地处沙阳。①

40. 青山书院　　元明之际,婺源新溪程氏宗族子弟程焕创建,"捐资成就贫士,德声著扬"。地处沙阳。②

41. 龙峰书院　　明洪武九年(公元1376年),绩溪胡德裕建,地处龙川。成化年间,胡富重建。③

42. 东墅书院　　明洪武十五年(公元1382年),绩溪东市黄氏宗族子弟黄克敬,"授南京户科给仕(事)中,转河南道监察御史,建东墅书院"。④

43. 北园书院　　明初歙县凌庆四建,"日聚徒阐明程朱之旨",地处沙溪。⑤

44. 窦山书院　　明初祁门程景华建,地处善和里。"筑室贮书数千卷,延经师以教"子弟。⑥

45. 桂岩书院　　明初婺源里人戴天德建,地处桂岩东。成化七年(公元1471年),戴善美重建。二十三年(公元1487年),戴善美和戴铣改建于里之翁村,"割田购书,以训乡族子弟"。程敏政记。⑦

---

① (明)程尚宽等纂:《新安名族志》前集,日本东洋文库藏明嘉靖三十年(公元1551年)刻本。
② (明)程尚宽等纂:《新安名族志》前集,日本东洋文库藏明嘉靖三十年(公元1551年)刻本。
③ (清)夏銮等纂,马步蟾修:道光《徽州府志》卷三《营建志·学校》,清道光七年(公元1827年)刻本。
④ (明)程尚宽等纂:《新安名族志》前集,日本东洋文库藏明嘉靖三十年(公元1551年)刻本。
⑤ (民国)许承尧纂:《歙县志》卷十《人物·士林》,民国二十六年(公元1937年)铅印本。
⑥ (明)程昌纂:祁门《窦山公家议·窦山书院记》,明万历刻本。
⑦ (明)汪舜民纂,彭泽修:弘治《徽州府志》卷五《学校》,明弘治十五年(公元1502年)刻本。

46. 白云书院	明初歙县唐仲实讲学于此,地处槐塘。①
47. 率溪书院	明成化五年(公元 1469 年),休宁程希隆建,"以为其孙文杰、曾杰及族人讲习之所",地处率口。②
48. 东山书院	明正德末,郡守留志淑与知县洪晢建;嘉靖九年(公元 1530 年)知县陈光华重建,更名"环古书院";万历四十四年(公元 1616 年),知县陈翀奎重建,仍名"东山书院";清多次重修。地处祁门县治东眉山。③
49. 斗山书院	元明间歙人姚琏、唐仲等作精舍讲学;嘉靖十年(公元 1531 年),知府冯世雍葺为书院;万历十九年(公元 1591 年),许国、凌瑁重建。湛若水曾讲学于此。后多次重修。地处歙县府城东斗山之巅。④
50. 崇正书院	嘉靖年间(公元 1522—1566 年),知府冯世雍建,地处歙县二十都堨田竺溪寺。⑤
51. 南山书院	嘉靖年间(公元 1522—1566 年),歙县唐皋、郑佐建,地处岩镇南山之麓。清初,移镇西;乾隆三十六年(公元 1771 年),仍复旧址。⑥
52. 碧阳书院	嘉靖四十二年(公元 1563 年),黟县知县谢廷杰即儒学旧

---

① (清)赵吉士撰,丁廷楗、卢询修:康熙《徽州府志》卷七《营建志·学校》,清康熙三十八年(公元 1699 年)刻本。

② (明)汪舜民纂,彭泽修:弘治《徽州府志》卷五《学校》,明弘治十五年(公元 1502 年)刻本。

③ (清)夏銮等纂,马步蟾修:道光《徽州府志》卷三《营建志·学校》,清道光七年(公元 1827 年)刻本。

④ (清)夏銮等纂,马步蟾修:道光《徽州府志》卷三《营建志·学校》,清道光七年(公元 1827 年)刻本;(民国)许承尧纂:《歙县志》卷二《营建志·学校》,民国二十六年(公元 1937 年)铅印本。

⑤ (民国)许承尧纂:《歙县志》卷二《营建志·学校》,民国二十六年(公元 1937 年)铅印本。

⑥ (民国)许承尧纂:《歙县志》卷二《营建志·学校》,民国二十六年(公元 1937 年)铅印本。

址建,地处碧山之阳。天启时为魏忠贤所毁,崇祯时修复,乾隆时撤销。嘉庆年间知县吴甸华重建于横江之滨。①

53. 颖滨书院 嘉靖年间(公元1522—1566年),绩溪知县赵春以文定公祠(苏辙祠)改建,地处县城新西街。②

54. 天泉书院 嘉靖年间(公元1522—1566年),冯三石建,湛若水讲学于此。地处休宁歧山石桥岩之左。③

55. 福山书院 嘉靖年间(公元1522—1566年),婺源县湛若水门人建。岁久倾颓,后封官余世安重修。地处县南45里。④

56. 世贤书院 嘉靖年间(公元1522—1566年),婺源游震得建,地处婺源县城牧民坊。⑤

57. 李源书院 明中期祁门里人李汛建,捐田二十亩,"为族之子弟能读书者之助。学士程敏政记"。地处县东李源。⑥

58. 尊罗书院 嘉靖年间(公元1522—1566年),婺源游震得兄弟建,以资来学,仰止堂祀朱子、先儒。⑦

59. 万春书院 绩溪涧洲许氏宗族子弟许万三建,地处涧洲。后毁。明

---

① (清)夏銮等纂,马步蟾修:道光《徽州府志》卷三《营建志·学校》,清道光七年(公元1827年)刻本。
② (清)清恺、席存泰纂修:嘉庆《绩溪县志》卷五《乡学》,清嘉庆十五年(公元1810年)刻本。
③ (清)夏銮等纂,马步蟾修:道光《徽州府志》卷三《营建志·学校》,清道光七年(公元1827年)刻本。
④ (清)夏銮等纂,马步蟾修:道光《徽州府志》卷三《营建志·学校》,清道光七年(公元1827年)刻本。
⑤ (民国)葛韵芬等修,江峰青纂:《重修婺源县志》卷七《建置·宫室》,民国十四年(公元1925年)刻本。
⑥ (明)汪舜民纂,彭泽修:弘治《徽州府志》卷五《学校》,明弘治十五年(公元1502年)刻本。
⑦ (民国)葛韵芬等修,江峰青纂:《重修婺源县志》卷七《建置·宫室》,民国十四年(公元1925年)刻本。

嘉靖年间,许钥"尝与侄时涧捐赀修复"。①

60. 双溪书院 婺源海川太原王氏宗族子弟王伯淳,为宗人府仪宾,"特请重建双溪书院"。地处海川。②

61. 方壶书院 明代,休宁西门汪氏宗族子弟汪灿,"倡复柳塘故址,建方壶书院,尝倡修本宗谱"。③

62. 漳溪书院 明代,休宁五城詹氏宗族子弟詹忍默,"始筑鉴塘别墅,广辟书塾书楼,为漳溪书院。乡进士张宗道、令尹项宠、训导程珖、程恭、项慎辈,迭相肄业其中"。④

63. 还古书院 万历二十年(公元1592年),休宁知县祝世禄等倡建,地处古城万安山。明末和清代,不断重修。⑤

64. 崇文书院 万历年间(公元1573—1619年),六县四方绅士讲学于此。地处歙县溪南。⑥

65. 桃源书院 天启二年(公元1622年),黟县七都余心建,又名"时习堂",地处石墨岭。后倾塌。⑦

66. 淋沥书院 地处黟县五都淋沥山,诸生讲书处。明天启时,被魏忠

---

① (明)程尚宽等纂:《新安名族志》后集,日本东洋文库藏明嘉靖三十年(公元1551年)刻本。

② (明)程尚宽等纂:《新安名族志》后集,日本东洋文库藏明嘉靖三十年(公元1551年)刻本。

③ (明)程尚宽等纂:《新安名族志》前集,日本东洋文库藏明嘉靖三十年(公元1551年)刻本。

④ (明)程尚宽等纂:《新安名族志》前集,日本东洋文库藏明嘉靖三十年(公元1551年)刻本。

⑤ (清)夏銮等纂,马步蟾修:道光《徽州府志》卷三《营建志·学校》,清道光七年(公元1827年)刻本。

⑥ (清)赵吉士撰,丁廷楗、卢询修:康熙《徽州府志》卷七《营建志·学校》,清康熙三十八年(公元1699年)刻本。

⑦ (清)程汝翼、俞正燮纂,吴甸华修:嘉庆《黟县志》卷十《书院》,清嘉庆十七年(公元1812年)刻本。

贤所毁。①

67. 海阳书院　崇祯八年(公元 1635 年),休宁知县王佐创建,地处县前街西南良安驿旧址。十六年(公元 1643 年),改称"瞻云书院"。清代,不断重修。②

68. 天都书院　崇祯十六年(公元 1643 年),知府唐良懿兴书院,贡生吴经邦倡建。清康熙十二年(公元 1673 年),知府曹鼎望重建。地处歙县西城外。③

69. 明德书院　明末婺源俞懋衡建。④

70. 道存书院　明季建,地处歙县五都大和坑。清乾隆年间(公元 1736—1795 年),叶之堪等重修。"五都士子会文之所"。⑤

71. 明善书院　明休宁商山人吴继良建,地处商山。⑥

72. 霞源书院　明婺源知县朱一桂建,地处二十五都霞坞。康熙年间毁。⑦

73. 山雾书院　明婺源正学方灌清建。⑧

74. 中天书院　明代建,为诸儒讲学处,地处黟县七都渔亭。天启年间为

---

① (清)程汝翼、俞正燮纂,吴甸华修:嘉庆《黟县志》卷十《书院》,清嘉庆十七年(公元 1812 年)刻本。

② (清)夏銮等纂,马步蟾修:道光《徽州府志》卷三《营建志·学校》,清道光七年(公元 1827 年)刻本。

③ (民国)许承尧纂:《歙县志》卷二《营建志·学校》,民国二十六年(公元 1937 年)铅印本。

④ (民国)葛韵芬等修,江峰青纂:《重修婺源县志》卷七《建置·宫室》,民国十四年(公元 1925 年)刻本。

⑤ (民国)许承尧纂:《歙县志》卷二《营建志·学校》,民国二十六年(公元 1937 年)铅印本。

⑥ (清)赵吉士撰,丁廷楗、卢询修:康熙《徽州府志》卷十五《人物志·尚义》,清康熙三十八年(公元 1699 年)刻本。

⑦ (清)赵吉士撰,丁廷楗、卢询修:康熙《徽州府志》卷七《营建志·学校》,清康熙三十八年(公元 1699 年)刻本。

⑧ (民国)葛韵芬等修,江峰青纂:《重修婺源县志》卷七《建置·宫室》,民国十四年(公元 1925 年)刻本。

魏忠贤所毁。①

75. 东园书院　明绩溪胡有明建,裔孙胡松重建。②

76. 新兴书院　明建,地处绩溪仁里。③

77. 谦如书院　明绩溪陈于泰归籍后建,又名"蜀川书院",地处蜀马,"有记"。④

78. 新溪书院　明休宁里人朱暹建,太平应纪记,地处十五都。⑤

79. 眉公书院　清顺治九年(公元1652年),绩溪知县郭四维倡建。乾隆二年(公元1737年),知县王锡蕃更名"敬业书院"。汤显忠掌教,"一时肄业者众"。四十六年(公元1781年),刘焕复"延师课士"。地处县儒学基地。⑥

80. 二峨书院　清绩溪知县李之铧建,地处儒学基地。⑦

81. 蒋公书院　康熙年间(公元1662—1722年)建,地处婺源县东门外四都巷。⑧

82. 二峰书院　康熙年间(公元1662—1722年)建,地处婺源词川。冯大

---

① (清)程汝翼、俞正燮纂,吴甸华修:嘉庆《黟县志》卷十《书院》,清嘉庆十七年(公元1812年)刻本。

② 张雨青:《安徽书院考》,载《安徽史学》,1985年第5期。

③ (宋)苏辙撰:《栾城集》卷十四《辞灵惠庙归过新兴书院基屋壁》,《四部丛刊》影印本,上海:商务印书馆,民国八年(1919年)。

④ (清)清恺、席存泰纂修:嘉庆《绩溪县志》卷五《乡学》,清嘉庆十五年(公元1810年)刻本。

⑤ (明)汪舜民纂,彭泽修:弘治《徽州府志》卷五《学校》,明弘治十五年(公元1502年)刻本。

⑥ (清)清恺、席存泰纂修:嘉庆《绩溪县志》卷五《乡学》,清嘉庆十五年(公元1810年)刻本;(清)夏銮等纂,马步蟾修:道光《徽州府志》卷三《营建志·学校》,清道光七年(公元1827年)刻本。

⑦ (清)赵吉士撰,丁廷楗、卢询修:康熙《徽州府志》卷七《营建志·学校》,清康熙三十八年(公元1699年)刻本。

⑧ (民国)葛韵芬等修,江峰青纂:《重修婺源县志》卷七《建置·祀典》,民国十四年(公元1925年)刻本。

山题额。①

83. 汤公书院 乾隆三年(公元1738年),绩溪士民倡建,祀训导汤显忠。地处县署左。②

84. 双杉书院 乾隆年间(公元1736—1795年),婺源王廷鉴建,并捐膄田七十余亩,以赡族中读书、会课、膏火、考费。地处城北。后族众增建。③

85. 竹山书院 乾隆年间(公元1736—1795年),歙县里人曹翰屏建,地处二十八都雄村桃花坝。④

86. 问政书院 旧歙县学内名宦祠后。乾隆三十五年(公元1770年),知县张佩芳"以规制不称,无以容学者"。贡生程光国等斥资改建于学东江家坞。⑤

87. 古紫阳书院 乾隆五十五年(公元1790年),歙县曹文埴、鲍志道、程光国等倡建。地处县学后。"名之曰'古紫阳书院',欲别于紫阳山之书院也"。⑥

88. 骐阳书院 乾隆年间(公元1736—1795年),婺源中云王在文倡族重建,为族人讲学、会文之所。地处中云村。太史俞炜题额。⑦

---

① (民国)葛韵芬等修,江峰青纂:《重修婺源县志》卷七《建置·宫室》,民国十四年(公元1925年)刻本。

② (清)清恺、席存泰纂修:嘉庆《绩溪县志》,清嘉庆十五年(公元1810年)刻本。

③ (民国)葛韵芬等修,江峰青纂:《重修婺源县志》卷七《建置·宫室》,民国十四年(公元1925年)刻本。

④ (民国)许承尧纂:《歙县志》卷二《营建志·学校》,民国二十六年(公元1937年)铅印本。

⑤ (民国)许承尧纂:《歙县志》卷二《营建志·学校》,民国二十六年(公元1937年)铅印本。

⑥ (清)夏銮等纂,马步蟾修:道光《徽州府志》卷三《营建志·学校》,清道光七年(公元1827年)刻本。

⑦ (民国)葛韵芬等修,江峰青纂:《重修婺源县志》卷七《建置·宫室》,民国十四年(公元1925年)刻本。

89. 岩溪书院　嘉庆十九年（公元 1814 年）建，地处歙县二十六都文公舍。①

90. 濂溪书院　道光二十三年（公元 1843 年），绩溪城西周氏宗族以光霁书屋改建，地处县城周氏宗祠之左。②

91. 东山书院　道光八年（公元 1828 年），绩溪胡余德捐建。③

92. 开文书院　道光二十七年（公元 1847 年），婺源延村、西冲、渎屋泉、思溪、汪村合建。地处北乡思溪吴河。④

93. 西乡书院　道光年间（公元 1821—1850 年），婺源臧聪等倡建。⑤

94. 教忠书院　咸丰七年（公元 1857 年）建，地处婺源北乡清华镇黄家村。⑥

95. 玉林书院　咸丰年间（公元 1851—1861 年），婺源项儒珍建，为乡族子弟肄业之所。地处周溪。⑦

96. 崇报书院　同治二年（公元 1863 年）捐建，地处婺源县东门大街。原为左宗棠生祠。⑧

97. 飞布书院　地处歙县府城新安卫前之西。⑨

---

① （民国）许承尧纂：《歙县志》卷二《营建志·学校》，民国二十六年（公元 1937 年）铅印本。
② （清）周之屏、周赞贤纂：《绩溪城西周氏宗谱》卷首，清光绪二十四年（公元 1898 年）敬爱堂活字本。
③ 《徽州的书院》，载《徽学通讯》，第 13～14 期增卷，未署作者。
④ （民国）葛韵芬等修，江峰青纂：《重修婺源县志》卷六《建置·学校》，民国十四年（公元 1925 年）刻本。
⑤ （清）夏銮等纂，马步蟾修：道光《徽州府志》卷十一《人物志·文苑》，清道光七年（公元 1827 年）刻本。
⑥ （民国）葛韵芬等修，江峰青纂：《重修婺源县志》卷六《建置·学校》，民国十四年（公元 1925 年）刻本。
⑦ （清）吴鹗等纂：光绪《婺源县志》卷三十四《义行》，清光绪八年（公元 1882 年）刻本。
⑧ （民国）葛韵芬等修，江峰青纂：《重修婺源县志》卷六《建置·学校》，民国十四年（公元 1925 年）刻本。
⑨ （民国）许承尧纂：《歙县志》卷二《营建志·学校》，民国二十六年（公元 1937 年）铅印本。

98. **岑山书院** 地处歙县二十六都小溪。①

99. **崇本书院** 地处歙县十六都西溪南。②

100. **桂林书院** 婺源蕉源吴氏宗族建,地处蕉源。③

101. **藻潭书院** 地处婺源清华。④

102. **词源书院** 婺源词源王氏宗族建,祀参军王希翔、王延钊,地处词川村。⑤

103. **天瞿书院** 婺源县清华建。⑥

104. **蛟潭书院** 地处祁门县查湾。⑦

无书院之名,而有书院之实者,也有一批。如,歙县的江东道院、三峰精舍、初山精舍,休宁的东山精舍、心远楼,婺源的四友堂、富孝堂、正经堂,祁门的遗经楼、钟山书堂、神交精舍、石龙精舍,绩溪的石丈斋,等等。⑧

教育事业的发达,提高了宗族子弟的文化素质,同时,培养了大量高水平的人才。明天顺年间(公元1457—1464年),徽州知府孙遇在《新安文粹》序

---

① (清)夏銮等纂,马步蟾修:道光《徽州府志》卷三《营建志·学校》,清道光七年(公元1827年)刻本。

② (民国)许承尧纂:《歙县志》卷二《营建志·学校》,民国二十六年(公元1937年)铅印本。

③ (民国)葛韵芬等修,江峰青纂:《重修婺源县志》卷七《建置·宫室》,民国十四年(公元1925年)刻本。

④ (民国)葛韵芬等修,江峰青纂:《重修婺源县志》卷七《建置·宫室》,民国十四年(公元1925年)刻本。

⑤ (民国)葛韵芬等修,江峰青纂:《重修婺源县志》卷七《建置·宫室》,民国十四年(公元1925年)刻本。

⑥ (清)吴鹗等纂:光绪《婺源县志》卷三十四《义行》,清光绪八年(公元1882年)刻本。

⑦ (清)汪韵珊纂,周溶修:同治《祁门县志》卷十一《舆地志·古迹》,清同治十二年(公元1873年)刻本。

⑧ 参见(明)汪舜民纂,彭泽修:弘治《徽州府志》卷五《学校》,明弘治十五年(公元1502年)刻本;(清)赵吉士撰,丁廷楗、卢询修:康熙《徽州府志》卷七《营建志·学校》,清康熙三十八年(公元1699年)刻本;(清)夏銮等纂,马步蟾修:道光《徽州府志》卷三《营建志·学校》,清道光七年(公元1827年)刻本;(清)汪韵珊纂,周溶修:同治《祁门县志》卷十一《舆地志·古迹》,清同治十二年(公元1873年)刻本。

文中说：

> 古称新安大好山水，故山水之秀钟，而为人多能文章，若休阳苏大景元所选可见矣。景元以郡人所著诗文，起唐、宋及国朝，披沙拣金，去十佰而取一二，名曰《新安文粹》，盖以侈是邦人物之盛，然非夸美，皆实录也。予由地官属四知新安，几十六年，土风民习，颇知其详。政务之暇，观民风，出郊坰，循行阡陌，虽穷乡僻壤，亦闻读书声。……尝观六经子史，其间注释发明奥旨者，自周、程、张子以下，新安人物过半。……文献之传，显于唐，盛于宋；迨文公朱夫子出，阐明圣学，折中群言，而斯郡文风遂大显于天下。自是而后，有潜心经学者，大率宗朱子而羽翼之。如陈定宇《四书发明》、胡云峰《四书通》、倪士毅《四书辑释》、程复心《四书章图》、汪克宽《春秋纂疏》、鲍云龙《天原发微》、胡一桂《周易纂疏》、郑师山《春秋阙疑》、朱枫林《六经旁注》、赵东山《春秋属辞》……其他名公巨卿及遁山林、栖草野，雄文大作，音韵铿訇，足以追配古作者尤多。①

徽州宗族教育的水平和宗族人才的文化素质可以从张潮《洪愫庵玉图歜问序》一文看到一斑。其文曰：

> 王弇州先生来游黄山时，三吴两浙诸宾客从游者百余人，大都各擅一技，世鲜有能敌之者，欲以傲于吾歙。邑中汪南溟（汪道昆——引者）先生闻其至，以黄山主人自任，僦名园数处，俾吴来者各各散处其中，每一客必有一二主人为馆伴。主悉邑人，不外求而足，大约各称其伎，以书家敌书家，以画家敌画家，以至琴奕篆刻，堪舆星相，投壶蹴鞠，剑槊歌吹之属，无不备。与之谈，则酬酢纷纷，如黄河之水，注而不竭；与之角技，宾时或屈于主。弇州大称赏而去。②

---

① （明）汪舜民纂，彭泽修：弘治《徽州府志》卷十一《词翰》一，明弘治十五年（公元 1502 年）刻本。

② （民国）许承尧撰：《歙事闲谭》第十二册《王弇州诸人游歙》，稿本。

众所周知,明清时期三吴两浙文化,就区域文化来说,是属于佼佼者。但是,这个"世鲜有能敌之者"的庞大文人旅游团体,有时还敌不过歙县的文人。由此可见,徽州宗族文人文化水平之高。

民国时期,由于宗族对教育事业特别重视,所以,宗族绝大多数子弟都受过初等教育,中学生比比皆是,大学生和留学生也不少。据我们调查,中华人民共和国建国前夕,黟县南屏叶氏宗族大学毕业生有叶芳硕、叶长荣、叶绍祺、叶祖期、叶玉如(女)等数人。留学生有叶芳珏,留学美国,建筑工程专家;叶仲玑,留学美国,教育家;叶敏修,留学日本,任黟县碧阳、敬业两校校长。① 歙县呈坎前、后罗氏宗族大学生有罗运楷、罗敏修、罗会煜、罗会烈、罗时润等数人。留学生有:罗会坦,留日,教育家;罗运松,留日,教育家和实业家。据不完全统计,黟县西递明经胡氏宗族有大学生 32 人,留学生 5 人,专家 14 人。

第二节 科第蝉联与累世簪缨

宋代以来,徽州许多世家大族科第蝉联、名臣辈出,这不仅是徽州宗族成为世家大族的主要原因,而且是徽州宗族重教崇文的一个显著表现。

一、宗族鼓励和学子追求

徽州宗族重视教育事业。他们认为,"非儒术无以亢吾宗"②,"非诗书不能显亲"③。为了实现十年寒窗,金榜题名,仕宦簪缨,最终达到"亢吾宗""大吾门"、荣宗耀祖的目的,徽州宗族不仅都重视对子弟——特别是聪明才俊子弟——的培养,同时,还普遍实行鼓励子弟走科第仕宦之路。例如,绩溪《明

---

① 赵华富:《黟县南屏叶氏宗族调查研究报告》,载《徽州社会科学》,1994 年第 2 期。
② (明)汪道昆撰:《太函集》卷六十七《明赠承德郎南京兵部车驾司署员外郎主事江公暨安人郑氏合葬墓碑》,明万历十九年(公元 1591 年)金陵刻本。
③ (民国)吴吉祐纂:歙县《丰南志》第五册《从父敬仲公状》,稿本。

经胡氏龙井派祠规》规定：一、"凡攻举子业者，岁四仲月，请齐集会馆会课，祠内支持供给。赴会无文者，罚银二钱。当日不交卷者，罚一钱。祠内托人批阅"。二、"其学成名立者，赏入泮贺银一两，补廪贺银一两，出贡贺银五两"。三、"至若省试，盘费颇繁，贫士或艰于资斧，每当宾兴之年，各名给元银二两，仍设酌为饯荣行。有科举者全给，录遗者先给一半，俟入棘闱，然后补足。会试者，每人给盘费十两"。四、"登科贺银伍十两，仍为建竖旗匾，甲第以上加倍"。① 徽州《汪氏渊源录·汪氏黎阳家范·给助条款》规定：

  一、子孙有志读书，岁给灯油银一两；

  一、贫而有业儒者，岁给薪水银二两；

  一、入泮援例入监者，给贺仪银一两；

  一、科举应试者，给卷资银一两；

  一、明经赴京廷试者，给旗匾银二两；

  一、登科者，给旗匾银五两；登第者，给旗匾银十两。

《绩溪城西周氏宗谱·祠规》规定：一、宗族创办的濂溪书院"立一文会，每月齐传阖族应试生童，诣院会课二次，课日供给饭食。课文延访名师，酌送束脩，寄呈评阅，定名出榜。列前五名者，给赏纸笔，以示奖励。如有在家不到课者，着会首访查记名，春冬两季，并不给胙"。二、宗祠贺新生定例："照新生人数，每名于公匣内贴钱三钱，仍到者各出分资。如遇便班演戏，宗祠外贴油火、杂费钱一两"。三、送乡试、会试，赴闱盘费：乡试，现有"老配""新立""上京"户"所置田产并文会租息，汇积三年，照人多寡分送"；会试，"定于祠内每人送元银二十四两，'上京户'内每人送十六两，文会内每人送八两"；中进士者，"祠内送银四十八两，鼎甲及翰林照例倍给"；拔贡上京朝考者，"祠内送银二十四两，'上京户'、文会俱照会试例分送，永为定例"。四、"中举祭祖，宗祠定于公匣内送戏一台，阖族具贺，各出分资"。五、"祠内挂匾，非科甲不得滥

---

① （民国）胡宝铎、胡宜铎纂：绩溪《宅坦明经胡氏龙井派宗谱》卷首，民国十年（公元1921年）木刻本。

挂。科名挂下堂两廊,甲第挂中堂边间,中间正梁,非鼎甲及出仕开府以上者不得挂"。旧祠所挂仕宦各匾,"汇书一匾于中堂东照壁";恩、拔、副、岁贡生以及杂职未出仕者,"汇书一匾于中堂西照壁"。"至出仕州县以上者,无论出身,照科名例挂匾。至府道以上者,照甲第例挂匾。若职衔,止许于汇匾上书名"。

徽州宗族春秋二祭或冬祭,都"散胙"(或曰"颁胙")。据历史文献记载和社会调查资料,宗族祭祖之后散胙,都实行奖励举子科第仕宦的制度。例如,《绩溪城西周氏宗谱·办祭颁胙例》规定,与祭支丁,15岁至59岁给包胙1对,猪肉半斤。但是,童生给包胙1对,猪羊胙1斤,外散福;生员与监生给包胙3对,猪羊胙2斤,外散福;例贡生、廪生给包胙4对,猪羊胙3斤,外散福;恩、拔、副、岁贡生给包胙5对(出仕者照出身倍给),猪羊胙4斤,外散福;举人给包胙7对,猪羊胙8斤,外散福;进士给包胙14对,猪羊胙16斤,外散福;鼎甲及翰林送包胙28对,鼓乐送猪羊胙24斤。出仕州县以上送包胙12对,猪羊胙12斤(科甲出身者外照本身加胙);出仕府道以上送包胙24对,猪羊胙24斤(科甲出身者外照本身加胙);三品以上毋论出身,通用鼓乐送猪羊全副(各一头)……由于每个宗族的经济状况和祠堂的经济收入不同,散胙数量有多有少,千差万别;但是,实行奖励举子科第仕宦的精神基本上是一致的。

神主(或曰"牌位""木柱""栗主""神位"等)在祠堂享受的不同"待遇",对宗族子弟走科第仕宦之路,是一个重要的鼓励。徽州宗族祠堂供奉神主龛室规都规定,一般没有什么功德的祖先神主,不但都供奉在左右昭穆室,而且都是"五世则迁"。也就是说,这些神主在祠堂中只享受四代子孙的祭祀,玄孙死绝即从祠堂中迁出,埋到墓所。① 依据古代宗法制,五服以内为亲,超过五服为亲尽。徽州宗族祠堂中供奉的一般祖先神主,都是"五世则迁"。因此,神龛之中只有高、曾、祖、考四世。但是,科第仕宦神主则不同,这些神主不仅

---

① (宋)朱熹撰:《家礼》,《四库全书》影印本,上海:上海古籍出版社,1987年。

堂而皇之地配享于中龛始祖神主两侧,而且世世代代享受子孙后代的祭祀,"百世不迁"。例如,歙县桂溪项氏宗祠《供奉神主龛室规》规定:

> 各祖考妣神主,捐职考职未邀封典神主,例捐贡监廪庠生神主,并安昭穆室,五世则迁。

但是,这个宗族宗祠的《供奉神主龛室规》又规定:

> 荣膺封赠神主,文武仕宦神主,甲第科贡神主,仁贤盛德神主,忠孝节义神主,各门门祖神主,爵德兼隆,光前裕后,并宜祔享中龛左右,永远不祧。①

一条是"五世则迁",一条是"永远不祧",这是一个很大的区别。历史文献记载告诉我们,徽州宗族非常重视这个区别。

祖先崇拜是中国古代人的传统思想,灵魂不灭是封建时代人的普遍观念。死后神主能供奉于祠堂寝室中龛始祖神主左右,永远接受子孙后代的祭祀朝拜,是无上的光荣。这一点对莘莘学子具有巨大的诱惑力。

宗族为已故的科第仕宦祖先树碑立传,对宗族子弟走科第仕宦之路,也是一个重要的推动力。众所周知,凡是有雄心壮志的人,多数都想名垂青史。怎样才能实现这一抱负呢?在封建时代,人们普遍认为,走科第仕宦之路是一个最重要的途径。据历史文献记载,在正史中立传者固然是凤毛麟角,有资格在方志中立传也不容易,但是,宗族谱牒为绝大多数金榜题名、冠饰簪缨者立传。明嘉靖三十年(公元1551年)依据谱牒资料编纂的《新安名族志》,简要阐述了80个姓氏中"忠孝、节义、勋业、文章有关世教者"的实迹。② 据我们抽样统计,书中的40个宗族共列举了1,763人,其中科第仕宦933人,孝子贤孙61人,节妇烈女96人,隐德义行258人,儒林著述415人。科第仕宦

---

① (清)项启钠纂:歙县《桂溪项氏族谱》卷二十二《祠祀》,清嘉庆十六年(公元1811年)刻本。

② (明)程尚宽等纂:《新安名族志·凡例》,日本东洋文库藏明嘉靖三十年(公元1551年)刻本。

人数占总人数的53.97%,是孝子贤孙人数的15.29倍,节妇烈女的9.61倍,隐德义行的3.61倍,儒林著述的2.24倍。

众所周知,在封建时代,跨进仕宦这个圈子,就有名、权、利。这个诱惑力是异常巨大的。因此,在宗族的大力鼓励下,除了个别"不求仕进""隐居不仕"者外,绝大多数聪明俊杰子弟都将科第仕宦作为人生最高追求,这就成为必然的社会现象了。据历史文献记载,徽州宗族子弟对金榜题名、冠饰簪缨的追求是十分执着的,有些举子表现异常顽强。例如,明末,休宁吴天衢,"初业制举,屡试郡邑弗售"。无奈"乃弃儒而商"①。歙县汪德昌,"习举城(业),屡试不售"。不得已,"游淮扬,佐办南巡大差,诸商人咸赖之"②。歙西溪南吴椿"出就外傅,先府君期望甚切,每晨即命入塾,夜读至鸡鸣未辍,太恭人无一毫姑息"。但是,他"屡踬公车,嘉庆己未榜后,留京凡三年"。至嘉庆壬戌(七年),才"成进士,引见改庶吉士"③。明清之际,歙县新馆鲍雯"自遭父变,家中落,忽欲以功名自奋"。但是,"连试有司,不得志。以先治齹两浙,至是额引告滞,公私逋负如蝟毛,不得已脱儒冠往武林运策以为门户计"④。清朝,黟县环山余飞骑,"五岁失怙,育于母,师于兄,恂恂如率循子弟职。稍长,奋志芸窗,攻苦下帷,作文辍(辄)惊老成名宿"。但是,"旋试不利,思赴监肄业,爰捐国子生。乃时与命违,三兄蕴章谢世,接理江右'源源米号'。以数未售所愿,而在在多与文人学士游,卒不废书史"⑤。休宁人汪可训,侨居芜湖。"十三应童子试,较艺本籍,群试之,脱穀旋芜,数数不售"。他想,"休巨邑也,当县队壁而战者近万人,即士有文何能及有司目。又计程往返千里,以千里

---

① (明)曹嗣轩纂:《休宁名族志》卷三,南京大学图书馆藏本。
② (民国)许承尧纂:《歙县志》卷九《人物志·义行》,民国二十六年(公元1937年)铅印本。
③ (民国)吴吉祜纂:歙县《丰南志》第五册《皇清例封宜人覃恩诰封太宜人晋封太恭人显妣乔太恭人行述》,稿本。
④ (清)鲍存良、鲍诚猷纂:《歙新馆鲍氏著存堂宗谱》卷二《解占第行状》,清光绪元年(公元1875年)活字本。
⑤ (民国)余攀荣、余旭升纂:黟县《环山余氏宗谱》卷二十一《飞骑唐珊余君传》,民国六年(公元1917年)木活字本。

之程而希近万偶一之获,此实难。南雍(京)距芜才二百里,扬帆仅一衣带间,舍乡学而取国学,亦足有为。于是遂游成均,谒先师,退就班列,明堂钟鼓得与省考焉"。但是,"终不得志"。不得已,"遂辍帖括,顿还旧栖"。① 婺源县人董步爵"少业儒,工时文,历十七试,竟不售;愤而习估,动辄折阅。叹曰:'名利非吾有也。'"②

徽州宗族子弟在科举考试道路上,一试不售再试,再试不售三试……大有人在,举不胜举。宋制,举人年高而屡经省试或殿试落第者,遇殿试时许由礼部贡院另立名册上奏,参加附试,称"特奏名"。据道光《徽州府志》卷九《选举志·科第》记载,宋代徽州622名进士之中,"特奏名"进士有70余人,占进士总人数的11%还多。明代,歙县人唐皋虽然读书非常勤奋刻苦,但是连续10科乡试都名落孙山。有人写了一首诗讽刺他说:"徽州好个唐皋哥,一气秋闱走十科。经魁解元荷包里,其奈京师剪绺多。"但是,唐皋不气馁,不在意。他在书房挂了一副楹联,以表现他顽强的意志。其文曰:"愈读愈不中,唐皋其如命何;愈不中愈读,命其如唐皋何。"同时,又悬挂了一副《渔翁网鱼图》,画上题诗以表坚韧不拔的精神。其文曰:"一网复一网,终有一网得。笑杀无网人,临渊空叹息。"正德八年(公元1513年),唐皋经过50多个春秋刻苦攻读,终于中了举人。第二年,京师会试,状元及第。③ 乾隆皇帝八十寿辰举行"万寿恩科"科举,黟县南屏叶氏宗族八十一岁举子叶逢年名落孙山。乾隆闻奏,特下谕旨"著加恩赏给举人"。其文曰:

> 乾隆五十四年十一月初四日奉上谕,据陈用敷奏,本年江南省应试诸生内,有八十一岁之叶逢年,三场完竣,未经中式等语。该生年逾八旬,精神矍铄,踊跃观光,实为儒林嘉瑞,著加恩赏给举人,准

---

① (明)汪澍纂:《休宁西门汪氏宗谱》卷六《太学可训公传》,清顺治十年(公元1653年)刻本。

② (民国)董培元、董维干、董国华纂:婺源《董氏宗谱·步爵公暨德配洪孺人合传》,民国二十年(公元1931年)木活字本。

③ 参见何兆基:《愈不中愈读的唐皋》,载《安徽老年报》,2001年5月10日。

其一体会试,以示朕寿世作人嘉惠耆龄至意。钦此。①

第二年,叶逢年赴京会试,又榜上无名。乾隆皇帝闻奏,又下谕旨"著赏给翰林院检讨衔"。其文曰:

> 乾隆五十五年四月十九日奉上谕,据知贡举铁保、姜晟奏,本年会试举子内有八十二岁之叶逢年,三场完竣,未经中式等语。本届朕八旬特开万寿恩科,该举子年老应试,庞眉皓首,踊跃观光,洵为升平盛事。著赏给翰林院检讨衔,加赏缎二匹,以示朕嘉惠耆儒、仁寿作人至意。钦此。②

耄耋举子千里迢迢赴省、赴京应试,这种顽强精神令人钦佩;同时,82岁还考不中,着实使人心寒。

二、科第蝉联

宋、明、清三代,徽州宗族科举考试取得了辉煌成就。在徽州宗族历史文献之中,经常会看到"科第蝉联"这个词组,这并不是夸大,而是历史事实。

宋代,婺源严田李氏宗族子弟中式进士共22人。他们是李德鸾、李严、李行成、李则参、李大端、李楫、李柟、李尚、李升之、李登、李步豹、李嘉猷、李玘、李震宗、李泰来、李时、李念祖、李碧山、李桃、李雷雨、李应奎、李沅等。其中,绍熙五年甲寅榜中式李大端和李楫2人;嘉定四年辛未榜中式李尚和李升之2人;嘉定七年甲戌榜中式李登和李步豹2人;绍定二年己丑榜中式李玘和李震宗2人;宝祐四年丙辰榜中式李桃、李雷雨、李应奎、李沅4人。③ 歙县草市俞氏宗族中式进士9人。他们是俞献可、俞献卿、俞希甫、俞希元、俞

---

① (清)叶有广、叶邦光纂:黟县《南屏叶氏族谱》卷一,清嘉庆十七年(公元1812年)木活字本。
② (清)叶有广、叶邦光纂:黟县《南屏叶氏族谱》卷一,清嘉庆十七年(公元1812年)木活字本。
③ (清)夏銮等纂,马步蟾修:道光《徽州府志·选举志》,清道光七年(公元1827年)刻本。

希孟、俞叔良、俞希旦、俞师锡、俞正图等。其中,俞献可及其子孙一门5人,俞献卿及其子孙一门4人。① 婺源横槎黄氏宗族子弟中式进士9人。他们是黄巽、黄元庆、黄遵、黄彦直、黄时伸、黄澈、黄时亨、黄湘、黄居敬等。②

明代,婺源大畈汪氏宗族子弟中式进士共16人,他们是汪梁(又名汪良士)、汪进、汪奎、汪舜民、汪坚、汪鋐、汪元锡、汪恩、汪珆、汪春时、汪道亨、汪国楠、汪尚谊、汪若极、汪元哲、汪能育等。其中,万历二十三年乙未科中式汪国楠和汪尚谊2人。③ 桃溪潘氏宗族子弟中式进士11人,他们是潘珏、潘珍、潘旦、潘选、潘鉴、潘锜、潘镒、潘潢、潘钭、潘士藻、潘之祥等。其中,弘治十八年乙丑榜中式潘旦和潘选2人;正德十六年辛巳榜中式潘镒和潘潢2人。④

据北京歙县会馆观光堂题名榜,清代歙县本籍、寄籍之官京朝取科第者即有:状元5人,榜眼2人,武榜眼1人,探花8人,传胪5人,会元3人,解元13人,进士296人。⑤ 据统计,清代徽州本籍、寄籍状元共18人。其中,本籍状元有金榜、洪莹、黄轩、吴锡龄4人;寄籍状元有徐元文、汪绎、汪应铨、毕沅、潘世恩、吴信中、洪钧、戴有祺、金德瑛、汪如洋、王以衔、戴衢亨、汪鸣相、戴兰芬等14人。⑥ 清代全国总共产生了114名状元,有许多省"剃光头",而徽州竟中了18人,占全国状元总数的15.79%,仅次于苏州。

徽州宗族子弟在科举考试中大批金榜题名,因而产生了许多"科举故事"。歙人许承尧说:"吾歙京朝官,以晚明为极盛。……至清则有'连科三殿

---

① (清)夏銮等纂,马步蟾修:道光《徽州府志·选举志》,清道光七年(公元1827年)刻本。
② (清)夏銮等纂,马步蟾修:道光《徽州府志·选举志》,清道光七年(公元1827年)刻本。
③ (清)夏銮等纂,马步蟾修:道光《徽州府志·选举志》,清道光七年(公元1827年)刻本。
④ (清)夏銮等纂,马步蟾修:道光《徽州府志·选举志》,清道光七年(公元1827年)刻本。吴仁安说,从明代成化年间至崇祯末年,婺源坑头潘氏宗族"中进士者合计竟有四十余人"。(见《徽学》2000年卷,合肥:安徽大学出版社,2001年)文献无征。
⑤ (民国)许承尧撰:《歙事闲谭》第十一册《清代歙京官及科第》,稿本。
⑥ 参见吴建华:《清代徽州状元》,载《徽学通讯》,1989年第1期增刊。吴文认为,清代徽州本籍状元4人,寄籍状元13人。按:吴文漏记顺治己亥科寄籍状元徐元文。

撰,十里四翰林'之说,亦盛极一时。三殿撰者,合歙、休二县言之。乾隆三十六年辛卯状元黄轩,休宁人;乾隆三十七年壬辰状元金榜,歙县人;乾隆四十年乙未状元吴锡龄,休宁人。四翰林者,同治十年辛未梁耀枢榜洪镔,岩镇人;郑成章,郑村人;黄宗惺,潭渡人;汪运錀,西溪人,皆西乡,沿丰乐溪滨,所居相距十里,以同科得庶吉士,亦希有事也。三殿撰中,金成闳儒;四翰林中,黄为积学,各有著作。"①史载,有"兄弟九进士、四尚书者""一榜十九进士者""一科同郡两元"者。②新编《婺源县志》载,宋代婺源考川明经胡氏宗族"父子四进士",中云王氏宗族"三代四进士"。明代桃溪潘氏宗族"一门十一进士",沱川余氏宗族"兄弟两进士"。清代县城董氏宗族"兄弟三进士"。歙县人程读山说,他的"先伯高祖司李扶舆公、高祖枭宪坤舆公、叔高祖县尹黄舆公,与桂林洪光禄孟邻公、都宪仲邻公、行人季邻公,俱同胞进士"③。现在,清朝皇帝为歙县唐模许氏宗族子弟许承家、许承宣兄弟立的"同胞翰林"牌坊,还矗立在唐模村村口。

徽州宗族子弟昔日科举考试所取得的辉煌,今天在徽州城镇乡村还可以看到保存下来的许多遗迹。如,歙县儒学的"科名坊"、县城中山巷的"吴氏世科坊"、东门外的"江氏世科坊",富竭乡大里村的"汪氏科第坊"、丰口村的"郑氏世科坊"、吴川村的"胡氏进士坊"、洪坑的"洪氏进士坊"、岩寺郑佐的"进士第门坊"、虹光村的"方贵文进士坊"等等。④这些石坊上镌刻着宗族子弟之中中式者的名字。实际上,石坊就是一个一个的"光荣榜"。请看江氏世科坊:

世　科

正统戊辰科　　　　　　江　真

成化庚子科　　　　　　江　环

---

① (民国)许承尧撰:《歙事闲谭》第十一册《科举故事一》,稿本。
② (清)赵吉士撰:《寄园寄所寄》卷十一《新安理学》,清康熙刻本;(清)徐卓撰:《休宁碎事》卷一,《徐氏海棠书巢》刻本,清嘉庆十六年(公元1811年)。按:"两元"者,指康熙辛未科状元戴有祺、会元张瑗。
③ (民国)许承尧撰:《歙事闲谭》第十一册《科举故事二》,稿本。
④ 宋子龙:《徽州牌坊艺术》,合肥:安徽美术出版社,1993年。

成化丙午科	江瓒
	江璋
弘治甲子科	江珙？
正德丁卯科	江琇
嘉靖甲子科	江来岷
万历乙酉科	江大鲲
康熙癸巳寿恩科	江发
乾隆丙辰恩科	江观澜
乾隆甲子科	江遥光
嘉庆壬戌科经魁	江上峰
嘉庆癸酉科□赐举人	江□
道光丁酉科	江□麟？
同治丁卯科	江恒

据道光《徽州府志·选举志》和新编原徽州府六个县的县志记载,宋、明、清三代徽州科举共中式进士2,134人。其中,宋代中式进士860人,明代中式进士492人,清代中式进士782人。现将三朝徽州中式进士分布情况列表如下:

表7-1 宋明清徽州六县进士统计表

县名	宋代	明代	清代	小计	资料来源
歙县	138人	209人	414人	761人	道光《徽州府志·选举志》;歙县地方志编纂委员会《歙县志·教育科技志》
休宁	155人	67人	191人	413人	道光《徽州府志·选举志》
婺源	334人	119人	88人	541人	道光《徽州府志·选举志》;婺源县志编纂委员会《婺源县志·教育体育志》
祁门	94人	56人	14人	164人	道光《徽州府志·选举志》;祁门县地方志编纂委员会《祁门县志·教育志》
黟县	93人	13人	30人	136人	道光《徽州府志·选举志》
绩溪	46人	28人	45人	119人	道光《徽州府志·选举志》;绩溪县地方志编纂委员会《绩溪县志·教育体育志》
总计	860人	492人	782人	2134人	
备注	(1)休宁县只统计到清道光六年; (2)歙县含武进士87人,婺源县含25人,祁门县含8人,绩溪县含25人。				

宋代，共举行过118科进士科考试，录取进士约42,000人，其中徽州进士有860人，占全国进士总数的2.04%还多。明代，共举行过89科进士科考试，录取进士约25,200人，其中徽州本籍和寄籍进士有492人，占全国进士总数的1.95%。清代，共举行过112科进士科考试，录取进士约26,300人，其中徽州本籍和寄籍进士有782人，占全国进士总数的2.97%。由于教育事业特别发达，宋、明、清三朝，徽州地区科举中式者一直处于全国前列。特别是歙县、婺源、休宁三个县，中式的宗族子弟异常多。如果以全国进士总数为100%，宋代歙县进士138人，占总数的0.32%；明代209人，占总数的0.83%；清代414人，占总数的1.57%。宋代婺源进士334人，占总数的0.795%；明代119人，占总数的0.47%；清代88人，占总数的0.33%。宋代休宁进士155人，占总数的0.379%；明代67人，占总数的0.266%；清代191人，占总数的0.726%。

三、累世簪缨

罗愿在《新安志》中说："黄巢之乱，中原衣冠避地保于此（按：指歙县篁墩——引者），后或去或留，俗益向文雅。宋兴则名臣辈出。"

名臣辈出，累世簪缨，是徽州一些名宗右族非常引人注目的现象。历史上，歙县西溪南吴氏宗族出现大小官吏440多人。其中，有户部尚书1人，赠礼部尚书1人，监察御史2人，左布政使1人，知府4人，府同知5人，知州1人，州同知和候补知州38人，通政司副使1人，知县22人，县丞9人，教授3人，学正8人，训导10人，太常寺正卿1人，鸿胪寺丞3人，通判8人，光禄署丞6人，中书舍人11人，翰林院编修8人，内阁中书7人，教谕9人，员外郎1人，学录2人……① 绩溪县龙川胡氏宗族共出现大小官员70多人。其中，有散骑常侍1人，太师1人，尚书2人，枢密使1人，太守2人，知府1人，府同知2人，知州1人，推官1人，通判1人，都察院右副都御史1人，学士1人，县令

---

① （民国）吴吉祜纂：歙县《丰南志》第五册《附吴氏历代科第仕宦简表》，稿本。

8人，教授1人，教谕5人，学录1人……① 歙县呈坎后罗氏宗族子弟罗汝楫官至吏部尚书、龙图阁学士、新安开国侯、少师，罗颢、罗吁并为福州判，罗颉为夔州判，罗颂知郢州，罗愿知鄂州，罗顾为蕲州判，罗廷臣为兰溪县丞，罗廷臣为建康都税院事，罗庞臣为江淮等干官，罗士臣为安庆教授，罗睦臣为南康军录事参军，罗永臣为临江府判，罗榞知瑞州、官至侍郎，罗梓为江州推官，罗鼐为隆兴路判，罗楠仲为海盐县丞，罗同祖为会稽知县，罗沂祖为两浙运干、罗洪祖为容州文学、翰林院直阁学士，罗绮为国子监祭酒，罗宣明为山阴县知县，罗炌为礼部主事，等等。② 明代，婺源桃溪潘氏宗族子弟潘珏为福建按察佥事，潘珍为兵部左侍郎、卒赐右都御史，潘钺为江西右参政，潘旦为兵部右侍郎、卒赠工部尚书，潘选为山西按察佥事，潘鉴为兵部尚书，潘潢历任户部尚书、工部尚书、吏部尚书、兵部尚书，潘镒为河南左参政，潘廷式为通州参将，潘滋为登州府推官，潘峦为荆王府、益王府纪善，潘士藻为尚宝司少卿，潘之祥为山西道监察御史、江西布政司参议。③《婺源桃溪潘氏族谱》卷十三《协正庶尹尚宝司少卿潘公传》记载："潘故鼎族，当正（德）嘉（靖）朝，致位尚书称名臣者三四公，列簪缨著绩中外者，二十余人。"

据北京歙县会馆捐册名单和观光堂题名榜，明朝嘉靖至万历三十一年（公元1603年），歙县有大学士1人，尚书1人，侍郎9人，卿2人，少卿3人，巡按1人，巡抚5人，御史4人，廉使3人，廉副1人，府尹1人，知府2人，给事中4人，副使1人，编修1人，检讨1人，督学1人。这还不包括未列名的学士唐皋，都宪江东之，尚书殷正茂。④"其同时以进士官部曹及守令者约三

---

① （明）程尚宽等纂：《新安名族志》前集，日本东洋文库藏明嘉靖三十年（公元1551年）刻本；（民国）胡缉熙等纂：绩溪《龙川胡氏宗谱》，民国十三年（公元1924年）敬爱堂活字本；（民国）佚名：绩溪《龙川胡氏家谱》，传抄本。

② （清）佚名：《歙北呈坎文献罗氏族谱》，清乾隆二十三年（公元1758年）抄本影印；（民国）佚名：歙县呈坎《罗氏历代祖宗谱·罗氏宗谱序》，传抄本。

③ （明）潘文炳、潘儁纂：《婺源桃溪潘氏族谱》，明崇祯六年（公元1633年）刻本。

④ （民国）许承尧撰：《歙事闲谭》第十册《北京歙县会馆建置原始》，稿本。

十人,尚未及录"①。清代,歙县本籍和寄籍官京朝者,有大学者 4 人,尚书 7 人,侍郎 21 人,都察院都御史 7 人,内阁学士 15 人。② 在京师各部曹和地方各级政府为官的歙县人,那就更多了。

徽州宗族子弟众多命官勋臣之中,有许多是朝廷股肱大臣。祁门城里汪氏宗族子弟汪伯彦,宋崇宁二年(公元 1103 年)进士。靖康元年(公元 1126 年),献河北边防十策,寻直龙图阁,知相州。时康王赵构使金至磁州,金兵至城下,伯彦率兵迎归,"其受知自此始"。未几,赵构开天下兵马大元帅府,以伯彦为副将。又奏为集英殿修撰。金兵薄汴京,伯彦尊钦宗诏,反对宗泽出战。建炎元年(公元 1127 年),赵构承制除伯彦显谟阁待制,升元帅,进直学士。汴京城破,金人掳徽宗、钦宗北行。五月,赵构即位,擢同知枢密院事,未几升擢知枢密院事。高宗幸扬州后,伯彦拜尚书右仆射。他官居相位,"专权自恣,不能有所经画",力主高宗南迁。"御史谏官,下至韦布内侍,皆劾奏之"。二年(公元 1128 年),以扬州失陷罢职,居永州。绍兴元年(公元 1131 年),复职,知池州,任江东安抚大使。因言官反对,"诏以旧职奉祠,寻知广州"。四年(公元 1134 年),复夺前职。九年(公元 1139 年),起知宣州。"召对泣谢,上为改容"。上所著《中兴日历》,翌日拜检校少傅、保信军节度使。"赐鞍马、笏带、茶药,留旬余,燕见锡赉无虚日。陛辞,至漏下数刻"。十年(公元 1140 年),致仕返里。"诏特给真俸,自始仕在北方至是归,适四十年。拥旄节还家上冢,会族姻父老为笑乐"。③

歙县槐塘程氏宗族子弟程元凤,南宋绍定元年(公元 1228 年)进士,调江陵府教授。淳祐初,迁太学博士,改宗学博士。于荣王府讲授《诗》《礼》。淳祐六年(公元 1246 年),进秘书丞兼权刑部郎官。翌年,迁著作郎、权右司郎官。"轮对,指陈时病尤激切,当国者以为厉己"。求外任,知饶州。迁右曹郎官。"疏言实学、实政、国本、人才、吏治、生民、财计、兵威八事"。寻兼右司郎

---

① (民国)许承尧撰:《歙事闲谭》第十一册《科举故事一》,稿本。
② (民国)许承尧撰:《歙事闲谭》第十一册《清代歙京官及科第》,稿本。
③ (元)脱脱等撰:《宋史》卷四百七十三《汪伯彦传》,北京:中华书局,1977 年。

官,拜监察御史兼崇政殿说书。上疏斥丞相郑清之罪,"祈天以实不以文",又言"滥刑之敝"。"至于文敝、边储、人才、民心、储将帅、救灾异,莫不尽言"。升殿中侍御史兼侍讲。宝祐元年(公元1253年),迁侍御史,"言法孝宗八事"。向朝廷荐名士20余人。进尚书吏部侍郎,兼中书舍人、同修国史、实录院同修撰、侍读。三年(公元1255年),迁权工部尚书,特授端明殿学士、同签书枢密院事;进签书枢密院事兼参知政事,进参知政事,拜右丞相兼枢密使,封新安郡公。疏奏"正心、待臣、进贤、爱民、备边、守法、谨微、审令八事"。因丁大全谋夺相位,元凤辞官而去。度宗咸淳三年(公元1267年),拜少傅、右丞相兼枢密使,进封吉国公。四年(公元1268年),因贾似道屡进谗言,以少保、观文殿大学士致仕。"卒,遗表闻,帝震悼辍朝,特赠少师"。①

歙县东门许氏宗族子弟许国,嘉靖四十四年进士,"改庶吉士,授检讨。神宗为太子出阁,兼校书。及即位,进右赞善,充日讲官。历礼部左、右侍郎,改吏部,掌詹事府"。万历十一年(公元1583年),"以礼部尚书兼东阁大学士入参机务",成为神宗皇帝的内阁重臣。因与言者、御史陈性学"相攻",国"再疏求去"。万历皇帝"命鸿胪宣谕,始起视事"。接着,又受到南京给事中伍可受的弹劾,"国复三疏乞休,语愤激,帝不允"。先是,"帝考卜寿宫,加国太子太保,改文渊阁,以云南功进太子太傅。国以父母未葬,乞归襄事。帝不允,命其子代"。十八年(公元1590年),火落赤犯临兆、巩昌,国谓"渝盟犯顺,桀骜已极,宜一大创之,不可复羁縻"。给事中任让"论国庸鄙"。国上疏争辩,"帝夺让俸"。福建守臣报日本勾结琉球入寇,国因言:"今四裔交犯,而中外小臣争务攻击,致大臣纷纷求去,谁复为国家任事者?请申谕诸臣,各修职业,毋恣胸臆。"万历皇帝"遂下诏严禁"。许国在内阁九年,"廉慎自守"。卒赠太保,谥文穆。②

歙县雄村曹氏宗族子弟曹振镛,乾隆四十六年(公元1781)进士,选庶吉士,授编修。"大考三等,高宗以振镛大臣子,才可用,特擢侍讲。累迁侍读学

---

① (元)脱脱等撰:《宋史》卷四百一十八《程元凤传》,北京:中华书局,1977年。
② (清)张廷玉等撰:《明史》卷二百一十九《许国传》,北京:中华书局,1974年。

士"。嘉庆三年(公元1798年),迁少詹事。七年(公元1802年),授通政使。历内阁学士,工部、吏部侍郎。十一年(公元1806年),擢工部尚书。《高宗实录》成,加太子少保。调户部,兼翰林院掌院学士。十八年(公元1813年),调吏部尚书、协办大学士。二十五年(公元1820年),任军机大臣。嘉庆皇帝"治尚恭俭,振镛小心谨慎,一守文法,最被倚任"。道光元年(公元1821年),晋太子太傅,武英殿大学士。三年(公元1823年),充上书房总师傅。六年(公元1826年),入直南书房。七年(公元1827年),晋太子太师。八年(公元1828年),"赐紫疆,图形紫光阁,列功臣中"。御制赞曰:"亲政之始,先进正人。密勿之地,心腹之臣。学问渊博,献替精醇。克勤克慎,首掌丝纶。"亲书以赐之。十一年(公元1831年),以万寿庆典赐双眼花翎。十五年(公元1835年)卒,谥文正,入祠贤良祠。①

宋、明、清三朝,徽州宗族子弟科举取得辉煌成就,出现了"名臣辈出"的社会现象。经过数百年沧桑变化,现在在徽州城乡还遗下许多"恩荣"牌坊,它形象、有力地说明这里是一个朝廷命官勋臣很多的地方。例如,歙县城里的许国"大学士坊",程贤与程铎的"大夫坊",凌瑄、凌尧伦、凌相的"父子明经坊"(或曰"三世承恩坊"),毕力德的"柏台世宠坊",江应晓和江秉谦的"豸绣重光坊",许村许伯升的"五马坊"和"大郡伯第门坊",汪伯爵和汪德章的"三朝典翰坊",郑村汪叔詹的"司农卿坊"和汪若海的"直秘阁坊",雄村曹氏宗族的"光分列爵坊"和"四世一品坊",槐塘程元凤的"丞相状元坊",丰口村郑绮和郑廷宣的"台宪坊",殷家村殷正茂的"殷尚书坊",殷正茂、殷颖、殷镐的"大司徒坊",洪坑洪本仁的"进士坊",忠塘村的"三世二品坊",许村许琯的"薇省坊",南溪南村的"吴中明坊",棠樾村鲍象贤的"官联台斗坊";绩溪大坑口村胡富和胡宗宪的"奕世尚书坊",浒里村胡宗惠的"尚书府坊",冯村冯兰的"大夫坊";黟县西递村胡文光的"荆藩首相坊",等等。

---

① (民国)赵尔巽撰:《清史稿》卷三百六十三《曹振镛传》,北京:中华书局,1977年。

第三节　经学传家

宋元以来,由于世家大族重教崇文,徽州宗族产生了许多理学家、朴学家、教育家、医学家、文学家、戏曲家、书画家、刻书家、版画家、篆刻家,因而形成了新安理学、徽州朴学、新安医学、新安画派、徽州刻书、徽派版画、徽派篆刻、徽州戏曲等。徽州世家大族重教崇文的核心是什么呢?或者说,他们崇的是什么"文"呢?历史记载,徽州世家大族崇拜的主要是经学,他们重教崇文的重要表现是尊孔读经,经学传家。绩溪城西周氏宗族"一经堂"主人说:"尝闻汉韦贤曰:'遗子黄金满籝,不如教子一经。'"肆于五子各授一经,遂匾其堂曰"一经堂","以为诸子警"。①

一、新安理学

朱熹,字元晦、仲晦,号晦庵,后称晦翁,又号遁翁、云谷老人、沧洲病叟,别号考亭、紫阳,徽州婺源松岩里人,生于福建尤溪,侨居建阳。绍兴十八年(公元1148年)进士,先后被授予迪功郎、武学博士、朝奉郎、朝散郎,历任泉州同安主簿、知南康军、秘阁修撰、漳州知府、湖南转运副使、潭州知府、湖南安抚、焕章阁待制兼侍讲等职;在庐山白鹿洞书院、建阳武夷书院等地讲学数十年之久。朱熹自幼聪明颖异,青年时师事李侗,为二程——程颢、程颐——四传弟子。治学,"博极群书,自经史著述而外,凡夫诸子、佛老、天文、地理之学,无不涉猎而讲究也"②。他继承和发展了二程的理学,建立了一个完整的理学体系,史称"程朱理学"。在自然观方面,他认为"理"是宇宙的根本。他说:"未有天地之先,毕竟也只是理。有此理便有此天地;若无此理,便亦无天

---

① (清)周之屏、周赞贤纂:《绩溪城西周氏宗谱》卷十七《一经堂记》,清光绪二十四年(公元1898年)敬爱堂活字本。

② (清)黄宗羲、黄百家、全祖望纂:《宋元学案·晦庵学案》,清道光二十五年(公元1845年)道州何氏刻本。

地,无人无物。"①他又说:"此理之流行,无所适而不在。若其消息盈虚循环不已,则自未始有物之前,以至人消物尽之后,终则复始,始复有终,又未尝有顷刻之或停也。"②在讲到理与气的关系时,他说:"天下未有无理之气,亦未有无气之理",理气"本无先后之可言"。但是,"然必欲推其所从来,则须说先有是理","有是理,后生是气"③,"有理而后有气"④,"理在先,气在后","有是理,便有是气,但理是本"⑤。朱熹肯定张载的"一物两体"论。他说,"凡事无不相反以相成",事物"只是一分为二"⑥。事物的运动形式有"渐渐消化"的量变和"顿断有可见处"的质变⑦。在认识论方面,朱熹也主张"格物致知"。他说:"格,至也;物,犹事也。穷至事物之理,欲其极处无不到也。"⑧"虽一草木亦有理存焉。一草一木岂不可格?"⑨但他格的主要是"天理""人伦""圣言""世故"。他说:"且如今为此学而不穷天理、明人伦、讲圣言、通世故,乃兀然存心于一草木一器用之间,此是何学问?"⑩怎样通过"格物致知"即格"人伦""圣言""世故",去认识"天理"呢?他认为,一方面要通过"内省",即二程所倡导的"诚敬工夫""居敬穷理";另一方面是"践履",就是"善在那里,自家却去行它。行之久,则与自家为一"。⑪ 在人性论方面,朱熹继承并发展了二程和张载的观点。他说:"性者,人之所得于天之理也。"⑫

---

① 黎靖德编:《朱子语类》卷一,北京:中华书局,1986年标点本。
② (宋)朱熹撰:《朱文公文集》卷七十《读大纪》,《四部丛刊》影印本,上海:商务印书馆,民国八年(公元1919年)。
③ 黎靖德编:《朱子语类》卷一,北京:中华书局,1986年标点本。
④ 黎靖德编:《朱子语类》卷三,北京:中华书局,1986年标点本。
⑤ 黎靖德编:《朱子语类》卷一,北京:中华书局,1986年标点本。
⑥ 黎靖德编:《朱子语类》卷六十七,北京:中华书局,1986年标点本。
⑦ 黎靖德编:《朱子语类》卷七十五,北京:中华书局,1986年标点本。
⑧ (宋)朱熹注:《大学章句集注》,《四书五经》影印本,北京:中国书店,1998年。
⑨ 黎靖德编:《朱子语类》卷十八,北京:中华书局,1986年标点本。
⑩ (宋)朱熹撰:《朱文公文集》卷三十九《答陈齐仲》,《四部丛刊》影印本,上海:商务印书馆,民国八年(公元1919年)。
⑪ 黎靖德编:《朱子语类》卷十三,北京:中华书局,1986年标点本。
⑫ (宋)朱熹注:《孟子章句集注》卷十一《告子章句上》,《四书五经》影印本,北京:中国书店,1998年。

"性是太极混然之体"①。人性何以会有善有恶呢？朱熹认为，"论天地之性，则专指理言；论气质之性，则以理与气杂而言之"②。理是主善的，所以"天地之性"是纯净至善的。气有清浊，所以"气质之性"有善有恶。他认为，人人都赋有"天地之性"，并具有"气质之性"。因此，必须"革人欲""复天理"。"人之一心，天理存则人欲亡，人欲胜则天理灭"③。朱熹是两宋理学的集大成者，是孔孟以后影响最大的思想家、哲学家、教育家。他倡导的理学成为中国封建社会后期统治阶级的理论基础和理论工具，在明清两代被提到儒学正宗的地位。他提倡的博览群书和精密分析的学风，对后世有很大影响。其著作和思想还传播到日本、韩国、朝鲜和东南亚一些国家。著作有《四书章句集注》《周易本义》《诗集传》《晦庵先生朱文公文集》《朱子语类》等数十种，收入《四库全书》即多达40种。

由于婺源是朱熹桑梓之邦，"文公阙里"，所以，朱熹思想对徽州地区的影响非常大，徽州宗族子弟研究朱子学的学者特别多。郑玉在《东山赵先生汸行状》中说："新安自朱子后，儒学之盛，四方称之为'东南邹鲁'。"④赵吉士在《寄园寄所寄·新安理学》中说："新安自紫阳峰峻，先儒名贤，比肩接踵。迄今风尚醇朴，虽僻村陋室，肩圣贤而躬寔践者，盖指不胜屈也。"宋元时期，徽州宗族的儒硕即有朱松、朱熹、程洵、程大昌、吴儆、王炎、谢琎、吴昶、祝穆、程若镛、胡方平、钱时、胡一桂、程直方、胡炳文、程复心、陈栎、汪炎昶、王俦、倪士毅、王埜翁、汪克宽、赵汸、朱升、郑玉等数十人⑤。婺源考川明经胡氏宗族以"经学传家"，宋元时期共产生了7位理学名儒。除了胡方平、胡一桂、胡炳

---

① （宋）朱熹撰：《朱文公文集》卷五十八《答陈器之问玉山讲义》，《四部丛刊》影印本，上海：商务印书馆，民国八年（公元1919年）。
② （宋）朱熹撰：《朱文公文集》卷五十六《答郑子上》，《四部丛刊》影印本，上海：商务印书馆，民国八年（公元1919年）。
③ 黎靖德编：《朱子语类》卷十三，北京：中华书局，1986年标点本。
④ （元）赵汸撰：《东山存稿》，《四库全书》影印本，上海：上海古籍出版社，1987年。
⑤ （明）汪舜民纂，彭泽修：弘治《徽州府志》卷七《人物志·儒硕》，明弘治十五年（公元1502年）刻本。汪克宽、赵汸、朱升、郑玉，为笔者所列。

文以外,还有胡伸(号环谷)、胡斗元(号勉斋)、胡次焱(号梅岩)、胡默(号石邱),世称"七哲世家"。①

新安理学家大都通过不同渠道,得朱熹之真传。如,程若镛,"从饶双峰、沈毅斋游,得闻朱子之学"②。朱熹授"易"于黄榦,黄榦授"易"于董梦程,董梦程又授"易"于沈贵珤。胡方平"从学于梦程、贵珤,精研《易》旨,沉潜反复二十余年",得朱子源委之正。③ 胡方平之子胡一桂,"易学得于家庭"。"尝入闽,博访诸名士,以求文公绪论。建安熊去非方读书武夷山中,与之上下议论"④。"其'易'源流出于朱子"⑤。胡孝善"受学于子朱子从孙小翁之门","得书说、易说之传"。其子炳文"闻而修之于家久矣"。既长,"游道日广"。临川吴澄"方倡晦庵之学",炳文"挟其得于父、师者就正之,内资外出,探其粹精"⑥。陈栎,"五岁入小学,即涉猎经史,七岁通进士业","师乡先生黄常甫。常甫出于婺源滕氏,私淑朱子,故栎学有源委"⑦。汪华"受业于双峰饶鲁,得勉斋黄氏之传"。汪克宽"十岁时,父授以双峰问答之书","玩索有得,遂于理学浸悟。乃取朱子《四书》,自定句读,昼夜诵读,知为学之要"⑧。程敏政在《汪环谷先生传》附录中说:"朱子之学,一传为勉斋黄氏,再传为双峰饶氏,三传为东山汪氏(即先生仲父——引者),而先生实嗣其传。"⑨

新安理学家治学为师,都"以朱子为宗"。道光《休宁县志》记载:"自井邑田野,以至远山深谷,居民之处,莫不有学有师,有书史之藏。其学所本,则一

---

① 《五世传知录》;(清)胡朝贺撰:《胡藤圃杂著》,清刻本。
② (清)赵吉士撰:《寄园寄所寄·新安理学》,清康熙刻本。
③ (清)赵吉士撰:《寄园寄所寄·新安理学》,清康熙刻本。
④ (清)赵吉士撰:《寄园寄所寄·新安理学》,清康熙刻本。
⑤ (清)永瑢、纪昀主编:《四库全书总目提要·易附录纂注提要》,清乾隆四十六年(公元1781年)刻本。
⑥ (元)胡炳文撰:《云峰文集·云峰胡先生文集序》,《四库全书》影印本,上海:上海古籍出版社,1987年。
⑦ (清)赵吉士撰:《寄园寄所寄·新安理学》,清康熙刻本。
⑧ (清)张廷玉等撰:《明史》卷二百八十二《汪克宽传》,北京:中华书局,1974年;(清)赵吉士撰:《寄园寄所寄·新安理学》,清康熙刻本。
⑨ (清)施璜辑,吴瞻泰等补,程建校:《紫阳书院志》卷九,清雍正三年(公元1725年)刻本。

以郡先师子朱子为归。凡六经传注、诸子百氏之书,非经朱子论定者,父兄不以为教,子弟不以为学也。是以朱子之学虽行天下,而讲之熟,说之详,守之固,则惟新安之士为然。"休宁还古书院院规规定:"讲义乃阐明圣贤精蕴,贵发前人所未发,又宜无偏无陂,纯粹中正,而不背朱子之意者为佳,不敢阿私妄有所取。"① 倪士毅教授于黟县二十有三年,"非仁义道德之说尝论定于朱子者,不以教人"。著《四书辑释》。② 胡一桂著《易附录纂注》,"以朱子《本义》为宗,取《文集》《语录》之及于《易》者附之,谓之附录;取诸儒易说之合于《本义》者纂之,谓之纂注。其去取别裁,惟以朱子为断"③。汪克宽"平生以聚徒讲学为业,其学以朱子为宗"④。郑玉"每于名公大夫论及为政,必以树纲常、厚风俗为急先务。其为学,大概本朱子。尝谓学者曰:斯道之懿,不在言语文字之间,而具于性分之内,不在高虚广远之际,而行乎日用常行之中,以此穷理,以此淑身,以此治民,以此觉后,庶乎无愧于古之人矣"⑤。

孔孟之学,"至于新安朱子,广大悉备。朱子既没,天下学士群起著书,一得一失,各立门户,争奇取异,附会缴绕,使朱子之说翳然以昏"⑥。许多新安理学家都以捍卫朱子学为己任。胡一桂在《周易启蒙翼传原序》中说,朱子"才去百余年,而承学浸失其真,如《图》《书》已厘正矣,复仍刘牧之者有之;《本义》已复古矣,复循王弼之乱者有之;卜筮之数炳如丹青矣,复祖尚玄旨者又有之,若是者讵容于得已也哉?"⑦ 于是著《周易启蒙翼传》,捍卫朱熹易说。

---

① (清)施璜辑:《还古书院志》,清道光二十三年(公元1843年)刻本。
② (清)施璜辑,吴瞻泰等补,程建校:《紫阳书院志》卷九《倪道川先生传》,清雍正三年(公元1725年)刻本。
③ (清)永瑢、纪昀主编:《四库全书总目提要·易附录纂注提要》,清乾隆四十六年(公元1781年)刻本。
④ (清)永瑢、纪昀主编:《四库全书总目提要·环谷集提要》,清乾隆四十六年(公元1781年)刻本。
⑤ (元)郑玉撰:《师山遗文·附录·师山先生郑公行状》,《四库全书》影印本,上海:上海古籍出版社,1987年。
⑥ (元)陈栎撰:《定宇集》卷十七《定宇先生墓志铭》,《四库全书》影印本,上海:上海古籍出版社,1987年。
⑦ (元)胡一桂撰:《周易启蒙翼传》,《四库全书》影印本,上海:上海古籍出版社,1987年。

汪克宽在《通鉴纲目凡例考异序》中说:"纲目凡例与纲目之书,皆子朱子手笔,褒善贬恶,明著义例,悉用《春秋》法,一字不苟。然学者抄录,书肆传刻,久而漏误者多,尹氏发明乃或曲为之说。……克宽自幼受读,尝有所疑,而未敢决其必然。今者僭躐,谨摭刊本纲目与子朱子凡例相戾者,敬录于后,以俟有识者考焉。"①陈栎说,饶双峰"《四书讲义》内多有好处,亦多有可非处"。"吾尝疑其人有心疾,清明在躬时说得好,其非改朱子之说,乃心疾发作时,不然何故如此纰缪,自相背驰?"因此,陈栎"慨然发愤圣人之学,涵濡玩索,废寝忘食,贯穿古今,罗络上下,以有功于圣人莫盛于朱子,惧诸家之说乱朱子本真,乃著《四书发明》《书传纂疏》《礼记集义》等书,余数十万言,其畔朱子者,刊而去之"②。胡炳文"尝病世之学者名家,专门于朱子取舍《四书》《易》《诗》之说大相牴牾,故力正其非。合各家之注,作《四书通》,凡辞异而理同者,合而一之;辞同而旨异者,析而辨之"③。《书胡云峰先生文集后》的作者说:"盖自考亭之后,余干饶鲁之说,多叛其说。左右私淑,伐异订讹。若先生辈,功实居多。临川吴文正公尝以是称之,遣其高弟,以求至当归一之论。"④

徽州宗族的"老儒宿彦,自童蒙读书,至老死未尝暂释",皓首穷经,"著述充栋",以阐明朱子学为目的。⑤ 胡一桂,继承家学,精研《易》理,"裒集诸家之说,以疏朱子之言,为《易本义附录纂疏》《本义启蒙翼传》"⑥。《四库全书总目提要》曰,《周易启蒙翼传》(即《本义启蒙翼传》)要点有三:"一曰举要,以发明变占之义;二曰明筮,以考史传卜筮卦占之法;三曰辨疑,以辨《河图》《洛书》之异同,皆发明朱子学者也"。胡炳文,"笃志朱熹之学,上溯伊洛,以达洙

---

① (元末明初)汪克宽撰:《环谷集》卷四,《四库全书》影印本,上海:上海古籍出版社,1987年。
② (元)陈栎撰:《定宇集》卷十七,《四库全书》影印本,上海:上海古籍出版社,1987年。
③ (元)胡炳文撰:《云峰文集》卷九《云峰先生行状》,《四库全书》影印本,上海:上海古籍出版社,1987年。
④ (元)胡炳文撰:《云峰文集》,《四库全书》影印本,上海:上海古籍出版社,1987年。
⑤ (清)赵吉士撰:《寄园寄所寄》卷十一《新安理学》,清康熙刻本。
⑥ (清)赵吉士撰:《寄园寄所寄》卷十一《新安理学》,清康熙刻本。

泗之源。凡诸子百氏,阴阳医卜,星历术数,莫不推究"①。著有《易本义通释》《诗集解》《易五赞通释》《书集解》《礼书纂述》《春秋集解》《朱子启蒙》《纯正蒙求》《四书通》《大学指掌图》《四书辨疑》《五经会意》《尔雅韵语》《云峰笔记》《云峰文集》等书。②"而于朱熹所著《四书》,用力尤深……往往发其未尽之蕴"③。《云峰先生文集序》记载:"云峰胡先生纂疏经书,阐明理学,时儒称其有功于朱子者,固已家传而人诵矣。"④吴澄称:"有功圣门,莫若朱子;有功朱子,莫若云峰。"⑤吴氏认为,炳文"沉潜往圣之书,发挥先儒之论","其羽翼紫阳朱子者,皆性理之懿也"。"朱子发挥大圣之渊微,云峰又发挥大儒之渊微,希圣希贤,同一心耳"⑥。陈栎著《四书发明》《尚书集传纂疏》《四书考异》《礼记集义译解》《论语训蒙口义》《三传节注》《深衣说》《中庸口义》《六典撮要》《诗经句解》《诗大旨》《读诗记》《读易编》《书解折衷》《尔雅翼节本》《字训注释》……共24种,⑦"亡虑数十万言,凡诸儒之说,有畔于朱氏者,刊而去之;其微词隐义,则引而伸之;其所未备者,复为说以补其阙。于是朱熹之说大明于世"⑧。《论语训蒙口义》一书,"自集注外,朱氏之《语录》,黄氏之《通释》,赵氏之《纂疏》,洎余诸儒之讲学可及者,咸采之,广江张氏说亦取焉"。这部著作,采众家之语,附以己见,集《论语》注释之大成。陈栎自谓:"栎一得之愚,往往附见,或有发前人未发者,实未尝出朱子窠臼外。"⑨

---

① (清)赵吉士撰:《寄园寄所寄》卷十一《新安理学》,清康熙刻本。
② (清)赵吉士撰:《寄园寄所寄》卷十一《新安理学》,清康熙刻本;蒋元卿撰:《皖人书录》,合肥:黄山书社,1989年,第733页。
③ (明)宋濂等撰:《元史》卷一百八十九《胡炳文传》,北京:中华书局,1976年。
④ (元)胡炳文撰:《云峰文集》,《四库全书》影印本,上海:上海古籍出版社,1987年。
⑤ (元)胡炳文撰:《云峰文集》卷九《云峰先生行状》,《四库全书》影印本,上海:上海古籍出版社,1987年。
⑥ (元)胡炳文撰:《云峰文集·重刊胡云峰先生文集序》,《四库全书》影印本,上海:上海古籍出版社,1987年。
⑦ 蒋元卿撰:《皖人书录》,合肥:黄山书社,1989年,第841~842页。
⑧ (清)赵吉士撰:《寄园寄所寄》卷十一《新安理学》,清康熙刻本。
⑨ (元)陈栎撰:《定宇集》卷一《论语训蒙口义自序》,《四库全书》影印本,上海:上海古籍出版社,1987年。

宋元时期，"讲学者门户最严，而新安诸儒于授受源流，辨别尤甚"①。朱学、陆学两派对立，相互攻击，相互诋毁，学术风气很坏。但是，休宁回溪朱氏宗族学者朱升却跳出这一纷争。"其学以列圣传心为主，践履致用为功，务究极天人之蕴，兼理数而一之"②。同时，又"网罗百家，驰骋千里"③。他根据朱熹晚年"教人之法惟一尊德性、道问学两事为用力之要"的观点，论证了二者皆"修己治人"不可或缺的功夫。他在《跋大学旁注后》一文中说："动而道问学，静而尊德性，二者功夫如寒暑、昼夜之更迭而无间。"④与此同时，郑玉则大胆而鲜明地提出"和会朱陆"的主张。他认为，"近时学者，未知本领所在，先立异同，宗朱子则肆毁象山，党陆氏则非议朱子，此等皆是学术风俗之坏，殊非好气象也。某尝谓，陆子静高明不及明道，缜密不及晦庵，然其简易光明之说，亦未始为无见之言也"⑤。"学者自当学朱子之学，然亦不必谤象山也"⑥。

明代，休宁县城陪郭程氏宗族学者程敏政是"和会朱陆"的重要思想家，他提出的朱、陆"早异晚同"论，对王阳明等思想家产生了重大影响。程氏"和会朱陆"的思想集中表现在他编辑的《道一编》一书⑦。这是他编辑的朱、陆来往信函和言论集。《四库全书总目提要·道一编提要》记载，《道一编》"不著撰人名氏，编朱、陆二家往还之书而各为之论断。见其始异而终同。考陈建《学部通辨》曰：'程篁墩著《道一编》，分朱、陆异同为三节，始焉如冰炭之相反，中焉则疑信之相半，终焉若辅车之相依，朱、陆早异晚同之说于是乎成矣。王阳明因之，遂有《朱子晚年定论》之录，与《道一编》辅车之说正相唱和'云

---

① （清）永瑢、纪昀主编：《四库全书总目提要·易附录纂注提要》，清乾隆四十六年（1781年）刻本。

② （明）朱升撰：《朱枫林集》卷九《休宁理学名贤朱升传》，合肥：黄山书社，1992年。

③ （明）朱升撰：《朱枫林集》卷一《翰林院侍讲学士朱升诰陶主敬行词》，合肥：黄山书社，1992年。

④ （明）朱升撰：《朱枫林集》卷三，合肥：黄山书社，1992年。

⑤ （元）郑玉撰：《师山遗文》卷三，《四库全书》影印本，上海：上海古籍出版社，1987年。

⑥ （元）郑玉撰：《师山遗文》卷三《与汪真卿书》，《四库全书》影印本，上海：上海古籍出版社，1987年。

⑦ （明）程敏政撰：《篁墩文集》，《四库全书》影印本，上海：上海古籍出版社，1987年。

云,然则此书乃程敏政作也"。

程敏政,字克勤,号篁墩,成化二年(公元1466年)进士,授翰林院编修,官终礼部右侍郎。学问渊博,著作丰赡,为一时冠。有《唐氏三先生集》28卷、附录3卷,《新安文献志》100卷,《咏史集解》7卷,《休宁县志》38卷,《休宁陪郭程氏本宗谱》2卷,《皇明文衡》98卷,《程氏贻范集》23卷,《仪礼逸经》2卷,《瀛贤奏对录》1卷,《宋纪受终考》3卷,《宋遗民录》15卷,《心经附注》4卷,《礼经补逸》,《道一编》6卷,《大学重订本》1卷,《新安程氏统宗世谱》20卷,谱辨1卷、附录1卷,《篁墩诗集》,《篁墩集》93卷、外集12卷、别集2卷、行素稿1卷、拾遗1卷、杂著1卷,《篁墩先生文粹》25卷。①

二、徽州朴学

朴学初见于《汉书·儒林传》,意为质朴之学。汉儒治经,注重名物、训诂、考据,故名。后世泛指经学为朴学,又称汉学中的古文经学派为朴学。清代乾嘉学派治学,重视训诂、校勘、辨伪,因此也称为"朴学"。

皖派朴学创始人江永,出生于婺源江湾江氏宗族书香门第。曾祖父国鼎、祖父人英、父亲期,都是读书人。江永六岁"庭受父训,日记数千言。父奇其敏,以远大之器期之,因以《十三经注疏》口授"。② 稍长,博通古今,专心研究《十三经注疏》,而于《三礼》用功"尤切"。③ 因而奠定了非常坚实的经学基础。朱熹晚年治《礼》,曾为《仪礼经传通解》,但书"未就"。"黄氏、杨氏相继纂续,亦非完书"。江永"广摭博讨,大纲细目,一从吉、凶、军、嘉、宾五礼旧次,题曰《礼书纲目》,凡八十八卷"。"引据诸书,厘正发明,实足终朱子未竟之绪"④。此书在学术界产生了轰动,被称为"精核之作"。清朝廷"开馆定

---

① 蒋元卿撰:《皖人书录》,合肥:黄山书社,1989年,第436~437页。
② (民国)江兆槐辑:《江慎修先生弄丸图遗像题赞附年谱》,油印本。
③ (民国)赵尔巽撰:《清史稿》卷四百八十一《江永传》,北京:中华书局,1977年。
④ (民国)赵尔巽撰:《清史稿》卷四百八十一《江永传》,北京:中华书局,1977年。

《三礼义疏》，纂修诸臣闻先生是书，檄下郡县录送，以备参订"。① 江永在京师讲学时，学术界大家桐城方苞、荆溪吴绂"质以《礼经》疑义，皆大折服"②。他所提出的"必求原文之正确，然后即安"和"每发明一义例，则通诸群书而皆得其读"的治学要求，成为皖派朴学家治学的准则。③ 江永晚年，从礼学转向小学、天文、历算研究。他学问渊博，在经史百家、天文历算、典章制度，以及推步、钟律、声韵、地理等方面，均有很深造诣和重大成就。江永一生，教授乡里，著书立说。他的弟子之中，有一大批都是皖派朴学的佼佼者，如戴震、金榜、程瑶田等。而对戴震"独重之，引为忘年交"。④ 江氏著作丰赡，计有38种，250余卷；采编于《四库全书》之中，多达16种，150余卷。

休宁隆阜戴氏宗族子弟戴震，是皖派朴学的奠基人和清学的代表。他"好深湛之思"，"研精注疏，实事求是，不主一家"⑤。与郡人郑牧、汪肇龙、方矩、程瑶田、金榜从江永游。"永精《礼经》及推步、钟律、音声、文字之学，惟震能得其全"⑥。28岁补诸生，与惠栋、沈彤"为忘年友"。33岁避仇入京师，学术界大家纪昀、朱筠、钱大昕、王鸣盛、卢文弨、王昶，"皆折节与交"。乾隆三十八年（公元1773年），诏开四库馆，总裁荐充纂修。四十年（公元1775年），"特命与会试中式者同赴殿试，赐同进士出身，改翰林院庶吉士"。"经进图籍，论次精审。所校《大戴礼记》《水经注》尤精核"。⑦ 戴震17岁时即有志"闻道"。他认为，闻道必须从事于字义、制度、名物，以通六经之语言；治经必须"由声音、文字以求训诂，由训诂以寻义理"。他曾说："义理不可空凭胸臆，必求之于古经。求之古经而遗文垂绝，今古悬隔，必求之古训。古训明则古经

---

① （清）戴震撰：《戴震集》卷十二《江慎修先生事略状》，上海：上海古籍出版社，1980年校点本。
② （民国）赵尔巽撰：《清史稿》卷四百八十一《江永传》，北京：中华书局，1977年。
③ （民国）梁启超撰：《清代学术概论》，上海：商务印书馆，民国十六年（公元1927年）。
④ （清）钱大昕撰：《潜研堂文集》卷三十九《江先生永传》，清嘉庆十一年（公元1806年）刻本。按：杨应芹《戴震与江永》一文认为，戴震不是江永的学生，而是"忘年交"。
⑤ （民国）赵尔巽撰：《清史稿》卷四百八十一《戴震传》，北京：中华书局，1977年。
⑥ （民国）赵尔巽撰：《清史稿》卷四百八十一《戴震传》，北京：中华书局，1977年。
⑦ （民国）赵尔巽撰：《清史稿》卷四百八十一《戴震传》，北京：中华书局，1977年。

明。古经明则贤人圣人之义理明,而我心之同然者,乃因之而明。义理非他,存乎典章制度者也。"①戴震精通古音韵,立韵类正转旁转之例,创古音九类二十五部之说和阴、阳、入对转理论,对语言学、经学有重要意义和贡献。在哲学方面,戴震认为世界是物质的"气"的运动变化过程,"道"或"理"就是"气化流行,生生不息。"② 他认为,"气"就是运动变化着的"阴阳五行"。在政治学方面,戴震认为,"天理"与"情欲"是统一的。他说:"理也者,情之不爽失也;未有情不得而理得者也。""今以情之不爽失为理,是理者存乎欲者也"③。他用"理存于欲"的观点对理学家"存天理,去人欲"的说教进行了批判。他指出,"酷吏以法杀人""后儒以理杀人",对封建统治者的理教提出尖锐抗议。戴震学问渊博,在音韵、制度、名物、训诂、天文、历算、经籍、水利、史地等学科,均有非凡造诣。其著作有《孟子字义疏证》《原善》《大学衍义补》《毛郑诗考证》《诗经补注》《尚书义考》《仪礼考证》《考工记图注》《声韵考》《声类表》《方言疏证》《尔雅文字考》《水经注》《古历考》等48种。④ 在清代学术史上,戴震雄踞乾嘉学派第一把交椅,是清代朴学的集大成者和代表。汪中说:"千年不传之绝学,及戴氏出而集其成矣。"由于戴氏的重大学术成就,"清学始能卓然自立,成一全盛学派也"。⑤

歙县城厢程氏宗族子弟程瑶田,是徽州重要的朴学家。读书"好深沉之思"⑥。与戴震、金榜俱学于江永。平居鸡鸣即起,夜分就寝,数十年如一日。乾隆三十五年(公元1770年)举人,选授太仓州学正,"以身率教,廉洁自持",受到钱大昕、王鸣盛的"持重"。王鸣盛赠诗曰:"官推当湖陆,师则新安程。一百五十载,卓然两先生。"将程瑶田与平湖陆陇其并称。嘉庆元年(公元1796年),举孝廉方正。同时举者,有钱大昭、江声、陈鳣三人,阮元"独谓瑶

---

① (民国)赵尔巽撰:《清史稿》卷四百八十一《戴震传》,北京:中华书局,1977年。
② (清)戴震撰:《孟子字义疏证·天道》,北京:中华书局,1961年。
③ (清)戴震撰:《孟子字义疏证·理》,北京:中华书局,1961年。
④ 蒋元卿撰:《皖人书录》,合肥:黄山书社,1989年,第648~651页。
⑤ (民国)支伟成撰:《清代朴学大师列传》,长沙:岳麓书社,1986年影印本,第131页。
⑥ (民国)赵尔巽撰:《清史稿》卷四百八十一《程瑶田传》,北京:中华书局,1977年。

田冠之"。① 瑶田治学,"长于旁搜曲证,不屑依傍传注",受到朴学家的赞誉。戴震自称"尚逊其精密"。著有《丧服足征记》《宗法小记》《沟洫疆里小记》《禹贡三江考》《九谷考》《磬折古义》《水地小记》《解字小记》《声律小记》《考工创物小记》《释草释虫小记》《数度小记》等33种之多。②《通艺录》19种附录7种,"凡义理、训诂、制度、名物、声律、象数,无所不赅"。③ 有的著作纠正了郑玄之失,有的著作匡正了郦道元之讹,有的著作发前人所未发。

歙县岩镇金氏宗族子弟金榜,乾隆二十九年(公元1764年)高宗南巡召试举人,授内阁中书,军机处行走。三十七年(公元1772年)中式状元,授翰林院修撰。仅一度为山西副考官,后"养疴读书,不复出"。金榜少有大志,受经学于江永,学古文于刘大櫆,与戴震、程瑶田同学,"遂于经学,尤擅长三礼"。他治《礼》"最尊康成,然博稽而精思,慎求而能断。尝援《郑志》答赵商云:'不信亦非,悉信亦非。'"④著《礼笺》10卷,其中包括《周礼》15篇,《礼经》17篇,《戴记》16篇,附图4,答汪纲书1。朱珪为是书作序,"以为词精义核"。⑤《礼笺》"大而天文、地域、田赋、学校、郊庙、明堂,下逮车、旗、器、服之细,罔弗贯串群言,折衷一是"。经学史家支伟成认为,"朱文正序之于前,阮文达收之于后,与江、戴巍然并峙,经学之盛在新安,良有以夫"⑥。

歙县沙溪凌氏宗族子弟凌廷堪,生有异禀,稍长,"慕其乡江永、戴震之学",即研究经史。⑦ 乾隆五十五年(公元1790年)进士,选为宁国府教授。居母丧,去官。主讲敬亭、紫阳书院。廷堪之学,"无所不窥,凡六书九算,以迄古今疆域之沿革、职官之异同、史传之参错、外属之源流,靡不井然条贯"⑧。

---

① (民国)赵尔巽撰:《清史稿》卷四百八十一《程瑶田传》,北京:中华书局,1977年。
② 蒋元卿撰:《皖人书录》,合肥:黄山书社,1989年,第407~409页。
③ (民国)支伟成撰:《清代朴学大师列传》,长沙:岳麓书社,1986年影印本,第153页。
④ (民国)赵尔巽撰:《清史稿》卷四百八十一《金榜传》,北京:中华书局,1977年。
⑤ (民国)赵尔巽撰:《清史稿》卷四百八十一《金榜传》,北京:中华书局,1977年。
⑥ (民国)支伟成撰:《清代朴学大师列传》,长沙:岳麓书社,1986年影印本,第152页。
⑦ (民国)赵尔巽撰:《清史稿》卷四百八十一《凌廷堪传》,北京:中华书局,1977年。
⑧ (民国)支伟成撰:《清代朴学大师列传》,长沙:岳麓书社,1986年影印本,第160页。

"尤专于礼学"。尝谓:"古圣使人复性者学也,所学者即礼也。"①著《礼经释例》13卷。廷堪于《礼经》以外,"复潜心于乐,谓今世俗乐与古雅乐中隔唐人燕乐一关"。于是著《燕乐考原》6卷。江都江藩叹曰:此书"思通鬼神"。② 其他著作有《校礼堂文集》《校礼堂诗集》《梅边吹笛谱》《充渠新书》《元遗山年谱》等,共13种。

自明诸生胡东峰以来,绩溪县城金紫胡氏宗族,"世传经学"。清代经学家胡匡衷,岁贡生,幼承庭训,"于经义多所发明,不苟与先儒同异"③,对《周易》和《礼经》研究尤深。著《周易传义疑参》12卷,"析程朱之异同,补程朱之罅漏"④。钻研《礼经》,著有《三礼劄记》《周礼井田图考》《井田出赋考》《仪礼释官》等书。其《释官》"以《周礼》《礼记》《左传》《国语》与《仪礼》相参证,论据精确,足补注疏所未及"。⑤ 此外,还著有《左传翼服春秋列国职官谱》《论语古本证异》《论语补笺》《庄子集评》《离骚集注》《郑氏仪礼目录校证》《朴斋文集》等。胡秉虔,少习庭训,年十八即通晓诸经大义。嘉庆四年(公元1799年)进士,历任主事、知县、同知等职。博通经史,尤精于音韵训诂和《三礼》。著有《说文札记》《说文管见》《尔雅札记》《小学卮言》《仪礼小识》《礼记小识》《大戴礼记札记》《古韵论》《周礼小识》《周易小识》等31种。⑥ 胡培翚,嘉庆二十四年(公元1819年)进士。官内阁中书、户部广东司主事。后归里主讲钟山、惜阴等书院。其人"涵濡先泽,又学于歙凌廷堪,邃精《三礼》"⑦。治经"一循家法,重之以博闻笃志"⑧。用四十余年时间,撰《仪礼正义》40卷,"上推周公、孔子、子夏垂教之旨,发明郑君、贾氏得失,旁逮鸿儒、经生之所议。

---

① (民国)赵尔巽撰:《清史稿》卷四百八十一《凌廷堪传》,北京:中华书局,1977年。
② (民国)赵尔巽撰:《清史稿》卷四百八十一《凌廷堪传》,北京:中华书局,1977年。
③ (民国)赵尔巽撰:《清史稿》卷四百八十二《胡培翚传》,北京:中华书局,1977年。
④ (民国)支伟成撰:《清代朴学大师列传》,长沙:岳麓书社,1986年影印本,第169页。
⑤ (民国)赵尔巽撰:《清史稿》卷四百八十二《胡培翚传》,北京:中华书局,1977年。
⑥ 蒋元卿撰:《皖人书录》,合肥:黄山书社,1989年,第715~717页。
⑦ (民国)赵尔巽撰:《清史稿》卷四百八十二《胡培翚传》,北京:中华书局,1977年。
⑧ (民国)支伟成撰:《清代朴学大师列传》,长沙:岳麓书社,1986年影印本,第170页。

张皇幽渺,阐扬圣绪,二千余岁绝学也"①。清代,胡匡衷、胡秉虔、胡培翚三人,被誉为绩溪"礼学三胡"。

除了江永、戴震、程瑶田、金榜、凌廷堪和绩溪"礼学三胡"以外,徽州宗族著名的朴学家还有黄生、汪绂、洪榜、洪梧、汪龙、胡澍、俞正燮、汪莱、鲍廷博、鲍康、程恩泽、江有诰等。②

---

① (民国)赵尔巽撰:《清史稿》卷四百八十二《胡培翚传》,北京:中华书局,1977年。
② 参见(民国)支伟成撰:《清代朴学大师列传·皖派经学家列传》第六,长沙:岳麓书社,1986年影印本。

第八章 徽州宗族经商的风尚

宋元时期,徽州宗族子弟经商者逐渐增多。明代中期,伴随着商品经济的发展和资本主义生产关系萌芽的出现,徽州宗族子弟从商者大量增加,形成一种经商的社会风尚。徽商作为中国最大商帮,执商界之牛耳三个多世纪。徽州宗族子弟经商风尚和徽商的繁荣,对徽州宗族的发展和昌盛产生了重大影响。

第一节 "业贾者什七八"

明代中期,徽州宗族子弟"弃儒服贾""弃农从商"者愈来愈多。王世贞说:"新安僻居山溪中,土地小狭、民人众,世不中兵革,故其齿日益繁,地瘠薄,不给于耕,故其俗纤俭习事。"为了生存,徽州人不得不"服贾四方"。所以,"大抵徽俗,人十三在邑,十七在天下;其所蓄聚则十一在内,十九在外"①。汪道昆说:"新都业贾者什七八,族为贾而隽为儒,因地趋时则男子所有事,外言不入于梱。"②但是,徽州一府六县——歙县、休宁、祁门、黟县、绩

---

① (明)王世贞撰:《弇州四部稿》卷六十一《赠程君五十叙》,《四库全书》影印本,上海:上海古籍出版社,1987年。
② (明)汪道昆撰:《太函集》卷十七《阜成篇》,明万历十九年(公元1591年)金陵刻本。

溪、婺源——的从商者,在人口总数的比例中,也不相同。史载,歙县"业贾者什家而七,赢者什家而三"①。休宁"从来无兵戈燹略之惨,生息繁夥,民则聚于有余,而财则争于不足"。"土田不给生齿之什一,而大多行贾,不习赋役"。人们"往往挟轻赍以贾四方,贸平而取廉,多获赢利,老乃倦息,势所使然也"。邑中"百工之巧,虽少逊于歙,比于他郡邑实过之"②。祁门"山昂峭而水清驶,人故矜名节。产薄,行贾四方,知浅易盈,多不能累大千大万,然亦复朴茂。务节俭,不即荡淫。……民故柔弱纤啬,服田者十三,贾十七"③。相对于歙县、休宁、祁门而言,婺源、绩溪宗族子弟从商者略少一些。史载,婺源"习俗每喜远商异地,岂果轻弃其乡哉?亦以山多田寡,耕种为难,而苦志读书者又不可多得,是以挟谋生之策,成远游之风,南北东西,本难悉数"④。民国《重修婺源县志》卷四《风俗》记载:"士农之家五,商之家三,工之家一。"绩溪"与歙为接壤,而独受多山之累,且南辕北辙,惟绩鲜挟资之游人"。"田畴不逮婺源,贸迁不逮歙(县)、休宁。其土瘠,其民勤……然而士食旧德,农服先畴,知稼穑之艰难"⑤。黟县徽商兴起较晚。嘉庆《黟县志》卷三《地理志·风俗》记载:"往者户口少,地足食,读书力田,无出商贾者(本正德陈志)。《徽郡六邑评》所谓黟县'男耕(田),女绩麻',盖纪实也。国朝生齿日盛,始学远游,权低昂,时取予(本窦志),为商为贾,所在有之;习业久,往来陈椽,资以衣食。"民国时期,"俗重贸易,男子成童,即服贾四方,视农工为贱业,劳力而不可谋蓄积。妇人专主家政,力持节俭"⑥。

---

① (明)汪道昆撰:《太函集》卷十六《兖州汪长公六十寿序》,明万历十九年(公元1591年)金陵刻本。
② (明)李乔岱纂:万历《休宁县志·重修休宁县志序》、《舆地志·风俗》,明万历三十五年(公元1607年)刻本。
③ (明)余士奇修,谢存仁纂:万历《祁门县志》卷四《风俗》,万历二十八年(公元1600年)刻本。
④ (清)洪朝祥、洪庥衡纂:婺源《燉煌郡洪氏通宗谱》卷五十六《南园记》,清嘉庆二十三年(公元1818年)木活字本。
⑤ (清)陈锡等纂:乾隆《绩溪县志·风俗》,清乾隆二十一年(公元1756年)刻本。
⑥ (民国)胡存庆编著:《黟县乡土地理·风俗》,民国十四年(公元1925年)铅印本。

艾衲居士在《豆棚闲话》中说："徽州俗例，人到十六岁就要出门学做生意。"徽州人为什么"大都以货殖为恒产"呢？① 顾炎武曾说："徽郡保界山谷，土田依原麓，日瘠确，所产至薄，独宜菽麦红虾籼，不宜稻粱（粱）。壮夫健牛，日不过数亩，粪拥缉枥，视他郡农力过倍，而所入不当其半。入（又）田皆仰高水，故丰年甚少，大都计一岁所入，不能支什之一。小民多执技艺，或贩负就食他郡者，常十九。转他郡粟给老幼，自桐江、自饶河、自宣池者，舸相接肩相摩也。田少而值昂，又生齿日益，庐舍坟墓不毛之地日多。山峭水激，滨河被冲啮者，即废为沙碛，不复成田。以故中家而下，皆无田可业。徽人多商贾，盖其势然也。"② 绩溪《上川明经胡氏宗谱·蕴山嘉言二公合传》记载："新安山峭水厉，巨岭层峦，穹窿杂袭，田土狭隘。居其地者，类少恒产，多挟计然策出游，以贸迁自食，故徽人遂以商名。"

徽州宗族商人之中，大部是攻举子业，"科场不售""弃儒服贾"。

宋元以来，徽州宗族子弟的最高追求是：十年寒窗，金榜题名，显亲扬名，荣宗耀祖。但是，在任何时代能够进入仕途者毕竟只有少数。于是"弃儒就贾"就成为大多数读书人的重要人生出路。在徽州历史文献之中，知识分子下海的资料，俯拾即是，举不胜举。例如，歙县洪源洪氏宗族，"先多显者，在唐官黜陟使，在宋官少师"。明代，洪和"有阴德，以上寿终。和生玑，受室黄氏。父倚玑当户，遂释儒术，商四方"③。竦塘人黄用礼，"少习举子学，已弃去，游广陵、淮阴间，以居积起家……泉布出入，不假簿记，筹算心计之，虽久，锱铢不爽"。用礼"既得孺人，无内顾虑，专精乘时，致赀巨万"④。绩溪西关

---

① （明）李乔岱纂：万历《休宁县志·舆地志·风俗》，明万历三十五年（公元1607年）刻本。
② （明末清初）顾炎武撰：《天下郡国利病书》卷三十二《江南》二十《徽州府》，《四部丛刊三编》本，上海：商务印书馆，民国二十四至二十五年（公元1935—1936年）。
③ （明）汪道昆撰：《太函集》卷四十六《明故处士洪君配吴氏合葬墓志铭》，明万历十九年（公元1591年）金陵刻本。
④ （明）方信纂：《歙西竦塘黄氏统宗谱》卷五《黄母吴氏孺人行状》，明嘉靖四十一年（公元1562年）刻本。

人章献郊,"幼习博士艺,长而就贾。与其兄榷管子之盐,厉志营运,以适父母欢,力行孝友"①。歙县江村人江梅,"弃儒服贾,贸易吴门,一切经营,力为担荷"。其人"重交游,乐与贤士大夫款洽。姑苏为冠盖往来地,慕公名者恒造庐以访"②。婺源游山人董廷杰,"始业儒,后业商"③。

徽州宗族子弟为什么要"弃儒服贾"呢?据历史文献记载,原因不一。

首先是因为贫困,"弃儒就贾"是为了谋生。如,歙县许村许文广,"时家贫,(母)辟垆礼师以课公,而衣食亦资以出"。一日,文广泣曰:"吾为人子不能养母,顾使母养耶! 我生之谓何? 乃弃儒就商,日夜淬励,惟以母劬劳忧涉,旬岁遂能立门户,养母志。"④歙蓝田人叶天赐"性聪颖嗜学,工诗,擅书法。家贫,为人行贾,料事十不失一。晚业盐筴于扬。重然诺,恤患难,族党戚里间待举火者甚多"⑤。歙北岸人吴荣运,"幼习儒。父元贯,尝贩茶之京师,遇乡人之贫困者辄解囊济之。殁后家贫,运弃儒就贾,好善如其父"⑥。婺源理田贡生李广璧,"弃儒服贾,往泰州海门厅业木,艰难起家"⑦。婺源人李祖玘,"幼业儒,甫冠而宗进公背,生日落,因弃儒业商"⑧。祁门人倪思喜,

---

① (民国)章尚志纂:《绩溪西关章氏族谱》卷二十四《家传》,民国五年(公元1916年)活字本。
② (清)江淮椿等纂:《歙北江村济阳江氏族谱》卷九《皇清候选州司马梅公传》,清乾隆四十二年(公元1777年)刻本。
③ (民国)董培元、董维干、董国华纂:婺源《董氏宗谱·慎斋公暨德配戴孺人合传》,民国二十年(公元1931年)木活字本。
④ (明)许可复、许风翔纂:《续修新安歙北许村许氏东支世谱》卷八《栢源许公行状》,明隆庆三年(公元1569年)刻本。
⑤ (民国)许承尧纂:《歙县志》卷九《人物志·义行》,民国二十六年(公元1937年)铅印本。
⑥ (民国)许承尧纂:《歙县志》卷九《人物志·义行》,民国二十六年(公元1937年)铅印本。
⑦ (民国)葛韵芬等修,江峰青纂:《重修婺源县志》卷四十一《人物·义行》,民国十四年(公元1925年)刻本。
⑧ (清)佚名:婺源《三田李氏宗谱·长皋钟三十二两源公行实》,清光绪十一年(公元1885年)活字本。

"少习举子业,缘家计维艰,弃儒就贾,以木殖起家"①。婺源庆源人詹元甲,"性耽典籍,工诗。以家贫弃儒服贾。尝客皖省,设磁铺"②。婺源游山人董绳武,"中年以家贫弃儒业贾。尝谓人曰:'丈夫有志,当壮游四方,乌能郁郁久居牖下?'为人倜傥有志节,善气迎人。遂挟赀走白下,游姑苏,商于江湖数十年,沐雨栉风,拮据经营,业骎骎起"③。董慕舒"以清诏停科举,不能以功名显,为贫故,遂不得不变计,弃儒而商。业茶二十余年,奔走江右德安、浮梁间,恒一昼夜奔走数百里,足趼体瘁,不以为苦,自是家日裕"。他能"通权达变,卒致丰饶"。④ 董健元"未及壮,补博士弟子员,益溺苦于学,期于科目,中峥然见头角……成人后,家累日重,修脯所入不足以给事畜,乃稍稍习计然术,以茶商起家,往来滏沪间,舟车劳顿,不废弦诵,间为诗歌以自娱"⑤。

其次是"困于场屋","弃儒服贾"。休宁北郭人吴天衢,"初业制举,屡试郡邑弗售,乃弃儒而商。周流湖海,数载未克展志。遂远游百粤,寓于昭潭,以信义交易,运筹数载,贾业大振,遂成素封"⑥。歙县潭渡人黄镛,"赋性敦厚,少即绩学业举,志存经世"。因其父黄东园"之弗偶于科甲也,辄弃去。商游闽、越、齐、鲁者三十余年,十一取赢,赀大丰裕"⑦。祁门人倪起虬,"幼习举子业,未遂厥志。因挟赀出游,操奇赢于淮泗间,积累渐丰,而家业隆隆起

---

① （清）倪望重纂:《祁门倪氏族谱》卷下《慕斋公实录》,清光绪二年（公元1876年）刻本。

② （民国）葛韵芬等修,江峰青纂:《重修婺源县志》卷四十《人物·义行》,民国十四年（公元1925年）刻本。

③ （民国）董培元、董维干、董国华纂:婺源《董氏宗谱·潾川董绳武公行状》,民国二十年（公元1931年）木活字本。

④ （民国）董培元、董维干、董国华纂:婺源《董氏宗谱·凤游董慕舒先生传》,民国二十年（公元1931年）木活字本。

⑤ （民国）董培元、董维干、董国华纂:婺源《董氏宗谱·董健元先生传》,民国二十年（公元1931年）木活字本。

⑥ （明）曹嗣轩纂:《休宁名族志》卷三,南京大学图书馆藏本。

⑦ （明）黄玄豹纂:歙县《潭渡孝里黄氏族谱》卷九《松涧黄处士传》,清雍正九年（公元1731年）家刻本。

焉"①。歙县人江春,"性警敏,少攻制举,为王己山太史弟子。辛酉乡闱,以兼经荐,额溢弗售,弃帖括,治禺策业。练达多能,熟悉盐法,司鹾政者咸引重之,俾综商务,勤慎急公"②。祁门伊川人倪慕麟,"习儒不得志,废书叹曰:'男子生桑弧蓬矢六,以射天地四方,不贵则富,安事毛锥子终老乡井乎?'寻仿鸱夷猗顿术,遨游江湖。一日抵荆涂,见其地为江北要区,可贩盐鹾。直走淮阴,运筹以鬻诸市,不数载辄拥素封"③。婺源游山人董步爵"少业儒,工时文,历十七试竟不售,愤而习估,动辄折阅。叹曰:'名利非吾有也。'命子佐唐受读。佐唐甫冠,即青一衿。科举废,从事茶业,又战无不利。今已饶余,华厦高筑矣"④。董荣宠"困于名场,遂弃儒而服贾,积株累寸,而家道日丰"⑤。休宁人陈祖相,"七岁能书,十岁能文,壮志不遂,乃事贾。历游江皖淮阳,操鹾策,卒成大业"⑥。

再次,"承祖、父之遗业","弃儒就贾"。歙县竦塘人黄崇德,"初有志举业"。其父谓之曰:"象山之学以治生为先。"崇德"喻父意,乃挟赀商于齐东。齐带山海,沃壤千里,人多文彩布帛。公商其间,法刁氏之任人,师周人之纤俭,效任氏之贵善,用国氏之富术,一岁中其息什一之,已而什倍之,为大贾矣"⑦。明初休宁人汪濡"两举茂才皆辞归,以先世遗赀丰阜,复殚力经理,遂

---

① (清)倪望重纂:《祁门倪氏族谱》卷下《易参公三世传略》,清光绪二年(公元1876年)刻本。
② (民国)许承尧撰:《歙事闲谭》第十八册《江鹤亭·江橙里》,稿本。
③ (清)倪望重纂:《祁门倪氏族谱》卷下《慕麟公纪略》,清光绪二年(公元1876年)刻本。
④ (民国)董培元、董维干、董国华纂:婺源《董氏宗谱·步爵公暨德配洪孺人合传》,民国二十年(公元1931年)木活字本。
⑤ (民国)董培元、董维干、董国华纂:婺源《董氏宗谱·荣选公夫妇合传》,民国二十年(公元1931年)木活字本。
⑥ (清)陈丰纂:休宁《陈氏宗谱》卷三,清康熙十二年(公元1673年)刻本。
⑦ (明)方信纂:《歙西竦塘黄氏统宗谱》卷五《明故金竺黄氏崇德公行状》,明嘉靖四十一年(公元1562年)刻本。

富雄于邑"①。歙县褒嘉里人程善敏,"弃儒就贾,承祖父之遗业,客廛于春谷之清江,行白圭治生之术。忍嗜欲,节衣服,与用事同甘苦,克俭克勤,弃取异尚,未几而家温食厚,享有素封之乐"②。休宁人汪君实,"天性孺慕,颖异不伦,太翁元新公因督理乏人,命翁弃儒业,挟计然之策,游方城汉水间。观时居积,生殖渐丰"③。歙县西溪南人吴绍和,"闻父病,戴星歙昌之间,两昼夜抵武林"。其父"不可药矣"。于是"谢儒治贾,择人任时,久之业益饶"④。歙县新馆人鲍立然,"弱冠失怙,弃举子业,与兄业鹾于杭"⑤。婺源上溪头人程兆枢(原名兆逵)"少业儒,年十五失怙恃,弃砚就商,业木"⑥。港口人潘觐光,太学生,"年十八,念父经营劳瘁,弃儒就贾"⑦。

第二节 "足迹几遍宇内"

谚云:"钻天洞庭,遍地徽。"⑧这个谚语并没有夸张,而是实事求是。张翰说,徽州"其民多仰机利,舍本逐末,唱棹转毂以游帝王之所都,而握其奇赢,休、歙尤夥,故贾人几遍天下。良贾近市利数倍,次倍之,最下无能者逐什一之利。其株守乡土而不知贸迁有无长贫贱者,则无所比数矣"⑨。民国《歙

---

① (明)汪湘纂:徽州《汪氏统宗谱》卷八十五《七十四代孺号集义墓表》,明万历三年(公元 1575 年)刻本。
② (清)程善述纂:《新安程氏世谱·歙西功叔程君传》,清康熙十一年(公元 1672 年)刻本。
③ (明)汪澍纂:《休宁西门汪氏宗谱》卷九《隐君君实七秩寿序》,清顺治十年(公元 1653 年)刻本。
④ (民国)吴吉祜纂:歙县《丰南志》第五册《绍和侄状》,稿本。
⑤ (清)鲍存良、鲍诚猷纂:《歙新馆鲍氏著存堂宗谱》卷二《人物》,清光绪元年(公元 1875 年)活字本。
⑥ (民国)葛韵芬等修,江峰青纂:《重修婺源县志》卷四十一《人物·义行》,民国十四年(公元 1925 年)刻本。
⑦ (民国)葛韵芬等修,江峰青纂:《重修婺源县志》卷三十二《人物·孝友》,民国十四年(公元 1925 年)刻本。
⑧ (清)东壁山房主人撰:《古今奇闻》卷三,清光绪十七年(公元 1891 年)铅印本。
⑨ (明)张翰撰,萧国亮点校:《松窗梦语》卷四《商贾纪》,上海:上海古籍出版社,1986 年。

县志》卷一《风土》记载,徽州"田少民稠,商贾居十之七,虽滇、黔、闽、粤、秦、燕、晋、豫,贸迁无不至焉。淮、浙、楚、汉又其迩焉者矣。沿江区域向有'无徽不成镇'之谚"。绩溪城西周氏宗族商人周德文,"偕其弟宗孟公,泊兄子孟礼,东走浙,西走蜀,南走湘、闽,舟车无暇日"①。歙县双桥郑氏宗族商人郑石陵,"西游楚,东入吴,北涉淮泗陈豫,几半天下"②。

许多富商大贾不仅商游全国,"几遍天下",而且改变了"安土重迁"的传统观念,背井离乡迁居长江流域和江浙一些城镇开设商店。康熙《徽州府志》卷二《风俗》记载:"徽之富民尽家于仪、扬、苏、松、淮安、芜湖、杭、湖诸郡,以及江西之南昌,湖广之汉口,远如北京,亦复挈其家属而去。甚且舆其祖、父骸骨葬于他乡,不稍顾惜。"廖腾煃《海阳纪略》卷下记载:"休宁巨族大姓,今多挈家藏匿各省,如上元、淮安、维扬、松江;浙江杭州、绍兴;江西饶州、浒湾等处。其祖、父丁粮,概行寄托穷亲,当役应卯,不免遭其吞蚀。及乎征比,仅余皮骨,法无所施,以致钱粮多不清。"

在徽州一府六县之中,歙县和休宁的徽商最多,他们商业活动的区域最广。万历《歙志·货殖》记载:"今之所谓都会者,则大之而为两京,江、浙、闽、广诸省;次之而苏、松、淮、扬诸府,临清、济宁诸州,仪真、芜湖诸县,瓜州、景德诸镇……故邑之贾,岂惟如上所称大都会皆有之,即山陬海壖,孤村僻壤,亦不无吾邑之人,但云大贾则必据都会耳。"康熙《休宁县志》卷一《风俗》记载:"邑中土不给食,大都以货殖为恒产,因地有无以通贸易,视时丰歉以计屈伸。居贾则息微,于是走吴、越、楚、蜀、闽、粤、燕、齐之郊,甚则逾而边陲,险而海岛,足迹几遍宇内。近者岁一视家,远者不能,以三、四岁计,彼岂不知有父母室家之乐哉,亦其势使然也。"程一枝《程典》卷二十三《食货志》第七记载,休宁泰塘程氏宗族支丁"其出贾者,多著九江、兴国、通山、武昌、姑孰、金陵、仪、扬、吴淞、苏、杭之间,或土著为市,或往来舟中"。

---

① (清)周之屏、周赞贤纂:《绩溪城西周氏宗谱》卷十七《明高祖宗道公传》,清光绪二十四年(公元1898年)敬爱堂活字本。
② 歙县《双桥郑氏墓地图志·明故处士石陵郑君暨配洪孺人合葬墓志铭》。

在东北地区,徽商的足迹达辽阳。《新安呈坎罗氏宗谱》卷九记载,罗太祥"尝客辽阳,遇例输粟,冠带归家,好施予,建延雁、豫章二桥,皆有利泽及人"。罗奇祥"尝挟赀客辽阳,输粟边储,以供军饷,中淮浙官盐。时有辽人胡通遗白金一镒,坐以待之,越宿乃至,还其金。辽人分其半以谢,君不许。知府佟珎饯行有'归金全义'手卷"。蔡羽《辽阳海神传》载:"程宰士贤者,徽人也。正德初元,与兄某挟重赀,商于辽阳。数年所向失利,展转耗尽。徽俗,商者率数岁一归。其妻孥宗党,全视所获多少,为贤不肖而爱憎焉。程兄弟既皆落莫(寞),羞惭惨沮,乡井无望。遂受佣他商为之掌计以糊口。二人联屋而居,抑郁愤懑,殆不聊生。"歙县《岩镇志草》载:"程士章,字伯达。父岩注,客游辽阳,母王氏,才孕五月耳,越六年父卒。"许承尧《歙事闲谭》第十一册《程仁义行》曰:"嘉靖郡志载,吾族(许)仁公客辽阳,有士人经宝者系狱,当以金赎,家贫无从出,既佣子富室,复鬻子妇于公。券且成,公诇知其故,亟遣还之,焚卷不取金,宝遂得输官免罪,又以余金赎子还。"

在塞北高原,徽商的足迹达河北省长城以北和甘肃省。史载,歙县唐模许氏宗族子弟许承尧说:"吾许族家谱载,吾祖于(明)正统时已出居庸关运茶行贾。"① 歙县人王周广,"性倜傥不羁,弱冠补邑庠弟子员,不遂意,乃之京。交结权贵,辄挥金如土。……晚岁折节遨游大同、甘肃,输边为巨商,聚金累万,率推与同事者,己取独廉"②。黟县人汪孟霏之"父与兄商兰州,流滞经年,兄卒而家书杳然。霏往省父,欲促父归,父意不决,使霏负伯父骨殖先归"。又过了十余年,其父才"自兰州还"。③ 休宁泰塘程氏宗族商人,"若姑孰、金陵则皆用每钱出质,而苏松则用木棉从村墟中易布,市于苏郡及芜湖之地。青出于蓝,布诸四方,惟幽燕诸边关为盛,此特其著者"④。歙县人程沂

---

① (民国)许承尧撰:《歙事闲谭》第一册《歙人出贾时期》,稿本。
② (明)佚名:歙县《泽富王氏宗谱》卷四,明隆庆、万历间刻本。
③ (清)程汝翼、俞正爕纂,吴甸华修:嘉庆《黟县志》卷十五《汪烈妇传》,清嘉庆十七年(公元1812年)刻本。
④ (明)程一枝纂:《程典》卷二十三《食货志》第七,明万历二十六年(公元1598年)家刻本。

"从父命受贾……入河西,赢得过当,遂都河西主转毂,浸起不赀,诸程鱼贯从之,人人起富"①。

在西南地区,徽商的足迹达四川、贵州和云南。史载,明嘉靖时,歙县人许尚质,"负担东走吴门,浮越江南,至于荆,遂西入蜀"。尚质"既居蜀,数往来荆湖,又西涉夜郎、牂牁、邛筰之境"。② 休宁人吴纲"贾于外,以折阅遂音耗断绝"。其子吴琨"戮力里中,酤酒以养母。然时时念父不置,乃间关万里,涉波涛,越坑堑,重茧皲瘃,日晡途穷,则局蹐石窦,再后于四川开县山中觅得遗骸,负之归"。③ 歙县人许朴庵"少游江湖,久客西蜀,精于奇赢,居积致富"。其为人"以约奉身,以输粟成名,贻谋燕翼"④。黟县人汪国俅"与蜀客贾于荆襄间,白莲教'匪扰',转徙入蜀,十年无耗"。其子汪振铎"年二十余,贫甚,贷金独入蜀寻亲,间关至重庆府,始相遇,迎归孝养以终"⑤。婺源人查有堂"初客星沙,与交皆贤达士,经理会馆、文公祠,倡修整饬。后游川东,兴同义会,资给同乡旅榇及旅游难归者"⑥。有的宗族子弟远贾西南,长年杳无音信,妻离子散,因而产生不少千里寻亲的故事。如,婺源人詹文锡"生数月,父远游不归。年十七,誓欲寻亲,历楚蜀,入滇南,终年不遇,哀号震天。一夕梦神语曰:'汝父在贵州,速往可涂遇。'急走百里许,经济渡处,有往黔商舶,附之,兀坐长吁。商疑问锡,告之故,商曰:'汝吾子也。'相持哭,自是偕眷属归。后承父命往蜀,至重庆界,涪合处有险道,名'惊梦滩',悬峭壁,挽舟无

---

① (明)汪道昆撰:《太函集》卷五十八《明故南京金吾卫指挥佥事歙程次公墓志铭》,明万历十九年(公元1591年)金陵刻本。
② (明)方信纂:《新安许氏世谱》卷四《朴翁传》,清康熙间精抄本。
③ (明)宋国华修,吴宗光等纂:嘉靖《休宁县志》卷十四《人物志·孝友》,明嘉靖二十七年(公元1548年)刻本。
④ (清)许登瀛纂:《重修古歙东门许氏宗谱》卷十《朴庵翁祭田记》,清乾隆二年(公元1737年)刻本。
⑤ (清)程鸿诏等纂,谢永泰等修:同治《黟县三志》卷六《人物志·孝友》,清同治九年(公元1870年)刻本。
⑥ (民国)葛韵芬等修,江峰青纂:《重修婺源县志》卷四十《人物·义行》,民国十四年(公元1925年)刻本。

径,心识之。数载后,积金颇裕,复经此处,殚数千金,凿山开道,舟陆皆便。当事嘉其行谊,勒石表曰'詹商岭'"①。歙县人程世铎,"六岁父贾于外,音耗久绝。铎奉母甘旨,必念父,泪涔涔。年二十二,母为授室。铎即矢志寻父,然赤贫无行资,乃精研卜理,据繇应在西南。佽佽于滇黔巴蜀数载,客有自滇来者,语铎曰:'尔父因寻尔叔遗骸,遭吴逆之乱,陷于东川,今应在彼也。'铎闻之拜谢,星夜担簦蹑屩,深入不毛,豺虎昼逼,魑魅宵侵,甚至糇粮不给,屡日始得一食,频死者数。至东川,父他往,复之寻甸,更至乌蒙,始得父耗。比见,两不相识,以数庚甲、通籍贯、道姓名而知,盖父离乡已二十一年。扶侍而归,时铎年已二十七。铎寻父,赖妻徐氏孝养其母,得无内顾,人谓之双孝"②。

徽州宗族子弟贸易不仅"几遍天下",而且还将生意做到海外。史载,明嘉靖、万历年间,歙县人许谷"将服贾,资斧不具",其兄"予千金"。"乃贩缯航海,而贾岛中,赢得百倍,舟薄浯屿,群盗悉掠之"③。休宁人赵贾"出海病疽,同舟者弃之穷岛。赵苏,匍匐至一大寺",被一个和尚搭救得归。"贾还捐资建造初寺,画神僧之事于壁,以彰佛力"④。歙县人鲍文玉"行贾于外,转徙瓯粤间。是时市舶出洋,遭劫掠者无算,文玉数往来,属有天幸,独不遇。货委于地,人皆争取,无积滞,又数得息。金曰:'鲍翁至诚,人勿忍欺也。'海上无知书者,文玉善笔札,居人贾客,群依赖之。……故游海上往往得神助云。"⑤ 歙北许村许氏宗族许宙从事海外贸易,"航大海,架沧江,优游自得,而膏沃充

---

① (民国)葛韵芬等修,江峰青纂:《重修婺源县志》卷二十九《人物·孝友》,民国十四年(公元1925年)刻本。
② (民国)许承尧纂:《歙县志》卷八《人物志·孝友》,民国二十六年(公元1937年)铅印本。
③ (清)许登瀛纂:《重修古歙东门许氏宗谱》卷九《许全善传》,清乾隆二年(公元1737年)刻本。
④ (清)陆云士撰:《湖壖杂记·净慈寺罗汉堂》,《四库全书存目丛书》影印本,济南:齐鲁书社,1997年。
⑤ (潴)鲍琮纂:歙县《棠樾鲍氏宣忠堂支谱》卷二十一《鲍君文玉传》,清嘉庆十年(公元1805年)刻本。

腴,铿锵金贝,诚古逸民中之良贾也"①。何乔远《闽书》卷三十八《风俗》记载,福建"安平一镇尽海头,经商行贾,力于徽歙,入海而贸夷,差强赀用"。

第三节 "其货无所不居"

明人归有光说:"今新安多大族,而其地在山谷之间,无平原旷野可为耕田。故虽士大夫之家,皆以畜贾游于四方。猗顿之盐,乌倮之畜,竹木之饶,珠玑、犀象、玳瑁、果布之珍,下至卖浆、贩脂之业,天下都会所在,连屋列肆,乘坚策肥,被绮縠,拥赵女,鸣琴跕屣,多新安之人也。"②万历《歙志·货殖》记载:"其货无所不居。"大体而言,徽州宗族商人从事的行业,有食盐业、典当业、茶叶业、竹木业、百货业、粮食业、棉布业、丝绸业、金融业、印刷业、制瓷业、冶铁业、饮食业、制墨业,等等。而"盐、茶、木、质铺四者为大宗。茶叶六县皆产,木则婺源为盛,质铺几遍郡国,而盐商咸萃于淮、浙"③。

一、食盐业

徽州宗族子弟的商业经营,"以盐、典、茶、木为最著"。从明弘治五年(公元1492年)至清道光十年(公元1830年)300余年中,"盐业尤兴盛焉"。④ 所以,明代中期,徽州人常说:"吾乡贾者,首鱼盐。"⑤

徽州宗族子弟在盐业经营中发财致富,赢得举世瞩目的巨额商业利润,与明代盐政制度改革提供的商业机遇是分不开的。明初,食盐销售实行"开

---

① (明)许可复、许凤翔纂:《续修新安歙北许村许氏东支世谱》卷五《练溪辰江别叙》,卷一《迁许村始祖知稠公世系》,明隆庆三年(公元1569年)刻本。
② (明)归有光撰:《震川先生文集》卷十三《白庵程翁八十寿序》,明万历二年(公元1574年)刻本。
③ (民国)陈去病撰:《五石脂》,南京:江苏古籍出版社,1999年。
④ (民国)许承尧纂:《歙县志》卷一《舆地志·风土》,民国二十六年(公元1937年)铅印本。
⑤ (明)汪道昆撰:《太函集》卷五十四《明故处士豁阳吴长公墓志铭》,明万历十九年(公元1591年)金陵刻本。

中"制。所谓"开中",即商人输粟边仓,领得勘合;然后赴运司造验,发经盐引,派场支盐;最后凭盐引赴行盐区发售。这是明朝政府为了军事和边防的需要,所建立的一种招商代销和军事实边制度。明代中期,由于豪强的谋利,"开中"法被破坏。弘治五年(公元1492年),明朝政府实行"开中折色"制。《明史》卷八十《食货四·盐法》记载:"成化间,始有折纳银者,然未尝著为令也。弘治五年,商人困守支,户部尚书叶淇请召商纳银运司,类解太仓,分给各边。每引输银三四钱有差,视国初中米直加倍,而商无守支之苦,一时太仓之银累至百余万。"盐法这一改变,免除盐商赴边纳粮之苦。徽州宗族商人抓住这一有利时机,纷纷涌向两淮盐场。嘉靖、万历年间,黄氏、汪氏、吴氏诸宗族子弟经营食盐发财致富者已经很多。他们拥有的资本"皆由数十万以汰百万",并且"以盐筴祭酒而甲天下"①。万历四十五年(公元1617年),明朝政府为疏销积引而推行"纲法"。所谓"纲法",以淮南为例,就是将盐商旧引分为十纲,编成纲册,每年以一纲行旧引,九纲行新引,听盐商据纲册为"窝本"。每年都以纲册所载盐商持引原数为依据派行新引,纲册无名者不得加入。由于纲法的实行,徽州盐商在两淮盐业中的垄断地位取得了国家制度的保障。从此徽商就进入黄金时代,时间有200多年之久。这个时期,歙县江氏、吴氏、黄氏、程氏、汪氏、徐氏、郑氏、许氏、曹氏、宋氏、鲍氏、叶氏等宗族子弟,都曾驰骋两淮盐业,执商界之牛耳。

《清史稿·食货志·盐法》记载:"凡商有二:曰场商,主收盐;曰运商,主行盐。其总揽之者曰总商,主散商纳课。"徽州宗族子弟有场商,有运商,也有总商和散商,而以总商的资本最雄厚。总商是官府指派的盐商首领,都是选择"资重引多""练达多能""熟悉盐法"者充任。清雍正二年(公元1724年),户部左侍郎李周望等上疏说:"查两淮旧例,于商人之中择其家道殷实者,点为三十总商,每年于开征之前,将一年应征钱粮数目核明,凡行盐散商,分隶三十总商名下,令三十总商承管催追,名曰滚总。若将三十总商尽行革去,则

---

① (明)谢陛纂,张涛修:万历《歙志》卷十,明万历三十七年(公元1609年)刻本。

约束无人,倘有乏商,官亦不能追比,或有逃商,官亦无由查拿。"①总商位居官府与散商之间,负责对散商约束管理,催追赋税,上缴国家。这种半官半商的身份,成为他们发财致富的一个极为有利的条件。他们或贩运私盐,牟取暴利;或高利放贷,盘剥散商;或"借名私派,名曰公费"。所以,个个大发横财。徽州宗族子弟任总商者很多。以歙县江村江氏宗族江春为例,他前后担任两淮总商 40 余年。乾隆皇帝"六巡江南",他"祗候供张,胥由擘画";国家"逢大典礼暨工赈输将重务",他"殚心筹策,靡不指顾集事",因而得到朝廷的嘉奖。乾隆不仅"特宣温旨,加授布政使衔,荐至一品",而且"借帑舒运,恩数异常"。②这种"以布衣上交天子"的现象,充分显示了江春是一个宠灵显赫的盐商巨子。

二、典当业

明清时期,由于商品经济的发展和资本主义生产关系萌芽的产生,贫富分化和贫富变更与日俱增,出现"操资交捷,起落不常""东家已富,西家自贫,高下失均,锱铢共竞""资爱有属,产自无恒"的社会现象。这种社会经济的大变动,为典当业的发展提供了商业机遇。于是,拥有雄厚资本的徽州宗族商人纷纷投资典当业,使典当成为徽商四大支柱行业之一。《歙风俗礼教考》载:"典商大都休人,歙则杂商五,薩商三,典仅二焉。治典者亦惟休称能,凡典肆无不有休人者,以专业易精也。"歙县典当商虽然仅占该县商人总数的十分之二,但是,民国《歙县志·风土》还是说:"邑中商业以盐、典、茶、木为最著。"汪道昆说:"近岁多子钱家,岩镇则其薮也。"③由此可见,典当业在歙县商人之中的地位。当时,徽州宗族子弟开设的典当铺几乎遍布全国。江苏、浙江、安徽、江西、湖北、湖南、四川、广东、河南、山东、南京、北京等地均有,而

---

① (清)佶山撰:嘉庆《两淮盐法志》卷二十五《课程》九《经费》上,清嘉庆十一年(公元 1806 年)刻本。
② (民国)许承尧撰:《歙事闲谭》第十八册《江鹤亭·江橙里》,稿本。
③ (明)汪道昆撰:《太函集》卷五十九《明故处士洪桥郑次公墓志铭》,明万历十九年(公元 1591 年)金陵刻本。

以江浙地区为最。所以,程趾祥《此中人语》卷三《张先生》记载:"近来业典当者,最多徽人。"史载,扬州"质库,无土著人。土著人为之,即十年不赎,不许易质物。乃令新安诸贾擅其利,坐得子钱"①。泰兴质库"多新安贾人为之,邑内五城门及各镇皆有"②。镇洋"土著无服贾。行盐、质库皆徽人"③。平湖人"游惰日众。有田宅者鬻田宅,无田宅者典衣质器,以谋薪粒。城周广数里余,而新安富人,挟资权子母,盘踞其中,至数十家。世家巨室,半为所占"④。万历三十五年(公元 1607 年),河南巡抚沈季文说:"今徽商开当,遍于江北,赀数千金,课无十两,见在河南者,计汪充等二百十三家"⑤。康熙二十年(公元 1681 年)六月十四日立的《常熟县永禁扰累典铺碑》,上面镌刻的徽籍典商有毕义和、曹恒达、叶显贞、巴恒盛、汪谦吉、孙浩源、罗仁兴等 34 人;典头有吴奇、汪宗、程隆 3 人。而常熟"城乡典户",才"数十余家"⑥。明末,徽州人汪箕居北京,"家赀数百万,典铺数十处"⑦。清代,歙县唐模许翁,"家故巨富,启质物之肆四十余所",各类店员"几及二千"⑧。据我们调查,乾隆年间,黟县西递明经胡氏宗族子弟胡学梓,富比王侯,号称江南六大富豪之一,开设当铺多达 36 个。

典当业是一种以实物作抵押的高利贷资本。徽州的典当商发财致富,与他们因地制宜定利率是分不开的。在竞争激烈的城镇,他们即降低利息,求得发展。例如,明代中期,歙县岩镇汪氏宗族支丁汪通保"以积著居上海"。

---

① (明)杨洵修,徐銮等纂:万历《扬州府志》卷二十《风物志·风俗》,明万历三十三年(公元 1605 年)刻本。

② (清)钱见龙、吴朴纂修:康熙《泰兴县志》卷一《风俗》,清康熙二十七年(公元 1688 年)刻、乾隆补刻本抄本。

③ (清)金鸿修、李鏻纂:乾隆《镇洋县志》卷一《风俗》,清乾隆十年(公元 1745 年)刻本。

④ (清)朱维熊修,陆荣纂:康熙《平湖县志》卷四《风俗志·习尚》,清康熙二十八年(公元 1689 年)刻本。

⑤ 《明神宗实录》卷四百三十四,上海:上海书店,1984 年影印本。

⑥ 苏州历史博物馆、江苏师范学院历史系、南京大学明清史研究室合编:《明清苏州工商业碑刻集》,南京:江苏人民出版社,1981 年,第 186~187 页。

⑦ (清)计六奇撰:《明季北略》卷二十三《富户汪箕》,北京:商务印书馆,1958 年。

⑧ (民国)许承尧撰:《歙事闲谭》第十七册《唐模许翁》,稿本。

初受贾,"资不逾中人",因善于经营,"日益饶"。于是,他"就彼中治垣屋,部署诸子弟,四面开户以居,客至则四面应之,户无留屦"。汪通保"与诸子弟约,居他县毋操利权;出母钱毋以苦杂良,毋短少;收子钱毋入奇羡,毋以日计取盈。于是人人归市如流,旁郡县皆至。居有顷,乃大饶,里中富人无出处士(通保——引者)右者"①。休宁人程某"始为儒而业成,去而为贾"。"族贾逐什一,务干没,以奸富为良"。小民从程某质钱,"惟以什一为准,无所干没"。如果因"贫乏不能出子钱",程某"惟取母钱废质剂,细民归之者如流水,息业益滋"。② 明末,南京"当铺总有五百家,福建铺本少,取利三分四分;徽州铺本大,取利仅一分二分三分"。由于徽州典当商采取降低利率的措施,因而取得"均有益于贫民"的美誉,获得经济效益。人称:"人情最不喜福建,亦无可奈何也。"③万历年间,休宁人孙从理在吴兴县开典当铺,"什一取赢,矜取予必以道,以质及门者踵相及,趋之也如从流"。因"质剂起家"者,没有一个人能与孙从理相比。④ 在徽州商帮垄断典当业的城镇,他们则高利盘剥,大发横财。例如,明弘治年间,徽州宗族子弟在石门县开典当铺,"倍取民息"。他们"挟丹圭之术,析秋豪之利,使人甘其饵而不知"。结果,"日以朘,月以削,客日益富,土著者日益贫"。汤沐知石门时,"捕之皆散去,阖境称快"。人们认为,"岂惟石门一邑而已,盖所至皆然也。使夫长民者,尽若汤侯之深计远思,凡为蟊贼于民间者,务悉去之,其德不亦溥乎?"⑤清初,徽州人在平湖县开设典当铺,"至数十家","典利三分,视京师及他郡邑为独重。商横民涸,湖人之髓,其足供徽人之嚼吸耶?"康熙十八年(公元1679年),知县景贞运"奉

---

① (明)汪道昆撰:《太函副墨》卷十三《汪处士传》,明万历十九年(公元1591年)刻本。
② (明)汪道昆撰:《太函集》卷十七《寿草市程次公六十寿序》,明万历十九年(公元1591年)金陵刻本。
③ 《金陵琐事剩录》卷三,转引自谢国桢编:《明代社会经济史料选编》中册,福州:福建人民出版社,1980年,第200页。
④ (明)汪道昆撰:《太函集》卷五十二《南石孙处士墓志铭》,明万历十九年(公元1591年)金陵刻本。
⑤ (清)焦袁熹撰:《此木轩杂著》卷八《货殖》,清道光刻本。

宪檄,行查违禁重利"。黄履顺等"唊贞运白镪二百四十金",事发,"上台劾景罢官"。重利盘剥与反重利盘剥的斗争,异常尖锐。①

三、茶叶业

徽州宗族商人从事茶叶贸易源远流长。茶叶贸易是徽人较早从事的重要商业活动之一。这是由两方面的原因造成的:一方面,唐宋以来,中国人——特别是城市居民——饮茶之风大盛,茶叶的需求量日益增加,为徽州茶商带来了商业机遇;另一方面,徽州"届万山中",盛产名茶,备受消费者的喜爱,为徽州茶商提供了商品资源。

徽州"山郡贫瘠","茶叶兴衰,实为全郡所系"②。《歙风俗礼教考》记载:"歙之巨商,业盐而外,惟茶北达燕京,南极广粤,获利颇赊。其茶统名松罗,而松罗实乃休山,匪隶歙境,且地面不过十余里,岁产不多,难供商贩。今所谓松罗,大概歙之北源茶也。"除休、歙的松罗以外,"茶业六县皆产",婺绿、屯绿、祁红等茶,都名闻中外。徽州茶商,几乎遍布全国,北京、广州、上海、汉口、苏州、九江等城市,是徽州茶商比较多的地区。清乾隆年间,北京有徽人开设的茶行7家,茶商字号166家,小茶店数十家。北京歙县义庄的经费捐款,"则取于茶商为多"。③ 徽州茶商在北京的经济实力和他们在北京徽商中的地位由此可见一斑。

盐、典、茶、木是徽州宗族商人四大支柱行业。但是,随着道光年间盐政改革——即实行"票法"——和鸦片战争后五口通商,徽州的盐商一蹶不振,茶商得到了长足发展,支柱行业的格局发生了重大变化。这一变化已经引起学术界的关注。据日本学者重田德统计,民国《重修婺源县志》中的《孝友》《义行》《质行》传,能被确认为茶商者有132人,其中程姓24人,王姓13人,

---

① (清)朱维熊修,陆莱纂:康熙《平湖县志》卷四《风俗志·习尚》,清康熙二十八年(公元1689年)刻本。
② (民国)许承尧:《治事丛谈》,转引自张海鹏、王廷元主编:《明清徽商资料选编》,合肥:黄山书社,1986年,第171~172页。
③ (民国)许承尧撰:《歙事闲谭》第十一册《北京歙县义庄》,稿本。

金姓 11 人,俞姓 10 人,汪姓 9 人,詹姓 7 人,胡姓 6 人,李姓 6 人,余姓 5 人,吴姓 5 人,查姓 4 人,戴姓 4 人,洪姓 4 人,许姓 4 人,潘姓 3 人,鲍姓 2 人,朱姓 2 人,施姓 2 人,董姓 2 人,齐姓等共 9 人。重田德说:"稍微夸张一点讲,如果想找到与茶叶无关的例子,是很困难的。"① 我们在徽州一府六县——歙县、休宁、祁门、黟县、绩溪、婺源——调查中,发现几乎所有宗族都有经营茶叶贸易的子弟,而以婺源县为最多。例如,婺源《董氏宗谱》记载:董孔光,"开茶号,家渐丰"。董雠喈,"营业绿茶,常往来彭湖沪海间,跋涉之劳,风涛之险,已饱尝矣。然未尝稍损其壮志"。董荣椿,"悉禀母命而行,奔走于茶商之间,往来于屯、饶之地,坐无暇晷,寝不就衾"。董仰宽,"能大川涉利,舟车南北,得出其数十年茶商余蓄,良田华屋,子孙蒙庥,创业兴家"。董昌朋与董蔚其,"刎颈交也……曾合夥业茶,追随数十年,相依如家人"。董荣炽,"务茶而得财"。此外,董氏宗族子弟董廷杰、董佐唐、董慕舒、董健元、董世宽、董文山、董荣桐、董绥万等等,都是茶商。

在徽州宗族子弟经营的盐、典、茶、木四大支柱行业中,盐、典、木都是国内贸易,茶叶不仅行销国内,而且打入国际市场,这是茶商的一个最大特点。16 世纪时,欧洲各国饮茶习俗已很风行。因此,中国茶叶除了在国内有广阔市场以外,在国外的市场也日益扩大。国际市场的扩大,为徽州茶商带来了新的机遇,他们纷纷参与国际贸易活动。

鸦片战争以前,广州是唯一的对外通商口岸。所以,徽州茶商大都集中于此。据民国《重修婺源县志》记载:潘锡圭,"幼失怙,事母以色养。中年业茶于羊城"。李登瀛,"性慷慨,见义勇为。尝业茶往粤东,经赣被盗,力控究办,请示勒石于通衢,商旅以安乐"。程国远,"性仁厚,尝偕友合伙,贩茶至粤,公耗八百金,远念友赀无从措,独偿之"。程锡庚,"尝在广东,贷千金,回婺贩茶。一路资给难民,至饶州金尽,遇负逋鬻妻者,犹欨助慰留"。詹元檀,"兄弟五人,檀居长。父贷金数千,贩茶于粤"。朱文炜,"幼失恃。……家业

---

① [日]重田德:《徽州商人之一面》,见《徽州社会经济史研究译文集》,合肥:黄山书社,1987 年,第 432 页。

茶,常往来珠江"。查奎,其"族有业茶于粤东者,为行户亏折,久踬于外。奎以一千五百金贷之,始获归家,未数年折其券"。程泰仁,"因家食维艰,弃砚就商。随乔川朱日轩贩茶至粤,众举经理徽州会馆,六县商旅,均服其才"。朱文炽,"尝鬻茶珠江,逾市期交易文契,炽必书'陈茶'两字,以示不欺。牙侩力劝更换,坚执不移,屯滞二十余载,亏耗数万金,卒无怨悔"。俞起鸾,"性浑朴,少失怙,承父茶业,客粤东。粤俗繁华,不为所染"。汪大日,"幼习举业,长承父志,售茶粤东,不沾市习"。戴承烈,"性浑朴,见善勇为。随父赴粤售茶,途遇险,竭力御父。父殁,随兄赴粤,海盗炮击烈船,烈以身御兄,衣服被褥,为炮所伤,兄弟皆无恙"。程国枢,"年十八,佐家政,井井有条。货茶东粤,出纳无私"。程廷辉,"比长,营趁稍有微赀,不私囊橐。后与兄业茶于粤,易岁往还,备甘旨"。汪从钜,"随叔卖茶广东。遭粤匪乱,家中落。暮年肩负,苦积余赀"。余圣材,"与族人合贷重资,业茶粤东,牙侩亏空,归鬻己产偿之。其同业者,欲以屋抵偿,材弗受,焚其券"。詹坦贞,"至于成立,业茶粤东。有以数千金合业者,诚信无欺,人咸重之"。程士严,"慷慨好施,素在粤东业茶。有俞某贷银一千四百两,子母亏折,留滞羊城。严不责偿,并赠赀俾之归。后俞病笃,邀严诣其家,涕泣与诀。严面焚借券,赠金饮助殡费"。王锡燮,"家颇裕,多善举。……有族某借银五百两,业茶进粤,亏折不能偿,留粤数年不归。燮悯之,嘱令还家,置不问"。俞文熛,"少读书,长业茶粤东。屈某负债,将鬻妻偿,熛赠金六十,屈妻得以保全。后家道中落,竟将执券收债,为营运计,乃往索数家,皆窘逼难偿,遂毁其券,总计不下万金"。王世勋,"幼孤,事母克顺。后业茶粤东,赀渐裕。有胡某自粤东同归,携只箱寄勋家去,三年未返。一日胡至,见箱封锁如故,谓勋曰:'内有白金千两,何不发箧,以资营运?'勋答以'物非己有,至今莫敢动移'"。董则葵,"家居孝友,待人笃恭。业茶广东,弟殁于外,亲扶榇归"。李槐理,"有干济才,慷慨好施。运茶于粤,被空巨款,困陷十八年"。吴国华,其"弟瑜业茶殁于粤东,华往扶榇归里,风餐露宿,经三月余,未尝一夕投寓"。金长泰,"长兄早世,四弟业茶,没于粤。泰间关千里,扶榇而归"。王文羲,"生平治己宗小学,事亲本《孝经》。

兄业茶广东失败,翥倾己产代偿"。戴锦翔,"中年营商,业蹶而复振。四旬外,业茶于粤,于浔,于浙、沪,投无不利,家日起"。同治《黟县三志》卷七《人物志·尚义传》载,汪琴"客广东,有同邑叶甲贩茶未售,暴卒。琴素不识甲,殡殓之。代售茶,归其资"。据《广东十三行考》记载,广东出口的茶叶,"向于福建武夷及江南徽州等处采办"。

鸦片战争以后,上海成为中国对外贸易的主要港口。大批徽州茶商麇集上海,从事茶业贩运和出口生意。民国《重修婺源县志》记载,程泰仁,初"随乔川朱日轩贩茶至粤";"咸丰间,业茶上海。独捐巨货,修广福寺"。金烈光,"性敦笃,力学不倦。嗣因祖老母节,不得已改儒而贾,以供甘旨。始业木苏常,继运茶沪汉,或一岁数岁一归省"。朱球,"四龄失怙,孺母汪鞠养成立。比长,业木于姑苏之常熟,遇捐修至圣庙,慨然输材木,价千余金。蒙宪会奏,给奖议叙。后设茶行于上海"。王锡麒,"少读书,家贫就商,力守信义。初随姻弟潘畅中司帐,继自业茶,驰名沪、粤间"。李汝霖,"年少能持家。……业茶至上海,妓馆赌场绝迹不至"。孙华梁,"弱冠失怙,家贫,事母能承欢。嗣就屯业茶,值粤逆蹂躏,梁从间道运申获利"。戴维城,其兄"年七十二,无疾卒。城售茶申江(即黄浦江——引者),闻讣驰归,泣不已"。许贞,其"父贩茶,陷粤中,十四年不能归。贞日夜忧虑。……乱平,父经商上海,岁必亲往省视。……父殁申江"。李绪树,"售茶上海,帐册赀橐,悉交兄,分文不私"。婺源《董氏宗谱》记载:董健元"先生齿居长,成人后家累日重,修胝所入不足以给事蓄,乃稍稍习计然术,以茶商起家,往来溢、沪间。……婺茶与外洋互市,利权为外商操纵,先生负亿中之。用钩距之术,行商十余年,获利倍蓰,而家道骎骎盛矣。"董绥万运茶赴申,"独力创设利亨茶号,悉心研究茶务"。"年三十,组织万春茶号,制茶销售欧美"。

太平天国运动时期,徽商受到沉重打击。但是,同治、光绪年间,徽州茶商不但迅速复苏,而且获得了长足的发展。《安徽茶业史略》记载:"同治年间,洋庄茶盛行时,经营洋庄的徽州茶叶商,资本额较大者,有忆同昌号等48家。在外地经营大茶号的徽商为数也不少,汉口、芜湖有,九江、上海也有。

如九江即有仁德永等 6 家,上海有洪永原等七八家,营业一时还颇为发达。有数家资本额还曾达四五万两,其余亦在数千两。"①光绪十一年(公元 1885 年),皖南茶厘总局称:"查道光年间,皖南茶引岁销五六万道,自同治年间洋庄茶盛行,岁始销引十万余道。"当时每引 120 斤。所谓"洋庄茶",就是出口茶叶。由此可见,徽州茶叶对外贸易的兴盛。

四、木材业

徽州宗族商人从事木材贸易,有悠久的历史。早在宋代,徽州木商已经成帮,贸易活动已十分活跃。罗愿在编撰《新安志》时,将这一现象视为徽州一种社会风俗。

木材业为什么会成为徽商的四大支柱行业呢?

木材业成为徽商的支柱行业,与徽州物产有关。史载,"徽居万山环绕中,川谷崎岖,峰峦掩映,山多而地少"②。这里不宜农作物生长,但森林资源却非常丰富。"土人稀作田,多以种杉为业"③。徽州地区盛产林木,为徽州木商提供了丰富的商品资源。罗愿说,休宁"山出美材,岁联为桴,下浙河,往者多取富。女子始生,则为植槠,比嫁斩卖,以供百用。女以其故,或预自蓄藏"④。"祁门水入于鄱,民以茗、漆、纸、木行江西,仰其米自给。俗重蚕,至熏浴斋洁以饲之"⑤。范成大在《骖鸾录》中记载,严州"浮桥之禁甚严,歙浦移排毕集桥下,要而重征之,商旅大困,有濡滞数月不得过者。余椽歙时,颇知其事。休宁山中宜杉,土人稀作田,多以种杉为业。杉又易生之物,故取之难穷。出山时价极贱,抵郡城已抽解不赀。比及严,则所征数十倍。严之官

---

① 许正:《安徽茶叶史略》,载《安徽史学》,1960 年第 3 期。
② (民国)吴日法撰:《徽商便览》,新安惟高堂刊本。
③ (宋)范成大撰:《骖鸾集》,《丛书集成初编》本,北京:中华书局,1985 年。
④ (宋)罗愿纂,赵不悔修:淳熙《新安志》卷一《风俗》,清光绪三十三年(公元 1907 年)刻本。
⑤ (宋)罗愿纂,赵不悔修:淳熙《新安志》卷一《风俗》,清光绪三十三年(公元 1907 年)刻本。

吏方曰:'吾州无利孔,微歙杉不为州矣'"。由此可见,输出木材是徽州人的重要商业活动和生活来源。

"徽多木商"①,歙县、休宁、婺源、祁门、黟县、绩溪皆很多,而以婺源为最②。史载,婺源人程文昂,"业木造簰,以竹制缆,创自巧思,牢固异常,人利赖之"③。歙县人凌日荣"为木商,多往来于临安、云间,遇有急者必周之,人皆称公为善士"④。休宁芳干程氏宗族子弟程希道,"善殖货财,尝往邻邑太平之弦歌乡,置买山场,做造牌筏,得利无算"⑤。程志发"尝做造牌筏",贩卖木材,"得厚利,置田一顷有余"。⑥婺源人李祖玘"弃儒业商",与江湾江氏"同事"。江氏"以贩木起家",祖玘"料理精勤,竹头木屑之微,无不各当于用,业以益起,而家遂饶"⑦。李世鉴之父"营木业,因亏赀归家种作"⑧。祁门倪思喜,"少习举子业,缘家计维艰,弃而就贾,以木殖起家"⑨。倪道昭,"初处贫,以殖木始饶蓄积"⑩。婺源人施圭锡"佐父业木,比父归里,孳息倍于前,

---

① (民国)许承尧撰:《歙事闲谭》第十八册《歙风俗礼教考》,稿本。
② (清)蒋灿纂修:康熙《婺源县志》卷二《疆域·风俗》:"婺远服贾者,率贩木。"清康熙三十三年(公元 1694 年)刻本。
③ (民国)葛韵芬等修,江峰青纂:《重修婺源县志》卷四十《人物·义行》,民国十四年(公元 1925 年)刻本。
④ (清)凌应秋撰:《沙溪集略》卷四《义行》,传抄本。
⑤ (明)程孟纂:《新安程氏诸谱会通》第三册《休宁芳干程氏续派》,明景泰二年(公元 1451 年)刻本。
⑥ (明)程孟纂:《新安程氏诸谱会通》第三册《休宁芳干程氏续派》,明景泰二年(公元 1451 年)刻本。
⑦ (清)佚名:婺源《三田李氏宗谱·长皋钟三十二两源公行实》,清光绪十一年(公元 1885 年)活字本。
⑧ (民国)《婺源县采辑·孝友》,抄本。转引自张海鹏、王廷元主编:《明清徽商资料选编》,合肥:黄山书社,1986 年,第 192 页。
⑨ (清)倪望重纂:《祁门倪氏族谱》卷下《慕斋公实录》,清光绪二年(公元 1876 年)刻本。
⑩ (清)倪望重纂:《祁门倪氏族谱》卷下《辉宇公纪略》,清光绪二年(公元 1876 年)刻本。

悉均兄弟,不以自私"①。程鸣岐,"幼极贫,嗣佣趁木簰,勤慎愿悫,客倚重之。贷赀贩木,乃渐饶裕"②。程森,"长兄贩木负债数百,既代偿,复给数百金于其子,以贸易"③。符文炽"兄弟二人,炽居长。木业生理,获资数千金,与弟分析,无稍轩轾"④。

明清时期,随着社会经济的发展和市场的扩大,徽州出产的木材已经远远不能满足市场的需要。于是,徽州木商即将眼光瞄准了福建、江西和西南等盛产木材的地区。史载,婺源人黄世权,"顺治戊子,以厚资畀故交,贩木于闽"⑤。董昌瑗"买木南赣,遭水涨,漂失过半,抵苏出售,罄以还人"⑥。单启泮,"比长业木豫章,家始裕"⑦。祁门人倪望铨,"年十六则往来贩木于鄱湖闾水间,以信任见重于同侪,所得滋丰"⑧。婺源人孙徽五,"尝贩木湖南,抵浔江,木尽火,计耗数千金。时,同侣贷五金市木者二十余人,既火,皆谢负五,五慰曰:'是予咎累公等也。'尽焚其券,并各给归囊"⑨。歙县人黄筱,"屡秋试不售,贩木湖南,星餐水宿,仍治旧业"⑩。婺源人朱昌孝,"幼读书,以父

---

① (民国)葛韵芬等修,江峰青纂:《重修婺源县志》卷四十一《人物·义行》,民国十四年(公元1925年)刻本。
② (民国)葛韵芬等修,江峰青纂:《重修婺源县志》卷四十一《人物·义行》,民国十四年(公元1925年)刻本。
③ (民国)葛韵芬等修,江峰青纂:《重修婺源县志》卷三十九《人物·义行》,民国十四年(公元1925年)刻本。
④ (民国)葛韵芬等修,江峰青纂:《重修婺源县志》卷四十一《人物·义行》,民国十四年(公元1925年)刻本。
⑤ (民国)葛韵芬等修,江峰青纂:《重修婺源县志》卷三十七《人物·义行》,民国十四年(公元1925年)刻本。
⑥ (民国)葛韵芬等修,江峰青纂:《重修婺源县志》卷四十五《人物·质行》,民国十四年(公元1925年)刻本。
⑦ (民国)葛韵芬等修,江峰青纂:《重修婺源县志》卷四十《人物·义行》,民国十四年(公元1925年)刻本。
⑧ (民国)倪望隆纂:《祁门倪氏族谱·望铨公启垣公两世合传》,民国十四年(公元1925年)活字本。
⑨ (民国)葛韵芬等修,江峰青纂:《重修婺源县志》卷三十九《人物·义行》,民国十四年(公元1925年)刻本。
⑩ (民国)许承尧撰:《歙事闲谭》第三册《黄可堂诗》,稿本。

年迈,弃砚就商,设钱肆于湖南德山。婺邑木商往来必经其地,簰夫不下数千人,有客死者,赁地藁葬,甚且委诸草莽。孝输赀首倡,买山一局为义阡,中构一堂,曰'笃谊',立碑标墓,详载姓名,以待异骸归葬,并置守冢一家,清明祭扫"①。歙县人程之藩,"年少时,随其父行贾于四川,至建昌,主雅州宣慰司董仆家。土司所属,深谷峻岭多巨木,伐之以为利,役夫尝数百人,必刚猛有膂力者始胜是役。之藩遂为之长,结以恩信,役夫无不悦服,悉听其部署"②。王士汲,"年十九,侍父华顺往四川贩木"③。婺源人洪庭梅,"偕姻戚权木值于闽越楚蜀数千里外"④,等等。

江南地区是徽州木商木材销售的主要市场,这里的重要城镇成了徽州木商木材的集散地。南宋时期,杭州就是徽州木商一个重要贸易基地。清乾隆年间,徽州木商麇集,生意兴隆,于候潮门外徽国文公祠成立了徽商木业公所。公所"创自婺源江扬言先生,其子来喜又于江干购置沙地,上至闸口,下至秋涛宫,共计三千六百九十余亩。盖无公所,事无从叙;无沙地,排无以安。而建立公所,购置沙地,其有裨于木业者,岂浅鲜哉!"⑤由此可见,杭城徽州木商之众,商品数量之大。

明清时期,南京是长江中上游的木材运往江南各城镇的中转站,是木材重要市场。史载,婺源人黄有贞,"业木金陵,精明勤慎,富室多贷赀本"⑥。洪大诗"早失怙恃,孤贫无依。初游江右玉邑,后营金陵木业,囊渐充裕,因居

---

① (民国)葛韵芬等修,江峰青纂:《重修婺源县志》卷四十一《人物·义行》,民国十四年(公元1925年)刻本。
② (清)戴名世撰:《戴南山文抄》卷四《程之藩传》,清宣统二年(公元1910年)上海国学扶轮社排印本。
③ (民国)许承尧纂:《歙县志》卷八《人物·孝友》,民国二十六年(公元1937年)铅印本。
④ (清)洪朝祥、洪庥衡纂:婺源《燉煌郡洪氏通宗谱》卷五十八《清华雪斋公传》,清嘉庆二十三年(公元1818年)木活字本。
⑤ (清)《徽商公所征信录·征信录序》,清宣统刻本。
⑥ (民国)葛韵芬等修,江峰青纂:《重修婺源县志》卷四十《人物·义行》,民国十四年(公元1925年)刻本。

于白下"①。婺源龙山人程肇基"业木金陵,资饶裕。亲朋造寓舍,欲留者,任事给俸;不欲者,归里馈赀。借券自数百两至一二千,贫不能偿者,悉召其人,面焚之"②。西翀人俞盛"业木金陵,值水灾,挥金平粜,活人无数"③。延村人金照"业木金陵,尝捐赀置义冢一区,以安旅榇"④。《歙风俗礼教考》记载:"徽多木商,贩自川广,集于江宁之上河,资本非巨万不可。因有移家上河者,服食华侈,仿佛淮扬,居然巨室,然皆婺人。近惟歙北乡村偶有托业者,不若婺之盛也。"⑤

明清时期,苏州十分繁荣。这里是徽州木商重要市场。史载,休宁汊川程氏支丁程实,"少客江湖间,尝以木易粟至姑苏贷人,值岁饥,悉弃不取而归"⑥。婺源城东人董桂照"与兄合赀业木姑苏,兄本利亏折,空桂七百余金,欲以房屋抵还,封契缄寄,桂受而毁之,不与子侄言"⑦。石泉人方肇基,"尝业木于苏汇(按:即苏州西汇——引者)"⑧。方村人方钟美,"幼失恃,随父往辛塔业木。年十六,父令装橐金,运木于苏汇"⑨。梅泽人戴振伸,"素业木姑苏。资禀奇异,洞悉江河水势原委。丹徒江口向有横越二闸,倾坏后水势横

---

① (清)洪朝祥、洪庥衡纂:婺源《燉煌郡洪氏通宗谱》卷五十九《檀溪全万公传》,清嘉庆二十三年(公元1818年)木活字本。
② (民国)葛韵芬等修,江峰青纂:《重修婺源县志》卷四十《人物·义行》,民国十四年(公元1925年)刻本。
③ (民国)葛韵芬等修,江峰青纂:《重修婺源县志》卷四十一《人物·义行》,民国十四年(公元1925年)刻本。
④ (民国)葛韵芬等修,江峰青纂:《重修婺源县志》卷四十《人物·义行》,民国十四年(公元1925年)刻本。
⑤ (民国)许承尧撰:《歙事闲谭》第十八册,稿本。
⑥ (明)程敏政编纂:《新安文献志》卷九十《百岁程君实墓表》,明弘治三年(公元1490年)刻本。
⑦ (民国)葛韵芬等修,江峰青纂:《重修婺源县志》卷四十一《人物·义行》,民国十四年(公元1925年)刻本。
⑧ (民国)葛韵芬等修,江峰青纂:《重修婺源县志》卷四十一《人物·义行》,民国十四年(公元1925年)刻本。
⑨ (民国)葛韵芬等修,江峰青纂:《重修婺源县志》卷四十一《人物·义行》,民国十四年(公元1925年)刻本。

流,船舻往来,迭遭险厄。道光年间,大兴会馆董事请伸筹画筑二闸,并挑唐、孟二河。比工告竣,水波不兴,如涉平地"①。咸丰年间,徽州木商在苏州西汇创立的大兴会馆,"缘罹兵燹,地成瓦砾"。同治四年(公元 1865 年),"兹议公借紫阳地基,起造正堂三间,后厢两披一间,照旧供奉关圣、朱子神位,以为木商集议公所"。这次重修大兴会馆,除了同仁会捐洋 252 元以外,捐款的徽州宗族木商多达 50 人。②

除上述三个城市之外,扬州、泰州、芜湖、松江等地也是徽州木商木材集散地。如,婺源新源人俞悠瑃,"尝业木维扬,赀颇饶,辄喜施与。族有宗子,累世单传,无力谋娶,瑃慨然赠金,获生两男,宗祧赖以不坠"③。环溪人王学炜,"业木泰州,值水荒,倡首捐钱三百贯,米五十石。知州金以'义行可风'褒奖"④。理田人李广璧,"弃儒服贾,往泰州海门厅业木,艰难起家。会海门新建城垣,所需木料及工费均系璧助"⑤。嘉庆《芜湖县志》卷六记载,明总兵黄德功在芜湖县西滨江建炮台,"其下滩地为徽(州)、临(清)两郡木商木材之所"。清代《松江府为禁修葺官府横取赊买竹木油麻材料告示碑》曰:"本郡四门木竹商人程泉、程台、李全、汪塘等呈称:泉等俱属徽民,远贩者□投治。……蒙本府知府廖,看得木竹行业尽系徽民,挈赀侨寓,思觅蝇头,冒险涉远,倍尝辛苦,始得到埠。……奉批:'木竹俱应现买,不得赊取亏累,仰府遵照屡饬严加禁革,勒石永示,有犯必究,此缴。'"⑥

---

① (民国)葛韵芬等修,江峰青纂:《重修婺源县志》卷四十《人物·义行》,民国十四年(公元 1925 年)刻本。
② 江苏省博物馆编:《江苏省明清以来碑刻资料选集》,北京:三联书店,1959 年,第 101~102 页。
③ (民国)葛韵芬等修,江峰青纂:《重修婺源县志》卷四十一《人物·义行》,民国十四年(公元 1925 年)刻本。
④ (民国)葛韵芬等修,江峰青纂:《重修婺源县志》卷四十《人物·义行》,民国十四年(公元 1925 年)刻本。
⑤ (民国)葛韵芬等修,江峰青纂:《重修婺源县志》卷四十一《人物·义行》,民国十四年(公元 1925 年)刻本。
⑥ 上海博物馆图书资料室编:《上海碑刻资料选辑》,上海:上海人民出版社,1980 年,第 105 页。

第四节 "富拟封君"

宋元时期，徽州宗族商人之中腰缠万贯者，是个别人。从明中期起，随着徽州人纷纷"弃儒服贾""弃农从商"和商品经济的繁荣，徽州宗族商人中富商大贾日益增多。嘉靖《徽州府志》卷七《食货志》记载，一些"逐末之商（商），富拟封君"。嘉靖后期，严世蕃每"积赀满百万，辄寘酒一高会"，评论天下富户等级。他们认为，"积赀满五十万以上，方居首等"。"屈指天下富家居首等者，凡十七家"，徽州即有两家。① 万历时，谢肇淛说："富室之称雄者，江南则推新安，江北则推山右。新安大贾，鱼盐为业，藏镪有至百万者，其他二三十万，则中贾耳。"② 万历《歙志》卷十记载："邑中之以盐筴祭酒而甲天下者，初则有黄氏，后则有汪氏、吴氏，相递而起，皆由数十万以汰百万者。"清代前期，徽州宗族商人的商业资本和财产有了更大发展。李澄说："闻父老言，数十年前，淮商赀本之充实者，以千万计，其次亦以数百万计。商于正供完纳而外，仍优然有余力，以夸多而斗靡。于是，居处饮食服饰之盛甲于天下。"③ 史载，淮南"向来商力充裕，办运者百数十家，有挟资至千万者，最少亦一二百万"④。乾隆三十七年（公元1772年），户部库存银7,800余万两⑤。而"山西、徽歙富人之商于淮者，百数十户，蓄赀以七八千万计"⑥。淮南盐商拥有资本竟与国库库存银数目相等。在山西商人和徽州商人之中，执商界之牛耳者是徽州盐商。民国《歙县志》卷一《风土》记载："两淮八总商，邑人恒占其四。各

---

① （明）王世贞撰：《弇州史料后集》卷三十六《严氏富赀》，明万历四十二年（公元1614年）刻本。
② （明）谢肇淛撰：《五杂俎》卷四《地部》二，北京：中华书局，1959年。
③ （清）李澄纂：《淮鹾备要》卷七，清道光三年（公元1823年）刻本。
④ （清）王增芳撰：《谨陈补救淮盐积弊疏》，见（清）《皇朝经世文续编》卷五十一，清光绪十四年（公元1888年）图书集成局铅印本。
⑤ 《清高宗实录》卷九百二十，台北：台湾华文书局，1970年再版。
⑥ （清）汪喜荀撰：《从政录》卷二《姚司马德政图叙》，《重印江都汪氏丛书》本，上海：中国书店，民国十四年（公元1925年）。

姓代兴,如江村之江、丰溪、澄塘之吴、潭渡之黄、岑山之程、稠墅、潜口之汪、傅溪之徐、郑村之郑、唐模之许、雄村之曹、上丰之宋、棠樾之鲍、蓝田之叶,皆是也。彼时盐业集中维扬,全国金融几可操纵。致富较易,故多以此起家。席丰履厚,闾里相望。其上焉者,在扬则盛馆舍,招宾客,修饰文采;在歙则扩祠宇,置义田,敬宗睦族,收恤贫乏。下焉者,则但侈服御居处,声色玩好之奉,穷奢极靡,以相矜炫已耳。"

明清时期,徽州宗族富商大贾比比皆是。如,歙县人黄豹"少遭家啬,见邑中富商(商)大贾,饰冠剑,连车骑,交守相,扬扬然,诩诩然,卑下仆役其乡人。喟然叹曰:'彼之夥夥者,独非人耶?'……于是辞其父五云翁,挟赀以游荆襄、南楚,菫菫物之所有,贸迁而数致困……于是辇其资斧之淮南。淮南,东楚都会之地,鱼盐之饶。公绝机诈,一为廉贾。久之,一年给,二年足,三年大穰,为大贾矣"①。黄崇敬"少习举子学,已弃去,游广陵淮阴间,以居积起家……致赀巨万。处士崇敬卒,子濡继其业,赀益大殖。是时海内平乂久,江淮为京南北中,天下所辐辏,擅赢利其间,号素封者林积,而黄氏二世尝甲乙焉"②。嘉靖时,许秩"南讫闽广,北抵兖冀。……善治生,能任人趋时,积十余岁,已殷殷盛矣。岁丙午,自青齐入湖湘。明年,复自湖湘北上,致息数倍。又明年,归自济北,资财甲于乡,为大贾人"③。徽人程君,"年甫髫而从其舅江淮间为下贾,已进为中贾,属有外难,脱身归,则转赀湘楚,稍稍徙业二广。珠玑犀象香药果布之凑,盖不数年而成大贾"④。休宁兖山人汪海"生而魁梧伉直,父党率目伟之"。"从父贾房村,席故资以麹糵起",遂为"上贾"。"改业

---

① 4(明)方信纂:《歙西竦塘黄氏统宗谱》卷五《明故处士黄公豹行状》,明嘉靖四十一年(公元1562年)刻本。
② (明)方信纂:《歙西竦塘黄氏统宗谱》卷五《黄母吴氏孺人行状》,明嘉靖四十一年(公元1562年)刻本。
③ (明)方信纂:《新安许氏世谱》卷三《平山许公行状》,清康熙间精抄本。
④ (明)王世贞撰:《弇州四部稿》卷六十一《赠程君五十叙》,《四库全书》影印本,上海:上海古籍出版社,1987年。

而南,以质剂息子钱,一居云间,一居东省,业愈益起"①。江才,"年十二三即从其兄屠酤里中。稍长从如钱塘。其在钱塘日,坐阛阓售米盐杂物,兄弟服勤茹粗,而母甘旨常苦不克"。才叹曰:"丈夫当观时变,察低昂,立致富厚耳,安能久为此琐琐乎!""遂辞其兄,北游青、齐、梁、宋间,逐什一之利。久之,复还钱塘,时已挟重赀,为大贾"②。总商汪廷璋,"自其先世大千迁扬州,以盐笑起家,甲第为淮南之冠,人谓其族为'铁门限'。父交如……守财帛,富至千万"③。清乾隆时,歙县人江春继父任两淮总商,"每遇灾赈、河工、军需,百万之费,指顾立办"④。因而得到乾隆皇帝的嘉奖。先后被赐予奉宸苑卿、布政使衔。乾隆皇帝南巡至扬州,江春"承办一切供应"。他在扬州有园林五处,乾隆曾两幸其康山草堂。袁枚谓:"恩遇之隆,古未有也。"⑤一日,乾隆"幸大虹园,至一处,顾左右曰:'此处颇似南海之琼岛春阴,惜无塔耳。'江闻之,亟以万金赂近侍,图塔状。既得图,乃鸠工庀材,一夜而成。次日,高宗又幸园,见塔巍然,大异之,以为伪也。即之,果砖石所成,询知其故,叹曰:'盐商之财力伟哉!'"⑥乾隆皇帝南巡,建行宫于扬州城北天宁寺。寺去小金山约三里,"故时临幸焉。山在水中,象京口金山"。遥视数里外,"见城楼一角,近视则无物,上意憾焉。商人黄氏妇闻之,即日就桑园隙地建大屋,鸠工庀材,一夕成"。第二天,乾隆"瞥见之,惊闻近侍曰:'何其速焉?'近侍以黄氏妇所造。上叹曰:'富哉商乎,朕不及也!'"⑦休宁凤湖汪氏宗族,"世以诗礼承家,文人

---

① (明)汪道昆撰:《太函集》卷五十五《明处士充山汪长公配孙孺人合葬墓志铭》,明万历十九年(公元1591年)金陵刻本。
② (明)江珍纂:歙县《溪南江氏族谱·处士终慕江翁行状》,明隆庆三年(公元1569年)刻本。
③ (清)李斗撰:《扬州画舫录》卷十五,北京:中华书局,1960年。
④ (清)佶山撰:嘉庆《两淮盐法志》卷四十四《人物·才略》,清嘉庆十一年(公元1806年)刻本。
⑤ 张华父:《扬州八大商总》(稿本),转引自《徽商研究论文集》,合肥:安徽人民出版社,1985年,第602页。
⑥ (清)徐珂撰:《清稗类钞》第一册《园林类·大虹园之塔》,上海:商务印书馆,1928年铅印本。
⑦ (清)汤殿三:《国朝遗事纪闻》第一册《高宗南巡遗闻五则》,清宣统二年(公元1910年)民兴报馆刊本。

高士,抱节明经,代不乏人。有以计然致富者,有以盐筴起家者,连檐比屋,皆称素封"①。汤殿三《国朝遗事纪闻·高宗南巡遗闻五则》记载:

> 扬州之富,以淮南盐商名。商之著者凡八家,而黄氏妇居其最。高宗之幸郡也,诸商皆争自输金为御供,凡有可悦上意者,无不力致之。故上谓:"行在以来,莫若扬州适意者。"车驾还京后,有皇子晏起以误读,上责之曰:"汝欲逸乐,何不作淮南商人子,而必生吾家耶!"

第五节 "虽为贾者,咸近士风"

徽州宗族子弟"弃儒服贾",一是"困于场屋",二是"家计维艰",三是"承祖、父之遗业"。绝大多数人"本为儒,去而从贾,非其志也"②。婺源游山董氏宗族子弟董步爵,"少业儒,工时文,历十七试,竟不售;愤而习估,动辄折阅,叹曰:'名利非吾有也。'命子佐唐受读。佐唐甫冠,即青一衿;科举废,从事茶业,又战无不利。今已饶余,华厦高筑矣"③。歙县人吴雪翀之父"以盐筴起家,而雪翀耻为贾,轶宕不治家事,稍落其业,无以为亲欢。于是折节嗣盐筴,然颇慷慨,喜负气"。常叹曰:"士不得已而贾,寄耳。若龌龊务封殖,即一钱靳不肯出,真市竖矣。"其子楚英早慧,补诸生。雪翀"弃贾不复事,日督诸子读书。雅蓄砚墨,见前人嘉言懿行,辄涤砚吮墨,手自书之。多购书画、金石诸古物置左右,间一寓目,摩挲自得"④。婺源环田李氏宗族子弟李大祈,"弃儒服贾,挟策从诸父昆弟为四方游,遍历天下都会","转徙维扬,出入

---

① (明)曹嗣轩纂:《休宁名族志》卷一,南京大学图书馆藏本。
② (明)江珍纂:歙县《溪南江氏族谱·故处士沙南江公墓志铭》,明隆庆三年(公元1569年)刻本。
③ (民国)董培元、董维干、董国华纂:婺源《董氏宗谱·步爵公暨德配洪孺人合传》,民国二十年(公元1931年)木活字本。
④ (民国)许承尧撰:《歙事闲谭》第二十八册《吴瑞鹏》,稿本。

荆楚，艖艘蔽江，业骎骎百倍于前，埒素封矣"。但是，他"每以幼志未酬属其子，乃筑环翠书屋于里之坞中，日各督之一经，而叮咛勖之曰：'予先世，躬孝悌而勤本业，攻诗书而治礼义，以至予身犹服贾人服，不获徼一命以光显先德，予终天不能无遗憾。'然其所恃善继述、励功名、干父盅者，将在而诸子。以故诸子发愤下帷，次第蔚起，或驰声太学，或叨选秩宗，翩翩以文章倾人耳，皆足以慰公之望也"。① 歙县长沙里江氏宗族子弟江珮，"少负奇气，日诵数千言。年十六，试县官有声"。会母"暴卒"，父"内顾，则令公从贾"。于是"贾吴越"，"徙维扬"，"之梁、之楚"，"游宋"。三弟江瑾"受经"，"试县官不利"，父"令释业"，从珮贾。珮对三弟曰："夫农之望岁，固也，奈何以岁一不登，而辍耕乎？且吾业已悔之，汝复蹈吾悔耶？"三弟"感公言，趣归发愤，卒有文名"。四弟"举进士，以尚书郎出守信州"。② 歙县人江才客钱塘，贾"不利"，遂"北贾青齐、梁宋，业日起"。后又"归而治盐策钱塘"。才"察叔、季才，程督二子就学"，并曰："吾先世夷编户久矣，非儒术无以亢吾宗，孺子勉之，毋效贾竖子为也。"二子"并受博士《诗》，士誉籍甚"。一子"卒以病废，去而修古，为名家"；一子"举进士，受高安令，称最，召入南宫为郎"。③

徽州宗族子弟"弃儒服贾"，大都"非其志也"，因此，"虽为贾者，咸近士风"，就成为必然的了。④ 婺源湖溪孙氏宗族子弟孙大岙，"援例入国学生，有异质，气量恢宏"。"尝持筹吴越，生计渐裕"。"好与文人学士游，多闻往古嘉言懿行，开拓心胸，故能扫尽市井中俗态，虽不服儒服、冠儒冠，翩翩有士君子

---

① （清）佚名：婺源《三田李氏宗谱·环田明处士松峰李公行状》，清光绪十一年（公元1885年）活字本。
② （明）江珍纂：歙县《溪南江氏族谱·故处士沙南江公墓志铭》，明隆庆三年（公元1569年）刻本。
③ （明）汪道昆撰：《太函集》卷六十七《明赠承德郎南京兵部车驾司署员外郎主事江公暨安人郑氏合葬墓碑》，明万历十九年（公元1591年）金陵刻本。
④ （清）戴震撰：《戴东原集》卷十二《戴节妇家传》，《续修四库全书》影印清乾隆五十七年（公元1792年）段玉裁刻本，上海：上海古籍出版社，1995年。

之风焉"。① 歙县人郑作,"尝读书方山中,已,弃去为商"。其人虽然从贾,但是常"挟束书,弄扁舟,孤琴短剑,往来宋梁间"。"识者谓,郑生虽商也,而实非商也"。② 歙县潭渡黄氏宗族子弟黄长寿"习举业,以家累弃去"。其妻郑氏"脱簪珥资商齐鲁间。尝登泰岳,见白云起东南,辄感而泣,济宁李侍御作《望云》诗解之,因自号'云移'"。"性喜蓄书,每令诸子讲习加订正,尤嗜考古迹,藏墨妙,与文人登高吊古,终日徜徉,不以世故撄其心。所著有《望云遗稿》,藏于笥。刻文公《家礼》《诗文玉屑》《雪州文集》《望云集》《壬辰集》《壬辰续集》及《江湖览胜》,行于世"。③ 歙县西溪南吴氏宗族子弟吴钶,"年二十八受知于督学李公,补邑诸生,每试辄高等。受业于乡先辈叶丽南先生,读书问政山中,手披口吟,寒暑无间"。"会大伯父早卒,而王父治醝汉皋"。钶曰:"嘻! 余不能事事碌碌羁塾门,乃以家口贻亲忧乎!"遂与三叔分任其事。钶"来扬,犹不忘举子业,往往昼筹盐策,夜究简编"。迨"棘闱屡踬","始绝意名场"。钶"自少留心经世之务,经史子集,环列几前,至老未尝释卷"。为子等"延名师家塾,谆谆以陶侃惜分阴之义相警"。训诸侄"必以礼",督子等"则一主于严"。见子等"所业进,则加一饭;所业退,则减一饭。每呈阅课艺,必为掎摭利病,期当于应科法程。或时诵前人传,琅琅不遗一字"。④ 婺源人洪庭梅,家中"食指日繁"。慨然曰:"丈夫志在四方,安能郁郁久居此?"遂偕姻戚权木值于闽越楚蜀数千里外,"推心置腹,然诺不苟,名卿巨公争慕与之交"。庭梅虽身为木商,但"雅爱书籍,常肆力于经史百家,泛滥停蓄。迨遨游江湖,不屑屑权子母计,携书数箧,晨夕长吟。所过名山胜迹,见词赋诗联,嘉言硕论,辄笔之于书,号《雪斋日记》。久之,探其囊,得金若干,复慨然曰:'知止不

---

① (清)孙银显、孙银钰纂:婺源《湖溪孙氏宗谱》卷一《萃峰孙公传》,清同治十年(公元 1871 年)木活字本。
② (明)佚名:徽州《郑氏宗谱·明故诗人郑方山先生墓图志》,明正德修,清重刻本。
③ (明)黄玄豹纂:歙县《潭渡孝里黄氏族谱》卷九《明故绥德卫指挥佥事黄公墓志铭》,清雍正九年(公元 1731 年)家刻本。
④ (民国)吴吉祜纂:歙县《丰南志》第五册《皇清附贡生诰授资政大夫候选道加四级恩加顶带一级又恩加一级议叙加六级显考嵩堂府君行述》,稿本。

辱,古之善训,知几其神,易有明占。且上念祖、父,下及子孙,旁推昆弟族属,皆予一身是赖,前此物力不给,未遑措置,今庶几惟所欲为,奚仆仆风尘坐以商贾自秽?'爰谢姻戚,浩然遄归,曩所志焉。常以业儒服商不克显亲扬名为恨。藏书千余卷,视子之明敏者,严加督课,循规蹈矩,罔或陨越"。①

"喜读经史",是徽州宗族商人一个重要爱好。歙县竦塘黄氏宗族子弟黄文茂,"善于治生,商游清源"。"折节为俭,任人择时","货日饶益,业日丰大,雄予齐鲁、新安间"。其人"性行淑均,孝友谦让,雅好儒术,博览多通……喜与文士游,清源名流,屈己纳交,暇日琅琅讽诵经史"。②歙县大盐商汪廷璋,"年甫十三能文章"。身为盐贾,"喜读经史,衡论古今,虽硕儒老宿,咸称其当"。③绩溪镇头章氏宗族子弟章策,"幼聪颖,有远志,读书辄解。年十二,随父至兰溪,师赵虹桥明经,习举子业,明经深器之。年十八,父殁,大父年老……遂弃儒承父业学贾,往来兰、歙。精管刘术,所亿辄中,家日以裕,援例为太学生候选布政司理问"。策"虽不为帖括之学,然积书至万卷,暇辄手一编,尤喜先儒语录,取其有益身心以自励,故其识量有大过人者"。④歙县岩镇程氏宗族子弟程其贤,"总角就外傅,恂恂礼法,举动悉如成人。时家中落,弱冠弃儒服贾,勤苦以供家给。……生平耽经史,重伦常,崇尚朴俭,远近推为典型"⑤。黟县人朱光宅,"文公二十一世孙。喜读温公《通鉴》,倜说千百言具有条贯,学士能史者或逊其精熟。少随父懋迁,厥后家隆隆起。……尤重学问,一时根柢朴学之彦与夫辞章胜流,皆乐数晨夕文酒相娱。兄弟三人

---

① (清)洪朝祥、洪庥衡纂:婺源《燉煌郡洪氏通宗谱》卷五十八《清华雪斋公传》,清嘉庆二十三年(公元 1818 年)木活字本。
② (明)方信纂:《歙西竦塘黄氏统宗谱》卷六《黄公文茂传》,明嘉靖四十一年(公元 1562 年)刻本。
③ (清)佚名:歙县《汪氏谱乘·奉宸苑卿汪君事实》,清乾隆间抄本。
④ (民国)章尚志纂:《绩溪西关章氏族谱》卷二十六《例授儒林郎候选布政司理问绩溪章君策墓志铭》,民国五年(公元 1916 年)活字本。
⑤ (清)程之康纂:徽州《程氏人物志》卷七《质义》,清康熙四十三年(公元 1704 年)程氏延庆堂刻本。

夙夜必偕相与讨论古今,规过奖善"①。歙县沙溪凌氏宗族子弟凌顺雷,"事母黄氏以孝,家贫,与仲兄采薪以养。稍长,偕服贾,苦力负担,寒暑弗辍"。"厥后,生计渐裕,而勤敏不倦"。其人"雅嗜经史,尝置别业,暇则披览于其中。教诸子以读书为首务"。②休宁中市人金鼎和,"躬虽服贾,精治经史,有儒者风"③。婺源人王鸿鉴,"挟策走吴楚,业渐裕"。"构讲堂,延师课读,人文丕振,群藉兴育之力"。"性耽书史,老不息,著为家训,杨郡伯跋其简,称为'贤哲格言'。张邑侯礼致宾筵,沐恩优老之典"④。歙县唐模许氏宗族子弟许明贤,"少读书白岳",长"贾扬州"。其人"平生深究性命之学,以诚敬为宗。教子读书取友尤有法。一日渡江,取诸子所辑时文投江中,曰:'此无益之学。'令编辑《历代史论》及《名臣事略》二书。诸子皆承其志"。⑤

"耽于吟咏""讲论诗文",是徽州宗族商人另一个重要爱好。歙县双桥郑氏宗族子弟郑孔曼,"少而游吴,中岁游梁楚,晚栖迟旧京,凡三徙,而所在贤豪长者争识"。其人"虽游于贾,然峨冠长剑,褒然儒服,所至挟诗囊,从宾客登临啸咏,脩然若忘世虑者。著骚选近体诗如干首,若《吊屈子赋》《岳阳回雁》《君山吹台》诸作皆有古意,称诗人矣"。⑥歙县岑山渡程氏宗族商人程晋芳"治盐于淮。时两淮殷富,程氏尤豪侈,多蓄声伎狗马"。而晋芳"独愔愔好儒,罄赀购书五万卷,招致多闻博学之士,与共讨论"。⑦"自陈生平所学,诗第一,古文第二,解经在外"。袁简斋赠诗曰:"束发愔愔便苦吟,白头才许入

---

① (清)程鸿诏等纂,谢永泰等修:同治《黟县三志》卷十五《艺文志·人物类·朱萸亭传》,清同治九年(公元1870年)刻本。
② (清)凌应秋撰:《沙溪集略》,传抄本。
③ (清)赵吉士、廖腾煃纂:康熙《休宁县志》卷六《人物·笃行》,清康熙三十二年(公元1693年)刻本。
④ (民国)葛韵芬等修,江峰青纂:《重修婺源县志》卷二十九《人物·孝友》,民国十四年(公元1925年)刻本。
⑤ (民国)许承尧撰:《歙事闲谭》第十一册,稿本。
⑥ 歙县《双桥郑氏墓地图志·明故徕松郑处士墓志铭》。
⑦ (清)昭梿撰:《啸亭杂录》卷六《程鱼门》,北京:中华书局,1980年。

词林。平生绝学都探遍,第一诗功海样深。"① 歙县江村江氏宗族大盐商江春,"工制艺,精于诗,与齐次风、马秋玉齐名"。先是,"论诗有南马北查之誉",迨马秋玉"下世",江春"遂为秋玉后一人"。居扬州南河下街,建"随月读书楼",选"时文付梓行世"。自著《水南花墅吟稿》。② 黟县西递明经胡氏宗族子弟胡际瑶,自曾祖"创业江右","凡四世弗坠"。际瑶"虽业商,然于诗书皆能明大义,舟车往返,必载书箧自随。每遇山水名胜之区,或吟诗或作画以寄兴,著有《浪谈斋诗稿》一册。又工笛,善音律,饶有雅人深致,与庸俗市侩不类"。③ 婺源城东董氏宗族子弟董邦直,"昆季五,俱业儒,食指日繁,奉父命就商。奔走之余,仍理旧业,出必携书盈箧。……善交游,大江南北名宿,时相往还。稍暇,手一编不撤。喜歌诗,兼工词,著有《停舸诗集》四卷,《小频伽词集》三卷。唐邑侯额以'才优学赡',雨芃徐御史赠以'艺苑清芬'"④。歙县泽富王氏宗族子弟王延宾,"早能成立,商游吴、越、齐、鲁。且性颖敏,好吟咏,士人多乐与之交,而诗名日起"。人谓其母曰:"业不两成,汝子耽于吟咏,恐将不利于商业。"母叹曰:"吾家世承商贾,吾子能以诗起家,得从士游幸矣,商之不利何足道耶!"⑤ 歙县市隐人许文林,"手一编,坐而贾焉,自称竹石先生。生平孝友,儒雅喜吟,数以佳辰结客觞咏竟日夕,其志不在贾也"⑥。休宁安乐人汪志德,"年十五能服父劳事,贾江湖有倜傥之才,所谋所施,绰有大过人者,人不敢以年少目之。虽寄迹于商,犹潜心于问学无虚日。琴书棋画不离左右,尤熟于史鉴,凡言古今治乱得失,能历历如指诸掌"。"晚乐林泉,

---

① (民国)许承尧撰:《歙事闲谭》第三册《程鱼门〈刘姬行〉》,稿本。
② (清)李斗撰:《扬州画舫录》卷十二,北京:中华书局,1960年。
③ (清)程鸿诏等纂,谢永泰等修:同治《黟县三志》卷十五《艺文·人物·胡君春帆传》,清同治九年(公元1870年)刻本。
④ (民国)葛韵芬等修,江峰青纂:《重修婺源县志》卷三十《人物·孝友》,民国十四年(公元1925年)刻本。
⑤ (明)佚名:歙县《泽富王氏宗谱》卷四,明隆庆、万历间刻本。
⑥ (明)许国撰:《许文穆公集》卷二《竹石先生像祠记》,明万历三十九年(公元1611年)刻本。

或觞或咏,或棋或书,惟适是安"。①

第六节　明清时期徽州宗族的儒贾观

众所周知,中国自古以来一贯"右儒左贾"。明清时期,徽商大发展,叱咤风云,闻名天下。在这种社会背景之下,歙县岩镇著名学者汪道昆提出一种新的儒贾观。他说:"古者右儒而左贾,吾郡或右贾而左儒。盖诎者力不足于贾,去而为儒;赢者才不足于儒,则反而归贾,此其大氐也。"②又说:"吾乡左儒而右贾,喜厚利而薄名高。纤啬之夫,挟一缗而起巨万。"③有的学者对汪道昆新的儒贾观提出不同看法,认为明清时期徽州"右贾不左儒,甚至是右贾更右儒"④。笔者认为,无论"右儒左贾"还是"右贾左儒",都是比较而言、相对而论,两者之间都是程度上的差异,不能理解为"崇儒卑贾",也不能理解为"重商轻儒"。这个问题很复杂,不能采用非此即彼的简单方法分析论证。

徽州的历史文献告诉我们,明清时期徽州宗族的儒贾观有三种:"右儒左贾""右贾左儒""儒贾并重"。

一、"右儒左贾"的儒贾观

中国封建王朝一贯实行"重本抑末"政策,士居四民之首,商居四民之末。明清时期,徽州宗族从商者虽然众多,但是传统的"右儒左贾"儒贾观的影响依然存在,许多宗族的族规家法都按"士、农、工、商"的顺序排列四民⑤。大

---

① (明)汪湘纂:徽州《汪氏统宗谱》卷四十二《行状》,明万历三年(公元1575年)刻本。
② (明)汪道昆撰:《太函集》卷五十四《明故处士谿阳吴长公墓志铭》,合肥:黄山书社,2004年。
③ (明)汪道昆撰:《太函集》卷十八《蒲江黄公七十序》,合肥:黄山书社,2004年。
④ 张海鹏、王廷元主编:《徽商研究》,合肥:安徽人民出版社,1995年,第417页。
⑤ (明)王宗本纂:《休宁宣仁王氏族谱·宗规》,明万历三十八年(公元1610年)刻本;(明)许光勋纂:《重修古歙城东许氏世谱》卷七《许氏家规》,明崇祯七年(公元1634年)家刻本。

多数徽商,"本为儒,去而从贾,非其志也"①。歙县人吴雪翀,"父以盐策起家,而雪翀耻为贾,轶宕不治家事,稍落其业,无以为亲欢。于是折节嗣盐策,然颇慷慨,喜负气……恒叹曰:'士不得已而贾,寄耳。若龌龊务封殖,即一钱斩不肯出,真市竖矣'"②。婺源环田李氏宗族李大祈,"弃儒服贾,挟策从诸父昆弟为四方游,遍历天下都会……转徙维扬,出入荆楚,艖艘蔽江,业骎骎百倍于前,坏素封矣"。但是,"每以幼志未酬属其子,乃筑环翠书屋于里之坞中,日各督之一经,而叮咛勖之曰:'予先世,躬孝悌而勤本业,攻诗书而治礼义,以至予身犹服贾人服,不获徼一命以光显先德,予终天不能无遗憾'"③。歙县长沙里江氏宗族江珮,"少负奇气,日诵数千言。年十六,试县官有声"。会母"暴卒",父"内顾,则令公从贾"。于是"贾吴越""徙维扬""之梁,之楚""游宋"。三弟江灌"受经","试县官不利",父"令释业",从珮贾。珮对三弟曰:"夫农之望岁,固也,奈何以岁一不登,而辍耕乎?且吾业已悔之,汝复蹈吾悔耶?"④歙县人江才客钱塘,贾"不利",遂"北贾青、齐、梁、宋,业日起"。后又"归而治盐策钱塘"。才"察叔季才,程督二子就学",并曰:"吾先世夷编户久矣,非儒术无以亢吾宗,孺子勉之,毋效贾竖子为也。"⑤

以上所列四个徽商,是徽州"右儒左贾"传统儒贾观的典型人物。他们虽然都是商人,但都认为"儒高""贾下",都"崇儒""鄙贾"。

明清时期,徽州宗族"右儒左贾"的儒贾观发挥了巨大的社会作用。许多青年学子都把十年寒窗、金榜题名、显亲扬名、荣宗耀祖作为人生最高的终极追求。这个理想成为他们发愤图强、奋力拼搏的强大精神力量。每届科举,

---

① (明)江珍纂:歙县《溪南江氏族谱·故处士沙南江公墓志铭》,明隆庆三年(公元1569年)刻本。
② (民国)许承尧撰:《歙事闲谭》第二十八册《吴瑞鹏》,稿本。
③ (清)佚名:婺源《三田李氏宗谱·环田明处士松峰李公行状》,清光绪十一年(公元1885年)活字本。
④ (明)江珍纂:歙县《溪南江氏族谱·故处士沙南江公墓志铭》,明隆庆三年(公元1569年)刻本。
⑤ (明)汪道昆撰:《太函集》卷六十七《明赠承德郎南京兵部车驾司署员外郎事主事江公暨安人郑氏合葬墓碑》,明万历十九年(公元1591年)金陵刻本。

广大青年学子纷纷"应试"。许多人一试不中再试,再试不中三试,参加八九次、十几次者大有人在①。个别学子甚至已届耄耋之年,还不罢休。乾隆皇帝八十寿辰,特开"万寿恩科",黟县南屏叶氏宗族八十一岁的举子叶逢年名落孙山。乾隆闻奏,特下谕旨"著加恩赏给举人":

> 据陈用敷奏,本年江南省应试诸生内,有八十一岁之叶逢年,三场完竣,未经中式等语。该生年逾八旬,精神矍铄,踊跃观光,实为儒林嘉瑞,著加恩赏给举人,准其一体会试,以示朕寿世作人、嘉惠耆龄至意。

次年,叶逢年赴京会试,又榜上无名。乾隆皇帝又下谕旨"著赏给翰林院检讨衔":

> 据知贡举铁保、姜晟奏,本年会试举子内有八十二岁之叶逢年,三场完竣,未经中式等语。本届朕八旬特开"万寿恩科",该举子年老应试,庞眉皓首,踊跃观光,洵为升平盛事。著赏给翰林院检讨衔,加赏缎二匹,以示朕嘉惠耆儒、仁寿作人至意。②

由于奋力拼搏,在明清科举考试的考场上,徽州举子取得了巨大成就。据道光《徽州府志》和新编原徽州府6个县的县志记载,明代徽州府科举中式进士计492人,清代中式进士计782人。据历史文献记载,明代共举行过89科进士科考试,录取进士约25,200人,徽州进士占全国进士总数的1.95%;清代共举行过112科进士科考试,录取进士约26,300人,徽州进士占全国进士总数的2.97%。

明清两代歙县中式进士多达623人。其中有状元5人、榜眼2人、武榜

---

① (民国)董培元、董维干、董国华纂:婺源《董氏宗谱》,民国二十年(公元1931年)木活字本。《步爵公暨德配洪孺人合传》曰:"少业儒,工时文,历十七试竟不售。"

② 乾隆帝两道谕旨均见(清)叶有广、叶邦光纂:黟县《南屏叶氏族谱》卷一,清嘉庆十七年(公元1812年)木活字本。

眼 1 人、探花 8 人、传胪 5 人、会元 3 人、解元 13 人①。

据统计,清代共有 118 位状元,其中徽州宗族(包括"本籍"和"寄籍")有 28 位,居全国府级之首。在 28 位状元之中,休宁人(包括"本籍"和"寄籍")有 14 位。宋、元、明、清四朝,休宁共有状元 17 位(2 位武状元不计),居全国县级之首,是"中国第一状元县"②。

明清时期,徽州宗族由于科举考试取得辉煌成就,因而产生了众多命官勋臣。据北京歙县会馆捐册名单,明代晚期歙县的达官显宦有大学士、尚书、侍郎、寺卿、给事中、巡抚、巡按御史、廉史和知府等,"其同时以进士官部曹及守令者约三十人,尚未及录,此诚他县所希"③。据北京歙县会馆观光堂题名榜,清代歙县在京达官显宦(包括"本籍"和"寄籍")有大学士 4 人、尚书 7 人、侍郎 21 人、都察都御史 7 人、内阁学士 15 人④。

军机处是清朝总揽全国军政大权、施政发令的中枢机构。据统计,徽州宗族任军机大臣者 2 人,任军机章京者 19 人⑤。

徽州大量社会精英在科举仕宦这条金光大道上取得辉煌成就说明什么呢?特别是许多徽商千方百计令子弟走这条道路说明什么呢?一言以蔽之,这些人"右儒左贾"。

二、"右贾左儒"的儒贾观

明清时期,许多徽州宗族特别是社会俊秀"右儒左贾",这是当时徽州社会的实际情况。但是,那时的徽州宗族是不是都"右儒左贾"呢?历史文献记载告诉我们,明清时期,徽州宗族除了"右儒左贾"之外,还有很多人"右贾左儒"。

---

① (民国)许承尧撰:《歙事闲谭》第十一册《清代歙京官及科第》,稿本。
② 汪顺生:《中国第一状元县》,见《徽州学研究》第 3 卷,北京:中国文史出版社,2009 年。
③ (民国)许承尧撰:《歙事闲谭》第十一册《科举故事一》,稿本。
④ (民国)许承尧撰:《歙事闲谭》第十一册《清代歙京官及科第》,稿本。
⑤ 参见叶瑜荪:《徽州籍军机大臣·军机章京名录》,载《徽学通讯》,1988 年第 2 期。按:乾隆二十年任吏部尚书、军机大臣的汪由敦,乾隆二年任内阁学士、军机章京的胡宝瑔,为笔者增补。

明清时期,徽州"重商"之风特盛,是学术界的共识。徽州宗族为什么要"右贾左儒"呢?有三个重要原因:第一,科第仕宦之路太窄。徽州青年学子特别是俊秀学子人生的最高理想是:十年寒窗,金榜题名,显亲扬名,荣宗耀祖。但是,能够将这个人生理想变成现实的极少极少,只占人口总数的百分之零点几。他们清楚地知道,这是一条崎岖的山间小道,绝大多数人的理想都要落空。第二,"弃儒服贾"可以发财致富。明清时期,中国社会商品经济空前繁荣,经商致富的道路日益宽广。只要能吃苦耐劳、善于经营,达到小康并不很难。如果遇到机遇,发财致富,成为"素封",也大有可能。第三,官场腐败,令人失望。明清时期,中国官僚机构的弊病日益严重,许多官员满口仁义道德,实际男盗女娼。不少正义感较强的青年学子看到官场黑暗,拒不"应试"①。

明清时期,徽州绝大多数人都从事商业活动。谚云:"前世不修,生在徽州。十三十四,往外一丢。"黟县人舒遵刚,"习商于饶,仅十四龄耳"②。歙县人许烻,年十四,与父许添荣"挟囊东游,商于太平郡"③。黟县人孙遴,十五岁"贾于苏浙江湖间,所如操胜算"④。除了广大青少年投身商业以外,大批苦读经书、"科场不售"的青年,也纷纷"弃儒服贾"。例如,歙县竦塘黄氏宗族黄用礼,"少习举子学,已弃去,游广陵、淮阴间,以居积起家。……泉布出入,不假簿记,筹算心计之,虽久,锱铢不爽……既得孺人,无内顾虑,专精乘时,致赀巨万"⑤。绩溪城西关章氏宗族章献邠,"幼习博士艺,长而就贾。与其

---

① 据(明)曹嗣轩纂:《休宁名族志》(合肥:黄山书社,2007年)记载,休宁一县拒不应试的隐逸之士即达44人。
② (清)程鸿诏等纂,谢永泰等修:同治《黟县三志》卷十五《艺文志·人物类·舒君遵刚传》,清同治九年(公元1870年)刻本。
③ (明)方信纂:《新安许氏世谱》第五册《邻溪行状》,清康熙间精抄本。
④ (清)程鸿诏等纂,谢永泰等修:同治《黟县三志》卷六《人物志·孝友》,清同治九年(公元1870年)刻本。
⑤ (明)方信纂:《歙西竦塘黄氏统宗谱》卷五《黄母吴氏孺人行状》,明嘉靖四十一年(公元1562年)刻本。

兄榷管子之盐,厉志营运,以适父母欢,力行孝友"①。歙县江村济阳江氏宗族江梅,"弃儒服贾,贸易吴门,一切经营,力为担荷……重交游,乐与贤士大夫款洽。姑苏为冠盖往来地,慕公名者恒造庐以访"②。婺源游山董氏宗族董廷杰,"始业儒,后业商"③。董绳武,"中年以家贫弃儒业贾。尝谓人曰:'丈夫有志,当壮游四方,乌能郁郁久居牖下?'为人倜傥有志节,善气迎人。遂挟赀走白下,游姑苏,商于江湖数十年,沐雨栉风,拮据经营,业骎骎起"④。祁门伊川倪氏宗族倪慕麟,"习儒不得志,废书叹曰:'男子生桑弧蓬矢六,以射天地四方,不贵则富,安事毛锥子终老乡井乎?'寻仿鸱夷猗顿术,遨游江湖。一日抵荆涂,见其地为江北要区,可贩盐鹾,直走淮阴,运筹以鬻诸市,不数载辄拥素封"⑤。歙县褒嘉里程氏宗族程善敏,"弃儒就贾,承祖、父之遗业,客廛于春谷之清江,行白圭治生之术。忍嗜欲,节衣服,与用事同甘苦,克俭克勤,弃取异尚,未几而家温食厚,享有素封之乐"⑥。

由于广大群众纷纷"弃儒就贾",徽州社会结构发生了重大变化。明人王世贞说:"新安僻居山溪中,土地小狭,民人众,世不中兵革,故其齿日益繁;地瘠薄,不给于耕,故其俗纤俭习事。大抵徽俗,人十三在邑,十七在天下;其所蓄聚,则十一在内,十九在外"⑦。歙人汪道昆说:"新都业贾者什七八。"⑧清

---

① (民国)章尚志纂:《绩溪西关章氏族谱》卷二十四《家传》,民国五年(公元1916年)活字本。

② (清)江淮椿等纂:《歙北江村济阳江氏族谱》卷九《皇清候选州司马梅公传》,清乾隆四十二年(公元1777年)刻本。

③ (民国)董培元、董维干、董国华纂:婺源《董氏宗谱·慎斋公暨德配戴孺人合传》,民国二十年(公元1931年)木活字本。

④ (民国)董培元、董维干、董国华纂:婺源《董氏宗谱·潜川董绳武公行状》,民国二十年(公元1931年)木活字本。

⑤ (民国)倪望隆纂:《祁门倪氏族谱》卷下《慕麟公纪略》,民国十四年(公元1925年)活字本。

⑥ (清)程善述纂:《新安程氏世谱·歙西功叔程君传》,清康熙十一年(公元1672年)刻本。

⑦ (明)王世贞撰:《弇州四部稿》卷六十一《赠程君五十叙》,《四库全书》影印本,上海:上海古籍出版社,1987年。

⑧ (明)汪道昆撰:《太函集》卷十七《阜成篇》,明万历十九年(公元1591年)金陵刻本。

代,徽州业贾者有了更大的发展。乾隆《歙县志·风俗》记载:"田少民稠,商贾十之九。"据历史文献记载,明清时期徽州地区不但庶民百姓纷纷"弃农经商",而且许多士大夫之家也改变人生之路,"弃儒服贾"。明人归有光说:

> 今新安多大族,而其在山谷之间,无平原旷野可为耕田。故虽士大夫之家,皆以畜贾游于四方。猗顿之盐,乌倮之畜,竹木之饶,珠玑、犀象、玳瑁、果布之珍,下至卖浆、贩脂之业,天下都会所在,连屋列肆,乘坚策肥,被绮縠,拥赵女,鸣琴跕躧,多新安人也。①

徽商生意兴隆通四海。万历《歙志》记载,歙县商人不仅"两京、江浙、闽广诸省","苏松、淮扬诸府,临清、济宁诸州,仪真、芜湖诸县,瓜州、景德诸镇"皆有,而且"山陬海壖,孤村僻壤,亦不无吾邑之人。但云大贾,则必据都会耳"②。休宁徽商"走吴、越、楚、蜀、闽、粤、燕、齐之郊,甚则逖而边陲,险而海岛,足迹几遍宇内"③。特别引人注目的是,有极少数徽商还走向海外,从事国际贸易。例如,明嘉靖、万历年间,歙县东门许氏宗族许谷"将服贾,资斧不具",兄"予千金","乃贩缯航海,而贾岛中,赢得百倍。舟薄浯屿,群盗悉掠之"④。歙县棠樾鲍氏宗族鲍文玉"行贾于外,转徙瓯粤间。是时市舶出洋,遭劫掠者无算。文玉数往来,属有天幸,独不遇。货委于地,人皆争取,无积滞,又数得息。金曰:'鲍翁至诚,人勿忍欺也。'海上无知书者,文玉善笔札,居人贾客,群依赖之。……故游海上往往得神助云"⑤。歙北许村许氏宗族许宙"航大海,架(驾)沧江,优游自得,而膏沃充腴,铿锵金贝,诚古逸民中之

---

① (明)归有光撰:《震川先生文集》卷十三《白庵程翁八十寿序》,明万历二年(公元1574年)刻本。
② (明)谢陛纂,张涛修:万历《歙志》卷十《货殖》,明万历三十七年(公元1609年)刻本。
③ (清)赵吉士、廖腾煃纂:康熙《休宁县志》卷一,清康熙三十二年(公元1693年)刻本。
④ (清)许登瀛纂:《重修古歙东门许氏宗谱》卷九《许全善传》,清乾隆二年(公元1737年)刻本。
⑤ (清)鲍琮纂:歙县《棠樾鲍氏宣忠堂支谱》卷二十一《鲍君文玉传》,清嘉庆十年(公元1805年)家刻本。

良贾也"①。据何乔远《闽书》卷三十八《风俗》记载,福建"安平一镇尽海头,经商行贾,力于徽歙,入海而贸夷,差强赀用"。

明清时期,徽商取得辉煌的成就。明人谢肇淛说:"富室之称雄者,江南则推新安,江北则推山右。新安大贾,鱼盐为业,藏镪有至百万者,其他二三十万,则中贾耳。"②万历《歙志》卷十记载:"邑中之以盐策祭酒而甲天下者,初则有黄氏,后则有汪氏、吴氏,相递而起,皆由数十万以汰百万者。"万历年间,歙县溪南大贾吴养春一次就向国家捐输银30万两,因而得到万历皇帝的嘉奖,"诏赐其家中书舍人凡六人"③。清代,徽商的商业资本有了更大的发展。民国《歙县志》卷一《风土》记载:"两淮八'总商',邑人恒占其四。"这些大盐商"资本之充实者,以千万计。其次,亦以数百万计"④。乾隆年间,歙县江村济阳江氏宗族江春任两淮总商,"每遇灾赈、河工、军需,百万之费,指顾立办"⑤,因而得到乾隆皇帝的重奖。乾隆皇帝南巡驻跸扬州,亲眼见到徽商之富,叹曰:"富哉商乎,朕不及也!"⑥

社会实际有力地证明,明清时期,有许多徽州宗族持"右贾左儒"的儒贾观,并不奇怪,这是社会现实在人们头脑中的反映。

三、"儒贾并重"的儒贾观

明清时期,徽州除了"右儒左贾"和"右贾左儒"这两种儒贾观,还有一种

---

① (明)许可复、许凤翔纂:《续修新安歙北许村许氏东支世谱》卷一《迁许村始祖知稠公世系》、卷五《练溪辰江别叙》,明隆庆三年(公元1569年)刻本。
② (明)谢肇淛撰:《五杂俎》卷四,北京:中华书局,1959年。
③ (民国)许承尧撰:《歙事闲谭》第四册《吴士奇〈征信录〉中之〈货殖传〉》,稿本。按:吴士奇《征信录》中之《货殖传》载:"一日而五中书之爵下。"据许承尧考证,《歙志》"作六中书",即吴时俸、吴养京、吴养都、吴继志、吴养春、吴希元。
④ (清)李澄纂:《淮鹾备要》卷七,清道光三年(公元1823年)刻本。
⑤ (清)佶山撰:嘉庆《两淮盐法志》卷四十四《人物·才略》,清嘉庆十一年(公元1806年)刻本。
⑥ (清)汤殿三撰:《国朝遗事纪闻》第一册《高宗南巡遗闻五则》,清宣统二年(公元1910年)民兴报馆刊本。

"儒贾并重"的儒贾观。许多徽州宗族既"重儒"又"重贾",换句话说,既"崇拜"高官显宦,又"崇拜"富商大贾。

徽州宗族为什么既"重儒"又"重贾"?

(一)儒贾俱有文化

自古以来,中国人都"重儒",因为儒是读书人,有文化。明清时期,徽州许多人"弃儒服贾",徽商队伍的文化程度空前提高,许多徽商都是"儒商"。他们"虽为贾者,咸近士风"①。婺源湖溪孙氏宗族孙大峦,"援例入国学生,有异质,气量恢宏"。"尝持筹吴越,生计渐裕"。"好与文人学士游,多闻往古嘉言懿行,开拓心胸,故能扫尽市井中俗态,虽不服儒服,冠儒冠,翩翩士君子之风焉"②。歙县溪南吴氏宗族吴鉶,"年二十八受知于督学李公,补邑诸生,每试辄高等"。后赴扬州业盐。但他"自少留心经世之务,经史子集,环列几前,至老未尝释卷"③。歙县双桥郑氏宗族郑孔曼,"少而游吴,中岁游梁楚,晚栖迟旧京,凡三徙,而所在贤豪长者争识"。其人"虽游于贾,然峨冠长剑,褒然儒服,所至挟诗囊,从宾客登临啸咏,翛然若忘世虑者,著骚选近体诗如干首,若《吊屈子赋》《岳阳回雁》《君山吹台》诸作皆有古意,称诗人矣"④。黟县人朱光宅,"文公二十一世孙。喜读温公《通鉴》,偶说千百言具有条贯,学士能史者或逊其精熟。少随父懋迁,厥后家隆隆起……尤重学问,一时根柢朴学之彦与夫辞章胜流,皆乐数晨夕文酒相娱。兄弟三人,夙夜必偕相与讨论今古,规过奖善"⑤。许承尧曰:

---

① (清)戴震撰:《戴东原集》卷十二《戴节妇家传》,《续修四库全书》影印清乾隆五十七年(公元1792年)段玉裁刻本,上海:上海古籍出版社,1995年。

② (清)孙银显、孙银钰纂:婺源《湖溪孙氏宗谱》卷一《萃峰孙公传》,清同治十年(公元1871年)木活字本。

③ (民国)吴吉祜撰:《丰南志》第五册《皇清附贡生诰授资政大夫候选道加四级恩加顶带一级又恩加一级议叙加六级显考嵩堂府君行述》,稿本。

④ 歙县《双桥郑氏墓地图志·明故徕松郑处士墓志铭》。

⑤ (清)程鸿诏等纂,谢永泰等修:同治《黟县三志》卷十五《艺文志·人物类·朱英亭传》,清同治九年(公元1870年)刻本。

商居四民之末,徽殊不然。歙之业鹾于淮南北者,多缙绅巨族。其以急公议叙入仕者固多,而读书登第,入词垣跻膴仕者,更未易仆数,且名贤才士往往出于其间,则固商而兼士矣……斯其人文之盛,非若列肆居奇、肩担背负者能同日语也。自国初(即清初——引者)以来,徽商之名闻天下,非盗虚声,亦以其人具干才,饶利济,实多所建树耳。故每逢翠华巡幸,晋秩邀荣,夫岂幸致哉。①

(二)儒贾俱讲道德

中国自古以来"右儒左贾",一个重要原因是,儒者讲究孝、悌、忠、信、礼、义、廉、耻,贾者追求财富,损人利己,唯利是图。但徽商与其他商人不完全相同,有不少徽商特别讲究"以诚待人""以信接物""以义为利""仁心为质"②。

歙县岩镇汪氏宗族汪通保"以积聚居上海","与诸子弟约,居他县毋操利权,出母钱毋以苦杂良,毋短少;收子钱毋入奇羡,毋以日计取盈。于是人人归市如流,旁郡县皆至。居有顷,乃大饶,里中富人无出处士(即通保——引者)右者"③。休宁人孙从理经营典业,"什一取赢,矜取予必以道,以质及门者踵相及,趋之也如从流"。因"质剂起家"者,没有人能与孙从理相比④。明末,南京"当铺总有五百家,福建铺本少,取利三分四分;徽州铺本大,取利仅一分二分三分","均有益于贫民"。人称:"人情最不喜福建,亦无可奈何也。"⑤据民国《重修婺源县志》记载,程国远,"性仁厚,尝偕友合伙贩茶至粤,公耗八百金。远念友贫无从措,独偿之"。程锡庚,"尝在广东贷千金,回婺贩茶。一路资给难民,至饶州金尽,遇负逋鬻妻者,犹伙助慰留"。查奎,其"族

---

① (民国)许承尧撰:《歙事闲谭》第十八册《歙风俗礼教考》,稿本。
② 参见张海鹏、张海瀛主编:《中国十大商帮》第十章《徽州商帮》,合肥:黄山书社,1993年。
③ (明)汪道昆撰:《太函副墨》卷十三《汪处士传》,明万历十九年(公元1591)刻本。
④ (明)汪道昆撰:《太函集》卷五十二《南石孙处士墓志铭》,明万历十九年(公元1591年)金陵刻本。
⑤ 《金陵琐事剩录》卷三,转引自谢国桢:《明代社会经济史料选编》中册,福州:福建人民出版社,1980年,第200页。

有业茶于粤东者,为行户亏折,久踬于外。奎以一千五百金贷之,始获归家。未数年折其卷"。余圣材,"与族人合贷重资,业茶粤东,牙侩亏空,归鬻已产偿之。其同业者欲以屋抵偿,材弗受,焚其卷"。詹坦贞,"业茶粤东。有以数千金合业者,诚信无欺,人咸重之"。程士严,"慷慨好施,素在粤东业茶。有俞某贷银一千四百两,子母亏折,留滞羊城。严不责偿,并赠赀俾之归。后俞病笃,邀严诣其家,涕泣与诀。严面焚借卷,赠金欤助殡费"。朱文炽,"尝鬻茶珠江,逾市期交易文契,炽必书'陈茶'两字,以示不欺。牙侩力劝更换,坚执不移。屯滞二十余载,亏耗数万金,卒无怨悔"。货真价实,市不二价,童叟无欺,是一些徽商的商业道德。

(三)儒贾俱能"亢宗"

明清时期,徽州宗族为什么"重儒""崇儒"呢? 一个很重要的原因是,他们认为儒能"亢宗"。有的徽商甚至认为,"非诗书不能显亲"①"非儒术无以亢吾宗"②。徽州宗族为什么又"重商""崇商"呢? 因为,事实证明商贾也能"亢宗"。

1.发财致富,荣宗耀祖。据历史文献记载,明清时期,徽商发财致富,成为"素封"之家的比比皆是。明代,盐商有黄氏、汪氏、吴氏③;清代,仅歙县盐商即有江氏、吴氏、黄氏、程氏、汪氏、徐氏、郑氏、许氏、曹氏、宋氏、鲍氏、叶氏④。典商有歙县的汪通保⑤、休宁的孙从理⑥、黟县的胡学梓⑦,等等。汤殿三在《国朝遗事纪闻·高宗南巡遗闻五则》中说:

---

① (民国)吴吉祜撰:《丰南志》第五册《从父敬仲公状》,稿本。
② (明)汪道昆撰:《太函集》卷六十七《明赠承德郎南京兵部车驾司署员外郎事主事江公暨安人郑氏合葬墓碑》,明万历十九年(公元1591年)金陵刻本。
③ (明)谢陛纂,张涛修:万历《歙志》卷十,明万历三十七年(公元1609年)刻本。
④ (民国)许承尧纂:《歙县志》卷一《风土》,民国二十六年(公元1937年)铅印本。
⑤ (明)汪道昆撰:《太函副墨》卷十三《汪处士传》,明万历十九年(公元1591年)刻本。
⑥ (明)汪道昆撰:《太函集》卷五十二《南石孙处士墓志铭》,明万历十九年(公元1591年)金陵刻本。
⑦ 赵华富:《典商巨子胡学梓》,载《合肥学院学报》,2010年第4期。

> 扬州之富,以淮南盐商名。商之著者凡八家,而黄氏妇居其最。高宗之幸郡也,诸商皆争自输金为御供,凡有可悦上意者,无不力致之。故上曰:"行在以来,莫若扬州适意者。"车驾还京后,有皇子晏起以误读,上责之曰:"汝欲逸乐,何不作淮南商人子,而必生吾家耶!"

徽商巨子腰缠万贯,富埒王侯。

2. 建设祠堂,荣宗耀祖。据历史文献记载,徽州城乡相望、美轮美奂的祠堂大多是徽商出资兴建的。例如,歙县棠樾鲍氏宗族盐商巨子鲍志道建"世孝祠",鲍志道、鲍漱芳父子重建"万四公支祠"(又称"敦本堂"),鲍启运之子鲍有莱建"清懿堂"女祠①。歙县新馆鲍氏宗族大盐商鲍集、鲍概、鲍乐、鲍宋、鲍橐、鲍檀、鲍善烨、鲍善耀,共建"著存堂"②。黟县西递明经胡氏宗族典商巨子胡学梓兴建"追慕堂",出银四千余两与宗人共建"本始堂"(又称"明经祠")③。祁门渚口倪氏宗族巨商倪尚荣,"首捐巨赀",与族人共建"贞一堂"④。

3. 设置族田,荣宗耀祖。明清时期,徽州宗族族田有巨大发展,有的名宗右族拥有族田数百亩甚至千亩。⑤ 据历史文献记载,这些族田大都是徽商捐输。例如,歙县棠樾鲍氏宗族大盐商鲍启运,捐赠鲍氏宗族义田共1,249亩,其中"体源户"义田700多亩,"敦本户"义田500余亩。前者用于救济宗族鳏、寡、孤、独和自幼废疾不能受室、难于活命者;后者青黄不接之时廉价粜给

---

① (清)鲍琮纂:歙县《棠樾鲍氏宣忠堂支谱》卷二十二《文翰·世孝祠记》,清嘉庆十年(公元1805年)家刻本;鲍志道:《重建万四公支祠记》碑刻;(清)夏銮等纂,马步蟾修:道光《徽州府志》卷十二《人物志·鲍启运传》,清道光七年(公元1827年)刻本。

② (清)鲍存良、鲍诚猷纂:《歙新馆鲍氏著存堂宗谱》卷三《祠规序》,清光绪元年(公元1875年)活字本。

③ 参见赵华富:《典商巨子胡学梓》,载《合肥学院学报》,2010年第4期。

④ (民国)倪望隆纂:《祁门倪氏族谱·清授直奉大夫五品衔例贡生倪公秀亭行状》,民国十四年(公元1925年)活字本。

⑤ 参见赵华富:《论徽州宗族繁荣的原因·仕宦和富商捐输族田百亩以上举例表》,见《两驿集》,第217~232页。

贫困族人。鲍启运这一"义举",得到社会极高赞誉,两江总督陈大文、安徽巡抚朱珪均撰文颂扬。陈大文认为,设置"常平周族之田",古人"未有行之者",不仅是一种"义举",而且是一种"创举"①。

(四)儒贾俱能"利国"

中国自古以来"右儒左贾",还有一个重要原因是,许多人认为儒能"治国、平天下"。历史文献记载告诉我们,明清时期的徽商对国家也作出了重大贡献。例如,上文提到的歙县大贾吴养春,明万历年间一次就向国家捐银30万两;乾隆年间,歙县江春"每遇灾赈、河工、军需,百万之费,指顾立办"。又如,嘉庆年间,歙县棠樾鲍氏宗族鲍漱芳任两淮盐运总商,洪泽湖灾,"集议公捐米六万石助振";淮、黄大水,"公捐麦四万石展振";高堰抢险,"集众输银三百万两,以佐工需";芒稻河工程,捐银6万两;浚沙河闸,捐银5,000两②。

(五)儒贾俱能得到"表彰"

明清时期,徽州不管是"儒"还是"贾",只要是对黎民百姓和国家民族有较大贡献者,均得到黎民的"崇拜"和国家的"旌表"。

徽州宗族祠堂龛室都规定,一般黎民百姓神主都供奉在左右昭穆室,"五世则迁";"儒""贾"对黎民百姓和国家民族有较大贡献者的神主,有的供奉在中龛始祖左右,有的供奉在昭穆室特设的酬功位,"百世不迁"③。

歙县棠樾牌坊群共有7座牌坊,"官联台斗"坊是颂扬工部侍郎鲍象贤,"乐善好施"坊是表彰大盐商鲍漱芳和鲍均父子。黟县西递牌坊群原有13座牌坊("文化大革命"时拆毁12座),"荆藩首相"坊是颂扬胶州知州胡文光,"乐善好施"坊("文化大革命"时拆毁)是表彰典商巨子胡学梓④。

---

① (清)鲍琮纂:歙县《棠樾鲍氏宣忠堂支谱》卷十九《义田》,清嘉庆十年(公元1805年)家刻本。

② (民国)许承尧纂:《歙县志》卷九《人物志·义行》,民国二十六年(公元1937年)铅印本。

③ (清)项启锅纂:歙县《桂溪项氏族谱》卷二十二《祠祀·供奉神主龛室规》,清嘉庆十六年(公元1811年)刻本。

④ 参见赵华富:《典商巨子胡学梓》,载《合肥学院学报》,2010年第4期。

明清时期,徽州的地方志(包括府志和县志)中都有《宦业传》和《义行传》,《宦业传》是颂扬对黎民百姓和国家民族有贡献的命官勋臣;《义行传》是表彰道德高尚、对黎民百姓和国家民族有较大贡献者,其中很多是徽商。

汪道昆说:"新都三贾一儒,要之文献国也。夫贾为厚利,儒为名高。夫人毕事儒不效,则弛儒而张贾,既侧身飨其利矣,及为子孙计,宁弛贾而张儒。一弛一张,迭相为用,不万钟则千驷,犹之转毂相巡,岂其单厚计然乎哉,择术审矣。"①就一个家庭来看,徽州宗族有时"右儒左贾",有时"右贾左儒",有时"儒贾并重";就徽州社会来看,有人"右儒左贾",有人"右贾左儒",有人"儒贾并重";这就是明清时期徽州宗族儒贾观的实际状况。

明清时期,徽州宗族采用这种多样的、机动的儒贾观,促进了徽州社会的发展和繁荣昌盛。

第七节 道光中叶至民国时期的徽州宗族商帮

道光十二年(公元1832年),清朝政府实行盐政改革,废除纲法,实行票法。从此开始,徽州盐商丧失了他们的行盐专利权,执中国商界之牛耳三百多年的徽商开始走向衰落。在学术界,这已成为不争的事实。但是,由于大多数专家学者的注意力都集中在明代中期至清代前期的徽商,所以,道光中叶以后,特别是民国时期的徽商研究相对比较薄弱,有许多问题还有待进一步探讨。如,道光中叶以后徽州商帮是不是逐渐解体了,民国时期徽商是不是退出了历史舞台,都值得研究。

我们认为,道光中叶以后,徽州商帮是不是解体了,民国时期徽商是否退出历史舞台,探讨这个问题必须从徽商这个概念入手。什么是徽商呢? 我们认为,所谓"徽商",是指历史上形成的徽州商人群体。徽州商人所以被称为"商帮",换句话说,所以构成商帮,是因它具有商帮的基本特征。这个特征是什么?

---

① (明)汪道昆撰:《太函集》卷五十二《海阳处士金仲翁配戴氏合葬墓志铭》,明万历十九年(公元1591年)金陵刻本。

一、队伍浩浩荡荡

　　三个人因共同目的结合在一起,就可以称为帮,或者说就能构成帮。但是,三个徽州商人不能被称为徽州商帮,徽州商帮必须是一个浩浩荡荡的商人群体。因为,徽州商帮是在中国历史上起过重大作用,并具有重大影响的社会现象。这不是几个商人或少数商人能够做到的。明代中期,随着商品经济的发展和资本主义生产关系萌芽的产生,徽州人"弃儒服贾""弃农从商"者日益增多。万历年间,"大抵徽俗,人十三在邑,十七在天下"①。"业贾者什七八"②。徽州形成一个庞大的商人队伍。

　　队伍浩浩荡荡,是徽州商人构成一个商帮的第一个基本特征。道光十二年(公元1832年)以后,徽州商帮这个基本特征是不是已经逐渐消失了呢?民国时期,徽州商人这一基本特征是不是已经不存在了呢?民国八年(公元1919年)歙县人吴日法在《徽商便览》中讲到徽州宗族商人时说:

> 吾徽居万山环绕中,川谷崎岖,峰峦掩映,山多而地少。遇山川平衍处,人民即聚族居之。以人口孳乳故,徽地所产之食料,不足供徽地所居之人口,于是经商之事业以起,牵牛车远服贾,今日徽商之足迹,殆将遍于国中。夫商人离其世守之庐墓,别其亲爱之家庭,奔走四方,靡有定处者,乃因生计所迫。而故乡大好山水,固无日不萦绕于梦魂中。是以徽商有三年一归之旧制,游子天涯,赖有此尔。惟吾徽道途梗阻,交通乏便。……由陆路旅行者,东则有大鄣之固,西则有浙岭之塞,北则有黄山之隘;由水路旅行者,则东涉浙江,滩险三百六十,西通彭蠡,滩险八十有四。经历险阻,跋涉山川,糜费金钱,牺牲时日,旅之往来,殊非易事。前所云三年一归者,且有历数三年而未一归之商人,并有避此困难而移家于外者。

---

① (明)王世贞撰:《弇州四部稿》卷六十一《赠程君五十叙》,《四库全书》影印本,上海:上海古籍出版社,1987年。

② (明)汪道昆撰:《太函集》卷十七《阜成篇》,明万历十九年(公元1591年)金陵刻本。

绩溪《上川明经胡氏宗谱·拾遗》记载：

> 吾族自十三世以前，经商者颇少。其后，则文谏公于闽，兆孔公于上海，汉三先生于广，其商业焜燿一时。逮道、咸间，端斋公起，遂以开文墨业名天下。同时，族人列肆上海者，又有万字招十三肆，皆兆孔公派也；鼎字招九肆，皆志俊公派也，而余派亦称是。同、光之际，则上海有贞海公之鼎茂，玉庭公之万生瑞，贞春公之松茂。南京有方楷公之恒有。三溪有先大父荫林公之景隆。跗鄂相衔，业并素封，故族遂以善贾名。……又吾族旅食者，以上海一带为最多，率常数百人。闻始商上海者即兆孔公，然则今沪地族侨，宜祀公为哥仑布矣。

"今日徽商之足迹，殆将遍于国中"，有力地说明不仅在道光中叶，而且在民国时期，徽州宗族商人仍然是一个浩浩荡荡的商人群体。据历史文献记载，清朝末年和民国时期，歙县宗族商人在外经营的商业行业有茶叶、粮食、木材、食盐、典当、绸缎、棉布、酱园、银行等十几种。道光中叶以后，虽然盐商衰落，但"茶、漆、酱三业仍鼎盛一时"。[①] 例如，民国时期，歙县三阳、叶村、苏村等地宗族商人在南通开设茶叶店19家，职工300余人。民国三十四年(公元1945年)，歙县宗族商人在北京开设茶叶店35家，登记资金49.585万元，店员544人。[②] 清末，歙人吴炽甫"以北京为基地专营内销茶，其收购、加工窨制、批发、零售厂号遍及皖、浙、苏、闽、赣、鄂、冀、辽、京、津、宁诸省市。在本世纪(20世纪——引者)20年代累资约200万银元，被称为本县南门首富"[③]。民国时期，绩溪"旅外工商业者大量增加，涉足大半个中国。店、坊、馆、行分

---

① 歙县地方志编纂委员会编：《歙县志》第十一编《徽商》，北京：中华书局，1995年，第281页。
② 歙县地方志编纂委员会编：《歙县志》第十一编《徽商》，北京：中华书局，1995年，第282页。
③ 歙县地方志编纂委员会编：《歙县志》第十一编《徽商》，北京：中华书局，1995年，第282页。

布皖、浙、苏、沪、鄂、川、桂、赣、滇、豫、贵、湘、津、京、粤、辽、甘、晋、鲁、闽、台、港各地,远及国外,但主要多集中于沪、浙、皖、苏、鄂5省市城镇,约占90%"①。民国七年(公元1918年)绩溪全县在外从事工商业者,占男性成人总数的57%。二十三年(公元1934年)旅外经商人口调查,瀛洲乡王村、周村各占成人数的21%,半茶占26%;镇头乡江窑头占20%,庄川占25.7%;旺川乡江郎村占20%,黄会山占40%,旺川村占45%;北村乡水村占40%;伏岭乡伏岭下占41.9%。②民国三十六年(公元1947年)全县人口职业调查,在县境外经商人口占总人口24.36%。按现行乡、镇区划,多分布于伏岭、华阳、上庄、瀛洲、北村、浩寨、旺川和胡家。"当时以上乡镇人口占全县之半,而耕地面积仅占三分之一。其旅外工商业户占全县总数84%,从业人数占90%以上"③。绩溪《上川明经胡氏宗谱》载,清宣统三年(公元1911年)"全村人口一千二百余人,为工商于外者四百余人,约占丁口总数三分之一"。民国《黟县乡土地理·风俗》记载:"俗重贸易,男子成童,即服贾四方,视农工为贱业,劳力而不可谋蓄积。"《黟县乡土志》记载,丁男中,士、农、工只占20%左右,从事商业者高达80%。自清代至民国时期的200多年里,"黟商队伍得到很快发展,并逐渐在'徽商'中占重要地位,有的成为一方商业的'泰斗'。在一些市、镇的商业经济中举足轻重,因而长期流传:'无徽不成镇,无黟不成市'之说"。黟县商人遍及"长江两岸的芜湖、九江、汉口、大通,以及经济繁荣的上海、杭州、苏州等各大商埠……在景德镇尤为集中"。"当时,景德镇称为'黟县佬码头',黟县话在市内可以通用"。程振武在《景德镇徽帮》一文中说:"据民国二十六年《江西统计月报》载,旧时景德镇十里长街,鳞次栉比的店铺有1,221家。其中,70%以上是徽州人开设的;在商店从事劳动的店员和工

---

① 绩溪县地方志编纂委员会编:《绩溪县志》第十五章《旅外工商业》,合肥:黄山书社,1998年,第450页。

② 绩溪县地方志编纂委员会编:《绩溪县志》第十五章《旅外工商业》,合肥:黄山书社,1998年,第453页。

③ 绩溪县地方志编纂委员会编:《绩溪县志》第十五章《旅外工商业》,合肥:黄山书社,1998年,第453页。

人,徽州人还要大于这个比例。"①新编《婺源县志》第十二篇《商业》记载:"解放前,婺源10户之内'商之家三'……民国时,以婺商为主体在外地设立了许多旅外同乡会馆,诸如:旅沪(上海)、旅京(南京)、旅苏(苏州)、旅锡(无锡)、旅汉(汉口)、旅渝(重庆)、旅桂(桂林)、旅常(常德)、旅省(安徽安庆)、旅芜(芜湖)、旅屯(屯溪)、旅休(休宁县)、旅浔(九江)、旅景(景德镇)、旅乐(乐平县)等同乡会和旅赣(南昌)的婺源会馆等。"由此可见,婺源宗族商人人数之多。历史记载证明,道光中叶至民国时期,徽州盐商虽然衰落了,但是,徽州宗族子弟经营的有些商业行业有所发展。因此,徽商队伍仍然浩浩荡荡,依然是一个非常庞大的商人群体。

二、以共同的经济目的麇集在一起

徽州宗族子弟为了生活或为了发财而麇集在一起经商,他们的聚集以小集中、大分散的格局为特征。其聚集大体有三种类型:第一,以宗族关系结合在一起。歙县岩镇汪氏支丁汪守义,"聚三月粮,客燕代;遂起盐策,客东海诸郡中。于是,诸昆弟子姓十余曹皆受贾,凡出入必公决策然后行。及公既饶,或者且加公数倍,公意甚得,未尝自功"②。休宁率东人程锁"无以为家"。于是"乃结举宗贤豪者,得十人,俱人持三百缗为合从,号曰'正义'。时诸程鼎盛,诸少年务奢溢相高"。程锁"与十人者盟,务负俗攻苦。久之,业骎骎起,十人者皆致不赀"。③ 祁门善和里人程神保贾山东、江苏、四川、湖北、福建,后"走南海,市海错往来清源、淮扬间,复如楚。资用复饶,是时宗人子杨与从兄贵通各以百金附神保行贾,神保为供子钱十年"④。歙县竦塘人黄崇德挟赀贾淮海,"一岁中其息什之(一),不数岁数致万金,以赀雄于新安、淮南间,

---

① 《徽学通讯》,第19、20期合刊。
② (明)汪道昆撰:《太函副墨》卷十四《先大父状》,明万历十九年(公元1591年)刻本。
③ (明)程良锡纂:休宁《率东程氏家谱》卷十一《明故礼官松溪程长公墓表》,明万历元年(公元1573年)刻本。
④ (明)李维桢撰:《大泌山房集》卷七十三《程神保传》,明万历三十九年(公元1611年)刻本。

堂宇田园日增于旧。公复折节为俭,无以富故矜夸。诸贾人饰冠剑、连车骑为富贵容者,见公束脩瑟缩,汗出,更相师效,如猗顿师陶朱焉。复倚公为纲,凡盐法有议,必正于公,是是非非,得公一言而决,上官亦莫之夺。……公复率其子弟宗人商于淮南,子弟宗人皆能率公之法而为廉贾。于是竦塘黄氏胥富等千户侯,名重素封矣"①。婺源人程广富"少以家贫佣于苏,旋挈二弟、三弟至苏贸易,将廛业交弟经理。自归家就近业茶,渐致赢余。凡贫窭亲族友朋尽为提拔,有贷百金至数千金者"②。歙县长原人程沂"从父命受贾","捆载入河西,赢得过当,遂都河西主转毂,浸起不訾。诸程鱼贯从之,人人起富"③。第二,以同行关系结合在一起。明清时期,扬州聚集大批徽州盐商。民国《歙县志》卷一《风土》记载:"两淮八总商,邑人恒占其四。各姓代兴,如江村之江,丰溪、澄塘之吴,潭渡之黄,岑山之程,稠墅、潜口之汪,傅溪之徐,郑村之郑,唐模之许,雄村之曹,上丰之宋,棠樾之鲍,蓝田之叶,皆是也。"扬州"质库无土著人"为之,"乃令新安诸贾擅其利,坐得子钱"④。平湖的"新安富人,挟资权子母",盘踞城中,"至数十家"⑤。泰兴质库,"多新安贾人为之,邑内五城门及各镇皆有"⑥。乾隆年间,歙县人在北京开设有茶行7家,茶商字号166家,小茶店"数十家"⑦。第三,以同乡关系结合在一起。明清时期,

---

① (明)方信纂:《歙西竦塘黄氏统宗谱》卷六《黄公崇德传》,明嘉靖四十一年(公元1562年)刻本。

② (民国)葛韵芬等修,江峰青纂:《重修婺源县志》卷三十九《人物·义行》,民国十四年(公元1925年)刻本。

③ (明)汪道昆撰:《太函集》卷五十八《明故南京金吾卫指挥佥事歙程次公墓志铭》,明万历十九年(公元1591年)金陵刻本。

④ (明)杨洵修,徐銮等纂:万历《扬州府志》卷二十《风物志·风俗》,明万历三十三年(公元1605年)刻本。

⑤ (清)朱维熊修,陆菜纂:康熙《平湖县志》卷四《风俗志·习尚》,清康熙二十八年(公元1689年)刻本。

⑥ (清)钱见龙、吴朴纂修:康熙《泰兴县志》卷一《风俗》,清康熙二十七年(公元1688年)刻、乾隆补刻本抄本。

⑦ (民国)许承尧撰:《歙事闲谭》第十一册《北京歙县义庄》,稿本。

北京的歙县人"已以千万计"①。山东临清,"十九皆徽商占籍"②。陈去病说:"扬州之盛,实徽商开之。扬,盖徽商殖民地也,故徽郡大姓,如汪、程、江、洪、潘、郑、黄、许诸氏,扬州莫不有之,大略皆因流寓而著籍者也。"③钱谦益说:"新安之富家行贾,多在武林。"④徽州商人客死杭州,因卜葬南北二山坟冢太多,竟与当地人产生诉讼。杭州居民认为,"往时徽商无在此图葬地者,迩来冒籍占产,巧生盗心,或毁人之护沙,或断人之来脉……是以山川被其破碎,秀气致于分离,士夫胤嗣为之损伤,豪胲室家为之凌替……隆庆六年,有士民传成等呈鸣上司,严行禁约,不许奸商越占坟山"⑤。在汉口,因寓居徽商很多,不但建有"新安书院",还有徽州商人聚居的"新安街",以徽州命名的"新安码头""新安市场"⑥。在南京,典当、木材、粮食、丝绸业都有许多徽州商人,会馆建了好几个。但就全国来讲,他们是分散的,分散在东、南、西、北许多城镇。

　　以共同的经济目的聚集在一起从事商业活动,是徽州商人成为商帮的第二个基本特征。道光中叶以后,徽商的这个特征是不是在逐渐消失呢?民国时期,这个特征是不是就不存在了呢?历史事实证明,道光中叶至民国时期,徽州商人为了生活或为了发财,仍然以共同的经济目的聚集在一些都市和城镇。最近出版的徽州一些县志记载,道光年间汉口典商的朝奉,"非由徽商人担任者,几乎无有"。清末,"上海有典铺69户,歙、休人所开计36户,占42%

---

① (民国)许承尧撰:《歙事闲谭》第十一册《北京歙县义庄》,稿本。
② (明)谢肇淛撰:《五杂俎》,北京:中华书局,1959年。
③ (民国)陈去病撰:《五石脂》,南京:江苏古籍出版社,1999年。
④ (明)钱谦益撰:《牧斋初学集》卷五十九《汤孺人墓志铭》,明崇祯十六年(公元1643年)刻本。
⑤ (明)刘伯缙修,陈善等纂:万历《杭州府志》卷十九《风俗》,明万历七年(公元1579年)刻本。
⑥ (清)许登瀛纂:《重修古歙东门许氏宗谱·观察蘧园公事实》,清乾隆二年(公元1737年)刻本。

(？52%）"。① 同治十一年（公元1872年），绩溪人先后在上海、宁波、福州、镇江、长沙、汉口"设立钱庄20家,时称全国第一大财东"②。清末,苏州有歙县人开设的茶叶店40家。光绪三十一年（公元1905年）,歙人"在苏州开的酱园多达63家"。民国二十四年（公元1935年）,苏州茶叶同业公会委员共16位,"皆为歙人"。抗战前后,歙县人在杭州开设的茶行、茶店、茶庄有70余家。③ 据《上海徽宁思恭堂征信录》记载,在民国十九年（公元1930年）乐捐名单中,有徽州、宁国茶叶店号678家,其中多数是徽州商人开设④。民国期间,歙县人"在沪设有漆店40余家,在苏州设有16家"⑤。绩溪人在上海开设有工商业279家,其中徽馆164家,茶叶业68家,徽墨业22家,土杂百货业8家,绸布、服装、钱典、木竹、肉食、出版、织造、文具等17家。在浙江开设有工商业近三百家,其中淳安县有土杂百货业42家,粮油酱酒业20家,绸布服装业8家,国药业6家,茶叶业2家;杭州市有茶叶业21家,肉食业9家,绸布服装业6家,徽馆4家,盐业2家,钱庄典当业5家,土杂百货4家,徽墨3家,国药、粮油酱油、木竹等行业各1家,其他12家;金华有绸布服装15家,土杂百货业9家,钱典业5家,徽馆、粮油、肉食业等8家;兰溪有绸布服装业10家,土杂百货业9家,徽墨、国药、粮油业各1家;孝丰有徽菜馆8家,土杂百货6家,粮油4家,绸布店3家;湖州有徽菜馆12家,剧院1家;嘉兴有徽菜馆13家,"其他县镇有徽馆、粮油、土百、绸布、典当、肉食等业共35家"。在安徽,除绩溪外,共有工商业二百二三十家,其中旌德县有土杂百货业20家,国药业8家,绸布业5家,粮油业4家,徽馆1家;宣城县有粮油酱酒业15

---

① 歙县地方志编纂委员会编:《歙县志》第十一编《徽商》,北京:中华书局,1995年,第286页。
② 绩溪县地方志编纂委员会编:《绩溪县志》第十五章《旅外工商业》,合肥:黄山书社,1998年,第444页。
③ 歙县地方志编纂委员会编:《歙县志》第十一编《徽商》,北京:中华书局,1995年。
④ 歙县地方志编纂委员会编:《歙县志》第十一编《徽商》,北京:中华书局,1995年,第282页。
⑤ 歙县地方志编纂委员会编:《歙县志》第十一编《徽商》,北京:中华书局,1995年,第287页。

家,土杂百货业 14 家,木竹业 6 家,国药业 2 家,其他 4 家;郎溪县有粮油酱酒业 20 家,土杂百货业 13 家,绸布、木竹业各 2 家,钱庄、其他各 1 家;宁国县有土杂百货业 15 家,粮油酱油业 8 家,徽馆 2 家,国药、绸布业各 1 家;芜湖有徽墨 7 家,土杂百货 6 家,徽馆 4 家,茶庄 3 家,国药 1 家,其他 2 家;泾县有国药 8 家,土杂百货 7 家,绸布业 1 家;歙县有徽墨业 5 家,徽馆、国药各 3 家,茶叶、土杂百货各 2 家,制鞋业 1 家;休宁县有粮油酱油业 6 家,徽墨业 3 家,徽馆、国药、土杂百货各 1 家;屯溪镇有徽馆 4 家,徽墨、土杂百货各 2 家,粮油酱酒业 1 家,制鞋业 1 家;黟县、繁昌、无为有徽墨、粮油酱酒、钱庄共 6 家。在江苏开设有工商业 144 家,溧阳一地占 47 家,其中土杂百货 24 家,粮油酱酒 9 家,茶叶、木竹各 4 家,国药 3 家,钱典 2 家,徽馆 1 家。在湖北开设有工商业 100 家,武汉一地占 98 家,其中徽菜馆 70 家,茶庄 10 家,徽墨 7 家,土百货 3 家,绸布、钱庄各 2 家,其他 4 家。在四川,有工商业 27 家,重庆占 23 家,其中徽菜馆 21 家,墨庄、其他各 1 家。此外,广西的柳州、金城、南丹,江西的上饶、九江,云南的昆明、沾益,河南的洛阳,贵州的独山、都匀,湖南的长沙,福建的南平,以及北京、天津等地都有少数绩溪商人聚集。[①]《绩溪庙子山王氏谱》卷二十《商人传》记载,王观垄(灶)"及冠,从友人至上海习茶业"。王维运,"十五六从人赴上海学习茶商"。王维钟,"年十三从姊婿胡祥铭至上海,入程裕隆学茶业,旋改入程裕新茶号为司账。数年,适有中潭商前在上海创立王聚泰茶号于三角街,至是业落,维钟盘顶为己业,悉力经营,颇自振拔。又数年,罹火灾,悉烬,得保险费银八千元,继续复业,信誉益固,每年出入都万余金,上海巨商大贾均往来,无少失。知之者皆曰:'润之,信人也'"。王维达(又名王达),"年十二,随人至上海,入程裕和茶号为学徒,勤恳愿实,得当事者欢心。裕和茶号年资颇老,顾客限于本帮。维达建议,推广至山东青岛一带,倾销俄罗斯国。货真,以信实招来,店务日起。自司账以至经

[①] 参见绩溪县地方志编纂委员会编:《绩溪县志》第十五章《旅外工商业》,合肥:黄山书社,1998 年,第 450~451 页。按:《绩溪县志》关于旅外工商业的统计,浙江、安徽有误差。

理,凡六十年未脱离裕和一日。内外场均亲督促指示,赏罚既明,同事多兴奋,每年获利恒至万金,一时裕和之名扬溢海上。上海徽宁会馆固有绩溪董事,自裕和崛起,董事即归维达,历年颇久"。王维兴,"维达弟,幼从维达至上海学茶业,善词令,弦韦相济"。

  民国时期,黟县商人在芜湖以开钱庄、办银行为主,同时还经营绸布、杂货、匹头(土布)、棉纱等,而旅居这里的"黟县商人多达300余人"。在上海,以绸缎、布匹、申庄(外埠商店驻上海办事机构)为主。有绸缎店5家,布店9家,申庄8家,皮革店4家,洋烛、京货、印铁店各2家,茶叶、丝厂、西药、钱店各1家。在九江,以绸缎、布业、南货、茶叶为主,有绸布店12家,南货茶叶店11家,钱业4家,百货店1家,报关栈7家,蜡烛店3家,药房2家,肥皂厂1家。在汉口,以金融业为主,开设钱庄20多家。此外,还创建纱厂、水电公司。景德镇是黟县商人聚集城市,同治年间经营行业有钱庄、布匹、百货、南货等。民国十五年(公元1926年),有布店62家,南货店15家,药材店6家,土仪店30家,熟食店1家,代理商4家,钱庄42家。在杭州,以绸厂、绸庄为主。丝绸厂有德泰和、江丰、货贲、鸿福、伟章、同泰昌、锦云祥7家;绸缎庄有德记和、聚和祥等。在安庆、大通、武穴、宣城都有许多黟县商人。① 据我们调查,民国时期黟县西递明经胡氏宗族成年支丁90％以上是商人,景德镇有黟县西递明经胡氏宗族商人数百人。"抗战胜利,举国欢腾,景市各界纷纷上街游行,舞龙、踩狮、锣鼓喧天,其中最引人注目的是西递村的台阁,华丽精致,别具一格"②。据黟县南屏叶氏宗族老年人说,民国时期叶氏宗族子弟90％以上都在外经商,多数聚集在湖北武穴,那里有一条商业街名曰"叶半街",意为这条街的商店多数是叶氏宗族子弟开办的。

---

  ① 参见黟县地方志编纂委员会编:《黟县志·商业志》,北京:光明日报出版社,1989年,第318~319页。
  ② 胡仲愚:《旅景西递人》,载《徽学通讯》,第19、20期合刊。

三、以乡族关系建立组织和团体

明代中期,随着全国各地城镇徽州人聚集的增加,以乡族关系建立的组织和团体应运而生。虽然有的组织不完全是商人组织,甚至不以商人为主体,但是商人是重要组成部分,这是毫无疑义的。这些组织和团体,是徽州商人构成一个商帮的第三个基本特征。其宗旨是:祭神明、联乡谊、集众议、兴义举,"皆便乡人者也"。徽州人的组织和团体有五种模式。

(一)以血缘关系建立的组织

徽州宗族子弟背井离乡,四出行贾。有些人"先贫后富,缘其地发祥,因挈属不返"①。他们在徙居地繁衍生息,逐渐形成新的社会人群共同体。其后裔为了"妥先灵,隆享祀",同时,也是为了自身的利益和发展,开始在寓居地建造祠堂。史载,徽州人程联槐,先世由徽州迁江夏,自高祖以来"五世同居,人无间言。联槐念族众人多,建宗祠,立祭田,修辑族谱以联属之"②。歙县人方士虔,"以侨居广陵未能即归故里,乃建宗祠,置祭田于扬,聚族之商于扬者,恪修祀事"③。郑鉴元,"先世以盐筴自歙迁仪征,迁江宁,迁扬州,皆占籍焉"。于是,"建祖父江宁宗祠,三置祭田,由县立案于府"。又"建亲乐堂于扬州宅后,子姓以时奉祀"。④徽州《汪氏谱乘·叙》记载:"吾汪氏支派,散衍天下。其由歙以侨于扬业鹾两淮者,则尤甚焉。居扬族人,不能岁返故里,以修禴祀之典,于是建有公祠。凡值春露秋霜之候,合族姓陈俎豆,荐时食,而又每岁分派族人崙司其事。数十年来,人物既盛,而礼文器具未尝稍弛。"

徽商在侨寓地修建祠堂,标志新的社会人群共同体的形成,同时,也是徽商组织的产生。因为这些祠堂不仅是"妥先灵,隆享祀"的家庙,同时,往往又是徽州宗族商人集会、议事的地方;族长不仅是宗族首领,而且往往又是商人

---

① (民国)许承尧撰:《歙事闲谭》第十八册《歙风俗礼教考》,稿本。
② (清)章学诚撰:《章氏遗书》卷三十,北京:文物出版社,1985年。
③ (民国)许承尧纂:《歙县志》卷九《人物志·义行》,民国二十六年(公元1937年)铅印本。
④ (民国)许承尧撰:《歙事闲谭》第二十五册《郑鉴元》,稿本。

组织的头目。

(二) 以县籍同乡建立的组织

以县籍同乡关系建立的组织,明代中期即于北京诞生了。嘉靖四十年(公元 1561 年),因"歙人辐辏都下以千万计","捐资创会馆以联属之"①。后,又于永安门外下马社建义阡、义庄,初有地三亩有奇,隆庆三年(公元 1569 年)"增至三十余亩",道光年间增加到 135 亩左右。② 除了歙县会馆以外,北京还有休宁会馆、绩溪会馆。南京有新歙会馆、歙县会馆。上海有歙县会馆、绩溪会馆,等等。

(三) 以府籍同行建立的组织

经营同一种商品的徽州商人,聚集在同一个城镇的现象是很普遍的。据历史文献记载,有些城镇的徽商为了自身的利益和发展,清初即建立同行商业组织。例如,乾隆年间,婺源县人江扬言于杭州候潮门外建"徽国文公祠,即徽商木业公所也"。后"其子来喜又于江干购置沙地,上至闸口,下至秋涛宫,共计三千六百九十余亩。盖无公所,事无从叙;无沙地,排无以安。而建立公所,购置沙地,其有裨于木业者,岂浅鲜哉!"太平天国运动时,"公所被焚,木业蹉跎,有一败不可再兴之势"。光绪年间重建,"栋宇重辉""规模重整"。③ 清代前期,徽州木商于苏州西汇建大兴会馆,为木商集议公所。太平天国时,"缘罹兵燹,地成瓦砾"。同治四年(公元 1865 年),木商"兹议公借紫阳地基,起造正堂三间,后厢两披一间,照旧供奉关圣、朱子神位,以为木商集议公所,当经禀请长洲县宪蒯通详藩抚府宪立案,给谕遵守"。④ 南京是徽州木商聚集之地,他们在上新河建徽州会馆,为木商议事场所。

(四) 以府籍同乡建立的组织

据历史文献记载,徽州人在全国城镇以府籍同乡关系建立的组织最多。

---

① (清)《歙县会馆录》,清道光刻本。
② (清)《歙县会馆录》,清道光刻本。
③ (清)《徽商公所征信录·征信录序》,清宣统刻本。
④ 江苏省博物馆编:《江苏省明清以来碑刻资料选集》,北京:三联书店,1959 年,第 101~102 页。

凡是徽商聚集较多的城镇，大多建有新安会馆。如，临清新安会馆、南京新安会馆、汉口新安会馆、广州新安会馆、乌程县南浔镇新安会馆、秀水县濮院镇徽州会馆、归安县菱湖镇新安会馆、德清县新市镇新安会馆、唐栖镇新安义所、长兴县四安镇新安公所，等等。歙县《橙阳散志》卷三《人物志·士林》记载，江亢宗"尝客苏州，乡人建新安会馆，君董厥事，公慎无欺，人多称焉"。

(五)徽宁人联合建立的组织

徽州和宁国二府毗邻，两地商人为了增强竞争力，在一些城镇建立联合组织。如，上海徽宁会馆(又名"思恭堂")、汉口徽宁会馆、景德镇徽宁会馆、吴江县盛泽镇徽宁会馆，等等。

道光中叶至清末，徽州商人的组织和团体是不是逐渐解体了呢？民国时期，徽商这个基本特征是不是已经不存在了呢？历史事实证明，道光中叶至清末，徽州商人组织和团体不但没解体，而且还有所发展。民国时期，徽商组织和团体虽然有所变化，绝大部分会馆都改为同乡会，但是，它不但依然存在，而且还有较大的发展。光绪十四年(公元1888年)，上海徽宁同乡会馆重建"厅堂及房、楼数百间，并新建水埠，供启运棺柩、货物。馆建规模冠沪上诸帮会馆。民国时期屡有增建、改建和绿化。会馆服务项目周全"。民国九年(公元1920年)，绩溪人王照华置江湾乡义冢地；十三年(公元1924年)，在闵行沈家潭(黄浦江北)增建闵行分堂，购墓地数十亩，又在会馆近处的里日晖桥建水埠。十四年(公元1925年)婺源人汪绍文置沈港墓地。十九年(公元1930年)后，会馆董事会有董事23人，常务董事6人(均为义务职)，会计员1人，办事员4人，堂夫2人，分堂员役若干人。会馆还设"有营租田亩和市房"。三十六年(公元1947年)改选，胡适被选为监事。① 同治年间，侨寓兰溪的徽商于官桥边建新安会馆。光绪时，建新安阁，祭祀徽人亡灵；又于"北郊建新德庵殿堂、阁、厅十数间，作为停尸、殡葬和存柩之所，亦收容疗养病人与赡养孤寡，设义冢一处。民国三十五年创办新安小学"。光绪年间，溧阳徽州

---

① 绩溪县地方志编纂委员会编：《绩溪县志》第十五章《旅外工商业》，合肥：黄山书社，1998年，第456页。

会馆成立(民国时改称新安六邑旅溧阳同乡会)。民国十一年(公元1922年),有"田产300余亩,房屋80余幢,年收租谷2万多斤,房租4,800元,并在码头街龚坊场设新安公寓,有寄棺所,义冢"。三十四年(1945年),建新安期成小学。民国七年(公元1918年)至二十五年(公元1936年),胡适任京都绩溪同乡会(原北京绩溪会馆)会长。民国初年,胡炳华等建泰县新安会馆,"为徽州旅外同乡组织,又是徽州旅泰茶庄的同业公会,有房屋12间,田地18亩,新安公墓1处,同乡会经费由茶庄缴纳"。民国十二年(公元1923年),寿昌新安同乡会成立。"会馆面积2,000平方米,房屋34间,坟山10多亩"。二十三年(公元1934年),南京新安绩溪同乡会成立,高子光任董事长。二十四年(公元1935年),杭州绩溪同乡会成立,唐璋任理事长。二十八年(公元1939年),广德徽州同乡会成立,吴希衡任主任委员,舒舍如任总干事。①民国时期,以婺源宗族商人为主体在全国各地建立了许多旅外组织和团体,如上海、南京、苏州、无锡、汉口、重庆、桂林、常德、安庆、芜湖、屯溪、休宁、九江、景德镇、乐平、南昌等会馆和同乡会。②

民国十六年(公元1927年),旅浙硖石徽州人建立"徽州旅浙硖石同乡会",同时,出版发行《徽侨月刊》。在该同乡会和刊物的影响下,浙江许多城镇的徽州同乡会纷纷建立。如,民国十七年(公元1928年),龙游旅龙新安同乡会成立;民国十八年(公元1929年),新安旅浙嘉兴同乡会成立。民国十七年(公元1928年),金华徽商"鉴于硖徽州同乡会声誉之盛,亦须联络团结之必要,故顺时应势,发起徽州旅浙金华同乡会",决定会员满500人,即召开成立大会。同年五月,旅严徽州同乡程维新等在新安会馆宴会上,发起组织严州徽州同乡会,得到徽州侨寓人士的响应。在富阳,新安会馆创立已逾百余年之久,为顺应新形势,此时也作了改组。《徽侨月刊》第16期的《蕲春县徽

---

① 绩溪县地方志编纂委员会编:《绩溪县志》第十五章《旅外工商业》,合肥:黄山书社,1998年,第455~456页。

② 婺源县志编纂委员会编:《婺源县志》第十二篇《商业》,北京:档案出版社,1993年,第308页。

州会馆之近状》记载:"徽州会馆之设,各个镇市可说无处莫有,此足征吾徽旅外同乡之有团结力,有互助之精神也。"①

从明代中期以来,徽州人在全国各地建立了许多各种类型的会馆。民国时期,这些组织不仅没有消失,而且还有所发展。这个时期,徽州人在全国各地建立的同乡会其宗旨是什么呢?从徽州旅浙硖石同乡会宣传大纲可见一斑。其文曰:

> 第一条,本会领导徽属六邑旅外同乡,以自治精神,谋旅居的幸福,并要促成皖省教育行政之完善,实业之发展。
>
> 第二条,募集同乡股金,建立新安银行,使商业有振兴之望;设立新安民工厂,救济同乡失业工人;设立新安病院,疗治同乡疾病;并须开通屯昌汽车道路,以利交通。
>
> 第三条,每一镇市,有同乡二十人以上者,促设商业义务夜校,提高乡人智识才能道德,使其有发展之能力。惟义务教员,由当地同乡有普通学识者或聘外界热心教育之士充当之,本会随时派人出为指导之。
>
> 第四条,在最短期间,督促徽属六邑县长,严令农民开垦荒山,造就森林,以期利益。
>
> 第五条,新安银行未实现以前,如有同乡店铺因资薄不继者,本会应调查其实况设法补救之,忠实同乡失业者,得设法介绍之,但未入会者,不得享有此项权利。(以下缺)②

徽州传统的同乡组织的近代化,一般来说主要表现为:在组织形式上,由会馆、公所到同乡会的变化;在内部制度上,由独裁到民主化的发展。从《徽侨月刊》第 22 期《改组徽州旅蕲同乡会始末记》一文,可见一斑。其文曰:

---

① 转引自王振忠:《徽州旅浙硖石同乡会与〈徽侨月刊〉》,载《福建论坛(文史哲版)》,2001 年第 2 期。

② 转引自王振忠:《徽州旅浙硖石同乡会与〈徽侨月刊〉》,载《福建论坛(文史哲版)》,2001 年第 2 期。

蕲春之有新安书院,始于清乾隆庚辰岁,州牧伯汪公元懋与州吏佐胡公惟忠等举创焉,在历年总登之首,已详述之矣。迄今百六十八年间,兴衰起伏,恍若山之凹凸,水之波澜,盖随服务会馆者之热心与否而转移。所幸未归淘汰,亦良足窥吾徽人士之心矣。然而最堪忧惜且无可挽回者,厥为凤凰山之老会馆及其连续之基地(计红契四纸)。是馆于光绪辛丑岁七月十二日,被余、王等人以八百金盗卖与同德堂公司作天主堂。若辈惟利是图,不思先贤经营之艰苦,既不能维护而扩充之,反竟盗窃公器,饱厥利囊,洵狗彘之不若也。民(国)二(年)间,幸得汪君业庭、余君肇周、吴君继祖、刘君维寿等,鉴于会馆之腐败,出而改正条规,从严整理,添买徽州公山,将夫子迁于石牌楼作会馆,正街之屋则改造招租。如是,徽州会馆始涣(焕)然一新。汪、余诸君热心桑梓,博爱同乡,其公德之表露匪浅鲜也。今者世界变迁,潮流已改。曩之会馆,为少数钜商所把持,处处凭其独裁之主张,致会馆中颇少建设,所谓"有若无、实若虚"也。吾人顾名思义,所谓"徽州会馆"者,徽州同乡人集会之所也,会馆中事,殊当由会众参加处理,岂甘为一二人所独裁乎?爰是同乡人觉悟及此,得旅蕲徽人全体之赞同,改徽州会馆名曰"徽州旅蕲同乡会",定宗旨为联络乡谊,研究学识,筹谋福利。凡事得自由提议,言论均可公开,庶几会馆得有进步,同人能获保障利益。而所举职员,悉是光明磊落,而能克尽厥职者,一致发挥夫子之精神,以谋桑梓之福利,会务必将从兹而益美矣……①

侨寓蕲春的徽州人将蕲春徽州会馆改名徽州旅蕲同乡会,将会馆事务由"一二人所独裁"改为"由会众参加处理",是传统型徽州会馆向近代化民主型同乡会转变的一个典型。

---

① 转引自王振忠:《徽州旅浙硖石同乡会与〈徽侨月刊〉》,载《福建论坛(文史哲版)》,2001年第2期。

清道光以来,各个城镇按行业组成的商人公所日渐增多。清末民初,商人公所逐渐演化为同业公会,并在此基础上形成了工商界联合会。但是,这种同行关系的发展并未影响乡族关系的存在。历史事实证明,民国时期全国许多城镇都是同业公会与同乡会共存的格局。

附 录

从徽州宗族资料看宗族的基本特征

什么是宗族？宗族有哪些基本特征？这是从事宗族研究的人必须首先回答的问题。

宋元以来，特别是明清时期，徽州是中国封建宗族制度的一个典型地区。清朝徽州学者赵吉士在《寄园寄所寄》卷十一《故老杂纪》中说：

> 新安各姓，聚族而居，绝无一杂姓搀入者，其风最为近古。出入齿让，姓各有宗祠统之。岁时伏腊，一姓村中，千丁皆集，祭用文公《家礼》，彬彬合度。父老尝谓，新安有数种风俗胜于他邑：千年之冢，不动一抔；千丁之族，未常散处；千载之谱系，丝毫不紊……

普遍性寓于特殊性之中。通过对徽州大量宗族资料的研究，我们可以对宗族进行全面的透析，揭示宗族的本质和宗族所具有的基本特征。

历史文献记载告诉我们，宗族是历史上形成的以父系血缘关系为纽带的社会人群共同体。它产生于父系家长制历史时期，在资本主义社会商品大潮中逐渐解体。它不仅仅是一种自然历史现象，更重要的，它还是一种社会历史现象。

通过对徽州宗族资料的研究分析,我们可以看到宗族的基本特征有八个。

一、有共同的始祖

每个宗族都有一个共同始祖。始祖是宗族的"木本水源",没有始祖即没有宗族。《托山程氏家谱》记载:"万物本乎天,人本乎祖。人之有祖,犹木之有根,水之有源也。"《程典》记载:"人之生也,本之为祖,统之为宗,散之为族。祖也者,吾身之所自出,犹木之根也;宗族也者,吾身所同出,犹木之支干也,是皆生理之自然,而不可忽者矣。"

徽州宗族资料证明,宗族的繁衍裂变是一个普遍规律。《新安大族志》《新安名族志》和《新安休宁名族志》中所列举的"大族"和"名族",每一个之中都包含众多宗族,少则包含几个、几十个,多则包含上百个,甚至于数百个。鲍源深在《歙新馆鲍氏著存堂宗谱》序中说:"晋咸和间,元始公讳弘守新安,遂家焉。歙之有鲍氏自此始。厥后子孙蕃衍,散处于歙者,则有鲍屯、光山源、蜀源、丰口、后村、新馆、叶匦、宋祁、王千寨、唐美、棠樾、箬岭、堨田、西杨村、烟溪、霞丰、灵山、岩镇、叶村、溪子里、潭渡、大址、十里牌、环山、向杲、甸川、东村、南村、古溪二十九派,自各族迁外省及他郡邑,又不可盛纪。"据《盘川王氏宗谱》记载:"王氏出唐兵部尚书大献公,而居新安者六百余族,散处列邑,又蔓旁郡,其大且显者凡百十族。各以其地为望,而一望之聚居者,无虑数百人,数千人。"《绩溪庙子山王氏谱》卷首《叙目》记载:"今考延钊子十府君,后分徙而立族者,凡四百七十有余派。呜乎,盖其盛哉!"

徽州宗族资料告诉我们,繁衍裂变出来的每一个宗族,各有自己的始祖,即"始迁祖"。如,黟县西递明经胡氏宗族始迁祖胡士良,绩溪县胡里镇明经胡氏宗族始迁祖胡延政,绩溪县上庄明经胡氏宗族始迁祖胡七二,等等。

二、以血缘关系为纽带

每一个宗族的子弟全部是该宗族始祖——始迁祖——的后裔,并以父系血缘关系为纽带结合在一起,形成一个社会人群共同体。《托山程氏宗祠记》记载:

> 子孙千亿,其初兄弟也,又其初一人也。犹水之千溪万壑而源同,木之千枝万干而根同。观水不绎其源,观木不寻其根,非达本者也。①

徽州所有宗族都把分辨族类,防止异姓乱宗,保持宗族血缘关系的纯洁性,视为金科玉律,列入族规家法。休宁宣仁王氏宗族《宗规》记载:

> 审族辨类,圣贤不废。世以门第相高,间有非族识为族者,或各宗同姓混处一里,或他郡异县而冒姓杂居本乡,或继同姓别宗子为嗣,其类匪一。然姓虽同,而祠不同入,墓不同祭,是非难淆,疑似当别。傥称谓亦从叔侄兄弟,后世将若之何?此谱中所以严为之防,非得已也。神不歆非类处已,处人之道,当如是也。②

首先,严防异姓"乱宗"。许多宗族都将此写进族规家法,如《华阳邵氏宗谱》卷首《新增祠规》规定:"断不许擅令异姓入绍,及螟蛉他人子,以乱宗祐,违者不得入祠。"绩溪县上庄明经胡氏宗族《新定祠规二十四条》规定:"凡派下子孙,有抱异姓子为后暨以女婿、外甥为后者,本人革出,毋许入祠;子孙永远毋许入祠。"③

其次,防止同姓"乱宗"。"然姓虽同,而祠不同入,墓不同祭,是非难淆,疑是当别"。在徽州,常听到当地人说:这户人家虽然与我们同姓,但不同宗同族。意思就是说,这户人家与他们不是同一个始祖的后代,他们不属于同一个宗族。

再次,在遥远的历史时期,大家同姓同宗,是一个共同始祖的后代,是一个宗族,即所谓"五百年前是一家"。但是,经过漫长的历史发展,子孙散处,宗族裂变,有的甚至相隔遥远。这样,他们尽管存在血缘关系,但不能以血缘关系为纽带结合成一个社会人群共同体,换句话说,不能组成一个宗族。例如,散处歙县各地的数十个鲍氏宗族,散处徽州六县的数以百计的汪氏、程

---

① (明)程本华、程光弼纂:《古歙长原托山程氏重修家谱》卷二十一,明崇祯九年(公元1636年)刻本。
② (明)王宗本纂:《休宁宣仁王氏族谱》,明万历三十八年(公元1610年)刻本。
③ (清)胡祥麟、胡祥木纂:绩溪《上川明经胡氏宗谱》下卷之中,清宣统三年(公元1911年)木活字本。

氏、吴氏宗族等等,他们虽然有一个共同的祖先,但后来他们大都"如同路人",有的有微弱的、淡薄的联系,有的则毫无联系,他们谈不上也完全不可能以血缘关系为纽带结合为一个社会人群共同体,也就是说根本不可能结合为一个宗族。

历史文献记载证明,一个祖先的后代子孙以血缘关系为纽带结合成一个社会人群共同体,必须具备一定的基本条件,否则即使同一个祖先的后代,相互存在着血缘关系,也不能形成一个社会人群共同体。

三、有明确的昭穆世次

一个宗族必须有明确的昭穆世次。如果没有明确的昭穆世次,即使是同一个始祖的后代,也不能形成一个宗族。

《方氏族谱》卷七《家训》注对宗族之所以要有明确的昭穆世次阐述得非常清楚。其文曰:

> 一家之人,高曾祖考,子孙玄庶,门分户别,众而为族。族至千百,称为故旧。然必喜庆相贺,忧戚相吊,疾病相问,患难相扶,乃为之族。苟昭穆紊而名分失序,亲疏隔而情爱不通,方圆相合而判然不相联属,秦越相视而邈然不相关系,则路人而已矣,何族之有?

徽州所有宗族都把明确昭穆世次当作宗族头等大事。《方氏族谱》卷七《家训》注记载:

> 一本之义不明,则世系不可考;世系之考不详,则昭穆不可叙;昭穆失叙,则尊卑之分不定;夫分不定,则称谓之名不正;名分既混,则彼此相视皆为路人。无所见闻,而同本之恩不作;无所感触,而孝悌之良不生,人且不知其有族矣,而况望其或相亲睦耶?是以君子必明始祖以来之世系,详五服既穷之昭穆,使服虽穷,而尊卑之分在;世虽远,而称谓之名存,则触之而孝悌之心油然而生,玩侮之心阒然而沮矣。

怎样才能辨昭穆、明世次呢？徽州人认为，最重要的一个方法和手段是修谱牒。《明经胡氏存仁堂支谱》卷首《前朝谱序》记载：

> 族师法废，而五服以降，遂不相亲。一姓之中，至不相识，甚至高曾而上不能举其讳字，昭穆之间无以详其辈则，数典而忘，君子耻之。然则谱系之修，将以补族师之阙，而救末俗之偷，其所系顾不重哉！

为了保持昭穆世次不乱，徽州宗族大都每隔一定时期重修一次族谱。早在西晋咸宁年间，徽州程氏宗族有个名叫程延的撰写文章告诫子孙，有"三世不修谱便为小人之戒"。这个观点被儒家知识分子——特别是理学大师朱熹——大力倡导，成为徽州人的金科玉律。徽州宗族通过不断地续修族谱，达到了辨昭穆、明世次的目的。

有明确的昭穆世次是宗族的一个最基本的特征。徽州所有宗族都极端重视昭穆世次，视昭穆世次为宗族的生命。一个祖先的后代子孙，如果没有明确的昭穆世次，"如同路人"，就不能成为一个宗族。

四、开展一定的集体活动

开展一定的集体活动，是宗族的一个基本特征。

徽州宗族的集体活动非常繁多，有"元旦团拜""元宵""春祭""标祀""中元""秋祭""冬祭""烧年""祖先忌日""迎神赛会"等等。此外，宗族成员间"喜庆相贺，忧戚相吊"是经常性的集体活动。

据历史文献记载和社会调查资料证明，在众多的宗族集体活动中，农历正月初一团拜、春祭、标祀、秋祭和冬祭是最重要的集体活动。

祭祖是徽州宗族最隆重的活动。祭祀之日一些名门右族，大都鸣锣齐集族众。人人俱着礼服。祭时，钟鼓齐鸣，香烟缭绕，庄严肃穆，至诚至敬。祭祀礼仪，谨遵朱熹《家礼》。

凡已冠宗族子弟必须参加祭祖。歙县新馆鲍氏宗族《祠规》规定："祠祭日，凡派下子孙在家者，俱要齐集；如无故不到者，罚银三分。六十以上者，不论。管祭者稽查。"①

农历正月初一团拜是徽州宗族的重大集体活动,通过这种活动可以达到"叙昭穆,秩名分,重本慎始"的目的。歙县新馆鲍氏宗族《祠规》对团拜庆贺仪节有以下规定:"黎明,管年者令人满街鸣锣一次。凡老少冠者,俱着吉服诣祠。到齐,祠内鸣钟三次。礼生二人,一东一西,唱序立,行谒庙礼。四拜毕,行团拜礼。循世次名分列东西,排班序立,行二拜……至巳时,各家妇人止许髻簪尾冠青布衫,齐赴祠行谒庙礼。四拜毕,行团拜礼,二拜……"②

标祀(即清明扫墓)是徽州宗族又一种重要的集体活动。徽州人认为,祖墓"系祖宗藏魄之所"③,或者说,是"祖宗体魄所在"④。"墓祭皆属展亲大礼,必加敬谨"⑤。宗族子弟农历清明必须诣祖墓扫墓,这是尊祖敬宗的重要表现。如果不诣祖墓标祀,就是最大"不孝"。

祭祖贵在一个"诚"字,"以诚敬为先"。歙县东门许氏宗族《许氏家规》记载:"人本乎祖而祭于春秋,所以报本返始以伸孝思焉尔。于此不用其诚,恶乎用其诚。"⑥遵循朱熹《家礼》精神,祭品"虽称家之有无,清素为上"⑦。

但是,徽州人有"凡事死之礼,当厚于奉生者"的准则。许多宗族祭祀祖先的祭品还是极为丰盛的。如,歙县东门许氏宗族春秋二祭,每祭"计用豚胙五十余口,约二千余斤,鸡百只,鱼百尾,枣栗时果各百斤,蜡烛百斤,焚帛百

---

① (清)鲍存良、鲍诚猷纂:《歙新馆鲍氏著存堂宗谱》卷三,清光绪元年(公元1875年)活字本。

② (清)鲍存良、鲍诚猷纂:《歙新馆鲍氏著存堂宗谱》卷三,清光绪元年(公元1875年)活字本。

③ (民国)余攀荣、余旭升纂:黟县《环山余氏宗谱》卷一《余氏家规》,民国六年(公元1917年)木活字本。

④ (清)许登瀛纂:《重修古歙东门许氏宗谱》卷八《许氏家规》,清乾隆二年(公元1737年)刻本。

⑤ (明)王宗本纂:《休宁宣仁王氏族谱·宗规》,明万历三十八年(公元1610年)刻本。

⑥ (清)许登瀛纂:《重修古歙东门许氏宗谱》卷八《许氏家规》,清乾隆二年(公元1737年)刻本。。

⑦ (明)王铣纂:婺源《武口王氏统宗世谱·宗规》,明隆庆四年(公元1570年)黄西园刻本。

端,香楮蔬肴美醴之类不悉纪"。①

通过祭祖等集体活动,"使骨肉之情常相通"。促进宗族的形成、发展和巩固。

五、有共同的聚居地点

一个宗族必须有一定的活动、生存空间,这是不言而喻的。"聚族而居"是徽州宗族一个基本特征。

《桂溪项氏族谱》卷首《汪太傅公序》记载:"余家新安,居万山中,风淳俗古,城郭村落率多聚族而居,故于族谊最笃。"

《棠樾鲍氏宣忠堂支谱》卷二十二《文翰·同老会诗》曰:

> 吾邑万山中,风俗最近古。
> 村墟霭相望,往往聚族处。

这是由封建的农业生产方式造成的。众所周知,在封建时代,自然经济占统治地位。个体农民不仅是直接生产劳动者,而且绝大多数还是生产资料——主要是土地——的占有者和所有者。他们世世代代被牢牢地束缚在土地上,成为这块土地的附属物。无论穷到何种程度,无论生活条件怎样恶劣,无论发生什么样的灾难和不幸,他们也不轻易离开自己的家园。这是徽州人形成聚族而居的根本原因。

历史文献记载,徽州人"壮则服贾,老则归田","人重去其乡","其怀土重迁之风有自来矣"②。《新安黄氏大宗谱》卷首说:"安土重迁,吾徽之常;不忘其本,吾族之奕。"《明经胡氏存仁堂支谱》说:"自来民不土著则生息不长。吾徽古姓旧族,皆土著数千年者。君子爱枌榆,小人敬桑梓,井里可不重乎?"

一言以蔽之,"水有源,木有根,人之于祖亦然。吾徽敦本追远,视他郡较

---

① (明)许光勋纂:《重修古歙城东许氏世谱》卷一《宗祠祀典条录·祠祀》,明崇祯七年(公元1634年)家刻本。
② (明)程一枝纂:《程典》卷二十《风俗志》第四,明万历二十六年(公元1598年)家刻本。

盛。聚族而居,一姓相传,历数百载,衍千万丁,祠宇、坟茔世守勿替。间有贸迁远地者,一旦归来,邱垅无恙,庐舍依然。语云:歙俗千年归故土,谅哉言也。"①

六、有一定的组织管理形式

宗族都是以父系血缘关系为纽带,按昭穆世次组织起来的。宗族组织的细胞是家庭。

宗族的中层组织是"房",或曰"支""门""派"。每个宗族中层组织数目不定。每个中层组织包括的个体家庭数目有多、有少。

宗族最高领袖是宗子或族长。徽州有些名门右族采古代宗法制之遗意,"究始祖自来之嫡长,而立为大宗子,以统通族之众,而通族之纪纲法度皆其所总理焉。则各族各支得统于小宗,而通族各族得统于大宗,群情合而庶事理,若众指之合于一臂,四体合于一身"②。宗子乃"谱系之骨干也","上奉祖考,下一宗族"。③

宗子不仅主持宗族祭祀,而且集宗族立法、司法、行政、财务等一切权力于一身,即所谓"统通族之众,而通族之纪纲法度皆其所总理焉"。宗子有权制定和修改族规家法。宗族成员违犯族规家法,宗子有权处理和惩罚。宗子有权处理宗族大小事务。宗族财务,最终归宗子掌管。但是,宗子制有种种弊病,如宗子年老多病,或年幼无知、智能低下、道德败坏等等。因此,徽州宗族绝大多数设有族长。

《重修古歙东门许氏家谱》卷八《许氏家规》"尊崇族长"条记载:"古者宗法立而事统于宗。今宗法不行,而事不可无统也。一族之人有长者焉,分莫逾而年莫加,年弥高则德弥劭,合族尊敬而推崇之,有事必禀命焉。此宗法之遗意也。有司父母斯民,势分相离,而情或不通。族长统率一族,恩义相维,

---

① (清)江登云纂:歙县《橙阳散志》卷十二《艺文志》三《存志户墓祀序》,清嘉庆十二年(公元1807年)刻本。

② (清)方怀德、方淇浵纂:歙县《方氏族谱》卷七《家训·注》,清康熙四十年(公元1701年)刻本。

③ (清)吴翟纂:休宁《茗洲吴氏家典》,清雍正十三年(公元1735年)紫阳书院刻本。

无不可通之情。凡我族人知所敬信,庶令推行而人莫之敢犯也。其有抗违故犯者,执而笞之。"

以族长为核心的房长、乡绅是宗族的统治者。这些人依靠他们在宗法血缘关系中的地位和社会地位对宗族实行管理和统治。

《环山余氏宗谱》卷一《余氏家规》记载:"凡行家规事宜,家长(按:即族长——引者)主之,家佐辅之,监事裁决之,掌事奉行之。"

族长的权力和职责有:

(一)主持宗族祭祀大典。据历史文献记载,徽州宗族祭祖的主祭人不完全一样,大多数宗族祭祖的主祭人是族长。此外,有的宗子主祭,有的各房轮流举人主祭,有的宗子和各房分别主祭。如,歙县新馆鲍氏宗族集公、概公、乐公、宋公、橐公、檀公、善烨公、善耀公八人"慨捐己赀,共成巨万,建立宗祠,并输祭产"。所以,"以八公配飨始祖,并八公之子孙轮流主祭,且司祠事者,表立祠之功德,报输田之大义也"。①

(二)主管宗族事务。有些较大的宗族包括个体小家庭数以百计,人口数以千计。宗族事务是繁多的。其中有建造祠堂,维修祠堂,纂修族谱,修筑祖墓,修桥铺路,兴修水利……都归族长主管。

(三)主管宗族财务。在徽州,许多宗族大都是宗族地主。有些宗族大地主占有土地数百亩,甚至数千亩,有的还有林场,收入是很可观的。此外,还有宗族子弟的捐输和各种各样的收入。一些名门右族每年财务收入往往以千万计。许多族长假公济私,将宗族集体所有财富攫为己有。土地改革时,徽州绝大多数族长都定为地主,这不是偶然的。

(四)主管立法和司法。徽州宗族中的族规家法都是以族长为核心的房长、乡绅统治者共同制定的。族规家法一般都载于族谱,有的单独刊印成册,有的还书写于木板,悬挂祠堂墙壁。族规家法是以族长为核心的宗族统治者统治族众的主要工具。如宗族子弟触犯了族规家法,要被执于祠堂,"听族

---

① (清)鲍存良、鲍诚猷纂:《歙新馆鲍氏著存堂宗谱》卷三《祠规》,清光绪元年(公元1875年)活字本。

长,房长率子弟以家法从事"①。例如,"不孝不悌者,众执于祠,切责之,痛责之"②;怠慢尊长者,"执而笞之"等等。歙县东门许氏宗族《许氏家规》头条就是"尊崇族长"。其中规定,全族成员必须服从族长领导和管理,"其有抗违故犯者,执而笞之"③。

(五)处理宗族内部纠纷。宗族外表虽有一层温情脉脉的面纱,但"强欺弱,众暴寡,富吞贫,恃尊凌卑,以少犯长,眇示族人而仇雠之"的现象势所难免④。族长"凡遇族中有不平之事,悉为之处分排解,不致经官。如果秉公无偏,而顽梗者不遵,则鸣之于官处治之"⑤。

七、有宗族的族规家法

每个宗族都有成文的或不成文的族规家法。以宗子或族长为核心的宗族统治者,利用族规家法对宗族成员进行管理和统治。《汪氏统宗正脉·汪氏族规》记载:

> 越国之裔,椒实蕃衍,允矣新安之巨室也。然梧槚之林,不能无樲棘矣。君子惧其族之将圮也,思有以维持安全之,于是作为家规,以垂范于厥宗。

笔者在徽州族谱中,摘录了数十部族规家法。概括起来,这些族规家法的重要内容有:

第一,"圣谕当遵"。徽州人认为,封建皇帝的"圣谕"中,"包尽作人道理。

---

① (明)范涞纂:《休宁范氏族谱》,明万历二十八年(公元1600年)刻本。
② 佚名:《新安程氏阖族条规》,清抄本。
③ (明)许光勋纂:《重修古歙城东许氏世谱》卷七《许氏家规》,明崇祯七年(公元1634年)家刻本。
④ (清)许登瀛纂:《重修古歙东门许氏宗谱》卷八《许氏家规》,清乾隆二年(公元1737年)刻本。
⑤ (清)许登瀛纂:《重修古歙东门许氏宗谱》卷八《许氏家规》,清乾隆二年(公元1737年)刻本。

凡为忠臣,为孝子,为顺孙,为圣世良民,皆由此出"①。所以,必须作为金科玉律,奉行不悖。

第二,和睦乡里。歙县环山余氏宗族《余氏家规》规定:"邻里乡党,贵尚和睦,不可恃挟尚气,以启衅端。"在历史上,徽州盛族大姓集众械斗成风,"兴讼求胜,风俗恶薄,莫此为甚,而殒命灭门,多由此也"。环山余氏宗族《余氏家规》规定,对这种风俗,"族众务宜痛惩,毋相仿效,以保身家"。②

第三,婚姻当谨。徽州人认为,"婚姻乃人道之本,必须良贱有辨,慎选礼仪不愆、温良醇厚有家法者"③。徽州人将其写入族规家法,作为婚姻关系一条准则,令宗族子弟依法择婿和选媳。徽州族谱中大量资料证明,这条婚姻关系准则贯彻得很成功,绝大多数婚姻都是"阀阅相当者"。

第四,孝顺父母。《武口王氏统宗世谱·庭训八则》第一则"孝"说:"生我者谁?育我者谁?择师而教我者谁?虽生事葬祭,殚力无遗,未克酬其万一。苟其或缺,滔天之罪,尚何可言"。

第五,尊敬长上。族规家法规定,对长上要"尊敬而推崇之",要"恭顺退逊,不敢触犯"。凡是以少犯上者、以卑凌尊者,"执而笞之"。④

第六,宗族当睦。族人"必喜相庆,戚相吊,岁时问遗,伏腊宴会,排难解纷,用急爱拥,以分相临"。"凡遇灾患,或所遭不偶也,固宜不恤财、不恤力以图之,怜悯、救援、扶持、培植,以示敦睦之义"。⑤

第七,名分当正。休宁宣仁王氏宗族《宗规·名分当正》规定:"同族者实有名分,兄弟叔侄,彼此称呼,自有定序。……不论近宗远宗,但照名分序列,

---

① (明)王宗本纂:《休宁宣仁王氏族谱·宗规》,明万历三十八年(公元1610年)刻本。
② (民国)余攀荣、余旭升纂:黟县《环山余氏宗谱》卷一《余氏家规》,民国六年(公元1917年)木活字本。
③ (明)黄玄豹纂:歙县《潭渡孝里黄氏族谱》卷四《潭渡孝里黄氏家训》,清雍正九年(公元1731年)家刻本。
④ (清)许登瀛纂:《重修古歙东门许氏宗谱》卷八《许氏家规》,清乾隆二年(公元1737年)刻本。
⑤ (清)许登瀛纂:《重修古歙东门许氏宗谱》卷八《许氏家规》,清乾隆二年(公元1737年)刻本。

情实亲洽,心更相安。"①正名分,"古之例也"。②

第八,闺门当肃。《潭渡孝里黄氏家训》规定:"风化肇自闺门,各堂子姓当以四德三从(按:一般作"三从四德"——引者)之道训其妇,使之安详恭敬,俭约操持。奉舅姑以孝,事丈夫以礼,待娣姒以和,抚子女以慈,内职宜勤。"③

第九,制御仆从。《新安程氏阖族条规》规定:奴仆"不特犯本主者罪不容于死,即见他房之主,坐则必起,呼则必诺。少有干犯,告之本主,痛加责治"。歙县东门许氏宗族《许氏家规》认为,"此君子小人之大分,不可不正者也。慎毋忽"④。

徽州宗族的族规家法,对族内重大活动都作了详细规定。如"元旦团拜""庆赏元宵""春秋祭祀""春祈秋报""清明墓祭""娶妇庙见""举行冠礼""居丧吊祭"……

徽州宗族族规家法的指导思想是封建思想和封建伦理道德。在这里,封建的三纲五常被具体化了。

八、有一定的公有财产

徽州宗族都有或多或少的公有财产。早在先秦时期,即有"无田不祭"之说。徽州人认为,"祠而弗祀,与无同;祀而无田,与无祀同"。⑤

朱熹《家礼》规定:"初立祠堂,则计见田,每龛取其二十之一,以为祭田。亲尽则以为墓田。后凡正位祔者,皆仿此。宗子主之,以给祭用。上世初未置田,则合墓下子孙之田,计数而割之。皆立约闻官,不得典卖。"在徽州,朱熹的话就是经典,人们大都奉行不悖。所以,徽州宗族非常重视祭田的设置。

---

① (明)王宗本纂:《休宁宣仁王氏族谱·宗规》,明万历三十八年(公元1610年)刻本。
② (民国)胡宝铎、胡宜铎纂:绩溪《宅坦明经胡氏龙井派宗谱》卷首,民国十年(公元1921年)木刻本。
③ (明)黄玄豹纂:歙县《潭渡孝里黄氏族谱》卷四,清雍正九年(公元1731年)家刻本。
④ (清)许登瀛纂:《重修古歙东门许氏宗谱》卷八《许氏家规》,清乾隆二年(公元1737年)刻本。
⑤ (明)许光勋纂:《重修古歙城东许氏世谱》卷七《朴庵翁祭田记》,明崇祯七年(公元1634年)家刻本。

人们认为,"凡祭田之置,所以敬洁备物,诚不可缺"。①《重修古歙城东许氏世谱》卷七《许氏家规》记载:"祭之有田,业可久也。传曰:'无田不祭',盖谓此尔。吾宗祭社、祭墓、祭于春秋,俱有田矣。"

祭田都归宗族所有,是宗族集体占有的公有财产,所以称为族田。徽州不少宗族占有这种公有土地的数量是很大的。如,《上川明经胡氏宗谱·拾遗》记载:"吾族祀产最多,自宗祠、支祠,下逮近代各家,无不毕有。"绩溪城西周氏宗族《旧置田产》《旧置北乡产》《旧置十五都田产》《旧置地业》《旧置山地》《新置田产》《修祠户》《老配享》《文会》《能干会》《新管庄田产》《新置产业归修祠户》《新特祭配享产业》《新特祭配享户》……共 16 项,总计有田近 300 亩,地 30 多亩,山 20 余亩。此外,还有《十二都遥遥庄渊字等号田产》,总计租谷 12,231 斤,租芦 8.5 斗。②

"无田不祭"。不进行祭祖活动,就不能成为一个宗族。要进行祭祖活动,就必须有一定经费。在历史上,这种经费主要来源于族田的地租。没有一定的族田,就无法进行祭祖活动,也就谈不上宗族的存在了。故拥有一定数量的公有财产——族田——是宗族的一个基本特征。

(原载《新华文摘》,1995 年第 12 期,注释后加)

胡适中国谱牒"都去认黄帝、尧、舜等等不相干的人作远祖"辩正

民国八年(公元 1919 年),胡适为绩溪旺川曹氏宗族一部支谱撰写了一篇《曹氏显承堂族谱序》。他在这篇序文中说:

> 中国的族谱有一个大毛病,就是"源远流长"的迷信。没有一

---

① (民国)余攀荣、余旭升纂:黟县《环山余氏宗谱》卷一《余氏家规》,民国六年(公元 1917 年)木活字本。
② (清)周之屏、周赞贤纂:《绩溪城西周氏宗谱》卷二十,清光绪二十四年(公元 1898 年)敬爱堂活字本。

姓陈的不是胡公满之后,没有一个姓张的不是黄帝第五子之后,没有一个姓李的不是伯阳之后。家家都是古代帝王和古代名人之后,不知古代那些小百姓的后代都到哪里去了?

  各姓各族都中了这种"源远流长"的迷信的毒,不肯承认自己的祖宗,都去认黄帝、尧、舜等等不相干的人作远祖。因此中国的族谱虽然极多极繁,其实没有什么民族史料的价值。这是我对于中国旧谱的一大恨事。①

应该怎样理解许多中国谱牒"都去认黄帝、尧、舜等等不相干的人作远祖"这种现象呢?胡适认为,这是攀附"古代帝王和古代名人",是中了"源远流长"的"迷信的毒"。这种观点值得讨论。据笔者了解,有些中国谱牒确实存在"攀龙附凤"的现象,但认黄帝、尧、舜等人作远祖是中国谱牒对远古中华历史文化的认同,不应视为攀附"古代帝王和古代名人",更不能认为是中了"源远流长"的迷信和流毒。

一、对远古中华历史文化认同观念的形成

据历史文献记载,春秋战国和秦汉时期,中华民族的祖先对远古中华历史文化形成一种共识——黄帝是中原各族(或曰华夏族,下同)的共同始祖,尧、舜等人是中原各族的共同祖先。

《国语·鲁语上》曰:

  有虞氏禘黄帝而祖颛顼,郊尧而宗舜;夏后氏禘黄帝而祖颛顼,郊鲧而宗禹;商人禘舜而祖契,郊冥而宗汤;周人禘喾而郊稷,祖文王而宗武王。②

《礼记·祭法》云:

  有虞氏禘黄帝而郊喾,祖颛顼而宗尧;夏后氏亦禘黄帝而郊鲧,

---

① 黄保定、季维龙辑:《胡适书评序跋集》,长沙:岳麓书社,1987年,第493~494页。
② (春秋)左丘明撰:《国语》,《四库全书》影印本,上海:上海古籍出版社,1987年。

祖颛顼而宗禹；殷人禘喾而郊冥，祖契而宗汤；周人禘喾而郊稷，祖文王而宗武王。①

从这两部历史文献来看，无论是有虞氏、夏后氏，还是商王朝、周王朝，都认黄帝为他们的共同始祖，尧、舜等人是他们的共同祖先。这种认同观念是由远古以来一些历史传说逐渐演化、附会而成。

古人认为，黄帝是中原大地的统一者，中原社会管理体制的制定者，中华文明的开创者；同时，黄帝又多子多孙，人丁兴旺，繁衍昌盛。春秋战国和秦汉时期中华民族的祖先综合了这些历史传说，形成了对远古中华历史文化的认同观念——黄帝是中原各族的共同始祖，尧、舜等人是中原各族的共同祖先。从秦汉以来中国历史发展的状况来看，这个历史文化认同观念产生了非常深远的历史影响。

二、中国谱牒对远古中华历史文化认同观念的继承

宋元以来，许多中国谱牒继承了春秋战国和秦汉时期形成的对远古中华历史文化的认同观念。程尚宽《新安名族志》是用徽州谱牒资料编纂的一部徽州宗族概述。据这部著作记载，"程出黄帝、重黎之后，自周大司马曰休父，佐宣王中兴，封程伯，子孙因以国氏，望安定"。柯，"出自黄帝之后，周封仲雍裔柯相于吴，相之子庐遂以父名为氏，望著于济阳郡"。"俞出轩辕氏，裔有讳跗者，黄帝俞其言，遂赐为姓：春秋晋公子食采俞豆亭，以为氏"。"张出轩辕第三妃彤鱼氏之子曰挥，观弧制矢，赐姓曰张"。"吴始于黄帝，十四世而至泰伯"。"祝出黄帝六世孙曰重黎，为高辛氏火正，有功德，封于祝地，号曰祝融，因以为氏"。葛，"出黄帝世系，至微子启次子龚，从稚川隐居顿丘山，遂以为氏"。"庄出黄帝之后，周初有熊事文、武，成王时其子熊绎受封于楚，初姓芈氏，东迁之后有谥庄王者，子孙遂以庄为氏"。②

这里应该特别指出的是，虽然许多中国谱牒都继承了对远古中华历史文

---

① （汉）戴圣撰，郑玄注：《礼记》，《十三经注疏》影印本，北京：中华书局，1980年。
② （明）程尚宽纂：《新安名族志》，（日本）东洋文库藏明嘉靖三十年（公元1551年）刻本。

化的认同观念,但将黄帝作为始祖或一世祖,将尧、舜等人作为列祖列宗者极为罕见;还有许多中国谱牒虽然认黄帝、尧、舜等人作远祖,但他们也没有将黄帝作为始祖,没有将尧、舜等人作为列祖列宗。也就是说,在中国许多谱牒中,黄帝、尧、舜等人既未记入这些谱牒的世系之中,也未列入这些谱牒昭穆之列,而只是在谱序、原姓、原族之中作了叙述,甚至只是在谱序之中一提而过。这种现象充分地说明,许多中国谱牒认黄帝、尧、舜等人作远祖,是春秋战国和秦汉时期形成的对远古中华历史文化认同观念的继承和延续。

众所周知,对历史文化遗产应该采取的态度和原则是:取其精华,弃其糟粕。认黄帝、尧、舜等人作远祖这一历史文化认同观念,是精华还是糟粕呢?应该继承还是应该抛弃呢?笔者认为,这一历史文化认同观念应视为精华,不但应该继承,而且要发扬光大。

近一个世纪中国考古发现证明,春秋和秦汉时期形成对远古中华历史文化的认同观念,虽然来源于历史传说,但或多或少反映了原始公社后期——父家长制时期的社会历史发展规律。传说中的黄帝、尧、舜等人是这一历史阶段的杰出代表人物。因此,他们不但被推崇为先圣先哲,而且被认为是中原各族的共同始祖、共同祖先。这种历史文化认同不是凭空臆造,而是社会发展规律在观念上的反映。

春秋战国和秦汉时期中华民族的祖先对远古中华历史文化认同观念——认黄帝为中原各族共同始祖,认尧、舜等人为中原各族共同祖先,会产生什么历史作用呢?据历史文献记载,这一历史文化观念产生了"天下一家"的思想。《礼记·礼运》曰:"故圣人耐以天下为一家,以中国为一人者,非意之也。"①《后汉书·桓帝纪》云:"其不被害郡县,当为饥馁者储。天下一家,趣不糜烂,则为国宝。"②《晋书·刘弘传》曰:"诸君未之思耳。天下一家,彼此无异,吾今给之,则无西顾之忧矣。"③王讽《新安名族志序》说:"天地万物

---

① (汉)戴圣撰,郑玄注:《礼记》,《十三经注疏》影印本,北京:中华书局,1980年。
② (南朝宋)范晔撰,李贤等注:《后汉书》,北京:中华书局,1965年。
③ (唐)房玄龄撰:《晋书》,北京:中华书局,1965年。

其一体也,天下其一家也,中国其一人也。"①这种"天下一家"的思想观念,加深了中华民族的感情,增强了中华民族的凝聚力,巩固了中华民族的团结。明清以来,每当殖民主义列强侵略中国时,中华民族即会同仇敌忾,团结一致,共同对敌,这种精神与"天下一家"的思想是分不开的。

春秋战国和秦汉时期,中华民族的祖先对远古中华历史文化的认同,产生了"大一统"思想。众所周知,孔子作《春秋》时,便提出"大一统"政治观点。《汉书·王吉传》说:"《春秋》所以大一统者,六合同风,九州共贯也。"②《汉书·董仲舒传》曰:"《春秋》大一统者,天地之常经,古今之通谊也。"③秦汉以来,孔子这一政治思想,不仅被封建统治阶级所继承和发展,而且得到广大人民群众的支持和拥护。在两千多年的历史时期之中,虽然也多次出现封建割据,但最终都走向了统一。大一统是中国历史发展的主流,闹分裂是不得人心的。秦汉的统一、西晋的统一、隋唐的统一、北宋的统一,以及元、明、清的统一,其中一个重要原因,就是中国的封建统治阶级和广大人民群众对远古中华历史文化的一致认同。

中华民族对远古历史文化的认同观念源远流长。今天,全世界华人都认同自己是炎黄子孙,年年清明节公祭黄帝、炎帝,参祭者中既有党政官员、各界要人,又有普通老百姓,这充分说明春秋战国和秦汉时期形成的中华历史文化认同观念已深入人心。这种历史文化认同观念绝不是"迷信",更不是"流毒",而是非常宝贵的历史文化遗产。笔者认为,炎黄子孙不仅应该继承这个遗产,而且要发扬光大,古为今用。因为,这种历史文化认同观念能增进中华民族的感情,加强中华民族的凝聚力,促进中华民族的团结,有利于早日实现祖国的统一大业。

(原载《新华文摘》,2011年第13期,注释后加)

---

① (明)程尚宽纂:《新安名族志》,(日本)东洋文库藏明嘉靖三十年(公元1551年)刻本。
② (汉)班固撰:《汉书》,北京:中华书局,1962年。
③ (汉)班固撰:《汉书》,北京:中华书局,1962年。

参考文献

一、国史

[1] (汉)司马迁撰. 史记. 北京:中华书局,1959.

[2] (汉)班固撰. 汉书. 北京:中华书局,1962.

[3] (晋)陈寿撰,(南朝宋)裴松之注. 三国志. 北京:中华书局,1959.

[4] (南朝宋)范晔撰,(唐)李贤等注. 后汉书. 北京:中华书局,1965.

[5] (唐)房玄龄撰. 晋书. 北京:中华书局,1965.

[6] (唐)姚思廉撰. 梁书. 北京:中华书局,1973.

[7] (唐)姚思廉撰. 陈书. 北京:中华书局,1972.

[8] (唐)魏征等撰. 隋书. 北京:中华书局,1973.

[9] (宋)欧阳修、宋祁等撰. 新唐书. 北京:中华书局,1975.

[10] (元)脱脱等撰. 宋史. 北京:中华书局,1977.

[11] (明)宋濂等撰. 元史. 北京:中华书局,1976.

[12] (清)张廷玉等撰. 明史. 北京:中华书局,1974.

[13] (民国)赵尔巽撰. 清史稿. 北京:中华书局,1977.

[14] (春秋)左丘明著,(西晋)杜预等集解. 春秋左传集解. 上海:上海人民出版社,1977.

[15] (春秋)左丘明撰. 国语.《四库全书》影印本,上海:上海古籍出版社,1987.

[16] (宋)司马光著,(元)胡三省注. 资治通鉴. 北京:北京古籍出版社,1956.

[17] (明)陈邦瞻撰. 宋史纪事本末. 北京:中华书局,1977.

[18] 明宪宗实录. 上海:上海书店,1984.

[19] 明神宗实录. 上海:上海书店,1984.

[20] 清高宗实录. 台北:台湾华文书局,1970.

[21] (清)满汉文起居注册(不分卷),清内府抄本.

[22] (清)皇朝经世文续编. 清光绪十四年(公元1888年)图书集成局铅印本.

二、方志

[1] (宋)罗愿纂,赵不悔修.(淳熙)新安志. 清光绪三十三年(公元1907年)刻本.

[2] (明)汪舜民纂,彭泽修.(弘治)徽州府志. 明弘治十五年(公元1502年)刻本.

[3] (明)汪尚宁纂,何东序修.(嘉靖)徽州府志. 明嘉靖四十五年(公元1566年)刻本.

[4] (明)谢陛纂,张涛修.(万历)歙志. 明万历三十七年(公元1609年)刻本.

[5] (明)傅岩纂. 歙纪. 明崇祯新安吴氏刻本.

[6] (明)宋国华修,吴宗光等纂.(嘉靖)休宁县志. 明嘉靖二十七年(公元1548年)刻本.

[7] (明)李乔岱纂.(万历)休宁县志. 明万历三十五年(公元1607年)刻本.

[8] (明)余士奇修,谢存仁纂.(万历)祁门县志. 万历二十八年(公元1600年)刻本.

[9] (明)刘伯缙修,陈善等纂.(万历)杭州府志.明万历七年(公元1579年)刻本.

[10] (明)杨洵修,徐銮等纂.(万历)扬州府志.明万历三十三年(公元1605年)刻本.

[11] (清)赵吉士撰,丁廷楗、卢询修.(康熙)徽州府志.清康熙三十八年(公元1699年)刻本.

[12] (清)夏銮等纂,马步蟾修.(道光)徽州府志.清道光七年(公元1827年)刻本.

[13] (清)宋希肃修,吴孔嘉等纂.(顺治)歙志.清顺治四年(公元1647年)刻本.

[14] (清)赵吉士、廖腾煃纂.(康熙)休宁县志.清康熙三十二年(公元1693年)刻本.

[15] (清)方崇鼎纂,何应松修.(道光)休宁县志.清道光三年(公元1823年)刻本.

[16] (清)蒋灿纂修.(康熙)婺源县志.清康熙三十三年(公元1694年)刻本.

[17] (清)吴鹗等纂.(光绪)婺源县志.清光绪八年(公元1882年)刻本.

[18] (清)张瑷纂.(康熙)祁门县志.清康熙二十二年(公元1683年)刻本.

[19] (清)汪韵珊纂,周溶修.(同治)祁门县志.清同治十二年(公元1873年)刻本.

[20] (清)程汝翼、俞正燮纂,吴甸华修.(嘉庆)黟县志.清嘉庆十七年(公元1812年)刻本.

[21] (清)程鸿诏等纂,谢永泰等修.(同治)黟县三志.清同治九年(公元1870年)刻本.

[22] (清)陈锡等纂.(乾隆)绩溪县志.清乾隆二十一年(公元1756年)刻本.

[23] (清)清恺、席存泰纂修.(嘉庆)绩溪县志.清嘉庆十五年(公元1810年)刻本.

[24] (清)钱见龙、吴朴纂修.(康熙)泰兴县志.清康熙二十七年(公元1688年)刻、乾隆补刻本抄本.

[25] (清)朱维熊修,陆莱纂.(康熙)平湖县志.清康熙二十八年(公元1689年)刻本.

[26] (清)金鸿修,李鳞纂.(乾隆)镇洋县志.清乾隆十年(公元1745年)刻本.

[27] (清)闵麟嗣编,刘尚恒、王佐校点.黄山志定本.合肥:黄山书社,1989.

[28] (清)佘华瑞纂.(歙县)岩镇志草.清乾隆刻本.

[29] (清)江登云纂.(歙县)橙阳散志.清嘉庆十二年(公元1807年)刻本.

[30] (清)程之康纂.(徽州)程氏人物志.清康熙四十三年(公元1704年)程氏延庆堂刻本.

[31] (清)徽商公所征信录.清宣统刻本.

[32] (清)歙县会馆录.清道光刻本.

[33] (清)施璜辑,吴瞻泰等补,程建校.紫阳书院志.清雍正三年(公元1725年)刻本.

[34] (清)施璜辑.还古书院志.清道光二十三年(公元1843年)刻本.

[35] (民国)安徽省通志馆纂修.安徽省通志稿.1934年铅印本.

[36] (民国)许承尧纂.歙县志.民国二十六年(公元1937年)铅印本.

[37] (民国)葛韵芬等修,江峰青纂.重修婺源县志.民国十四年(公元1925年)刻本.

[38] (民国)婺源县采辑.抄本.

[39] (民国)胡存庆编著.黟县乡土地理.民国十四年(公元1925年)铅印本.

[40]（民国）吴吉祜纂.（歙县）丰南志. 稿本.

[41] 安徽省徽州地区地方志编纂委员会编. 徽州地区简志. 合肥：黄山书社，1989.

[42] 歙县地方志编纂委员会编. 歙县志. 北京：中华书局，1995.

[43] 休宁县地方志编纂委员会编. 休宁县志. 合肥：安徽教育出版社，1990.

[44] 婺源县志编纂委员会编. 婺源县志. 北京：档案出版社，1993.

[45] 黟县地方志编纂委员会编. 黟县志. 北京：光明日报出版社，1989年上海版.

[46] 绩溪县地方志编纂委员会编. 绩溪县志. 合肥：黄山书社，1998.

[47] 歙县文化局编. 歙县文物志. 铅印本.

[48] 吴景贤纂. 安徽书院志. 见《中国历代书院志》. 南京：江苏教育出版社，1995.

三、谱牒

[1]（宋）方桂森纂. 汉歙丹阳河南方氏衍庆统宗图谱. 明刻本.

[2]（宋）黄天衢纂.（祁门）左田黄氏宗派图. 明末清初刻本.

[3]（宋）程祁纂. 皖绩程里程叙伦堂世谱. 清抄本.

[4]（宋）吴浩、（明）吴明庶、吴士彦纂.（休宁）商山吴氏重修族谱. 明崇祯十六年（公元1643年）家刻本.

[5]（宋）程祁传述，（明）程项续编，程时化校.（婺源）溪源程氏势公支谱. 据明嘉靖本影抄.

[6]（宋）罗颖等纂.（歙县）柏林罗氏族志. 抄本.

[7]（宋）苏洵纂.（眉山）苏氏族谱. 见：嘉祐集. 上海：商务印书馆，民国八年（公元1919年）《四部丛刊》影印本.

[8]（宋）欧阳修纂.（庐陵）欧阳氏谱图. 见：欧阳文忠公集. 上海：商务印书馆，民国八年（公元1919年）《四部丛刊》影印本.

[9] (元)汪松寿纂.(徽州)汪氏渊源录.明正德十三年(公元 1518 年)重修刻本.

[10] (元)詹晟等纂.(婺源)庆源詹氏族谱.清初抄本.

[11] (元)汪垚纂.新安汪氏庆源宗谱.元抄本.

[12] (元)佚名.新安胡氏历代报功图.元刻本.

[13] (元)汪云龙纂.新安汪氏族谱.元刻本.

[14] (元)汪炤纂.新安旌城汪氏家录.元泰定元年(公元 1324 年)刻本.

[15] (元)佚名.新安汪氏宗谱.元刻本,残缺.

[16] (元)陈栎纂.(休宁)陈氏谱略.见:定宇集.《四库全书》影印本,上海:上海古籍出版社,1987.

[17] (元)朱汝贤纂.新安朱氏族谱.元大德刻本.

[18] (明)程孟纂.新安程氏诸谱会通.明景泰二年(公元 1451 年)刻本.

[19] (明)胡尚仁、胡天民等纂.(婺源)清华胡氏族谱.明天顺二年(公元 1458 年)刻本.

[20] (明)胡自立纂.(祁门)贵溪胡氏族谱.明成化四年(公元 1468 年)刻本.

[21] (明)舒应鸾等纂.(休宁)京兆舒氏统宗谱.明成化九年(公元 1473 年)刻本.

[22] (明)程敏政纂.新安程氏统宗世谱.明成化十八年(公元 1482 年)家刻本.

[23] (明)黄录、黄岩竖、程天相纂.新安黄氏会通谱.明弘治十四年(公元 1501 年)刻本.

[24] (明)王宠、王舜臣纂.新安王氏统宗世谱.明正德十年(公元 1515 年)家刻本.

[25] (明)程天保纂.新安休宁文昌金氏世谱.明正德十年(公元 1515 年)家刻本.

[26] (明)佚名.(徽州)郑氏宗谱.明正德修,清重刻本.

[27] (明)许汉纂. 新安许氏统宗世谱. 明嘉靖十八年(公元 1539 年)家刻本.

[28] (明)程昌纂. 祁门善和程氏谱. 明嘉靖二十年(公元 1541 年)家刻本.

[29] (明)程子珪、程子钟纂. (休宁)世忠程氏泰塘族谱. 明嘉靖二十四年(公元 1545 年)家刻本.

[30] (明)黄积瑜纂. 新安左田黄氏正宗谱. 明嘉靖三十七年(公元 1558 年)刻本.

[31] (明)方信纂. 歙西竦塘黄氏统宗谱. 明嘉靖四十一年(公元 1562 年)刻本.

[32] (明)胡宗明、胡宗宪纂. (绩溪)龙川尚书公派胡氏支谱. 传抄本.

[33] (明)江珍纂. (歙县)溪南江氏族谱. 明隆庆三年(公元 1569 年)刻本.

[34] (明)许可复、许风翔纂. 续修新安歙北许村许氏东支世谱. 明隆庆三年(公元 1569 年)刻本.

[35] (明)王铣纂. (婺源)武口王氏统宗世谱. 明隆庆四年(公元 1570 年)黄西园刻本.

[36] (明)佚名. (歙县)泽富王氏宗谱. 明隆庆、万历间刻本.

[37] (明)程良锡纂. (休宁)率东程氏家谱. 明万历元年(公元 1573 年)刻本.

[38] (明)汪湘纂. (徽州)汪氏统宗谱. 明万历三年(公元 1575 年)刻本.

[39] (明)程嗣功纂. (歙县)槐塘程氏宗谱. 明万历十四年(公元 1586 年)家刻本.

[40] (明)程宏宾、程霆纂. 歙西岩镇百忍程氏本宗信谱. 明万历十八年(公元 1590 年)刻本.

[41] (明)汪道昆纂. (歙县)汪氏十六族近属家谱. 明万历二十年(公元 1592 年)家刻本.

[42] (明)程一枝纂. 程典. 明万历二十六年(公元 1598 年)家刻本.

[43] (明)汪道昆纂. (歙县)岩镇汪氏家谱. 明万历二十七年(公元 1599 年)家刻本.

[44] (明)范涞纂. 休宁范氏族谱. 明万历二十八年(公元 1600 年)刻本.

[45] (明)王宗本纂. 休宁宣仁王氏族谱. 明万历三十八年(公元 1610 年)刻本.

[46] (明)曹诰纂. 休宁曹氏统宗谱. 明万历四十年(公元 1612 年)家刻本.

[47] (明)俞周隋纂. (徽州)重修俞氏统谱. 明万历刻本.

[48] (明)朱邦相、朱邦校纂. 徽婺紫阳朱氏正宗重修统谱. 明天启四年(公元 1624 年)家刻本.

[49] (明)杨贞一纂. 徽城杨氏宗谱. 明崇祯三年(公元 1630 年)刻本.

[50] (明)戴尧天纂. 休宁戴氏族谱. 明崇祯五年(公元 1632 年)刻本.

[51] (明)潘文炳、潘僎纂. 婺源桃溪潘氏族谱. 明崇祯六年(公元 1633 年)刻本.

[52] (明)许光勋纂. 重修古歙城东许氏世谱. 明崇祯七年(公元 1634 年)家刻本.

[53] (明)程本华、程光弼纂. 古歙长原托山程氏重修家谱. 版心作"托山程氏家谱". 明崇祯九年(公元 1636 年)刻本.

[54] (明)吴元孝纂. (休宁)临溪吴氏族谱. 明崇祯十四年(公元 1641 年)刻本.

[55] (明)黄文明纂. (休宁)古林黄氏重修族谱. 明崇祯十六年(公元 1643 年)刻本.

[56] (明)佚名. 婺源茶院朱氏家谱. 明刻本.

[57] (明)吴元满纂. 新安歙西溪南吴氏世谱. 明末清初吴启暴抄本.

[58] (明)汪澍纂. 休宁西门汪氏宗谱. 清顺治十年(公元 1653 年)刻本.

[59] (明)方信纂. 新安许氏世谱. 清康熙间精抄本.

[60] (明)黄玄豹纂.(歙县)潭渡孝里黄氏族谱.清雍正九年(公元1731年)家刻本.

[61] (清)张士麟纂.新安张氏续修宗谱.清顺治十六年(公元1659年)家刻本.

[62] (清)程善述纂.新安程氏世谱.清康熙十一年(公元1672年)刻本.

[63] (清)陈丰纂.(休宁)陈氏宗谱.清康熙十二年(公元1673年)刻本.

[64] (清)程榿、程度渊纂.(歙县)槐塘程氏重续宗谱.清康熙十二年(公元1673年)刻本.

[65] (清)程衡纂.祁门善和程氏仁山门支谱.清康熙二十一年(公元1682年)刻本.

[66] (清)方怀德、方淇泟纂.(歙县)方氏族谱.清康熙四十年(公元1701年)刻本.

[67] (清)王作霖、王楫元纂.婺南中云王氏世谱.清康熙四十五年(公元1706年)刻本.

[68] (清)朱国兰纂.新安月潭朱氏族谱.清康熙四十六年(公元1707年)刻本.

[69] (清)吴之觐纂.(歙县)明经胡氏甲派芳塘宗谱.清康熙六十年(公元1721年)刻本.

[70] (清)王祺纂.新安武口王氏重修统宗世谱.清雍正四年(公元1726年)刻本.

[71] (清)洪昌纂.(休宁)江村洪氏家谱.清雍正七年(公元1729年)刻本.

[72] (清)吴翟纂.(休宁)茗洲吴氏家典.清雍正十三年(公元1735年)紫阳书院刻本.

[73] (清)徐景京、徐禋等纂.新安徐氏宗谱.清乾隆二年(公元1737年)刻本.

[74] (清)许登瀛纂.重修古歙东门许氏宗谱.清乾隆二年(公元1737年)刻本.

［75］（清）方善祖等纂.（歙县）方氏会宗通谱.清乾隆十二年（公元1747年）抄本.

［76］（清）黄世恕等纂.新安黄氏大宗谱.清乾隆十七年（公元1752年）刻本.

［77］（清）黄凝道纂.休宁古林黄氏重修族谱.清乾隆十八年（公元1753年）刻本.

［78］（清）罗应元纂.（歙县呈坎）罗氏宗谱.清乾隆十八年（公元1753年）稿本影印.

［79］（清）汪仲鲁原编、汪云程续编、汪□□重修.（徽州）汪氏统宗正脉.清乾隆二十年（公元1755年）前后刻本.

［80］（清）汪德祖、汪肇基纂.（新安）汪氏统宗谱.清乾隆二十一年（公元1756年）刻本.

［81］（清）佚名.歙北呈坎文献罗氏族谱.清乾隆二十三年（公元1758年）抄本影印.

［82］（清）鲍光纯纂.重编歙邑棠樾鲍氏三族宗谱.清乾隆二十五年（公元1760年）一本堂刻本.

［83］（清）项天瑞纂.（歙县）桂溪项氏祠谱.清乾隆二十六年（公元1761年）刻本.

［84］（清）张图南等纂.星源甲道张氏宗谱.清乾隆三十年（公元1765年）刻本.

［85］（清）江淮椿等纂.歙北江村济阳江氏族谱.清乾隆四十二年（公元1777年）刻本.

［86］（清）佚名.（歙县）汪氏谱乘.清乾隆间抄本.

［87］（清）汪玑、汪嘉祺等纂.（新安）汪氏统宗世谱.清乾隆刻本.

［88］（清）鲍琮纂.（歙县）棠樾鲍氏宣忠堂支谱.清嘉庆十年（公元1805年）家刻本.

［89］（清）项启鈵纂.（歙县）桂溪项氏族谱.清嘉庆十六年（公元1811年）刻本.

[90] (清)叶有广、叶邦光纂.(黟县)南屏叶氏族谱.清嘉庆十七年(公元1812年)木活字本.

[91] (清)洪朝祥、洪麻衡纂.(婺源)燉煌郡洪氏通宗谱.清嘉庆二十三年(公元1818年)木活字本.

[92] (清)胡炳衡、胡广植、胡培翚纂.绩溪金紫胡氏家谱.清嘉庆二十四年(公元1819年)刻本.

[93] (清)黄开簇纂.(歙县)虬川黄氏重修宗谱.清道光十年(公元1830年)刻本.

[94] (清)江光裕纂.(黟县)济阳江氏宗谱.清道光十九年(公元1839年)木活字本.

[95] (清)程琼、程科九等纂.(歙县)程氏孟孙公支谱.清道光间稿本.

[96] (清)胡朝贺纂.(黟县)明经胡氏存仁堂支谱.清同治八年(公元1869年)木活字本.

[97] (清)王吉人等纂.(婺源)仁里明经胡氏支谱.清同治八年(公元1869年)惇叙堂木活字本.

[98] (清)孙银显、孙银钰纂.(婺源)湖溪孙氏宗谱.清同治十年(公元1871年)木活字本.

[99] (清)洪承科、洪必华纂.(歙县)金山洪氏宗谱.清同治十二年(公元1873年)刻本.

[100] (清)鲍存良、鲍诚猷纂.歙新馆鲍氏著存堂宗谱.清光绪元年(公元1875年)活字本.

[101] (清)倪望重纂.祁门倪氏族谱.清光绪二年(公元1876年)刻本.

[102] (清)吴永凤、吴兴□纂.(歙县)仙源吴氏宗谱.清光绪五年(公元1879年)活字本.

[103] (清)胡叔咸纂.(黟县)西递明经胡氏壬派宗谱.清光绪六年(公元1880年)刻本.

[104] (清)佚名.(婺源)三田李氏宗谱.清光绪十一年(公元1885年)活字本.

[105]（清）吴兆麟纂.吴氏自徽迁润宗谱.清光绪十九年（公元1893年）敦厚堂木活字本.

[106]（清）汪明心纂.（歙县呈坎）罗氏族谱.清光绪二十年（公元1894年）刊本.

[107]（清）周之屏、周赞贤纂.绩溪城西周氏宗谱.清光绪二十四年（公元1898年）敬爱堂活字本.

[108]（清）吴锡纯等修.（歙县）昌溪太湖支吴氏族谱.清光绪二十五年（公元1899年）叙伦堂木活字本.

[109]（清）周广顺、周之屏纂.绩溪城西周氏宗谱.清光绪三十一年（公元1905年）木活字本.

[110]（清）程际隆纂.祁门善和程氏仁山门支修宗谱.清光绪三十三年（公元1907年）刊本.

[111]（清）程蓉照纂.婺源韩溪程氏梅山支谱.清宣统元年（公元1909年）木活字本.

[112.（清）邵玉琳、邵彦彬纂.（绩溪）华阳邵氏宗谱.清宣统二年（公元1910年）木活字本.

[113]（清）胡祥麟、胡祥木纂.（绩溪）上川明经胡氏宗谱.清宣统三年（公元1911年）木活字本.

[114]（清）程宗宜等纂.绩溪仁里程世禄堂世系谱.清宣统三年（公元1911年）活字本.

[115]（清）徐景京等纂.新安许氏宗谱.民国三十六年（公元1947年）版.

[116]（清）佚名.新安吴氏族谱.清抄本.

[117]（清）佚名.海阳商山黄氏家谱.清抄本.

[118]（民国）章尚志纂.绩溪西关章氏族谱.民国五年（公元1916年）活字本.

[119]（民国）余攀荣、余旭升纂.（黟县）环山余氏宗谱.民国六年（公元1917年）木活字本.

[120] (民国)王德藩纂.(绩溪)盘川王氏宗谱.民国十年(公元1921年)五教堂活字本.

[121] (民国)胡宝铎、胡宜铎纂.(绩溪)宅坦明经胡氏龙井派宗谱.民国十年(公元1921年)木刻本.

[122] (民国)程礼恭、程兰纂.(绩溪)洪川程氏宗谱.民国十二年(公元1923年)活字本.

[123] (民国)胡缉熙等纂.(绩溪)龙川胡氏宗谱.民国十三年(公元1924年)敬爱堂活字本.

[124] (民国)倪望隆纂.祁门倪氏族谱.民国十四年(公元1925年)活字本.

[125] (民国)董培元、董维干、董国华纂.(婺源)董氏宗谱.民国二十年(公元1931年)木活字本.

[126] (民国)王集成纂.绩溪庙子山王氏谱.民国二十四年(公元1935年)铅印本.

[127] (民国)佚名.(歙县呈坎)罗氏历代祖宗谱.传抄本.

[128] (民国)佚名.(绩溪)龙川胡氏家谱.传抄本.

[129] (民国)佚名.(绩溪)龙川胡氏宗谱.传抄本.

[130] (明)(祁门)陈氏文堂乡约家法.明隆庆六年(公元1572年)刻本.

[131] (明)查应光编次,查维鼎重辑.休宁查氏肇禋堂祠事便览.明崇祯十六年(公元1643年)刻本.

[132] (明)(休宁)商山吴氏宗法规条.明抄本.

[133] (清)(黟县西递明经胡氏)道光五年修族(谱)账录.稿本.

[134] (清)佚名.(休宁)竹林汪氏宗祠记.清刻本.

[135] 新安程氏阖族条规.清抄本.

[136] (民国)许家修纂.古歙昉溪许邦伯门修建祠记汇存.民国二十二年(公元1933年)铅印本.

[137] (民国)(黟县)南屏叶叙秩堂值年规则(附奎光).民国十五年(公元1926年)铅印本.

[138](歙县呈坎)传家命脉图.抄件.

[139](元)陈栎纂.新安大族志.安徽省博物馆藏本,安徽省图书馆藏本(清康熙六年程以通补辑,致一堂藏版),日本东洋文库藏本.

[140](明)程尚宽等纂.新安名族志.日本东洋文库藏明嘉靖三十年(公元 1551 年)刻本.

[141](明)曹嗣轩纂.休宁名族志.南京大学图书馆藏本.

四、文集

[1](宋)欧阳修纂.欧阳文忠公集.《四部丛刊》影印本,上海:商务印书馆,民国八年(公元 1919 年).

[2](宋)苏辙撰.栾城集.《四部丛刊》影印本,上海:商务印书馆,民国八年(1919 年).

[3](宋)朱熹撰.朱文公文集.《四部丛刊》影印本,上海:商务印书馆,民国八年(公元 1919 年).

[4](宋)刘克庄撰.后村先生大全集.《四部丛刊》影印本,上海:商务印书馆,民国八年(公元 1919 年).

[5](宋)范成大撰.骖鸾集.《丛书集成初编》本,北京:中华书局,1985.

[6](元)赵汸撰.东山存稿.《四库全书》影印本,上海:上海古籍出版社,1987.

[7](元)胡炳文撰.云峰文集.《四库全书》影印本,上海:上海古籍出版社,1987.

[8](元)郑玉撰.师山遗文.《四库全书》影印本,上海:上海古籍出版社,1987.

[9](元)陈栎撰.定宇集.《四库全书》影印本,上海:上海古籍出版社,1987.

[10](元末明初)汪克宽撰.环谷集.《四库全书》影印本,上海:上海古籍出版社,1987.

[11] (明)程敏政编纂. 新安文献志. 明弘治三年(公元1490年)刻本.

[12] (明)程敏政撰. 篁墩文集.《四库全书》影印本,上海:上海古籍出版社,1987.

[13] (明)程一枝撰. 程氏贻苑集补. 明隆庆刻本.

[14] (明)汪循撰. 汪仁峰先生文集.《四库全书存目丛书》影印本,济南:齐鲁书社,1997.

[15] (明)归有光撰. 震川先生文集. 明万历二年(公元1574年)刻本.

[16] (明)王世贞撰. 弇州四部稿.《四库全书》影印本,上海:上海古籍出版社,1987.

[17] (明)王世贞撰. 弇州史料后集. 明万历四十二年(公元1614年)刻本.

[18] (明)汪道昆撰. 太函集. 明万历十九年(公元1591年)金陵刻本.

[19] (明)汪道昆撰. 太函副墨. 明万历十九年(公元1591年)刻本.

[20] (明)李维桢撰. 大泌山房集. 明万历三十九年(公元1611年)刻本.

[21] (明)许国撰. 许文穆公集. 明万历三十九年(公元1611年)刻本.

[22] (明)朱升撰. 朱枫林集. 合肥:黄山书社,1992.

[23] (明)张翰撰,萧国亮点校. 松窗梦语. 上海:上海古籍出版社,1986.

[24] (明)夏言撰. 桂洲先生奏议.《四库全书存目丛书》影印本,济南:齐鲁书社,1997.

[25] (明)谢肇淛撰. 五杂俎. 北京:中华书局,1959.

[26] (明)金声撰. 金正希先生文集辑略. 北京:北京出版社,1998.

[27] (明)钱谦益撰. 牧斋初学集. 明崇祯十六年(公元1643年)刻本.

[28] (明)凌濛初撰. 初刻拍案惊奇. 北京:古典文学出版社,1957.

[29] (明末清初)魏禧撰. 魏叔子文集.《宁都三魏全集》本,道光二十五年(公元1845年).

[30] (清)廖腾煃纂. 海阳纪略. 清康熙浴云楼刻本.

[31] (清)陆云士撰. 湖壖杂记.《四库全书存目丛书》影印本,济南:齐鲁书社,1997.

[32] (清)赵吉士撰.寄园寄所寄.清康熙刻本.

[33] (清)王鸣盛撰,黄曙辉校.十七史商榷.北京:中华书局,1985.

[34] (清)吴荫培撰.(歙县西溪南)吴氏言行录.抄本.

[35] (清)昭梿撰.啸亭杂录.北京:中华书局,1980.

[36] (清)沈德潜撰.国朝诗别裁集.北京:北京出版社,1998.

[37] (清)黄蛟起撰.西神丛话.《旧小说》本,上海:商务印书馆,1914.

[38] (清)邵廷采撰.东南纪事.《邵武徐氏丛书》初编本,扬州:江苏广陵古籍刻印社,1986.

[39] (清)李斗撰.扬州画舫录.北京:中华书局,1960.

[40] (清)戴震撰.戴震集.上海:上海古籍出版社,1980年校点本.

[41] (清)戴震撰.戴东原集.《续修四库全书》影印清乾隆五十七年(公元1792年)段玉裁刻本,上海:上海古籍出版社,1995.

[42] (清)钱大昕撰.潜研堂文集.清嘉庆十一年(公元1806年)刻本.

[43] (清)汪喜荀撰.从政录.《重印江都汪氏丛书》本,上海:中国书店,民国十四年(公元1925年).

[44] (清)凌应秋撰.沙溪集略.传抄本.

[45] (清)洪玉图撰.歙问.《昭代丛书》本,上海:上海古籍出版社,1999.

[46] (清)胡朝贺撰.胡藤圃杂著.清刻本.

[47] (清)章学诚撰.章氏遗书.北京:文物出版社,1985.

[48] (清)徐珂撰.清稗类钞.上海:商务印书馆,1928年铅印本.

[49] (清)汤殿三撰.国朝遗事纪闻.清宣统二年(公元1910年)民兴报馆刊本.

[50] (清)艾纳居士撰.豆棚闲话.上海:上海古籍出版社,1983.

[51] (清)东壁山房主人撰.古今奇闻.清光绪十七年(公元1891年)铅印本.

[52] (清)佚名.松下杂抄.《丛书集成续编》本,上海:上海书店出版社,1994.

[53] (清)沈垚撰.落帆楼文集.民国吴兴刘氏嘉业堂刊本.

[54] （清）焦袁熹撰. 此木轩杂著. 清道光刻本.

[55] （清）黄白山著, 黄克吕录, 黄必桂校. 重订潭滨杂志. 清光绪二年（公元1876年）刻本.

[56] （清）戴名世撰. 戴南山文抄. 清宣统二年（公元1910年）上海国学扶轮社排印本.

[57] （民国）陈去病撰. 五石脂. 南京：江苏古籍出版社, 1999.

[58] （民国）许承尧撰. 歙事闲谭. 稿本.

[59] 胡适. 胡适文存. 合肥：黄山书社, 1996.

[60] 黄宾虹撰. 黄宾虹文集. 上海：上海书画出版社, 1999.

五、资料汇编

[1] 黎靖德编. 朱子语类. 北京：中华书局, 1986年标点本.

[2] 江苏省博物馆编. 江苏省明清以来碑刻资料选集. 北京：三联书店, 1959.

[3] 华东军政委员会土地改革委员会编. 安徽省农村调查. 打印稿.

[4] 中共安徽省委农村工作部编. 安徽省土地改革资料. 打印稿.

[5] 安徽省博物馆编. 明清徽州社会经济资料丛编（第一集）, 北京：中国社会科学出版社, 1988.

[6] 中国社会科学院历史研究所徽州文契整理组编. 明清徽州社会经济资料丛编（第二集）, 北京：中国社会科学出版社, 1990.

[7] 王钰欣、周绍泉编. 徽州千年契约文书. 石家庄：花山文艺出版社, 1981.

[8] 谢国桢编. 明代社会经济史料选编. 福州：福建人民出版社, 1980.

[9] 上海博物馆图书资料室. 上海碑刻资料选辑. 上海：上海人民出版社, 1980.

[10] 苏州历史博物馆、江苏师范学院历史系、南京大学明清史研究室合编. 明清苏州工商业碑刻集. 南京：江苏人民出版社, 1981.

[11] 歙县第三区呈坎村整理地籍清册.歙县档案馆资料室藏打印本.

[12] 绩溪县登瀛乡大坑口村委会编.绩溪县登瀛乡大坑口土地登记清册.打印本.

[13] 张海鹏、王廷元主编.明清徽商资料选编.合肥:黄山书社,1985.

[14] 宋子龙辑.徽州牌坊艺术.合肥:安徽美术出版社,1993.

六、前人专著

[1] （汉）戴圣撰,郑玄注.礼记.《十三经注疏》影印本,北京:中华书局,1980.

[2] （汉）郑玄注,（唐）贾公彦疏.仪礼注疏.上海:上海古籍出版社,1990.

[3] （汉）班固撰.白虎通.《丛书集成初编》本,北京:中华书局,1985.

[4] （汉）王充撰.论衡.《诸子集成》影印本,北京:中华书局,1954.

[5] （魏）王弼注.周易.《十三经注疏》影印本,北京:中华书局,1980.

[6] （唐）杜佑撰.通典.《四库全书》影印本,上海:上海古籍出版社,1987.

[7] （唐）唐玄宗撰,李林甫等注.唐六典.《四库全书》影印本,上海:上海古籍出版社,1987.

[8] （宋）朱熹撰.家礼.《四库全书》影印本,上海:上海古籍出版社,1987.

[9] （宋）朱熹注.周易本义.《四书五经》影印本,北京:中国书店,1987.

[10] （宋）朱熹注.大学章句集注.《四书五经》影印本,北京:中国书店,1998.

[11] （宋）朱熹注.孟子章句集注.《四书五经》影印本,北京:中国书店,1998.

[12] （元）胡一桂撰.周易启蒙翼传.《四库全书》影印本,上海:上海古籍出版社,1987.

[13] (明)胡煜、胡渭仁撰. 忠敬堂汇录. 清光绪刻本.

[14] (明)程昌纂. (祁门)窦山公家议. 明万历刻本.

[15] (明末清初)顾炎武撰. 天下郡国利病书.《四部丛刊》三编本,上海:商务印书馆,民国二十四至二十五年(公元1935—1936年).

[16] (清)(休宁茗洲吴氏)葆和堂需役给工食定例. 功善抄本.

[17] (清)王懋竑撰. 朱子年谱.《万有文库》本,上海:商务印书馆,1929—1937.

[18] (清)戴震撰. 孟子字义疏证. 北京:中华书局,1961.

[19] 戴炎辉点校. 大清律例汇辑便览. 台北:成文出版社,1980.

[20] (清)黄宗羲、黄百家、全祖望纂. 宋元学案. 清道光二十五年(公元1845年)道州何氏刻本.

[21] (清)佶山撰. (嘉庆)两淮盐法志. 清嘉庆十一年(公元1806年)刻本.

[22] (清)雷学淇辑. 世本.《世本八种》本,北京:商务印书馆,1957.

[23] (清)李澄纂. 淮鹾备要. 清道光三年(公元1823年)刻本.

[24] (清)计六奇撰. 明季北略. 北京:商务印书馆,1958.

[25] (民国)梁启超撰. 清代学术概论. 上海:商务印书馆,民国十六年(公元1927年).

[26] (民国)吴日法撰. 徽商便览. 新安惟高堂刊本.

[27] (民国)江兆槐撰. 江慎修先生弄丸图遗像赞附年谱. 油印本.

[28] (民国)支伟成撰. 清代朴学大师列传. 长沙:岳麓书社,1986.

[29] (绩溪)龙川大坑口阳基书. 传抄本.

七、今人论著

[1] 叶显恩. 明清徽州社会与佃仆制. 合肥:安徽人民出版社,1983.

[2] 常建华. 宗族志. 上海:上海人民出版社,1998.

[3] 张海鹏、王廷元主编. 徽商研究. 合肥:安徽人民出版社,1995.

[4] 章有义. 明清徽州土地关系研究. 北京:中国社会科学出版社,1984.

[5] 周宝珠、陈振主编.简明宋史.北京:人民出版社,1985.

[6] 黄保定、季维龙编.胡适书评序跋集.长沙:岳麓书社,1987.

[7] 蒋元卿撰.皖人书录.合肥:黄山书社,1989.

[8] 周绍泉、赵亚光校注.窦山公家议校注.合肥:黄山书社,1993.

[9] 赵华富.两驿集.合肥:黄山书社,1999.

[10] 赵华富主编.首届国际徽学学术讨论会文集.合肥:黄山书社,1996.

[11] 赵华富.徽州宗族调查研究.北京:人民出版社,2014.

[12] 周绍泉、赵华富主编.'95 国际徽学学术讨论会论文集.合肥:安徽大学出版社,1997.

[13] 周绍泉、赵华富主编.'98 国际徽学学术讨论会论文集.合肥:安徽大学出版社,2000.

[14] 王鹤鸣.中国家谱知多少——关于中国家谱的收藏与统计.见:中华谱牒研究——迈入新世纪中国族谱国际学术研讨会论文集.上海:上海科学技术文献出版社,2000.

[15] 葛剑雄.在历史与社会中认识家谱.见:中华谱牒研究——全国谱牒开发与利用学术研讨会论文集.上海:上海古籍出版社,1999.

[16] 王振忠.明清淮安河下徽州盐商研究.江淮论坛,1995(5).

[17] 王振忠.徽州旅浙硖石同乡会与《徽侨月刊》.福建论坛(文史哲版),2001(2).

[18] 常建华.明代宗族祠庙祭祖的发展.见:中国社会历史评论(第二卷).天津:天津出版社,2000.

[19] 陈柯云.明清徽州宗族对乡村统治的加强.见:徽学研究论文集.黄山市社会科学界联合会与《徽州社会科学》编辑部编.

[20] 吴存心.源远流长的徽州古代教育.徽学通讯,1989(1).

[21] 史铎.徽州教育纪.徽学通讯,1989(13,14)增刊.

[22] 刘秉铮.徽州书院沿革述略.见:徽学研究论文集.黄山市社会科学界联合会与《徽州社会科学》编辑部编.

[23] 许正.安徽茶叶史略.安徽史学,1960(3).

[24] 吴建华.清代徽州状元.徽学通讯,1989(1)增刊.

[25] 叶瑜荪.徽州籍军机大臣·军机章京名录.徽学通讯,1988(2).

[26] 胡仲愚.旅景西递人.徽学通讯,1988(19、20)合刊.

[27] 张雨青.安徽书院考.安徽史学,1985(5).

[28] 冬生.木雕艺术的厅堂.安徽画报,1986(2).

[29] 汪顺生.中国第一状元县.见:徽州学研究(第3卷).北京:中国文史出版社,2009.

[30] [美]贺杰.明清徽州的宗族与社会流动性.见:徽州社会经济史研究译文集.合肥:黄山书社,1987.

[31] [日]重田德.徽州商人之一面.见:徽州社会经济史研究译文集.合肥:黄山书社,1987.

[32] [日]多贺秋五郎.关于《新安名族志》.见:徽州社会经济史研究译文集.合肥:黄山书社,1987.

[33] 赵华富.黟县南屏叶氏宗族调查研究报告.徽州社会科学,1994(2).

[34] 赵华富.民国时期黟县西递明经胡氏宗族调查研究报告.安徽大学学报(哲学社会科学版),1995(4).

[35] 赵华富.从徽州宗族资料看宗族的基本特征.新华文摘,1995(12).

[36] 赵华富.论徽州宗族祠堂.安徽大学学报(哲学社会科学版),1996(2).

[37] 赵华富.宋元时期徽州族谱研究.见:元史论丛(第七辑).南昌:江西教育出版社,1999.

[38] 赵华富.徽州谱牒在明代中期的发展变化.见:中华谱牒研究——迈入新世纪中国族谱国际学术研讨会论文集.上海:上海科学技术文献出版社,2000.

[39] 赵华富.元代新安理学家弘扬朱子学的学术活动.安徽大学学报(哲学社会科学版),2000(6).

［40］赵华富.与客家始迁祖不同的徽州中原移民.安徽大学学报（哲学社会科学版），2001(6).

［41］赵华富.祁门县渚口、伊坑、滩下、花城里倪氏宗族调查研究报告.见：徽学（2000年卷）.合肥：安徽大学出版社，2001.

［42］赵华富.婺源县游山董氏宗族调查研究.见：徽学（第2卷）.合肥：安徽大学出版社，2002.

［43］赵华富.元代契尾翻印件的发现.安徽大学学报（哲学社会科学版），2003(5).

［44］赵华富.关于徽州宗族制度的三个问题.安徽史学，2003(2).

［45］赵华富.《新安大族志》研究.见："宋明以来的谱牒编纂与地域社会"国际学术讨论会论文集.教育部人文社会科学重点研究基地安徽大学徽学研究中心编辑打印本.

［46］赵华富.休宁月潭朱氏宗族调查研究报告.见：徽学（第3卷）.合肥：安徽大学出版社，2004.

［47］赵华富.从徽州谱牒看宗族对违法者的惩治.见：中华之根——海峡两岸谱牒研讨会文集.北京：中国文史出版社，2005.

［48］赵华富.名臣辈出的徽州世家大族——绩溪龙川胡氏宗族调查研究报告.见：谱牒学论丛（第三辑）.太原：三晋出版社，2008.

［49］赵华富.典商巨子胡学梓.合肥学院学报，2010(4).

［50］赵华富.明清时期徽州的儒贾观.安徽大学学报（哲学社会科学版），2011(6).

［51］赵华富.胡适中国谱牒"都去认黄帝、尧、舜等等不相干的人作远祖"辩正.新华文摘，2011(13).

后 记

从1990年开始搜集资料,到2003年书稿终校结束,我为本书整整花费了13个春秋。在这段时间,我的研究工作得到许多领导、同志、朋友、亲属的支持和帮助。

从1990年起,笔者先后在国家图书馆、国家图书馆分馆、中国社会科学院历史研究所图书馆、中国社会科学院经济研究所资料室、上海图书馆、南京图书馆、南京大学图书馆、南京大学历史系资料室、重庆图书馆、河北大学图书馆、安徽大学图书馆、安徽省图书馆、安徽省博物馆、黄山市博物馆、歙县博物馆、歙县档案馆、休宁县档案馆、绩溪县档案馆、黟县档案馆等单位阅览徽州历史文献,得到许多领导和同志的关照。1991年在中国社会科学院历史研究所图书馆阅读资料时,周绍泉研究员为了节省我查找目录的时间,让我复印他抄写的徽州历史文献目录笔记本,以便使用。1991年安徽省博物馆保管部阅览室因故不开放。丁邦钧主任在他的办公室为我专设一案,让我在那里阅读资料半年以上。所有这些,我永远都铭刻心中。

从1990年开始,笔者先后在徽州一府六县——歙县、休宁、祁门、黟县、绩溪、婺源——进行宗族调查,得到许多领导和同志的帮助。原黄山市市长吴存心同志不仅指示有关部门为我的工作开"绿灯",而且还亲自为我写介绍信。许多乡镇和村庄的同志为我东奔西跑,寻找调查线索,选择调查对象,召集调查会议。在村委会的组织下,广大老年群众为我提供了大量口碑资料、书面资料和文献资料。所有这些,我永远都不会忘记。

在笔者的研究工作中,原安徽大学常务副校长蔡德麟教授、常务副校长汪汉卿教授、副校长程慧霞教授、现任党委书记陆勤毅教授、校长黄德宽教授、副校长韦穗教授、科研处处长吴先良教授、副处长韩慧副研究员给了许多支持。黄校长在百忙之中,还为本书书名题签,使书稿增光。

笔者的研究工作,还得到旅日爱国华侨陈福坡先生、詹佩筠女士、张萍女士的关怀。本书的出版费,即含有张萍女士的资助。

我儿子赵青,与我共同拟定了书稿的章节目录。许多章节不仅采纳了他的思想观点,而且有些表述还使用了他提出的语言文字。初稿撰成后,我们共同讨论,共同做了修订。

在书稿撰写的过程中,我老伴谢申生为我摘抄资料,誊写稿件。此外,她还负责校对工作。在将近两年的校对过程中,她不但认真校对文字,而且还核对资料,因而使书稿许多错讹得到纠正。

这些年,天天忙于徽学研究。虽然父母都年届耄耋,但不能尽为子之道。家父去世时,我正在黄山主持首届国际徽学学术讨论会;家母辞世时,我远在北京国家图书馆查阅徽学资料。每念及高堂仙逝,天各一方,常怆然而涕下。谨以此书告慰双亲在天之灵。

赵华富

2003 年 9 月 28 日

再版后记

本书再版,第四章《徽州宗族谱牒》增加了"《新安大族志》的编纂",第八章《徽州宗族经商的风尚》增加了"明清时期徽州宗族的儒贾观",附录增加了《胡适中国谱牒"都去认黄帝、尧、舜等等不相干的人作远祖"辩正》。

《徽州宗族谱牒》为什么要增加"《新安大族志》的编纂"呢?因为,元人陈栎编纂的《新安大族志》是徽州宗族第一部族志,虽然文字简约,类似一部编纂提纲,但是,这部书比较全面地记述了徽州的名宗右族,是徽州宗族一部重要著作。徽州宗族很重视这部书,明代纂修《新安名族志》时,《新安大族志》是非常重要的一部参考书。

第八章《徽州宗族经商的风尚》之中,增加"明清时期徽州宗族的儒贾观"。因为,自古以来,中国人都"右儒左贾"。明清时期,徽州人经商之风特别盛行。有人认为,这时徽州人由"右儒左贾",变为"右贾左儒"了。明清时期,徽州宗族是"右儒左贾",还是"右贾左儒"?或者还是既"右儒"又"右贾"呢?这个问题很值得研究。

附录之中,增加《胡适中国谱牒"都去认黄帝、尧、舜等等不相干的人作远祖"辩正》。因为,这个问题不但是徽州宗族研究的一个重要问题,同时,也是中国宗族研究一个特别重大的问题。春秋战国和秦汉时期,中华民族的祖先对远古中华历史文化形成一个共识——黄帝是中原各族(或曰"华夏族",下同)的共同始祖,尧、舜等人是中原各族的共同祖先。中国谱牒认黄帝作始祖,尧、舜等人作祖先,是对远古中华历史文化共识的继承。这种对远古中华历史文化的共识,产生了"天下一家""天下一统"——或曰"中华一家""中华一统"——的政治思想。这种思想观念,对加深中华民族的感情,增强中华民族的凝聚力,巩固中华民族的团结和中国的统一,具有十分重要的意义。

本书再版,删去了第九章《徽州宗族个案研究》——歙县呈坎前后罗氏宗族研究和黟县西递明经胡氏宗族研究。因为,笔者的《徽州宗族调查研究》,即徽州宗族个案研究,已由人民出版社出版,这两个宗族已列其中,所以本书不要再论述了。

赵华富于安徽大学梦徽斋

2016 年 3 月 29 日